Herausgegeben in Verbindung mit
der Heinrich-Heine-Gesellschaft

Heine-Jahrbuch 2009

48. Jahrgang

Herausgegeben von Joseph A. Kruse
Heinrich-Heine-Institut
der Landeshauptstadt Düsseldorf

Verlag J. B. Metzler
Stuttgart · Weimar

Anschrift des Herausgebers:
Joseph A. Kruse
Heinrich-Heine-Institut
Bilker Straße 12–14, 40213 Düsseldorf

Redaktion: Christian Liedtke

Bibliografische Information Der Deutschen Nationalbibliothek
Die Deutsche Nationalbibliothek verzeichnet diese Publikation in der
Deutschen Nationalbibliografie; detaillierte bibliografische Daten
sind im Internet über <http://dnb.d-nb.de> abrufbar.

ISBN 978-3-476-02333-9
ISBN 978-3-476-00490-1 (eBook)
DOI 10.1007/978-3-476-00490-1
ISSN 0073-1692

Dieses Werk einschließlich aller seiner Teile ist urheberrechtlich geschützt. Jede Verwertung außerhalb der engen Grenzen des Urheberrechtsgesetzes ist ohne Zustimmung des Verlages unzulässig und strafbar. Das gilt insbesondere für Vervielfältigungen, Übersetzungen, Mikroverfilmungen und die Einspeicherung und Verarbeitung in elektronischen Systemen.

© 2009 Springer-Verlag GmbH Deutschland
Ursprünglich erschienen bei J.B. Metzler'sche Verlagsbuchhandlung
und Carl Ernst Poeschel Verlag GmbH in Stuttgart 2009
www.metzlerverlag.de
info@metzlerverlag.de

Inhalt

Vorwort.. IX
Siglen XI

Aufsätze

I.

Gerhard Höhn · »Sauerkraut mit Ambrosia«.
    Heines Kontrastästhetik..................................... 1

Christine Ivanović · Freiheit und Offenbarung. Zur geschichtskritischen
    Konstruktion der Schrift beim späten Heine 28

Sikander Singh · Über den Frieden oder Heinrich Heines Revision
    der aufgeklärten Utopie im Zitat 51

Thomas Boyken · »Und besonders Carlo Moor / Nahm ich mir
    als Muster vor«. Schillers Dramen im Spiegel der Lyrik Heines 72

II.

Arnold Pistiak · Heimkehr als Aufbruch. Feststellungen und Lesarten
    zu Schuberts Heineliedern 90

Burkhart Küster · Heines Bedeutung für Baudelaires
    Beurteilung von Kunst.................................. 116

Jocelyne Kolb · Roman der Zukunft: Heines Geist in George Eliots
    »Daniel Deronda« 141

Jeffrey L. Sammons · Jan Žižka als heikles Vormärzthema.
    Teil I. Beobachtungen zu George Sand und Nikolaus Lenau 157

Kleinere Beiträge

Friedrich Wilhelm von Oppeln-Bronikowski ·
Alexander von Oppeln-Bronikowski: ein Zeitgenosse
und Wesensverwandter Walter Scotts........................ 175

Regina Grundmann und Roland Gruschka ·
»E Dichter, aber dennoch e sehr gescheidter Mann« –
Heinrich Heine in »jüdischer Mundart«...................... 194

Hanna Delf von Wolzogen ·
Gustav Landauer und das Düsseldorfer Heine-Denkmal.
Eine Marginalie deutscher Gedenkkulturgeschichte.............. 208

Reden zur Verleihung des Heine-Preises 2008

Richard von Weizsäcker · Laudatio auf Amos Oz 213
Amos Oz · Dankrede.. 217

Heinrich-Heine-Institut. Sammlungen und Bestände. Aus der Arbeit des Hauses

Christian Liedtke · Josef Svatopluk Machar und sein Gedicht
»H. Heine« 223
Karin Füllner · Musterhafte Vorbilder. 11. Forum Junge Heine
Forschung 2008 mit neuen Arbeiten über Heinrich Heine......... 227
Volker Kalisch · »bey dem Genuße von frucht-versüßtem Eise«.
Anmerkungen zum musikalischen Teil des Salonalbums
von Madame C. Beaumarié 233
Enno Stahl · Literarisches Leben am Rhein. Quellen zur literarischen
Infrastruktur 1830–1945. Ein Forschungsbericht................ 250

Buchbesprechungen

Wolfgang Bunzel / Norbert Otto Eke / Florian Vaßen (Hrsg.) ·
Der nahe Spiegel. Vormärz und Aufklärung (Martin Bollacher)..... 255

Inhalt VII

Andrew Cusack · The Wanderer in Nineteenth-Century German Literature. Intellectual History and Cultural Criticism (Christian Liedtke)   259

Dietmar Goltschnigg / Hartmut Steinecke (Hrsg.) · Heine und die Nachwelt. Geschichte seiner Wirkung in den deutschsprachigen Ländern. Texte und Kontexte, Analysen und Kommentare. Band II: 1907–1956 (Sikander Singh)   260

Regina Grundmann · »Rabbi Faibisch, Was auf Hochdeutsch heißt Apollo«. Judentum, Dichtertum, Schlemihltum in Heinrich Heines Werk (Liliane Weissberg).   262

Peter Uwe Hohendahl · Heinrich Heine: Europäischer Schriftsteller und Intellektueller (Bernd Kortländer).   264

Maximilian Kusch · Tageswahrheit. Heinrich Heines Bruch mit der dualistischen Denktradition der Moderne (Madleen Podewski) . .   266

Stefan Neuhaus / Johann Holzner (Hrsg.) · Literatur als Skandal. Fälle – Funktionen – Folgen (Enno Stahl)   270

Jutta Nickel · Revolutionsgedanken. Zur Lektüre der Geschichte in Heinrich Heines »Ludwig Börne. Eine Denkschrift« (Thomas Stähli)   272

Marc Rölli / Tim Trzaskalik (Hrsg.) · Heinrich Heine und die Philosophie. Vier Beiträge zur Popularität des Denkens (Martin Bollacher)   274

Heine-Literatur 2008/2009 mit Nachträgen.   277

Veranstaltungen des Heinrich-Heine-Instituts und der Heinrich-Heine-Gesellschaft e.V. Januar bis Dezember 2008   323

Ankündigung des 13. Forum Junge Heine Forschung   333

Abbildungen.   334

Hinweise für die Autoren   335

Mitarbeiter des Heine-Jahrbuchs 2009.   337

Vorwort

Auch an den Periodika misst sich die Interessenlage zugunsten der Dichtung und jener, denen wir sie verdanken, mehr als augenfällig Als Eberhard Galley 1962, damals noch namens des Heine-Archivs der ehemaligen Landes- und Stadtbibliothek Düsseldorf am Grabbeplatz, das »Heine-Jahrbuch« ins Leben rief, wurde deutlich, dass endlich auch der innerhalb vor allem der deutschen Nachwirkung stets kontrovers diskutierte deutsch-jüdische Schriftsteller, der im französischen Exil gelebt hatte, von der Wissenschaft eines eigenen Periodikums für würdig erachtet wurde. Zum 100. Todesjahr 1956 hatte der handschriftliche Nachlass, die so genannte Sammlung Strauß, erworben werden können. Zwei deutsche Heine-Ausgaben waren in Ost wie West in Angriff zu nehmen. Zeit also auch für eine jährliche Möglichkeit, Beiträge zur Heine-Forschung zu bündeln und Neuerscheinungen aufzulisten.
1970 wurde die alte Düsseldorfer Bibliothek nach 200jähriger Geschichte, an der immerhin die Jacobis, Heine und Schumann mitgeschrieben hatten, aufgelöst. Die Bücher, mittelalterlichen Handschriften und Frühdrucke wurden an die heutige Universitäts- und Landesbibliothek übertragen, während die neuere Handschriftensammlung mit dem Heine-Archiv die Ausgangssituation für das von der Stadt Düsseldorf neu begründete Heinrich-Heine-Institut mit Archiv, Bibliothek und Museum bildete, das Ende 1974 in die Bilker Straße übersiedelte. 15 anregende Jahrgänge des »Heine-Jahrbuchs« erschienen unter Galleys Ägide; 1966 wurde übrigens die zehn Jahre zuvor gegründete Heinrich-Heine-Gesellschaft, deren Jahresgabe das Jahrbuch darstellt, neben Heine-Archiv bzw. Heine-Institut als Mitherausgeberin bestellt.
Die Zeiten waren ebenso turbulent wie innovativ. 1972 wurde der 175. Geburtstag Heines in Düsseldorf und an anderen Orten öffentlichkeitswirksam begangen und damit der Anstoß gegeben zu weiteren Taten einer Heine-Renaissance. Überhaupt vermochten vor allem die folgenden Gedenkjahre Zeichen zu setzen: 1981 das 125. Todesjahr, 1997 das 200. Geburtsjahr und 2006 das 150. Todesjahr, in dem gleichzeitig auch Schumanns gedacht wurde. Düsseldorf stand zwar im Zentrum der Heine-Aktivitäten. Doch müssen dankbar die über den ganzen Globus

verteilten Heine-Feiern und -Aktivitäten ebenfalls in Erinnerung gerufen werden. Und das »Heine-Jahrbuch« spiegelte dabei in aller Sachlichkeit die weltweite Wirkung des Dichters und bot der internationalen akademischen Heine-Gemeinde ein gern wahrgenommenes Forum. Darüber darf sich der Unterzeichnete als seit 1977 tätig gewesener Herausgeber aufrichtig freuen. Mit dem vorliegenden 48. Jahrgang ist er zum letzten Mal mit der Herausgabe befasst gewesen und legt sie ebenso zuversichtlich wie gerne in jüngere Hände. Sabine Brenner-Wilczek übernimmt die Leitung des Heinrich-Heine-Instituts und damit auch die Verantwortung für das »Heine-Jahrbuch«. Dafür ist ihr von Herzen Erfolg zu wünschen. Die Heinrich-Heine-Gesellschaft wird als Mitherausgeberin wie früher zur Verfügung stehen und weiterhin für »ihr« Jahrbuch da sein.

Allen Beiträgerinnen und Beiträgern, allen Mitarbeiterinnen und Mitarbeitern, allen im Laufe der Zeit in der Redaktion Tätigen sei für die oft anstrengende und entsagungsvolle Arbeit am immer pünktlich zur herbstlichen Frankfurter Buchmesse erschienenen Jahrbuch gedankt. Dank gesagt sei auch den Verlagen: dem Hoffmann und Campe Verlag, Hamburg, mit dem das »Heine-Jahrbuch« von seiner Entstehung bis zum 33. Jahrgang im Jahre 1994 verbunden war, und vor allem dem Metzler Verlag, Stuttgart und Weimar, mit seinem inzwischen die Arbeit des Heinrich-Heine-Instituts auf vielfache Weise begleitenden Heine-Programm. Hier konnten ab 1995 bis jetzt bereits 15 Bände des Jahrbuchs vorgelegt werden.

Die Dankbarkeit wegen der reibungslosen Geschichte des »Heine-Jahrbuchs« und die Freude über diese kommunikative Möglichkeit des internationalen Heine-Gesprächs ist beim Abschied vom Amt des Herausgebers nach insgesamt 34 Dienstjahren am Heinrich-Heine-Institut eingestandenermaßen größer als die Wehmut, obgleich man sich an ein liebenswürdiges und diskussionsfreudiges Publikum in der Tat gewöhnen kann. Die Zukunft wird spannend bleiben. Denn eines ist sicher: Das »Heine-Jahrbuch« wird seinen Weg machen und durch die Mischung von Themen wie Beiträgen von bewährter, aber auch nachwachsender Kompetenz die aufregende Lebendigkeit Heines unter Beweis stellen. Heine ist und bleibt einfach ein Autor, über den nachzudenken und für den einzusetzen sich lohnt.

Joseph A. Kruse

Siglen

1. H. Heine: Werke und Briefe

B = Heinrich Heine: Sämtliche Schriften. Hrsg. von Klaus Briegleb. München: Hanser 1968–1976, 6 Bände (6, II = Register)

DHA = Heinrich Heine: Historisch-kritische Gesamtausgabe der Werke. In Verbindung mit dem Heinrich-Heine-Institut hrsg. von Manfred Windfuhr. Hamburg: Hoffmann und Campe 1973–1997, 16 Bände

HSA = Heinrich Heine: Werke, Briefwechsel, Lebenszeugnisse. Säkularausgabe. Hrsg. von den Nationalen Forschungs- und Gedenkstätten der klassischen deutschen Literatur in Weimar (seit 1991: Stiftung Weimarer Klassik) und dem Centre National de la Recherche Scientifique in Paris. Berlin und Paris: Akademie und Editions du CNRS 1970 ff.

2. Weitere Abkürzungen

Galley / Estermann = Eberhard Galley und Alfred Estermann (Hrsg.): Heinrich Heines Werk im Urteil seiner Zeitgenossen. Hamburg: Hoffmann und Campe 1981–1992, 6 Bände

auf der Horst / Singh = Christoph auf der Horst und Sikander Singh (Hrsg.): Heinrich Heine im Urteil seiner Zeitgenossen. Begründet von Eberhard Galley und Alfred Estermann. Stuttgart / Weimar: Metzler 2002–2006, 6 Bände

HJb = Heine-Jahrbuch. Hrsg. vom Heinrich-Heine-Institut Düsseldorf. Hamburg: Hoffmann und Campe 1962–1994; Stuttgart: Metzler 1995 ff.

Höhn = Gerhard Höhn: Heine-Handbuch. Zeit, Person, Werk, Stuttgart: Metzler ^{1}1987, ^{2}1997, ^{3}2004

Mende = Fritz Mende: Heinrich Heine. Chronik seines Lebens und Werkes. Berlin: Akademie ^{1}1970, ^{2}1981

Seifert = Siegfried Seifert: Heine-Bibliographie 1954–1964. Berlin und Weimar: Aufbau 1968

Seifert / Volgina = Siegfried Seifert und Albina A. Volgina: Heine-Bibliographie 1965–1982. Berlin und Weimar: Aufbau 1986

Werner = Michael Werner (Hrsg.): Begegnungen mit Heine. Berichte der Zeitgenossen. Hamburg: Hoffmann und Campe 1973, 2 Bände

Wilamowitz = Erdmann von Wilamowitz-Moellendorff und Günther Mühlpfordt (†): Heine-Bibliographie 1983–1995. Stuttgart und Weimar: Metzler 1998

Wilhelm / Galley = Gottfried Wilhelm und Eberhard Galley: Heine-Bibliographie [bis 1953]. Weimar: Arion 1960, 2 Bände

Aufsätze

I.

»Sauerkraut mit Ambrosia« Heines Kontrastästhetik

Von Gerhard Höhn, Barbizon

Die jüngste Heineforschung konnte sich zwar äußerst breit entwickeln und thematisch extrem ausdifferenzieren, nicht aber ein größeres Defizit tilgen. Diesen zwiespältigen Eindruck ergibt ein schneller Blick auf aktuelle Bibliographien. Für den kurzen Zeitraum von 1996 bis 2008 verzeichnet das Heine-Jahrbuch ungefähr 2.800 neue Titel aller Art, allein bis zur Jahrhundertwende sage und schreibe mehr als tausend Beiträge. Steht thematisch Heines Einstellung zum Judentum, speziell seine problematische jüdisch-deutsche Doppelidentität im Mittelpunkt, florieren ebenfalls Biographien und biographisch angelegte Arbeiten (selbst zu kleinsten Lebensabschnitten), flankiert von kompakten Gesamtdarstellungen. Dank einer Reihe von Arbeiten zu Heines Europavorstellung, Religions- und Geschichtstheorie oder zu seinem Frauenbild sind neue Schwerpunkte der Forschung entstanden – um nur diese wenigen zu nennen. Das ›alte‹ Thema Musik erhielt 2006 durch das Doppelgedenkjahr Heine-Schumann starken Auftrieb. Nicht zuletzt sind rezeptionsgeschichtliche Studien regelrecht ins Kraut geschossen und scheinen per se unabschließbar. So wichtig und lesenswert die Mehrzahl der Forschungsbeiträge erscheint, sollte man dennoch nicht übersehen, dass diese Explosion weitgehend auf Kosten gründlicher Analysen von Werkstrukturen und Schreibart erfolgt ist. So befassen sich z. B. unter den sechzig Fachbeiträgen des internationalen Heine-Kongresses 1997 kaum mehr als sechs mit eingehenden Text- oder Sprachanalysen. Deshalb scheint der Zeitpunkt gekommen anzumahnen, den virtuosen Sprachkünstler Heine nicht nur ausnahmsweise, sondern gezielt in den Mittelpunkt zu stellen.[1]

Kontraste und Antithesen kennzeichnen Heines neue Schreibart ebenso unbestreitbar wie Gegensätze und Dissonanzen. Ihre Funktion: real existierende Widersprüche störend bewusst zu machen. Der Dichter hat den Kontrastbegriff zwar ausgiebig benutzt, ihn aber in seinen kunsttheoretischen Äußerungen nicht eigens expliziert. Deshalb hat man bis auf wenige Ausnahmen bisher übersehen[2], dass sein Werk eine ausgereifte, diskursiv abgesicherte Kontrastkonzeption enthält. Ja, an einer Stelle hat Heine sogar Kontrastphänomene so zur Grundlage einer neuen Kunsttheorie erklärt, dass man unbesorgt von Kontrastästhetik sprechen kann.

Wenn Heine verabsäumt hat, den innovativen Kern seiner Schreibart herauszustellen, dann haben seine vormärzlichen Zeitgenossen diesen Grundzug genau erkannt – aber dessen Modernität völlig verkannt. Gustav Schwab z. B., der den Dichter des »Buchs der Lieder« als »ausgezeichneten Dichtergeist« anerkennt, reibt sich 1828 besonders an dessen »Manier«, »zur Vollendung des poetischen Contrasts [zwischen Alltag und Poesie] den rechten Extract aus allem Quarke seiner Zufälligkeiten und willkürlichen Abgeschmacktheiten« zu geben.[3] Dagegen hebt fünf Jahre später der Philosoph Christian Hermann Weiße, der die »Romantische Schule« völlig negativ beurteilt, Heines Stil ausdrücklich wegen seiner »glänzenden Antithesen« hervor.[4] Besonders symptomatisch hat Theodor Mundt reagiert. In seiner 1840 erschienenen Kritik »Heine, Börne und das sogenannte junge Deutschland« erinnert sich Mundt, wie ihn 1826 der erste Band der »Reisebilder« mit seinem Nebeneinander von jugendlicher Frische und überaltertem Zeitgeist bezaubert hat und betont nachdrücklich, die frühe Prosa sei gerade »in dieser Mischung der Contraste so ergötzlich und bedeutsam«.[5] Diese Einschätzung verändert sich dann unter dem negativen Eindruck, den die Philosophiegeschichte und das Börne-Buch hinterlassen haben. Mundt macht für die Schwächen dieser Werke die »zweideutige Manier« des Dichters verantwortlich, d. h. die »falsche Theorie seines Stils«, die er sich »hinsichts der Wirkung durch Gegensätze und Contraste gebildet hat«. Heine gilt zwar weiter als »Meister in der musikalischen Behandlung der Perioden«, aber zugleich auch als ein Opfer seiner selbst, das »blendende Scheinmanoeuvres« aufführt, »um nur Contraste herauszubringen, die einen piquanten Klang geben«. Oder – besonders deutlich –, um Zeitgenossen mit der ausgefeilten »Contrastensucht« seines eigentümlichen Stils abzufertigen.[6] Wenn sich Mundt zu dieser Phrase versteigt, dann darf man nicht vergessen, wie bewusst er sich war, mit »Kontrast« ein Stichwort der Moderne genannt zu haben. Bereits 1835 hat er überraschend Ludwig Tieck das Verdienst zuerkannt, mit seiner originalen Schreibweise die klassische Schule überwunden zu haben; aufgrund seines tiefen Shakespeare-Verständnisses sei es Tieck gelungen, folgende, neue Darstellungskunst zu entwickeln: »Es ist die Kunst, in Gegensätzen und Contrasten darzustellen, woraus zugleich Ironie und Humor ihr Flügelpaar entfalteten«.[7] Auf die Nähe dieser poetologischen Auffassung zu Heines Kontrastkonzeption ist zurückzukommen. Hier sei nur vermerkt: Genau zu diesem Zeitpunkt hat die »Romantische Schule« mittels »Gegensätzen und Contrasten« Tieck selber und seine Mitstreiter zum alten Eisen geworfen, während etwas später ein Essay erneut Shakespeares Rolle als Modell moderner Kontrastästhetik bestätigen sollte. – Was aber der Vormärz verweigert hat, konnte der Nachmärz wieder gutmachen. Der Literaturhistoriker Johannes Scherr hat 1851 insbesondere Heines Verdienste um die moderne, deutsche Prosa mit dem Ausdruck »glänzendes Antithesenspiel« treffend gewürdigt. Kurz, Heine ist für Scherr durch die Verarbeitung von »Contrasten und Widersprüchen« zum »größten Lyriker der Gegenwart« aufgestiegen.[8]

Der vorliegende Beitrag geht von Heines Verständnis des Kontrastbegriffs und dessen auf Allgemeingültigkeit abzielenden Grundlagen aus (Erster Teil). Analysen zur Makro- und Mikroebene der Werke sollen verdeutlichen, wie sich das kontrastästhetische Programm in Heines Schreibweise verwirklicht hat (Zweiter Teil).

I. ars poetica contrastiva

I.1. Heines Kontrastbegriff

Heine hat den Begriff »Kontrast« ungewöhnlich oft verwendet: rund 80 Mal, wenn man nur die relevanten Stellen seines deutschsprachigen Werkes zählt.[9] Der Begriff selber geht auf das Italienische »contrasto« zurück (lateinisch »contra stare«, entgegen stehen). »Contrasto« ist allerdings weder ein Begriff der Rhetorik, noch gehört er zu den ästhetischen Grundbegriffen.[10] Dagegen lässt sich laut philosophischen Nachschlagewerken »Kontrast« passend mit »débat, lutte, altercation« übersetzen und bezeichnet den Gegensatz zweier Dinge, die sich gegenseitig hervorheben.[11] Damit fällt Kontrast in den Bereich ästhetischer Wahrnehmung. Historisch gesehen besaß der Begriff in der französischen Malereitheorie des 17. Jahrhunderts, die den Helldunkel-Kontrast zum Paradigma erkoren hat, zentrale Bedeutung. Das hat Roger de Piles, mit Henri Testelin einer der damals führenden Theoretiker, in seiner Analyse eines Traubengemäldes von Rubens exemplifiziert. Die einzelnen Trauben sind so gemalt, dass die im Licht stehenden wie eine »masse de lumière« und die im Dunkel stehenden wie eine »masse d'obscurité« erscheinen, aber das Bildganze zu einem Kontrastsystem konstituieren.[12] – Für den hier eingeschlagenen Übergang von der Malerei zur Literatur ist ein weiterer Aspekt der ästhetischen Wahrnehmung besonders wichtig, löst der Eindruck doch nicht Wohlgefallen aus, sondern sorgt für Störung oder Irritation. Mit Blick auf die Farbenökonomie definiert z. B. Werner Kambartel Kontrast ausdrücklich als »eine durch Störung bewirkte Steigerung des Ungestörten«, wobei er »Störung« mit Roger de Piles wörtlich in dem Sinne versteht, dass »eine liebliche und gelinde Interruption« den

Glanz der Farben »um ein merckliches vergrössert und erhebt«.[13] Wie grundlegend Heines Stellung zur frühmodernen Malerei wegen ihres Helldunkel-Kontrasts als Ausdruckssteigerung gewesen ist, wird ebenfalls weiter unten erörtert.

Heines Verwendung dieses Begriffs, der also mit Störpotenzial und Ablehnung des Gewohnten definiert wird, ist sehr facettenreich, lässt sich jedoch im wesentlichen auf zwei Ebenen diskutieren. Einmal dienen Kontraste dazu, sinnlich wahrnehmbare Widersprüche menschlicher, kultureller oder ästhetischer Natur plastisch als ›hell‹ oder ›dunkel‹ erscheinen zu lassen, zum andern, soziale Phänomene zeitkritisch zu ›beleuchten‹. – In den weitaus meisten Fällen hebt der Begriff auf physiologische, vestimentäre oder anatomische Phänomene ab, die Risse oder Brüche im Erscheinen eines oder zweier Menschen signalisieren (ca. 30 Beispiele). In den »Schnabelewopski«-Memoiren z. B. »kontrastirte« der weiche Charakter der Prostituierten Minka »lieblich mit ihrer äußeren Erscheinung«, die einer antiken Göttin entsprach. Oder die feurig glänzenden Augen des machtlos kämpfenden Deisten Simson »kontrastirten um so wunderbarer mit seinen [schwachen] Aermchen« (DHA V, 155 und 190). In den »Florentinischen Nächten« bildet Bellinis frisches Gesicht »den allertollsten Contrast« zu seinen abgeschmackten Wortwitzen, während Zwerg Türlütüs kuriose Erscheinung einen personifizierten »Contrast« zu seinen kühnen, beruflichen Kunststücken abgibt (DHA V, 212 und 229). Physiognomische Phänomene können aber auch zeitkritisch verwendet werden. In der Italienprosa verkörpert z. B. die Obstfrau in Trient den »Contrast« zwischen der großen, zivilisatorischen Vergangenheit Italiens und dem nüchternen, modernen Gewerbe. Oder die erhabenen antiken Gesichtszüge Napoleons stechen von »pittoresken Tagsgesichtern« deutlich ab (DHA VII, 43 und 225). Außerdem dienen Kontraste dazu, Persönlichkeiten als sympathisch oder unsympathisch gegenüber zu stellen, wie z. B. die Musiker Carl Maria von Weber und den ungeliebten Spontini (DHA VI, 26: ihr Äußeres »kontrastirt« stark) oder wie den großen Napoleon und den verhassten Wellington: »Es gibt keine größeren Contraste als diese beiden« (DHA VII, 261). Ferner können Kontraste in Form von Kleidern auch ›Leute machen‹ wie die bescheiden auftretende Tänzerin Laurence – oder sie können blamieren wie den altdeutsch gekleideten, aber verdreckten Maßmann.[14] Neben physiologischen ermöglichen psychologische Kontraste, die widersprüchliche Doppelnatur von Menschen aufzudecken. So hat z. B. Görres zwei kontrastierende Gesichter oder Kants geregeltes »äußeres Leben« steht total quer zu seinem zerstörerischen Denken (DHA VIII, 189 und 81). Sogar der eigene Vater wird als Kontrastgestalt porträtiert: Mit seinem gravitätischen Auftreten und seinem leichtsinnigen Gemüt verkörpert er tiefe Widersprüche (vgl. DHA XV, 81). Und Heine verschont sich selber nicht, versucht er doch, seine eigene Identität im Spiegelbild eines andern zu erhellen. So hat er sich in einem Brief als entschiedenen »Contrast« zu Goethe definiert.[15] Zudem erscheinen Kontraste als passendes Mittel, um völkerpsychologische oder mentalitätsbedingte Gegensätze aufzudecken. Ob es sich um Engländer(innen), Italiener(innen) oder Polen handelt; ob deutsche, englische oder französische Militärs verglichen werden; ob englische und süddeutsche Verhältnisse gegenüber gestellt werden – immer fungieren die einen als Folie, um den anderen eins auszuwischen. Bevorzugte Opfer sind einmal die philisterhaften Deutschen und zum andern die mechanistisch eingestellten Dutzendmenschen aus England.[16] Darüber hinaus ergibt sich wie von selbst, dass Heines ur-polare Weltanschauung, die christlichen Spiritualismus mit lebensfrohem Sensualismus konfrontiert, ständig epochale Kontraste herausstellt.[17] Auch der Gegensatz Mensch/Natur schärft überall die Wahrnehmung geo- und topographischer Kontraste.[18] – Nicht zuletzt fällt auf, wie intensiv der Kontrastbegriff benutzt wird, um ästhetische Urteile oder Künstlerpolemik zu veranschaulichen. So orientiert »Kontrast« die Bildbeschreibungen von Decamps, Lessore und Delaroche in »Französische Maler«.[19] Shakespeare wird 1839 hervorgehoben, weil er seine Frauenfiguren durchgehend mittels Kontrasten individualisiert hat: Lady Percy, Desdemona und Portia in ihrer äußeren Erscheinung sowie Lavinia in »Kontrast« zu Tamora. Oder weil er die Tragödien »Hamlet« und »Lear« insgesamt durch den Kontrast von Handlung und Natur strukturiert hat. Aber es wird auch Kritik laut, weil Shakespeare an einer Stelle nicht genügend Sprachkontraste eingearbeitet hat.[20] – Allgemeiner gesehen erfüllt der Kontrastbegriff auch seine Funktion, wenn es gilt, mit Schriftstellern wie Raupach, Görres, Tieck und Victor Hugo abzurechnen oder einen Walter Scott zu würdigen.[21] Im Fall Paganinis wirken sich schneidende »Contraste« so aus, dass die »grandiosesten Naturlaute« als »künstlerische Mißgriffe« geradezu aufstoßen (DHA XIV, 135).

Neben dem deskriptiven Wortgebrauch lässt – zweitens – die zeitdiagnostische Verwendung des Kontrastbegriffs seine historische Fundierung erkennbar werden. Untersucht Heine die krisenhaften Zustände Englands und Frankreichs, signalisieren »Kontraste« das sichtbar gewordene Auseinanderfallen der modernen Welt. Das Land der *Glorious Revolution* erscheint sogar als Kontrastland *par excellence* und stellt zusammen mit dem Land der *Grande Révolution* den privilegierten Schauplatz von Krisen und Kontrasten dar. Vor der Folie dieser Zustände muss dem deutschen Publikum seine Rückständigkeit zwangsläufig noch rückschrittlicher und seine Misere nur noch miserabler erscheinen. Aber die Zustände der beiden modernen Länder erscheinen zugleich auch als Nährboden künstlerischer Erneuerung, was speziell ihre Theatertradition beweist. Wie ›störend‹ auch immer die Akzente dieser doppelten Entwicklung gesetzt werden, die Betonung von Kontrasten kann als Indikator verdeckt sozialer Sprengkraft entfalten und besitzt den schreibtechnischen Vorteil, nicht sofort die Zensur zu alarmieren.

In London hat Heine 1828 schnell begriffen, in welchem Maße Kontraste unvermeidlich zum Gradmesser der industriellen Entwicklung geworden sind. Ob es sich um den grundverschiedenen Habitus von Bourgeoisie und Adel handelt oder um die grauenhafte soziale Verelendung, die »mit dem Uebermuthe des Reichthums« »kontrastiert« (DHA VII, 217) oder um das, was den Verelendeten völlig unerreichbar bleiben muss: die »Luxusartikel«, die in den Geschäften durch »Farbenkontrast« (DHA VII, 216) verführerisch ausgestellt werden – überall drängen sich dem Reporter aufrüttelnde Bilder des Fortschritts auf. Welche sozialrevolutionäre Dynamik aber von der unwiderstehlichen, durch die Warenwelt erzeugten Faszination ausgehen kann, hat dann dreizehn Jahre später eine Paris-Korrespondenz in einem wirklich bedrohlichen Bild festgehalten. In seinem Artikel vom 11. Dezember 1841 konfrontiert Heine seine deutschen Leser mit einer Straßenszene aus der Vorweihnachtszeit, die wie ein Menetekel der zukünftigen, bürgerlichen Gesellschaft wirken muss. Der Korrespondent blickt in die Gesichter der Menschen, die vor den ausgestellten »Luxus- und Kunstsachen« der Pariser Kaufläden stehen und malt die Vision aus:

> Die Gesichter dieses Publikums sind so häßlich ernsthaft und leidend, so ungeduldig und drohend, daß sie einen heimlichen Contrast bilden mit den Gegenständen, die sie begaffen, und uns die Angst anwandelt, diese Menschen möchten einmal mit ihren geballten Fäusten plötzlich dreinschlagen, und all das bunte, klirrende Spielzeug der vornehmen Welt mitsammt dieser vornehmen Welt selbst gar jämmerlich zertrümmern! (DHA XIII, 139)

Heines zeitkritische Essays enthalten aber auch eine positive Seite: Kontrastgeprägte Epochen begünstigen in besonderem Maß das Aufblühen der Künste. Das zeigt das Mittelalter mit seinem schauerlich erhabenen »System von Symbolen«[22] ebenso wie das spanische *Siglo de Oro* oder das England des 17. Jahrhunderts. So erklärt sich für Heine z. B. Shakespeares Genie aus dem Zustand der damaligen englischen Zivilisation, d. h. Shakespeare brauchte den für seine dramatische Kunst notwendigen Stoff nur aufzugreifen, um seine Meisterwerke zu entwerfen, auch wenn der Stoff noch nicht ganz ausdifferenziert war.[23] In der Gegenwart demonstriert das französische Theater beispielhaft, wie die realgeschichtliche Entwicklung zum Ideenspeicher einer neuen Kunst werden konnte.[24] Die Bühnen-Briefe entwerfen dem deutschen Publikum das Bild eines postrevolutionären Landes, das zusammen mit den gesellschaftlichen Verhältnissen alle traditionellen Autoritäten umgestürzt, aber unter der bourgeoisen Herrschaft unweigerlich neue Gegensätze hervorgebracht hat. Kontraste dienen jetzt sozusagen als Stoffreservoir und liegen auf der Straße, z. B. »Contraste« zwischen alten Institutionen und »heutigen Sitten«; oder die »Collision«(!) zwischen dem »edlen Enthusiasmus« und der industriellen Entwicklung. So können die Komödiendichter von den sich auflösenden Familienbanden, speziell von den neuen Mann-Frau-Beziehungen, besonders profitieren (DHA XII, 237).

I.2. Allgemeine Grundlagen der Kontrastkonzeption

Heines Kontrastauffassung konnte sich deutlich profilieren, indem sie auf der Metaebene ihre Allgemeingültigkeit reflektierte. Kontraste gehen nicht allein in ihrem zeitdiagnostischen Störfaktor auf, sondern beanspruchen Wahrheitsfunktion. Dafür steht wieder Shakespeare ein, wenn es heißt, er habe durch das Vermischen von Konträrem, von Tragischem und Komischem, nicht die »Wahrheitswürde« der Tragödie geschmälert, sondern gestärkt (DHA X, 187, s. Zitat Anm. 23). Eine solche Auffassung war schon dem jungen Studenten Heine vertraut. Bereits am 10. Juni 1823 hat der Hegel-Schüler an Immermann einen Brief geschrieben, in dem er Kontraste ausdrücklich als echtes Mittel der Erkenntnis versteht: »Alle Dinge sind uns ja nur durch ihren Gegensatz erkennbar«. Diese philosophische Einsicht überträgt er zugleich auf die Poesie und erklärt sie zur Grundlage einer neuer Poetik; der Text fährt im Konditional fort: »es gäbe für uns gar keine Poesie, wenn wir nicht überall auch das Gemeine und Triviale sehen könnten« (HSA XX, 91). Ästhetisch gewendet wirft die These die Frage auf, inwieweit es sich um eine Übernahme des dialektischen Synthese-Denkens Hegels handelt.[25] Im Kontrastdenken stehen sich allerdings zwei widersprüchliche, reale Teilstücke gegenüber, die nicht durch Dialektik gedanklich ›aufgehoben‹ werden können. Zutreffender spräche man von einem komplementären Verhältnis, das eine neue Art von Ganzheit erzeugt: Kontrastharmonie.[26]

Heine ist seiner frühen Überzeugung treu geblieben. Erklärt »Die Stadt Lukka« die Spottlust der witzigen Mylady und des Erzählers durch ihre »Freude am Widerspruch der Dinge« (DHA VII, 186), dann verallgemeinern die »Englischen Fragmente« den philosophischen Ansatz zu einer Art Maxime. In typischer Manier bringt eine Aufzählung krasse Gegensätze wie »Ueberreichthum und Misere, Orthodoxie und Unglauben« mit Phänomenen wie »summende Maschinen« und – unsinnig – »geschlossene Mäuler« in eine bunte Reihe, bevor die Erklärung folgt: »alles dieses hängt so zusammen, daß wir uns keins ohne das andere denken können« und alles einzelne »ganz gewöhnlich und ernsthaft in seiner Vereinigung« erscheint (DHA VII, 221f.). Jedes einseitige, bereinigte Vorgehen stünde also quer zur Wahrheitsfunktion. Diese erkenntnistheoretisch formulierte Überzeugung findet sich später in Gesprächszeugnissen wieder. Alexandre Weill erinnert sich an eine leicht abgewandelte Version, die vor allem den Aspekt des spielerischen Umgangs mit Kontrasten heraushebt: »alles, was von Dauer, was zum Vergnügen da ist, besteht aus Kontrasten.«[27] Neben Spielerischem steckt noch etwas Psychologisches in dem, was Alfred Meißner über Heines polyperspektivisches Schreiben notiert hat: Der Dichter hatte das künstlerische Bedürfnis, »jeden Gegenstand immer von einer neuen Seite aus, verändert, umgebaut, umgestellt zu sehen.«[28]

Die Originalität von Heines Kontrastkonzeption wird zuletzt aufgrund ihres Bezugs zur künstlerischen Tradition des *Siglo de Oro* abgerundet. Dadurch nimmt das spanische 16. neben dem englischen 17. Jahrhundert als historische Keimzelle weiter Gestalt an. Ein für Heines Denken zentraler Essay hat das Helldunkel-Paradigma weiter gefasst als die erwähnten, kunstgeschichtlichen Theoretiker des französischen 17. Jahrhunderts. Die Auseinandersetzung mit den als wahlverwandt empfundenen spanischen Künstlern des *Siglo de Oro* stellt nicht so sehr störend wahrgenommene Unterschiede von Farb- oder Helligkeitswerten in den Mittelpunkt als soziale und artistische Aspekte, welche die verdeckt subversive Funktion des Kontrastbegriffs unterstreichen.

Cervantes[29] gilt zusammen mit Schriftstellern wie Quevedo und Mendoza sowie dem Maler Murillo als Begründer einer neuen Kunst. Alle vier Künstler haben es gewagt, die ideale Welt mit Madonna und Himmel nicht abgetrennt von der gemeinen Welt mit Betteljungen und schmutzig-irdischen Erscheinungen darzustellen. Ihre Kunst zeigt sich vielmehr an ihrer Technik, die darin besteht, das eine als Kontrastfolie des anderen zu benutzen, oder, wie im Fall von Cervantes, das eine dem andern »zur Abschattung oder zur Beleuchtung« dienen zu lassen.[30] Erinnert Cervantes Schreibtechnik metaphorisch an das Helldunkel-Paradigma, dann macht die von Heine mehrfach erwähnte Gestalt des Bettlerjungen – Symbolgestalt von Schriftstellern und Malern – das Phänomen der Verelendung und damit die soziale Frage künstlerisch erneut bewusst. Mit diesem Thema hatten die bahnbrechenden London- und Paris-Korrespondenzen ihre Leser konfrontiert. Den Dichtern des 16. Jahrhunderts ist es gelungen, sich ohne Rücksicht auf die Kunstwürdigkeit des Gegenstandes als wahre Künstler zu zeigen – und zwar durch ihre pure »Neigung, das Treiben des gemeinsten Pöbels, des verworfensten Lumpenpacks zu beschreiben« (DHA X, 257). Murillo gebührt sogar paradigmatische Bedeutung. Dieser Meister des Kontrasts, der »dem Himmel die heiligsten Farben stahl, womit er seine schönen Madonnen malte«, verdient höchste Auszeichnung, weil er »mit derselben Liebe auch die schmutzigsten Erscheinungen dieser Erde« »konterfeite«; kurz, wahres Künstlertum verwandelt auch Unbedeutendes in ›schöne‹ Gegenstände. Was nun die Schriftsteller und den Maler zu ihrem verpönten Vorgehen angetrieben hat, war echte artistische Faszination gepaart mit künstlerischem Vergnügen, das sich aus einer präzisen Quelle speist:

> Es war vielleicht die Begeisterung für die Kunst selber, wenn diese edlen Spanier manchmal an der treuen Abbildung eines Bettlerjungen, der sich laust, dasselbe Vergnügen empfanden, wie an der Darstellung der hochgebenedeiten Jungfrau. Oder es war der Reitz des Contrastes, welcher eben die vornehmsten Edelleute, einen geschniegelten Hofmann wie Quevedo oder einen mächtigen Minister wie Mendoza, antrieb, ihre zerlumpten Bettler- und Gaunerromane zu schreiben. (DHA X, 257)

Schon vor dem Cervantes-Essay war Heine die exemplarische Bedeutung von Bettler- und Genrebildern bewusst – am Beispiel Murillos auch im Zusammenhang mit dem Helldunkel-Kontrast und Licht-Schatten-Effekt. »Französische Maler« z. B. beschreiben Lessores Bild »Der kranke Bruder«, das zwei arm erscheinende Brüder in einer ärmlich ausgestatteten Dachkammer zeigt (vgl. DHA XII, 27). Die Darstellung dieser Misere entlockt dem Autor die folgenden Worte: »Dem Stoffe ganz anpassend ist die Behandlung. Diese erinnert zumeist an die Bettlerbilder des Morillo. Scharfgeschnittene Schatten, gewaltige, feste, ernste Striche, Farben […] ruhigkühn aufgelegt«. Das Bild wirkt außerdem »kontrastirend mit seiner ganzen Umgebung«, weil es so aufgehängt ist, dass es jenes tiefe Mitleid erregt, das wir empfinden, »wenn wir, aus dem erleuchteten Saal einer heitern Gesellschaft, plötzlich hinaustreten auf die dunkle Straße, und von einem zerlumpten Mitgeschöpfe angeredet werden«. – Als Kronzeugen einer realitätsnahen, nicht idealisierten Kunst mit sündhaften Menschen gelten in der »Romantischen Schule« die Maler von Bettler- und drastischen Genrebildern. Das einzige ästhetische Kriterium kann nur Artistik lauten:

> Wissen sie denn nicht, daß mittelmäßige Maler meistens lebensgroße Heiligenbilder auf die Leinwand pinseln, daß aber schon ein großer Meister dazu gehört, um etwa einen spanischen Betteljungen, der sich laust, einen niederländischen Bauern, welcher kotzt, oder dem ein Zahn gezogen wird, […] lebenswahr und technisch vollendet zu malen? Das Große und Furchtbare lässt sich in der Kunst weit leichter darstellen als das Kleine und Putzige. (DHA VIII, 157)

Wie hoch Heine die plastische, lebensbejahende Genremalerei schätzt, hat bereits sein Versuch eines Pikaroromans bewiesen, der voll und ganz in der spanischen Tradition steht. Die »Schnabelewopski«-Memoiren feiern den Künstler Jan Steen (1626–1679) nicht nur als Maler weltanschaulicher Kontraste, sondern auch als deren Überwinder.[31] Sein Bild »Das Bohnenfest« zeigt eine fröhliche häusliche Szene mit der Familie des äußerst trinkfreudigen Malers, das im Rückgriff auf die Lichtmetaphorik so interpretiert wird: »Das war kein trübkatholischer Spuk, sondern ein modern heller Geist der Freude«, der das Ende des Leib-Seele-Dualismus verkündet (DHA V, 183).

Schließlich lässt der Shakespeare-Text von 1838 klar erkennen, warum das Kontrastphänomen im Jahrzehnt nach der Julirevolution so sehr im Mittelpunkt von Erzählprosa und Essayistik gestanden hat. Das Porträt Cressidas steht demonstrativ am Anfang des imaginären Rundgangs durch die Galerie der Frauengestalten. Aber die antike Heldin ist keine Idealgestalt, sondern eine »zweydeutige Dame«, die gemäß den Gattungsnormen weniger in der Tragödie als in der Komödie ihren Platz haben müsste. Da die »vorhandenen Maaßstäbe« nicht ausreichen, Shakespeares »eigenthümlichste Schöpfung« näher zu charakterisieren (DHA X, 28 f.), fordert der Text programmatisch mit Rücksicht auf den Begriff, um den Heines Kontrastreflexion kreist: »Wir können ihre hohe Vortrefflichkeit nur im Allgemeinen anerkennen; zu einer besonderen Beurtheilung bedürften wir jener neuen Ästhetik, die noch nicht geschrieben ist«.

Eine Vorstellung von dem, was den Mittelpunkt der »neuen Ästhetik« bilden würde, liefern die nachfolgenden gattungstheoretischen Erörterungen dank einer rhetorischen Figur. »Troilus und Cressida« steht für Heine zu Recht an der Spitze der Tragödien, weil »darin eine jauchzende Bitterkeit [herrscht], eine weltverhöhnende Ironie, wie sie uns nie in den Spielen der komischen Muse begegnete«. Bringen die Figuren des Oxymorons und der Ironie, die beide Widersprüchliches einer verkehrten Weltordnung verbinden, die geforderte Mischung von Tragik und Spaß präzise auf den Punkt, dann macht ein kontrastreiches Bild die Idee der neuen Ästhetik besonders anschaulich; es ist doch, »als sähen wir Melpomene auf einem Grisettenball den Chahut tanzen, freches Gelächter auf den bleichen Lippen« der tragischen Göttin, »und den Tod im Herzen« (DHA X, 29).

Diese Ästhetik ist damals nicht geschrieben worden – Fehlanzeige, wenn man z. B. an Karl Rosenkranz' »Ästhetik des Hässlichen« (1853) denkt. Für diesen Autor ist das Hässliche etwas rein Negatives, das als solches keine sinnliche Form hat.[32] Dagegen wäre besser nach Künstlerästhetiken zu fragen, die Heines Absicht vorgearbeitet haben, wie Victor Hugos programmatisches »Préface de Cromwell« von 1827. Das dualistische Denken des Franzosen stellt dem Erhabenen den nicht eindeutig definierten Begriff des Grotesken als Grundlage des modernen Dramas gegenüber (»le laid«, »le difforme«, »l'horrible«) und setzt sich ebenfalls für ein ganz neues Buch über »den Gebrauch des Grotesken in den Künsten« ein. Der für seine antithetische Schreibweise berühmte Dichter betont ausdrücklich: »comme moyen de contraste« ist das Groteske im Horizont des Erhabenen die reichste und natürliche Quelle der modernen Kunst.[33] Erhabenes und Groteskes müssen sich demnach versöhnen, um die wahre, auf der »harmomies des contraires«[34] beruhende Poesie hervorbringen zu können, wozu Shakespeare das Modell geliefert hat.

Ohne jeden Harmoniegedanken hat Heines Vorliebe für kontrastive und antithetische Werkstrukturen wohl selber das brillanteste Beispiel einer »neuen Ästhetik« geliefert. Wenn Kontraste zum Gradmesser der historischen Entwicklung erklärt werden, besteht für den modernen Dichter die Aufgabe darin, Risse und Brüche so in seine Schreibweise zu integrieren, dass sie gewöhnliche Wahrnehmungen durchkreuzen, vertraute Illusionen zerstören und überholte Zustände in Bewegung, wenn nicht zum Tanzen zu bringen. – Heines Verarbeitung von Kontrasten im Medium der Sprache folgt einem ausgedehnten Programm mit verschiedenen Strategien und Techniken. Auf makrotextueller Ebene dominieren neben seiner Kunst von Doppel- und Parallelporträts werkstrukturelle und narrative Kontrastphänomene.

II. Die neue Schreibpraxis

II.1. Strukturelle und narrative Kontraste

Es ist sicher kein Zufall, dass ausgerechnet Heines Schelmenroman mit seinem antithetischen Konstruktionsprinzip das neuartige Ästhetik-Projekt besonders beispielhaft verwirklichen konnte. Beide Hauptteile der »Schnabelewopski«-Memoiren bestehen aus zwei Städtebildern, die äußerst kontrastreich angelegt sind. Zusammen ergeben sie ein negatives Gesamtbild mit drastischer Sozial- und Religionskritik. Näher betrachtet repräsentiert Hamburg die Deformationen des modernen, bourgeoisen Geistes, die Universitätsstadt Leiden dagegen die Verunstaltungen, die der vormoderne, spiritualistische Geist verursacht hat. Zwar gewährleistet die hanseatische Republik »größte politische Freyheit« (DHA V, 153), aber der »Geist Bankos«, der Geist des Geldes, hat alle Lebensbereiche so durchdrungen, dass überall nüchterner Materialismus vorherrscht.[35] Ganz anders Leiden: Dort hat asketische Gesinnung die Köpfe verdreht und exaltierten Spiritualismus hervorgebracht (schon der Stadtname hat Symbolcharakter).

Das Bild der schönen Elbstadt ist allerdings nicht aus einem Guss. So beruht der Konsensus der bürgerlichen Gesellschaft auf englischen Sitten und »himmlischem« Essen. Einverständnis geht regelrecht durch den Magen, was christliche Theologen und Advokaten gern bezeugen können. Wieder ganz anders Holland. War in Hamburg nur das Essen »himmlisch«, waren die Mädchen auf dem Jungfernstieg schön und an der Drehbahn sogar schön und käuflich, dann ist in Leiden das Essen »fürchterlich schlecht« und Sex noch schlechter als fürchterlich (vgl. DHA V, 153 und 176). Die sexuelle Misere hat neurotisch gewordene Opfer zu verantworten, wie z. B. einen Theologieprofessor, plastisches Gegenbild seiner Hamburger Kollegen. Erneut gelangt die große ›Suppen-Frage‹ in den Mittelpunkt, aber so, dass alles, was vom Magen geregelt wird, nicht Konsens, sondern Dissens erzeugt. In einem Fall führen die theologischen Streitereien der darbenden Studenten sogar zu einem tragischen Ende, das wiederum quer zum komischen Anfang steht. Aber auch das Porträt Leidens besitzt zwei Seiten. Die positive Seite verkörpern die Genrebilder Jan Steens mit der Wiedergeburt des von der christlichen Religion verdrängten Pantheismus, der das Ende der »großen Krankheitsperiode der Menschheit« ankündigt (DHA V, 186).

An einer Stelle werden die Gattungsnormen des Schelmenromans mit einem Stilmittel durchbrochen, das für Heines Schreibweise typisch geworden ist: Bruch des Zeitkontinuums mit und ohne Ortswechsel oder Wetterumschwung. In den meisten Fällen erzeugt dieser eine gänzlich desillusionierende Perspektive. So lässt ein zweiter, zwölf Jahre später erfolgter Hamburg-Besuch in der Erinnerung ein völlig konträres, negatives Stadtbild entstehen, das sich spiegelverkehrt zu dem früheren verhält. Das bürgerliche Leben Hamburgs erscheint jetzt mechanisch erstarrt, die Stadt verdinglicht. Symbolisch ausgedrückt: Wo der Erzähler »einst« den Sommer und die glühende Mittagssonne genossen hat, herrscht jetzt winterliche Kälte. Die Menschen zeigen sich mit einem »gefrorenen Lächeln« im Gesicht (DHA V, 160). Der ehemals florierende sexuelle Konsum ist verödet und verkommen. Von den käuflichen Schönen, welche die Gegenwelt (das ›Milieu‹) zur bürgerlichen Welt repräsentieren, ist Heloisa tot[36] und Minka sieht wie ein zerstörter Tempel aus. Das Bild der Schwäne im Winter rundet schließlich den von der modernen Entwicklung ausgelösten Kälteschock symbolisch ab. Die Vögel schwimmen nicht länger in der milden Sommersonne, sondern mit gebrochenen Flügeln in einem eisfreien Viereck auf der zugefrorenen Alster, wo sie »heisere, schnarrende, metallose Töne« hervorkreischen (ebd.).[37]

Zeitkontraste profilieren Heines plastische Schreibweise auf immer neue Arten. Im zweiten Reisebild kehrt der Erzähler als Student in seine Vaterstadt zurück: »Es war ein klarer, fröstelnder Herbsttag«. Im Einklang mit dieser Natursymbolik findet er nichts vor als Fremdheit, Welken, Tod, Friedhof (DHA VI, 195). Alles ist *jetzt* völlig anders als *damals*. Für den Erzähler wurde die Welt »neu angestrichen«, aber mit den alten Farben (DHA VI, 196, vgl. 185). Wo man früher französisch sprach, wird jetzt preußisch gesprochen. Diesen Umschlag hebt das knappe Kapitel X durch ständige Wiederholung der »einst«/»jetzt«-Opposition hervor.[38] Nebenbei: »Reisebild« II liefert ein ebenso frappantes wie typisches Beispiel für Zeitkontraste. An einer Stelle trennt die Welt von (Hoch)Leben und Tod nur der typographische Abstand zwischen zwei Kapiteln. Endet Kapitel VIII mit dem Ausruf: »es lebe der Kaiser!«, beginnt Kapitel IX mit der trockenen Feststellung: »Der Kaiser ist todt.« (DHA VI, 194f.)

Das Stilmittel der »Ideen« benutzt der Erzähler auch in »Die Stadt Lukka«, um hier den ernüchternden Gemütswandel eines leidenschaftlichen Cervantes-Lesers zu schildern.[39] Der Ich-Erzähler erinnert sich mit folgenden Worten an den Beginn seiner Lektüre im Düsseldorfer Hofgarten: »Es war ein schöner Maytag, lauschend im stillen Morgenlichte lag der blühende Frühling, und ließ sich loben von der Nachtigall, seiner süßen Schmeichlerinn«. Im Herbst ist die Lektüre des so nachhaltig prägenden »Don Quixote« beendet und fällt mit einem meteorologischen, symmetrisch verkehrt angelegten ›Weltuntergang‹ zusammen:

> Es war ein trüber Tag, häßliche Nebelwolken zogen dem grauen Himmel entlang, die gelben Blätter fielen schmerzlich von den Bäumen, […] die Nachtigallen waren längst verschollen, von allen Seiten starrte mich an das Bild der Vergänglichkeit. (DHA VII, 199 f.)

Mit anti-illusionistischer Wirkung benutzt der Erzähler einen Zeitkontrast erneut in »Die Romantische Schule«, um seine Kritik an Hoffmann und Novalis versteckt wiedergeben zu können. So findet nach Jahr und Tag am selben Ort ein Wiedersehen mit zwei Schwestern statt, die für die beiden Dichter schwärmen. Die erste Zeitangabe lautet: »Als ich, im Spätherbst 1828, aus dem Süden zurückkehrte«. Jetzt ist aber nichts mehr wie früher: »Das Posthaus, einst lachend weiß, hatte sich eben so wie seine Wirthinn verändert, es war krankhaft vergilbt«. Die Posthalterin, früher eine kräftige, vitale Hoffmann-Schwärmerin, ist nun körperlich ruiniert und die blasse, zarte Novalis-Verehrerin hat sich aus ihrem Lieblingsbuch »die Schwindsucht herausgelesen«. Sie schaut ahnungsvoll zum Friedhof und wartet auf den Tod. Mit einem erneutem Zeitsprung schließt der Text: Dort »liegt jetzt Mademoiselle Sophia« (DHA VIII, 196 f).[40]

Das Erzählfragment »Der Rabbi von Bacherach« ist ebenso antithetisch strukturiert wie die »Schnabelewopski«-Memoiren. Zeitlich umfasst das Werk jedoch nur eine Frühlingsnacht und den folgenden Tag (Frankfurter Ostermesse 1489). Es stellt wieder zwei völlig konträre Städtebilder vor, wobei das zweite erneut in zwei grundverschiedene Schauplätze auseinander fällt. An beiden Haupt-Orten stehen zwei gänzlich unterschiedliche Männer im Mittelpunkt, die zwei grundverschiedene Einstellungen zum modernen Judentum repräsentieren. Das erste Bild orientiert sich erneut an dem einst/jetzt-Kontrast, um eine grauenvolle Vergangenheit zu schildern. Es leitet sofort vom Rheingau, wo der Fluss seine »lachende Miene« verliert, über zu der »finstren, uralten Stadt Bacherach«, mit ihren morschen und verfallenen Mauern, ihren »armseelig häßlichen Lehmgassen« und ihrer »öden Stille«. Die Konfrontation mit der Vergangenheit lässt auf dieses Grauen vermittelnde Bild der Gegenwart einen krassen Widerschein fallen: »Diese Mauern waren einst stolz und stark, und in diesen Gassen bewegte sich frisches, freyes Leben, Macht und Pracht, Lust und Leid« (DHA V, 109). Aber zu dieser Vergangenheit gehören wiederum fürchterliche Pogrome, welche die jüdischen Bewohner »damals« in grauenvolles Elend gestürzt haben. Das Werk erzählt danach, wie in der Gegenwart eine kriminelle, lebensbedrohliche Provokation den Rabbi und seine Frau Sara zur Flucht ins rettende Frankfurt zwingt. Dort erwartet sie eine gänzlich konträr dargestellte Welt. Noch auf dem Schiff werden sie am nächsten Morgen »fast geblendet von den Stralen der Sonne« (DHA V, 121); überall auf dem Main herrscht das »lustige Gewühl vieler buntbewimpelter Schiffe«, am Kai »ein betäubender Lärm«. Die »weltberühmte freye Reichs- und Handelsstadt Frankfurt am Mayn« rückt mit ihren »lachenden Häusern, umgeben von grünen Hügeln« ins Zentrum des idyllisch wirkenden Bildes. Die glänzende, bunte, sonnendurchflutete und christliche Stadt dient aber auch selber als Kontrastfolie für ihre dunkle Seite. Über einen »unbewohnten, wüsten Platz« gelangt das Paar in das neue »Judenquartier«, das zur ›Sicherheit‹ seiner Bewohner durch starke Mauern und große Tore abgegrenzt ist (DHA V, 125). Wie es in dem Viertel aussieht, zeigt erneut ein Vergleich »damals«/»jetzt«, der die aufgestapelten Häuser mit ihrer »Leib und Seele« verkrüppelnden Enge grell beleuchtet (DHA V, 131). Der durch Lichteffekte verstärkte Kontrast zwischen dem schaurigen Bacharach, der sinnenfrohen Handelsstadt und dem menschenunwürdigen Ghetto könnte nicht schärfer ausfallen.[41] Was jedoch als düstere Stadtszene begann, endet nach dem Auftreten von Don Isaac Abarbanel in einem fröhlichen Genrebild im Ghetto. Hat der asketische, orthodoxe und gottgefällige Rabbi am Sederabend in Bacharach die Rituale eines »uralten, wunderbaren Festes« zelebriert (DHA 5, 112), dann feiert dieser lebensfrohe spanische *Converso*, eine extravagante Kontrastgestalt, in Schnapper Elles Garküche ein ganz banales Mittagsmahl.[42]

Heine (k)ein Erzähler? Diese Frage wurde meistens negativ beantwortet. Geht man jedoch von einem kontrastästhetischen Ansatz aus, kommt man an der Feststellung nicht vorbei, dass die drei Erzählfragmente (die »Florentinischen Nächte« eingeschlossen) mit ihren Doppelporträts von Städten und Menschen oder wiederkehrenden Orts- und/oder Zeitwechseln nicht grundsätzlich anders als die ›gelungenen‹ »Reisebilder« strukturiert sind.

Der weltanschauliche Dualismus von asketischem Genussverzicht und sinnlich erfülltem Leben hat nicht nur die Komposition der beiden Erzählfragmente geprägt, sondern auch die beiden Libretti »Der Doctor Faust« und »Die Göttinn Diana«. Die Spätwerke sind tatsächlich so von Gegensätzen durchdrungen, dass man sie als Beispiele getanzter Kontrastästhetik bezeichnen könnte.[43] Beide Tanzpoeme veranschaulichen die Überlegenheit der heidnischen über die katholische Welteinstellung, indem sie die eine bis in die Details zum Zerrspiegel der anderen verwandeln. Das unterstreichen Regieanweisungen, die den ständigen Wechsel von banalsten Pas und brillanten Pas-de-deux verlangen, von edlem Tanz und wilden Sprüngen, von zierlichen und dramatischen Pas, von zeremoniösen und freudigen Pas, von verzückten und persiflierenden oder von sittsamen und ausgelassenen Pas. Alles wechselt sich »plötzlich« krass ab: Süßestes *dolce far niente* geht abrupt in wollüstige Freudenlaute über (DHA IX, 74). Überraschende Tänze wie der »Nationaltanz Sodomas«, gravitätischer »germanischer Walzer« oder ein steifer »bekannter Fackeltanz« stehen auf dem Programm. Nicht allein Choreographie, Ausstattung und Regieanweisungen bezeugen Heines perfekte Praxis kontrastiver Kunst, sondern ebenso die oft »grellen« Wechsel von Handlung, Bühnenbild oder Musik. Hatte früher einmal die Einheit von Ort und Zeit normative Kraft, dann wird sie hier völlig über den Haufen geworfen: Die entferntesten Räume und Epochen dienen sich gegenseitig als Kontrastfolie – zuallererst griechische Antike und bürgerlich-christliche Welt.

Im dramatischen Mittel- und Höhepunkt des »Doctor Faust« steht ein wüster Hexensabbat, der auf einer breiten Bergkoppe mit Altar stattfindet (3. Akt). Diesem Spektakel mit bizarren und hässlichen Wesen sind die anderen Akte kontrastiv zugeordnet. Im ersten Akt tritt Faust in »altdeutscher Gelehrtentracht« im gotisch eingerichteten Studierzimmer auf. Der zweite Akt spielt auf einem Schloss in einer steifen Hofgesellschaft. Im Zentrum befinden sich ein Herzog, ein »steifältlicher Herr«, und eine Herzogin, ein »junges, üppiges Weib« (DHA IX, 88). Der vierte Akt springt dann auf eine griechische Insel mit ihrer sonnenüberfluteten, »idealen Landschaft« über (DHA IX, 93) und macht die Nord-Süd-Opposition ›bühnenreif‹ (nordische Gebirgslandschaft vs. schöner Venus-Tempel). »Alles athmet hier griechische Heiterkeit, ambrosischen Götterfrieden, klassische Ruhe« (ebd.). Am Tempel tauschen Faust und Mephistophela symbolisch »ihre mittelalterliche romantische Kleidung gegen einfach herrliche griechische Gewänder« aus. Danach wieder ein jäher Wechsel, der den letzten Akt in die Welt des ersten zurückführt. Vor dem Hintergrund einer Kathedrale mit gotischem Portal wird ein lautes, buntes, niederländisches Genrebild inszeniert, bevölkert von einem Bürgermeisterpaar und seinem blonden Töchterlein. Aber statt zu stillem, bürgerlichen Hausglück kommt es zu einer Höllenfahrt mit Glockengeläute und Orgelklängen, die – so die provokativen Schlussworte – zu »frommen, christlichen Gebeten auffordern« (DHA IX, 97). Dieser »Doctor Faust« kennt weder ein »Ist gerettet« noch »Ewig-Weibliches«, das uns hinan zieht, sondern nur Ewig-Teuflisches, das uns hinab zieht.

Nach dem Gelehrten aus der nördlichen Welt, der nacheinander einer Herzogin, Helena und einer jungen Holländerin verfällt, stellt das zweite Ballett eine Göttin Griechenlands auf die Bühne, in die sich ein deutscher Ritter verliebt. Vergleicht man die pittoresken Bühnenbilder des Faust- mit dem Diana-Ballett, treten Gemeinsamkeiten und Gegensätze sofort hervor. Das erste Tableau der »Göttin Diana« zeigt einen Dianatempel, der an den vierten Akt des »Faust« erinnert; das zweite Tableau spielt in einer christlich gotischen Ritterburg, die den gotisch bzw. feudal und katholisch ausgestatteten Akten eins, zwei und fünf des »Faust«-Balletts ähnelt. Das dritte und vierte Tableau begeben sich in eine wilde Gebirgslandschaft mit Venusberg und in das Innere des Berges, so dass ein krasser Gegensatz zum Hexensabbat im dritten Akt des »Faust« entsteht. Trieb der lüsterne, schwarze Bock auf der Bergkoppe sein dreistes Unwesen, dann vermag Bacchus, »der Gott der Lebenslust«, den toten Ritter sogar ins Leben zurückzubringen. In der Glorie der Vernichtung des »Faust«-Balletts spiegelt sich schließlich deutlich die »Glorie der Verklärung«, mit der das »Diana«-Ballett endet. Die Überlegenheit des heidnischen Geistes wird zuletzt durch eine anspruchsvolle choreographische Anweisung, die einen Zweitanz anordnet, beispielhaft dargestellt. Während Diana im Jagdkostüm »ihren göttlich edelsten Tanz« aufführt, lässt die christliche Burgfrau in den »tollsten Sprüngen« ihren Zorn heraus, und »wir sehen ein Pas-de-deux, wo griechisch heidnische Götterlust mit der germanisch spiritualistischen Haustugend einen Zweykampf tanzt« (DHA IX, 72).

II.2. Semantische ›Skandale‹[44]

Auf der Mikroebene kann sich Heines spielerischer Umgang mit Antithesen virtuos entfalten, die Kontrastpraxis ihre irritierende Wirkung entwickeln. In sprachlicher Form ist das Störpotential dazu prädestiniert, gewohnte Erwartungen kräftig zu enttäuschen und Tabus straffrei zu brechen. – Vier Formen linguistischer Kontrasteffekte ragen heraus. Die Forschung hat diese Praktiken unter den Begriffen Humor, Ironie und Witz eingehend untersucht.[45]

Aufzählungen, besonders asyndetische Reihungen aus Einzelwörtern, Wortgruppen oder Sätzen, sind ein wirkungsvolles Mittel, traditionelle Ordnungen und Hierarchien durcheinander zu wirbeln.[46] Wird gänzlich Disparates unmittelbar hintereinander gesetzt, erscheinen Kontraste sozusagen in ›Reinkultur‹. Die frühe Prosa wimmelt von Beispielen, die später seltener werden. Wie bekannt, stellt »Die Harzreise« anfangs völlig heterogene, empirische Fakten derart zusammen, dass sie den Eindruck eines vollständigen Stadtbildes vermitteln (sollen), in Wirklichkeit aber jede Vorstellung sinnvoller Einheit auf den Kopf stellen. Der misstönende Kontrast von Würsten und Universität sowie von Kirchen und Karzer musste semantisch anstößig wirken. Er wurde in der Tat von zeitgenössischen Kritikern ebenso als Skandal empfunden wie das desillusionierende Nebeneinander von »Profaxen« (Professoren) und »anderen Faxen« oder die sogar wohlklingende Reihung von »Studenten, Professoren, Philister und Vieh« (DHA VI, 84). Städtebilder eignen sich offensichtlich bestens zum (Selbst)Spott: Zu den Hamburger Merkwürdigkeiten gehören – in Satzform – sowohl das »alte Rathhaus« wie die verrufene »Bachushalle« (DHA V, 154 f.); die Liste der närrischen Nicht-Vaterstädte reicht von Schilda bis Schöppenstädt (DHA VI, 181). Durch Einschub eines banalen Elementes mit Kontrast-Effekt[47] oder durch Abschluss mit einem alles relativierenden Segment verhöhnen konjunktionslose Reihungen jegliche Art von Vernunft, vor allem dann, wenn letztere z. B. sowohl für Mathematik wie »Stallfütterung« verantwortlich zeichnen muss (DHA VI, 213); oder sie schmähen falsche Bildung, wenn die Aufzählung großer Völker von den Assyrern bis zu »Kümmeltürken« reicht (DHA VI, 216), wenn Hirsch Hyazinth keinen Künstlernamen unfallfrei auf die Reihe bringt und in die »Patschio« kommt (DHA VII, 115). Aber die Aufzählung von Wortgruppen erzeugt auch Schmäh, wenn z. B. die Redeordnung »Von den Ideen« bis zu Ideen reicht, die »mit grünem Leder überzogen sind« (DHA VI, 205). Asyndetische

Reihungen sind wiederum ein probates Mittel zur Deutschland-Kritik.[48] Der Lobpreis deutscher Tugenden umfasst am Ende der »Briefe aus Berlin« sowohl Mystik als auch »Unsinn« (DHA VI, 53). Ohne jede Relativierung charakterisieren die »Französischen Zustände« Deutschlands dunkle Zeit sowohl mit »Eulen« als auch mit »Blödsinn« (DHA XII, 113) und machen die politische Unreife des Landes an »hohe[r] Obrigkeit« oder an »Löschpapier und Packpapier« fest.[49] – Heines Kontrastverfahren verschont weder Goethe noch Hegel noch sich selber. In der »Harzreise« wird der Erzähler gefragt, ob er Goethes »Werther« gelesen habe, und lässt in die ausweichende Antwort neben Angorakatzen beiläufig »Makaroni und Lord Byron« einfließen (DHA VI, 120). Der Weimarer bekommt ebenso einen Hieb ab, wenn zu den Größen der mittelalterlichen (!) Welt »Gottfried von Straßburg und Wolfgang Goethe« gehören (DHA IX, 74). Hegel, der größte Denker überhaupt, muss sich gefallen lassen, in eine Reihe mit der Schlacht von Marathon und Dampfschiffen gestellt zu werden (DHA VI, 175). Andererseits ist in der Liste der berühmten Nichtraucher neben Cicero auch ein Plätzchen für ein Autor-»Ich« frei (DHA VI, 204), und in der Reihe der großen Verliebten taucht ein »Henricum Heineum« auf (DHA VI, 203).

Gehört das Zusammenzwingen von Heterogenem zu den vorrangigen Verfahren der Kontrastästhetik, dann ist das Oxymoron *die* Stilfigur Heines schlechthin, weil sie echte semantische Kollisionen heraufbeschwört. Ist es Zufall, dass Heine zur Charakterisierung einer »neuen Ästhetik« die oxymorische Figur »jauchzende Bitterkeit« (DHA X, 29) verwendet hat? – Das Oxymoron ist die alles beherrschende Figur der frühen Lyrik, denn die Liebeskonzeption verbindet Liebesschmerz und Schmerzliebe so miteinander, dass das Eine nicht ohne das Andere existieren kann und Schmerz Lust nur verstärkt. Die übermächtige Einheit einander eigentlich ausschließender Gefühle, an die sich der Sprecher z. B. in »Lyrisches Intermezzo« XXI[50] erinnert und die er oxymorisch ausspricht, charakterisiert nicht allein das »Buch der Lieder«. Semantische Kollisionen, die ein Ausdruck wie »scharfer Schmerzjubel« anzeigt, gelten allgemein als Wahrheitszeichen moderner Lyrik.[51]

Im nicht streng tropischen Wortgebrauch kehrt die Figur des Oxymorons vor allem in Heines frühem und mittlerem Werk wieder, um gespaltene oder ambivalente Gefühlsreaktionen auf überraschende Weise zur Sprache zu bringen. Durchgehend fällt das Widerspiel von einerseits »süß«, lustig, heiter und andererseits Schmerz, Grauen, Angst auf.[52] Ebenso das Gegeneinander von Leben und Tod. Neben seinem psychologischen Zweck dient das Oxymoron dazu, Risse in Persönlichkeitsstrukturen aufzudecken oder um Literaturkritik zu betreiben. So gilt z. B. der italienische Arzt Antommarchi als »besonnentrunken« von seinem Land (DHA VI, 158). Mittels *contradictio in adjecto* wird Friedrichs II. »raffinirte Geschmacklosigkeit« verspottet (DHA VII, 17), Gumpelinos Geschichte in ihrer »schmutzigsten Reinheit« indiziert (DHA VII, 114) und werden Platens »blühende Welkheit« bzw. sein »Ueberfluß an Geistesmangel« oder die »trockne Wasserseele« dieses »tristen Freudenjungen« aufgespießt (DHA VII, 148). Ebenso wird Raupachs »täppische Behendigkeit« verlacht (DHA VIII, 230) oder Victor Hugos Kunst als »eiskalt sogar in seinen leidenschaftlichsten Ergüssen« bloßgestellt.[53]

Speziell mit ihren zahlreichen Wortkreuzungen entwickelt Heines ›Skandal‹-Praxis ihre wahre Meisterschaft. Die typischen Neologismen sind ein äußerst wirkungsvolles, aber nicht leicht durchschaubares Mittel, um etwas Anstößiges bewusst zu machen. Heines sprachschöpferische Praxis hat bereits Sigmund Freud erkannt. Als er 1905 nachweisen wollte, dass der Witz auf einer sprachlichen Form, also auf Wortlaut und nicht auf Gedanken beruht, hat er Heines Mischworte »famillionär« und »Millionarr« aufgegriffen.[54] In James Joyces »Finnegans Wake« wurde diese Art von Neologismen dann zum festen Bestandteil der Moderne erkoren. Heute erscheinen Wortkreuzungen als etwas völlig Alltägliches, z. B. in Firmennamen oder Reklametexten.

Nichts zeichnet den vergnüglichen Umgang mit Kontrasten so aus wie die Verschmelzung semantisch konträrer Elemente zu Wortneuschöpfungen. Die von Heine geprägten 61 »Kofferwörter« oder Neologismen hat Almuth Grésillon eingehend untersucht und alphabetisch geordnet.[55] Die Forscherin hat den Begriff »Kofferwort« (»mot-valise«) vorgeschlagen, weil alle anderen Ausdrücke wie Wortkreuzung, Wortverschmelzung, Wortmischung, Wortzusammenziehung umstritten sind. Sie definiert »Kofferwort« als Produkt »d'un processus *formel* de fusion – imbrication de (au moins) deux unités lexicales existantes«.[56]

In der frühen Prosa sowie in der mittleren und späten Lyrik konnte sich Heines linguistische Phantasie regelrecht ›austoben‹, in erster Linie in »Die Bäder von Lukka« und im »Romanzero«. Das närrische Treiben der Bädergesellschaft und das der Welt allgemein waren ihm eine unerschöpfliche Materialsammlung. Insgesamt gesehen sind nicht alle Beispiele unbedingt kontrastiv; oft wird etwas Alltägliches als abschwächendes Segment benutzt. Näher können Verschmelzungen aus zwei Substantiven bestehen (»Dichtermärtyrthum«), aus zwei Adjektiven (»aristokrätzig«) oder aus Substantiv und Adjektiv (»branntweinberauscht«). In einem Spezialfall ergibt nur das Zusammenspiel von Laut und Schrift das brandmarkende «pDrastisch«.[57]

Politik, Religion und bestimmte Schriftsteller gehören zu den hauptsächlichen Zielscheiben dieses polemisch-satirischen Sprachvergnügens. Werden sich – könnte man fragen – z. B. Feudalfürsten ohne Umschweife als »angestammelt« oder mit »erbeigenthümlich« abspeisen lassen? Erkennen sich die Zensurbehörden sofort in »konfiszirlich« oder Vertreter der bürgerlichen Gesellschaft in »*Bouraucratie*« wieder?[58] Katholiken werden ungern vor einer »Prima Donna« auf den Knien liegen oder Liebhaber der Antike kaum eine »Venus Urinia« anbeten wollen. Dagegen dürften Persönlichkeiten und Dichter schnell erkennen, wer mit »Dummerjahn« bzw. mit »Turngemeinplätzen« gemeint ist, wer mit »gaselig«, »Verhofrätherey« oder als »Hugoist« aufgespießt wird.[59] – Zuletzt überrascht noch eine besondere Technik. Mit dem Segment »Narr« lassen sich Millionäre als »Millionarrn« oder als »Millionärrinn« verspotten, Pensionäre als »Pensio-närrinnen« oder ein weiblicher Ideologe als »Doktrinärrin«. Was bleibt von einem Aufstand, wenn er als »revoluzionärrisch« karikiert wird?[60]

Abschließend soll ein kurzer Blick auf die Lyrik zeigen, inwieweit die unbotmäßige Reimtechnik ein akustisches Paradebeispiel der Kontrastästhetik darbietet, werden doch gänzlich heterogene Bereiche verbunden und so ›schön‹ dissonant zum Klingen gebracht, dass sie drastische Kontrasteffekte erzeugen. Schon in der Frühlyrik[61] erfüllten unreine und unbotmäßige Reime von Heterogenem die Funktion, gewohnte Erwartungen ebenso spürbar zu stören wie Reime mit Fremdwörtern[62] oder Reimkontraste. Sie hatten die Aufgabe, die Wahrnehmung realer ›Ungereimtheiten‹ zu schärfen (»Küh«/»Kammermusici«, »Schalmeie«/»Säue«). So verknüpft z. B. der alles Frühlingshafte desillusionierende Epilog von »Neuer Frühling« Hamburgkritik wirkungsvoll mit Nord-Süd-Gegensatz, Neologismus und Reimkontrast: »Schöner Süden! Wie verehr' ich/Deinen Himmel, deine Götter,/ Seit ich diesen Menschenkehricht/Wiederseh, und dieses Wetter!« (DHA II, 30)

Parallel zu den Wortkreuzungen häufen sich in der mittleren Lyrik Kontrastreime mit bissiger Funktion, bevor sie sich in der Spätlyrik nahezu überschlagen. Bündelt man thematisch einige Beispiele aus Heines radikaler Phase, erhält man einen scharfen, gereimten Kommentar zur deutschen Mentalität bzw. zu den überholten deutschen Zuständen – eine originale, bisher wenig beachtete Leistung seiner Reimpraxis. Das ironisch-verstellte Zeitgedicht »Zur Beruhigung« predigt z. B. zuerst Unruhe, indem es die Römer als »Tyrannenfresser« feiert, bohrte doch Brutus »In Cäsars Brust das kalte Messer«. Vor dieser Schock-Folie lassen sich dann die Deutschen als spezielle ›Fresser‹ rühmen, die sich loyal gegen die despotische Obrigkeit verhalten: Ihre »Größe« ist nicht ›größer‹ als ihre »Klöße«; sie genießen »Pfefferkuchen«, statt ihren »Cäsar [zu] suchen«; außerdem lieben sie »Sauerkraut mit Würsten« so innig wie ihre »Fürsten«.[63] Ihre »Kinderstube« ist eben keine »römische Mördergrube« (DHA II, 126). Und wenn sie mal nicht (fr)essen? Dann fahren sie fort zu »schnarchen« unter der Obhut von »sechs und dreyzig Monarchen« (DHA II, 59). Ein solch' despotischer Herrscher scheut sich wiederum nicht, sich selber als »großen Kaiser« zu beweihräuchern und seinen Vater als »nüchternen Duckmäuser« abzukanzeln (DHA II, 122). Die Opposition erscheint allerdings auch nicht reifer. Das spießt ein Gedicht wie »Die Tendenz« auf, das die Wirkungslosigkeit der militanten Appelle an kurzschlüssigen Reimübergängen vorführt wie die von »Werther« zu »Schwerter« und von »weiche Flöte« zu »donn're, tödte!« (DHA II, 120). Was der Name des Oppositionellen »Fallersleben« taugt, offenbart wieder der Reim: sich »Gemüthlich übergeben« (DHA II, 149). – Ein ungewöhnlicher Reim denunziert gleich die ganze Spezies der Großsprecher, die im entscheidenden Moment versagen werden. Das zeigt sehr präzise die gereimte Opposition: »Maulheld«/»Maul hält« – ein homophoner Reim mit völlig konträrer Bedeutung (DHA II, 125).

Ebenso respektlos wie die »Neuen Gedichte« springt auch das »Wintermährchen« mit den Großen dieser Welt um, vor allem dann, wenn sie im Zeichen von Thron und Altar herrschen. Der Sockel schwankt, wenn ein »König« »wenig« gilt oder wenn der, der »regierte«, damit rechnen musste, dass man ihn »guillotinirte« oder wenn »widersetzig« automatisch gegen »aristokrätzig« opponiert. Das Kreuz wackelt, wenn dem »ewigen Gotte« die »geräucherte Sprotte« vorgezogen wird, »Pastöre« die »Censorscheere« schwingen und die »gift'gen Denunziziönchen« ausgerechnet von »Mönchen« stammen.[64] Aber auch die wahrhaft Großen bekommen ihr (›Reim‹)Fett ab. Schiebt Hegel »Kegel«, ist nur ein »Strohwisch«, was »philosophisch« sein soll. Trugen die revolutionären »Französchen« einst »weiße Höschen«, tragen die friedlich gewordenen Franzosen jetzt rote »Hosen« – haben aber »bessere Saucen«.[65]

Zum Schluss (um nicht abzuschließen) sei formal die Tragweite von Heines Kontrastästhetik mit der Frage getestet: Wieweit hat sie an Komik, Humor und Ironie teil? Oder: In welchem Verhältnis steht sie zu diesen Welteinstellungen? In einem sehr nahen! So kann die Antwort nur lauten, wenn man auf Heines Verständnis dieser Begriffe und auf die Auffassungen seiner Zeitgenossen rekurriert. Heine hat sich bekanntlich durchgehend als Humorist bezeichnet und seine Zeitgenossen haben ihn als Humoristen (ein)geschätzt.[66] Im Rückgang auf das englische 18. Jahrhundert konnte Wolfgang Preisendanz in einer grundlegenden Studie zeigen, dass die damaligen Theorien von Lachen und Komik auf die Inkongruenz- bzw. Kontrastkonzeption zurückgehen.[67] Wurde Humor zunächst mittels der Idee einer entfesselten Subjektivität definiert, die alle Dogmen und Ordnungen missachtet[68], dann ist es der romantischen Ästhetik gelungen, den Begriff geschichtsphilosophisch neu zu bestimmen. Daran hat Jean Paul durch seine Verwendung des Kontrastbegriffs wesentlichen Anteil genommen. In seiner »Vorschule zur Ästhetik« leitet der Ästhetiker Humor von einer Komiktheorie ab, die vom Gegensatz des Endlichen (Realen) und des Unendlichen (Idealen) ausgeht, d.h. von der Wahrnehmung des bloßen »Kontrastieren[s] des Endlichen mit dem Endlichen«, das keine »Unendlichkeit« zulässt. Wird aber das Begrenzte im Horizont des Unendlichen aufgehoben, dann entsteht nach Jean Paul »humour oder das romantisch Komische«. Seine bekannte Definition lautet: »Der Humor, als das umgekehrt Erhabene, vernichtet nicht das Einzelne, sondern das Endliche durch den Kontrast mit der Idee«.[69] Diese Bestimmung ist auch 20 Jahre später noch lebendig.[70] Der kritische Intellektuelle Heine erteilt allerdings jeder Vorstellung harmonischer Ganzheit eine grundsätzliche Absage, bleibt jedoch offenbar Jean Pauls Idee des ›Vernichtens‹ und der »Humoristischen Totalität« treu, wenn er seine eigene Humor-Konzeption entwickelt.[71] An einer zentralen Stelle seines Schaffens versteht er unter Humor bzw. unter humoristischen Werken die treue Abspiegelung der »schmutzigen und heiligen, grandiosen und winzigen Combinazionen einer umgestülpten Weltordnung« (DHA XI, 96), d. h. einer bereits auf den Kopf gestellten Welt. Dieser starke, ursprünglich philosophisch orientierte Humorbegriff hat sich aber bald gewandelt, bevor er im 19. Jahrhundert *à propos* Heine durch Witz und Ironie ersetzt wurde.

Gehen jedoch Komik und Humor auf real existierende Kontraste zurück, dann betrifft das auch – was Theodor Mundt bereits betont hat[72] – die Ironievorstellung. Kehrt nicht noch etwas anderes vom Jean Paul'schen Erbe wieder – möchte man fragen –, wenn Heine mit dem Begriff »Weltironie« die grundsätzliche Widersprüchlichkeit und Unvernünftigkeit der Welt auf den Begriff bringt (DHA VII, 199)? Seit Band II der »Reisebilder« weiß der Dichter, dass die Welt eine Mischung aus Traumgebilden ist, die »buntscheckig toll« und »harmonisch vernünftig« erscheinen (DHA VI, 175); dass die »Weltbühne« sich nicht grundsätzlich von »Lumpenbrettern« unterscheidet, auf der »besoffene Helden« agieren, genauer, vom »großen Urpoeten« bzw. von der »Ironie des großen Weltbühnendichters« agiert werden (DHA VI, 200 f. und VII, 111). Für die poetische Praxis heißt das: das Kunterbunte ›bunt‹ zur Geltung zu bringen, um die Krisenphänomene der modernen Gesellschaft zu brandmarken. Ironie bedeutet deshalb nicht allein das zensurbedingte Katz- und Mausspiel mit Gesagtem und Gemeintem[73], sondern ist synonym mit einer kontingent gewordenen Weltordnung. Daher ihr quasi ontologischen Status. – Beschwört Heine seine großen Vorbilder Aristophanes und Shakespeare, stellt er gerade die »tiefe Weltvernichtungsidee« heraus, »die jedem aristophanischen Lustspiele zum Grunde liegt« (DHA VII, 148). Der 2007 verstorbene Heineforscher Wolfgang Preisendanz hat ausführlich den Zusammenhang von Heines »Vorliebe« für Kontrastsicht mit dessen Ironiebegriff erörtert. Der Germanist kommentiert eine Passage aus »Die Stadt Lukka«, in der die Rede von Tanzmusik ist; sie lautet: »diese sonst so heiteren Töne schneiden einem hier ironisch gräßlich ins Herz«. Preisendanz erläutert Heines Auffassung von »ironisch« ausdrücklich mit den Worten: »Für jeden Kontrast, jeden Widerspruch, jedes Mißverhältnis scheint sich das Wort anzubieten.«[74]

Anmerkungen

Dieser Beitrag versteht sich als Fortführung eines größeren Projektes, dessen erster Teil unter dem Titel »Kontrastästhetik. Heines Programm einer neuen Schreibart« erschienen ist in: Heinrich Heine. Ein Wegbereiter der Moderne. Hrsg. von Paolo Chiarini und Walter Hinderer. Würzburg 2009, S. 43–66 (Heine-Tagung Rom, Mai 2007). Im nachfolgenden, erneut allgemein-theoretisch orientierten ersten Abschnitt waren einige Überschneidungen mit früheren Überlegungen nicht zu vermeiden. Der Titel folgt der besonders beispielhaft erscheinenden Heine-Erinnerung von Caroline Jaubert: »Meine liebe Freundin, Sauerkraut mit Ambrosia überschüttet, das ist mein Bild!« (Werner II, S. 86; vgl. Anm. 63)

[1] Hartmut Steineckes Kritik aus dem Jahre 1989 hat nichts an Aktualität verloren: Es gibt »in der Heine-Forschung zwar eine in die Tausende gehende Zahl von Arbeiten, die sich mit seinen politischen, religiösen, philosophischen oder literarischen Ansichten und Gedanken befassen, aber nur relativ wenige, die sich eingehender mit seinem Stil und seiner Sprache beschäftigen.« Ders.: Heines ›neue Schreibart‹: Eigenarten – Bedeutung – Wirkung. – In: Ders.: Unterhaltsamkeit und Artistik. Neue Schreibarten in der deutschen Literatur von Hoffmann bis Heine. Berlin 1998, S. 165–179, hier S. 167.

[2] Dierk Möller: Heinrich Heine. Episodik und Werkeinheit. Wiesbaden, Frankfurt a. M. 1973, S. 87 ff.; Ursula Lehmann: Popularisierung und Ironie im Werk Heinrich Heines. Die Bedeutung der textimmanenten Kontrastierung für den Rezeptionsprozeß. Frankfurt a. M. [u. a.] 1976, S. 108 ff.; vereinzelt Slobodan Grubačič: Heines Erzählprosa. Versuch einer Analyse. Stuttgart [u. a.] 1975, S. 9 ff. (zu »Harzreise«), ferner S. 51 f., 55 f., 65 ff. Vgl. Höhn ^{3}2004, S. 385 ff.: »Kontrastästhetik«.

[3] Galley/Estermann I, 315 und 320.

[4] Galley/Estermann II, 205.

[5] Galley/Estermann VI, 201.

[6] Ebd., 210. Vgl. Textversion von 1842 und 1843, Bd. VII (hrsg. von Sikander Singh), 43 und 254 f.

[7] Theodor Mundt: Ueber Bewegungsparteien in der Literatur. – In: Literarischer Zodiacus. 1835. Januar bis Juni, S. 6.

[8] auf der Horst/Singh, 451 f.

[9] Das »Heinrich-Heine-Portal« (URL: http://www.heine-portal.de) erfasst für »Kontrast«/»Contrast« 133 Stellen, wobei Übersetzungen, Textvarianten und Kommentare mitgezählt werden. Nicht genannt ist der mehrfache, z. T. aufschlussreiche Gebrauch in den Briefen, z. B. HSA XX, 200, 374, 384; HSA XXIII, 371.

[10] Heinrich Lausberg hat »Kontrast« nicht verzeichnet (ders.: Handbuch der literarischen Rhetorik, 4. Aufl., Stuttgart 2008, vgl. »antitheton«, §§ 787–807). Ebenso kein Eintrag in: Ästhetische Grundbegriffe. Historisches Wörterbuch in sieben Bänden. Hrsg. von Karlheinz Barck u. a. Bd. 3, Stuttgart, Weimar 2001.

[11] Walter Kambartel: Kontrast. – In: Historisches Wörterbuch der Philosophie. Hrsg. von Joachim Ritter und Karlfried Gründer. Basel 1976, Bd. IV, Sp. 1066 f.; Etienne Souriau: Vocabulaire d'esthétique. Publié sous la direction de Anne Souriau. Paris 1990, S. 481 f.

[12] Roger de Piles: Abrégé de la Vie des Peintres. Avec des reflexions sur leurs Ouvrages […], Paris 1699. Zitiert nach: Max Imdahl: Farbe. Kunsttheoretische Reflexionen in Frankreich. Mün-

chen 1987, 3. Aufl. 2003, S. 59. Zu de Piles ebd., S. 55 ff. Caravaggio gilt allgemein als Meister der Kontrastmalerei. Vgl. das Spottspiel mit seinem Namen in DHA VII, 115.

[13] Kambartel [Anm. 11], Sp. 1066.

[14] Das Auftreten der einfach und züchtig gekleideten Tänzerin Laurence steht in »Contrast« zur Bekleidung älterer, bunt geputzter und stark dekolletierter Damen (DHA V, 239). Im Fall Maßmanns »kontrastirte« der weißgewaschene Kragen seines Rockes mit seinen schmutzigen Händen (DHA VII, 22).

[15] HSA XX, 200; vgl. Heine als Gegentyp zu Schnaase, ebd., 384.

[16] DHA V, 226 (Engländerinnen); DHA XIV, 124 (Engländer); DHA VI, 155 (hannövrisches Offizierkorps und englische Sitten); DHA VII, 519 (französisches und englisches Militär); DHA VII, 256 (englische und süddeutsche Parlamentarier) und DHA V, 64 (Polen und Deutsche).

[17] Außerdem »Contraste« im Mittelalter (DHA VIII, 18), in früher Neuzeit (DHA IX, 97) oder in englischer Gegenwart (DHA VII, 220). Ferner die Opposition von »O schöne Welt, du bist abscheulich!« und Orkus, in dem kein »schnöder Contrast« mehr kränkt (DHA III, 186).

[18] Zu wörtlichen Mensch-Natur-Kontrasten vgl. DHA VI, 135 (Ober- und Unterharz) und DHA XIV, 122.

[19] DHA XII, 26, 27 und 35, 38 f. die besonders eindringliche weltanschauliche Gegenüberstellung des Puritaners Cromwell mit der Leiche König Karls, Repräsentant der »Herrlichkeit des Königthums«.

[20] DHA X, 67, 115 und 132; DHA X, 56; DHA X, 108; DHA X, 71: durch »Sprachformen kontrastiren« lassen.

[21] DHA VIII, 231, 189 und 223 (zu Tieck: die »Kraft dieser Poesie« »kontrastirte« mit der »Schwäche des Thees«); DHA XIII, 315; DHA X, 71.

[22] »Ein ergiebiger, unversiegbar kostbarer Stoff für die Dichter ist das christliche Leben im Mittelalter. Nur das Christenthum konnte auf dieser Erde sich Zustände bilden, die so kecke Contraste, so bunte Schmerzen, und so abentheuerliche Schönheiten enthalten.« (DHA VIII, 18)

[23] Heine sucht im Zustand der englischen Zivilisation den Grund für Shakespeares Genie. »Wenn der Dichter diesen [unreifen] Stoff für die Bühne bearbeiten wollte, so nahm er ihn in seiner Ganzheit, mit allen seinen Beymischungen, mit allen Contrasten die sich darin begegneten, und der Geschmack des Publikums gerieth keineswegs in Versuchung sich über solches Verfahren zu beklagen.« (DHA X, 187)

[24] Der Schluss der »Französischen Maler« verkündet nach der Julirevolution: »die neue Zeit wird auch eine neue Kunst gebären« (DHA XII, 47).

[25] Möller [Anm. 2], S. 97; Lehmann [Anm. 2], S. 108.

[26] Vgl. Möller [Anm. 2], S. 104: »Für Kontraststrukturen gilt, dass erst beide Teilstücke zusammen das Ganze bilden.«

[27] Werner II, 52.

[28] Galley/Estermann XII (hrsg. von Christoph auf der Horst), 708.

[29] Vgl. Gerhard Höhn: Kontrastästhetik. Heines Programm einer neuen Schreibart. – In: Heinrich Heine. Ein Wegbereiter der Moderne. Hrsg. von Paolo Chiarini und Walter Hinderer. Würzburg 2009, S. 43–66. Vgl. Julia Aparicio Vogl: Heine – Ein Spötter von der traurigen Gestalt. Die Präsenz des »Don Quijote« und seines Autors Cervantes im Werk Heinrich Heines: Deutungsanalysen und Stilvergleiche. Frankfurt a. M. u. a. 2005.

[30] »Bey Cervantes finden wir noch nicht diese einseitige Richtung [wie bei deutschen Schriftstellern], das Unedle ganz abgesondert darzustellen; er vermischt nur das Ideale mit dem Gemei-

nen, das Eine dient dem Andern zur Abschattung oder zur Beleuchtung, und das adelthümliche Element ist darin noch eben so mächtig wie das volksthümliche« (DHA X, 257f.).

[31] Kapitel XI stellt den religiösen Maler Raffael, der die »Religion des Schmerzes« vertreten hat, deutlich gegen den ebenfalls religiösen Maler Jan Steen, welcher der »Religion der Freude« zum Triumph verholfen hat (DHA V, 182).

[32] Karl Rosenkranz: Ästhetik des Hässlichen. Darmstadt 1973. Im Hinblick auf das »Kunsthäßliche« sei es falsch zu denken, »die Schönheit bedürfe der Häßlichkeit […], um als Schönheit desto nachdrücklicher zu erscheinen« (ebd., S. 36 f.). Sie ist absolut, nicht relativ. »Der Contrast, dessen die Kunst oft bedarf, braucht nicht durch den Gegensatz des Häßlichen erzeugt zu werden« (ebd., S. 37).

[33] Victor Hugo: Théâtre complet I. Edition établie et annotée par J[ean]-J[acques] Thierry et Josette Mélèze. Paris 1963, S. 419. Vgl. dazu Carsten Zelle: Die doppelte Ästhetik der Moderne. Revisionen des Schönen von Boileau bis Nietzsche. Stuttgart, Weimar 1995. Vierter Teil, Kap. I, 2.

[34] Hugo [Anm. 33], S. 425. In »Lutezia« kanzelt Heine seinerseits Hugos Stil als »barocke Barbarey, gellende Dissonanz« ab (DHA XIII, 44).

[35] Folglich gibt sich der Erzähler, ein angehender Theologiestudent, während seines Semesters in Hamburg »weltlichen Dingen« hin, bevor er sich in Leiden endlich »göttlichen« Dingen zuwendet (DHA V, 153). Zu Heines Hamburg-Bild im Erzählfragment vgl. Joseph A. Kruse: Heines Hamburger Zeit. Hamburg 1972, S. 287 ff.

[36] Um den zeitlichen Abstand zu unterstreichen, heißt Heloise jetzt Heloisa. Sie ging »unter in Matrosenlerm, Punsch, Tabacksrauch und schlechter Musik« (DHA V, 159).

[37] DHA V, 155 und 159 ff.: Jetzt/Einst, damals/jetzt, sonst/jetzt etc. (die Sterne funkelten »einst, in schönen Sommernächten«, »jetzt aber so winterkalt«). Neben Zeitabstand ist alles noch durch Nord/Süd- und Sommer/Winter-Gegensatz überdeterminiert.

[38] Auf 4 ½ Seiten Text ca. 20 mal: »In frühern Tagen«/»Jetzt« bzw. sonst/wie sonst/einst//jetzt/noch immer/unterdessen. – Dieser temporale Kontrast ist nicht nur ein typisches Stilmittel der Prosa, sondern auch der Lyrik. Im »Buch der Lieder« sind nach diesem Muster z. B. die zyklisch besonders hervorgehobenen Prologe der »Traumbilder« und der »Heimkehr« sowie der Epilog der »Heimkehr« strukturiert. Ebenso beschwört das Zeitgedicht »Der Tambourmajor« durchgehend einstige Größe vor der Folie aktueller Misere. Ab Caput XXI konfrontiert das »Wintermährchen« das frühere mit dem jetzigen, in vieler Weise abgebrannten Hamburg.

[39] DHA VII, 199; die Textstelle findet sich wörtlich im Cervantes-Essay wieder, vgl. DHA X, 249 f.

[40] Ein Wiedersehen nach Jahren muss nicht unbedingt körperlichen Verfall und Desillusion bedeuten. Als Heine in Paris August Wilhelm Schlegel wieder trifft, erfreut sich sein früherer, alt gewordener Lehrer einer »spaßhaften zweiten Auflage seiner Jugend« (DHA VIII, 176). – Etwas anderes zeigt sich dagegen bei Heines Pariser Wiedersehen mit Börne. Im Herbst 1831 fällt ihm dessen körperliche Veränderung auf, aber es handelt sich um eine, »die sich in seinem ganzen Wesen aussprach«, und die Abmagerung stand in Einklang mit dessen politischer Radikalisierung (DHA XI, 59). – Mittels Erinnerungsperspektive werden noch Uhland und Tieck als zeitfremd gewordene Größen verabschiedet: »ja damals«, »Ja, einst war das anders« (DHA VIII, 231) und einst war es »lieb«, jetzt »widerwärtig« (DHA X, 21).

[41] Am Ghettotor, an der Nahtstelle zweier sich ausschließender Welten, steht sich ein kontrastives Paar gegenüber: auf der einen Seite ein borniert christlicher, antisemitischer Landsknecht: »eine schwere dicke Gestalt«; auf der anderen Seite ein Wächter mit Namen »Nasenstern«: »eine lange, magere Gestalt« (DHA V, 125 und 129).

⁴² Der das Werk prägende Gegensatz von Askese und Lebensgenuss findet sich selbst in den Details der Beschreibung der beiden antithetisch angelegten Rituale wieder (die außerdem parodistisch abgeschattet erscheinen). Hat das rituelle Bacharacher Abendmahl mit seinen heiligen Geschichten und symbolischen Speisen eine wehmütige Stimmung verbreitet, so kitzelt das lukullische Mittagsmahl mit seinen alltäglichen, ›reellen‹ Düften die Nase Don Isaacs, allerdings nicht ohne nostalgische Erinnerungen an die »Väter«, »als sie zurückdachten an die Fleischtöpfe Egyptens«, zu wecken (DHA V, 143). Der Geist ist konvertiert – so ließe sich dieser Kontrast zusammenfassen –, aber Gaumen und Nase sind »nicht abtrünnig« geworden. Don Isaac lehnt die spiritualistische Religion des asketischen Rabbi mit den an Schnapper Elle gerichteten Worten ab: »ich liebe Eure Küche weit mehr als Euren Glauben; es fehlt ihm die rechte Sauçe« (DHA V, 142).

⁴³ Dieser Aspekt hat in den 30er Jahren auch den Aufbau nicht-fiktionaler Werke geprägt: Vor der Folie von Geistesfreiheit, Emanzipation und Kosmopolitismus stehen z. B. die Romantiker als unfrei, feudal, katholisch, national und antifranzösisch da (»Romantische Schule«); »Der Schwabenspiegel« spielt die schwäbischen »Riesenseichen« Schiller, Schelling und Hegel gegen die Verehrer von »Gelbveiglein« und Maikäfern aus, und »Ludwig Börne« besteht aus einem kontrastharmonischen Spiel von Porträt und Selbstporträt.

⁴⁴ Wulf Wülfing hat im Hinblick auf Metaphern den Begriff »semantische ›Skandale‹« in die Forschung eingeführt. Vgl. ders.: Skandalöser ›Witz‹. Untersuchungen zu Heines Rhetorik. – In: Wolfgang Kuttenkeuler (Hrsg.): Heinrich Heine. Artistik und Engagement. Stuttgart 1977, S. 43–65, hier S. 49: zusammenzwingen, was semantisch als »inkompatibel« gilt.

⁴⁵ Zuletzt zu Heine und romantische Ironie: Sandra Kerschbaumer: Heines moderne Romantik. Paderborn 2000, S. 191 ff.

⁴⁶ Slobodan Grubačič hat das treffend »Kollisionsverfahren« genannt und meint die desillusionierende Wirkung, die durch die Verbindung von Beliebigem mit Beliebigen entsteht; er betont besonders: »Der Kontrast entsteht bei Heine durch autosemantisch und scheinbar beiläufig aneinandergereihte gegensätzliche Fakten, Situationen und Personen«. Grubacic [Anm. 2] S. 10. Vgl. Lehmann [Anm. 2], S. 138.

⁴⁷ Drastische K(ontrast)-Effekte entstehen durch Rückgriff auf bestimmte Körpermerkmale oder Symptome. Z. B. die Verbindung Hämorrhoiden und »gekränkte Liebe« (DHA VII, 171), oder »die perfiden/Preußischen Hämorrhoiden« als Gebresten, die der Autor in seinem »Vermächtniß« hinterlässt (DHA IIII, 121) oder Meyerbeers »Hemeroidhal-Musik« (DHA III, 401). Andererseits werden »Hühneraugen« mit »Juwelen« gepaart (DHA VII, 91), schmücken »Fortschrittsbeine« (DHA III, 97) oder zieren »deutsche Staatsfüße« (DHA XIV, 271, als »Judenbeschränkungen«). Vgl. Christian Liedtke: »... es lachten selbst die Mumien«. Komik und grotesker Humor in Heines »Romanzero«. – In: HJb 43 (2004), S. 12–30. S. 13 f.: die »Leiblichkeit des Menschen« als Grundmotiv der Komik, die durch »Kontrast« von Essbarem und geistigen Bedürfnissen erfolgt.

⁴⁸ Auch zur England-Kritik, vgl. Aufzählung »summende Maschinen [...] geschlossene Mäuler« (DHA VII, 221 f.). Vgl. hier S. 5 f.

⁴⁹ Im Gegensatz dazu hat Frankreich alle Autoritäten der Reihe nach umgestürzt, vom König bis zum Gastwirt Biffi, »von Rossini bis zum kleinsten Maulaffi« (DHA XII, 181).

⁵⁰ »Ich weiß nicht, war Liebe größer als Leid?/Ich weiß nur sie waren groß allebeid!« In der Vorrede zur 3. Auflage lässt der Dichter trotz des zeitlichen Abstandes die Nachtigall wieder auf typische Art »von Lieb' und Liebesweh'‹,/Von Thränen und von Lachen« singen und hört den Liebessänger »traurig« jubeln und ›froh‹ schluchzen (DHA I, 153 und 11).

⁵¹ Die »Nachklänge des Mittelalters« in Uhlands Poesien »verwehen jetzt im Lärmen der neuesten Freyheitskämpfe, im Getöse einer allgemein europäischen Völkerverbrüderung, und im

scharfen Schmerzjubel jener modernen Lieder, die keine katholische Harmonie der Gefühle erlügen wollen und vielmehr, jakobinisch unerbittlich, die Gefühle zerschneiden, der Wahrheit wegen« (DHA II, 205).

[52] Das abgenutzte Segment »süß« kommt in zahlreichen Spielarten vor, z. B. in Verbindung mit einem Substantiv als »süßer Schmerz«, »süßes Grauen« oder »süßes Elend« (DHA VII, 26, 41 f. und II, 17); mit konträrem Adjektiv als »süß verderbliches Lied« oder »krampfhaft süße Empfindungen« (DHA VI, 180 und VIII, 126); adverbial als »süß unheimlich«, »grauenhaft süß«, »schauerlich süß« oder »süßsäuerlich« (DHA VII, 60, 173; VIII, 18 und V, 211) oder als Substantiv als »grauenhafte Süßigkeiten« (DHA V, 186). Segment Tod: »lebenssüchtige Todesbegeisterung« oder »todzärtlich« (DHA VII, 48 und VII, 60).

[53] DHA XIII, 44. Vgl. heiß/kalt-Kontrast in Heines Brief an Immermann: »Die Kälte hält mich jetzt von einem Abstecher nach Berlin ab. Es ist brennend kalt« (HSA XX, 384).

[54] Sigmund Freud: Der Witz und seine Beziehung zum Unbewussten. In: Ders.: Gesammelte Werke. Bd. VI, S. 14 ff.: Die Technik des Witzes. Der Psychoanalytiker Jacques Lacan hat zahlreiche »Kofferwörter« gebildet, weil sie nach seiner Doktrin die symbolische Struktur des Unbewussten in besonderem Maß kennzeichnen.

[55] Almuth Grésillon: La règle et le monstre: le mot-valise. Interrogations sur la langue, à partir d'un corpus de Heinrich Heine. Tübingen 1984, S. 7. Das Kofferwort ist keine historisch-etymologische Rekonstruktion, sondern »la *production* d'une forme tout à fait singulière, obtenue par la fusion de deux termes qui, eux aussi, peuvent être phonétiquement proches, mais entre lesquels il n'existe en général aucun lien sémantique ›naturel‹«. Wülfing spricht von Neologismen, die durch »Kontamination« entstehen. Oberbegriff »Paronomasie«. Vgl. ders. [Anm. 44], S. 51 ff.

[56] Grésillon [Anm. 55], S. 12.

[57] DHA VII, 95 (Dichtertum + Märtyrtum); DHA IV, 141 (aristokratisch + krätzig); DHA III, 224 (Branntwein + weinberauscht); DHA VII, 150 (päderastisch + drastisch).

[58] DHA II, 142 (angestammt + stammelt); DHA II, 126 (Erbeigentum + eigentümlich); DHA IV, 94 (konfiszier- + zierlich); DHA III, 388 (Bürokratie + Bourreau).

[59] DHA VII, 114 (Primadonna + Madonna); DHA VII, 121 (Venus Urania + Urin); DHA VI, 85 (Dummerjan + Turnvater Jahn); DHA VI, 128 (Turnplätze + Gemeinplätze); DHA VII, 143 (Ghasel + selig); DHA II, 124 (Verräterei + Hofrat); DHA XIII, 44 (Victor Hugo + Egoist).

[60] DHA VI, 209; DHA VI, 73; DHA III, 138 (Doktrinär + Närrin); DHA VII, 49 (revolutionär + närrisch).

[61] Wilhelm Solms: Reine und unreine Reime von Heine. – In: »...und die Welt ist so lieblich verworren«. Heinrich Heines dialektisches Denken. Festschrift für Joseph A. Kruse. Hrsg. von Bernd Kortländer und Sikander Singh. Bielefeld 2004, S. 293–307 (S. 293: »Eine Studie von Heines Reimkunst, zu der hier nur ein Entwurf vorgelegt werden kann, steht bis heute aus«).

[62] DHA I, 183: »Theetisch«/»ästhetisch«, »Mund weit«/»Gesundheit«. »Lyrisches Intermezzo« XXVIII: »spendabel«/»kapabel«, »Fabel«/»miserabel«, »passabel« und »aimabel« (DHA I, 159 f.). Spätere Fremdwortreime z. B. in »Verschiedene« (»kapabel«/«Robert-le-Diable«; DHA II, 40) oder im »Wintermährchen« (»zu Hause wäre«/»Faubourg Poissonière«, »Franzosen«/»Saucen«; DHA IV, 132 und 136).

[63] Im kulinarischen Bereich lassen sich mit Sauerkraut starke K(ontrast)-Effekte erzeugen. Neben Titel-Zitat noch DHA XI, 116: Sauerkraut und »Orangenblüthen«; DHA IV, 111: »mein Sauerkraut« oder DHA XIV, 44: Victor Hugos »versifizirtes Sauerkraut«.

[64] DHA IV, 108, 127, 141, 154 und 98.

⁶⁵ DHA IV, 102 und 104; 101 f. und 136. Gut kommt dagegen Heines Verleger davon, denn das neologistische Wortspiel »schlampampen« errichtet »Campen« ein schönes Denkmal (DHA IV, 141).

⁶⁶ Karl August Varnhagen von Ense: Rezension zu »Reisebilder« I. – In: Galley/Estermann I, 213; Schwab [Anm. 3] und Mundt [Anm. 5]; vgl. Wolfgang Preisendanz: Die umgebuchte Schreibart. Heines literarischer Humor im Spannungsfeld von Begriffs-, Form- und Rezeptionsgeschichte. – In: Heinrich Heine. Artistik und Engagement. Hrsg. von Wolfgang Kuttenkeuler. Stuttgart 1977, S. 1–21, insbes. S. 1 ff.

⁶⁷ Preisendanz [Anm. 66], S. 5 ff.; vgl. Wolfgang Preisendanz: Humor, Komische (das), Lachen (das). – In: Historisches Wörterbuch der Philosophie [Anm. 8], Bd. III, G-H, Sp. 1232–1234 und Bd. IV, I-K, Sp. 889–893. »Mit der Inkongruenz- oder Kontrasttheorie entwickelt das ausgehende 18. Jahrhundert in England und Deutschland ein Konzept, das K[omische] als einen spezifischen […] ›Referenten‹ des Lachens zu statuieren«. Die romantische Ästhetik legt um 1800 ihren Erörterungen des Komischen »die Inkongruenzlehre zugrunde« (ebd., Sp. 889).

⁶⁸ Preisendanz [Anm. 66], S. 8.

⁶⁹ Jean Paul: Vorschule der Ästhetik. – In: Ders.: Werke. Bd. V. Hrsg. von Norbert Miller. München 1963, S. 124 f.

⁷⁰ Vgl. Götz Müller: Zur Bedeutung Jean Pauls für die Ästhetik zwischen 1830 und 1848 (Weisse, Ruge, Vischer). – In: Jahrbuch der Jean-Paul-Gesellschaft 12 (1977), S. 105–136.

⁷¹ Maria-Christina Boerner betont Berührungs- und Trennpunkte zwischen Heine und Jean Paul: »Die ganze Janitscharenmusik der Weltqual«. Heines Auseinandersetzung mit der romantischen Theorie. Stuttgart, Weimar 1998, S. 257 ff.

⁷² Vgl. hier S. 2. Zum Humor vgl. Bernd Kortländer: »…der beste der Humoristen«. Zu Heines Humorbegriff am Beispiel seine Gedichts »Zwei Ritter«. – In: Wirkendes Wort 42 (1992), S. 55–66. Dort heißt es: »[...] die aus den Kontrasten gewonnenen humoristischen Effekte prägen das Grundmuster des Heineschen Schreibens.« Ebd., S. 61. – Auch Heines Witz operiert mit Kontrasten, er stellt überraschende Verbindungen zwischen unvereinbaren Gegenständen her.

⁷³ Es wäre untersuchenswert, inwieweit Ironiesignale (die auch immer Störfaktoren von Illusionen sind und das Gemeinte hinter dem Gesagten signalisieren) auf Kontrasten beruhen, bzw. inwieweit der ›Heineton‹ oder der sog. Heine-Effekt ein Kontrasteffekt ist. Vgl. Rainer Warning: Ironiesignale und ironische Solidarisierung. – In: Das Komische. Hrsg. von Wolfgang Preisendanz und Rainer Warning. München 1976 (Poetik und Hermeneutik VII), S. 416–423, hier S. 419: »Ironiesignale lassen sich […] am besten als Störfaktor beschreiben, die die ironische illusio durchbrechen«.

⁷⁴ Wolfgang Preisendanz: Ironie bei Heine. – In: Ironie und Dichtung. Sechs Essays. Hrsg. von A. Schaefer. München 1970, S. 85–112, hier S. 95, vgl. ebd., S. 91.

Freiheit und Offenbarung
Zur geschichtskritischen Konstruktion der Schrift beim späten Heine

Von Christine Ivanović, Tokyo

> Die Freiheit wird überall sprechen können und ihre Sprache wird biblisch sein.
> (B III, 546)

Dem Begriff der Offenbarung eignet neben der religionsstiftenden auch eine profane Bedeutung, wenn er als juristischer Terminus gebraucht wird: Wer den Offenbarungseid zu leisten gezwungen ist, hat das völlige Scheitern seiner Bemühungen um eine stabile materielle Existenz eingestanden, er sieht der persönlichen Katastrophe ins Auge. Diese Ambivalenz ist weder arbiträr noch erscheint sie zufällig. Seit Luther dient ›Offenbarung‹ zur Übersetzung dreier durchaus differenter griechischer Termini: der αποκάλυψις (Enthüllung), der επιφάνεια (Erscheinung) und der δήλωσις (Verkündigung).[1] Die gleichlautende Übersetzung verdichtet die darin umfassten Begriffe zu einem katastrophalen und einem Rettung verheißenden, auf Erlösung gerichteten Moment; sie eröffnet so nicht allein das Denken einer Beziehung zwischen beiden, sie scheint auch den Gedanken einer heilsgeschichtlichen Konstruktion von Geschichte geradezu zu präformieren, wie er später ausformuliert wurde.[2] Luthers Übersetzung verleiht dem Begriff Offenbarung produktive Spannung schließlich gerade dort, wo er als poetologisch relevanter Terminus dem profanen Text der Neuzeit eingeschrieben wird. Im Zeitalter nach der Aufklärung und unter dem Eindruck der dadurch bedingten geistes- wie kulturgeschichtlichen Veränderungen gewinnt das an die Einbildungskraft geknüpfte Verständnis von Offenbarung in Poesie und Poetologie vor allem der Frühromantik definitorische Bedeutung.[3] Dabei wird sie zuletzt auch bezogen auf historiographische Konzepte, so etwa wenn Friedrich Schlegel den Historiker als ›rückwärts gekehrten Propheten‹ und beide, den Propheten wie den Historiker, als Philosophen und Poeten zugleich apostrophiert.[4] Wie zu erwarten, unterließ es Heine in der »Romantischen Schule« nicht, Schlegel gerade von diesem Diktum her zu ironisieren.[5] Die virtuose poetische Entfaltung des derart bereits um die Mitte der dreißiger Jahre entworfenen Konzepts lässt sich dann vor allem beim späten Heine, nach dem Scheitern der 48er Revolution und nach seinem endgültigen körperlichen Zusammenbruch, konstatieren. Der in seiner letzten Gedichtsammlung »Romanzero« programmatisch pointierte neuerliche Rückgriff auf Begriff und Konzept der Offenbarung hat in vielfacher Weise an deren ganzer Ambivalenz Anteil. Als Grundbegriff seiner Poetik bleibt Offenbarung bei Heine untrennbar von seiner Geschichtskritik. In seinem poetischen Verfahren bedient er sich dabei vornehmlich der Figur der Inversion, um, wie zu zeigen sein wird, dem historischen Bezug jenen Akut zu verleihen, der erst dem auf die Idee der Freiheit gerichteten Impuls Heines gerecht zu werden vermag.

Heute sucht man Heine verstärkt als Autor zu erfassen, der gerade im Ausgang von einer säkularisierten Auffassung der rabbinischen Tradition die Schreibweise der Moderne (mit)begründet habe.[6] Dabei sollte freilich der von Anbeginn bei ihm nachweisbare, eminent geschichtskritische Impuls seiner Konzeptualisierung von Poesie als ›Offenbarung‹ des Freiheitsgedankens der Aufklärung nicht aus dem Blick geraten. Er ist von der Bezugnahme auf die jüdische Dominante seiner Existenz ebenso wenig abzulösen, wie diese sich trennen lässt von dem, was Geschichte bedeutet – als Realität historischer Fakten wie als historiographische Konstruktion. Beide unterzieht Heine in seinem Werk einer grundsätzlichen Problematisierung. Die im Kreis jüdischer Intellektueller und Junghegelianer unternommenen Bemühungen um eine wissenschaftlich betriebene jüdische Geschichtsschreibung, wie Heine sie in seiner Berliner Zeit kennen gelernt hatte, bilden in Verbindung mit den realgeschichtlichen Erfahrungen, deren Zeuge er wurde, und deren politischen Konsequenzen auch seine eigene Lebensgeschichte beeinflussten, den Grund, auf dem er schon früh eine Geschichtskritik *sui generis* zu formulieren beginnt. Als herausragendes Beispiel für diesen Ansatz sei verwiesen auf das noch in Berlin um die Mitte der zwanziger Jahre begonnene, von Heine jedoch erst 1840 im aktuellen Kontext der Damaskus-Affäre[7] publizierte Erzählfragment »Der Rabbi von Bacherach«. Was in Heines Text als Relikt eines biblisch überlieferten Archetyps zweimal erscheint – einmal, als die schöne Sara die heraufziehende Katastrophe nicht als solche wahrnimmt, sondern sie dem Blick des Rabbi abliest, ein andermal, als beide vom Hügel oberhalb Bacharachs her auf den Ort des absehbaren Geschehens blicken – findet ein Jahrhundert später unter nicht weniger dramatischen Vorzeichen ein Echo in Walter Benjamins Rückblick auf die Geschichte als ein Katastrophenfeld. Er stellt den vorläufigen Endpunkt jener mehrstimmigen Perspektivierung von Offenbarung im geschichtsphilosophischen Diskurs dar, wie sie bereits vom späten Heine entfaltet wird. Das von Walter Benjamin anhand von Paul Klees Aquarell »Angelus Novus« (1920) in der IX. seiner Thesen »Über den Begriff der Geschichte« (1940) aufgezeigte dialektische Bild führt ein letztes Mal die drei bei

Luther als »Offenbarung« bezeichneten Momente zusammen, und zwar wiederum über die Inversion des Blicks auf die Geschichte: Der »Engel der Geschichte«, der die δήλωσις im profanen Kunstwerk so verkörpert, dass sie sich ihm im »Angelus Novus« »entstellt« und »verstellt«, enthüllt ihm gleichzeitig das geschichtliche als präsentes, anwesendes Geschehen, indem sich dieses nun in seinem Blick spiegelt (επιφάνεια).[8] Der Engel überbringt demnach nicht ein ›νέον ευ-αγγέλιον‹, offenbart nicht das Zukünftige als neue (gute) Botschaft, sondern entbirgt nun in umgekehrter Leserichtung als *angelus novus* das katastrophale Antlitz der Vergangenheit – und erst darin, in einer nicht zu entziffernden Schrift – der Zukunft. Dabei verkündet der »Angelus Novus« seine Botschaft weder in der Rede noch in der Schrift (sein Mund bleibt wortlos, sein Haar bilden Schriftrollen, die sich nicht lesen lassen), vielmehr ist seine Erscheinung selbst schon Botschaft: Sein Blick allein offenbart sie wie auch seine Geste, die beide zusammengenommen für Benjamin das Geschehene als Katastrophe (Apokalypse) entzifferbar machen. Die von Benjamin ausgehend von Klees »Angelus Novus« formulierte Umkehr der historischen Blickrichtung (und damit die zu formulierende Kritik der Geschichte) zeigt sich bei Heine präformiert in signifikanter Verbindung von Dichtung und historischem Zeugnis. Programmatisch auf die Geschichte (Geschichtsschreibung) bezogen bleibt insbesondere sein letzter Gedichtband »Romanzero«, in welchem er »jener großen Offenbarung,/die wir nennen Poesie« (B VI/1, 134) in paradigmatischer Weise Gestalt zu verleihen sucht. Explizit erscheint diese Zuschreibung am Ende des Zyklus im Gedicht »Jehuda ben Halevy« (B VI/1, 129 ff.), wobei der Namenszug im Titel zugleich die historische Person nennt und den Text bezeichnet, der diesem gilt; auch hier also wird der Bote eins mit der Botschaft, die erst von uns zu entdecken ist. Klaus Briegleb weist Jehuda ben Samuel Halevy in seinem Kommentar als einen »der bedeutendsten nachbiblischen Dichter und Religionsphilosophen (etwa 1075–1141)« aus (B VI/2, 60); mit Friedrich Schlegel könnte man ihn auch einen jüdischen Repräsentanten eben jenes ›rückwärts gewandten Propheten oder Poeten‹ nennen, der an der Schwelle zur Neuzeit erscheint und Dichtung und Religion gleichermaßen vertritt; er vertritt sie aber dezidiert im Blick auf die – nun im eingangs genannten Doppelsinn zu verstehende – Offenbarung der Idee der Freiheit, wie sie Heine an einer anderen historischen Schwelle in seiner Schrift darzulegen nicht müde wird. Dieser These soll im Folgenden anhand einiger exemplarischer Beobachtungen an seinem »Romanzero« (1851) sowie weiterer Belegstellen aus dem Prosawerk nachgegangen werden.

I.

Heines dritter Gedichtband entstand überwiegend um 1850 in den ersten Jahren nach seinem körperlichen Zusammenbruch und wurde im Verlauf des Jahres 1851 überaus rasch fertig gestellt. Er ist gekennzeichnet durch eine sehr überlegte Komposition. Abfolge und Binnenorganisation der einzelnen Gedichte, wie auch deren Verknüpfung durch Motivketten, Prinzipien der Kontrastierung, Spiegelung und ähnliche poetische Verfahren schaffen ein dichtes Verweissystem, durch welches die drei den »Romanzero« konstituierenden Bücher »Historien«, »Lamentationen« (mit dem Binnenzyklus »Lazarus«) und »Hebräische Melodien« virtuos aufeinander bezogen werden.[9] Im Zentrum des letzten Buchs, das seinerseits nur drei Gedichte enthält, steht das umfangreiche, gleichwohl als Fragment ausgewiesene Poem »Jehuda ben Halevy«; es bildet den geheimen Fokus des gesamten Bandes, dessen mittleres Buch auch auf die persönliche Leidensgeschichte des an die »Matratzengruft« (B VI/1, 180) gefesselten Dichters anspielt und damit die beiden gegeneinander verschobenen ›Zentren‹ unterschwellig einander zuordnet. Wiewohl sich die Sammlung als solche auf eine in der zeitgenössischen Literatur populäre Gattung der Liebes- und Balladendichtung[10] beruft – angeblich, »weil der Romanzenton vorherrschend in den Gedichten« (B VI/1, 180) sei[11] –, verweisen die Titel der drei Bücher des Bandes explizit darauf, dass hier historische Themen in Verbindung mit religiösen Fragen verhandelt werden. Insgesamt rekapituliert der »Romanzero« noch einmal die signifikanten Eckpunkte des Heine'schen Œuvres in eben jener Diskursform, die ihm am ehesten öffentliche Anerkennung eingebracht hatte, der Poesie, und stellt so ein Pendant dar zu Heines späten Bemühungen um eine Bilanz seiner Positionen, wie sie für die mehrheitlich autobiographisch markierten Schriften der letzten Schaffensphase kennzeichnend sind. Andererseits liest sich die Gedichtsammlung wie ein Gegenstück zu der bereits 1835 erschienenen Schrift »Zur Geschichte der Religion und Philosophie in Deutschland«, insbesondere im Hinblick auf das dort über die Möglichkeiten der deutschen Sprache Ausgeführte, ein Komplement aber auch insofern, als seine Perspektive hier nun weit über die deutschen Zustände hinauszugreifen sucht. Fast immer unter Berücksichtigung der Religionsfrage wird im »Romanzero« Geschichte als Leidensgeschichte weiträumig entfaltet, dabei oft, aber bei weitem nicht ausschließlich, bezogen auf die Leidensgeschichte des jüdischen Volkes oder auf das konkrete Leiden des Dichters selbst. Die Bearbeitung der mehrheitlich über die motivischen Schwerpunkte Schmerz und Tod eng aufeinander bezogenen und ineinander verschränkten Themen erfolgt alles andere als pathetisch, sondern eher (diskurs)analytisch, weniger integrierend als dekonstruierend.

Das erste Gedicht des »Romanzero«, »Rhampsenit«, markiert im Rückgriff auf eine durch Herodot, den ›Vater‹ der abendländischen Geschichtsschreibung, überlieferte Episode den Ausgangspunkt von Heines Auseinandersetzung mit der Historiographie. Thematisch wird damit zugleich das antike Ägypten, das hier in betont ironischer Akzentuierung exotisiert erscheint, als Ausgangspunkt des jüdischen Geschichtsbewusstseins eingeführt. Innerhalb des »Romanzero« lassen sich vielfältige Motivverknüpfungen aufweisen, die der ausgemalten Episode signifikante Bedeutung im Kontext des im Band ausgestalteten Spannungsverhältnisses von Geschichte und Religion verleihen.[12] Doch zunächst korrespondiert ihm am Ende des ersten Buches das umfangreiche Poem »Vitzliputzli« (B VI/1, 56 ff.). Es ist nach »Jehuda ben Halevy« das zweitlängste Gedicht der Sammlung. Hier thematisiert Heine eine Episode aus der Geschichte der Eroberung Amerikas, wobei der historische Stoff bei ihm eine sagenhafte Erweiterung erfährt, die auf kritische Analyse des Geschehens abzielt. Zusammen gelesen umspannen beide Gedichte einen geschichtlichen Raum, der über seine historische Realität hinaus symbolisch besetzt ist. Sie vergegenwärtigen den Gegensatz von Alter und Neuer Welt, Antike und Neuzeit, aber auch den Gegensatz zwischen dem biblischen Land der Gefangenschaft und dem mit Amerika verknüpften Freiheitsversprechen. Beide Gedichte fokussieren einen Machtwechsel, der zugleich die Frage nach dem Verhältnis von Macht und Recht aufwirft. So sehr sie sich dadurch aufeinander bezogen erweisen, so sehr unterscheiden sie sich aber auch: Das Gedicht »Rhampsenit« berichtet davon, wie ein im königlichen Schatzhaus unerkannt sein Unwesen treibender Dieb vom König selbst kurzerhand per schriftlichem Dekret zum Besitzer aller königlicher Schätze gemacht wird, da man anders seiner nicht habhaft werden konnte; in Frage steht, angesichts eines außergewöhnlichen Falls von Rechtsbeugung, die friedliche Restitution der gesetzten Rechtsordnung (zugleich ein ironisierendes Bild in Bezug auf die zeitgenössischen politischen Verhältnisse).[13] Zu dem derart ausschließlich auf diesseitiges Begehren gerichteten, von der befreienden Kraft der karnevalesken Geste dominierten Gedicht und seinem restaurativen Ausgang steht das Schlussgedicht des ersten Buchs, »Vitzliputzli«, nun in unübersehbarem Kontrast. Die von den Spaniern angestrebte Herrschaft über das Land Mexiko gilt dessen Schätzen; nach der Gefangennahme und dem Tod Montezumas eskaliert der Eroberungsversuch im religiösen Konflikt zwischen dem Menschenopfer verlangenden Gott der Indianer und den betrügerischen spanischen Katholiken, die in einem grell ausgemalten kannibalischen Akt verspeist werden. Das blutige Festmahl präludiert allerdings nur den bevorstehenden Endsieg der Spanier in Mexiko. Vitzliputzli, der dies bereits erkannt hat, entsagt noch am selben Abend seiner eigenen Herrschaft und kündigt seine Verwandlung vom archaischen Gott ins Inkognito eines Rächers der Geschichte in der Zukunft an. Durch die Richtungsumkehr wie in seiner vorausschauenden Erkenntnis gibt sich Heines Vitzliputzli als jene Prophetengestalt zu erkennen, von der oben die Rede war.

Illustration zu Heines »Vitzliputzli« von Eduard Brüning (1902)

Heine gestaltet damit an den beiden Eckpositionen der »Historien« nicht nur unterhaltsame Episoden weit auseinander liegender historischer Kulturen und kausal nicht zusammenhängender Ereignisse. Er thematisiert zugleich in scharfer Kontrastierung die Schemata der narrativen Entfaltung von Geschichte.[14] Während er für »Rhampsenit« in einer dem »Romanzero« beigefügten »Note« die durchaus geläufige Quelle eigens überliefert (B VI/1, 174 f.), um darauf zu verweisen, in welchem Sinne sich das Gedicht von ihr abhebt, hat sich für das in »Vitzliputzli« gestaltete Geschehen keine eindeutige Vorlage ermitteln lassen (vgl. B VI/2, 48).[15] Diese Differenz erweist sich als grundlegend für die Konstruktion des »Romanzero« und seine Problematisierung der Schrift als Träger von historischer Überlieferung. Die Darstellung des den sagenhaften (historisch nicht belegten) König Rhampsenit betreffenden Vorfalls folgt dem Modell des historiographischen Gründungsdiskurses und damit der Geschichte der Mächtigen. In karnevalesker Manier erscheinen die Herrschaftsverhältnisse für eine begrenzte Zeit umgekehrt, nur um wieder restituiert zu werden. Die Begnadigung und Erhebung des Diebs in den Königsstand ist kein Akt der Freiheit, sondern stellt eine willkürliche (zudem eigennützig motivierte) Herrschaftsgeste dar. Der Dieb und nachmalige Herrscher bleibt nicht nur unsichtbar (das öffentliche »Reskript« wird ja gerade wegen der unbekannten Identität des Diebes notwendig), er wird bis zum Schluss nicht namentlich genannt, noch wird ihm selbst das Wort erteilt: Geschichte bewährt sich als Herrschaftsgeschichte.[16]

Im Gegensatz dazu ist für Heine, so Briegleb, im »Vitzliputzli« »die Umkehrung der gewohnten Geschichtsperspektive« das entscheidende Moment der Darstellung, es ist »Geschichte betrachtet aus der Sicht der Unzivilisierten, der ›Heiden‹, die trotz des kurzfristigen Triumphrausches dennoch die Opfer, die Unterlegenen sein werden« (B VI/2, 48). Dieses Verfahren der Umkehr kann aber nur aus einer historischen Perspektive post quem eingesetzt werden und es bedarf einer über die Bewahrung historischen Wissens hinausreichenden Begründung. Dies wird von Heine in zweifacher Weise markiert. Die nachzeitige Perspektive vertritt hier ein in Raum und Zeit distanziertes erzählendes Ich, das sich mehrfach im Text explizit zu erkennen gibt und damit über das geschilderte historische Geschehen hinausweisende Kontexte mit in den Text einbringt.[17] Auf der Ebene des im Gedicht dargestellten Geschehens wird dagegen der nur ex post erkennbare objektive Geschichtsverlauf als Offenbarungswissen dargestellt, das der Gott am Ende seinem Priester preisgibt und zugleich als quasi rationale Begründung seines Entschlusses anführt, Rache aus dem Exil heraus üben zu wollen. Während in »Rhampsenit« sich die Entlarvung des Diebes (also dessen ›Offenbarung‹ im profanen Sinne) als unmöglich erweist und erst durch seine Antizipation in den Machtbereich hinein die gestörte Ordnung wiederhergestellt werden kann, verzichtet Vitzliputzli auf seine sakrale wie auf seine weltliche Machtposition, weil er den bevorstehenden Untergang seines Reiches ›erkannt‹ hat.¹⁸ Er offenbart seinem Priester die Apokalypse Mexikos und beschließt den Tod des Gottes, der er selbst ist. Sein dem Weg der Eroberer und damit auch dem Geschichtsverlauf entgegengesetzter Weg von der ›Neuen Welt‹ zurück in das alte Europa, wo Vitzliputzli in der Umwandlung vom Gott in die teuflische Rächergestalt »Eine neue Karriere« (B VI/1, 74) anstrebt, wird demnach als scheinbar freier Entschluss dargestellt, der auf seiner Einsicht in die ›Macht der Geschichte‹, und das heißt hier in historische Notwendigkeit, beruht. Dadurch erfährt die Idee der ›göttlichen Offenbarung‹, die das im dritten Teil des Gedichts referierte Gespräch zwischen dem Gott und seinem Priester persifliert, eine Profanation auf mehreren Ebenen: Profanation, weil es sich um die Offenbarung eines heidnischen Gottes handelt, die dieser kundgibt, nachdem ihm – in expliziter Anspielung auf das christliche Abendmahl – das Menschenopfer dargebracht worden ist. Profanation aber auch, weil er nicht das Wesen des Göttlichen offenbart, sondern die eigene Göttlichkeit aufhebt. Zu diesem Zweck fordert er das Selbstopfer seines Priesters, um so jede sakrale Bezugnahme aufzuheben, und er entschließt sich zur Flucht in das Land der Feinde, um von dort aus – als ein anderer ›rächender Gott‹ – Vergeltung üben zu können. Die ›Offenbarung‹ manifestiert sich hier also nicht mehr als Erscheinung einer in sich selbst gründenden göttlichen Wahrheit, sondern als freiwillige Kapitulation, als Offenlegung einer vorgeblichen Entscheidung der Vernunft, die sich freilich an eine »böse/Uralt böse[n] Prophezeiung« knüpft. Vitzliputzlis Entschluss hat demnach keine echt vernunftgemäße Begründung, sondern beruht gerade auf der dem faktischen Geschichtsverlauf vorausgreifenden Antizipation des Glaubens eben der Anderen (die über die Spanier angenommene Macht der Mutter Gottes; B VI/1, 73 f.). Er findet seine Bestätigung in der historischen Evidenz des tatsächlichen Sieges der Spanier in Mexiko.

Insofern ist diese Perspektivierung, die in einer satirisch gefassten ›Rache‹ des Gottes der in Amerika Gemordeten an der Alten Welt gipfelt, grundsätzlich anders angelegt als die in »Rhampsenit« referierte Episode.

II.

Für den – weit über das Faktische hinausgreifenden – Text Heines entscheidender als jede Re- (oder De-)konstruktion des historischen Geschehens scheint demnach dessen Kontextualisierung in weiteren kulturgeschichtlichen Zusammenhängen zu sein, die deutlich über den in Frage stehenden Zeitraum hinaus reicht. Darauf verweist zunächst der dem dreiteiligen Poem vorangestellte Prolog. Er stellt die

Episode in den Kontext des zeitgenössischen Amerikadiskurses, indem Heine den Topos von der Geschichtsmüdigkeit der alten Welt aufgreift:

> Dieses ist Amerika!
> Dieses ist die neue Welt!
> Nicht die heutige, die schon
> Europäisiert abwelkt. – (B VI/1, 56)[19]

In der imaginierten ›Begegnung‹ mit den tierischen Lebewesen des amerikanischen Kontinents (Vögel und ein Affe) evoziert das Ich die Geschichte des Abendlandes einmal in einer identifizierenden Anspielung auf das sinnliche Vermögen und das historische Wissen des Königs Salomo (vgl. B VI/1, 57]), einmal in der Erinnerung an die deutsche Historie, die das Ich im »jahrelangen Umgang/Mit den Toten« (B VI/1, 58) geprägt hat. Beim Anblick des »abgeschabten Hintern« eines Affen fühlt es sich schließlich »mit Wehmut/An das Banner Barbarossas«[20] erinnert (B VI/1, 58), während es von jenem selbst »[a]ngstvoll« als »Ein Gespenst der alten Welt!« aufgefasst wird (B VI/1, 57). Diese Exposition dient freilich nicht nur der historischen Situierung. Sie akzentuiert den im folgenden ausgeführten umgekehrten Blick auf die Geschichte aus der Perspektive der im Geschichtsverlauf Unterlegenen; zum zweiten verweist sie mit Salomo auf den Kontext der Bibel, der im ersten Teil des Gedichts dann erneut explizit angesprochen wird; und zum dritten artikuliert sie ein vom Ich selbst reklamiertes Leiden an der eigenen (sprich: deutschen) Geschichte, für welches der exotische Plot des Gedichts offenkundig nur die Folie abgeben soll.

Heine spricht in diesem ersten Teil zunächst die Tatsache an, dass im »Buch des Ruhmes« die Namen des Helden und des »Schächers« untereinander zu stehen kommen und »in der Menschen Angedenken« miteinander verkoppelt seien (B VI/1, 58 f.). So erscheine neben dem Namen des Kolumbus auch derjenige des Cortez, von dem Heine sagt, dieser sei »Nicht ein Held und auch kein Ritter./Nur ein Räuberhauptmann [...]« (B VI/1, 58.) gewesen.[21] Das im Gedicht angesprochene Geschehen gilt nun aber gerade nicht der Entdeckungsleistung des Kolumbus, sondern bezieht sich auf den Verrat und die Grausamkeiten dieses »gringern Mann[es]« (B VI/1, 60). Anders als noch in »Rhampsenit« geht es also nicht um Restitution resp. Fortschreibung der Herrscher- als Heldengeschichte, sondern um den Blick auf deren immer mit auftretende mörderische Kehrseite, das ungeschiedene Nebeneinander von ruhmreichen und schauerlichen Taten, von Landnahme und von Vernichtung. Unübersehbar plädiert Heine damit für die Wahrnehmung der Perspektive der Anderen, Unterdrückten, Leidtragenden in der Historiographie. Von hier aus rückt er schließlich auch das Heldentum des Kolumbus, von welchem er im Gedicht den mörderischen Verrat des Cortez abzuheben sucht, seinerseits in eine geschichtliche Relation, die in einen noch weiter gespannten Raum ausgreift. Dieser Raum aber reicht eben deshalb vom biblischen Zeitalter bis in die Gegenwart, vom Osten der Alten bis in den Westen der Neuen Welt, weil sein Wesentliches von anhaltender Präsenz ist (man beachte den Tempuswechsel ins Präsens):

> Einer nur, ein einzger Held,
> Gab uns mehr und gab uns Beßres
> Als Kolumbus, das ist jener,
> Der uns einen Gott gegeben.
>
> Sein Herr Vater, der hieß Amram,
> Seine Mutter hieß Jochebeth,
> Und er selber, Moses heißt er
> Und er ist mein bester Heros. (B VI/1, 60)

Kolumbus habe der Welt zwar »Eine ganze Welt geschenkt,/Und sie heißt Amerika.« (B VI/1, 59), gleichwohl schränkt Heine diese Leistung ein, denn »Nicht befreien konnt er uns/Aus dem öden Erdenkerker,/Doch er wußt ihn zu erweitern/ Und die Kette zu verlängern« (B VI/1, 59). Der Relativierung des über Amerika angesprochenen Freiheitsgedankens hält Heine nun die ›bessere‹ Leistung des Moses entgegen, die darin liege, dass er »uns einen Gott gegeben« habe. Was hier als persönliches Bekenntnis zu Beginn des Gedichts zum Ausdruck gebracht wird (»Und er ist mein bester Heros.«), lässt sich demnach komplementär zur ›Offenbarung‹ Vitzliputzlis am Schluss des Textes lesen, denn Gott, der sich Moses geoffenbart hat, wird (qua Überlieferung seiner Gesetze) erst durch diesen selbst »uns« gegeben. So gesehen scheint die Konturierung der historischen Leistung des Moses über den Kontrast zur territorial bezogenen Gabe des Kolumbus wie zur intendierten Verheerung der Alten Welt durch den neuen ›Racheengel‹[22] Vitzliputzli der eigentliche Impuls dieses Gedichts zu sein (in dessen Handlungskern sich ohne Zweifel auch die christlich motivierten anti-jüdischen Ausschreitungen anderer Epochen spiegeln). Dieser Eindruck verstärkt sich, wenn man das nochmalige Auftreten des Moses in der mit der Arbeit am »Romanzero« einsetzenden und nach dessen Veröffentlichung intensivierten letzten Schaffensphase Heines einbezieht. Hier erscheint die Verbindung des gottgebenden Moses mit der Perspektive der in der Geschichte Unterlegenen im Hinblick auf den Freiheitsgedanken noch einmal an entscheidender Stelle.

III.

Der Teil der »Geständnisse«, in dem Heine insbesondere »über den Einfluß, den die Lektüre der Bibel auf meine spätere Geistesevolution ausübte« (VI, 1, 479)[23], reflektiert, verdient im vorliegenden Kontext eingehendere Betrachtung. Heine beendet ihn (vorläufig) mit dem (beinahe stolzen) Bekenntnis zu dem Volk, dem er entstammt; er wäre allerdings nicht er selbst, würde er nicht auch dieses Geständnis im selben Zug wieder zu relativieren versuchen:

> [...] und wenn nicht jeder Geburtsstolz bei dem Kämpen der Revolution und ihrer demokratischen Prinzipien ein närrischer Widerspruch wäre, so könnte der Schreiber dieser Blätter stolz darauf sein, daß seine Ahnen dem edlen Hause Israel angehörten, daß er ein Abkömmling jener Märtyrer, die der Welt einen Gott und eine Moral gegeben, und auf allen Schlachtfeldern des Gedankens gekämpft und gelitten haben. (B VI/1, 481)

Mit dem Kampf für ›die Revolution und ihre demokratischen Prinzipien‹, den auch er »auf den Schlachtfeldern des Gedankens gekämpft und gelitten« habe, führt Heine die Geschichte jener »Märtyrer« zusammen. Nur vor diesem Hintergrund kann er als Schreiber seine Zugehörigkeit zu ihnen bekennen; es ist der entscheidende Bezugspunkt für seine im »Romanzero« wie in den »Geständnissen« unternommene Auslegung der Religionsgeschichte. Um dies deutlich zu machen, verfasst er in der vorangehenden Passage eine Hommage an Moses, der dabei in derselben Apostrophierung wie in »Vitzliputzli« explizit als »der Sohn Amrams und der Hebamme Jochebet« identifiziert wird.[24] Hier wie dort spricht Heine davon, dass Moses »uns einen Gott gegeben« habe, nun aber in einer noch schärferen Pointierung von dessen »Künstlergeist«:

> Ich hatte Moses früher nicht sonderlich geliebt, wahrscheinlich weil der hellenische Geist in mir vorwaltend war, und ich dem Gesetzgeber der Juden seinen Haß gegen alle Bildlichkeit, gegen die Plastik, nicht verzieh. Ich sah nicht, daß Moses, trotz seiner Befeindung der Kunst, dennoch selber ein großer Künstler war und den wahren Künstlergeist besaß. Nur war dieser Künstlergeist bei ihm, wie bei seinen ägyptischen Landsleuten, nur auf das Kolossale und Unverwüstliche gerichtet. Aber nicht wie die Ägypter formierte er seine Kunstwerke aus Backstein und Granit, sondern er baute Menschenpyramiden, er meißelte Menschen-Obelisken, er nahm einen armen Hirtenstamm und schuf daraus ein Volk, das ebenfalls den Jahrhunderten trotzen sollte, ein großes, ewiges, heiliges Volk, ein Volk Gottes, das allen andern Völkern als Muster, ja der ganzen Menschheit als Prototyp dienen konnte: er schuf Israel! Mit größerm Rechte als der römische Dichter darf jener Künstler, der Sohn Amrams und der Hebamme Jochebet, sich rühmen, ein Monument errichtet zu haben, das alle Bildungen aus Erz überdauern wird! (B VI/1, 480f.)

Wiederum arbeitet Heine mit dem Prinzip der Kontrastierung, einmal bezogen auf die großen widerstreitenden Kulturen der Antike und deren Leistungen, die hervorgebracht wurden, um ›den Jahrhunderten zu trotzen‹: Ägypter, Hellenen, Juden und Römer resp. Bildende Kunst, Bauwerke, Dichtung (das »Exegi monumentum« des Horaz), einmal auf die beiden hier verhandelten Subjekte »Ich« und Moses. In Ablehnung des anthropomorphen Götterbilds in der Kunst habe Moses aus den Menschen selbst ein monumentales Werk geschaffen, das an Größe wie Beständigkeit die herausragendsten Hervorbringungen der Antike noch überrage: das Volk Israel. Diese Einsicht in die überragende historische Leistung des Moses sei Heine aber erst möglich geworden, seitdem er Einsicht in den wahren Grund von dessen »Künstlergeist« gewonnen habe. Diese nämlich beruhe nicht allein auf der passiven Standhaftigkeit gegenüber »achtzehn Jahrhunderten der Verfolgung und des Elends« (B VI/1, 481), sondern auf dem unter Berufung auf die mosaischen Gesetze aktiv geführten Kampf gegen die Unterdrückung, welcher jenes von Moses geschaffene Volk der Juden auszeichne. Gerade diese Leistung aber bringt Heine in der hier in Frage stehenden Passage mit dem eigenen Einsatz für die ›Revolution und ihre demokratischen Prinzipien‹ in einen Zusammenhang. In der Pointierung des »wahren Künstlergeist[es]« Mose – man könnte auch sagen, des vom Geist (Gottes und nicht von der Bildvorstellung) bestimmten Künstlers Moses – lässt sich daher auch eine (freilich immer ironisch gebrochene) Anspielung auf das eigene Bemühen erkennen, zumal Heine dessen Leistung zuletzt gerade von der Selbstbezogenheit des Horaz'schen »Exegi monumentum« dezidiert absetzt.[25] Gleichwohl stellt Heine hier auf mehreren Ebenen Bezüge her, die verschiedene Aspekte der Gestalt Mose zu spiegeln vermögen. Über die implizite Anspielung auf den Autor hinaus weisen sie auf den antiken Prototyp des Künstlers, den Menschen schaffenden Titanen Prometheus, und reichen bis hin zur Persiflage auf den Schöpfergott selbst. Dieser bis an die Grenze des Blasphemischen reichende Zug ist wohlkalkuliert. Denn schon im unmittelbar vorangehenden Abschnitt hatte Heine sich einer hypertrophen Perspektivierung bedient, die dann in der »Sünde« des »Anthropomorphismus« gipfelt, derer sich Heine selbst bezichtigt und deren Entfaltung schließlich die darauf folgende Evokation des Künstlers Moses darstellt, der aus den Menschen das monumentale Volk Israel erschafft; hier hatte es zunächst über den »Charakter des Moses« geheißen:

> Diese große Figur hat mir nicht wenig imponiert. Welche Riesengestalt! [...] Wie klein erscheint der Sinai, wenn der Moses darauf steht! Dieser Berg ist nur das Postament, worauf die Füße des Mannes stehen, dessen Haupt in den Himmel hineinragt, wo er mit Gott spricht – Gott verzeih mir die Sünde, manchmal wollte es mich bedünken, als sei dieser mosaische Gott nur der zurückgestrahlte Lichtglanz des Moses selbst, dem er so ähnlich sieht, ähnlich in Zorn und in Liebe – Es wäre eine große Sünde, es wäre Anthropomorphismus, wenn man eine solche Identität des Gottes und seines Propheten annähme – aber die Ähnlichkeit ist frappant. (B VI/1, 480)

Offenkundig soll die hier evozierte, titanenhafte Größe der gestalthaften Erscheinung des Moses auf die Größe seiner historischen Leistung vorausweisen; sie ermöglicht ihm gleichsam erst das ›Gespräch‹ mit Gott, dem er, »dessen Haupt in den Himmel hineinragt«, nun beinahe ebenbürtig erscheint. Die Hypertrophie der Gestalt erlaubt Heine andererseits in quasi blasphemischer Assoziation den Glanz der Erscheinung Gottes nun als den ›zurückgestrahlten Lichtglanz des Moses selbst‹ aufzufassen. Wegen dieser Umkehr der tradierten Lesart zeiht sich Heine zwar der Sünde, tatsächlich dient sie ihm aber zur Richtigstellung einer bereits durch die Bibel selbst tradierten Verkehrung, nämlich der christlichen Entstellung des ›Lichtglanzes‹, wie sie Paulus im zweiten Korintherbrief unter Auslegung der entsprechenden Stelle im Buch Exodus formuliert hat. Dort wird mitgeteilt, wie das Volk Israel, nachdem Moses vom Berg Sinai herabgestiegen war, wo er »auf die Tafeln die Worte des Bundes« geschrieben hatte, sah, dass »die Haut seines Angesichts glänzte, weil er mit Gott geredet hatte« (2. Mose 34, 28–29). Nachdem er ihnen die Gesetze mitgeteilt hatte, »legte er eine Decke [einen Schleier] auf sein Angesicht« (34,33). Mit dem Argument, dass der Buchstabe des alten Bundes töte, der Geist aber lebendig mache, behauptet Paulus an dieser Stelle, es könnten eben wegen dieses Lichtglanzes nur die Christen, nicht aber die Juden zu Dienern des Geistes werden: die Sinne der Juden hingegen

> [...] wurden verstockt. Denn bis auf den heutigen Tag bleibt diese Decke unaufgedeckt über dem alten Testament, wenn sie es lesen, weil sie nur in Christus abgetan wird. Aber bis zum heutigen Tag, wenn Mose gelesen wird, hängt die Decke vor ihrem Herzen. (2. Kor. 3, 6–18)

Komplementär dazu begreift Paulus den fleischgewordenen Gott in Christus als »Ebenbild des unsichtbaren Gottes« und als Haupt der christlichen Gemeinde (Kol. 1, 15–18). Die Herrlichkeit Christi könne so für die gläubigen Christen »wie in einem Spiegel« als Bild wahrgenommen werden. In dieses Bild wird der Gläubige verklärt, vom »Herrn, der Geist ist« (2. Kor. 3, 18). Der Herr allein sei Geist, dort aber wo »der Geist des Herrn ist, da ist Freiheit« (2. Kor 3, 17). Diese paulinische Freiheit unterscheidet sich wesenhaft von der mosaischen Freiheit, auf die sich Heine beruft; sie wird bezahlt mit der Umkehrung der Bedeutung des Verses 35 aus dem 36. Kapitel des Buches Exodus.[27]

IV.

Heines historische Dekonstruktion, wie er sie in den Gedichten des »Romanzero« unternimmt, schiebt nicht ohne Grund Altes und Neues Testament, Alte und Neue Welt in einer Weise ineinander, die einem kausalen Verständnis des

Ablaufs wie des Zusammenhangs von Geschichte(n) widerspricht. Sein Verfahren repräsentiert in einem sehr wörtlichen Sinne das Ineinanderragen von historischer Überlieferung, geschichtlicher Konstruktion und realhistorischer Erfahrung, deren Zeuge er wurde und die seine Gegenwart prägten. Dazu sei ein letztes Mal auf Heines Amerikabezug verwiesen. Ende der dreißiger Jahre konstruiert er im zweiten Buch der »Denkschrift« über Ludwig Börne (1840) eine dem oben Dargestellten vergleichbare Konstellation. Der Brief aus Helgoland vom 1. Juli endet mit der Überlegung:

> Oder soll ich nach Amerika, nach diesem ungeheuren Freiheitsgefängnis, wo die unsichtbaren Ketten mich noch schmerzlicher drücken würden, als zu Hause die sichtbaren, und wo der widerwärtigste aller Tyrannen, der Pöbel, seine rohe Herrschaft ausübt! Du weißt, wie ich über dieses gottverfluchte Land denke, das ich einst liebte, als ich es nicht kannte... [...] alle Menschen sind dort gleich, gleiche Flegel... mit Ausnahme freilich einiger Millionen, die eine schwarze oder braune Haut haben und wie die Hunde behandelt werden! (B IV, 38 f.)

Heines Entsetzen über die amerikanischen Zustände brandmarkt den hier in Verbindung mit einer heuchlerischen Religiosität herrschenden Kapitalismus: »Der weltliche Nutzen ist ihre eigentliche Religion, und das Geld ist ihr Gott, ihr einziger, allmächtiger Gott«, was in Verbindung mit dem grassierenden gewalttätigen Rassismus eine einzige Absage an den Freiheitsgedanken darstellt; der Brief schließt exklamatorisch mit dem berühmten Ausspruch: »O Freiheit! du bist ein böser Traum!« (B IV, 39). In deutlichen Kontrast dazu setzt Heine im unmittelbar darauf folgenden Brief ein mit einem Loblied auf die Bibel (»Welch ein Buch!«) und deren unvergleichlicher Bedeutung für das jüdische Volk: »Ein Buch ist ihr Vaterland, ihr Besitz, ihr Herrscher, ihr Glück und ihr Unglück.« (B IV, 39 f.) In ironischer Weise bezieht er sich damit auf gängige Vorstellungen über die Juden, dies allerdings erneut in der Absicht, sie zu dekonstruieren:

> Wie der Prophet des Morgenlandes sie ›das Volk des Buches‹ nannte, so hat sie der Prophet des Abendlands in seiner Philosophie der Geschichte als ›das Volk des Geistes‹ bezeichnet. Schon in ihren frühesten Anfängen, wie wir im Pentateuch bemerken, bekunden die Juden ihre Vorneigung für das Abstrakte, und ihre ganze Religion ist nichts als ein Akt der Dialektik, wodurch Materie und Geist getrennt, und das Absolute nur in der Form des Geistes anerkannt wird. (B IV, 40)

Heine ruft hier Hegels »Vorlesungen zur Philosophie der Geschichte« (1822/23) in Erinnerung. Der Kommentar der Düsseldorfer Ausgabe verweist jedoch darauf, dass die Druckfassung der Vorlesungen die Wendung »Volk des Geistes« nicht explizit enthält, gleichwohl erscheine »dem Sinne nach aber ›Judäa‹ ebenso, wie Heine es hier sieht« (DHA XI, 467). Dem ist im Blick auf den Vorlesungstext nicht zuzustimmen: »In unserer Religion ist Gott Geist«, heißt es aus der Perspektive Hegels:

> Gott ist als Geist geoffenbart, und das ist eigentümlich der christlichen Religion. Die ältesten Religionen haben Gott zwar auch νους genannt, allein dies ist nur als bloßer Name und nicht so gefaßt, daß die Natur des Geistes expliziert wäre. In der jüdischen Religion ist der Geist noch nicht gefaßt und expliziert, sondern nur allgemein vorgestellt.[28]

Es dürfte demnach Heine selbst gewesen sein, der in Umkehr des von Hegel Ausgeführten das jüdische Volk in Analogie zur gängigen Wendung nun ausdrücklich als »Volk des Geistes« bezeichnet. Damit arbeitet er schon hier jener Konzeption der Freiheit zu, wie sie später insbesondere die »Geständnisse« explizieren. Im Gesamtkontext der Stelle dient der Bezug auf Amerika also wiederum der Akzentuierung von christlicher Heuchelei und gesellschaftlicher Unterdrückung und damit des Verrats an der Idee der Freiheit selbst. In dieser Form der Geschichtskritik verarbeitet Heine nicht allein die zeitgenössischen politischen Erfahrungen, (nicht zuletzt auch die antisemitischen Hep-Hep-Krawalle von 1819), vielmehr geht es ihm vor allem darum, die Idee der Freiheit als menschliches Grundrecht unantastbar zu halten. Dass diese immer wieder aufs grausamste angetastet, ja geleugnet wurde, ist eine wiederkehrende Erfahrung des jüdischen Volkes. Heine teilt sie explizit mit den Entrechteten aller Länder und aller Zeiten.

V.

Dass Heine in den »Geständnissen« den Gegensatz zwischen Altem und Neuem Testament über die Idee der Freiheit thematisiert und gerade damit den Bruch zwischen der christlichen und der jüdischen Religion zu bezeichnen versucht, illustriert die Szenerie am Beginn der hier betrachteten Passage, in welcher er zunächst sein eigenes Verhältnis zur Religion in der doppelten Opposition von Wissen und Glauben, historischer Erkenntnis und Offenbarung zu erfassen sucht. Erneut bemüht er dafür eine Kontrastfigur; sie dient nun dazu, paradigmatisch das eigene Vermögen im Hinblick auf das Erfassen des wahren Gehalts der Bibel deutlicher hervortreten zu lassen. Und wieder bedient sich Heine dabei des stereotypen Gegensatzes zwischen der Alten und der Neuen Welt, um der bereits im »Vitzliputzli« angesprochenen Idee der Freiheit noch schärfere Kontur zu verleihen. In unüberhörbarer Selbstironisierung rekapituliert Heine zuerst seine eigenen früheren (religions)philosophischen Anstrengungen über das Vexierbild einer exzessiv ausgelebten wissenschaftlichen Leidenschaft; gleichwohl hätten ihn die einstigen Bemühungen nur zu demselben Standpunkt geführt,

> [...] worauf auch der Onkel Tom steht, auf dem der Bibel, und ich knie neben dem schwarzen Betbruder nieder in derselben Andacht –
> Welche Demütigung! mit all meiner Wissenschaft habe ich es nicht weiter gebracht, als der arme unwissende Neger, der kaum buchstabieren gelernt! Der arme Tom scheint freilich in dem heiligen Buche noch tiefere Dinge zu sehen, als ich, dem besonders die letzte Partie noch nicht ganz klar geworden. Tom versteht sie vielleicht besser, weil mehr Prügel darin vorkommen, nämlich jene unaufhörlichen Peitschenhiebe, die mich manchmal bei der Lektüre der Evangelien und der Apostelgeschichte sehr unästhetisch anwiderten. So ein armer Negerklave liest zugleich mit dem Rücken, und begreift daher viel besser als wir. Dagegen glaube ich mir schmeicheln zu dürfen, daß mir der Charakter des Moses in der ersten Abteilung des heiligen Buches einleuchtender aufgegangen sei. (B VI/1, 480)

Heine verhält sich hier wie immer ablehnend in Bezug auf die christliche Verherrlichung der *Pein* (Schmerz und Strafe), die sich besonders in der ›letzten Partie‹ der Bibel finde und die ihn ›sehr unästhetisch anwiderte‹. Das Leiden, dem ›der schwarze Betbruder‹ ausgesetzt ist – seit dem 1852 erschienenen Roman von Harriet Beecher-Stowe, »Uncle Tom's Cabin«, Sinnbild des aus Afrika nach Amerika verschleppten und versklavten Bevölkerungsteils Amerikas –, entspringt nämlich gerade der Perversion jener Christlichkeit, deren Lehre »Onkel Tom« als missionierter Sklave zugleich zu antizipieren gelernt hat. Dabei lässt sich die Demütigung, von der Heine hier spricht, nun metonymisch auf beide beziehen: auf die Unterdrückung, Entrechtung, Demütigung des ›armen, unwissenden Negers‹ ebenso wie auf die des gebildeten Juden.[29] Im Unterschied zu jenem kann sich dieser jedoch – eben weil er die christliche Schmerzideologie und deren Ästhetisierung ablehnt und nicht etwa, weil er weniger Prügel erfahren hätte – auf den anderen, nämlich den hebräischen Teil der Bibel beziehen, dem er dann deren über die Gestalt des Moses entzifferbares emanzipatorisches Potential entnimmt.[30] Der über den zugefügten Schmerz maximal profanierten Lektüre (»So ein armer Negersklave liest zugleich mit dem Rücken«) setzt Heine an dieser Stelle dann noch ein letztes Mal emphatisch die Idee der Offenbarung entgegen, wenn er schreibt, ihm sei »der Charakter des Moses einleuchtender aufgegangen« als jenem; dies aber gründet, wie bereits gezeigt, in dem von dessen titanischer Gestalt selbst ausgehenden »Lichtglanz«. Er impliziert, das macht nicht zuletzt die vorausgeschickte Kontrastierung deutlich, die ihr notwendig verbundene Idee der Freiheit, des Ausbrechens aus der peinigenden Unterdrückung. Damit verschärft Heine im erneuten Aufgreifen der Figur der geschundenen Kreatur einen Gedanken, dem man vor allem im Spätwerk vom »Vitzliputzli« bis zum »Sklavenschiff« im Kontext seiner Bezugnahme auf die Neue Welt gerade wegen ihres Freiheitsversprechens immer wieder begegnet und der sukzessive weiter ausgeführt wird bis hin zur Stilisierung des biblischen Moses zum Sozialrevolutionär im weiteren Fortgang der »Geständnisse«.[31]

VI.

Anfang der dreißiger Jahre verfasste Heine seinen ursprünglich für das französische Publikum gedachten Abriss der deutschen Philosophie und Geistesgeschichte, dessen deutsche Fassung zu Beginn des Jahres 1835 unter dem Titel »Zur Geschichte der Religion und Philosophie in Deutschland« erschien. Der Essay, dessen französische Version Heine dem Führer der Pariser Saint-Simonisten, Prosper Enfantin, widmete, sollte das in Frankreich vorherrschende, noch von der Darstellung der Madame de Staël geprägte Deutschland-Bild korrigieren, aber auch im Hinblick auf die zeitgenössischen Strömungen aktualisieren. Heine beschäftigte sich schließlich jedoch weniger mit den aktuellen Themen, vielmehr skizzierte er die deutsche Ideengeschichte seit Luther. Dabei erscheinen ihm, so fasst Klaus Briegleb zusammen, Luther und Lessing »als die großen Wegbereiter jeder religiös-philosophischen Veränderung, und er sieht die gesamte Entwicklung in drei wichtigen Etappen: der religiösen, der philosophischen und der politischen Revolution« (B III, 909). Allein die im politisch-sozialen Sprachgebrauch historisch rekonstruierbare Umwandlung der ›Revolution‹ aus dem religiösen Kontext in den politischen Begriff verdiente im vorliegenden Kontext noch einmal genauere Betrachtung. Heine selbst konzentriert sich im ersten Buch seiner Darstellung zunächst auf die revolutionäre Tat, die Luthers Bibel-Übersetzung darstellt; dabei akzentuiert er allerdings überdeutlich den Zusammenhang zwischen dem religions- resp. geistesgeschichtlich revolutionären Akt und seinem politisch revolutionären Potential, das erst der Erfüllung harre: Durch Luther sei man in Deutschland erst »zur größten Denkfreiheit gelangt«; er nämlich

> [...] gab uns nicht bloß die Freiheit der Bewegung, sondern auch das Mittel der Bewegung, dem Geist nämlich gab er einen Leib. Er gab dem Gedanken auch das Wort. Er schuf die deutsche Sprache. (B III, 544)

Gegen »die Unterdrückung der hebräischen Sprache« durch die katholische Geistlichkeit habe sich Luther der hebräischen Bibel zugewandt und auf dem Wege seiner Übersetzung den in den »dunklen Ghettos« von den Juden bewahrten Schatz zu bergen vermocht. Mit der Bibel wurde »die Lutherische Sprache in wenigen Jahren über ganz Deutschland verbreitet und zur allgemeinen Schriftsprache erhoben« (B III, 546). Diese Sprache herrsche, so Heine, noch immer in Deutschland und (betont wird das anhaltend wirksame Moment dieses Gedankens) »gibt diesem politisch und religiös zerstückelten Lande eine literarische Einheit« (B III, 546). Es ist aber nicht nur die Einheit der Nationalsprache, die dem Land die Kraft zur Revolution verleihen werde, es ist der Gedanke der Freiheit selbst, der über die Bibel der Hebräer nun auch der deutschen Sprache zugänglich gemacht worden sei. Deshalb kann Heine schließlich verkünden: »Dieser Umstand wird, wenn bei uns die politische Revolution ausbricht, gar merkwürdige Erscheinungen zur Folge haben. Die Freiheit wird überall sprechen können und ihre Sprache wird biblisch sein.« (B III, 546). Die auf den ersten Blick frappierende Bindung der – politisch erst noch zu verwirklichenden – Idee der Freiheit an die Offenbarung der Schrift geschieht über die Sprache selbst. Ihr ist wie in der Bibel so in der Poesie das Wort geliehen – dafür mag erstrangig das Zentralgedicht des »Romanzero«, »Jehuda ben Halevy«, Name der evozierten Person und Titel des von Heine hier und jetzt formulierten Gedichts, einstehen. Mit diesem geht Heine über seine bis dahin entfaltete Auffassung der Offenbarung noch hinaus. An der Gestalt des Moses entworfen, erweist sie sich als untrennbar von dem in der Realität des neuzeitlichen Amerika konterkarierten, aber um nichts preiszugebenden Freiheitsgedanken. Jehuda Halevy sei, so heißt es gegen Ende des zweiten Teils des Gedichts, nicht nur von der göttlichen Offenbarung ergriffen gewesen, sondern eben auch von »Jener großen Offenbarung,/Die wir nennen Poesie.« Deshalb kann Heine – in gleichsam beschwörender dreimaliger Wiederholung – sagen:

> Und Jehuda ben Halevy
> Ward nicht bloß ein Schriftgelehrter,
> Sondern auch der Dichtkunst Meister,
> Sondern auch ein großer Dichter.
>
> Ja, er ward ein großer Dichter [...] (B VI/1, 60)

In dieser doppelten Bestimmung – Prophet und Poet – wird Jehuda Halevy bei Heine zur Leitgestalt einer anderen, freilich historischen Epoche:

> [...] Stern und Fackel seiner Zeit,
> Seines Volkes Licht und Leuchte,
> Eine wunderbare, große
>
> Feuersäule des Gesanges,
> Die der Schmerzenskarawane
> Israels vorangezogen
> In der Wüste des Exils.« (B VI/1 60 f.)

So erscheint er als ein anderer Engel der Geschichte.[32] Neben den mit Moses zum Ausdruck gebrachten kämpferischen Freiheitsgedanken tritt hier also auch noch der Begriff der »Gnade/Gottes«, welche die Würde und das »Genie« dieses Dichters verbürgt:

> Solchen Dichter von der Gnade
> Gottes nennen wir Genie:

> Unverantwortlicher König
> Des Gedankenreiches ist er.
>
> Nur dem Gotte steht er Rede,
> Nicht dem Volke – In der Kunst,
> Wie im Leben kann das Volk
> Tödten uns, doch niemals richten. – (B VI/1, 61)

Souveränität erreicht Jehuda Halevy, daran lassen diese letzten Verse des zweiten Teils von Heines Gedicht keinen Zweifel, kraft der in Gott verbürgten Freiheit, von der er erfüllt ist und die er repräsentiert. Seine Erscheinung ermöglicht es Heine, sich als Dichter mit ihm zu solidarisieren (»uns«): So gilt auch für ihn, dass er sich nicht dem weltlichen Todesurteil, sondern allein dem göttlichen Richtspruch beugen wird.

Der Suggestivkraft der zuletzt zitierten Verse zum Trotz sollte man sich nicht verführen lassen, das Gedicht »Jehuda ben Halevy« im Sinne einer Identifikation des Dichters Heine mit dem historischen Dichter Jehuda Halevy zu lesen; die Komplexität seiner textuellen Struktur weist weit darüber hinaus. Die historische Gestalt, der das Gedicht bei aller (Selbst)ironisierung ungebrochene Ehrerbietung erweist, wird nur als Vorwand genutzt für eine weit über sie hinaus- und in die eigene Gegenwart voraus greifende Positionierung, die der Geschichte das Zukünftige abzulauschen sucht. Charakteristisch bleibt dabei der bis zum Schluss nicht preisgegebene Freiheitsgedanke, den Heine in den politischen Schriften wie in seiner Dichtung gegen die Depravationen des entstehenden bürgerlichen Kapitalismus selbstbewusst vertritt als unabdingliche *conditio humana*. Indem er diesen an die Offenbarung knüpft, vermag Heine deren Ambivalenz wohl aufzuzeigen; den aufgeklärten Nachgeborenen des Spätkapitalismus blieb sie gleichwohl verdächtig. Sie empfinden, beispielhaft unter ihnen Adorno, gegenüber der für die Moderne typischen Säkularisierung von Offenbarung in der Kunst nur mehr großes Unbehagen.[33] An deren revolutionäres Potential mögen sie nicht mehr in demselben Sinne zu rühren, wie es zuletzt bei Benjamin zum Vorschein kommt: als unverbrüchliche Hoffnung der Hoffnungslosen. Um ihretwillen ist die Schrift fortzusetzen, »jene große Offenbarung«.

Anmerkungen

[1] Zur Übersetzungs- und Begriffsgeschichte von ›Offenbarung‹ vgl. Rudolf Bultmann: Der Begriff der Offenbarung im Neuen Testament. – In: ders.: Glauben und Verstehen. Gesammelte Aufsätze. 2. Aufl. Tübingen 1962, Bd. III, S. 1–34. Für Luther hat der Begriff noch keine theologisch-systematische Bedeutung; er versteht darunter »die im Wort Gottes, dem Evangelium und

speziell mit der Menschwerdung Christi erfolgte Offenbarung seiner Geheimnisse«. Martin Luther: Werke. Kritische Gesamtausgabe [Weimarer Ausgabe]. Weimar 1883 ff., Bd. VII, S. 494; vgl. auch ebd., Bd. X/I/1, S. 181 f.; Bd. XLII, S. 646; Bd. LIV, S. 88; Bd. XLIII, S. 314.

² Vgl. Karl Löwith: Weltgeschichte und Heilsgeschehen. Zur Kritik der Geschichtsphilosophie. – In: ders.: Sämtliche Schriften. Hrsg. von Klaus Stichweh, Marc B. de Launay, Bernd Lutz, Henning Ritter, Bd. II. Stuttgart 1983.

³ Vgl.: »Alles, was wir erfahren, ist eine Mitteilung. So ist die Welt in der Tat eine Mitteilung, Offenbarung des Geistes.« Novalis: Schriften. Hrsg. von Jakob Minor. Bd. II. Jena 1923, S. 198; »Einbildungskraft ist ein übernatürliches Vermögen – ist allemahl Offenbarung«; Friedrich Schlegel: Kritische Ausgabe seiner Werke. Hrsg. von Ernst Behler unter Mitwirkung von Jean-Jacques Anstett und Hans Eichner. Paderborn u. a. 1958 ff., Bd. XIX, S. 171 (Nr. 147); zur Kunst als Offenbarung vgl. auch Friedrich W. J. Schelling: Philosophie der Kunst. – In: Ders.: Sämtliche Werke. Hrsg. von Karl F. A. Schelling. Bd. I. Stuttgart, Augsburg 1859, S. 22 ff.

⁴ Vgl. »Der Historiker ist ein rückwärts gekehrter Prophet.« Friedrich Schlegel [Anm. 3], Bd. II, S. 176 (Athenäum-Fragment 80), sowie dass. in den Philosophischen Fragmenten Nr. 667, ebd., Bd. XVIII, S. 85 und: »Der Prophet und d[er] Historiker sind beide beides, zugleich Philosoph und zugleich Poet.« Ebd. (Nr. 666).

⁵ »Fr. Schlegel nannte einst den Geschichtsforscher ›einen umgekehrten Propheten‹. Dieses Wort ist die beste Bezeichnung für ihn selbst. Die Gegenwart war ihm verhaßt, die Zukunft erschreckte ihn, und nur in die Vergangenheit, die er liebte, drangen seine offenbarenden Seherblicke.« (B III, 408).

⁶ Vgl. dazu u. a. Regina Grundmann: Haggada als Poesie – Poesie als Offenbarung. Heinrich Heines Transformation der rabbinischen Überlieferung. – In: HJb 45 (2006), S. 223–235; Bernd Witte: Jüdische Tradition und literarische Moderne. Heine, Buber, Kafka, Benjamin. München 2007.

⁷ Vgl. dazu die grundlegende Darstellung von Jonathan Frenkel: The Damascus Affair. »Ritual Murder«, Politics and the Jews in 1840. New York 1997.

⁸ Vgl. Walter Benjamin: Gesammelte Schriften. Unter Mitwirkung von Theodor W. Adorno und Gershom Scholem hrsg. von Rolf Tiedemann und Hermann Schweppenhäuser. Frankfurt a. M. 1974, Bd. I/2, S. 697 f.

⁹ Diesen Aspekten wurde in jüngerer Zeit in zahlreichen Detailuntersuchungen verstärkte Aufmerksamkeit geschenkt. Vgl. dazu u. a. die in HJb 42 (2003) und HJb 43 (2004) publizierten Beiträge des dem »Romanzero« gewidmeten Kolloquiums im Düsseldorfer Heinrich-Heine-Institut vom 13. April 2002.

¹⁰ Das erste, »Prinzessin Sabbat« (B VI/1, 126 ff.), ist deutlich auf die Schechina im Exil bezogen, das letzte, »Disputatio« (B VI/1, 158 ff.), könnte man u. a. als Anspielung auf die Schrift »Kusari«, ein Hauptwerk Jehuda Halevys, verstehen, das in Form eines Streitgesprächs zwischen dem König der Chazaren und einem jüdischen Religionsvertreter eine grundsätzliche Stellungnahme zur Rechtfertigung der jüdischen Religion formuliert.

¹¹ Vgl. den Versuch einer korrigierenden Lesart über die Bestimmung der »Historien« als »politische Balladen« bereits bei Hans-Peter Bayerdörfer: ›Politische Ballade‹. Zu den ›Historien‹ in Heines ›Romanzero‹. – In: DVjs 46 (1972), S. 435–468.

¹² Hier schwingt aber noch mehr mit, insbesondere die im Band leitmotivisch entfalteten Bezüge auf Spanien als paradigmatischem Raum, über den der neuzeitliche Religionskonflikt thematisiert wird. Einen vergleichbaren Subtext weist bereits »Der Rabbi von Bacherach« auf.

¹³ Vgl. dazu Christine Ivanović: Die Wunde Erinnerung. Zur Aktualität des Gedenkens. Heinrich Heine, Jehuda Ben Halevy, Paul Celan. – In: Harry ... Heinrich ... Henri ... Heine.

Deutscher, Jude, Europäer. Hrsg. von Dietmar Goltschnigg, Charlotte Grolleg-Edler, Peter Revers. Berlin 2007, S. 345–360.

[14] Im Unterschied zu Herodot wie auch zur vergleichbaren zeitgenössischen Adaption des Stoffes durch Platen, der 1824 eine Komödie »Der Schatz des Rhampsinit« verfasst hatte, erscheint bei Heine das in der Volkssage dominante Motiv der Klugheit (des Diebes), der sich der König beugt, auffällig unterrepräsentiert gegenüber der von Heine pointierten, politisch wie persönlich motivierten Intention der Re-Integration der Schätze und damit der Macht. Vgl. auch Hegels abschätzige Diskussion der Episode in seinen »Vorlesungen über die Philosophie der Weltgeschichte« von 1822/23, die Heine in Berlin gehört hatte; Hegel sieht in ihr die »völlige Beschränkung auf eine Leidenschaft der Partikularität ohne weitere Reflexion und Schranken und mögliche Veränderung des Innern«. Georg Wilhelm Friedrich Hegel: Vorlesungen. Ausgewählte Nachschriften und Manuskripte. Bd. XII: Vorlesungen über die Philosophie der Weltgeschichte. Hrsg. von Karl Heinz Ilting, Karl Brehmer und Hoo Nam Seelmann. Hamburg 1996, S. 306 ff.

[15] Die grundsätzliche Fokussierung Heines auf die Frage nach der (narrativen) Konstruktion von Geschichte (und deren realhistorischen Konsequenzen) entgeht selbst ambitioniert postkolonialistisch argumentierenden Analysen eben dann, wenn Heines Gedicht aus dem kompositorischen Gesamtkontext des Zyklus isoliert betrachtet wird. Vgl. dazu Barbara Dröscher: ›Vitzliputzli‹ von Heinrich Heine und ›Huitzilopoxtli‹ von Rubén Darío. Korrespondenzen zwischen zwei Kosmopoliten am Beispiel eines mexikanischen Mythos. – In: arcadia (2007), S. 288–308.

[16] Der Kommentar der Düsseldorfer Heine-Ausgabe (1992) referiert umfangreich das Heine verfügbare zeitgenössische Wissen über den geschilderten Sachverhalt (vgl. DHA III, 677 ff.). Die dabei gegebene Erläuterung des »Vitzliputzli« als Satire wie auch die Deutungsansätze (ebd., 703 ff.), die im Bezug auf die spanische Seite immer wieder exculpatorisch formuliert sind, erscheinen in der Einschätzung des historischen Gehalts wie der von Heine gebrauchten poetischen Verfahren gleichermaßen obsolet. Vgl. dagegen die Studien von Susanne Zantop: Colonialism, Cannibalism, and Literary Incorporation. Heine in Mexico. – In: Heinrich Heine and the Occident. Multiple Identities, Multiple Receptions. Hrsg. von Peter Uwe Hohendahl und Sander L. Gilman. Lincoln, London 1991, S. 110–138, sowie dies.: Kolonialphantasien im vorkolonialen Deutschland (1770–1870). Berlin 1999.

[17] Gerade in dieser Hinsicht verdient die im Gedicht zitierte Unterschrift unter dem königlichen »Reskript« besondere Aufmerksamkeit. Rhampsenit setzt vor seinen Namen eine historisch vorausgreifende Datierung, welche die Markierung des Chronisten in die eines Historiographen *avant la lettre* verschiebt: »So geschehn den dritten Jänner/Dreizehnhundertzwanzig sechs/Vor Christi Geburt. – Signieret/Von Uns: Rhampsenitus Rex.« (B VI/1, 13). Die karnevaleske Einlage, die sich der Autor Heine hier gegen seine Quelle erlaubt, vermag für den Moment einer witzigen Pointe den als maßgeblich gesetzten Zusammenhang von Geschichtsschreibung und christlichem Machtanspruch zu enthüllen, dessen weltgeschichtlichen Konsequenzen der »Romanzero« dann weiter nachspürt.

[18] Die Instanz eines »kommentierenden und reflektierenden Ich« ist eines der drei Merkmale, die Bayerdörfer für die Bestimmung der »Historien« als »politische Balladen« anführt. Vgl. ders. [Anm. 11], S. 437. Sie ist aber auch notwendige Bedingung für die Konstruktion des modernen Geschichtsbewusstseins.

[19] Diese ›Erkenntnis‹ beruht allerdings ihrerseits auf dem Glauben, dass er selbst stärkeren Mächten unterlegen ist, nämlich der Muttergottes, wie eine alte Prophezeiung geweissagt habe; vgl. B VI/1, 73 f.

[20] Vgl. dazu u. a. Goethes 1827 entstandenes, »Den Vereinigten Staaten« gewidmetes, Gedicht: »Amerika du hast es besser/Als unser Kontinent, das alte,/Hast keine verfallene Schlösser/Und

keine Basalte. [...]«. Johann Wolfgang Goethe: Sämtliche Werke, I. Abteilung, Bd. II, Gedichte 1800–1832. Hrsg. von Karl Eibl. Frankfurt a. M., S. 739.

[21] Laut Briegleb ist dies die »Kennmarke liberal-nationaler Kaiserträume« (B VI/2, 49).

[22] Vgl. aber den Auftakt »Auf dem Haupt trug er den Lorbeer« (B VI/1, 58) als weiteres Kontrastmittel im Vergleich zur späteren Gestaltung des Dichters Jehuda Halevy.

[23] Vgl. gegen Ende des Gedichts »Vitzliputzli« dessen Entschluss: »Ja, ein Teufel will ich werden,/Und als Kameraden grüß ich/Satanas und Belial,/Astaroth und Belzebub.« (B VI/1, 75) mit einer der letzten Strophen des Schlussgedichts der »Hebräischen Melodien« (und damit des »Romanzero« insgesamt), wo in der »Disputation« der Mönch dem Rabbi die Worte entgegenschleudert: »Trotzen kann ich deinen Teufeln,/Deinem schmutzgen Fliegengotte,/Luzifer und Belzebube,/Belial und Astarothe. //Trotzen kann ich deinen Geistern,/Deinen dunklen Höllenpossen,/Denn in mir ist Jesus Christus,/Habe seinen Leib genossen.« (B VI/1, 170 f.). Vgl. des Weiteren zum oben angesprochenen Zusammenhang die Ausführungen von Gershom Scholem: Walter Benjamin und sein Engel. – In: ders.: Walter Benjamin und sein Engel. Vierzehn Aufsätze und kleine Beiträge. Frankfurt a. M. 1983, S. 35–72. Scholem legt in seinem Kommentar zu Klees »Angelus Novus« bzw. zu Benjamins darüber formulierter These dessen autobiographische Notiz »Agesilaus Santander« als Anagramm zu »Der Angelus Satanas« aus. »Von einem solchen Engel-Satan sprechen sowohl hebräische Texte wie etwa der Midrasch Rabba zu Exodus, Sektion 20, § 10, als auch neutestamentliche, wo im Paulinischen Brief an die Korinther II, Kapitel 12:7 vom Angelos Satans die Rede ist, der mit dem abgefallenen, revoltierenden Luzifer identisch ist« (ebd., S. 51).

[24] Mit »Geistesevolution« erweitert Heine den 1774 von Albrecht von Haller zur Beschreibung seiner Vorstellung von der naturgeschichtlichen Entwicklung des Menschen geprägten Begriff der Evolution.

[25] Auffällig ist, dass die genealogische Festlegung des Moses auch bei Heine im expliziten Kontext der Thematisierung von Unterdrückung und Gewalt erscheint. Heine erinnert hier an die Herkunft Mose als Hebräer aus dem Stamme Levi (vgl. 2. Mose 6, 20) oder/und als Ägypter, d. h. als von der im Nil badenden Tochter des Pharao aus dem Wasser gezogenes und von dieser angenommenes Kind (so die Bedeutung des ägyptischen Namens Moses), das von der Hebamme Jochebeth, seiner leiblichen Mutter, genährt und aufgezogen wurde. Vgl. dazu die spätere Auslegung Freuds, der diese Frage am Vorabend des Zweiten Weltkriegs im Blick auf den eskalierenden Antisemitismus erörtert: Der Mann Moses und die monotheistische Religion. – In: ders.: Studienausgabe. Hrsg. von Alexander Mitscherlich u. a. Frankfurt a. M. 1969 ff. Bd. IX, S. 455–581. Aus der umfangreichen Diskussion, die gerade diese Schrift Freuds wegen ihres geschichts- und religionskritischen Gehalts erfahren hat, vgl. u. a. Yosef Hayim Yerushalmi: Freuds Moses. Endliches und unendliches Judentum. Berlin 1992.

[26] Zur Bedeutung dieses Credos im weiteren Kontext der europäischen Romantik vgl. Renate Lachmann: Imitatio und Intertextualität. Drei russische Versionen von Horaz' ›Exegi monumentum‹. – In: Poetica 19 (1987), S. 195–237.

[27] Vgl. dazu in der christlichen Kunst die Darstellungen der Ecclesia im Gegensatz zur Synagoge, die mit verbundenen Augen erscheint.

[28] Hegel [Anm. 14], S. 32 f.

[29] Zu dieser Stelle und ihrer Bedeutung im Kontext von Heines »jüdischer Geschichtsperspektive« vgl. Christian Liedtke: »Das Leben ist weder Zweck noch Mittel; das Leben ist ein Recht«. Heines Kritik des teleologischen Denkens. – In: Aufklärung und Skepsis. Internationaler Heine-Kongreß 1997 zum 200. Geburtstag. Hrsg. von Joseph A. Kruse, Bernd Witte und Karin Füllner. Stuttgart, Weimar 1998, S. 598–614, insbes. S. S. 604 ff.

[30] Vgl. dazu auch den von Heine wenig später im selben Text erwähnten Vorfall »beim Ausbruch der Revolution von Sankt Domingo, wo ein Negerhaufen, der die Pflanzungen mit Mord und Brand heimsuchte, einen schwarzen Fanatiker an seiner Spitze hatte, der ein ungeheures Kruzifix trug und blutdürstig schrie: Die Weißen haben Christum getötet, laßt uns alle Weißen totschlagen.« (B VI/1, 484). Die Episode dient hier als »blutige Parodie« jener fehlgeleiteten Auffassung mancher Christen, die den Juden vorwerfen, ihren Herrgott getötet zu haben. In vergleichbarer Formulierung zum »Vitzliputzli« (B VI/1, 60) heißt es hier: »Sonderbar! eben das Volk, das der Welt einen Gott gegeben, und dessen ganzes Leben nur Gottesandacht atmete, ward als Deicide verschrien! [...] Ja, den Juden, denen die Welt ihren Gott verdankt, verdankt sie auch dessen Wort, die Bibel; sie haben sie gerettet aus dem Bankerott des römischen Reichs [...]«. Das Zitat findet sich innerhalb einer Passage der »Geständnisse«, die bereits früher in der Schrift »Zur Geschichte der Religion und Philosophie in Deutschland« Ausgeführtes wieder aufgreift und verschärft; explizit wird hier nun die Bibel(übersetzung) als Mittel bezeichnet, das »die große Demokratie« fördern, »das große Reich des Geistes« (B VI/1, 484f.) stiften wird.

[31] Vgl. »Von der Freiheitsliebe Israels, während nicht bloß in seiner Umgebung, sondern bei allen Völkern des Altertums, sogar bei den philosophischen Griechen, die Sklaverei justifiziert war und in Blüte stand, will ich gar nicht reden, um die Bibel nicht zu kompromitieren bei den jetzigen Gewalthabern. Es gibt wahrhaftig keinen Sozialisten, der terroristischer wäre als unser Herr und Heiland, und bereits Moses war ein solcher Sozialist, [...].« (B VI/1, 487)

[32] Heine bezieht sich hier auf Exodus 13, 17–22, wo Gott dem Volk Israel als Wolken- oder (bei Nacht) als Feuersäule vorauszieht, um ihm den Weg aus Ägypten zu weisen. Indem Heine hier den Jehuda Halevy mit jener Feuersäule vergleicht, vollzieht er über die mythische Anspielung eine ähnliche Gleichsetzung, wie er es später in seiner Auslegung der Antizipation des göttlichen Lichtglanzes durch Moses tun wird.

[33] Vgl. dazu Adornos Überlegungen »Zur Rettung des Scheins«: »Der Schein an den Kunstwerken ist verschwistert dem Fortschritt der Integration, den sie von sich verlangen mußten und durch den ihr Gehalt unmittelbar gegenwärtig dünkt. Das theologische Erbe der Kunst ist die Säkularisation von Offenbarung, dem Ideal und der Schranke eines jeglichen Werkes. Kunst mit Offenbarung zu kontaminieren hieße, ihren unausweichlichen Fetischcharakter in der Theorie unreflektiert wiederholen. Die Spur von Offenbarung in ihr ausrotten, erniedrigte sie zur differenzlosen Wiederholung dessen, was ist. Sinnzusammenhang, Einheit wird von den Kunstwerken veranstaltet, weil sie nicht ist, und als veranstaltete das Ansichsein negiert, um dessentwillen die Veranstaltung unternommen wird – am Ende die Kunst selbst.« Theodor W. Adorno: Gesammelte Schriften. Hrsg. von Rolf Tiedemann unter Mitwirkung von Gretel Adorno u. a. Frankfurt a. M. 1970, Bd. VII, S. 162. Insbesondere in Bezug auf den hier postulierten Begriff des intendierten Einheitscharakters der Kunstwerke wäre die Position Adornos anhand des Befunds der Werke Heines – z. B. der im »Romanzero« nahezu systematisch eingesetzten Verfahren der Desintegration – durchaus noch einmal neu zu überprüfen. Dies betrifft schließlich auch die historische Differenz, in der sich Heine zu seinen Zeitgenossen oder unmittelbaren Vorgängern befindet. Deutlich wird dies bereits im Vergleich zu dem, was beispielsweise Jakob Hessing in Bezug auf Jean Pauls »Rede des toten Christus vom Weltgebäude herab, daß kein Gott sei«, konstatiert: »Wo Einheit und Bestand des Ich erhalten bleiben sollen und dieses Ich sich schreibend noch einmal zu konstituieren wünscht, dort [...] hat es sich unter Gottesschutz zu stellen: Allen säkularen Texten der Moderne, sofern sie sich nicht ad absurdum führen wollen, muß der heilige Text der Tradition eingeschrieben bleiben.« Jakob Hessing: Der Traum und der Tod. Heinrich Heines Poetik des Scheiterns. Göttingen 2005, S. 34.

Über den Frieden
oder
Heinrich Heines Revision der aufgeklärten Utopie im Zitat

Von Sikander Singh, Düsseldorf und Weimar

I.

»De l'Allemagne« nennt Heinrich Heine eine Auswahl von Werken in französischer Sprache, die im Jahr 1835 bei dem Verleger Eugène Renduel in Paris erschienen ist. In der Sammlung, die den Titel des 1813 im englischen Exil veröffentlichten Buches von Anne Germaine de Staël zitierend aufnimmt, publiziert der Dichter eine Reihe von Schriften, die in den frühen Jahren seines Aufenthaltes in der französischen Hauptstadt entstanden sind.[1] Die »Romantische Schule«, die nach dem Tod Johann Wolfgang von Goethes über die ästhetischen Möglichkeiten der deutschen Literatur am Ende der ›Kunstperiode‹ nachdenkt, und »Zur Geschichte der Religion und Philosophie in Deutschland«, die in der Tradition der radikalen Strömungen der französischen Aufklärung sowie unter dem Einfluss der Geschichtsphilosophie Georg Wilhelm Friedrich Hegels zu einer Neubestimmung desjenigen Beitrages ansetzt, den die Literatur zu den philosophischen Diskursen über das Verhältnis von Theorie und Praxis, Gedanken und Tat zu leisten vermag, sind zu Teilen bereits in deutschen und französischen Zeitschriften veröffentlicht worden. Die »Elementargeister« werden erst im Jahr 1837 im dritten Band des »Salon«, der von Julius Campe in Hamburg verlegerisch betreut wird, publiziert.

Der Dichter hat die in seiner Muttersprache verfassten Schriften nicht von François-Adolphe Loëve-Veimars übertragen lassen, der bereits die französische Fassung der »Reisebilder« zu verantworten hatte und dessen ein halbes Jahrzehnt zuvor, im Jahr 1829, im gleichen Verlag veröffentlichte Übersetzung der Erzählungen Ernst Theodor Amadeus Hoffmanns dem spätromantischen Schriftsteller auch zu französischem Ruhm verholfen hatte, sondern von Pierre-Alexandre Specht, einem Pariser Postbeamten. Wie bei allen Schriften und Dichtungen, die Heine aus der Sprache seiner verlorenen, deutschen Heimat in das Idiom des Landes übersetzen lässt, in dem er bis zu seinem Tod im Jahr 1856 leben wird, redigiert er auch die

Übertragungen Spechts, verleiht ihnen durch eine sorgsame Redaktion jenen präzisen und zugleich poetischen Duktus, der auf eigentümliche Weise zwischen aufgeklärtem Rationalismus und romantischer Innerlichkeit changiert.

Der zweite Band der von Renduel verlegten Sammlung, der als sechster Teil einer geplanten, aber letztlich nicht realisierten französischen Werkausgabe erschien, enthält neben dem zweiten und dritten Buch der »Romantischen Schule« und dem ersten Abschnitt der »Elementargeister«, die zwei Drittel des Bandes ausmachen, vier unter dem Titel »Citations« im Anhang zusammengefassten Texte, die sowohl inhaltlich als auch aufgrund ihrer Reihenfolge auf die beiden großen, programmatischen Schriften von »De l'Allemagne« bezogen sind. Unter diesen findet sich auf den Seiten 209 bis 217 eine Wiedergabe des Gespräches, das am 11. Dezember 1760 in Leipzig zwischen Christian Fürchtegott Gellert und dem preußischen König Friedrich II. stattgefunden hat, jener Unterredung, von deren Inhalt die literarisch interessierten Zeitgenossen erstmals durch die in Köln sowie Leipzig und Dresden im Jahr 1761 veröffentlichten Briefe Rabeners und Gellerts Aufschluss erhielten.[2] Es ist wahrscheinlich, dass Specht auch für die Übertragung der »Citations« verantwortlich zeichnet, wenngleich dies nicht zu belegen ist. Ebenso wenig ist zu bestimmen, aufgrund welcher Vorlage die Übersetzung erfolgte. Verschiedene Ergänzungen des Textes erlauben jedoch den Schluss, dass nicht nur einer der 1761 veröffentlichten Drucke benutzt wurde, sondern auch der Briefwechsel Gellerts mit Christiane Lucius, den Friedrich Adolf Ebert im Jahr 1823 in Leipzig publiziert hat und der zum Beschluss sowohl die Briefe Rabeners und Gellerts mitteilt als auch den »Auszug eines Briefes aus Leipzig vom 27. Januar 1761«.[3]

Die »Citations« bilden nicht nur einen Anhang zu den philosophie- und literaturgeschichtlichen Betrachtungen Heines, sondern werden durch Verweise in den »De l'Allemagne«-Schriften mit diesen zu einer kompositorischen Einheit verschmolzen. In diesem Sinne schreibt der Dichter in der »Deuxième partie« über die Begegnung zwischen Gellert und dem preußischen König auf deren zum Beschluss wiedergegebenes Gespräch vorausdeutend:

> Le mépris qu'il montra pour notre littérature doit nous affliger encore, nous, descendants de ces écrivains. A l'exception du vieux Gellert, aucun d'eux ne fut encouragé par sa très-gracieuse bienveillance. L'entretien qu'il eut avec lui est curieux. (HSA XVI, 65)

Heines Aufmerksamkeit richtet sich zum einen auf den Leipziger Aufklärer, zum anderen auf Friedrich II. und dessen 1780 in der preußischen Residenz Berlin veröffentlichte, achtzig kleine Oktavseiten umfassende Abhandlung »De la littérature allemande, des défauts qu'on peut lui reprocher, quelles en sont les causes, et par quels moyens on peut les corriger«.[4] Das Verhältnis der deutschen und der französischen Literatur betrachtend, bildet die Schrift des Preußenkönigs sowohl den Hintergrund des Deutschland-Buches der Madame de Staël als auch der Werke Heines über die Geschichte der deutschen Literatur und Philosophie. Indem er auf das anerkennende Urteil in Friedrichs Schrift über Gellert als eines deutschen Fabeldichters anspielt, der »sich neben Phädrus und Äsop zu stellen gewußt hat«, wird ebenfalls deutlich, dass seine Feststellung einerseits auf das seinen französischen Schriften beigegebene Gespräch und andererseits auf die Abhandlung des Preußenkönigs zu beziehen ist.[5]

Dass der königliche Literaturbrief nicht nur in den ersten Jahren nach der Veröffentlichung eine Vielzahl von Erwiderungen deutscher Schriftsteller und Publizisten hervorgebracht hat, sondern noch Jahrzehnte nach seiner Publikation kontrovers diskutiert worden ist, spiegelt sich in Friedrich Schillers Gedicht »Die deutsche Muse«, das im Jahr 1803 veröffentlicht worden ist:

> Kein Augustisch Alter blühte,
> Keines Mediceers Güte
> Lächelte der deutschen Kunst;
> Sie ward nicht gepflegt vom Ruhme,
> Sie entfaltete die Blume
> Nicht am Strahl der Fürstengunst.
>
> Von dem größten deutschen Sohne,
> Von des großen Friedrichs Throne
> Ging sie schutzlos, ungeehrt.
> Rühmend darf's der Deutsche sagen,
> Höher darf das Herz ihm schlagen:
> Selbst erschuf er sich den Wert.[6]

Die nationalistische Emphase, welche die Verse Schillers grundiert, scheint bereits in den zeitgenössischen Reaktionen auf die literarhistorische Abhandlung des Königs auf. So dichtete Friedrich Klopstock im Jahr 1782 in einer Ode, die den bezeichnenden Titel »Die Rache« trägt: »Du erniedertest dich, Ausländertöne/ Nachzustammeln, dafür den Hohn zu hören:/Selbst nach Aruets Säubrung,/Bleibe dein Lied noch tüdesk.«[7]

Vor dem Hintergrund dieser Diskurse bezieht sich Heine in seiner für das französische Publikum verfassten Schrift über die deutsche Literatur einerseits auf die Abhandlung des preußischen Königs, weil sich in dessen Urteilen der entwicklungsgeschichtliche Emanzipationsprozess der deutschen Literatur von dem ästhetischen Stilideal der französischen Dichtungstradition abspiegelt. Andererseits zeigt er, auf welche Weise die literarischen Debatten des Aufklärungszeitalters in der Folge der revolutionären Erhebungen des Jahres 1789 eine nationalistische Färbung erhielten und sich aus dem Bereich schöngeistiger Debatten zunehmend in das Politische verlagerten. Die Dialektik der deutschen und der französischen Dichtungstradition und die daraus resultierenden skeptischen Vorbehalte des preußischen Königs gegenüber der Literatur seiner Heimat, die auch den Inhalt des ersten Teils des Gespräches zwischen Friedrich II. und Gellert bilden, variieren somit das Thema, über das Heine in der Schrift »Zur Geschichte der Religion und Philosophie in Deutschland« nachdenkt:

> – Dites-moi, pourquoi n'avons-nous pas un seul bon écrivain allemand?
> Quintus Icilius prit vivement la parole, et dit:
> – Votre Majesté en voit ici un que les Français eux-mêmes ont traduit, et qu'ils nomment le La Fontaine allemand.
> – C'est beaucoup, répondit le roi, en se tournant vers Gellert. – Avez-vous lu La Fontaine?
> – Oui, Votre Majesté; mais je ne l'ai pas imité; je me suis efforcé d'être original.
> – En voilà un; mais pourquoi n'avons-nous pas plus de bons auteurs allemands?
> – Mais Votre Majesté est prévenue contre les Allemands.
> – Non, je ne l'accorde pas.
> – Au moins contre les écrivains allemands?
> – C'est vrai! Pourquoi n'avons-nous pas de bons historiens?
> – Nous n'en manquons pas non plus. Nous avons un Mascou, un Cramer qui a continué Bossuet.
> – Comment est-il possible qu'un Allemand continue Bossuet?
> – Oui, oui, et heureusement. Un des professeurs les plus savans de Votre Majesté a dit qu'il l'avait continué avec autant d'éloquence et beaucoup plus de justesse historique.
> – Mais l'a-t-il seulement compris?
> – Le monde le croit.
> – Mais pourquoi personne ne s'essaie-t-il à Tacite? C'est celui qu'on devrait traduire.
> – Tacite est difficile à traduire, et nous avons aussi de mauvaises traductions françaises de cet historien.
> – Vous avez raison.
> – On peut surtout expliquer, par de bonnes raisons, pourquoi les Allemands ne se sont pas encore distingués dans toutes sortes de bonnes compositions. A l'époque où les arts et les sciences florissaient chez Grecs, les Romains en étaient encore à faire la guerre. Peut-être sommes-nous dans l'ère guerrière des Allemands; peut-être leur a-t-il manqué un Auguste et un Louis XIV. (HSA XVII, 200)

Die Namen der Sprecher werden in dem Dialog, den die »De l'Allemagne«-Schrift zitiert, anders als im deutschen Original, nicht angegeben. Auf diese Weise weicht der berichtende Charakter des »Briefes aus Leipzig, vom 27. Januar 1761« in Heines französischer Übersetzung einer episch gefärbten Unmittelbarkeit, welche Authentizität vermittelt. Die Selbstdeutung des Leipziger Aufklärers, in der sich bereits das Selbstbewusstsein einer Generation von Schriftstellern abzeichnet, die sich von dem normativen Einfluss der französischen Kultur gelöst hat, wird in dieser Lesart zu einem Gegenbild der Positionen, die der preußische König in seiner als Brief an den Grafen Ewald Friedrich von Hertzberg gestalteten Abhandlung formuliert.

Indem Heine die Unterredung an den Schluss seiner Schriftensammlung stellt, erscheint sie zugleich als eine Kontrafaktur derjenigen Anschauungen über die deutsche Literatur des 18. Jahrhunderts, die Anne Germaine de Staël unter dem Einfluss der ästhetischen Urteile ihres Reisebegleiters August Wilhelm Schlegel entwickelt. Unter der Überschrift »Von den Haupt-Epochen der deutschen Literatur« schreibt sie im zweiten Teil ihres Deutschland-Buches, die kritische Perspektive der literarhistorischen Anschauungen der Romantik auf die Aufklärung aufnehmend: »Hagedorns, Gellerts, Weißes Schriften waren nichts als schwerfällig gemachtes Französisch; man findet in ihnen weder Eigentümlichkeit noch irgend etwas dem natürlichen Geiste ihres Volkes Angemessenes«.[8] Darüber hinaus bestätigen die Vorstellungen über die Originalität und Eigenständigkeit der deutschen Literatur, die Gellert gegenüber dem König betont, Heines teleologische Deutung der Literaturgeschichte als eines Emanzipationskampfes, an dessen vorläufigem Ende der Dichter die historische Aufgabe seines eigenen Werkes erkennt.

Heines Perspektive auf die deutsche Literatur des 18. Jahrhunderts ist geprägt von der Opposition gegen die klassische und romantische Kunstauffassung sowie die politische Restauration in der eigenen Gegenwart. Indem seine Darstellung, auf einzelne biographische oder literarische Aspekte verkürzt, stilisierte Bilder von Autoren des aufgeklärten Zeitalters zeichnet, wird deutlich, dass der Rückgriff auf die Vergangenheit nicht ihrer Konservierung dient, sondern der Gestaltung der Zukunft.[9] Anders als der Rekurs der Romantik auf das politisch wie weltanschaulich als homogene Einheit verstandene Mittelalter ist Heines bewusst partieller und kritisch-abwägender Rückbezug auf die Aufklärung der Versuch, in der Übergangszeit des Vormärz eine Grundlage für die eigenen Zukunftsvorstellungen in der Geschichte zu finden. Die Wiedergabe des Gespräches zwischen Gellert und Friedrich II. zeigt daher, dass die Literatur des 18. Jahrhunderts trotz oder gerade wegen der vielfältigen Problematik, die sie für Heine in den zeit- und geistesgeschichtlichen Verwerfungen des frühen 19. Jahrhunderts hat, eine Projektionsfläche für die positiven wie die negativen Möglichkeiten der eigenen Zeit ist. Zumeist klingt sie nur paradigmatisch an und wird selten unmittelbar zitiert. Vielmehr erscheint sie in Gedankenporträts und Ideenbildern einzelner Schriftsteller wie die Züge einer Familienähnlichkeit, welche die Generation der Väter überspringt, um erst bei den Enkeln, vage und unbestimmt, aber dennoch erkennbar, wieder hervorzutreten. »Trotz dem, daß mich meine politischen Meinungen von ihnen schieden im Reiche des Gedankens, würde ich mich doch jederzeit denselben angeschlossen haben auf den Schlachtfeldern der That«, schreibt er in der 1840 veröffentlichten Denkschrift über den wenige Jahre zuvor in Paris verstorbenen Ludwig Börne. »Wir hatten ja gemeinschaftliche Feinde und gemeinschaftliche Gefahren!« (HSA IX, 348)

II.

Die Unterredung zwischen dem Professor und dem König während des Siebenjährigen Krieges in der von der preußischen Armee besetzten sächsischen Messe- und Universitätsstadt Leipzig erscheint aus der retrospektiven Sicht der »Citations« als ein Kommentar zu dem Literaturbrief Friedrich II. Und tatsächlich sind die Parallelen zwischen den Positionen, die der König in der im Dezember 1760 geführten Unterhaltung vertritt, und denjenigen, die er in der 1780 veröffentlichten Schrift niederlegt, ebenso auffallend wie bezeichnend.[10] Indem Heine jedoch mit dieser Umdeutung den seit seiner Übersiedlung in die französische Hauptstadt geführten kritischen Diskurs über den Sieger der Schlacht bei Torgau ironisch gebrochen fortsetzt, tritt ein Aspekt des Gespräches in den Hintergrund, der sowohl die Unterredung Gellerts mit Friedrich als auch die literatur- und philosophiegeschichtlichen Schriften Heines wesentlich bestimmt[11]: Der König und der Dichter sprechen nicht nur über den Zustand der deutschen Literatur, die Lebensumstände Gellerts sowie die schwierigen Verhältnisse der Schriftsteller in der Zeit, sondern auch über die Politik. »Les temps sont durs aujourd'hui«, stellt der König fest, worauf Gellert entgegnet:

– Oui, et si Votre Majesté voulait donner la paix à l'Allemagne...
– Eh! le puis-je? Vous ne le savez donc pas? Ils sont trois contre moi.
– Je m'occupe beaucoup plus de l'histoire ancienne que de l'histoire moderne. (HSA XVII, 201)

Die Forderung nach Frieden, den der Leipziger Aufklärer als eine Vorbedingung für die Entwicklung und Entfaltung der Künste betrachtet, findet sich in allen überlieferten Fassungen des Gespräches. In einem Brief, den Gellert einen Tag nach der Begegnung an Johanna Erdmuth von Schönfeld verfasst, antwortet er auf die Frage des Königs »Sind itzt böse Zeiten?«: »Das werden Ew. Majestät besser bestimmen können, als ich. Ich wünsche ruhige Zeiten. Geben Sie uns nur Frieden, Sire.« Auf die sich anschließende Feststellung Friedrichs »Kann ich denn, wenn Dreye gegen Einen sind?« erwidert er: »Das weis ich nicht zu beantworten. Wenn ich König wäre, so hätten die Deutschen bald Frieden.«[12] In dem auf den 5. Februar 1761 datierten Schreiben an Gottlieb Wilhelm Rabener gibt Gellert diese Passage der Unterredung mit einem leicht veränderten Wortlaut wider. »So? gefallen ihm diese Zeiten nicht?

Sinds böse Zeiten?«, fragt Friedrich. Der Schriftsteller antwortet darauf: »Ich wünsche ruhigere Zeiten, und wenn ich der König von Preußen wäre, so hätten die Teutschen Frieden«. Dieser entgegnet: »So? steht dies bey mir? Drey wieder Einen?« Gellert erneuert seine Bitte daraufhin: »Ich wiederhole es noch einmal, Sire, wollte Gott? Sie gäben uns den Frieden!«[13] Außer den drei genannten Korrespondenzen – dem Brief an Johanna Erdmuth von Schönfeld aus dem Dezember 1760, dem Schreiben an Rabener aus dem Februar 1761 und dem anonymen »Auszug eines Briefes aus Leipzig, vom 27. Januar 1761« – sind keine Zeugnisse überliefert, welche die Begegnung oder den Verlauf des Gespräches dokumentieren.

Wie sorgsam Gellert mit Berichten über den Inhalt und den Verlauf des Gespräches umgegangen ist, dokumentiert ein Brief vom 10. Januar 1761 an Ernst Samuel Jacob Borchward. »So herzlich gern ich Ihnen das bewußte Gespräch mündlich erzählen würde«, entschuldigt er sich bei dem Berliner Hofrat, »so unmöglich scheint mirs zu seyn, wenn ichs schriftlich thun wollte; und zwar auf offner Post.«[14] Über die Veröffentlichung der privaten Korrespondenzen, die bereits zur Frühjahrsmesse des Jahres 1761 aufgrund von Abschriften erfolgt sein muss, zeigt sich Gellert daher so verärgert, dass er in der Konsequenz den Kontakt zu Gottlieb Wilhelm Rabener, mit dem er seit seinem Eintritt in die Fürstenschule St. Afra in Meißen im Jahr 1728 befreundet war und der von 1741 bis 1744 ebenfalls zu den Beiträgern der »Belustigungen des Verstandes und des Witzes« gehörte, abbricht. Der Dresdner Satiriker, der schon in einem auf den 26. Januar 1761 datierten Brief an Gellert zwar scherzhaft, aber gleichwohl hintergründig droht, weitere Gerüchte über das Gespräch mit dem Preußenkönig in Umlauf zu bringen, scheint seinen Briefwechsel im Freundeskreis herumgereicht zu haben, so dass es möglich war, Abschriften zu fertigen.[15] Hierbei handelt es sich zwar um eine im Kontext der empfindsamen Briefkultur durchaus übliche Praxis, da jedoch auf diese Weise »ein vertrauliches Gespräch, das politische Konsequenzen haben konnte, in die Öffentlichkeit getragen worden war«, ist Gellert nicht nur indigniert, sondern beunruhigt.[16]

Bereits am 25. März berichtet Christiane Caroline Lucius brieflich, dass sie ein Schreiben Rabeners an Gellert und dessen »Antwort darauf, gelesen, und abgeschrieben« habe.[17] Daraufhin bittet Gellert am 4. April, ihm eine Kopie zu übersenden.[18] Doch kann Demosielle Lucius in ihrem drei Tage später verfassten Antwortschreiben bereits von der unberechtigten Publikation berichten.[19] In diesem, auf den 7. April datierten Brief wird die Veröffentlichung des Gespräches zwischen dem Schriftsteller und dem preußischen König erstmals erwähnt. Gellert stellt daraufhin, auf seine Bekanntheit anspielend, in resigniertem Ton fest: »Also ist kein Brief mehr sicher, so bald er aus meiner Hand ist? Doch ich will nicht eifern; ich will Ihnen für die Abschrift und auch für die böse Nachricht danken.«[20] Auch in der auf den 21. April datierten Korrespondenz an Ernst Samuel Jacob Borchward beklagt er sich über die unrechtmäßige Veröffentlichung:

> Was haben Sie für böse Leute in Berlin, welche vertraute Briefe durch den Druck der Welt öffentlich bekannt u. einen ehrlichen Mann schamroth machen? Es ist Grausamkeit, so zu verfahren; und ich werde künftig zittern müssen, so oft ich einen Brief schreiben will.[21]

Und zwei Tage später schreibt er an Johanna Erdmuth von Schönfeld, der er ein Exemplar des Druckes übersendet:

> Hier schicke ich Ihnen einige gedruckte Briefe, über die Sie sich so wenig freuen werden, als ich mich darüber gefreut habe. O was ist der Ruhm des Autors für eine schreckliche Sache! und was für ein Geist des Schwindels muß Rabenern anfechten, daß er Briefe von sich und mir zur Abschrift herum giebt. Er soll nicht so bald wieder welche bekommen, die ihm Gelegenheit zu diesem Fehler geben. Wenn ich Briefe schreibe, schreibe ich für meine Freunde, daß sie mich gern lesen, und nicht für die Welt u. Nachwelt, daß sie mich verehren, bewundern und nur von der guten Seite sehen sollen. Doch ich schmehle, wie ich sehe; und ich habe mir gleichwohl vorgenommen, meine Geduld bey dieser Begebenheit zu üben und nicht zu murren.[22]

Die Publikation der Korrespondenzen ist nicht nur ein Beispiel für die problematische Situation der Schriftsteller im 18. Jahrhundert, die aufgrund der partikularen Struktur des Heiligen Römischen Reiches Deutscher Nation nur bedingt Möglichkeiten hatten, die Rechte auf ihre Werke geltend zu machen. Sie dokumentiert zugleich, dass Gellert als der Verfasser der »Fabeln und Erzählungen« und des Romans »Leben der Schwedischen Gräfinn von G***« nach der Veröffentlichung der »Briefe, nebst einer praktischen Abhandlung von dem guten Geschmacke in Briefen« im Jahr 1751 bereits zu Beginn des nachfolgenden Jahrzehnts zu einem der bekanntesten und einflussreichsten Epistolographen im deutschen Kulturraum geworden war.

Seine ablehnende Position gegenüber der Publikation der Briefwechsel mit Rabener beruht jedoch nicht nur auf deren Unrechtmäßigkeit. Die verschiedenen Drucke sind alle mit fingierten Druckorten und ohne einen Hinweis auf einen verantwortlichen Verleger erschienen. Die »Briefe von Rabener und Gellert, wie auch das Letztern Unterredung mit dem König von Preussen«, welche Rabeners Schreiben an Gellert vom 18. Januar 1757 sowie dessen auf den Januar desselben Jahres datierte Antwort enthalten[23], wurden mit der bereits seit dem späten 17. Jahrhundert als fingiertem Impressum geläufigen Angabe »Cöln, Peter Marteau, 1761« veröffentlicht.[24] »Zwey Briefe, der I. von C. F. Gellert, der II. von G. W. Rabener«, welche Gellerts Brief vom 5. Dezember 1758 sowie Rabeners Brief an den Sekretär Ferber beinhalten, wurden – wie der »Dritte und Vierte Brief, von G. W. Rabener und C. F. Gellert«, die erneut Rabeners Schreiben an Gellert vom 18. Januar

1757 und dessen auf den Januar 1757 datierte Antwort enthalten – ohne Verlagsangabe mit den Druckorten »Leipzig und Dresden, 1761« publiziert.[25] Nicht nur das Fehlen eines Hinweises auf den Verlag, der für die Veröffentlichung verantwortlich zeichnet, auch die Nennung zweier Orte bezeugt die Absicht, die Identität der Drucker vor dem Zugriff der staatlichen Zensurbehörden zu verschleiern.

Der »Fünfte und Sechste Brief, von G. W. Rabener und C. F. Gellert« umfassen Rabeners auf den 26. Januar 1761 datierten Brief an Gellert, dessen Antwortschreiben vom 5. Februar 1761 sowie den »Auszug eines Briefes aus Leipzig, vom 27. Januar 1761« und erschienen ebenfalls ohne Angabe eines Verlegers oder Druckers mit dem Vermerk »Leipzig und Dresden, 1761«.[26] Ferner wurde eine Sammlung unter dem Titel »Vier Briefe, von C. F. Gellert und G. W. Rabener« ohne Verlagsangabe mit den Druckorten »Frankfurt und Leipzig, 1761« veröffentlicht. Dieselbe Zusammenstellung, die Gellerts Schreiben an Johanna Erdmuth von Schönfeld vom 5. Dezember 1758, Rabeners Brief an den Sekretär Ferber sowie Rabeners und Gellerts Korrespondenz aus dem Januar 1757 umfasst, erschien im gleichen Jahr unter dem Titel »Vier Briefe durch die Herrn Gellert und Rabener«, ebenfalls ohne Verlag, jedoch erneut mit einem Hinweis auf die Druckorte »Leipzig und Dresden, 1761«. Eine weitere Sammlung wurde im selben Jahr, mit denselben Druckorten unter dem Titel »Sechs Briefe durch die Herrn Gellert und Rabener« veröffentlicht.

Bereits die jeweils verschieden zusammengestellten Auflagen und variierenden Titel sowie die fingierten Druckvermerke dokumentieren die politische Signifikanz der Briefe, die – zwischen 1757 und 1761 verfasst – die Erfahrungen und Auswirkungen des Siebenjährigen Krieges im Spannungsfeld der widerstreitenden sächsisch-preußischen Beziehungen diskutieren: Die Korrespondenz aus dem Januar 1757 thematisiert die schwierige Situation der Schriftsteller und ihr Verhältnis zum preußischen Thron.[27] In dem Schreiben an Johanna Erdmuth von Schönfeld vom 5. Dezember 1758 berichtet Gellert von einem Husarenleutnant, der während der preußischen Okkupation der sächsischen Universitäts- und Handelsstadt ihm einen Besuch abstattet, um dem Verfasser des »Lebens der Schwedischen Gräfinn« seine Bewunderung auszudrücken.[28] Mit dem Datum des 26. Januar 1761 klagt Rabener über die Zerstörung seiner Manuskripte und Bücher durch das preußische Bombardement der sächsischen Residenz Dresden.[29] Und Gellert antwortet am 5. Februar desselben Jahres mit einem Bericht über den Verlauf und den Inhalt seines Gespräches mit Friedrich II.[30]

Indem die private Korrespondenz in den öffentlichen Diskurs gestellt wird, erlangen die Äußerungen Gellerts und Rabeners eine über ihren ursprünglichen Gehalt hinausweisende politische Bedeutsamkeit, die, wie die Druckgeschichte des Briefwechsels belegt, innerhalb der den Siebenjährigen Krieg begleitenden publizistischen Auseinandersetzungen als ein Propagandainstrument eingesetzt werden konnte. Für Gellert bedeutet dies nicht nur eine ungewollte Politisierung seines explizit unpolitischen literarischen Werkes. Der unberechtigt publizierte Briefwechsel mit Rabener gefährdet zugleich das seit den ersten Veröffentlichungen in den »Belustigungen des Verstandes und des Witzes« in der Öffentlichkeit aufgebaute und sorgsam gepflegte Bild seiner Person als eines empfindsamen Dichters und moralischen Schriftstellers. Gleichwohl sucht Johann Adolf Schlegel Gellert zu beruhigen. »Ueber die gedruckten Briefe bedaure ich. Indessen kannst Du diesen Buchhändlerstreich leichter verschmerzen als Rabner«, schreibt er am 13. August 1761 aus Hannover. »Welche Unvorsichtigkeiten! Und mit unter was für Einfälle, die ihn in den Verdacht eines Freygeistes bey Leuten bringen können, die gar zu gern einen Rabner auf ihrer Seite haben möchten!«[31]

Der politische Konflikt der Zeit spiegelt sich auch in Johann Wolfgang von Goethes »Dichtung und Wahrheit«. Im Anschluss an die Betrachtungen über seine Studienjahre an der Leipziger Universität und das Verhältnis zu seinem akademischen Lehrer Gellert liefert Goethe eine prägnante Charakterisierung des öffentlichen Meinungsbildes über den Preußenkönig, vor dessen Hintergrund das Gespräch zwischen Gellert und Friedrich II. von den Zeitgenossen gelesen worden ist:

> Friedrich der Zweite stand noch immer über allen vorzüglichen Männern des Jahrhunderts in meinen Gedanken, und es mußte mir daher sehr befremdend vorkommen, daß ich ihn so wenig vor den Einwohnern von Leipzig als sonst im meinem großväterlichen Hause loben durfte. Sie hatten freilich die Hand des Krieges schwer gefühlt, und es war ihnen deßhalb nicht zu verargen, daß sie von demjenigen, der ihn begonnen und fortgesetzt, nicht das Beste dachten. Sie wollten ihn daher wohl für einen vorzüglichen, aber keineswegs für einen großen Mann gelten lassen. Es sei keine Kunst, sagten sie, mit großen Mitteln einiges zu leisten; und wenn man weder Länder, noch Geld, noch Blut schone, so könne man zuletzt schon seinen Vorsatz ausführen.[32]

Die politische Dimension des Gespräches spiegelt sich auch in einer Rezension der Werke Gellerts, die Albrecht von Haller im Jahr 1775 in den »Göttingischen Gelehrten Anzeigen« veröffentlicht. Der Göttinger Professor nennt seinen Leipziger Kollegen einen »freymüthigen Vertheidiger des Vaterlands« und fährt fort: »Man sieht, daß der Glanz eines mächtigen, und eben in Leipzig feindselig herrschenden Königs ihn weder geschreckt noch geblendet hat«.[33] Und Johann Andreas Cramer schreibt in der sich durch einen behutsamen und relativierenden Ton auszeichnenden Freundesbiographie: »Alle Welt weis Friedrichs Unterredung mit ihm, worinnen der Dichter von dem Glanze des Helden nicht verdunkelt wird.« Gellert sei ein sächsischer Patriot und erscheine »sehr zu seinem Vortheile als ein zugleich bescheidner und freyer vaterländischer Mann«, welcher »das rühmliche Urtheil verdiente, welches dieser Monarch von ihm gefällt hat.«[34]

Indem Heinrich Heine das Gespräch zwischen Gellert und Friedrich II. in der französischen Ausgabe seiner Schriften zitiert, folgt er der Tradition dieser politischen Deutungen. Wie die unbekannten Drucker des 18. Jahrhunderts, welche die Schreiben Rabeners und Gellerts in Umlauf brachten, erkennt er das politische Potenzial der Unterredung, instrumentalisiert die Begegnung des Schriftstellers mit dem König und rückt sie in den Kontext seiner gegen die preußische Hegemonialstellung gerichteten Polemik.

III.

Der Frieden, um den der sächsische Schriftsteller den preußischen König bittet, scheint, gleich einem Leitmotiv, auch in den sieben Briefen auf, die zwei Jahre vor dem den Siebenjährigen Krieg beschließenden Frieden zu Hubertusburg – der die Großmachtstellung Preußens in Europa für beinahe zwei Jahrhunderte sicherte – mit der ebenfalls fingierten Angabe der Druckorte »Leipzig und Dresden« publiziert worden sind. So berichtet Gellert in seinem Schreiben vom 5. Dezember 1758 an Johanna Erdmuth von Schönfeld von dem Besuch eines preußischen Husarenoffiziers, der ihm als Zeichen seiner Wertschätzung einige derjenigen Waffen zum Geschenk machen möchte, die er während des Kriegszuges gegen die russischösterreichischen Koalitionstruppen von gefallenen zaristischen Soldaten erbeutet hat. Der Schriftsteller lehnt diese Geste jedoch ebenso höflich wie bestimmt ab:

> Hier nahm ich ihn bey der Hand und führte ihn an meine Bücherschränke. Dieses ist mein Gewehr, Herr Lieutenant, mit dem ich umzugehen weis«, erläutert er und fährt fort, »um gelehrt zu scheinen, muß ich solche Waffen haben. Wollen Sie sich ein Andenken von meiner gelehrten Beute auslesen?[35]

Gellert betont in seiner retrospektiven Darstellung der Begegnung mit der Metapher des Buches als Waffe nicht nur seine pazifistische Gesinnung, sondern unterstreicht zugleich den pädagogischen, auf die Glückseligkeit des Menschgeschlechts gerichteten Anspruch seines Werkes. In diesem Sinne antwortet er zum Ende des Gespräches auf die Frage des Offiziers, ob er ihm »noch bey dem General Malakovsky auf irgend eine Weise dienen« könne, oder »bey dem General Dohna« oder »auch bey dem Könige«: »Nein, Herr Lieutenant, empfehlen Sie ihm den Frieden in meinem Namen fußfällig.«[36]

Der Diskurs über den Frieden, der in den Schriften des Aufklärers ab der zweiten Hälfte der 1750er Jahre aufscheint, zeigt, auf welche Weise seine literarischen Werke auf den popularphilosophischen Entwurf bezogen sind, den er seit der Aufnahme seiner akademischen Lehrtätigkeit an der Leipziger Universität ausgearbeitet hat und der ein Jahr nach seinem Tode von Johann Adolf Schlegel und Gottlieb Leberecht Heyer unter dem Titel »Moralische Vorlesungen« in Leipzig veröffentlicht worden ist.

In dem ersten Teil der 1756 publizierten »Sammlung vermischter Schriften« erzählt Gellert die Geschichte eines Helden und seines Reitknechtes, die »nach verlohrner Schlacht« in den Wald flüchten und dort von einem Eremiten aufgenommen werden.[37] Beide sind tödlich verwundet, weshalb der Reitknecht auf sein Leben zurückblickt und klagt: »Werd ich denn auch in Himmel kommen?/Ich habe leider nichts gethan,/Als meines Herrn sein Vieh getreu in Acht genommen./Ich armer und unwürdger Mann!« Er vergleicht sein eigenes Schicksal mit dem seines Herrn, der in »sieben Schlachten stets gesieget« hat.[38] Dieser hingegen erklärt auf die Frage des Eremiten, warum er »alles dieß gethan«: »Zu meines Namens Ehren,/Um meine Länder zu vermehren,/Um, was ich bin, ein Held zu seyn.« Die Antwort des frommen Einsiedlers auf das stolze Bekenntnis bildet den Schluss der dreigliedrigen Verserzählung: »O, fiel der Eremit ihm ein,/Deswegen mußtet Ihr so vieles Blut vergießen?/Ich bitt Euch, laßts Euch nicht verdrießen,/Ich sag es Euch auf mein Gewissen,/Der Reitknecht, als ein schlechter Mann,/Hat wirklich mehr als Ihr gethan.«[39]

In der zufälligen Begegnung dieser drei Menschen veranschaulicht Gellert drei mögliche Lebenswege: Der zurückgezogenen, auf das Gebet und die innere Einkehr gerichteten Existenz des Eremiten stehen die Schicksale des Helden und seines Reitknechtes in der Welt gegenüber. Auf diese Weise antizipiert die Figurenkonstellation bereits das zu erwartende göttliche Gericht. Der Held, der sich in vielen Kriegen den Ruhm und die Anerkennung der Welt erworben hat, erweist die Vergeblichkeit und Eitelkeit seines Tuns. Demgegenüber betont das Urteil des frommen Einsiedlers das Tugendideal der Demut, die das Leben des Reitknechts ausgezeichnet hat. Die Verserzählung wird auf diese Weise zu einem Sinnbild der moralphilosophischen Reflexionen Gellerts: »Ansehen und Gewalt suchen, um sie Andern fühlen zu lassen, ist Herrschsucht und Tyranney. Ansehen und Gewalt suchen oder brauchen, um sie zu haben und sich an seinem Vorzuge zu kützeln, ist Stolz«, formuliert der Leipziger Aufklärer in der fünfzehnten »Moralischen Vorlesung. »Macht und Ansehen auf die gehörige Art und nicht anders als durch Verdienste suchen, oder wenn sie uns durch Geburt und Stand rechtmäßig zukommen, behaupten, um Sicherheit und eine vernünftige Freyheit zu erhalten, und Andern desto nützlicher zu werden, ist weise Pflicht.«[40]

In Gellerts popularphilosophischem Entwurf spiegelt sich der Anspruch der Aufklärung, durch die Bildung und Erziehung des einzelnen Menschen nicht nur eine Verbesserung der gesellschaftlichen Zustände herbeizuführen, sondern eine ideale Lebensform, die, auf den Grundsätzen des Ausgleiches widerstrebender Interessen und der Mäßigung der Leidenschaften beruhend, die Glückseligkeit bereits im Diesseits realisiert. Die Tugend, die Gellert als »die Gesundheit der Seele« definiert, ist ein Instrument der Beschränkung und beruht sowohl auf den Grundsätzen einer natürlichen Religion als auch auf den Offenbarungen der christlichen Überlieferung, die wiederum Ausdruck der göttlichen Gnade ist, derer der Mensch bedarf.[41] Diese Konjunktion thematisiert der Leipziger Aufklärer auch in der ersten der »Moralischen Vorlesungen« als eine der Grundlagen seines philosophischen Entwurfes.[42] Über die Möglichkeiten, diese im vernünftigen Diskurs gewonnenen Einsichten für das Leben des Einzelnen nützlich zu machen, denkt Gellert bereits in der »Von dem Einflusse der schönen Wissenschaften auf das Herz und die Sitten« überschriebenen Antrittsvorlesung nach, die er am 14. Juli 1751 nach der Berufung zum Extraordinarius für Philosophie an der Leipziger Universität gehalten hat. In der programmatischen Rede spiegelt sich noch einmal der Optimismus seines Zeitalters, der auf dem Glauben gründet, die Welt sei mit den Mitteln der Vernunft zu bessern. Vor allem liefert Gellert jedoch eine Begründung für die Notwendigkeit des pädagogischen Anspruches seines philosophischen Entwurfes:

> Aber, höre ich einige sagen, wenn die Kenntniß der schönen Wissenschaften einen Einfluß in das Herz, in die Sitten und Handlungen des Menschen hat; woher kommen unter denen, die ihr ganzes Leben diesen Künsten gewidmet haben, so viele Ungesittete, Mürrische, Zanksüchtige, Stolze, Wollüstige, woher so viele Pedanten? Wie viele, denen man das Verdienst der Gelehrsamkeit nicht absprechen kann, haben nicht durch die ärgerlichsten Werke, die sie geschrieben, durch die schandbarsten Zänkereyen die guten Sitten entehret? Muß man nicht aus ihren Schriften auf ihren Charakter schließen? Es ist wahr, dieser Vorwurf beschämt die Liebhaber der schönen Wissenschaften, aber er schadet meiner Sache nicht. Ich habe den schönen Künsten keine Zauberkraft zugeschrieben, die ihre Verehrer auch wider ihren Willen gesittet machte, und ein iedes unedles Herz in ein edles verwandelte. Es ist auch nicht schwer, die Ursachen zu entdecken, warum viele von denen, die sich diesen Künsten ergeben, oft von dem Aeußerlichen und demjenigen, was man den eingeführten Wohlstand nennt, so verlassen sind. Begierig auf ihre Künste, verschließen sie sich auf ihre Studierstuben und fliehen den Umgang, auf den sie ihre Kenntnisse sollten anwenden lernen.[43]

Gleichwohl wird auch in diesen Betrachtungen deutlich, dass sein Bestreben auf die Erziehung des *einzelnen* Menschen gerichtet ist. Die Dialektik von Autonomie und Heteronomie, welche die Anschauung des Kunstwerkes ab dem Sturm und Drang kennzeichnet und den ästhetischen Diskurs im 19. und 20. Jahrhundert über die Möglichkeiten und den Wert der Literatur wesentlich bestimmt, ist auch ein Derivat des aus der Philosophie abgeleiteten didaktischen Anspruchs der aufgeklärten Dichtungstheorie.

Die unmittelbare politische Signifikanz, die das Literaturverständnis in Deutschland nach der Pariser Erhebung des Jahres 1789 und den Befreiungskriegen der europäischen Monarchien gegen die französischen Revolutionsarmeen prägt und die Heinrich Heine in der Vorrede zum ersten Band des »Salon« in das ebenso ironische wie melancholische Bild des »goldenen Engel[s]« und des »rothen Löwen«

(HSA VII, 7) kleidet, ist jedoch – wie Gellerts Betrachtungen zeigen – in den philosophischen Reflexionen der Aufklärungsphilosophie zunächst nur mittelbar angelegt.[44] Gellerts Moralphilosophie ist lediglich insofern als ein politisch-sozialer Entwurf zu verstehen, als er in dem tugendhaften Leben des Einzelnen die Vorbedingung einer friedlichen Koexistenz der Individuen wie menschlicher Gesellschaften insgesamt erkennt. Erst durch die persönlichen Erfahrungen während des Siebenjährigen Krieges gewinnen seine Schriften jene politische Konnotation, welche die unbekannten sächsischen Drucker in ihrem publizistischen Kampf gegen das siegreiche Preußen instrumentalisieren.

Wenngleich sich in zahlreichen privaten Korrespondenzen dieser Jahre seine sächsisch-patriotischen Überzeugungen spiegeln, war Gellert stets bestrebt, jede öffentliche Politisierung seiner Werke zu vermeiden.[45] Dies wird auch durch das Gedicht »Auf das Neue Jahr 1759« belegt, das er lediglich als Privatdruck verbreitete.[46] Die Bitte um Frieden und Wohlergehen gehört zwar zu dem traditionellen Inventar von Neujahrgedichten, erlangt jedoch vor dem Hintergrund des Siebenjährigen Krieges eine weitergehende Signifikanz und auf die Zeitumstände verweisende Bedeutung. Das lyrische Gelegenheitswerk, welches erneut die Tugend des Einzelnen als Voraussetzung für die menschliche Glückseligkeit und den allgemeinen Frieden thematisiert, schließt mit der programmatischen Strophe:

> Der Tugend fehlet nie ein Trost in bösen Tagen,
> Und sie allein kann nur das gute Glück ertragen,
> Und sie allein ist nur der bessern Zeiten werth.
> Um Frieden schreyt das Volk der ganzen Erden,
> Doch niemand sucht des Friedens werth zu werden.
> Ists Wunder, dass der HErr der Thoren Wunsch nicht hört?
> Die ietzt um Frieden ängstlich flehen,
> O möchten sie des Friedens würdig seyn!
> So würde, wenn sie gleich nicht die Erfüllung sähen,
> Sich doch ihr Herz des wahren Friedens freun.[47]

Zum Ende des 18. Jahrhunderts, im Herbst des Jahres 1799, unter dem Eindruck der Schlachten des zweiten Koalitionskrieges, deutet der romantische Dichter Friedrich von Hardenberg die »wieder lebendig und wirksam« gewordene christliche Religion als Vorbedingung einer »heilige[n] Zeit des ewigen Friedens«.[48] Sein Fragment gebliebener Aufsatz »Die Christenheit oder Europa« zeigt, dass Gellerts aus dem Geist der Aufklärung erwachsenen moralphilosophischen Anschauungen auch in den an der Wende des 18. zum 19. Jahrhunderts geführten Debatten der Gelehrtenrepublik über die Voraussetzungen und Möglichkeiten des ewigen Friedens nachwirken.[49]

IV.

Der neuzeitliche Diskurs über die Vorbedingungen eines allgemeinen Friedens ist aus den anthropologischen Betrachtungen über die Natur des Menschen und das Wesen sozialer Gemeinschaften erwachsen, wie sie von Michel de Montaigne in den »Essais« oder Jean de La Bruyère in den »Caractères« festgehalten worden sind. Vor dem Hintergrund dieser Schriften veröffentlichte Charles de Saint-Pierre zwei Jahre vor dem Tod Ludwig XIV. den »Traktat vom ewigen Frieden«.[50] Das die Form diplomatischer Vertragstexte zitierende, in sieben Hauptstücke gegliederte Werk, das die Reflexionen der Moralisten fortschreibt, hat die Debatten des aufgeklärten Jahrhunderts über die Möglichkeit einer diesseitigen Glückseligkeit des Menschengeschlechts und die damit verbundene Frage nach den Bedingungen für ein friedliches Zusammenleben der Völker wesentlich beeinflusst.

Während der französische Popularphilosoph in dem 1713 erschienenen Traktat die Bildung einer auf egalitären Prinzipien gründenden Konföderation der europäischen Staaten vorschlägt, die den Frieden der Welt – und Europa war in diesem Jahrhundert die Welt – gewährleisten sollte, und somit nach einer politischen Lösung der Frage sucht, diskutiert der Königsberger Philosoph Immanuel Kant in seiner 1795 veröffentlichten Schrift »Zum ewigen Frieden«, deren Titel bereits auf das Werk Saint-Pierres verweist, den allgemeinen Frieden als Ergebnis der individuellen Erziehung des Einzelnen.[51] Die divergierenden Ansätze der beiden Abhandlungen, die am Beginn und zum Beschluss des aufgeklärten Jahrhunderts entstanden sind und aufeinander Bezug nehmen, veranschaulichen die inhaltlichen und programmatischen Differenzen zwischen den Debatten, die in der deutschen und der französischen Aufklärung über diese Frage geführt worden sind.

Vor diesem Hintergrund zeigen Gellerts Reflexionen über den Frieden exemplarisch den Einfluss der zur Abstraktion tendierenden Begriffsbildungen und Konzeptualisierungen des Rationalismus, welche die deutsche Diskussion geprägt haben: »Frieden als Ordnung, Krieg als Unordnung, oder: Frieden als Ruhe, Krieg als Unruhe, oder: Frieden als realisierte Moral, Krieg als aktivierte Unmoral, oder schließlich: Frieden als strahlendes Abbild der Vernunft, Krieg als gräßliche Inkarnation von Unvernunft«.[52] Wenngleich die französischen Beiträge den Diskurs der europäischen Gelehrtenrepublik bis zum Ausbruch der Julirevolution des Jahres 1789 dominieren, sind die Betrachtungen Gellerts ein Beleg dafür, dass das Thema nach dem Ausbruch des Siebenjährigen Krieges auch in Deutschland an Bedeutung gewann. Die vielstimmige Auseinandersetzung mit den Voraussetzungen und Möglichkeiten eines allgemeinen Friedens, welche die literarischen und philosophischen Diskussionen um die Jahrhundertwende wesentlich bestimmt, erweist sich vor diesem Hintergrund nicht nur als eine Reaktion auf die politischen Umwälzungen der Zeit und die französischen Schriften der Aufklärung, sondern auch als eine Weiterentwicklung der seit der Jahrhundertmitte erwogenen Thesen.[53]

Das Gespräch zwischen Gellert und dem preußischen König ist somit Teil eines philosophischen Diskurses, dessen Anfänge in den Schriften der Moralisten des 17. Jahrhunderts zu finden sind und der in den kunsttheoretischen Debatten des nachfolgenden Zeitalters zu einer Neubestimmung des Verhältnisses von Moral und Literatur, Gedanke und Tat geführt hat. Damit eröffnet der Rekurs auf die in der französischen wie der deutschen Aufklärung diskutierte Frage nach der Möglichkeit eines allgemeinen Friedens auch eine veränderte Perspektive auf die zeitgeschichtliche Bedeutung der Unterredung – ein Aspekt, der in den »De l'Allemagne«-Schriften Heinrich Heines ebenfalls anklingt.

Nach der Thronbesteigung Friedrich II. im Jahr 1740 reiste Charles de Saint-Pierre nach Berlin. Wie viele Schriftsteller und Philosophen seiner Zeit hoffte er, der junge, schöngeistig gebildete Herrscher möchte die Vorstellungen und Gedanken der Aufklärung in seiner Politik umsetzen und die zur europäischen Großmacht strebende preußische Monarchie zu einem idealen Musterstaat formen. Doch bereits in den ersten Monaten seiner Regierung lässt der König seine Soldaten in das Gebiet des Bischofs von Lüttich einrücken, und wenig später beginnt er mit dem Einmarsch in Schlesien den Ersten Schlesischen Krieg. Dennoch glaubte Saint-Pierre zunächst, den Monarchen mit der Schrift »Réflexions sur l'Antimachiavel« auf die Differenz zwischen seiner Regierungspolitik und denjenigen staatstheoretischen Überlegungen aufmerksam machen zu können, die Friedrich in der Abhandlung »Antimachiavel ou Essai de Critique sur ›Le Prince‹ de Machiavel« niedergelegt hatte und die – im Jahr seines Regierungsantrittes in Den Haag erschienen – die Hoffnungen der aufgeklärten Philosophen und Literaten auf den jungen König begründet hatten.[54]

Friedrich definiert in diesem von Voltaire herausgegebenen Essay die absolutistischen Herrscher als »Führer der Völker, Verweser des Rechts, Vorbilder für ihre Untertanen, sichtbare Abbilder der Gottheit, da ja erst ihre seelischen Eigenschaften, ihr innerer Wert« sie »zu Königen macht, viel mehr als ihre Standeshoheit und ihre Macht«.[55] Das auf Maß und Begrenzung gerichtete Tugendideal der Aufklärung, der Anspruch an den Fürsten, den Frieden und mit diesem das Wohlergehen seiner Untertanen zu befördern, das der Kronprinz beeinflusst von den Lehren des französischen Philosophen Voltaire formuliert, vermochte er jedoch – konfrontiert mit den konkreten Problemen des preußischen Staates im Spannungsgefüge der europäischen Mächte – in seiner Politik nicht umzusetzen. In dem »Politischen Testament« aus dem Jahr 1752 geht der Monarch daher auch auf jene Dialektik von Anspruch und Wirklichkeit ein, auf die bereits Saint-Pierre in seinen Betrachtungen über den »Antimachiavel« aufmerksam gemacht hat:

> Auch die Politik hat ihre Metaphysik. Wie es keinen Philosophen gibt, der nicht sein Vergnügen daran gehabt hätte, sein System aufzustellen und sich die abstrakte Welt seinem Denken gemäß zu erklären, so darf auch der Politiker in dem unendlichen Gefilde chimärischer Entwürfe lustwandeln. Können sie doch bisweilen zur Wirklichkeit werden, wenn man sie nicht aus den Augen verliert, und wenn einige Generationen nacheinander, auf dasselbe Ziel losschreitend, Geschicklichkeit genug besitzen, ihre Absichten vor den neugierigen und scharfen Augen der europäischen Mächte gründlich zu verbergen.
> Machiavell sagt, eine selbstlose Macht, die zwischen ehrgeizigen Mächten steht, müßte schließlich zugrunde gehen. Ich muß leider zugeben, daß Machiavell recht hat. Die Fürsten müssen notwendigerweise Ehrgeiz besitzen, der aber muß weise, maßvoll und von der Vernunft erleuchtet sein.[56]

In Gellerts Bitte, »wenn nur Ihro Majestät Deutschland den Frieden geben wollten«, spiegelt sich demzufolge nicht nur der Diskurs des aufgeklärten Zeitalters über den ewigen Frieden. Die Antwort des preußischen Königs, »Wie kann ich denn! Hat ers denn nicht gehöret, es sind ja dreye wider mich«, ist zudem ein Reflex auf die Diskussionen über die nicht eingelösten Hoffnungen, die Friedrich seinen Zeitgenossen in seiner Schrift »Antimachiavel« gemacht hat.[57] Die Veröffentlichung der Unterredung im Kontext der den Siebenjährigen Krieg begleitenden publizistischen Propagandagefechte erweist sich vor diesem Hintergrund einerseits als ein kritischer Kommentar zu den machtpolitischen Ambitionen der preußischen Monarchie unter Friedrich II., andererseits ist sie ein Beitrag zu dem Diskurs über die Dialektik staatstheoretischer Anschauungen und praktischer Regierungspolitik.

Die Unterredung, die Heinrich Heine im Jahr 1835 im Anhang seiner Sammlung französischer Werke veröffentlicht, ist daher nicht nur ein seine literatur- und philosophiegeschichtliche Darstellung ausgestaltendes Zeugnis der deutschen Aufklärung, sondern ein nachdenklicher Beitrag zu der Frage, inwiefern die Literatur die Welt zu bessern vermag. Zugleich steht Gellerts Gespräch mit Friedrich von Preußen als ein die programmatische politische Emphase der eigenen Werke ironisch hinterfragender Kommentar am Ende der Schriften über Deutschland, welche die Diskurse der Literatur und der Philosophie als einen wechselseitigen Prozess von schöpferischer Interdependenz inszenieren. In dieser Lesart wird die Begegnung Gellerts und Friedrichs zu einem Sinnbild für die Ohnmacht des Geistes: Die Vorstellung, dass der Gedanke der Tat vorausgeht, wie »der Blitz dem Donner« (HSA VIII, 229), erweist sich vor dem Hintergrund der Geschichte als ein utopischer Wunsch.

Wenngleich sich damit bereits in diesen frühen Schriften Heines jene Resignation, jene pessimistische Sicht auf die Geschichte andeutet, die in den späten, nach der gescheiterten Revolution des Jahres 1848 entstandenen Werken explizit wird, bleiben die wiederkehrenden Reflexionen über das dialektische Verhältnis von Geist und Macht jenem aufklärerischen Optimismus verpflichtet, der auch in Gellerts vergeblicher Bitte aufscheint. Das Glück mag eine Allegorie sein, der Frieden nichts als eine »politische Träumerei«, wie der König von Preußen in seinem Testament aus dem Jahr 1752 formuliert[58], gleichwohl betont Heine, dass es auch im 19. Jahrhundert die Aufgabe des Dichters sei, die »schönen Ideale von politischer Sittlichkeit, Gesetzlichkeit, Bürgertugend, Freyheit und Gleichheit, die rosigen Morgenträume des achtzehnten Jahrhunderts« (HSA XXIII, 181) weiterzuträumen.

Während aber Heinrich Heine ein philosophischer Dichter ist, der in der Einsamkeit seines französischen Exils darauf hofft, als Volkstribun mit seiner Botschaft in Deutschland gehört zu werden[59], ist Christian Fürchtegott Gellert ein dichtender Philosoph, dessen tendenzieller Utopismus, dessen oftmals nur in Andeutungen ausgeführte Hoffnung auf das Mögliche in den von Aporien und Dissonanzen geprägten Diskursen seiner Nachwelt nur mehr als ein harmonisches Ideal innerer und äußerer Ruhe, sich selber verstehend und genügend, bewahrt worden ist.

Anmerkungen

[1] Mme. de Baronne Staël-Holstein: De l'Allemagne. London 1813.

[2] Vgl. hierzu Œuvres de Henri Heine VI. De l'Allemagne 2. Paris 1835, S. 209–217: Frédéric-le-Grand et Gellert; Briefe von Rabener und Gellert, wie auch des Letztern Unterredung mit dem König von Preussen. Köln 1761; Fünfter und Sechster Brief, von G. W. Rabener und C. F. Gellert. Leipzig und Dresden 1761.

[3] Briefwechsel Christian Fürchtegott Gellert's mit Demoiselle Lucius. Nebst einem Anhange. Sämmtlich aus den bisher meist noch ungedruckten Originalen herausgegeben von Friedrich Adolf Ebert. Leipzig 1823, S. 626–638. Dirk Fuhrig hat die Abweichungen in der Übersetzung Heines detailliert nachgewiesen. Vgl. hierzu HSA XVI/XVII K, S. 885.

[4] Die deutsche Übersetzung der Schrift erschien im gleichen Jahr, ebenfalls in Berlin, unter dem Titel »Über die deutsche Literatur, die Mängel, die man ihr vorwerfen kann, die Ursachen derselben und die Mittel, sie zu verbessern«.

[5] Die Werke Friedrichs des Großen. In deutscher Übersetzung. Hrsg. von Gustav Berthold Volz. Berlin 1913, Bd. VIII, S. 76.

[6] Schillers Werke. Säkular-Ausgabe in 16 Bänden. Hrsg. von Eduard von der Hellen. Stuttgart und Berlin 1905, Bd. I, S. 204. Vgl. hierzu auch Friedrich Schlegel: Geschichte der alten und neuen Literatur. Vorlesungen gehalten zu Wien im Jahre 1812. Wien 1815, 2. Teil, S. 258–262.

[7] Klopstock's sämmtliche Werke. Leipzig 1856–1857, Bd. IV, S. 277. Vgl. hierzu auch Friedrich II., König von Preußen, und die deutsche Literatur des 18. Jahrhunderts. Texte und Dokumente. Hrsg. von Horst Steinmetz. Stuttgart 1985, S. 333–352.

[8] Anne Germaine de Staël: Über Deutschland. Hrsg. von Monika Bosse. Frankfurt a. M. 1985, S. 146.

[9] Vgl. hierzu Sikander Singh: Heinrich Heine und die deutsche Literatur des 18. Jahrhunderts. – In: HJb 39 (2000), S. 69–93, hier S. 91 f.

¹⁰ Vgl. hierzu Bernhard Suphan: Friedrichs des Großen Schrift über die Deutsche Litteratur. Berlin 1888, S. 1–20.

¹¹ Heine schreibt im ersten Brief »Über die französische Bühne« über den Preußenkönig: »Ich spazierte dort mutterseel allein, in dem verschollenen Sans-souci, unter den Orangenbäumen der großen Rampe... Mein Gott, wie unerquicklich, poesielos sind diese Orangenbäume! Sie sehen aus wie verkleidete Eichbüsche, und dabei hat jeder Baum seine Nummer, wie ein Mitarbeiter am Brockhausischen Conversationsblatte, und diese numerirte Natur hat etwas so pfiffig Langweiliges, so korporalstöckig Gezwungenes! Es wollte mich immer bedünken, als schnupften sie Tabak, diese Orangenbäume, wie ihr seliger Herr, der alte Fritz, welcher, wie Sie wissen, ein großer Heros gewesen, zur Zeit als Rammler ein großer Dichter war. Glauben Sie bei Leibe nicht, daß ich den Ruhm Friedrichs des Großen zu schmälern suche! Ich erkenne sogar seine Verdienste um die deutsche Poesie. Hat er nicht dem Gellert einen Schimmel und der Madame Karschin fünf Thaler geschenkt? Hat er nicht, um die deutsche Literatur zu fördern, seine eignen schlechten Gedichte in französischer Sprache geschrieben? Hätte er sie in deutscher Sprache herausgegeben, so konnte sein hohes Beispiel einen unberechenbaren Schaden stiften! Die deutsche Muse wird ihm diesen Dienst nie vergessen.« (HSA VII, 236)

¹² Christian Fürchtegott Gellert: Briefwechsel. Hrsg. von John F. Reynolds. Berlin und New York 1983 ff., Bd. III, S. 79.

¹³ Gellert: Briefwechsel [Anm. 12], Bd. III, S. 101; vgl. auch Fünfter und Sechster Brief [Anm. 2], S. 81.

¹⁴ Gellert: Briefwechsel [Anm. 12], Bd. III, S. 92.

¹⁵ »Man erzählet hier so ungereimte Sachen von Ihrer Unterredung mit dem Könige, daß ich große Lust habe, die Leute zu versichern, es sey alles wahr, was man davon erzählt, wenn Sie mir nicht bald antworten, und alles aufs umständlichste melden, was der König zu Ihnen gesagt hat. Noch einmal warne ich Sie, säumen Sie nicht, oder ich werde es dem Publico ins Ohr sagen, daß dieser Gellert, der von nichts als Vaterland und Menschliebe spricht – ja, wie gesagt, daß dieser stille und friedliebende Gellert dem Könige bey seiner Unterredung mit ihm einen weitläufigen und finanzmäßig ausgearbeiteten Plan mit aller Demuth eines Poeten überreicht habe, worinnen er gezeigt, wie der Krieg wenigstens noch zwey Jahre könne fortgeführt werden, ohne die brandenburgischen Unterthanen im mindesten zu belästigen – ja, ja, mein Herr, das ist mein ganzer Ernst; und haben wir einmal Friede, so sollen Sie – zittern sollen Sie, mehr sage ich nicht!« (Gellert: Briefwechsel [Anm. 12], Bd. III, S. 95)

¹⁶ Wolfgang Becker: »Geben Sie uns nur Frieden, Sire!« Gellerts Unterredung mit Friedrich II. von Preußen. – In: Goethe-Almanach auf das Jahr 1968. Hrsg. von Helmut Holtzhauer und Hans Henning. Berlin und Weimar 1967, S. 135–154, hier S. 149.

¹⁷ Gellert: Briefwechsel [Anm. 12], Bd. III, S. 116.

¹⁸ Gellert: Briefwechsel [Anm. 12], Bd. III, S. 122.

¹⁹ »Seit acht Tagen habe ich erfahren, daß es Herrn Rabners Brief an Sie, nebst Ihrer Antwort, (von welcher ich, Ihrem Befehle zufolge, eine Abschrifft beischließe) ingleichen ein Brief, den Rabner kurz nach der Belagerung, an den Secretair Ferber in Warschau, geschrieben, und der ebenfalls lange zuvor, wie die Ihrigen, in aller Leute Händen war, in Berlin gedruckt, und nun in hiesigen Buchläden zu verkauffen sind. Ich kenne den Herrn Rabner nicht: ich glaube aber, daß nicht so wohl er selbst, als vielmehr seine indiscreten Freunde, schuld sind, daß diese Briefe so sehr gemein, und nun gar publicirt geworden. Außer diesen Briefen ist hier noch ein Auszug eines andern Briefs aus Leipzig bekannt, der einen Theil der Unterredung zwischen Ihnen und dem Könige enthält. Dieser war nicht sehr gemein und ich habe ihn mit vieler Mühe bekommen und

sehr geheim gehalten, weil ich fürchtete, er möchte auch etwan gedruckt werden. Heute aber habe ich gehört daß er ebenfalls in Berlin gedruckt ist.« (Gellert: Briefwechsel [Anm. 12], Bd. III, S. 123) Demosielle Lucius bezieht sich zum einen auf die »Briefe von Rabener und Gellert, wie auch das Letztern Unterredung mit dem König von Preußen«, die mit der fingierten Verlagsangabe »Cöln, Peter Marteau, 1761« veröffentlicht wurden, und zum anderen auf den »Fünften und Sechsten Brief, von G. W. Rabener und C. F. Gellert«, die ohne Vermerk eines Verlegers und Druckers nur mit den Druckorten »Leipzig und Dresden, 1761« erschienen.

[20] Gellert: Briefwechsel [Anm. 12], Bd. III, S. 128.

[21] Ebd., S. 131.

[22] Ebd.

[23] Vgl. hierzu Gellert: Briefwechsel [Anm. 12], Bd. II, Nr. 325 und 326.

[24] Vgl. hierzu Emil Weller: Die falschen und fingierten Druckorte. Repertorium der seit der Erfindung der Buchdruckerkunst unter falscher Firma erschienenen deutschen, lateinischen und französischen Schriften. Leipzig 1864, Bd. I, S. 95 sowie Karl Klaus Walther: Die deutschsprachige Verlagsproduktion von Pierre Marteau/Peter Hammer, Köln. Zur Geschichte eines fingierten Impressums. Leipzig 1983 [Zentralblatt für Bibliothekswesen. Beiheft 93.], S. 7–13 und 122. In dem »Historischen und critischen Wörterbuch« von Pierre Bayle, das von Johann Christoph Gottsched und seinen Schülern ins Deutsche übertragen wurde, heißt es über das von wechselnden Druckern verwandte Impressum »Peter Marteau, Köln«: »Allein eine unendliche Menge kleiner Schriften betreffend, die in dieser Zeit, ohne Namen des Verfassers und des Buchdruckers, herumgegangen sind; so verdienen sie eben so wenig angeführt zu werden, als diejenigen, die seit dreißig oder vierzig Jahren beym Peter Marteau gedruckt sind, Europa überschwemmt haben.« (Pierre Bayle: Historisches und critisches Wörterbuch, nach der neuesten Auflage von 1740 ins Deutsche übersetzt. Leipzig 1742, II. Theil, S. 147) Vier Jahre vor dem Erscheinen des Briefwechsels zwischen Gellert und Rabener veröffentlichte Friedrich II. von Preußen unter dem Pseudonym »D. Johann Volkna« eine Propagandaschrift ebenfalls mit dieser Verlagsangabe: Politisches deutsches Glossarium, von D. Johann Volkna, Gemeinen Lehrer der neuen Militarstaatskunst, und der politischen deutschen Wohlredenheit, in dem Gymn. polit. zu Berlin, ad instructionem privatam verfertigt, Und Mit Königl. Preußischer und Chursächsischer depositarischer Erlaubniß. Doch die Exemplarien nur den Schülern, und in geheim zuzustellen. Gedruckt in unserm Gymnasio politico. Nur wegen seiner Ausserordentlichkeit nachgedruckt. Im Jahre 1757. Utopien, bey Peter Marteau. Vgl. Walther: Die deutschsprachige Verlagsproduktion von Pierre Marteau/Peter Hammer, Köln [s. o.], S. 121 f.

[25] Vgl. hierzu Gellert: Briefwechsel [Anm. 12], Bd. II, Nr. 440.

[26] Vgl. hierzu Gellert: Briefwechsel [Anm. 12], Bd. III, Nr. 622 und 626.

[27] Vgl. hierzu Gellert: Briefwechsel [Anm. 12], Bd. II, Nr. 325 und 326.

[28] Ebd., Nr. 440.

[29] Vgl. hierzu Gellert: Briefwechsel [Anm. 12], Bd. III, Nr. 622.

[30] Ebd., Nr. 626.

[31] Ebd., S. 154.

[32] Goethes Werke. Hrsg. im Auftrage der Großherzogin Sophie von Sachsen. Weimar 1887–1919, 1. Abt., Bd. XXVII, S. 129 f.

[33] Hallers Literaturkritik. Hrsg. von Karl S. Guthke. Tübingen 1970 [Freies Deutsches Hochstift. Reihe der Schriften. Begründet von Ernst Beutler. Hrsg. von Detlev Lüders. Bd. XXI.], S. 167.

[34] Johann Andreas Cramer: Christian Fürchtegott Gellerts Leben. Karlsruhe 1774, S. 120.

[35] Gellert: Briefwechsel [Anm. 12], Bd. II, S. 194.

[36] Ebd., S. 195.

37 Christian Fürchtegott Gellert: Gesammelte Schriften. Kritische, kommentierte Ausgabe. Hrsg. von Bernd Witte. Berlin und New York 1988 ff., Bd. I, S. 217.

38 Gellert: Gesammelte Schriften [Anm. 37], Bd. I, S. 217.

39 Ebd.

40 Gellert: Gesammelte Schriften [Anm. 37], Bd. VI, S. 173.

41 Ebd., S. 19.

42 »Hat er [der Mensch] aber eine nähere Offenbarung von Gott und seinen Pflichten, wie sie der Christ hat, und höhere Mittel, seinen Verstand zu erleuchten, und sein Herz zu bessern und zu bilden, als die Mittel der Natur sind: so muß ihm die natürliche Religion die Führerinn zur geoffenbarten werden, oder er treibt den schändlichsten Mißbrauch mit der Vernunft, und wird ein Rebell gegen die Weisheit und Güte Gottes.« Ebd., S. 21.

43 Gellert: Gesammelte Schriften [Anm. 37], Bd. V, S. 185.

44 »Ich rathe Euch, Gevatter, laßt mich auf Eur Schild keinen goldenen Engel, sondern einen rothen Löwen malen; ich bin mal dran gewöhnt, und Ihr werdet sehen, wenn ich Euch auch einen goldenen Engel male, so wird er doch wie ein rother Löwe aussehn.« HSA VII, 7.

45 So schreibt Gellert bereits am 12. November 1756 an seinen ehemaligen Schüler Hans Moritz von Brühl: »Wir sind tief gefallen, liebster Moritz, und ich weine über unser Schicksal, und sehe auf die Hand, die allein auch die allgemeinen Schicksale der Sterblichen lenkt, strafend und gütig. Nunmehr werden Sie Sachsen nicht sobald sehen mögen, und ich werde Sie nicht sobald zu sehen wünschen; denn sollen Sie ein Zuschauer unsers Elends seyn?« Gellert: Briefwechsel [Anm. 12], Bd. II, S. 74. Vgl. hierzu auch Becker: »Geben Sie uns nur Frieden, Sire!« [Anm. 16], S. 135–154, hier S. 137–142.

46 Vgl. hierzu Gellert: Gesammelte Schriften [Anm. 37], Bd. II, S. 508.

47 Ebd., S. 335 f.

48 Novalis: Schriften. Die Werke Friedrich von Hardenbergs. Hrsg. von Paul Kluckhohn und Richard Samuel. Stuttgart 1960–1988, Bd. III, S. 524.

49 Vgl. hierzu Ewiger Friede? Dokumente einer deutschen Diskussion um 1800. Hrsg. von Anita und Walter Dietze. München 1989.

50 Abbé Castel de Saint-Pierre: Der Traktat vom ewigen Frieden. 1713. Hrsg. von Wolfgang Michael. Berlin 1922.

51 Immanuel Kant: Zum ewigen Frieden. Ein philosophischer Entwurf. Königsberg 1795.

52 Walter Dietze: Abriß einer Entwicklungsgeschichte der Friedensidee vom Mittelalter bis zur Französischen Revolution. – In: Ewiger Friede? [Anm. 49], S. 7–58, hier S. 53.

53 Vgl. hierzu Ewiger Friede? [Anm. 49], S. 42–50.

54 Abbé Castel de Saint-Pierre: Réflexions sur l'Antimachiavel de 1740. Rotterdam 1741; Antimachiavel ou Essai de critique sur »Le Prince« de Machiavel, publié par M. de Voltaire. Den Haag 1740.

55 Werke Friedrichs des Großen [Anm. 5], Bd. VII, S. 3.

56 Ebd., S. 160.

57 Fünfter und Sechster Brief [Anm. 2], S. 89.

58 Werke Friedrichs des Großen [Anm. 5], Bd. VII, S. 160.

59 Zu der Selbstdeutung Heines als Tribun und Volkssprecher vgl. HSA VIII, 94.

»Und besonders Carlo Moor/ nahm ich mir als Muster vor« Schillers Dramen im Spiegel der Lyrik Heines

Von Thomas Boyken, Oldenburg

> Des Leben ist der Güter höchstes, und das schlimmste Übel ist der Tod.
> (Heinrich Heine, »Ideen. Das Buch Le Grand«, 1827)

> Das Leben ist der Güter höchstes nicht,
> Der Übel größtes aber ist die Schuld.
> (Friedrich Schiller, »Die Braut von Messina«, 1803)[1]

I. »Die Seele Schillers loderte mit Aufopfrung«: Hinführung

Die Verse

> Hätt' ich dich doch nie gesehen,
> Schöne Herzenskönigin (DHA I, 59)

des Gedichts »Schöne Wiege meiner Leiden« erinnern syntaktisch an den vierten Akt der »Jungfrau von Orleans«, wo die Protagonistin mit stiller »Wehmut«[2] klagt:

> Wärst du nimmer mir erschienen,
> Hohe Himmelskönigin.[3]

Johanna hadert an dieser Stelle mit der ihr unverständlichen Liebe zu dem britischen Gegner Lionel:

> Ich meines Landes Retterin,
> Des höchsten Gottes Kriegerin,
> Für meines Landes Feind entbrennen!
> Darf ichs der keuschen Sonne nennen,
> Und mich vernichtet nicht die Scham![4]

Konfrontiert mit der irdischen Liebe, kann Johanna das überirdische Amt, das sündenfrei ausgeübt werden muss, nicht mehr ausfüllen. In Heines Gedicht, das die obige Passage aufnimmt, ist die Perspektive allerdings verkehrt. Das (offensichtlich männliche) lyrische Ich verabschiedet sich von seiner Heimatstadt, weil seine »Herzenskönigin« ihn verstoßen hat. Er wollte sich, genau wie Johanna, nicht verlieben. Doch traf ihn die Plötzlichkeit des Verliebens unversehens, und was ihm bleibt, ist die Flucht. Liebeslust und Herzschmerz werden auf oxymorische Weise erfahren:

> Und die Glieder matt und träge
> Schlepp' ich fort am Wanderstab,
> Bis mein müdes Haupt ich lege
> Ferne in ein kühles Grab. (DHA I, 61)

Die unglückliche Liebe oder reziprok das erfolglose Leben stehen im Zentrum des Gedichts. Leben und Lieben, unter dem Aspekt von Sehnsucht und Herzensleid gesehen, setzen an dieser Stelle der mythischen Aussicht der Schiller'schen Klage des modernen und zwiespältig gewordenen Menschen an. Die Suche nach ironischer Brechung, die ansonsten so typisch für Heine ist (man denke nur an die charakteristische ironische Distanzierung in Heines Texten), ist hier vergeblich. Bereits 1976 stellte Benno von Wiese fest:

> Die literaturwissenschaftliche Forschung hat sich wiederholt mit den höchst komplexen und wandlungsreichen Beziehungen Heines zu Goethe beschäftigt, erstaunlicherweise aber gar nicht mit seinem Verhältnis zu Schiller. [...] Das Thema schien wenig anziehend und ergiebig zu sein.[5]

Dass dieses Thema dann durchaus sehr ergiebig sein wird, zeigt sich unter anderem in den in der Folge jenes Beitrags entstandenen Forschungsarbeiten.[6] Annähernd 30 Jahre später führt Helmut Koopmann lediglich andeutungshaft (in fast nebulös-unheimlichen Worten) aus:

> Durch nahezu das gesamte Werk Heinrich Heines zieht ein Zug von Schiller-Anspielungen hindurch, aber es ist ein undeutlicher Zug: manches wird wörtlich zitiert, anderes hat Heine falsch erinnert, und gelegentlich wird auch ein Vers auf den Kopf gestellt.[7]

Diesen undeutlichen Zügen und diesem ›auf-den-Kopf-Stellen‹ wird in dem vorliegenden Beitrag nun gründlicher nachgegangen. Wie Heine die Lyrik Schillers aufgenommen hat, wurde bereits vielfach untersucht und soll an dieser Stelle auch nicht erörtert werden.[8] Folglich beschränke ich mich hier auf das Spiel respektive das Vexierspiel in Heines Lyrik in Form von Parodien und literarischen Reminiszenzen der Schiller'schen Dramen. Um dieses Phänomen angebracht würdigen zu können, scheint mir ein Blick auf die Schiller-Rezeption des 19. Jahrhunderts im

Allgemeinen und bei Heine im Speziellen unabdingbar – zumal sich in Heines Rezeption des Weimarer Klassikers quasi *in nuce* das zeigt, was sich auch in Heines Lyrik manifestiert.

II. Heine und Schiller oder: »Man nennt ihn den deutschen Voltaire, den drittgrößten deutschen Dichter nach Schiller und Goethe«

Schon zu Lebzeiten wurde der Dichter der »Räuber« (1781) zum Kultobjekt. Mittlerweile ein Gemeinplatz nicht nur der Schillerforschung ist der abenteuerliche und weltberühmte – vermutlich aber nicht authentische – Augenzeugenbericht eines Zuschauers, der die affektive Begeisterung während der »Räuber«-Premiere verdeutlicht: »Das Theater glich einem Irrenhause, rollende Augen, geballte Fäuste, stampfende Füße, heisere Aufschreie im Zuschauerraum!«[9] Auch noch der Mannheimer Schauspieler August Wilhelm Iffland bezeichnete die legendäre Premiere als einen »allgewaltigen Feuerstrom«[10], in dem alle Akteure und Zuschauer mitgerissen wurden.

Allerdings wurde Schillers Schaffen in manchen Kreisen auch schon zu seinen Lebzeiten mit einer gewissen Scheu betrachtet – dies betrifft vornehmlich die romantischen Kreise. So moniert bereits Caroline Schlegel, Schiller hänge dem »Ideal gar zu sehr nach – er meint, es ist schon gut, wenn ers nur ausspricht«.[11] Die Kritikerin rekurriert damit auf das vielfach in Anschlag gebrachte Schiller-Pathos. Es handelt sich dabei nicht nur um eine Ablehnung der Inhalte, sondern vornehmlich des moralisch-pathetischen Impetus: »Schillers Musencalender ist auch da, über ein Gedicht von Schiller, das Lied von der Glocke, sind wir gestern Mittag fast von den Stühlen gefallen vor Lachen«.[12] Gewiss gehört Schillers »Lied von der Glocke« (wie auch sein Gedicht »Die Würde der Frauen«) zu den wohl am häufigsten parodierten Texten seines Gesamtwerkes. Doch bezeichnet die Aussage Caroline Schlegels schlaglichtartig das, was oft als prekär angesehen wurde, nämlich Schillers Stil. Ähnlich argumentiert ebenfalls Georg Büchner:

> Was noch die sogenannten Idealdichter anbetrifft, so finde ich, daß sie fast nichts als Marionetten mit himmelblauen Nasen und affektiertem Pathos, aber nicht Menschen von Fleisch und Blut gegeben haben [...]. Mit einem Wort, ich halte viel auf Goethe oder Shakespeare, aber sehr wenig auf Schiller.[13]

Büchners Standpunkt ist durchaus polemisch, mindestens aber herausfordernd. Schließlich behandelt Schillers dramatisches Spätwerk (man denke nur an die »Wallenstein«-Trilogie oder das spektakuläre dramatische Fragment »Die Polizey«) genau die Aporien des modernen (geschichtlichen) Handelns, die dann auch Büchner unter anderem in seinem Revolutionsstück »Dantons Tod« aufzeigt.[14] Büchner geht hier vielmehr auf die beliebte epigonale Beschäftigung, nämlich die ›Dioskuren‹ Goethe und Schiller mit- und gegeneinander zu vergleichen, ein, um durch die Apotheose Goethes Schiller indirekt herabzuwürdigen: Goethe sei derjenige, der für die Welt schriebe, Schiller verliere sich in idealistischen Sphären und daher sind die Figuren eben nicht mehr als »Marionetten mit himmelblauen Nasen und affektiertem Pathos«.[15]

Der Zeitgenosse Büchners, Heinrich Heine, betont hingegen den idealistischen Aspekt in Schillers Werk in positiver Wendung: »Schiller schrieb für die großen Ideen der Revoluzion« (DHA VIII, 153). Heine sieht Schiller also in direkter Tradition der Französischen Revolution.[16] Freilich hält eine Darstellung, die Schiller als den Idealisten der deutschen Klassik versteht und zum Dichter des Erhabenen und vaterländischen Heros verklärt, genauso wenig stand, wie das Heine-Bild vom respektlos-gewitzten jüdischen Satiriker.[17] Auch in Heines Werken zeigt sich gelegentlich eine durchaus pathetische Tendenz (so im »Nordsee«-Zyklus), wie auch Schiller eine satirische, zuweilen gar zynische Seite zeigte (man denke nur an den berühmt-berüchtigten »Xenien«-Streit). Der Idealist steht dem Sensualisten eben nicht konträr gegenüber.

Um die differenzierte Haltung Heines zu Schiller herauszuarbeiten, sollte sinnvollerweise das Erste Buch der »Romantischen Schule« konsultiert werden. Hier wird Schiller mit Goethe verglichen – auch Heine scheint dem epigonalen Vergleich zu folgen. Erstaunt kann allerdings festgestellt werden, dass Heine moniert, Goethe habe nur »Statuen« hervorgebracht: Seine Werke »zieren unser theueres Vaterland, wie schöne Statuen einen Garten zieren, aber es sind Statuen. […] [D]ie goetheschen Dichtungen bringen nicht die That hervor, wie die Schillerschen. Die That ist das Kind des Wortes, und die goetheschen schönen Worte sind kinderlos« (DHA, VIII, 155). Während Goethe also leblose, in Stein gehauene (gleichsam aber auch ewige) Werke geschaffen hat, zeichnet sich Schillers Werk durch Dynamik und Lebendigkeit aus. Mehr sogar: Schillers Worte provozieren zur Handlung.

Offensichtlich ist nun auch, dass wenn von dem Verhältnis von Heine zu Schiller die Rede sein soll, zwangsläufig ein Seitenblick auf das Dreiecksverhältnis Heine-Goethe-Schiller erfolgen muss. Heine selbst bezieht in der erwähnten »Romantischen Schule« weiter Position:

> Oder wußte man wirklich nicht, daß jene hochgerühmten hochidealischen Gestalten, jene Altarbilder der Tugend und Sittlichkeit, die Schiller aufgestellt, weit leichter zu verfertigen waren als jene sündhaften, kleinweltlichen, befleckten Wesen, die uns Goethe in seinen Werken erblicken läßt? (DHA VIII, 157)

Im Gegensatz zu dem vorigen Zitat, wird der Schriftsteller Schiller hier als lebensfern geschildert. Heine betont vielmehr den moralischen Rigoristen.[18] Heine geht dann seinerseits sogar so weit – gewiss ebenso polemisch wie zuvor Büchner – in der Rezension der Menzel-Schrift »Die deutsche Literatur« (1828) zu behaupten, dass Goethe »einen ganzen Friedrich Schiller mit allen dessen Räubern, Pikkolominis, Louisen, Marien und Jungfrauen« (DHA X, 246) hätte schreiben können. Quasi *ex negativo* werden die Werke Schillers als Bagatellen abgewertet. Es sollte aber bedacht werden, dass Wolfgang Menzel ein erklärter Goethe-Kritiker war und diesen gegen Schiller ausspielt – vielleicht provoziert eine solch strategische Haltung gerade die Parteinahme für den Geschmähten.[19] Dennoch betont Manfred Windfuhr vollkommen zu Recht in seinem Kommentar zur »Romantischen Schule«, dass Goethe für Heine »ein Gegenstand produktiver Beziehungen war und blieb [und] in Kritik und Annäherung lebenslänglich als existenzielle Herausforderung verstanden wurde« (DHA VIII, 1322). Die Goethe-Kritik Heines zielt vornehmlich auf die Darstellung einer unabhängigen Kunstwelt, die der politischen und sittlichen Welt gegenüberstehe. Letztere habe den eigentlichen Vorrang, und dafür wird Schiller als beispielhaft angeführt. Hierbei konstruiert Heine aber einen ›politischen Schiller‹; in der »Romantischen Schule« schreibt er:

> Ihn, den Friedrich Schiller, erfaßte lebendig der Geist seiner Zeit, er rang mit ihm, [...] er trug sein Banner, und es war dasselbe Banner worunter man auch jenseits des Rheines so enthousiastisch stritt, und wofür wir noch immer bereit sind unser bestes Blut zu vergießen. Schiller schrieb für die großen Ideen der Revoluzion, er zerstörte die geistigen Bastillen [...]. Er begann mit jenem Haß gegen die Vergangenheit, welchen wir in den ›Räubern‹ sehen, wo er einem kleinen Titanen gleicht, der aus der Schule gelaufen ist und Schnaps getrunken hat und dem Jupiter die Fenster einwirft; er endigte mit jener Liebe für die Zukunft, die schon im Don Carlos wie ein Blumenwald hervorblüht, und er selbst ist jener Marquis Posa, der zugleich Prophet und Soldat ist, der auch für das kämpft was er prophezeyt, und unter dem spanischen Mantel das schönste Herz trägt, das jemals in Deutschland geliebt und gelitten hat. (DHA VIII, 153)

Schiller wird von Heine zum Revolutionsschriftsteller verklärt. Gleichzeitig erscheint er als Weltbürger, als »Cosmopolit« (ebd.). Mithin kann an dieser Textpassage bereits bemerkt werden, was in den folgenden exemplarischen Gedichten noch erhebliche Bedeutung erlangt. Einerseits diminuiert Heine Schillers pathetischen Impetus, indem er ihn mit einem »kleinen Titanen« (ebd.) gleichsetzt, andererseits wird die Dignität des Werks als »Liebe für die Zukunft« (ebd.) hervorgehoben. Schiller ist für Heine der Dichter, für den »die That [...] das Kind des Wortes« (DHA VIII, 155) ist. Trotz allem Pathos bleibt Schiller Revolutionsschriftsteller und ist damit auch ein Repräsentant einer politischen Bewegung der Moderne. Dennoch müssen die Aussagen Heines insgesamt in einem größeren historischen Diskurs erfasst werden. Im 19. Jahrhundert gab es divergierende Strömungen, die versuchten, Goethe gegen Schiller auszuspielen und *vice versa* – dieser Modus zeigte sich bereits anhand der Aussagen Georg Büchners und nicht zuletzt auch bei Heine selbst.[20] Ferner wurde Schillers Werk, aufgrund seiner (vermeintlichen) moralischen Ernsthaftigkeit gegenüber Goethes Schaffen von weiten Teilen des Bürgertums bevorzugt. Ein weiteres gewichtiges Argument in diesem ohnehin schon kompliziert anmutenden Kontext kommt hinzu, wenn die erbitterte Goethe-Gegnerschaft Ludwig Börnes auch noch berücksichtigt wird. Verfährt Heine vielleicht nach dem Wahlspruch: ›Der Feind meines Feindes ist mein Freund‹? Zumindest suggeriert Koopmann dies.[21] Aber auch ein vielleicht rein strategisches und mithin ökonomisches Faktum sollte Berücksichtigung finden. Der Buchmarkt orientierte sich in der ersten Hälfte des 19. Jahrhunderts stark an den Werken Schillers und deren (niedrigen) Preisen; Heines Verleger Campe klagte etwa: »Von Schiller blickt man auf alles – alles Schillert!« (HSA XXV, 248).[22] Gleichzeitig wurde »Die Jungfrau von Orleans« bereits Anfang des 19. Jahrhunderts Schullektüre, die Heine während seiner Schulzeit rezipiert hat.

Heine war dem Erfolg der Schiller'schen Gesamtausgaben gegenüber eher skeptisch eingestellt; explosionsartiger Erfolg macht in Heines Kosmos verdächtig.[23] Bei einer Bewertung sollten diese exogenen Umstände berücksichtigt werden und schlussendlich bleibt es wohl ein zumindest ambivalentes Verhältnis zu einem »unsere[r] großen Meister[]« (DHA IV, 301) und des »edelsten Volkssprecher[s]« (DHA VI, 65), wie Heine Schiller bezeichnete. Dieses ambivalente Verhältnis findet seinen Ausdruck besonders in Heines lyrischem Werk. Hierbei handelt es sich um ein Vexierspiel, in dem vornehmlich die berühmten Schauspiele Schillers Eingang finden. Zitate oder ein Teil der Personnage werden dabei aus den Prätexten entlehnt und in einen anderen inhaltlichen und formalen Zusammenhang gestellt. Die Bearbeitung spielt dabei mit den Klischees, aber es bleibt nicht nur bei Klischees. Im Folgenden werden drei unterschiedliche Kategorien angeboten, um die Heine-Gedichte, die sich der beschriebenen Techniken bedienen, näher zu kategorisieren. Gewiss bilden die Kategorien untereinander Schnittpunkte, allerdings unterscheiden sie sich in gewichtigen Betrachtungsweisen voneinander.

III. Das (Schiller-)Drama in der (Heine-)Lyrik oder*:* »Sie ist zwar Wolfgang Goethes Gretchen, aber sie hat den ganzen Friedrich Schiller gelesen«

Häufig wird betont, dass Heine zwar von Schillers dramatischem Werk beeinflusst wurde, jedoch nicht zu eigenen Reaktionen veranlasst worden wäre.[24] Windfuhr begründet dies mit einem gattungsrelevanten Argument: »Dies erklärt sich wohl hauptsächlich daraus, daß der Autor [Heine] über dramatische Jugendversuche nicht hinausgekommen war, zu einer unmittelbaren Auseinandersetzung mit dem Dramatiker Schiller also nicht gelangen konnte und mußte«.[25] Freilich beschränkt sich diese Aussage auf eine Gattung, nämlich das Drama. Wenn jedoch ein gattungsübergreifender Blick eingenommen wird, so stellt sich die Situation gänzlich anders dar. Beinahe alle dramatischen Werke Schillers werden in Heines Œuvre irgendwann und irgendwo erwähnt oder zitiert. So finden sich Verweise auf »Die Räuber«, »Die Verschwörung des Fiesko zu Genua«, »Kabale und Liebe«, »Don Karlos« »Wallenstein«, »Maria Stuart«, »Die Jungfrau von Orleans« »Wilhelm Tell« und sogar auf die in der Schillerforschung stiefmütterlich behandelte »Braut von Messina«; kein vollendetes Schiller-Drama also, auf das nicht rekurriert würde.[26] Der Gattungswechsel ist dabei frappant. Die Text-Prätext-Beziehung erschließt sich aufgrund des Gattungswechsels allerdings vornehmlich über inhaltliche und nicht über formale Bezüge. Gleichwohl treten dramatische Vorlage und lyrische (Ver-)Dichtung in einen Dialog, der in erster Linie gattungsübergreifend funktioniert.[27] Die scheinbare Eindeutigkeit der Schiller'schen Phrasen, das vermeintlich Offenbare und der pathetische Gestus provozierten sicherlich zu ironischen Spielereien. Doch erschöpft sich Heines Arbeit an Schiller nicht darin. Modernität, das Spiel zwischen den Ebenen, das Changieren in den Bedeutungsnuancen findet sich ebenso in den literarischen Prätexten. Dabei produziert das In-Beziehung-Setzen der Arbeit Heines mit den Texten eines anderen ein Bezugssystem, das einerseits ironisch, andererseits aber auch ernsthaft wirkt.

Wer die Pointen dieser Heine-Lyrik mehr als nur flüchtig verstehen will, muss gewisse formale, kontextuelle, stilistische oder inhaltliche Eigenschaften der Vorlagen beachten. Dieses Phänomen der »Metatextualität«[28] modifiziert den Code der Prätexte nach Maßgabe eines eigenen Codes.[29] Dabei lassen sich drei divergierende Typen in Heines Lyrik unterscheiden, die im vorliegenden Beitrag exemplarisch belegt werden: Parodie[30], Travestie[31] und Pastiche.[32] Im Folgenden werden beispielhaft Gedichte für die jeweiligen Typen angeführt, wobei der Hauptakzent auf den dritten Typus gelegt wird.

III.1. Parodie: »Ich handle selten wie ein Marquis Posa«

Freilich ist »Heines Domäne […] das satirische Gedicht«[33], wie Walter Hinck vermerkt. Für den Typus der Parodie muss sicherlich die allgemeine Verfügbarkeit der Schiller'schen Sentenzen berücksichtigt werden – ein Phänomen, das bekanntlich bis heute anhält: »Durch diese hohle Gasse muss er kommen« oder »Der Mohr hat seine Arbeit getan, der Mohr kann gehen«, sind sprichwörtliche Redewendungen geworden.³⁴ Immer dann, wenn Heine intertextuelle Verweise auf Schiller parodistisch einsetzt, handelt es sich um eine verzerrende oder übertreibende Nachahmung, wobei allgemein die Form respektive die typischen Verhaltensweisen beibehalten werden, aber ein divergierender Inhalt unterlegt wird. Diese Abweichung produziert einen humoristischen Effekt, der zweifelsohne wiederum erfahrungsabhängig ist. In Heines »Briefen aus Berlin« funkelt diese Technik in ihrem ganzen Wortwitz, wenn Heine von dem Theaterbesuch bei »Cabeljau und Hiebe« (DHA VI, 44) berichtet und eigentlich »Kabale und Liebe« meint. Die kritische Aussage der Parodie zielt dabei nur indirekt auf die parodierte Vorlage und erstreckt sich in den meisten Fällen auf Gegenstände jenseits des Prätextes. Eigentlich ist nämlich ein Drittes gemeint; bei »Cabeljau und Hiebe« (ebd.) nämlich die schauspielerische Leistung des Ensembles. Das daraus resultierende metonymische Verhältnis steht zu dem kritisierten Gegenstand in einer Real-Beziehung, fällt mit ihm jedoch nicht zusammen.

Das Drama »Don Karlos« scheint ein für Heines Bearbeitungen einflussreiches Werk gewesen zu sein. Indirekt wird Georg Herwegh sowohl in dem gleichnamigen Gedicht (»Georg Herwegh«) als auch in »Die Audienz« verspottet, wenn dieser die Rolle des Marquis Posa überzogen theatralisch nachahmt und schließlich aus Preußen ausgewiesen wird.³⁵ Bereits in der »Romantischen Schule« hat Heine den Autor Schiller mit dem Marquis Posa verglichen; nun ist es der politisch schwankende und literarisch pathetische Herwegh. Allerdings wirkt die Gleichsetzung mit der literarischen Vorlage wenig vorteilhaft. In Herwegh sieht Heine nicht den Freiheitsdichter, vielmehr wird das theatralische Possenspiel des ›Schwabendichters‹³⁶ desavouiert:

> O geben Sie, Sire,
> Dem Volke die Freyheit wieder! (DHA III, 230)

Auf diese Forderung, die bereits Marquis Posa an König Philipp stellte, reagiert der König »erschüttert« (ebd.). Doch ist es nicht der Herrscher, wie im »Don Karlos«, dem eine Träne aus dem Auge rinnt, sondern dem Fürbitter selbst:

> Mit seinem Rockärmel wischte sich
> Der Schwab' aus dem Auge die Thräne. (ebd.)

Von seiner eigenen Inszenierung ist der Bittsteller Herwegh selbst so sehr gerührt, dass er weinen muss. Es kommt gar nicht zu der eigentlich rührenden Szene, die Schiller mit dem brillanten Botenbericht pronounciert auf den Punkt bringt. Nun ist die Ironie der Heine-Episode mehr als deutlich, und das rührselige Ende ist vielmehr schwülstig. Wenn die heroische Pose deplatziert wird, dann erzeugt sie Lächerlichkeit. Bedeutsam in diesem Kontext ist nur die äußere Haltung des Marquis, und die eigentliche Handlung des Dramas ist für das Verständnis der »Audienz« auch nicht sonderlich wichtig. Sogar noch retrospektiv, so darf gemutmaßt werden, ist die lächerliche Nachahmung des hehren Posa dem »Somnambülericht« (ebd.) der »Audienz« nicht bewusst. In dem Gedicht »Georg Herwegh« findet sich die Passage:

> Wo ich vor König Philipp stand
> Und seinen ukkermärkschen Granden.
>
> Er hat mir Beyfall zugenickt,
> Als ich gespielt den Marquis Posa;
> In Versen hab' ich ihn entzückt,
> Doch ihm gefiel nicht meine Prosa. (DHA II, 119)

Evident zeigt sich die ironische Brechung, die zur Distanznahme dient. Kontrastkomik und ironische Verstellung entlarven Herwegh als naiven Pathetiker und »miserable[n] Heldenspieler« (DHA III, 316).

III.2. Travestie: »Bei Schiller feiert der Gedanke seine Orgien [...] – besoffene Reflexionen«

Für die zu dieser Kategorie zählenden Gedichte sind (wie auch schon bei den parodistischen Gedichten) humoristische Effekte bedeutsam; dies scheint in Heines Werk aber ohnehin ein fester Bestandteil zu sein. Gleichwohl wird der Prätext nicht nur als Folie gebraucht, sondern die ursprüngliche Intention wird in Heines Bearbeitung umgewertet, was zu einem ästhetischen Mehrwert gegenüber der Parodie führt.[37]

Die Figuren Mortimer und Leicester aus dem Drama »Maria Stuart« dienen in dem Aufsatz »Johannes Witt von Dörring« als Leitfaden der Argumentation. Heine rehabilitiert den umtriebigen Denunzianten und politischen Flüchtling Johannes Witt über die Gleichsetzung mit den literarischen Figuren. Freilich bleibt der Aufsatz gerade aufgrund seines entschuldigenden Gestus zu Heines Lebzeiten ungedruckt. Die Strategie ist jedoch bemerkenswert: Literarische Figuren treten als Eins-zu-Eins-Entsprechungen auf und erzeugen so einen divergierenden Blick auf die reale Person, da sie nicht mehr als Konkurrenten um die Liebe zu einer Person (Maria Stuart), sondern als Personifikation unterschiedlicher Handlungsstrategien auftreten:

> Sentimentale Seelen mögen es ihm verdenken, daß er nicht mehr, im schwarzen Rock und langem Haar, als enthousiastischer Mortimer der Freyheit, agirt. […] Andre mögen jenen Mann deßhalb tadeln daß er jetzt den Leicester spielt, der mit der früheren Geliebten, mit der Freyheit, noch heimlich liebäugeln möchte und sie dennoch öffentlich verläugnet und sich einer gekörnten Vettel in die Arme wirft. (DHA XI, 223 f.)

Dieser travestierende Impetus findet sich auch in dem Gedicht »Traumbilder« VIII. Es setzt Figuren aus Schillers dramatischem Kosmos in einen mitunter ernsthaften Kontext. Sind es doch Schiller-Figuren wie Mortimer, Maria Stuart und Karl von Moor, die in dem Gedicht durch die Metapher des Lebens als Bühne dargestellt werden. Inhaltlich und motivisch werden sie mit dem Topos der Vergänglichkeit verwoben. Das lyrische Ich befindet sich auf dem Heimweg, als es am Friedhof vorübergeht und sich um Mitternacht die Geister, angeführt vom Spielmann und seiner Zithermusik, aus ihren Gräbern erheben. Das lyrische Ich wird nun Zeuge der Geständnisse von sechs Toten, die allesamt aus unglücklicher Liebe umgekommen sind:

> Liebe! Liebe! deine Macht
> Hat uns hier zu Bett gebracht. (DHA I, 41)

Zwei der sechs Geister rekurrieren in ihren Liebesleidgeschichten ausdrücklich auf Schiller. Der erste Geist bezieht sich auf den Helden aus den »Räubern«:

> Und besonders Carlo Moor
> Nahm ich mir als Muster vor. (DHA I, 43)

Genau wie sein literarisches Vorbild verliebt sich der Taschendieb, der eben diese Verse spricht, in eine schöne Frau. Der Zustand des Verliebt-Seins birgt dabei eine innere Spannung, die das Diebeshandwerk unmöglich macht. Schließlich wird er aufgrund seiner Unkonzentriertheit gefasst und endet im Gefängnis. Direkt nach dem unglücklich verliebten Kriminellen tritt ein ehemaliger Schauspieler auf, der vornehmlich Dramen Schillers gespielt hat:

> Den Mortimer spielt' ich am besten,
> Maria war immer so schön!
> Doch trotz der natürlichsten Gesten,
> Sie wollte mich nimmer verstehn. – – (DHA I, 45)

In diesem Fall treten Spiel und Ernst in eine unheilvolle Verbindung. Sogar mehr: Das Theater wird im Theater gespiegelt, und die unglückliche Liebe wird so zu einem Element des Theaters »Leben«. Es führt zu der unausweichlichen Konsequenz:

> Da nahm ich den Dolch behende – –
> Und stach mich ein bischen zu tief. (DHA I, 47)

Die zweifellos vorhandene Ironie wird zügig wieder gebrochen, da »die Geister im lustigen Chor« (ebd.) bereits wieder auflachen und dadurch eine unheimliche Atmosphäre aufrecht erhalten. Beide Beispiele in Heines »Traumbild« eröffnen durch ihren intertextuellen Bezug zu Schillers dramatischen Prätexten eine weitere Bedeutungsebene, obwohl sie auf den ersten Blick wie bloße ironische Anspielungen wirken. Sie thematisieren nicht nur die Gefahr des sich unglücklich Verliebens, das gerade in dem »Buch der Lieder« ein zyklisch wiederkehrendes Motiv darstellt. Die Figuren des Schiller'schen Dramenkosmos werden hier in einen Kontext der Vergänglichkeit und der unglücklichen Liebe gerückt, der die Tragik gegenüber dem Pathos betont. Die Begräbnismetaphorik verdeutlicht darüber hinaus die Vergänglichkeit des Sensualismus und der körperlichen Liebe. Was bleibt, ist eine bedrückende Stimmung, auch weil das lyrische Ich scheinbar nicht mehr anwesend ist; die letzte Strophe des Gedichts lautet:

> Und das tolle Gelächter sich doppelt erhebt,
> Und die bleiche Schaar im Kreise schwebt.
> Da scholl vom Kirchturm' »Eins« herab,
> Da stürzten die Geister sich heulend in's Grab. (DHA I, 51)

III.3. Pastiche: »Indessen ›dem Manne kann geholfen werden‹ sagt Karl Moor«

Bei der Pastiche wird der literarische Prätext ebenfalls ›angespielt‹ (vornehmlich durch kontrafaktische Elemente), gleichzeitig drückt sich jedoch eine gewisse Hochachtung vor dem Original aus. Demgegenüber kommt es zu einer partiellen Umdeutung in einen disparaten Kontext. Dies ist insofern bedeutsam, als affirmative Töne in Bezug auf Schillers Arbeiten in Heines Lyrik zumeist unbeachtet bleiben. Über die Nachbildung des Schiller'schen Stils und der Verwendung gewisser dramatischer Figuren wird eine neue Bedeutungsebene eingezogen, die nicht (ausschließlich) ironisch zu verstehen ist.

Das »Gedicht«[38] »Atta Troll« bietet ein weiteres klingendes Beispiel. Die Sprechinstanz sieht von dem Balkon seines Pyrenäenkurorts, wie der Bär Atta Troll zum Tanz gezwungen wird und sich dann plötzlich von der Kette losreißt. Er flieht in das Gebirge, und seine Gattin, Mumma, bleibt allein zurück. Im Gebirge hält der Bär aufrührerische Rede gegen die Menschen. Unterdessen ist der Erzähler mit dem Bärenjäger Laskaro in das Gebirge gezogen, um Atta Troll zu erlegen. Mit

Hilfe der Hexe Uraka, die die Stimme seiner Bärengattin täuschend echt nachahmt, wird Atta Troll aus seinem sicheren Versteck gelockt: Der aufrührerische Tanzbär kann erschossen werden. Seine letzten Worte entfalten vor der Folie der »Räuber« einen weitreichenderen Bedeutungsrahmen. Ohnehin haben letzte Worte in der Literatur einen besonderen Einfluss, da sie am Rande des Todes artikuliert werden. Das Wort, mit dem wir sterben, sagt der Nachwelt, wer wir waren.[39] Schiller lässt Karls vermeintlich letzten Worte von dem Handlanger Franzens, Hermann, berichten: »Sein letzter Seufzer war Amalia«[40]. Dies korrespondiert offensichtlich mit dem Vers aus »Atta Troll«: »›Mumma!‹ war sein letzter Seufzer« (DHA IV, 79).

Im Prätext ist es jedoch nur der fingierte Tod, in der Absicht, Amalia von Karl zu lösen, was mit der Aussage von Dritten intendiert wird. Im »Atta Troll« erscheint der Tod des Bären über die Kommentierung der Sprechinstanz gleichsam als Metatext (es bleibt offen, ob es wirklich die letzten Worte Trolls waren, schließlich werden dem Leser die Geschehnisse retrospektiv über die Erzählinstanz dargeboten), und schließlich handelt es sich bereits um eine künstlerische Stilisierung:

> Also fiel der edle Held.
> Also starb er. Doch unsterblich
> Nach dem Tode auferstehn
> Wird er in dem Lied des Dichters. (ebd.)

Ferner fällt die chiastische Bezugnahme auf: »›Mumma!‹ war sein letzter Seufzer« – »Sein letzter Seufzer war Amalia«. Dies deutet bereits auf das Vexierspiel, das Heine in seinem Versepos produziert, hin. Nun funktioniert dieser Vers aber als eine Art ›Schlüssel‹, um andere Episoden im »Troll« näher zu verstehen. Die aufrührerischen Reden des Tanzbären besitzen frappierende Ähnlichkeit mit den desillusionierenden Reden Karls in der Grenzschänke. Sowohl für Karl als auch für Atta Troll hat das »Gesetz [...] zum Schneckengang verdorben, was Adlerflug geworden wäre«[41]. Auch der Bärenführer, der im zweiten Caput des »Troll« auftritt, scheint unter diesem Blickwinkel betrachtenswert. Dieser war nämlich »Räuberhauptmann« (DHA IV, 14) und im Dienste »bei Don Carlos« (ebd.) – wiederum zwei Schiller-Referenzen. Aber nicht nur »Die Räuber« und »Don Karlos«, sondern auch »Wilhelm Tell« wird zumindest indirekt in »Atta Troll« verarbeitet:

> Einheit, Einheit ist das erste
> Zeitbedürfniß. Einzeln wurden
> Wir geknechtet, doch verbunden
> Uebertölpeln wir die Zwingherrn.

> Einheit! Einheit! und wir siegen
> Und es stürzt das Regiment
> Schnöden Monopols! Wir stiften
> Ein gerechtes Animalreich. (DHA IV, 26)

Unweigerlich wird man hier an die berühmte Rütli-Szene aus »Wilhelm Tell« erinnert, in der die drei Kantone der Schweiz sich vereinen, um sich gegen die Fremdherrschaft aufzulehnen und die Zwingburg Uri zerstören.

Doch lassen sich die private und öffentliche Sphäre in Heines Werk nicht zusammenbringen. Die Familie wird gegen die Befreiung des »Animalreichs« (ebd.) ausgespielt, mit wesentlich tragischeren Folgen als im »Wilhelm Tell«. Der Attentäter ist nicht Atta Troll, der Held, sondern (wiederum spiegelverkehrt) Laskaro, und der Mord geschieht nicht in einer schmalen Gasse bei Küssnacht, sondern in »dem Thal von Ronceval« (DHA IV, 78), was erneut eine Art Spiegelung bedeutet: Aus der engen Gasse ist ein offenes Tal geworden.

Der Tanzbär endet als Bettvorleger. Im Umkreis dieser Textpassage findet sich ein weiterer Verweis auf Schiller. Die Erzählinstanz berichtet nach dem Tode Atta Trolls:

> O, wie oft, mit bloßen Füßen,
> Stand ich Nachts auf dieser irdisch
> Braunen Hülle meines Helden [...].
>
> Und von Wehmuth tief ergriffen
> Dacht ich dann an Schillers Worte:
> Was im Lied soll ewig leben,
> Muß im Leben untergehn! (DHA IV, 81 f.)

Hierbei handelt es sich um ein (nicht wörtliches) Zitat, das auf die Schlussverse aus Schillers »Die Götter Griechenlandes« anspielt.[42] Mit diesem letzten intertextuellen Verweis wird die absolute Lebensferne des vermeintlichen ›Helden‹ Atta Troll thematisiert. Lediglich als Bettvorleger, als Fußwärmer, erhält er noch eine gewisse Sinnhaftigkeit. Nicht Schillers Verse werden zur Farce, sondern die Ambitionen des vermeintlichen Helden Atta Troll, die gleichgesetzt werden mit den irrealen Plänen eines Karls von Moor und der Klage über eine entgötterte Welt.[43]

Atta Troll, der sich selbst als großer Künstler sieht und liberales Gedankengut vertritt, wird am Schluss getötet. Strömungen der Heine-Forschung deuten das Versepos gemeinhin als Karikatur der Tendenzpoesie und als Auseinandersetzung mit der erstarkenden liberalen Position in Deutschland um 1840.[44] Der plumpe Tanzbär als allegorischer Vertreter der bürgerlich-liberalen Strömung zeugt dabei von seiner literarischen Prägung: Schiller. Atta Trolls feierliche Ernsthaftigkeit und sein Pathos in den menschenverachtenden Reden rekurrieren dabei auch auf die berühmte Rede Karls in der Grenzschänke. Worte, die als Taten der Weltverbesserung wirken sollen, verfliegen und sind als Waffe unbrauchbar. Am Ende wirft Karl seinen Degen auf den Tisch und will zurück zu seinem Vater. Troll will zurück zu seiner Mumma und besiegelt so seinen Tod. Beide bleiben wirkungslos. Während Karl sich einem »armen Schelm«[45] ausliefern wird, um diesen zumindest noch »tausend Louisdore«[46] zu verschaffen, wird der Bärenrebell zum Bettvorleger. Die Dialogizität zwischen Schiller-Verweisen und dem »Atta Troll« enthüllt Verborgenes und spiegelt sich wechselseitig wider. Die Texte Schillers werden nicht nur explizit verarbeitet, sondern die genannten Textstellen deuten auf Hinweise eines Vexierspiels mit den Schiller'schen Prätexten. Wahrscheinlich ist es aber zu gewagt, zu behaupten, dass Schiller selbst dem Bärenführer Paten gestanden hat: der frühere Räuberhauptmann, der nun den Bären tanzen lässt (vgl. DHA IV, 14).

IV. »Wo sind die Söhne Schillers?«: Zusammenfassung und Ausblick

Es liegt nicht im Interesse des vorliegenden Beitrags, intertextuelle Referenzen in ein Gattungssystem zu pressen. Vielmehr soll eine Sensibilisierung für die Besonderheit dieser Passagen erzeugt werden. Schillers dramatisches Schaffen hat für Heines eigene lyrische Tätigkeit zahlreiche Berührungspunkte geliefert. Dass sich diese Beschäftigung nicht nur auf eine oberflächlich-ironisierende Betrachtung der pathetischen Passagen Schillers reduzieren lässt, dürfte deutlich geworden sein. Der Reiz für Heine liegt aber auch genau in der pathetischen Darstellung. Je pathetischer etwas auftritt, desto leichter ist es zu ironisieren. Die Absicht, die dahinter steht, bleibt freilich ungewiss.[47]

In Heines Gedichten manifestiert sich jedoch ein »Polyperspektivismus«[48], der sicherlich auch mit der nachgewiesen ähnlichen Künstlerauffassung der beiden Schriftsteller korrespondiert.[49] Dabei konnte verdeutlicht werden, dass die Gedichte, die auf Schillers Dramen anspielen, (teilweise) eine zusätzliche interpretatorische Volte vollziehen. In dem ersten Gedicht der »Hebräischen Melodien«, »Prinzessin Sabbath«, findet sich eine geschickte intertextuelle Bearbeitung eines Schiller-Prätextes, die auf den ersten Blick recht einfach wirkt und die ebenfalls schon in der Sekundärliteratur untersucht wurde. Lediglich ein Wort wird aus Schillers berühmter Passage

> Freude, schöner Götterfunken,
> Tochter aus Elysium![50]

aus der Ode »An die Freude« verändert. Das jüdische Sabbatessen (das Schalet), tritt hier an die exponierte Stelle der »Freude«. Auf diese Weise bildet Heine die Textpassage um und unterlegt ihr einen divergierenden Sinn, der gleichzeitig einen ironischen Unterton besitzt. Die Prinzessin Sabbat spricht:

> Schalet, schöner Götterfunken,
> Tochter aus Elysium!
> Also klänge Schillers Hochlied,
> Hätt' er Schalet je gekostet. (DHA III, 128)

Gewiss wird der pathetische Schiller-Stil ironisch modifiziert. Doch erfährt der Leser zuvor von der Prinzessin Sabbat:

> Gleich fatal ist ihr die trampelnd
> Deklamirende Passion,
> Jenes Pathos, das mit flatternd
> Aufgelöstem Haar einherstürmt. (ebd., 127)

Obwohl das Pathos ihr »fatal« ist, verwendet sie es selbst. Es bleibt wohl äußerst schwer zu diagnostizieren, ob der Schiller-Hymnus hier ironisch entwertet oder doch umgewertet wird. Wahrscheinlich ist, dass der junge Dichter noch weitaus unbefangener mit den literarischen Vorbildern umgegangen ist. Der erfahrene Schriftsteller hingegen zeichnet sich durch das ambivalente Verhältnis zu den literarischen Prätexten aus.

In der »Vorrede« zu »Atta Troll« werden verschobene und geschliffene Spiegel erwähnt, »in denen selbst Apollo sich […] als eine Karikatur abspiegeln muß und uns zum Lachen reitzt. Wir lachen aber alsdann nur über das Zerrbild, nicht über den Gott« (DHA IV, 11). Nicht über »Apollo« soll gelacht werden, sondern über das verspielte und witzige Kunststück, über das karikierende und verzerrende Spiegelbild. Ein Zerrbild, das öfter einem Vexierspiel gleicht, je nachdem, welche Perspektive eingenommen wird. Das bleibt dann wohl auch das letzte Ziel Heines, wenn er sich Schillers dramatischen Werkes bedient: nämlich seine eigene Mehrdeutigkeit zu inszenieren.

Anmerkungen

¹ DHA VI, 175; Friedrich Schillers Werke. Nationalausgabe. Begründet von Julius Petersen, fortgeführt von Lieselotte Blumenthal und Benno von Wiese. Hrsg. im Auftrag der Stiftung Weimarer Klassik und des Schiller-Nationalmuseums Marbach von Norbert Oellers. Weimar 1943 ff. Bd. X, S. 125. Im Folgenden mit der Sigle NA mit Nummer des Bandes (römische Ziffer) und Seitenzahl (arabische Ziffer) abgekürzt.

² NA IX, 270.

³ Ebd.

⁴ Ebd., 269.

⁵ Benno von Wiese: Heine und Schiller. – In: Jahrbuch der deutschen Schillergesellschaft 20 (1978), S. 448.

⁶ Vgl. Martina Lauster: Vom Körper der Kunst. Goethe und Schiller im Urteil Heines, Börnes, Wienbargs und Gutzkows (1820–1840). – In: Goethe-Jahrbuch 122 (2005), S. 187–201; Jost Hermand: Der »überschwängliche« Schiller. Heines Bild des anderen Weimarer Großdichters. – In: Monatshefte für deutschsprachige Literatur und Kultur 97 (2005), S. 478–486 und zuletzt Helmut Koopmann: Heine und Schiller. – In: HJb 46 (2007), S. 90–106. Neben diesen Einzelbeiträgen finden sich auch immer wieder Verweise in größer angelegten Beiträgen; so exemplarisch bei Manfred Windfuhr: Rätsel Heine. Autorprofil – Werk – Wirkung. Heidelberg 1997, S. 187–189 oder Walter Hinck: Die Wunde Deutschland. Heinrich Heines Dichtung im Widerstreit mit Nationalidee, Judentum und Antisemitismus. Frankfurt a. M. 1990, S. 66. Dies sind meistenteils jedoch intertextuelle Mosaikstücke, die es zu ordnen und näher zu untersuchen gilt.

⁷ Koopmann [Anm. 6], S. 90. Der Verfasser wiederholt mit dem Titel seines Beitrags gewiss absichtsvoll seinen akademischen Lehrer Benno von Wiese [Anm. 5].

⁸ So beispielsweise im Gedicht »Die Götter Griechenlands«, das den Titel bei Schillers »Die Götter Griechenlandes« entlehnt. Während Schiller jedoch die Entgötterung der Welt beklagt, trauert Heine den griechischen Göttern nicht nach. Vgl. Höhn ³2004, S. 75. Auch Heines Gedicht »Unterwelt« (DHA II, 96–99) nimmt drei unveränderte Strophen aus Schillers »Klage der Ceres« auf. Schillers Lyrik hat also durchaus ihren Widerhall in Heines Werk gefunden.

⁹ Der Bericht folgt im gleichen Duktus: »Fremde Menschen fielen einander schluchzend in die Arme, Frauen wankten, einer Ohnmacht nahe, zur Türe. Es war eine allgemeine Auflösung wie im Chaos, aus dessen Nebel eine neue Schöpfung bricht«. Schillers Werke und Briefe in zwölf Bänden. Frankfurter Ausgabe. Hrsg. von Klaus Harro Hilzinger, Rolf-Peter Janz, Gerhard Kluge, Herbert Kraft, Georg Kurscheidt, Norbert Oellers. Bd. II. Frankfurt a. M. 1988, S. 965 f.

¹⁰ August Wilhelm Iffland: Über meine theatralische Laufbahn. Liechtenstein 1968, S. 53.

¹¹ Caroline Schlegel: Carolines Leben in ihren Briefen. Hrsg. von Reinhard Buchwald. Leipzig 1923, S. 127.

¹² Ebd., S. 185.

¹³ Georg Büchner in einem Brief an seine Familie vom 28. 07. 1835. Georg Büchner: Sämtliche Werke. Briefe und Dokumente. Bd. II. Hrsg. von Henri Poschmann. Frankfurt a. M. 1992, S. 411.

¹⁴ Vgl. Michael Hoffmann: Schiller. Epoche – Werk – Wirkung. München 2003, S. 185.

¹⁵ Büchner [Anm. 13], S. 127.

¹⁶ Man vergesse nicht, dass Schiller in deren Folge zum *citoyen français* ernannt wurde und die Ehrenbürgerschaft sogar angenommen hat, was einige Verstimmungen am Hofe Anna Amalias und Karl Augusts verursachte. Auch Heines Verleger Campe bekennt sich mit der Schrift »Schillers

politisches Vermächtnis« (Hamburg 1832) dezidiert zu Schiller. Ob der Verleger mit dieser Schrift, die am Anfang einer politischen Lesart Schillers steht, die Schiller-Rezeption Heines beeinflusst hat, bleibt jedoch meines Erachtens offen.

[17] Für Adorno war Schiller nichts weniger als der »Hofpoet des deutschen Idealismus«. Theodor W. Adorno: Noten zur Literatur. Frankfurt a. M. 1981, S. 599.

[18] Koopmann bemerkt generalisierend: »Schiller: das war abstraktes Denken, eine tote Gedankenwelt«; Koopmann [Anm. 6], S. 92. Allerdings wird der Verfasser nicht müde anzumerken, dass Schiller gegenüber Goethe »den Kürzeren [zieht], wo immer er neben Goethe erscheint« (ebd., S. 93), was auch damit zu tun haben könnte, dass Heine selbst nicht aufhören mochte, sich innerlich an Goethe zu messen, wie Hans Mayer bereits zu bedenken gegeben hat. Vgl. Hans Mayer: Das unglückliche Bewusstsein. Zur deutschen Literaturgeschichte von Lessing bis Heine. Berlin und Weimar 1990, S. 588.

[19] Vgl. Windfuhr [Anm. 6], S. 203 und Höhn ^{3}2004, S. 227.

[20] Dass es sich zu Beginn des 19. Jahrhunderts tatsächlich um ein »Modethema« handelte, bestätigt auch Windfuhr [Anm. 6], S. 202.

[21] »Ist es zuviel gesagt, wenn man feststellt, dass Heines Goethe-Verehrung nicht zuletzt auch durch die erbitterte Goethe-Feindschaft Börnes mitbestimmt worden ist?« Koopmann [Anm. 6], S. 95.

[22] Für den Hinweis auf dieses Zitat danke ich Christian Liedtke.

[23] Andererseits machte die explizite Schiller-Kritik der Romantiker, die den Weimarer zu ihrem Antipoden stilisierten, diesen für Heine nur wieder interessant; vgl. DHA VIII, 160.

[24] Von Wiese bemerkt bezüglich der generellen Vergleichbarkeit der beiden Schriftsteller: »Selbst die Balladen und Romanzen der beiden Dichter [Heine und Schiller] sind nur insofern vergleichbar, als beide mit diesen Gattungen sehr eigenwillig umgegangen sind«; von Wiese [Anm. 5], S. 448.

[25] Windfuhr [Anm. 6], S. 205.

[26] Auch Koopmann vermutet, dass Schiller »entgegen dem ersten Eindruck also doch tief in Heines Lyrik hinein[reicht], und das nicht nur anspielungsweise.« Koopmann [Anm. 6], S. 98.

[27] »Jedes Wort (jedes Zeichen) eines Textes führt über seine Grenzen hinaus. Jedes Verstehen ist das In-Beziehung-Setzen des jeweiligen Textes mit anderen Texten. […] Der Text lebt nur, indem er sich mit einem anderen Text berührt. Nur im Punkt dieses Kontaktes von Texten erstrahlt jenes Licht, das nach vorn und nach hinten leuchtet, das den jeweiligen Text am Dialog teilnehmen lässt.« Michail M. Bachtin: Zur Methodologie der Literaturwissenschaft. – In: ders.: Die Ästhetik des Wortes. Hrsg. von Rainer Grübel. Frankfurt a. M. 1979, S. 352.

[28] Vgl. Gèrard Genette: Palimpseste. Literatur auf zweiter Stufe. Frankfurt a. M. 1993.

[29] Vgl. ebd., S. 13 ff.

[30] Zur Definition der Parodie im literaturwissenschaftlichen Kontext vgl. Waltraud Wende: Goethe-Parodien. Zur Wirkungsgeschichte eines Klassikers vom späten achtzehnten Jahrhundert bis in die Gegenwart. Stuttgart und Weimar 1999, S. 50–90 und Frank Wünsch: Die Parodie. Zu Definition und Typologie. Hamburg 1999, S. 11–24. Wünsch unterscheidet verschiedene Typen der Parodie (u. a. wird zwischen humoristisch und satirisch unterschieden), die für den vorliegenden Beitrag nicht weiter relevant sind. Der Unterscheidung zwischen Parodie, Satire und Kontrafaktur wird ebenfalls nicht in der bei Wünsch, S. 25–65, dargestellten Deutlichkeit Folge geleistet.

[31] Ursprünglich bezeichnet die Travestie die Darstellung einer Bühnenrolle durch eine Person des anderen Geschlechts.

32 Der Begriff stammt ursprünglich vom italienischen ›pasticcio‹, das metaphorisch für eine undurchsichtige Affäre oder gar für eine Betrügerei steht (die exakte Übersetzung lautet ›Pastete‹), und wird seiner Provenienz nach aus der Kunstgeschichte entlehnt. Vgl. detaillierter Wünsch [Anm. 30], S. 89 ff.

33 Walter Hinck: Ironie im Zeitgedicht Heines. Zur Theorie der politischen Lyrik. – In: Heine-Studien. Internationaler Heine-Kongreß. Hrsg. von Manfred Windfuhr. Hamburg 1972, S. 82.

34 Noch zu Heines Lebzeiten boten die sprichwörtlich gewordenen Sentenzen einen weitaus reicheren Fundus der ironisch-parodistischen Bearbeitung, da sie nahezu jedem geläufig waren.

35 Besonders brisant, da es sich hierbei um eine wahre Begebenheit handelte: Georg Herwegh wurde 1842 von König Friedrich Wilhelm IV. empfangen; letzterer ließ ihn nach der Unterredung aus Preußen ausweisen, jedoch nicht aufgrund möglichen Fehlbetragens während der Audienz, sondern wegen eines offenen Briefes, der die politischen Verhältnisse anprangerte. Vgl. DHA II, 731.

36 Der abwertende Heine-Begriff ›Schwabendichter‹ meint in diesem Kontext nicht Schiller.

37 »Sobald man jedoch die Überzeugung gewinnt, daß die Vorlage eine bestimmte Negation erfährt, da spezielle Inhalte und Gestaltungsmittel kritisiert, herabgesetzt, ad absurdum geführt, in ein Spiel der kontrastierenden Mehrdeutigkeit geführt werden […] – immer dann wird man nicht von einer Travestie, sondern von einer Parodie sprechen.« Thomas Zabka: Parodie? Kontrafaktur? Travestie? Anlehnung? Zur Klassifikation und Interpretation von Metatexten unter Berücksichtigung ihrer mehrfachen Intertextualität. Überlegungen zu Gedichten von und nach Bertolt Brecht. – In: DVjs 78 (2004), S. 336.

38 Heine selbst bezeichnet das Versepos als »Gedicht« (DHA IV, 9).

39 Vgl. auch Karl S. Guthke: Letzte Worte. Variationen über ein Thema der Kulturgeschichte des Westens. München 1990.

40 NA III, 26.

41 Ebd., 21.

42 Korrekt lauten die Verse: »Was unsterblich im Gesang soll leben/Muß im Leben untergehn«. NA II, 367.

43 Vgl. konträr hierzu Koopmann [Anm. 6], S. 98.

44 Vgl. Höhn ³2004, S. 85.

45 NA III, 135.

46 Ebd.

47 Vgl. Koopmann [Anm. 6], S. 99. Referenzen auf Schillers dramatisches Werk finden sich nicht nur in Heines Lyrik. Auch in dem Drama »William Ratcliff« lassen sich Ansatzpunkte ausmachen. So zum Beispiel im 5. Auftritt, wenn von einer Diebsherberge die Rede ist, die wiederum ein deutlicher Verweis auf die Grenzschänke aus den »Räubern« ist.

48 Jeffrey L. Sammons: Heinrich Heine. Stuttgart 1991, S. 33.

49 Vgl. exemplarisch Hinck [Anm. 6], S. 253.

50 NA I, 169.

II.

Heimkehr als Aufbruch
Feststellungen und Lesarten zu Schuberts Heineliedern

Von Arnold Pistiak, Potsdam

> Mit Einem Worte, da die Wahrnehmung hier immer
> von subjektiven Bedingungen abhängig bleibt, so
> lasse man ihren Ausdruck individuell, daß heißt so
> frey und lebendig seyn wie möglich.
> (A. W. Schlegel)[1]

»[...] Schubart soll kurz vor seinem Tode ebenfalls sehr gute Musik zu meinen Liedern gesetzt haben, die ich leider noch nicht kenne« (HSA XX-XXVII R, 299).[2] So lautet die einzige relevante Äußerung Heines zu den sechs Heineliedern Schuberts, und schon die falsche Schreibung des Namens belegt seine Unkenntnis. Aber hätte der Dichter den Umgang des Komponisten mit seinen Texten tatsächlich für »sehr gut« gehalten? Doch nicht darum soll es im Folgenden gehen, sondern um den (womöglich aussichtslosen) Versuch, sich dem ›Geist‹, dem ›Inhalt‹, der ›Idee‹, kurz: der Haltung jener Lieder zu nähern, die Schubert sicherlich in den letzten Monaten seines Lebens komponiert, jedenfalls aber akribisch abgeschrieben und dem Leipziger Musikverleger Heinrich Albert Probst brieflich angeboten hatte: »Auch habe ich mehrere Lieder von Heine aus Hamburg gesetzt, welche hier außerordentlich gefielen [...]«.[3] Auf das brieflich geäußerte Interesse des Verlegers hat er nicht mehr antworten können.

Dass jeder Umgang mit einem Kunstwerk dieses selbst verändert; dass Veränderungen ursprünglicher Gebilde mit Notwendigkeit auch dann auftreten, wenn diese in ein anderes Medium übertragen werden; dass es keinerlei Grund gibt, die ästhetische Berechtigung derartiger Vorgänge in Frage zu stellen, dürfte heute weithin akzeptiert werden – zu eindeutig und unabweisbar sind einschlägige Erfahrungen. Dabei ist sicherlich kaum zu bestreiten, dass Heine und Schubert mit der »Heimkehr« wie mit den sechs Heineliedern in den späten zwanziger Jahren des

19. Jahrhunderts einen wesentlichen Bereich dessen schufen, was wir als das »Neue« in Dichtung und Musik dieser Jahre bezeichnen dürfen; sie leisteten damit einen kaum zu überschätzenden Beitrag zur Bereicherung und Weiterentwicklung der Kultur des europäischen Romantizismus. Dazu werden in der Heine- wie in der Schubertliteratur zahlreiche interessante Gesichtspunkte aufgeführt und minutiös, zum Teil geradezu verblüffend akribisch entwickelt. Nicht weniger als fünf Gesamtdarstellungen zu Schuberts Heineliedern[4] sowie weit über ein Dutzend Untersuchungen zu einzelnen Problemen bzw. Liedern liegen vor. Das Folgende sei als ein Versuch verstanden, der Souveränität und Originalität in Text und Musik zweier bedeutender Künstler nachzuspüren. Wie in meinen Arbeiten zu »Così fan tutte« und zum Verhältnis von Beethoven und Goethe geht es auch hier darum, Textliches wie Musikalisches möglichst ausgewogen (primär also nicht spezifisch fachwissenschaftlich!) zu betrachten.[5] Nicht eine ›Einheit‹ von Wort und Ton soll gefunden, sondern über deren Beziehungen nachgedacht werden: in dem Bestreben, das Disparate nicht aus dem Blickfeld zu verlieren, es festzuhalten, es zusammenzudenken – und zwar dem gegebenen Rahmen gemäß, also thesenhaft, gedrängt. Ich frage nach den Haltungen, die Dichter, Komponist und schließlich die Lieder selbst einnehmen. Dass dabei jenes Phänomen, auf das doch letztlich im Umgang mit (abendländischer) Kunst alles ankommt – Genuss – zumindest andeutungsweise ins Blickfeld gerate, ist meine Hoffnung. Dabei hat sich eine Sicht ergeben, die nicht nur in Heines Texten, sondern auch in Schuberts Heineliedern den Ausdruck eines großen Aufbruchs sieht. Der erste Teil (I) dieser Betrachtungen unternimmt es, Heines poetisches Angebot zu umreißen und danach zu fragen, wie Schubert in textlicher Hinsicht mit Heines Vorgaben umgegangen ist; der zweite Teil (II) geht auf drei Lieder ein: das Eingangs- und Schlussstück (»Der Atlas«, »Der Doppelgänger«) sowie »Die Stadt«; der abschließende dritte Teil (III) skizziert schließlich Auftreten und Tragweite des ›Altheidnischen‹ bei Schubert.

I.

Wahrscheinlich wusste Heine 1828 von Schubert überhaupt nichts – und ebenso wahrscheinlich hatte Schubert Texte von Heine frühestens im Januar 1828 zur Kenntnis nehmen und für sich entdecken können. Die ersten sicheren Hinweise darauf, dass Heine im Freundeskreis Schuberts wahrgenommen wurde, verdanken wir zwei Tagebucheintragungen. Am 12. Januar 1828 notierte Franz von Hartmann:

> Zu Schober, wo die herrliche Geschichte der Marquise v. O. von Kleist ausgelesen und ein Buch angefangen wird: Reiseideen von Heine. Manches Gemütliche. Viel Witz. Falsche Tendenz. Am besten gefielen mir bisher die Jugenderinnerungen aus Düsseldorf.[6]

Und eine Woche später: »Zu Schober, wo Heines Reiseideen ausgelesen werden.«[7] »Reiseideen«, in denen Heine »Jugenderinnerungen aus Düsseldorf« vorträgt – diese Notiz verweist eindeutig auf den zweiten Band der »Reisebilder« und zwar auf das Prosastück »Ideen. Das Buch Le Grand«. In dessen Kapiteln VI bis IX gibt der souveräne Erzähler vor, sich seiner Kindheit in Düsseldorf zu erinnern – aber was er vorträgt, ist ein zunächst hymnisch-begeistertes, dann elegisches Prosagedicht auf Napoleon Bonaparte; möglicherweise hat diese Passage Franz von Hartmann veranlasst, eine »falsche Tendenz« der Schrift Heines festzustellen. »Es steht keine Inschrift auf seinem Leichensteine«, heißt es etwa im IX. Kapitel, »aber Klio, mit dem gerechten Griffel, schrieb unsichtbare Worte darauf, die wie Geistertöne durch die Jahrtausende klingen werden.« (DHA VI, 195).

Ob Schubert an jenen beiden Lesungen der »Reiseideen« teilgenommen hatte und wie er sie gegebenenfalls beurteilte, wissen wir nicht. Allerdings befand sich »Die Heimkehr«, der der Komponist die Texte für seine sechs Heinelieder entnahm, nicht im zweiten Band der »Reisebilder«; überhaupt bezog er sich, soweit ich sehe, niemals auf die in diesem Band enthaltenen Gedichte Heines (den zweiten Teil der »Nordsee«). Es scheint also, dass Schubert, angeregt durch die Lesungen im Januar 1828, nach weiteren Gedichten Heines gesucht hat und dabei auf dessen Zyklus »Heimkehr« gestoßen ist, der bereits im ersten Band der »Reisebilder« (1826) wie auch im »Buch der Lieder« (1827) erschienen war.[8]

Die »Heimkehr« ist, finde ich, der aufregendste Teil im »Buch der Lieder«. Denn während die »Jungen Leiden« wesentlich von dem sprechen, was ihr Titel verheißt, während die Gedichte der »Harzreise« und der »Nordsee« eine ganz andere, eine neuartige, sinnlich-souveräne Haltung ausdrücken, spricht die »Heimkehr« wesentlich von dem, was dazwischen liegt: von der schwierigen Veränderung des lyrischen Subjekts. Biographische Umstände, die Übereinstimmung der »Drei und dreyßig Gedichte« mit dem Beginn der »Heimkehr« wie auch Heines Bezeichnung der »Reisebilder« als »Wanderbuch« (HSA XX, 228) können dazu verführen, sich »Die Heimkehr« als ein wesentlich geographisch strukturiertes, traditionelles ›Reisebild‹ vorzustellen – als Reisebericht etwa mit den Stationen Wald/Meer/Hamburg/Berlin und den entsprechenden ›Unterzyklen‹.[9] Ein derartiger Versuch aber würde m. E. in die Irre führen. Denn anders als die kleinen Zyklen, aus denen »Die Heimkehr« hervorgegangen ist, sind diese Stationen nur locker oder überhaupt nicht verbunden; und wie sehr auch immer in die Abfolge der durchnummerierten achtundachtzig Gedichte Geographisches, Chronologisches oder Erzählerisches hineinspielen mag – bereits bei dem Heine der Mitte der 20er Jahre versteht es sich, dass alles von einem hochentwickelten »artistischen« Kunstverständnis geprägt wurde.[10] Es äußert sich unter anderem in der zyklischen Anlage der Gedichte der »Heimkehr«. Deren poetisches Subjekt befindet sich in einem nicht geradlinigen, konflikthaften Prozess einer problematischen, sich in Aufbrüchen, Zweifeln wie schmerzhaften Zurücknahmen vollziehenden Selbstfindung. Heine hatte sich offensichtlich an dem modernen frühromantischen Bauprinzip des Fragmentarischen wie an der Goethe'schen Konzeption der »wiederholten Spiegelungen« orientiert und daraus eine kühne, damals wie heute weithin unverstandene Montagetechnik, eine Art Filmtechnik entwickelt: Einzelbilder, Kommentare und kurze Sequenzen wechseln blitzartig ab und kommentieren sich gegenseitig. Über sich wie über die Welt sprechend, reflektiert der Sprecher Vergangenes wie Gegenwärtiges: einzelne Stationen auf dem Weg zu sich selbst. Der Sprecher der »Heimkehr« hat bereits Mittel gefunden, sich von der »Angst« (den Ängsten) zu befreien, von denen das Mottogedicht »In mein gar zu dunkles Leben« spricht: und zwar durch sein »Lied«, durch seine Kunst also. Etwa das erste Drittel der »Heimkehr« ist bestimmt von Erinnerungen und dem Versuch, eine Haltung zu gewinnen, die es ermöglicht, mit dem Phänomen des Liebesleids, aber auch mit sozialer Ausgrenzung umgehen zu können. Also ein »Weg nach Innen«? Gewiss. Nur setzt Heine in seinem Vorhaben, ein »psychologisches Bild von mir« (HSA XX, 276) zu schaffen, ganz eigene Akzente.

Das prologartige Eröffnungsgedicht des ganzen »Heimkehr«-Zyklus bezeichnet den Ausgangspunkt. Es spricht von einem »Lied«, das darauf gerichtet ist, das lyrische Ich »von Angst« zu befreien: »Klingt das Lied auch nicht ergötzlich,/Hat's mich doch von Angst befreit.« (DHA I, 207)

Noch dauert das »nicht ergötzliche« Lied des »tollen« Sängers – das eigene lyrische Sprechen – an, aber es »hat« »mich« bereits »von Angst« befreit. Eine zumindest partielle Befreiung wurde also bereits erreicht; was folgt, sind Erinnerungen oder Aktualisierungen – das Märchen von dem Schiffer, der, verzaubert, die eigene Subjektivität und Selbstbestimmung verliert und so ein Opfer der Loreley wird, oder die Verwandlung der einst geliebten Frau nicht nur in eine *femme fatale*, sondern zugleich in eine ekelerregende metaphorische Schlange (vgl. ebd., 229). Allmählich wechselt die Stimmung; schon »Ich trat in jene Hallen« spricht ja nicht mehr von Angst, und auch das vielbeschworene Liebesleid wird nicht mehr ausdrücklich benannt: Noch scheint die Erinnerung an vergangene Schmerzen durch, aber der Blick ist schon distanziert, kühl. Dieses häufig gescholtene Motiv der mokanten Abgrenzung von den eigenen Schmerzen wird in den folgenden Gedichten aufgenommen, ausgeführt, verstärkt. »Was will die einsame Thräne?« (DHA I, 237) fragt sich der Sprecher etwa – es ist aber nicht eine arme, bedauernswerte Träne, von der geredet wird, sondern die letzte Träne; die anderen, ihre »viel leuchtende(n) Schwestern«, sind bereits zerflossen, und es bleibt der schmerzliche wie doch auch befreiende Schluss:

> Ach, meine Liebe selber
> Zerfloß wie eitler Hauch!
> Du alte, einsame Thräne,
> Zerfließe jetzunder auch! (ebd., 239)

»Da droben auf jenem Berge« (»Heimkehr« XV) wie »Was will die einsame Thräne?« markieren etwa den Bereich, von dem an selbstironisch-spöttisches Sprechen und distanzierende Relativierungen verstärkt auftreten. Die Erinnerungsgedichte an das (jünglingshafte) Liebesleid werden nun zunehmend abgelöst durch ein Sprechen, das die aktuellen Fragen eines Auf-, ja Ausbruchs aus den bisherigen Welt- und Lebensvorstellungen artikuliert. Jene Liebesschmerzen, die die »Jungen Leiden« bestimmen und die auch dem »Lyrischen Intermezzo« wie dem ersten Drittel der »Heimkehr« ein charakteristisches Gepräge geben, sind weder vergessen noch überwunden; sie treten immer wieder auf – aber der Blick ist freier, selbstbewusster. Nun wird im Umgang mit der eingangs artikulierten Angst eine zunehmend selbstbewusste Haltung erreicht. Was in den folgenden zwei Dritteln der »Heimkehr« erfolgt, hat – von einzelnen Momenten abgesehen – mit dem Ausbau der gewonnenen Souveränität zu tun: Religionsphilosophisches gerät ins Blickfeld (»Man glaubt, daß ich mich gräme«, »Heimkehr« XXX), Andeutungen eines zu erwartenden Aufbruchs (»Werdet nur nicht ungeduldig«, XLIV), Sarkastisches (»An deine schneeweiße Schulter«, LXXIII); neben den Umgang mit erotischen Freuden tritt die satirische Abgrenzung von Gegenwartserscheinungen (Berlin, Universitätsleben), tritt tabuloses, ernsthaftes Nachdenken über den Tod. Gerade in dieser Hinsicht nimmt Heine schon in den 20er Jahren eine Haltung ein, die trotz der nie in Frage gestellten Betonung des Lebens für sein gesamtes Werk unendlich wichtig werden wird – bis hin zu den späten Werken aus der Zeit seiner »Matratzengruft«.

Schubert hat nicht nur Heines Gedichte in Musik gesetzt, sondern sie zuvor auch redaktionell bearbeitet. Dabei hat er nicht, was doch naheliegend gewesen wäre[11], eine Gruppe unmittelbar aufeinander folgender Gedichte aus der »Heimkehr« ausgewählt, sondern er hat eine Auswahl getroffen – und zwar nicht aus der Gesamtheit des Zyklus, sondern nur aus dem ersten Drittel, in dem die Erinnerung an Augenblicke des ›Liebesleids‹ vorherrscht, wo dem Abschiedsschmerz (noch) eine bestimmende Bedeutung zukommt, wo das Subjekt seine Leiden in der »alten Zeit« (noch) nicht verlacht, eine souveräne Haltung mithin noch nicht erreicht ist. Zudem hat Schubert die Abfolge der ausgewählten Gedichte umgestellt.[12] Gibt es bei Heine im ersten Drittel der »Heimkehr« noch angedeutete erzählerische Sequenzen, so kann man davon bei Schubert kaum noch sprechen. Und wenn auch nicht völlig auszuschließen ist, dass Schubert für eine Veröffentlichung die sechs Lieder anders angeordnet hätte, so darf doch nicht vergessen werden, dass er, ein reifer, mit hohem Kunstverstand arbeitender Musiker, eine sehr sorgfältige Reinschrift angefertigt und insofern die definitive Reihenfolge festgelegt hat.[13] Und schließlich hat Schubert seinen Liedern Überschriften gegeben.[14] Das war sicherlich zunächst eine praktische Frage: Für einen Liedkomponisten muss es eine Selbstverständlichkeit gewesen sein, den Verlegern Lieder mit Titeln anzubieten. Vielleicht war Schubert aber auch mit der von Heine vorgenommenen bloßen Nummerierung der ersten achtundachtzig Gedichte der »Heimkehr« unzufrieden, da sie den Eindruck der Einheitlichkeit des Ganzen unterstützt. Dieser Einheitlichkeit wird durch Schuberts Auswahl und Anordnung sowie eine neue, zusätzliche Akzentuierung durch Überschriften entgegengearbeitet.

Insgesamt gesehen, scheint mir die Feststellung unabweisbar zu sein, dass der Komponist die sechs »Lieder« so auswählte, anordnete und bearbeitete, dass schon ihre textliche Seite den Gedanken der »Heimkehr« als Ich-Findung wie als Entfaltung einer unabdingbaren Erinnerungskultur ermöglicht und zugleich scharfe Kontrastflächen enthält: Wie in der »Heimkehr« gibt es bei Schubert eine Spannung zwischen Erinnern und (gegenwärtigem) Überwinden; wie bei Heine spricht das poetische Subjekt über seine vergangenen wie gegenwärtigen Schmerzen. Indem aber Schubert weder die erotisch-lockeren noch die aggressiv-satirischen Texte aufnimmt, die der »Heimkehr« zunehmend das Gepräge geben, kommt es zu einer Akzentverschiebung gegenüber Heine: Die Distanz zu den »alten« Schmerzen erscheint weniger ausgeprägt, sie werden nicht verlacht, das Vergangene wird schmerzhafter, schneidender in die Gegenwart geholt, Schmerz und Leiden erscheinen wirklicher als bei Heine. Schuberts poetische Leistung bestand also in einer Verlagerung der Akzente und damit der Schaffung einer neuen Struktur, die mit dem Prologgedicht »Der Atlas« die »Schmerzen« des poetischen Subjekts programmatisch verallgemeinert (alles Folgende kann von vornherein nicht auf die private, die Liebessphäre begrenzt werden), die zweitens mit dem Finalgedicht »Der Doppelgänger« das »Liebesleid« aus »alter Zeit« demonstrativ aufrecht erhält und doch zugleich zu überwinden trachtet, die drittens in diesen Rahmen kontrastierende Einzelbilder einlagert und so die Grundhaltung der »Heimkehr« Heines – Reflexionen über die Vergangenheit und den Willen zum Aufbruch nach vorn – in der Konzentration auf nur sechs Gedichte aufnimmt, bewahrt und verschärft. Es scheint dieser Kontrast zwischen Abschied und Heimkehr zu sein, um den es Schubert vornehmlich ging, und wohl um diesen Kontrast möglichst sinnfällig zu machen, veränderte er die Heine'sche Vorlage drastisch dergestalt, dass nun eine eigene Fassung der ausgewählten Texte entstand: So gesehen, vertonte Schubert nicht Heine, sondern Schubert.

II.

»Ich unglücksel'ger Atlas« gehört zu jenen Gedichten der »Heimkehr«, die drastisch klar machen, dass sich deren Gesamtheit keinesfalls auf eine womöglich verlogene, süßlich-sentimentale Liebeslyrik reduzieren lässt. Vielmehr sind die Liebesschmerzen, die das ganze »Buch der Lieder« durchwalten, vielfältig mit anderen Dimensionen menschlichen Leidens verbunden. Wie wichtig Heine dieses Gedicht war, erhellt daraus, dass es innerhalb der »Heimkehr« eines der wenigen ist, in denen Heine, hier sicherlich in Anlehnung an antike Versstrukturen, auf Reime verzichtet. In »Ich unglücksel'ger Atlas« hat er konzentriert ins Bild gesetzt, was andere Gedichte der »Heimkehr« im einzelnen aussprechen. Dadurch erhält die Klage über die »ganze Welt der Schmerzen« eine weitreichende inhaltliche Dimension: Sie bezieht sich eben nicht nur auf die zeitgenössische Konvention, nach der Klage über individuell erfahrenes Liebesleid zugleich Metapher ist für anderes, das Individuelle überschreitendes Leid, sondern verallgemeinert auch explizit Benanntes: die »Schmerzen« des »deutschen Dichters« etwa (»Wenn ich an deinem Hause«, »Heimkehr« XIII) oder auch die Schmerzen der unterdrückten Juden (in dem Gedicht »Almansor«, das auf die 88 ›kleinen‹ Gedichte der »Heimkehr« folgt). Verallgemeinernd spricht sich das lyrische Ich in ›Götterdämmerung« aus und weist den Mai mit den Worten ab:

> Ich habe dich durchschaut, ich hab' dich durchschaut
> Den Bau der Welt, und hab' zuviel geschaut,
> Und viel zu tief, und hin ist alle Freude,
> Und ew'ge Qualen zogen in mein Herz. (DHA I, 303)

Es handelt sich also keineswegs um eine nicht gerechtfertigte modische Geste oder um Ironie[15], wenn Heine und Schubert auf die Gestalt des antiken Heroen zurückgreifen. Sondern es ist von den Leiden an jenem Zustand der Welt die Rede, der in »Ideen. Das Buch Le Grand« den oben erwähnten Hymnus auf Napoleon erst provoziert hat. Dass Schubert »Ich unglücksel'ger Atlas« an den Anfang seiner Heinelieder setzt, als eine Art Motto, verleiht ihm eine zusätzliche Dimension: deutlicher, unverhüllter als bei Heine gibt »Der Atlas« nun die Richtung für alle sechs Lieder an – als ein Prolog, der sich seinerseits auf die heroisch-kämpferische Haltung des Kopfsatzes von Beethovens op. 111 bezieht. Auch Schuberts Atlasfigur trägt wirklich die »ganze Welt der Schmerzen«, auch sie lehnt es ab, sich über die Konsequenzen der selbstgewählten, selbstbestimmten Haltung zu beklagen. Zudem erweitert Schubert die Zweiteiligkeit des Heinegedichts zur Dreiteiligkeit des Liedes und verändert damit die gedankliche Substanz der Vorlage wesentlich:

Während Heines Gedicht mit der kommentierenden zweiten Strophe und dem sie konstituierenden Moment der Selbstverspottung endet (der Selbstverspottung, nicht der Ironie, denn dieses »Du-wolltest-es-ja« wird ja nicht unterschwellig, hintergründig ausgesprochen, wie es in einem Ironie-Diskurs nötig wäre, sondern explizit), setzt Schubert mit großer Entschiedenheit einen ganz anderen Akzent: Heines Schlussstrophe wird nun zum Mittelteil. In Tonart (H-Dur), Lautstärke (überwiegend piano), Melodiestruktur und Klavierpart (den ›trockenen‹ Triolen) befindet er sich in drastischem Gegensatz zum vorausgehenden ersten Teil der Komposition und könnte durchaus im Anschluss an Heine als eine spöttische Selbstabrechnung verstanden werden. Dann aber folgt der gegenüber Heine völlig neue dritte Teil des Liedes: die Wiederholung der beiden Anfangsverse, das Anknüpfen an den pathetischen Gestus der ersten Strophe, die drastische Modulation, verbunden mit dem Aufschwung zum dreifachen forte (T. 38), das Ganze übersteigert zum wiederum im dreifachen forte herausgeschrienen höchsten Ton des ganzen Liederzyklus (as^2, T. 50) zu dem Wort »Schmerzen«. Das alles zielt, anders als bei Heine, auf eine Bestätigung von Klage und Protest, auf die Abweisung der spöttischen Haltung des Mittelteils. Dieser leidende, wütende, aufbegehrende Schubert'sche Atlas – nicht nur dem mythologischen Hintergrund nach ein Bruder des Prometheus – resigniert nicht, und er verspottet sich eben doch nicht! Schubert nimmt also das gedankliche Angebot Heines auf, indem er es bestätigt und zugleich verändert und radikalisiert.

Das leistet das Lied auch durch die von Schubert gewählte Melodiestruktur: Denn im »Atlas« begegnen wir ebenso wenig wie in der »Stadt« oder im »Doppelgänger« jenem populären Typus der »schönen«, identifikatorischen Schubertmelodie, bei dem das weitgehend piano vorzutragende ›Gesanglich-Melodiöse‹ verbunden ist mit ›empfindungsreichen‹ Melodiebögen; mit dem Innigen, Träumerisch-Sehnsuchtsvollen; mit einfacher, klarer Harmonik und ›milden‹ Modulationen; mit einem von Dreiklangstönen bestimmten Melodiegerüst (diesem Typus zuzurechnen sind »Das Fischermädchen« sowie einzelne Abschnitte von »Ihr Bild« und »Am Meer«). Sondern »Der Atlas« folgt einem deklamatorischen Typus, der, als eine Art Sprechgesang, rezitativischen Charakter trägt, ohne doch selbst ein Rezitativ zu sein, der statt von Melodiebögen von Tonrepetitionen bestimmt wird, dessen Melodie auf Wiederholungen von Wörtern oder Wortgruppen verzichtet. Charakteristisch für diesen Typus ist das Zurückhaltend-Epische wie das Eruptive, verbunden mit drastischen Veränderungen der Lautstärke, einer komplizierten Harmonik, mit dem Zurücktreten der Terzen und Sexten zugunsten von verminderten und übermäßigen Intervallen und mit einer tendenziell ›sinfonischen‹ Behandlung des Klaviersatzes.[16]

Auch das oben erwähnte as^2 verbindet den »Atlas« mit den anderen Liedern des Zyklus. Denn immer (mit der Ausnahme »Das Fischermädchen«) existiert ein scharfer Kontrast zwischen dem jeweiligen ›normalen‹ Gang der Melodie und deren Spitzentönen: Sie sind zumeist ein Kulminationspunkt der Lautstärke und verknüpfen Wort und Melodieton mit einem unerwarteten (meist dissonanten) Akkord. Vielleicht lässt sich sogar sagen: Das Melodiegerüst der Heinelieder ist (unter anderem) an der Kombination aus Spitzentönen der Melodie, drastischen Lautstärkewechseln (Benutzung der Extrema ppp – fff) und der Verwendung von Dissonanzen orientiert; die angesteuerten Spitzentöne zielen auf die Hervorhebung zentraler sinntragender Wörter und erhalten so eine übergreifende, motivische, inhaltliche Funktion.

Der Blick auf den »Atlas« gibt Anlass, über einen Gesichtspunkt nachzudenken, den ich mit Blick auf die sechs Heinelieder Schuberts für besonders bedeutungsvoll halte: Schuberts Kontrastästhetik.[17] Denn es scheint, als folgte Schubert einer derartigen Ästhetik, als wäre sie eine Konstante, die der Komponist auf allen Ebenen seines textlichen wie musikalisch-kompositorischen Umgangs mit den Gedichten der »Heimkehr« verwirklichte: Auf inneren wie äußeren Kontrastmomenten basieren Grob- wie Detailkonzeption der Heinelieder, sie durchdringen jedes einzelne Stück wie auch ihre Gesamtheit. Sie sind Ausdruck einer Welt- und Kunsthaltung, die auf der permanenten Ausstellung und Bekräftigung von Kontrasten besteht, weil sie die Vorstellungen einer nach göttlichem Schöpfungsplan gelenkten harmonischen Welt beiseite gelegt hat und deshalb die Widersprüche der wirklichen Welt nicht verharmlosen, nicht idyllisieren möchte, die dem schönen Schein entsagt zugunsten einer nüchternen, nicht verklärenden Sicht auf die Wirklichkeit.

Dass Schubert eine derartige Ästhetik in seinen Heineliedern mehr noch als in seinen früheren Liedern zur bestimmenden Tendenz werden ließ, hing sicherlich mit dem Erlebnis Heine zusammen – denn nicht nur »Die Heimkehr«, sondern auch die beiden »Reisebilder«-Bände, die Schubert kennen konnte, und das »Buch der Lieder« folgen ja einem Gesetz des Kontrastes. Und wenn auch die Beschäftigung Schuberts mit den »kleinen Liedern« der »Heimkehr« gewiss nicht die Ursache für den Ausbau seiner Kontrastästhetik war, so belegen die sechs Lieder gleichwohl, dass dieser ästhetische Ansatz nicht losgelöst von den Gedichten Heines gesehen werden darf. Dennoch waren die Möglichkeiten, kontrastierende (statt harmonisierende) Elemente zu verwenden, Schubert nicht fremd, und mit Gewissheit speisten sie sich zuvörderst aus anderen Quellen, nämlich aus der Sphäre, in der er vornehmlich lebte, der Musik. Es ist der Weg der Aneignung und kühnen Weiterentwicklung jener musikalischen Kontraste, die er in Wien hautnah erleben konnte: in Mozarts später Kammermusik, dessen späten Sinfonien, dem Requiem wie in den Da Ponte-Opern einerseits, in dem zerklüfteten Gesamtwerk Beethovens andererseits.[18]

Dem Kontrastierenden wohnen allerdings geradezu explosive Kräfte inne, die – nicht beherrscht, gebändigt, gezügelt – zu nicht weniger führen würden als zur Zerstörung der Form und damit womöglich des Kunstwerks überhaupt. Ein wesentliches Mittel, sie zu bändigen, besteht in der Bildung zyklischer Strukturen, und wohl deshalb stehen in der »Heimkehr« wie in Schuberts Heineliedern Kontrastives und Zyklisches in engem Wechselverhältnis. Freilich ergeht es dem Wort »Zyklus« ähnlich wie dem Wort »Ironie«: Beide werden häufig und wie selbstverständlich benutzt, bei beiden wird stillschweigend vorausgesetzt, dass es jeweils um eine (einigermaßen) klar definierte Begrifflichkeit gehe. Dabei handelt es sich aber allzu oft um nicht mehr als um Versatzstücke, die ihrer konkreten Bestimmtheit ermangeln. Im Wissen um diesen unbefriedigenden Zustand soll dennoch behauptet werden, dass die Heinelieder Schuberts (wie auch Heines »Heimkehr« oder das »Buch der Lieder« insgesamt) keineswegs eine lockere Sammlung von Einzelstücken darstellen, sondern einen Zyklus, eine in sich weitgehend geschlossene Einheit, innerhalb derer die einzelnen Lieder nicht nur für sich selbst stehen, sondern miteinander verzahnt und mehr oder weniger eng mit der Gesamtstruktur verbunden sind.[19] Zu denken wäre etwa an die Anordnung der Texte, die tonartliche Gesamtkonzeption (g-b-As-c-C-h), die Verklammerung der Lieder »Die Stadt« und »Am Meer« durch zwei sehr ähnliche dissonante Akkorde[20], die Tragweite der rahmenbildenden Lieder »Der Atlas« und »Der Doppelgänger«, die besondere, neuartige musikalische Sprache der letzten drei Lieder. Und ist es Zufall, dass das abschließende H-Dur die Tonart des Mittelteils des »Atlas« aufgreift? Dürften wir in dem auskandenzierenden Schluss eine Beruhigung des »stolzen Herzens« sehen? Von entscheidender Bedeutung aber ist ein Umstand, auf den Edwart T. Cone aufmerksam machte: Schubert hat das Kopfthema des »Atlas« in alle Lieder seines Heinezyklus integriert – signifikant belegbar an dem motivischen Auftreten der aufwärts gerichteten kleinen Terz wie der abwärtsgerichteten verminderten Quarte:[21]

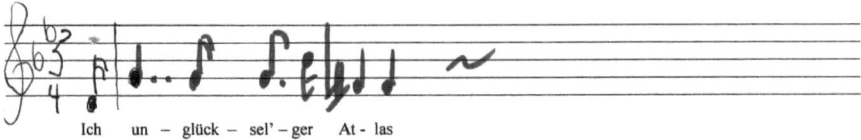

»Am fernen Horizonte« (»Die Stadt«[22]) ist scheinbar noch einmal ein Seegedicht. Ihm liegt die Fiktion einer gegenwärtigen Kahnfahrt zugrunde. Abenddämmerung, Nebel, Heimfahrt, ein (gemieteter) Kahn, traurige Ruderschläge, noch einmal: die Sonne. Alles unbestimmt, unfassbar, lastend, bleiern, wie tot. Alles ist unbehaglich: der verschwimmende Horizont, die mit Erinnerungen beladene Stadt, der feuchte Wind, der »traurige« Takt des Ruderers. Aber trotz der Seemetaphorik gehört das Gedicht strukturell wie gedanklich nicht zu den Seegedichten: Nicht zu einem abgelegenen »einsamen« »Fischerhause« (»Heimkehr« VII) fährt der Kahn, sondern zur Stadt: Nicht um den Verlust eines »schönen Fischermädchens« handelt es sich! Vielmehr eröffnet »Am fernen Horizonte« eine kleine Gruppe von Stadtgedichten (»Heimkehr« XVI bis XX), die den Verlust einer Geliebten in der Stadt beklagen – und auf die dann mit »Wie kannst du ruhig schlafen« bis »Was will die einsame Thräne« (»Heimkehr« XXI bis XXVII) der entschiedene Affekt-, Rache- und Wut-Schlussstrich folgt. Wenn man den Versuch unternähme, Heines »Am fernen Horizonte« zu lesen ohne an Schuberts Musik zu denken, so könnte man sich womöglich einen kühlen Menschen vorstellen, der sich selbst betrachtet und analysiert: Aha! Dort war das also? Freilich setzt Heine einen Widerhaken, der, häufig übersehen, eine andere Blickrichtung zumindest andeutet: Was war, was ist dem sinnenden, dem melancholisch vor sich hinbrütenden Sprecher eigentlich »das Liebste«? Was hat er in der Stadt verloren? Warum sagt er nicht: »die Liebste«? Ist er so unbeteiligt, wie er zu sein vorgibt – oder verdeckt die kühle Sprache die innere Erregung? Ein Blick in die »Heimkehr« und darüber hinaus in das ganze »Buch der Lieder« lässt erahnen, dass hier neben Partnerverlusten auch von anderen Verlusten die Rede ist – von naiver Zuversicht etwa, von den Vorstellungen einer in sich harmonischen, nicht zerrissenen Welt, kurz, von alledem, was die unheilbaren Schmerzen des Atlas verursacht. Die im »Lyrischen Intermezzo« vorausgegangenen, verzweifelten Schreie – »Wo ich bin, mich rings umdunkelt Finsterniß [...]/Abgrund gähnt zu meinen Füßen« (DHA I, 197) – sind bereits überwunden, aber es ist noch weit bis zu den Gedichten »Aus der Harzreise«, bis zu dem aggressiv-satirischen Gedicht »Fragen« aus der »Nordsee« und bis zur stoisch-resignativen Ruhe des Kellermeisters (»Im Hafen«) am Ende des Bandes – oder bis zu den späteren Aufbruch-Gedichten der Pariser Zeit. Weit ist es auch bis zum Schluss des ersten Bandes der »Reisebilder«: dem nur in der »Reisebilder«-Fassung vollständig wiedergegebenen satirisch-blasphemischen Gedicht »Frieden«.

Und Schubert? Wenn zu seiner Zeit weiterhin die Vorstellung herrschte, dass eine als harmonisch empfundene Welt sich musikalisch abbilden ließe durch ›schön‹ geschwungene Melodien, den Verzicht auf drastische Lautstärkewechsel, die Verwendung klarer, eng verwandter Harmonien, die sorgfältige Einführung und Auflösung von (nicht zu scharfen!) Dissonanzen, so ist es ihm gelungen, »Die Stadt« als eine Art Gegenstück zu einem derart harmonisch verstandenen Weltverhältnis zu komponieren. Statt Melodiebögen – Tonrepetitionen; statt relativer Einheitlichkeit der Lautstärke – der Ausbruch bei dem Wort [das] »Liebste«; statt Einführung und Auflösung von Dissonanzen – die das Lied strukturierende unaufgelöste Dissonanz. Von der Seite des musikalischen Materials her ist es also ein geradezu revolutionäres Stück! Es mag an diesen Umständen liegen, dass in der Literatur dieses Lied immer wieder hervorgehoben wird. Nicht unerheblich für die Stellung der »Stadt« innerhalb von Schuberts Heinezyklus ist zudem der Umstand, dass Schubert sich betonter noch als in anderen Liedern auf den mottosetzenden »Atlas« bezieht: nicht nur mit der korrespondierenden Tempoangabe (»Etwas geschwind/Mäßig geschwind«), sondern auch in motivischer Hinsicht: Die rhythmische Struktur des Kopfmotivs wird in der »Stadt« nicht nur notengenau zitiert, sondern bestimmt wie im »Atlas« die rhythmische Anlage des ganzen Liedes, auch des Mittelteils:

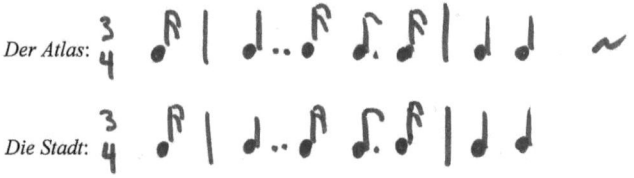

Der sich dort in abendlicher Missstimmung zurückrudern lässt, sagt Schubert in Übereinstimmung mit Heine (aber schärfer, zugespitzter), leidet an den gleichen Schmerzen wie der Atlas. Im Schlussteil der »Stadt« verändert Schubert Heines Lied: Ohne in den Text einzugreifen, gestaltet er die dritte Strophe drastisch um. Die oben gestellte, bei Heine offene Frage (Ist er so unbeteiligt, wie er zu sein vorgibt – oder verdeckt die kühle Sprache die innere Erregung?) gibt es so bei Schubert nicht. Zwar scheint sich auch sein Sänger zunächst kühl und melancholisch-unbeteiligt durch die abendliche Wasserlandschaft fahren zu lassen. Dann aber, bei der Annäherung an die Stadt, explodiert das Gefühl: Das Klavier soll nun forte spielen, der Sänger »(stark)« singen, die oberen Stimmen des Klaviers verlassen die Tiefe der ersten Strophe, das d^2 in der Melodie (Takt 11) wandelt sich zum akzentuierten des^2 (T. 32): alles bereitet die wirkliche Gefühlsexplosion im vierunddreißigsten Takt vor:

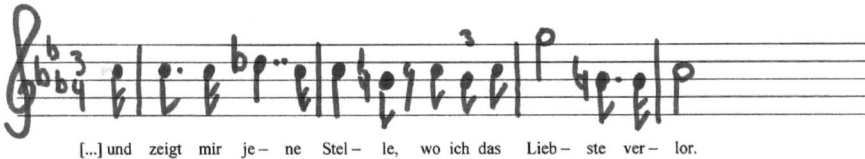

So steht »Die Stadt« nicht nur in scharfen Gegensätzen zu dem vorgehenden wie dem folgenden Lied. Charakteristisch sind zudem die das Lied konstituierenden Gegensätze zwischen der ruhigen, nahezu episch beobachteten objektiven Welt und der melancholischen Gefühlslage des Subjekts mit dessen unvermittelt hervorbrechenden Aufschrei. Der Blick auf die im Nebel verschwimmende Stadt hat nicht nur die Erinnerung an die Vergangenheit geweckt, sondern er holt nun auch das jahrelang Verdrängte gewaltsam zurück. Das ist das Furchtbare und zugleich Befreiende an diesem Lied, dass es uns erleben lässt, wie im Denken und Fühlen des lyrischen Subjekts plötzlich und gewaltsam der normierende Filter der Verdrängung zerrissen wird, wie blitzartig ein existenzieller Schmerz die Psyche erschüttert. Sekundenlang nur: Äußerlich hat sich nichts verändert – der Fischer rudert weiter, die Wellen plätschern, der Wind weht, die abendliche Dämmerung nimmt zu, der Fischer und sein Fahrgast sitzen schweigend im Boot, das langsam durch die graue Wasserbahn zieht.

Dass die nur für einen Augenblick überwundene Spannung zwischen Vergangenheit und Gegenwart intensiv erlebbar wird, hat gewiss etwas zu tun mit dem dissonanten Akkord, der das Stück harmonisch strukturiert. »Dissonanzen vielleicht in der ganzen Oper nicht aufgelöst oder ganz anders da sich in diesen wüsten Zeiten unsere verfeinerte Musik nicht denken lässt«, hatte Beethoven 1815 oder 1816 in einem seiner Skizzenbücher notiert.[23] Natürlich kannte Schubert diesen Satz nicht, aber schließlich hatte er nicht nur an dem Variations-Projekt Diabellis mitgewirkt, sondern sich gewiss auch Beethovens ›Diabelli‹-Variationen op. 120 mit ihren extremen harmonischen Kühnheiten angesehen. Jedenfalls mangelt es Schuberts Heineliedern nicht an Dissonanzen. Schubert führt sie in aller Regel ein und löst sie auch auf. Aber es gibt auch Ausnahmen: »Am Meer« beginnt im Gegensatz zur Tradition mit einer uneingeleiteten Dissonanz[24] (die überdies motivische Funktion erhält); die dissonanten Akkorde am Anfang und Ende werden jedoch jeweils aufgelöst. Anders in »Der Doppelgänger«: hier enden die ersten vier Strophen jeweils auf der zwar verschieden strukturierten, immer aber unaufgelösten Dominante [T. 12ff, 22ff, 32 f. 41 f.]. Erst der letzte Takt der fünften ›Strophe‹ (T. 56) sowie die anschließende Wiederholung des Ostinatos durch das Klavier bringen die Auflösung dieser Dissonanzen.

Nicht aber aufgelöst wird in dem vierten Lied, »Die Stadt«, der über dem tremolierenden Orgelpunkt C siebzehnmal erklingende verminderte Akkord. Denn wenn auch der Schlusstakt lediglich das einsame tiefe C des Klaviers vorschreibt, so ändert das doch nichts daran, dass der Klang unaufgelöst stehen bleibt. Und zudem darf man wohl annehmen, dass diese Dissonanz im Ohr eines sensiblen Hörers in das C des Schlusstons hinein klingt. Wichtig ist in diesem Zusammenhang auch, dass die Vorschrift »con pedale« doch wohl nicht nur auf das Vorspiel, sondern auch auf den Mittelteil und den Schluss der »Stadt« zu beziehen ist. Die Kühnheit all dessen ist kaum recht zu würdigen. Deshalb meine ich, dass das Arpeggio der »Stadt« gewiss nicht vordergründig die Geräusche des Windes nachahmen sollte.[25] Es muss um mehr gehen. Sollte Schubert jenen markerschütternden dissonanten Halbschluss in Mozarts Requiem, jene ›überirdischen‹ Klänge in Beethovens ›Neunter‹ nicht gegenwärtig gehabt haben?[26] Letztlich verweist die unaufgelöste

Dissonanz der Musik auf unaufgelöste Dissonanzen im Innern des redenden, singenden, hörenden Subjekts, sie ist Ausdruck eines Psychodramas.

»Still ist die Nacht« (»Der Doppelgänger«[27]) ist wieder ein ›Stadtgedicht‹. Heine rückte es in der »Heimkehr« ans Ende jenes ersten Drittels der Erinnerungsgedichte, in denen der Sprecher versucht, seine Heimkehr vorzubereiten. Wieder haben wir zumindest zwei deutlich voneinander abgegrenzte Zeitebenen: die (wirkliche oder sogar nur fiktive) Gegenwart und die schmerzlich erinnerte Vergangenheit. Der imaginierte nächtliche Spaziergang vollzieht sich in der Ruhe der Kleinstadt, die wiederum die Folie ist für die Ruhe des Sprechers – der aber doch weiß, wohin er die Schritte lenkt. Erst der Anblick des Hauses löst die Erregung aus: »auf dieser Stelle« hat ihn das »Liebesleid« gequält und zwar in »alter Zeit«. Viele Jahre sind vergangen, immer aber sind die Schmerzen noch fühlbar, obgleich sie doch abgetan sein sollten:

> Was will die einsame Thräne?
> Sie trübt mir ja den Blick.
> Sie blieb aus alten Zeiten
> In meinem Auge zurück. (DHA I, 237)

Den durch die »einsame Thräne« repräsentierten Schmerzen aber eignet noch die Kraft, einen visionären Doppelgänger zu erschaffen. Heine greift auf jenes volkstümliche, damals zudem ›moderne‹ Motiv zurück, das insbesondere durch E. T. A. Hoffmann benutzt wurde. ›Modern‹ verwendet, ist es eine Reaktion des Subjekts auf eine auseinanderfallende, kaum noch begreifbare, tendenziell unheimliche Welt; es zielt auf die (erst viel später wissenschaftlich von dem Heinekenner Freud beschriebene) poetische Ablösung des lyrischen Ichs von sich selbst und ist somit eine raffinierte Möglichkeit, sich selbst partiell in Frage zu stellen.

Anders als in jenen Romanen und Erzählungen Hoffmanns, in denen der Doppelgänger eigenes Leben gewinnt, so dass die Frage, wer denn der ›echte‹ Mensch sei, als inadäquat beiseite gelassen werden muss (»Die Elixiere des Teufels«); anders auch als in Hoffmanns schon fast aufklärerischer Erzählung »Der Doppeltgänger« handelt es sich bei Heine um eine Vision des um Souveränität sich bemühenden Subjekts. Dieser Vision und den durch sie aktualisierten früheren – »jungen« – Leiden wird der Kampf angesagt: So sehr dieser »Doppelgänger« auch der Sprecher selbst ist: jetzt ist diese Verdoppelung ein Hindernis geworden. Denn der Doppelgänger wird von dem beobachtenden, reflektierenden, leidenden Subjekt ja auf dem Weg der Überwindung der »alten« Schmerzen und der angestrebten Heimkehr angetroffen: auf dem Weg der Abrechnung mit dem Alten und eines entschlossenen Neubeginns. Deshalb attackiert der Sprecher in der dritten Strophe die eigene Vision in geradezu ruppiger Sprache: »du bleicher Geselle!« Die Schmerzen können noch beschworen werden, sie sind noch extrem fühlbar, aber sie gehören in die »alte« Zeit. Dieses erstaunliche Gedicht schreitet von der Wahrnehmung der Stille der Nacht zum Erlebnis und zur Beobachtung der eigenen Halluzinationen und schließlich zu deren Verurteilung. Es ist ein Gedicht der Trauer, des Schmerzes und des Aufbruchs, ein Gedicht über eine Befreiung.

Was die musikalische Seite des »Doppelgängers« angeht, so besteht in der Schubertliteratur weitgehende Einigkeit darin, dass der Komponist mit diesem letzten seiner Heinelieder neue Türen aufgestoßen hat. Das melodische Zitat aus dem »Agnus Dei« seiner Es-Dur-Messe, das seinerseits das nur geringfügig variierte Motiv B-A-C-H aufnimmt, der Rückgriff auf die alte Form der Chaconne, die kühnen Variationen, die unglaublichen harmonischen Verbindungen, die Art, wie Schubert den vierhebigen Heinevers in den Dreivierteltakt integriert, das Verhältnis von Gesangs- und Klavierstimme, das crescendo zu den Takten 31 und 32 sowie dessen Wiederholung und zugleich Übergipfelung, erreicht durch das g^2, welches den dominanten Zentralton fis übersteigt; schließlich der dritte Anlauf, der in den zweimal notierten fff sich äußert, die folgende drastische Verminderung der Lautstärke, das Ausschwingen der Melodie, die abschließenden einfachsten harmonischen Zusammenklänge, das Erreichen der Minimallautstärke ppp, der H-Dur-Schluss: Dass all dies kühn und musikalisch großartig ist, darüber herrscht seltene, aber eigentlich nicht erstaunliche Übereinstimmung. Eine andere Frage ist die Deutung: Handelt es sich tatsächlich um »Todesmusik«[28], ist hier alles schwarz, aussichtslos? Das sehe ich nicht so. Gewiss ist unbezweifelbar, dass Schuberts »Doppelgänger« die im »Atlas« geleistete Verallgemeinerung der »ganzen Welt der Schmerzen« nicht zurücknimmt. Aber gleichwohl handelt es sich eben auch um die Verabschiedung der »alten Zeit«. Vielleicht darf man sogar sagen: Das singende Schubert'sche Ich wendet sich in dem rahmenschließenden »Doppelgänger« nicht weniger intensiv, sondern zugespitzter, leidenschaftlicher noch als der beobachtende Sprecher Heines *gegen* jene visionäre Gestalt, die das alte Liebesleid »nachäfft«. So ließe sich auch die Gesamtheit der erwähnten musikalischen Parameter ganz anders deuten als eine Todesmusik, nämlich als gewaltige Anstrengung, unter rücksichtsloser Aufbietung der eignen Kräfte das »in alter Zeit« Gültige sowohl zu integrieren als auch, es überwindend, abzustoßen. »Der Doppelgänger« artikuliert durch Art und Intensität seiner textlichen wie musikalischen Kontraste die innere Widersprüchlichkeit eines Menschen, der sich nicht bereit finden kann noch will, Genuss und Leiden grundsätzlich zu sondern, und der beides als unaufhebbare Seiten menschlicher Existenz begreift; der aber dennoch bereit ist, das Alte, Hinderliche, Störende anzugreifen und womöglich zu überwinden. Die Heine'sche Aufnahme Hegel'scher Dialektik ist auch bei Schubert zu spüren; auch bei ihm geht es um einen Schritt nach vorn:

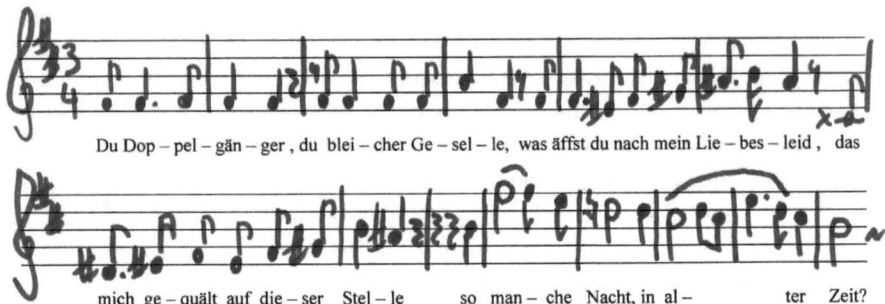

Die Struktur des »Doppelgängers« wirft die Frage auf, ob es auch mit Blick auf die harmonischen Beziehungen sinnvoll erscheint, in den Heineliedern von einer Ästhetik des Kontrastes zu sprechen. Ich denke, ja. Zunächst steht natürlich auch Schubert in einer musikalischen Tradition, die Tonartenunterschiede oder -gegensätze als Mittel zur Strukturierung größerer Einheiten nutzt. Wenn sich Schubert für eine traditionelle Dreiteiligkeit entscheidet, folgt er dieser Möglichkeit häufig. In seinen Heineliedern trifft dies auf die ersten drei zu: »Der Atlas« lebt unter anderem von den tonartlichen Spannungen der Eckteile zum Mittelteil (g-H-g); entsprechend verhalten sich »Ihr Bild« (b-Ges-b) und »Das Fischermädchen« (As-Ces-As), wobei Schubert jeweils unterschiedliche Medianten benutzt. Auch die harmonische Grobstruktur des vierten Liedes, »Die Stadt«, ist kontrastiv angelegt: Hier wird der Mittelteil, skandalöserweise gebildet aus einem einzigen dissonanten Akkord über dem Orgelpunkt C (als grundtonfreier Nonenakkord der Doppeldominante notiert), eingerahmt von zwei annähernd gleichen, klar strukturierten c-Moll-Teilen. Dieses Beispiel verweist zugleich auf die unglaubliche Kühnheit Schuberts, die in jedem einzelnen Lied zu beobachten ist, wenn man dessen Harmonik betrachtet.[29] Dabei ist in den Heineliedern ebenso wenig wie in der »Schönen Müllerin«, der »Winterreise« und den Rellstab-Liedern die Wahl extremer Grundtonarten das Charakteristische. Wichtiger scheint vielmehr zu sein, dass Schubert längeres Modulieren vermeidet, das darauf gerichtet ist, eine bestimmte Zieltonart ›schulgerecht‹ anzusteuern. Stattdessen stoßen wir mehrfach auf rasche, blitzartige Modulationen – etwa die über ein einziges, isoliertes b vermittelte Modulation von b-moll nach Ges-Dur (»Ihr Bild«, T. 14) oder das kaum vorbereitete, kaum vorhersehbare ›Hineinspringen‹ in entlegene Tonarten (»Der Atlas«, T. 35 f.: von e-moll nach g-moll). Eine parallele Entscheidung traf Schubert auch in der Grobstruktur der Heinelieder: Ich denke an den Bruch, der entsteht, wenn er im letzten Lied das Feld der bislang verwendeten Tonarten (C – As) verlässt und in die Kreuztonart h-moll hineinspringt.

Lassen sich in Schuberts Heineliedern den verwendeten Tonarten jeweils spezifische inhaltliche Bedeutungen zuordnen? Da bin ich eher skeptisch. Wir erleben den Rückgriff des Komponisten auf die eigene Musiksprache – bloß konzentrierter, zugespitzter, energischer als zuvor. Und wie könnte sich Schubert, der mit extremen Akkorden arbeitet und harmonische Felder schafft, in denen eindeutige tonale Beziehungen fragwürdig sind und die tonalen Zuordnungsmöglichkeiten praktisch von Akkord zu Akkord wechseln, sich an Tonartencharakteristika orientiert haben, die definiert wurden, als das Widerspruchsgefüge der Moderne noch nicht fühlbar war? Das Allgemeine und Ideell-Bedeutsame der Verwendung der Tonarten in den sechs Heineliedern scheint mir weniger in dem Anknüpfen an tradierte Tonartcharakteristika als in Schuberts Umgang mit dem Wechsel von Tonarten zu liegen. Fragt man unter diesem Aspekt nach deren verschiedenen Funktionen, so lässt sich bei aller gebotenen Vorsicht vielleicht sagen, dass die Tonartenwechsel, insofern sie über die ›einfache‹ Strukturierung einer Dreiteiligkeit hinausgehen, nicht nur schlechthin Ausdruck einer Haltung sind, die das Zugespitzt-Kontrastive sucht, sondern dass sie zumindest vier verschiedene Funktionen erfüllen: Sie zielen erstens auf eine interessante, abwechslungsreiche musikalische wie emotionelle Struktur des Liedes (»Das Fischermädchen«); sie setzen zweitens das idyllische Traumerlebnis von der Erinnerung wie von der Gegenwart ab (»Ihr Bild«); sie betonen drittens die inneren Gegensätze und Konflikte des singenden Subjekts (»Der Atlas«, »Die Stadt«); sie sind viertens Ausdruck einer zunächst verdeckten, dann geradezu eruptiv ausbrechenden psychischen Erregtheit (»Am Meer«, »Der Doppelgänger«). Das alles hat gewiss etwas zu tun mit Schuberts Interesse an »avanciertem« musikalischem Material wie auch mit seinem Bestreben, zeitgenössisch festgefahrene »automatisierte Assoziationen« nicht zu bedienen[30], mit seiner Beethovens Vorgaben aufnehmenden Frontstellung gegenüber der dominierenden Musik der Zeit. Es hat aber ebenso gewiss etwas zu tun mit Schuberts Stellung zur zeitgenössischen Gegenwart.

III.

Im Folgenden sei auf das ›Altheidnische‹ hingewiesen, eine Dimension, die in den Heineliedern Schuberts zumindest anklingt, die jedoch in den einschlägigen Arbeiten zu Schubert bislang kaum erwähnt wird.[31] Das Wort »altheidnisch« ist schon vor Heine nachweisbar[32], aber erst durch Heine wurde es, allen diffamierenden Nebensinns entkleidet, grundsätzlich positiv verwendet. Heine versteht darunter offensichtlich die Gesamtheit des frühen Religiös-Nicht-Biblischen. Die antike Götterwelt gehört für ihn selbstverständlich dazu, parsisches und islamisches Gedankengut, das Indische, sodann aber auch spezifisch Europäisch-Keltisches bzw. Germanisches:

Volksbräuche etwa, Mythen, Lieder aus dem Umkreis der »Ossian«-Texte. In vielen Werken Heines hat das ›Altheidnische‹ einen festen Platz, beispielsweise in »Elementargeister«, »Die Göttinn Diana«, »Der Doctor Faust«, aber auch in zahlreichen Gedichten. Er knüpft dabei nicht nur an die literarischen Traditionen einer mehr oder weniger nicht-christlich akzentuierten Antikerezeption des achtzehnten Jahrhunderts an, sondern steht philosophiegeschichtlich in der Tradition der radikalen Aufklärung[33]; zudem korrespondiert das ›Altheidnische‹ mit Heines politischer Konzeption, in der er die »die Emanzipazion der ganzen Welt, absonderlich Europas, das mündig geworden ist und sich jetzt losreißt von dem eisernen Gängelbande der Bevorrechteten, der Aristokratie« als die »große Aufgabe unserer Zeit« (DHA VII, 69) bestimmte. Der Subtext des positiv konnotierten ›Alt-heidnischen‹ verweist im Grunde auf die Legitimierung eines ›Neu-heidnischen‹. Das aber konnte in Heines Verständnis wohl nichts anderes sein als eine Weltsicht, die, so unorthodox wie nur denkbar, das Pantheistische, Atheistische, Hegelianische einbegreift und ihm historische Tiefe wie Bedeutsamkeit erteilt.

So weit ging Schubert nicht. Aber auch für ihn gilt, dass das Antik-Heidnische einer Reihe seiner Werke eine Note des Rebellischen, Nichtchristlichen verlieh. Nicht dass der heranwachsende wie auch der reife Schubert religiöse, insbesondere katholisch-kirchliche Stücke komponierte, ist erstaunlich, wenn man seine Sozialisation ebenso im Blick hat wie seine extrem begrenzten Möglichkeiten, größere Chor- und Instrumentalwerke überhaupt aufführen zu können. Auch Anderes ist nicht unbedingt erstaunlich – und kann doch als eine Art ›Widerhaken‹ zu Schuberts kirchlicher bzw. christlich-religiöser Musik betrachtet werden: Denn was ist das für eine Gottesvorstellung, die dem ansonsten betont christlichen Wilhelm Müller in die Feder gerutscht ist, als er schrieb »Die Liebe liebt das Wandern, Gott hat sie so gemacht« – und die Schubert nicht nur in ›seine‹ »Winterreise«-Texte übernommen, sondern auch mit einer identifikatorischen Melodie versehen hat?

Die Lie—be liebt das Wan— dern, Gott hat sie so ge— macht [...]

Wieso komponierte der Katholik Schubert in einer Zeit, da Heine sein Judentum verheimlichte, den 92. Psalm für die Wiener Synagoge – und zwar im hebräischen Original? Und wie verhält es sich mit einem der spätesten Schubertlieder, nämlich

»Glaube, Hoffnung und Liebe« vom August 1828?[34] Der Paulinische Titel weist anscheinend in eine klare Richtung – dennoch wird das Christliche deutlich unterlaufen. Der Text kombiniert Belehrung und Bekenntnis. Die erste wie die abgewandelte fünfte Strophe postulieren: »Glaube, hoffe, liebe!« Woran aber glaubt der Belehrende, woran empfiehlt er zu glauben? Die Antwort geben die drei Mittelstrophen. Deren erste postuliert: »an Gott und Herz« – aber »Gott« wird dem »Herz« untergeordnet: »Mehr noch als im Sternrevier lebt der Gott im Busen dir«; die zweite Mittelstrophe empfiehlt: »Hoffe dir Unsterblichkeit und hienieden beßre Zeit!« – aber betont wird das Irdische. In der dritten Strophe fehlt dann schließlich jeder Bezug zu einer christlich motivierten Liebe. Stärker noch als in den vorangehenden Strophe geht es auch hier ausschließlich um Irdisches. Schubert hat das Lied dreiteilig angelegt; ein langsamer erster Teil geht den drei Strophen voraus und wird am Schluss variiert wiederholt, Anfang und Schluss schließen also den dreistrophigen Mittelteil (»Etwas geschwinder«) ein. Sowohl im Rahmen wie auch in den Mittelstrophen wird durch eine kontrastive Harmonik, die derjenigen der Heinelieder kaum nachsteht, alles in ein ständig wechselndes Licht getaucht. Wie in den Heineliedern verschärft Schubert auch hier die Haltung des Textes, indem er die allgemeine Forderung »glaube, hoffe, liebe!« gleichsam unangreifbar in den Liedrahmen, die Beispiele, die ein traditionelles Verständnis dieser Forderungen unterlaufen, aber in den Mittelteil verweist, sie gleichsam versteckt. Schubert gibt also dem Lied einen anderen, ironischen und säkularisierenden Charakter, einen anderen als den, den die Überschrift verheißt.

Dieser sehr freie, herausfordernde Umgang mit der Bibel ähnelt dem Vorgehen Heines schon sehr. Dennoch mag ein derartiges Lied, für sich genommen, nicht viel bedeuten. Aber es steht im Kontext einer ganzen Reihe von Liedern, deren tendenziell ›heidnischer‹ Grundton kaum zu bezweifeln ist. Da ist zunächst »Der Atlas« aus dem gleichen Jahr 1828. Erinnert sei auch an »Prometheus« und »Schöne Welt wo bist du?«. Beide Lieder, bereits 1819 in unmittelbarer zeitlicher Nachbarschaft entstanden[35], verwenden berühmt-berüchtigte, skandalumwitterte Gedichte. In »Prometheus« knüpft Schubert an jene herausfordernde Haltung an, die sich in Goethes Gedicht wie auch in den ›Prometheus-Werken‹ Beethovens äußert.[36] An der ›altheidnischen‹ Tendenz des Goethe-Gedichts gibt es m. E. kaum etwas zu deuten: Der dort auf der Erde sitzt und Menschen aus Lehm formt – ein selbständig handelnder Weltschöpfer also –, hat jeglichen Respekt vor aller Obrigkeit verloren; unter Rückgriff auf die ›heidnische‹ antike Mythologie lässt Goethe Prometheus sprechen als einen, der, ein zorniges Kind radikaler Aufklärung, tradierte Verhaltensnormen wie Religionsauffassungen längst hinter sich gelassen hat – und ebenso lässt ihn Schubert singen:

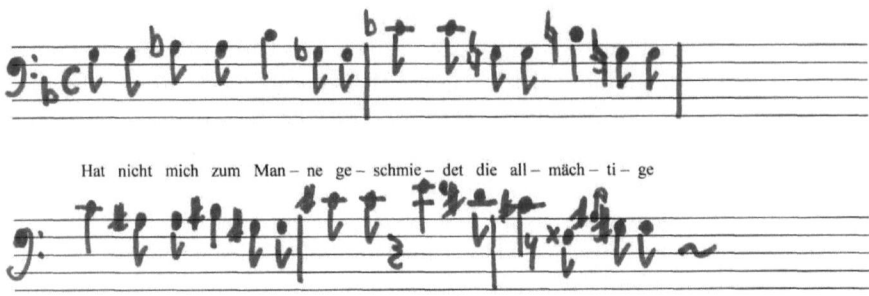

Hat nicht mich zum Man-ne ge-schmie-det die all-mäch-ti-ge
Zeit und das e-wi-ge Schick-sal, mei-ne Herrn und dei-ne?

Und auch dem Klagegestus, der »Schöne Welt wo bist du?« bestimmt und in dem sich die Klage über den Verlust einer (angeblich) schönen, heilen Welt ausspricht, ist die Distanz gegenüber der christlich-modernen Welt eingeschrieben – auch wenn Schubert die aggressiven Formulierungen Schillers nicht in sein Lied übernommen hat[37]:

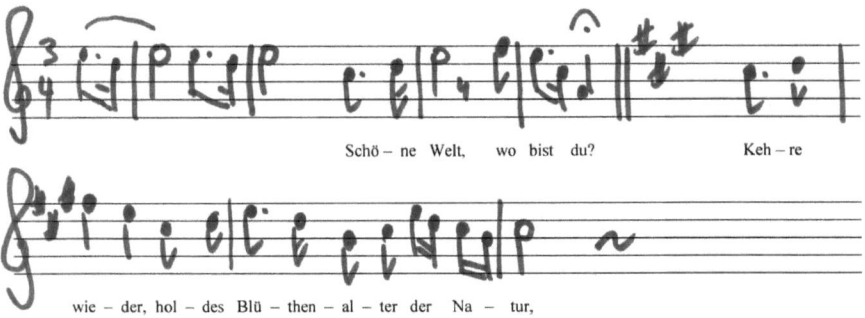

Schö-ne Welt, wo bist du? Keh-re
wie-der, hol-des Blü-then-al-ter der Na-tur,

»Der Atlas«, »Prometheus« und »Schöne Welt wo bist du« stehen im Werk Schuberts nicht allein. Denn Lieder mit mehr oder weniger ausgeprägtem ›altheidnischen‹ Gehalt schrieb Schubert zumindest seit 1815; und er schrieb sie nicht nur auf Texte von seinem Freund Johann Mayrhofer, sondern auch zu Texten von Goethe, Heine, Müller und Schiller.[38] Das ›Altheidnische‹ ist mithin eine wichtige Dimension auch in Schuberts Werk.

*

Heines »Heimkehr« wie Schuberts Heine-Zyklus stellen jeweils originelle, kongeniale Werke dar. Dabei zielte Schuberts Subjektivität im Umgang mit Heines

Gedichten offensichtlich nicht darauf, einen Text ›auszudeuten‹, ihm ›gerecht zu werden‹, ihn ›zu vertonen‹, sondern darauf, ein neues, eigenständiges Kunstwerk zu schaffen und dieses mit anderen zu einem Zyklus zu verbinden. Schuberts Heinelieder beginnen mit der Erinnerung an die vorklassische, keinerlei Zwischentöne zulassende Forderung nach »unendlichem« Glück oder »unendlichem« Elend sowie an die gegenwärtigen, unter Rückgriff auf antikes Bildmaterial mottohaft verallgemeinerten »schlimmsten Schmerzen«, nehmen diesen extremen Widerspruch dann auf und schreiten von Lied zu Lied in scharfen Schnitten, in dissonierenden inneren und äußeren Kontrasten fort. Artikuliert wird die Unfähigkeit des lyrischen Ichs, sich mit dem eingetretenen Verlust der erhofften oder auch nur erträumten Partnerin abzufinden (»Ihr Bild«); der forsche, gelungene oder (noch) nicht gelungene Versuch einer unbedenklichen Verführung (»Das Fischermädchen«); dumpfe Niedergeschlagenheit, scharfe Verzweiflung (»Die Stadt«); schmerzvolles Glück und leidende Resignation (»Am Meer«) und schließlich, dissonanter und zugespitzter noch als bei Heine, die entschiedene Abgrenzung von der »alten Zeit« (»Der Doppelgänger«). Der elende Zustand, wird man vielleicht sagen dürfen, dauert an, er ist durch die einzelnen Lieder konkretisiert worden; das unbestimmte Elend ist nun einem bestimmten Elend gewichen. Aber Schubert hat das im »Atlas« artikulierte Moment des Protestes nicht aufgegeben, sondern beibehalten, und er hat den einzelnen Liedern Momente kritischer Distanz gegenüber den wirklich erlittenen oder nur behaupteten »Liebesschmerzen« eingeschrieben.

So wenig es meine Absicht ist, Heine und Schubert über einen Leisten zu ziehen, so sehr verdient es wohl festgehalten zu werden, dass einige erstaunliche ästhetische Übereinstimmungen sichtbar werden, nicht nur hinsichtlich der künstlerischen Souveränität, der artistischen Perfektion und Originalität, sondern auch hinsichtlich einer nicht identischen, wohl aber durchaus ähnlichen Grundhaltung: Auf die Verabschiedung von den »alten Leiden« des Schmerzes und der Zerrissenheit gerichtet, blendet sie die dazu erforderlichen, geradezu verzweifelten Versuche und Anstrengungen nicht aus, sondern stellt sie im Gegenteil ebenso demonstrativ wie expressiv ins Bild. Verlagerung der ästhetischen Schwerpunkte von einer Identifikations- zu einer Kontrastästhetik; gedankliche Klarheit wie Kühnheit; Widerstand gegen etablierte Anpassungsdrücke; Bestehen auf Wahrheit, auf Abwehr von Lüge, Verlogenheit, Heuchelei; Verteidigung des Rechts, zu trauern; Ablösung konfessioneller durch nichtkonfessionelle, »altheidnisch«-atheistische Religiosität – so ließen sich wohl weitere Dimensionen jener Grundhaltung benennen, die Heines »Heimkehr« ebenso bestimmt wie Schuberts Heinelieder. Auch Schuberts Heinelieder geben ein »psychologisches Bild« (HSA XX, 276) des Komponisten. Zugleich aber zielen sie wie Heines »kleine Lieder« auch auf die ›Welt‹. Heine übrigens mag nicht nur »Die Heimkehr«, sondern das ganze »Buch der Lieder« als ein Feld der Befreiung wie des Experimentierens verstanden haben, darauf gerichtet, den Umgang mit lyrisch verwendbaren Distanzierungsmomenten zu erproben. Später, in den Pariser Jahren, wird er den eingeschlagenen Weg weiter verfolgen, wird das Spöttische und Satirische wie das Erotisch-Sinnliche ausbauen, das Sozial-Kämpferische entfalten – bis hin zu der komplexen und hintergründigen Ästhetik der Provokation, die er etwa ab 1844 entwickelte.[39]

Das Schaffen von Schubert und Heine bewegte sich kurzzeitig im Rahmen eines Wechselverhältnisses: Einerseits haben Heines Gedichte Schubert neue, kräftige Impulse vermittelt, andererseits ist die Aufnahme der Heinegedichte durch den gleichaltrigen, souverän arbeitenden Komponisten ein wesentlicher Teil der Wirkungsgeschichte Heines. Wir wissen nicht, was Schubert gedacht hatte, als er aus den achtundachtzig liedhaften Gedichten der »Heimkehr« gerade jene sechs auswählte, aber der Blick zurück gestattet doch die Annahme, dass das, was ihn faszinierte, gerade das (Verhüllt-) Leidenschaftliche war, das Distanzierende, Kontrastive, Altheidnische, das Welthaltige, die »Heimkehr«-Idee. Der Komponist Schubert vermied gerade das, was dem »Buch der Lieder« bis heute allzu häufig widerfährt: derartige Momente zu übersehen und die Texte »als süßlich-sentimentale Liebesgedichte zu lesen«[40] oder aber sie bloß als willkommenes Material zu betrachten, um einseitig lediglich über jene Momente zu philosophieren, die in den seit dem 19. Jahrhundert explodierenden sozialen Um- und Abbrüchen ihre wesentlichen Ursachen haben: Auswegslosigkeit, Todessehnsucht, Verzweiflung, Selbstzerstörung des Menschen.[41] Ja, derartiges reflektieren die Gedichte Heines wie auch die Lieder Schuberts. Aber beiden ist auch die Haltung einer Selbstfindung eingeschrieben, die Bereitschaft zu einem Aufbruch, der sich nicht scheut, die Grenzen der Konventionen zu sprengen.

Anmerkungen

[1] [August Wilhelm von Schlegel]: Beyträge zur Kritik der neuesten Litteratur. – In: Athenäum. Eine Zeitschrift von August Wilhelm Schlegel und Friedrich Schlegel. Bd. 1, St. 1 (1798), S. 141–177, hier S. 147.

[2] Vgl. die späteren knappen Äußerungen Heines über Schubert in »Lutezia« LVI (DHA XIV, 55). Zu Schuberts nachgelassener Liedersammlung »Schwanengesang« vgl. grundsätzlich A companion to Schubert's Schwanengesang: history, poets, analysis, performance. Hrsg. von Martin Chusid. New Haven u. a. 2000.

[3] Brief Schuberts an Probst, 2.10.1828. Zit. n. Schubert. Die Dokumente seines Lebens. Gesammelt und erläutert von Otto Erich Deutsch. Leipzig 1964, S. 540.

[4] A companion to Schubert's Schwanengesang [Anm. 2]; Dietrich Fischer-Dieskau: Schubert und seine Lieder. Stuttgart 1996; Sonja Gesse-Harm: Zwischen Ironie und Sentiment. Heinrich

Heine im Kunstlied des 19. Jahrhunderts. Stuttgart, Weimar 2006 (Heine-Studien), S. 61 ff.; Richard Kramer: Schubert's Heine. – In: 19th Century Music 8 (1984/1985), S. 213–225; Francis Davis Stovall: Schubert's Heine Songs: A critical and analytical Study. Austin 1967.

⁵ Vgl. Arnold Pistiak: »Ich liebe« oder: Füchsin, Natter, Teufelin. Anmerkung zur Figurenentwicklung in »Così fan tutte«. – In: Galerie. Revue culturelle et pédagogique 23 (2005), S. 487–514; ders.: Gebändigt? Ungebändigt? Überlegungen zum Verhältnis von Beethoven und Goethe. – In: Bonner Beethoven-Studien 6 (2007), S. 115–146.

⁶ Schubert. Die Dokumente seines Lebens [Anm. 3], S. 476.

⁷ Ebd., S. 479.

⁸ Die Abfolge und Binnenstruktur der von Schubert ausgewählten sechs Lieder ist gleich. Allerdings legt die Auswahl der Texte lediglich aus der »Heimkehr« die Annahme nahe, dass Schubert nicht das »Buch der Lieder«, sondern den ersten »Reisebilder«-Band zur Verfügung hatte. Vgl. dagegen: Karl Freiherr von Schönstein in Schubert. Die Erinnerungen seiner Freunde. Gesammelt von Otto Erich Deutsch. Leipzig 1957, S. 86 f.

⁹ Vgl. etwa die Auffassung von Jeffrey L. Sammons: »Mit Heimkehr ist Heines Rückkehr nach Lüneburg und vor allem nach Hamburg gemeint, obwohl der Zyklus eher ein Drama in der retrospektiven Einbildungskraft inszeniert.« Ders.: Heinrich Heine. Stuttgart 1991, S. 34. Vgl. auch DHA I, 864 f.

¹⁰ Vgl. dazu den unverändert gültigen Aufsatz von Norbert Altenhofer: Ästhetik des Arrangements. Zu Heines Buch der Lieder. – In: Text + Kritik 18/19: Heinrich Heine. 4. Aufl. München 1982, S. 16–32. Vgl. auch: Bernd Kortländer: Poesie und Lüge. Zur Liebeslyrik des »Buchs der Lieder«. – In: Heinrich Heine. Ästhetisch-politische Profile. Hrsg. von Gerhard Höhn. Frankfurt a. M. 1991, S. 195–213, insbes. S. 205 ff.

¹¹ M. und L. Schochow zufolge komponierte Schubert Gedichte von Goethe und Schiller »häufig« in der Reihenfolge, wie sie in den von ihm benutzten Büchern auftraten. Vgl. Maximilian und Lilly Schochow: Franz Schubert. Die Texte seiner einstimmig komponierten Lieder und ihre Dichter. Hildesheim 1974, Bd. I, S. 6. Im übrigen ist die Möglichkeit, dass Schubert lediglich eine Abschrift vorgelegen haben könnte, natürlich nicht auszuschließen, wird hier aber, da dafür keinerlei Anhaltspunkte vorliegen, ausgeklammert. Von den sechs Gedichten, die Schubert aus der »Heimkehr« auswählte, waren zuvor in der Sammlung »Drey und dreyßig Gedichte von H. Heine« erschienen: »Am fernen Horizonte«, »Du schönes Fischermädchen« und »Still ist die Nacht«.

¹² »Welcher Sinnzusammenhang ihm dabei vorgeschwebt haben könnte«, meint Ernst Hilmar, »ist kaum nachvollziehbar«. Ders.: Franz Schubert. Reinbek 1997, S. 102. Vgl. auch Edward T. Cone: Repetition and Correspondence in Schwanengesang. – In: A companion to Schubert's Schwanengesang [Anm. 2], S. 53–89, hier S. 84; Harry Goldschmidt: Welches war die ursprüngliche Reihenfolge in Schuberts Heine-Liedern. – In: Deutsches Jahrbuch für Musikwissenschaft für 1972 (1974), S. 52–62; Kramer [Anm. 4].

¹³ Vgl. Martin Chusid: Schwanengesang: facsimiles of the autograph score and sketches and reprint of the first edition. New Haven 2000.

¹⁴ Aus »Du schönes Fischermädchen« wird »Das Fischermädchen«; aus »Das Meer erglänzte« wird »Am Meer«; aus »Am fernen Horizonte« wird »Die Stadt«; aus »Still ist die Nacht« wird »Der Doppelgänger«; aus »Ich stand in dunkeln Träumen« wird: »Ihr Bild«; aus »Ich unglücksel'ger Atlas« wird »Der Atlas«.

¹⁵ »Most readers agree that the central image of the poem – the unhappy lover carrying ›the world of pains‹ on his shoulders – is ironic.« Charles S. Brauner: Irony in the Heine Lieder of Schubert and Schumann. – In: The Musical Quarterly 67 (1981), S. 261–281, hier S. 270.

[16] Vgl. Hilmar [Anm. 12], S. 52; Karl Michael Komma: Pathophonie. Gedanken zu Franz Schuberts Heine-Liedern. Reicheneck 1988, S. 7 ff.; Bernhard Paumgartner: Franz Schubert. 3. Aufl. Zürich 1960, S. 286.

[17] Für den späten Heine habe ich diesen Gedanken bereits früher entwickelt, vgl. Arnold Pistiak: Ich will das rote Sefchen küssen. Nachdenken über Heines letzten Gedichtzyklus. Stuttgart, Weimar 1999, insbes. S. 258 ff. und 302 ff. Zum Begriff der Kontrastästhetik bei Heine allgemein vgl. Höhn ³2004, S. 385 ff. Vergleichbar, aber deutlich anders akzentuiert äußerten sich Frank Schneider: »Die ganze Welt der Schmerzen muß ich tragen«. Die Heine-Lieder Franz Schuberts. – In: Müller – Schubert – Heine/Marlowe – Byron – Scott: Wilhelm Müller als Vermittler der englischen Literatur. Berlin 2002 (Schriften der Internationalen Wilhelm-Müller-Gesellschaft, Bd. 2), S. 20–30, insbes. S. 23, und Werner Thomas: »Der Doppelgänger« von Franz Schubert. – In: Archiv für Musikwissenschaft 11 (1964), S. 252–267, hier S. 265.

[18] Vgl. Walther Dürr: Wer vermag nach Beethoven noch etwas zu machen? Gedanken über die Beziehungen Schuberts zu Beethoven. – In: Musik-Konzepte. Sonderband Franz Schubert. München 1979, S. 10–25.

[19] Bereits vor nahezu einem Jahrhundert stellte Urs Belart zu Recht fest: »Jedenfalls erhält die Komposition als solche den Vorrang vor dem Gedicht. [...] Die einzelnen Gedichte aber werden nicht an und für sich, sondern gemäss dem Endziel, die Komposition der Sammlungen klar zu legen, im Zusammenhang mit ihrer engeren und weiteren Umgebung betrachtet werden müssen.« Ders.: Gehalt und Aufbau von Heinrich Heines Gedichtsammlungen. Bern 1925 (Sprache und Dichtung. Forschungen zur Sprach-und Literaturwissenschaft, H. 38), S. 10. Vgl. außerdem grundsätzlich Altenhofer [Anm. 10], hier insbes. S. 18.

[20] Das auf »Die Stadt« folgende Lied »Am Meer« beginnt mit einer Dissonanz, die dem verminderten Septakkord der »Stadt« sehr ähnelt. Die Vermutung, dass dieser Übergang absichtlich gestaltet wurde, liegt nahe. Vgl. Martin Chusid: Texts and Commentary. – In: A companion to Schubert's Schwanengesang [Anm. 2], S. 90–155, hier S. 137; Walther Dürr: Lieder. – In: ders. und Arnold Feil unter Mitarbeit von Walburga Litschauer: Reclams Musikführer Franz Schubert. Stuttgart 1991, S. 159 ff., hier S. 160 f.

[21] Vgl. Cone: Repetition [Anm. 12], S. 73 ff. Vgl. dazu auch Kramer [Anm. 4], der meint, dass die Reihenfolge der Lieder in Schuberts Autograph ein »cover-up« sei und dass Schubert die einzelnen Lieder durch Vor- und Nachspiele miteinander verknüpft habe. Alle Notenbeispiele nach Franz Schubert: Neue Ausgabe sämtlicher Werke. Hrsg. von der Internationalen Schubertgesellschaft. Bd. I ff. Kassel, Basel, Tours, London 1967 ff.

[22] Vgl. Dürr: Lieder [Anm. 20], S. 160 f.; Markus Winkler: »Dichterliebe« und »Dichtermärtyrtum« in Heines »Buch der Lieder«. Zum Konflikt zwischen Naturpoesie und Konvention in einigen »Heimkehr«- und Intermezzo-Gedichten. – In: »... und die Welt ist so lieblich verworren«. Heinrich Heines dialektisches Denken. Festschrift für Joseph A. Kruse. Hrsg. von Bernd Kortländer und Sikander Singh. Bielefeld 2004, S. 309–339, insbes. S. 323 ff.

[23] Vgl. Gustav Nottebohm: Ein Skizzenbuch aus den Jahren 1815 und 1816. – In: Ders.: Zweite Beethoveniana. Nachgelassene Aufsätze. Leipzig 1887. ND New York, London 1970, S. 321–348, hier S. 329.

[24] Verschiedentlich wird die Auffassung vertreten, die Auflösung des verminderten Akkords von »Die Stadt« erfolge zu Beginn des folgenden Liedes, »Am Meer«. Vgl. Dürr: Lieder [Anm. 20], S. 160 f.; Edward T. Cone: »Am Meer« reconsidered: strophic, binary, or ternary? – In: Franz Schubert 1797–1828. Criticism and interpretation. Hrsg. von Brian Newbould. Aldershot 1998 (Schu-

bert studies I), S. 112–126, hier S. 120 ff. sowie Chusid: Texts and Commentary [Anm. 20], S. 137 f., dort weitere Literaturhinweise.

[25] Vgl. Dürr: Lieder [Anm. 20].

[26] Mozart: Requiem, II: Kyrie eleison, Takt 50; Beethoven: Sinfonie op. 125, 4. Satz, Takt 647 ff.

[27] Vgl. Brauner [Anm. 15]; Thomas [Anm. 17]; Dieter Schnebel: Eine Depression und ihre Auflösung. Schuberts Heine-Lied »Der Doppelgänger«. – In: Von Dichtung und Musik. Eine Veröffentlichung der Internationalen Hugo-Wolf-Akademie für Gesang, Dichtung, Liedkunst e. V. Stuttgart, Tutzing 1995, S. 132–137; Oliver Fürbeth: Schuberts »Doppelgänger«. – In: Musik-Konzepte. H. 97/98: Franz Schubert. »Todesmusik«. Hrsg. von Heinz-Klaus Metzger und Rainer Riehn. München 1997, S. 66–74; Richard Kurth: Music and Poetry, a Wilderness of Doubles: Heine – Nietzsche – Schubert – Derrida. – In: 19th Century Music 21 (1997), S. 13–37. Einen knappen Überblick gibt Dürr: Lieder [Anm. 20], S. 162. Aus der Tonlage, mit der über den »Doppelgänger« gesprochen wird, fällt der Aufsatz von Dieter Schnebel heraus; für ihn zeigt das Gedicht »mit großer Eindruckskraft den Weg der Heilung«. Schnebel [s. o.], S. 135.

[28] »Todesmusik« – so lautet nicht nur der Titel eines Liedes von Schubert (1822, D 758), sondern auch der kaum provokatorisch gemeinte Titel des Schubert-Bandes aus der Reihe »Musik-Konzepte« [Anm. 25].

[29] Vgl. dazu Kramer [Anm. 4] sowie, allerdings nicht speziell zu »Schwanengesang«, Walther Dürr: »Ausweichungen ohne Sinn, Ordnung und Zweck« – Zu Tonart und Tonalität bei Schubert. – In: Franz Schubert – Der Fortschrittliche? Analysen – Perspektiven – Fakten. Hrsg. v. Erich Wolfgang. Tutzing 1989 (Veröffentlichungen des Internationalen Franz Schubert Instituts, Bd. IV), S. 73–95, insbes. S. 77.

[30] Vgl. Theodor W. Adorno und Hanns Eisler: Komposition für den Film. Leipzig 1977, S. 71 f.

[31] Vgl. aber Werner Thomas: Schuberts Lied »Antigone und Oedip« im Licht der Antikenrezeption um 1800. – In: ders.: Schubert-Studien. Frankfurt a. M. u. a. 1990, S. 81–114. Diese Arbeit ist allerdings ganz anders akzentuiert als die hier vorgetragenen Überlegungen.

[32] Die Belege sind allerdings äußerst spärlich: Das Grimm'sche Wörterbuch vermerkt lakonisch: »ALTHEIDNISCH: altheidnische sage«. Jacob Grimm und Wilhelm Grimm: Deutsches Wörterbuch. Leipzig 1854. Bd. I, Sp. 272. Hingegen fehlt das Stichwort in der Neubearbeitung von 1998 wie auch im 10-bändigen Duden von 1999. Das Wörterbuch der deutschen Gegenwartssprache. Berlin 1980, vermerkt: »aus vorchristlicher Zeit: a. Bräuche«, ebd., Bd. I, S. 113. Außerdem wird dort auf Gottfried Kellers »Der Grüne Heinrich« hingewiesen.

[33] Diesen Zusammenhang arbeitete Bodo Morawe mehrfach überzeugend heraus. Vgl. ders.: Heinrich Heine und die Strategie der radikalen Aufklärung. Tolands »Pantheisticon«, Mesliers »Mémoire«, Holbachs »System der Natur«. – In: DVjs 81 (2007), S. 546–583; ders.: »Sehet, alle Gottheiten sind entflohen...« Heinrich und Heine und die radikale Aufklärung. – In: »Aber der Tod ist nicht poetischer als das Leben«. Heinrich Heines 18. Jahrhundert. Hrsg. von Sikander Singh. Bielefeld 2006, S. 73–120. Vgl. Qu'est ce que les Lumières »radicales«? Libertinage, athéisme et spinozisme dans le tournant philosophique de l'âge classique. Hrsg. von Catherine Secrétan, Tristan Dagron und Laurent Bove. Paris 2007.

[34] D 955, op. 97. Text: Christoph Kuffner; Schubert: Neue Ausgabe sämtlicher Werke [Anm. 21], Bd. IV/5a. Hrsg. von Walther Dürr. Kassel, Basel, Tours, London 1985, S. 71 f. (August 1828). Das Lied ist nicht identisch mit dem Chor »Glaube, Hoffnung und Liebe«, D 954. Text: Friedrich Reil, geschrieben zum 2. Sept. 1828 anlässlich einer Glockeneinweihung, ebd. Bd. III/2b. Hrsg. von Dietrich Berke. Kassel, Basel, Tours, London 2006, S. 264–267. Vgl. Peter Gülke: Franz

Schubert und seine Zeit. 2. Aufl. Laaber 1996, S. 358. Rolf Schönstedt schreibt zu dem Lied »Glaube, Hoffnung und Liebe«: »Feierlich angelegt, faßt er [Schubert, A. P.] seinen umfassenden Gottesglauben in die biblische zukünftige Trinität; seit Jahren depressiv veranlagt, nimmt der schwerblütige, harmonisch schon in Richtung Johannes Brahms weisende Satz nahende Todesahnung vorweg. Es scheint, als habe Schuberts gewaltige musikalische Macht und Kraft der Liedkomposition zu ihrem Ende, zur Ruhe gefunden: Beide Partner lehnen sich aneinander an, wenn auch das Solo noch einmal deklamatorisch-emphatisch ausbricht. Glaube, hoffe, liebe verschmilzt in der formalen Klammer des durchkomponierten Strophenliedes zur Einheit, das Klavier erstirbt in pp-Stille (Es-Dur).« Ders.: Das Orgellied – Eine neue Gattung an der Schwelle zum 20. Jahrhundert. Online unter der URL: http://www.hochschule-herford.de/dissertation/index_dis.html?/disertation/html/kapitel4.html. Link überprüft am 14. 07. 2009.

[35] Oktober bzw. November 1819 (D 674 und D 677).

[36] Zum Umgang Beethovens mit der Prometheus-Problematik vgl. Pistiak: Gebändigt? Ungebändigt? [Anm. 5] sowie Goethe: »Des Epimenides Erwachen«, Herder: »Der entfesselte Prometheus«.

[37] Schubert hat das Kopfmotiv 1824 überdies aufgenommen in den dritten Satz des Streichquartetts a-moll (D 804, »Rosamunde«) sowie in den sechsten Satz des Oktetts F-Dur, op. posth. 166 (D 803).

[38] Goethe: »Der Gott und die Bajadere« [1815], »An Schwager Kronos« [1816], »Mahomets Gesang« [1817], »Prometheus« [1819]; Schiller: »Gruppe aus dem Tartarus« [1817], »Elysium« [1817], »Schöne Welt, wo bist du?« (ein Fragment aus: »Die Götter Griechenlands«) [1819], »Dithyrambe« [1826]; Mayrhofer: »Der zürnenden Diana« [1820], »Antigone und Ödipus« [1817], »Der entsühnte Orest« [1820], »Orest auf Tauris« [1817], »Iphigenia« [1817], »Fahrt zum Hades« [1817] u. a.; Müller: »Mut« [1827]. Vgl. Gülke [Anm. 34], S. 240 ff. und Hans-Dietrich Dahnke: Die Debatte um »Die Götter Griechenlands«. – In: Debatten und Kontroversen. Literarische Auseinandersetzungen in Deutschland am Ende des 18. Jahrhunderts. Hrsg. von Hans-Dietrich Dahnke und Bernd Leistner. Berlin, Weimar 1989, Bd. I, S. 193–269.

[39] Vgl. Pistiak: Ich will das rote Sefchen küssen [Anm. 17].

[40] Vgl. Dietmar Goltschnigg und Hartmut Steinecke (Hrsg.): Heine und die Nachwelt. Geschichte seiner Wirkung in den deutschsprachigen Ländern. Texte und Kontexte, Analysen und Kommentare. Bd. I: 1856–1906. Berlin 2006, S. 45 f.

[41] Dieser immer wieder geäußerte Gedanke findet sich besonders drastisch artikuliert bei Karl M. Komma: »Das Unerträgliche, Unheilbare ist das Generalthema«, schreibt er in seinem Aufsatz, der das Ziel habe, »Gedanken zur Pathomelie und Pathophonie« beizusteuern. Komma [Anm. 16], S, 5, 13.

Heines Bedeutung für Baudelaires Beurteilung von Kunst

Von Burkhart Küster, Stuttgart

Für Baudelaires Nachruhm spielt die Kunstkritik eine wichtige Rolle. In Kommentaren zu seiner Kunstkritik werden üblicherweise Diderots und Stendhals Vorarbeit recht ausführlich, Heines wenig oder gar nicht besprochen.[1] Heinrich Heines Anregungen für Baudelaire beschränken sich jedoch nicht auf ein paar Nebensächlichkeiten. Es geht um grundsätzliche Gedanken, die es verdienen, vollständiger und geschlossener als bisher untersucht zu werden.

Heine schreibt in den Jahren 1831 bis 1846 mehrfach über französische Bilder, Baudelaire in den Jahren 1845 bis 1866. Wohl ein paar Mal, nachweislich zumindest 1846, besuchen sie dieselbe Gemäldeausstellung im Louvre. Heine sieht die Julirevolution von einigen Gemälden, die eine neue Kunstperiode eröffnen, begleitet und begrüßt in seinem Salon-Bericht von 1831 die von ihm herbeigesehnte Malerschule der neuen, freieren Gesellschaft.[2] Bereits mit Géricault habe diese Malkunst begonnen, doch, so schreibt er 1833 in seinem Nachtrag zu »Französische Maler«, dem früh Verstorbenen sei es nicht vergönnt gewesen, eine neue Schule zu stiften. Baudelaire denkt nicht anders und macht ebenfalls die Förderung der die neuen Lebensformen widerspiegelnden Kunst zu seinem Hauptanliegen. Eng mit Heines Ästhetik verbunden ist Baudelaires »pensée unique et systématique«, welche, wie er im Brief vom 3. Februar 1865 an Julien Lemer unterstreicht, alle seine kritischen Schriften zur Kunst und zur Literatur zusammenhält, gewiss aber auch hinter seinen Gedichten steht. Der deutsche Dichter und Kritiker engagiert sich für die große Fantasie, die den Bruch mit dem Herkömmlichen vollzieht und neues Denken und Fühlen mit sich bringt. Mit reinem Naturalismus ist Heines auf Erneuerung hin ausgerichteter Sache nicht geholfen, daher wird er heftig bekämpft. Baudelaire setzt sich mit Heines Ideen leidenschaftlich auseinander und übernimmt, was sich davon für seine kritischen Arbeiten eignet.

Die Mehrzahl der Künstler, die der emigrierte Deutsche seinen Lesern in der alten und in der neuen Heimat vorstellt, sind auch noch in Baudelaires Kunstkritik Schlüsselfiguren.[3] Heines Bedeutung für Baudelaire ist nicht nur in den Textstellen zu sehen, die dieser mit Angabe der Quelle übernimmt. Es ist undenkbar, dass er Zitate von höchster Qualität für seine Kunstkritik Texten entnimmt, die er nicht in allen Einzelheiten sorgfältig für sich erschlossen hätte. Gerade Baudelaire entlehnt nicht selten Ideen, ohne auf seine Fundstelle einzugehen, und beim Zitieren weicht er gerne von einer exakten Textwiedergabe ab.[4] Er bevorzugt produktivere Verfahren – Akzentverschiebungen durch Hervorhebungen, kreative Verfälschungen, Andeutungen, Analogien und Weiterführungen der Urteile anderer. Man meint spüren zu können, wie Baudelaire sich freut, mit entsprechender Beleuchtung im Fremden sein eigenes Denken und Empfinden zu erkennen. Bekennt er sich zu einer Anleihe, so geschieht das nicht unbedingt ganz offen bei der erstmaligen Übernahme eines Gedankens. Aus den zitierten Stellen ergibt sich, dass Baudelaire mit »De la France«, »De l'Allemagne« und den »Tableaux de voyage« vertraut war, freilich, da er kein Deutsch konnte, nur mit jenen unvollständigen, an vielen Stellen fehlerhaften und unbeholfenen Übersetzungen seiner Zeit, aus denen er, gelegentlich mit stilistischer Verbesserung, zitiert.[5] Er hat sich so gründlich mit den Texten auseinandergesetzt und dabei mit kritischem Blick Heines sozialpolitische Illusionen hinter sich gelassen, dass er jemandem vorzuwerfen vermag, er habe »trop lu et mal lu Henri Heine et sa littérature pourrie de sentimentalisme matérialiste« (45). Baudelaire distanziert sich von Heines »haine voltairienne contre les calotins« (ebd.). Doch ungeachtet der weltanschaulichen Unterschiede, die ihn quälen »chaque fois que j'y pense« (ebd.), bewundert er »ce charmant esprit« (577). Seine Dichtung bezaubert ihn. Das notiert er aus Anlass von Jules Janins Heine-Verriss, in welchem Auszüge aus Gedichten in sehr bescheidener Prosa, beginnend mit einer verkürzten »Loreley«, abgedruckt sind.[6] Nervals und Saint-René Taillandiers feinere Heine-Übertragungen werden ihm aus früherer Zeit bekannt gewesen sein. Überhaupt wird sich Baudelaire schwerlich etwas auf Französisch Erschienenes von Heine entgehen lassen haben, und manche Veröffentlichungen standen ja in der von ihm stets beachteten »Revue des Deux Mondes«.

Baudelaires geistiger Umgang mit Heine geht auf die Zeit zurück, in der er seine frühesten Aufsätze vorbereitet. In der Besprechung des Salon von 1845, Baudelaires erster Veröffentlichung, ist ein kleines Zitat enthalten, mit dessen Verwendung sich, in Heines Fahrwasser, des französischen Dichters unumstößliches Bekenntnis zu Schöpfungen der Fantasie und seine starke Abneigung gegenüber naturalistischen Werken anbahnen. Dass Heine, neben oder sogar noch vor Stendhal, tatsächlich als »un des modèles de Baudelaire pour le Salon de 1845«[7] anzusehen war, wussten manche Zeitgenossen. Die geistige Anlehnung damals einzugestehen, sei Baudelaire unangenehm gewesen. Jules Champfleury berichtet:

> Le manque de personnalité faisait tellement souffrir Baudelaire que, sans doute par crainte de certains rapports d'idées avec Heine et Stendhal, il détruisit tous les exemplaires qui restaient de sa première brochure sur les arts, un Salon de 1845, qu'il lui coûtait de reconnaître. L'utopie de cet artiste bizarre était de ne se présenter au public que maître de lui-même, dans toute sa force.[8]

Champfleurys Hinweis hat auch Gültigkeit für Baudelaires kunstkritische Tätigkeit in den folgenden Jahren. Henri Murger bespricht den hohen Rang von Baudelaires Salon von 1846 als Kritik, wie man sie sonst nur bei Diderot, E. T. A. Hoffmann, Stendhal und Heine finde und Claude Pichois kommentiert: »à croire que c'est Baudelaire même qui lui a soufflé ces noms.« (1293)

Heine widersetzt sich 1831 rückwärtsgewandter Kunst, er wünscht sich eine Kunst, die im Einklang mit dem modernen Leben steht. Dabei interessiert ihn nicht die naturalistische Wiedergabe, sondern das »träumende Spiegelbild« (DHA XII, 47) der Zeit. Produkte der individuellen Fantasie bevorzugt er gegenüber Werken, die weiterhin die längst untergegangene Gesellschaft reflektieren. Doch die reine Individualität abseits der Gesellschaft befriedigt ihn nicht. 1837 verficht Heine am Beispiel des Theaters den Zauberglanz echter Kunst »weit natürlicher als die gewöhnliche Natur«, also eine »durch die Kunst erhöhete, bis zur blühendsten Göttlichkeit gesteigerte Natur« (DHA XII, 258). Entsprechende Wertungen nimmt auch Baudelaire vor. Im Delacroix-Kapitel von 1846 formuliert er:

> Il y a plusieurs dessins, comme plusieurs couleurs: – exacts ou bêtes, physionomiques et imaginés. Le premier est négatif, incorrect à force de réalité, naturel, mais saugrenu; le second est un dessin naturaliste, mais idéalisé, dessin d'un génie qui sait choisir, arranger, corriger, deviner, gourmander la nature, enfin le troisième, qui est le plus noble et le plus étrange, peut négliger la nature; il en représente une autre, analogue à l'esprit et au tempérament de l'auteur.
> Le dessin physionomique appartient généralement aux passionés, comme M. Ingres; le dessin de création est le privilège du génie. (434)[9]

Heines fundamentaler Aussage über das Wesen der Kunst beipflichtend äußert Baudelaire den Grundsatz: «un tableau doit avant tout reproduire la pensée intime de l'artiste, qui domine le modèle, comme le créateur la création.« (433)[10] Subjektives betrachtet auch Baudelaire als unerlässlich für das wahrhaftige Kunstwerk. Das Objektive, das Erfassen der Außenwelt oder die Imitation der alten Meisterwerke, kann lediglich eine Ausgangsstufe des Kunstschaffens sein. Baudelaire kommt immer wieder auf diese Überzeugung zu sprechen, die er mit Heine teilt. Darauf beruht seine Kritik an der vorschnell zur höchsten Kunstform erklärten Fotografie:

> En matière de peinture et de statuaire, le Credo actuel des gens du monde, surtout en France (et je ne crois pas que qui que ce soit ose affirmer le contraire), est celui-ci: ›Je crois à la nature et je ne crois qu'à la nature [...]. Je crois que l'art est et ne peut être que la reproduction exacte de la nature‹ [...]. Ainsi l'industrie qui nous donnerait un résultat identique à la nature serait l'art absolu. (616 f.)[11]

Die interessantesten Künstler und Kritiker sind für Heine und Baudelaire Supernaturalisten, ganz wie sie selbst es sind.[12] An Beispielen für Werke, die den gewöhnlichen Rahmen sprengen, fehlt es in den Kunst- und Literaturkritiken der beiden Schriftsteller nicht. So kann Baudelaire unschwer ganz wörtlich auf das Schaffen seines Lieblingsmalers beziehen, was Heine auf Alexandre Decamps gemünzt sagt.[13] Mit der Wendung »voici quelques lignes de M. Henri Heine qui expliquent assez bien la méthode de Delacroix, méthode qui est, comme tous les hommes vigoureusement constitués, le résultat de son tempérament« leitet er das Schlüsselzitat für Heines Kunstverständnis ein, das im Original lautet:

> In der Kunst bin ich Supernaturalist. Ich glaube, daß der Künstler nicht alle seine Typen in der Natur auffinden kann, sondern daß ihm die bedeutendsten Typen, als eingeborene Symbolik eingeborner Ideen, gleichsam in der Seele geoffenbart werden. (DHA XII, 25)

Es folgt die Abkehr von Karl-Friedrich Rumohr, und Baudelaire zitiert auch das wörtlich:

> Ein neuerer Aesthetiker, welcher »italienische Forschungen« geschrieben, hat das alte Prinzip von der Nachahmung der Natur wieder mundgerecht zu machen gesucht, indem er behauptete: der bildende Künstler müsse alle seine Typen in der Natur finden. Dieser Aesthetiker hat, indem er solchen obersten Grundsatz für die bildenden Künste aufstellte, an eine der ursprünglichsten dieser Künste gar nicht gedacht, nemlich an die Architektur, deren Typen man jetzt in Waldlauben und Felsengrotten nachträglich hineingefabelt, die man aber gewiß dort nicht zuerst gefunden hat. Sie lagen nicht in der äußern Natur, sondern in der menschlichen Seele. (DHA XII, 25 f.)[14]

Baudelaire wird sich immer wieder zum supernaturalistischen Grundsatz bekennen. In dem Prosagedicht »L'Invitation au voyage« heißt es von der Kunst, sie zeige die Natur »réformée par le rêve [...] corrigée, embellie, refondue.« Das »œil intérieur«[15] zaubert seiner Meinung nach in der schöpferischen Begeisterung wie im Drogenrausch die künstlerische Vision hervor. Flachen Naturalismus und die bloße Fortführung der Klassik lehnen beide ab. An Léopold Robert gefällt Heine, dass dieser im Gegensatz zu treu nachpinselnden Naturalisten vorgegebene Dinge nicht »in der dummehrlichen Weise mancher seiner Collegen« (DHA XII, 33) nachmalt, sondern persönlich gestaltet. Ihm sagt auch zu, wie die Niederländer des 17. Jahrhunderts, auf die er in einem Exkurs im Robert-Kapitel eingeht, die Dinge des gewöhnlichen Lebens eigenwillig bearbeiten und ihrer Genremalerei Humor verleihen.

Für Baudelaire ist ein Alltagsgeschehnisse oder Landschaften kopierender Naturalist lediglich ein »positiviste« (627). Engagierter künstlerischer Realismus im Dienst der revolutionären Sache ist etwas anderes. So hält Baudelaire Courbets herbe, auf Fantasie verzichtende, »antisupernaturalistische« Malerei für eine heilsame Antwort auf verniedlichende, gedankenlose Gemälde (vgl. 586 und 737). Meistens geht es beiden Kritikern weniger um eine strenge Zuordnung als um das

Erfassen des jeweiligen Schwerpunkts eines Werkes. Für seine kurze kritische Besprechung des Malers Auguste Borget greift Baudelaire 1845 auf Heines Betrachtungen zu Clemens Brentano zurück. Über die aus einer China-Reise hervorgegangenen, detailfreudigen Landschaftsbilder Borgets urteilt er: »Sans doute c'est très bien fait; mais ce sont trop des articles de voyages ou de mœurs.« Er hätte lieber ein weniger realistisches, einfach ein erträumtes China vor sich, ein Märchenland wie Heine es erdichtet hatte. Das ferne Reich hatte Heine dazu gedient, Clemens Brentanos Dichtung äußerst bildhaft zu charakterisieren (vgl. DHA VIII, 199). Getragen von seiner Begeisterung für das Wunderbare bei seinem Wahlverwandten gelingt Baudelaire der große Bogen von Borget zu Heine. Er wählt nur die erstaunlichsten Einzelheiten in der anthropomorphen Beschreibung des Wunderlandes und erklärt:

> Il y a des gens qui regrettent ce qu'ils n'ont jamais vu. [...] Les tableaux de M. Borget nous font regretter cette Chine où le vent lui-même, dit H. Heine, prend un son comique en passant par les clochettes, – et où la nature et l'homme ne peuvent pas se regarder sans rire. (394)[16]

Welch ein Kontrast zu dem Naturalismus, der ungeachtet der exotischen Thematik bei Borget vorherrscht! Schon hier liegt der Heine und Baudelaire miteinander verbindende Supernaturalismus, bisher offenbar völlig unbeachtet, vor. Borget, so versteht man, sollte malen können, wie Heine dichtet. 1855 wird Baudelaire anlässlich der Weltausstellung auf Heines Brentano-Fantasie zurückgreifen, um das Bizarre an einem chinesischen Kunstgegenstand zu beschreiben und für eine vorurteilsfreie, universell gültige Auffassung von Schönheit zu werben. Heines die Wirklichkeit übersteigende China-Vision ist für Baudelaire eine kleine Fundgrube.

Es gibt bei Heine jedoch auch Passagen, die den französischen Dichter stören. Wo Heines Illusionen gewissermaßen allzu naturnah, allzu diesseitig werden, ernten sie Baudelaires Missfallen. In »L'Ecole païenne« wendet er sich ab von Heines Saint-Simon zu verdankenden Wunschvorstellungen. Mit weniger Materialismus, mit größerem Bemühen um Höheres – »s'il se tournait plus souvent vers le divin« (577) [17] – entspräche 1855 Heine uneingeschränkt Baudelaires Idealtyp eines Künstlers. Baudelaire folgt Heines Spur in der Unterstützung derjenigen Maler und Kritiker, die die Wirklichkeit persönlich akzentuieren, sei es durch idealisierendes Abbilden, fantasiereiche Verfremdung oder abstraktere Kompositionen.

Léopold Roberts farbenfrohe, kontrastreiche Bilder des italienischen Landlebens ergötzen Heine 1831, insbesondere die »Arrivée des moissonneurs dans les marais pontins«. Natürlich misst er dieses Genrebild trotz der ihm entnommenen Botschaft, die besagt, dass eine von bedrückenden religiösen Vorstellungen befreite Zeit angebrochen sei, ausdrücklich nicht an Raffael, »dem größten Maler der katholischen Weltzeit« (DHA VIII, 33). Bei dem Bild »Pêcheurs de l'Adriatique«, das für ihn sozialkritischen Wert hat, wird er 1841 auf erhebliche künstlerische Schwächen in der Komposition hinweisen. Was ihm an den »Moissonneurs« besonders gefällt, ist gerade die Distanz zu einer naturalistischen Malweise. Sainte-Beuve zitiert in seiner Besprechung von Heines »examen critique du Salon de 1831«[18] die feurige Passage, in der es heißt, Roberts Gestalten seien dem gewöhnlichen Leben entrückt durch die Läuterung, welche sich »in der glühenden Flammentiefe des Künstlergemütes« (DHA XII, 33) vollzogen habe, und stellt dazu zusammenfassend fest: »c'est l'idéal qui épure et ennoblit [la nature]«.

Baudelaire redet nur einmal und ganz beiläufig von dem Maler, viele Jahre nach dessen Tod. In »Quelques caricaturistes étrangers« erscheinen Bartolomeo Pinelli und Léopold Robert als Künstler, die, ohne lange nach einer Thematik zu suchen, der äußeren Lebenswelt eine Szene entnehmen. Dolf Oehler meint, Baudelaire habe wenig Sympathie für Robert.[19] Doch Baudelaires Urteil über Roberts Kunst trifft sich mit Heines Ansicht, dass der Maler keineswegs das Vorgegebene »dummehrlich« nachmalt. Sein Schlusssatz zu Roberts und Pinellis Gestaltung der Vorlagen lautet: »Encore ces sujets [...] sont-ils toujours [...] passés au crible, au tamis implacable du goût.« (572) Für Baudelaire fällt Léopold Roberts Stil offensichtlich unter die 1846 erwähnte Gattung »dessin naturaliste, mais idéalisé«. Selbst in seinem winzigen Gedankensplitter über Robert bleibt Baudelaire in der Nähe von Heines Bewertung (vgl. 662 und 485).

Ingres besitzt für Heine einigen Reiz, da er sich von der klassischen Tradition abhebt. Im Salon von 1833 betrachtet Heine zwei Werke dieses »Königs im Reiche der Kunst« (DHA XII, 54). Die Darstellung von Madame Devauçay bedenkt er zuerst, aber das Bild ist signiert mit dem Zusatz »Rom 1807«, und Heine geht es nun nicht um Malerei aus der Zeit Napoleons. Das 1832 entstandene Porträt des Zeitungsdirektors Bertin in seiner großbürgerlichen Kleidung bietet hingegen die Möglichkeit, auf die Epoche nach der Julirevolution Bezug zu nehmen. Das Naturell und die hohe Position des Herrn werden durch eine nüchterne und zugleich aufwändige Ausarbeitung zur Geltung gebracht. Heine erfasst die Modernität des Porträts. Er unterstreicht die vergleichbare Logik bei Louis Philippes Justemilieu-Politik und Ingres' künstlerischem Kurs und lenkt damit den Betrachter auf die wirkungsvolle Verwendung des Heterogenen, die paradoxe Vermengung von Realismus mit klassischen Idealvorstellungen. Indem Heine des Malers italienische und niederländische Vorbilder miteinander vertauscht, hebt er humorvoll Ingres' Eigentümlichkeit hervor: »In seinen Gemälden findet man die heroische Kühnheit des Mieris und die feine Farbengebung des Michelangelo« (DHA XII, 54).

Baudelaire unterstreicht mehrfach Ingres' Meisterschaft in der Porträtkunst. Auf vergangene Zeiten blickend erklärt er 1845 »le magnifique portrait de M. Bertin« für Ingres' bestes Porträt: »Celui-ci est sans contredit le plus beau qu'il ait fait [...]. Peut-être la fière tournure et la majesté du modèle a-t-elle doublé l'audace de M. Ingres, l'homme audacieux par excellence.« (401) Ihm gefällt wie Heine das Paradoxe, der »hétéroclitisme« (584) des Malers, der zwar, wie er 1846 schreibt, in flämischer Art male, zugleich aber an Raffaels Idealismus festhalte. 1859 leuchtet ihm allerdings das sich aus der Anlehnung an Raffael ergebende unzeitgemäße Idealisieren und Deformieren der porträtierten Gestalten weniger ein. Immerhin verleiht Ingres der Wirklichkeit eine eigenwillige Note und nimmt sich Freiheiten heraus, auf die Baudelaire genauer eingeht. Die widersprüchlichen Wesenszüge der komplizierten Werke seien von den Modernen, die auch Ungefälliges und Herbes schätzen, als angenehm empfunden worden, schreibt Baudelaire 1855 im Rückblick auf Ingres' Schaffen: »Aux excentriques, aux blasés, à mille esprits délicats toujours en quête de nouveautés, même de nouveautés amères, il plaisait par la bizarrerie.« (589) Ingres' Ringen um unorthodoxe, divergente Farbkombinationen findet Baudelaire schon 1846 spannend: »Le résultat, non pas toujours discordant, mais amer et violent, plaît souvent aux poètes corrompus.« (459) Der Künstler gehört somit für beide Verfasser trotz seiner entschiedenen Abkehr von der Fantasie noch zur neuen Malerschule. Baudelaire betrachtet ihn als einen eigenartig idealisierenden Naturalisten. Heines knappe Worte zu Ingres von 1833 lassen sich als Vorlage für dieses Urteil ansehen, doch vielleicht hat Baudelaire sie erst 1857 in der neuen Ausgabe von »De la France« lesen können. Die beiden Dichter-Kritiker sind jedenfalls, bewusst oder unbewusst, Gefährten bei dem Unterfangen, Ingres' komplexer Kunst gerecht zu werden.

Heines Beitrag zu Delacroix von 1831 muss Baudelaire genauestens studiert haben. Nach Impulsen schauend, findet Baudelaire aber zunächst einmal im darauf folgenden Text über Decamps die erwähnte Schlüsselstelle, die er zum Lobe von Delacroix einsetzt. Heine kennt einige Bilder von Delacroix und zieht ihn manchen Zeitgenossen vor. Er nimmt zumindest im Katalog der Ausstellung von 1831 Notiz von allen Bildern zu Walter Scotts Romanen, somit auch von Delacroix' Stücken. Doch auf diese geht er nicht ein, Scotts Themen würden ihn doch nur weit von der neuen Zeit wegführen. Ähnlich ist 1844 Delacroix für Heine der große Löwenmaler, aber die Thematik der ungestümen Natur reizt ihn nicht. Bei seinem Besuch des Salons von 1846 müsste er die drei Werke von Delacroix gesehen haben, die Baudelaire bespricht, aber auch sie regen ihn nicht an. Völlig anders ist ihm 1831 das große Sinnbild des Jahres, »La Liberté conduisant le peuple«, wichtig. Heine erörtert das ihm heilige Sujet bis in Einzelheiten hinein. Die Hauptfigur ist für ihn alles andere als eine hehre klassische Göttin:

> Sie schreitet dahin [...] entblößt bis zur Hüfte, ein schöner, ungestümer Leib, das Gesicht ein kühnes Profil, frecher Schmerz in den Zügen, eine seltsame Mischung von Phryne, Poissarde und Freyheitsgöttinn. Daß sie eigentlich letztere bedeuten solle, ist nicht ganz bestimmt ausge-

drückt, diese Figur scheint vielmehr die wilde Volkskraft, die eine fatale Bürde abwirft, darzustellen. (DHA XII, 20)

Die übergroße allegorische Figur beschreibt Heine als eine Vertreterin der Unterprivilegierten, eine Pariser Straßendirne, zugleich aber eine noble, heldenhafte Befreierin. Sie und ihre Mitkämpfer werden durch ihre revolutionäre Mission erhoben: »Ein großer Gedanke hat diese gemeinen Leute, diese Crapüle, geadelt und geheiligt und die entschlafene Würde in ihrer Seele wieder aufgeweckt« (DHA XII, 20).

Heine fallen die ungewöhnlichen, viele Betrachter schockierenden Farben auf, doch er hütet sich davor, sie zu bemängeln. Die kühne Farbkomposition sei ohne Firnis und Schimmer geblieben und somit von einem gedämpften Oberton überzogen, der nach seiner Ansicht die angemessene Stimmung schafft:

> Der Pulverdampf und Staub, der die Figuren wie graues Spinnweb bedeckt, das sonnengetrocknete Colorit [...], alles dieses gibt dem Bilde eine Wahrheit, eine Wesenheit, eine Ursprünglichkeit, und man ahnt darin die wirkliche Physiognomie der Julitage. (ebd., 21)

1846 erörtert Baudelaire des Künstlers frühere Arbeiten und streift dabei die von Heine besprochene Zeit der Befreiung. Stichwortartig rückt er Delacroix' Juli-Bild in die Reihe der frühen Meisterwerke des Malers: »L'homme étant donc bien dûment révélé et se révélant de plus en plus (tableau allégorique de La Grèce, le Sardanapale, La Liberté, etc.)...« (429). Es wird also in einem Zug mit Griechenlands Niederlage und mit dem Untergang des Herrschers, Baudelaires Lieblingsbild, erwähnt. Einzelheiten von Heines Beschreibung der Befreierin dringen aber erst später in Baudelaires Kunstkritik ein. So schreibt Baudelaire 1855 über Delacroix' ambivalente Heldinnen, spricht von ihrem supernaturalistischen Aussehen und denkt insbesondere an Gemälde zur Zeitgeschichte, also eindeutig an die schöne Verkörperung des besiegten Griechenlands sowie die Pariser Heldin:

> Mais toujours, et quand même, ce sont des femmes distinguées, essentiellement distinguées; et enfin, pour tout dire en un seul mot, M. Delacroix me paraît être l'artiste le mieux doué pour exprimer la femme moderne, surtout la femme moderne dans sa manifestation héroïque, dans le sens infernal ou divin. Ces femmes ont même la beauté physique moderne, l'air de rêverie, mais la gorge abondante, avec une poitrine un peu étroite, le bassin ample, et des bras et des jambes charmants. (594)[20]

Bei der Analyse von Delacroix' übernatürlicher Farbenmagie 1855 und 1861 werden Heines spärliche Andeutungen zu dieser neuen Ästhetik mit ihrer Tiefenwirkung von geringem Nutzen gewesen sein. An Heines Rechtfertigung des grauen Pulverdampfs und Staubs auf dem Juli-Bild scheint sich 1845 jedoch Baudelaires Bemerkung zu der Darstellung des marokkanischen Sultans mit seiner Gefolgschaft anzulehnen:

> Ce tableau est si harmonieux, malgré la splendeur des tons, qu'il en est gris – gris comme la nature – gris comme l'atmosphère de l'été, quand le soleil étend comme un crépuscule de poussière tremblante sur chaque objet. (357)

Aus dem »inventeur de l'Orient«, Alexandre Decamps, macht Heine seinen Hauptvertreter des supernaturalistischen Malens. Er fühlt sich immer wieder von diesem Künstler angezogen. 1833 belustigen ihn Decamps' Karikaturen mit Affen. Beim Erscheinen der Skizzen zu »Don Quixote« erklärt er Decamps für den originellsten der zeitgenössischen französischen Maler. 1831 widmet er ihm ein langes Kapitel. Zunächst beschreibt er kurz die beglückende Atmosphäre von »Maison turque«. Das Bild hält anscheinend des Malers Begegnung mit dem Orient besonders gemütsvoll fest. Schlichte Farben in Licht und Schatten verleihen dem Ort eine erfreuliche Stimmung, von der Heine ergriffen wird:

> Ein türkisches Gebäude [...], weiß und hochgebaut, hie und da eine kleine Fensterlucke, wo ein Türkengesicht hervorlauscht, unten ein stilles Wasser, worin sich die Kreidewände mit ihren rötlichen Schatten abspiegeln, wunderbar ruhig. (DHA XII, 23)

Viel ausführlicher setzt sich Heine dann mit »Cadji-Bey, ou la Patrouille turque«[21] auseinander, für viele Zeitgenossen Decamps' wichtigstes Werk. Baudelaire wird sich immer wieder von Heines Besprechung dieses Gemäldes anregen lassen. Die »Patrouille turque« zeigt eine Gruppe von Ordnungshütern, die im Laufschritt, um ihren berittenen »schwammbäuchigen« (ebd.) Anführer geschart, vorbeieilt. Heines Bildbeschreibung ist so lebendig, dass sie auf manchen stärker gewirkt haben mag als das Gemälde selbst. Der Dichter sieht hier insgeheim die neue Zeit behandelt in einem diskreten Engagement für die Überwindung der Tyrannei. Der äußere Blick des Malers erfasse das von seiner Mannschaft umgebene Polizeioberhaupt, mit seiner Anmaßung das despotisch geführte Osmanische Reich leibhaftig verkörpernd. Ein tieferer, innerer Blick betrachte gleichzeitig die orientalische Szene mit der distanzierten Heiterkeit eines vom *Ancien Régime* befreiten Franzosen. Heine interessiert vor allem, was diesem sanft karikierenden zweiten Blick zuzuschreiben ist.[22] Er begeistert sich für die verblüffenden Abweichungen von der äußeren Wirklichkeit des Orients in dem Spiel zwischen Sonnenlicht und Schatten, in dem Tierartigen der erniedrigten Figuren mit ihrer »Hasenangst« (ebd.) und in den gerafften Bewegungen von Mensch und Pferd. Vor dem hellen Hintergrund scheinen die eilenden Personen und das die Beine werfende Ross vom Boden losgelöst zu sein. Da Decamps wegen dieser überwirklichen Merkmale in französischen Besprechungen angegriffen worden ist, holt Heine zu einem mächtigen Gegenschlag aus. Insbesondere der allzu rational auftretende Augustin Jal fordert ihn dazu heraus, Supernaturalismus ganz grundsätzlich als die höchste Qualität der Kunst darzulegen. Jal wird erwähnt, weil er »scheinbar demütigst« argumentiert »er sei nur ein Mensch, der nach Verstandesbegriffen urteile, und sein armer Verstand könne in dem Decampsschen Bilde nicht das große Meisterwerk sehen, das von jenen Überschwenglichen, die nicht bloß mit dem Verstande erkennen, darin erblickt wird« (DHA XII, 23 f.).

Decamps' Farben gefallen Heine auch, wenn er einmal ihre thematische Verwendung ganz außer Acht lässt, was er bildhaft mit seinem kleinen orientalischen Märchen von einer versteckten, für sich selbst schönen Liebesbotschaft erklärt. Er vernimmt bei dem Bild die Augen und Ohren anregende »delizieuse Farbenmusik, die zwar komisch, aber doch harmonisch klingt, de[n] Zauber seines Colorits.« (ebd., 26). Baudelaire entdeckt in Heines Äußerungen zu Decamps eine Goldmine, für seine Kunstkritik so wertvoll wie für seine Prosadichtung Poes Worte zu Hawthornes Kurzgeschichten.[23] Auch ihn fasziniert an Decamps' Werken der supernaturalistische Zug. Baudelaires 1846 verfasste Passage über den Maler ist vor allem ein Rückblick: »M. Decamps est un de ceux qui, depuis de nombreuses années, ont occupé despotiquement la curiosité du public, et rien n'était plus légitime.« (448) Heines Betrachtungen zu den Bildern von Decamps im Salon von 1831 dienen anscheinend als Grundlage für die Evokation von Meisterwerken, die vermutlich gar nicht mehr zu sehen waren. Die Bilder werden von Baudelaire ohne Titel in typisierender, unpräziser Weise beschrieben, was für ein Überspielen von Unsicherheit, verursacht durch das Fehlen einer eigenen Anschauung, spräche. Im Brief vom 15. Mai 1959 an Nadar wird sich Baudelaire rühmen, er sei in der Lage, von Bildern zu sprechen, ohne sie gesehen zu haben. Man hat an Träumerei, an ein »tableau imaginaire mais typique«[24] gedacht, aber eher stehen Heines und wohl auch Gustave Planches Worte zu »Maison turque« hinter Baudelaires Feststellung:

> Nul n'étudiait avec autant de soin les effets de l'atmosphère. Les jeux les plus bizarres et les plus invraisemblables de l'ombre et de la lumière lui plaisaient avant tout. Dans un tableau de M. Decamps le soleil brûlait véritablement les murs blancs et les sables crayeux; tous les objets colorés avaient une transparence vive et animée. Les eaux étaient d'une profondeur inouïe; les grandes ombres qui coupent les pans des maisons et dorment étirées sur le sol ou sur l'eau avaient une indolence et un farniente d'ombres indéfinissables. Au milieu de cette nature saisissante, s'agitaient ou rêvaient de petites gens, tout un petit monde avec sa vérité native et comique. (450)

Baudelaire scheint Heines Aussage zu dem Bild auszuschmücken, gedanklich nicht mehr weit weg von Delacroix und Boudin, mit ihrer drogenartigen, übernatürlichen Ausstrahlung. Der »Patrouille turque« gilt eine längere Darlegung in der Rückschau auf die glanzvollen Werke der Vergangenheit, »pleins de poésie, et souvent de rêverie« (ebd.). Verallgemeinernd formuliert der Dichter-Kritiker das, was sich in Heines Bemerkungen zu dem merkwürdigen Bild von dem fabelhaften Orient findet:

> Le dessin, c'est-à-dire la tournure de ses petits bonshommes, était accusé et trouvé avec une hardiesse et un bonheur remarquables. [...] M. Decamps sait faire comprendre un personnage avec quelques lignes. Ses croquis étaient amusants et profondément plaisants. C'était un dessin d'homme d'esprit, presque de caricaturiste; car il possédait je ne sais quelle bonne humeur ou fantaisie moqueuse, qui s'attaquait parfaitement aux ironies de la nature. [...] Seulement il y avait dans ce dessin une certaine immobilité, mais qui n'était pas déplaisante et complétait son orientalisme. (448 f.)

Mit der Nähe zur Karikatur meint er sicherlich das Tierartige an den Figuren. Von den unerhörten Sprüngen, welche in Decamps' Œuvre fast nur bei der »Patrouille« vorkommen, wird gesprochen, als ob es sich um mehrere typische Bilder des Malers handle:

> Il prenait d'habitude ses modèles au repos, et quand ils couraient, ils ressemblaient souvent à des ombres suspendues ou à des silhouettes arrêtées subitement dans leur course; ils couraient comme dans un bas-relief. (449)[25]

Heines Worte zu der »Patrouille« werden noch in der Beschreibung von Constantin Guys' Skizzen von finsteren orientalischen Polizeichefs und Unterdrückern weiterleben: »[...] des fonctionnaires turcs, véritables caricatures de décadence, écrasant leurs magnifiques chevaux sous le poids d'une obésité fantastique.« (704)
 Baudelaire macht 1846 kein Hehl daraus, dass er die jüngsten Entwicklungen in Decamps' Schaffen für nicht so beachtenswert hält wie die früher leuchtenden Sonneneffekte. Die Glanzlichter mögen die jetzigen dunkleren, weniger geglückten Werke in den Hintergrund drängen: »Il me paraît si facile de nous consoler avec les magnifiques Decamps qui ornent les galeries, que je ne veux pas analyser les défauts de ceux-ci.« (451) In den Zeichnungen zu der Geschichte von Simson findet er 1845 immerhin bei genauerem Hinsehen ein Überbleibsel von »l'ancien Decamps« (361). Offensichtlich mit jenen der Natur entrückten Luftsprüngen der »Patrouille« im Sinn konzentriert er sich beim Bild der Erschütterung des Tempels auf eine schwebende Figur. An Decamps' packender Momentaufnahme, in der Wirkliches und Überwirkliches zusammentreffen, hat er seine helle Freude:

> On reconnaît le génie de M. Decamps tout pur dans cette ombre volante de l'homme qui emjambe plusieurs marches, et qui reste éternellement suspendu en l'air. – Combien d'autres n'auraient pas songé à ce détail, ou du moins l'auraient rendu d'une autre manière! Mais M.

> Decamps aime prendre la nature sur le fait, par son côté fantastique et réel à la fois – dans son aspect le plus subit et le plus inattendu. (362)

»Samson tournant la meule« greift das Ineinandergehen von menschlicher und tierischer Gestalt auf. Diese von Heine an den Begleitern des Cadji Bey geschätzte Vermischung erachtet Baudelaire hier als die geeignete Ausdrucksform für Simsons Erniedrigung: »A la bonne heure – voilà du Decamps, du vrai et du meilleur – nous retrouvons donc enfin cette ironie, ce fantastique, j'allais dire ce comique que nous regrettions tant [...].« (ebd.)

Simson sei nun ein entthronter menschlicher Löwe, ein tief gestürzter König des Waldes. Der Maler-Schriftsteller Fromentin hält 1845 seine Bewunderung für diese Zeichnung fest, Delacroix hat 1847 sein Vergnügen an ihr und schreibt am 11. März in sein Tagebuch: »C'est du génie«.

Mit »Retour du Berger« weiß Baudelaire 1846 wenig anzufangen, er wäre lieber einem weiteren Sonnenbild begegnet. Heines etwas später im gleichen Jahr abgedruckte Meinung zu dem Gemälde, die mit van Goghs zusammentreffen wird, hätte Baudelaire möglicherweise umgestimmt. Die naturnahe und doch nicht realistische Darstellung fasst Heine allegorisch, sozialkritisch auf. Eine elende und zugleich glanzvolle Gestalt, »ein Hirt, der in seiner zerlumpten Majestät wie ein wahrer Bettelkönig aussieht« (DHA XIV, 121), werde gezeigt, ohne Verniedlichung, ohne »süßliche Veridealisierung« (ebd.). Heines anthropomorphe Beschreibung von »stumpfsinnig trüben Wetterwolken mit ihren feuchten Grimassen« klingt etwas wie die Baudelaire begeisternde chinesische Windfantasie.

Baudelaire geht auf die verblüffenden Farben des Malers in früheren Zeiten ein und, wie Heine davon beeindruckt, erklärt er: »La couleur était son beau côté, sa grande et unique affaire.« (449)[26] Die Ausarbeitung der Gemälde erachtet Baudelaire für nicht akzentuiert genug. Trotzdem schätzt er Decamps. Er findet, im Salon von 1845 gebe es außer Haussoulliers Werk an wirklichen Überraschungen nur »quelques très belles choses des Delacroix et des Decamps« (407). Als er schließlich 1864 eine Notiz zum Decamps-Bild in der Collection Crabbe macht, könnte man meinen, er rede von einem Delacroix: »Un des meilleurs. Grand ciel mamelonné, profondeur d'espace.« (963) Insgesamt beurteilt Baudelaire 1846 den originellen Maler kaum weniger lobend als Heine es vor ihm getan hatte:

> S'il esquivait trop le détail de la ligne, et se contentait souvent du mouvement ou du contour général, si parfois ce dessin frisait le chic, – le goût minutieux de la nature, étudiée surtout dans ses effets lumineux, l'avait toujours sauvé et maintenu dans une région supérieure. (448)

Die Baudelaire-Literatur täte gut daran, künftig auf Heines Vorarbeit für den jüngeren Kritiker zu verweisen.

Bei keinem der gepriesenen Gemälde weist Baudelaire ausdrücklich auf Heine als seine Quelle hin, doch Heines gedankliche Präsenz schlägt sich in den Schriften nieder. Nicht anders verhält es sich bei Gemälden, die Baudelaire missfallen. Zu den von Heine abgelehnten Malern gehört Jean-Victor Schnetz. Das 1831 ausgestellte Gemälde »Des malheureux implorant le secours de la Vierge« ermangele »innerer Anschauung« (DHA XII, 28), erklärt Heine und spottet über die leere Theatralik. Er fühle sich nicht erhoben, sondern herabgezogen. Baudelaire dürfte an den Vorwurf gedacht haben, als er nach den inzwischen verstrichenen Jahren, in denen Schnetz sich nicht gesteigert hatte, einen ähnlich schroffen Ton wählte. Für Schnetz' Bilder kann Baudelaire sich keine sinnvolle Verwendung vorstellen und erwartet auch nichts von der Zukunft: »Hélas! Que faire de ces gros tableaux italiens? – nous sommes en 1845 – nous craignons fort que Schnetz en fasse encore des semblables en 1855.« (367)

Ary Scheffer wird 1831 von Heine mit Ironie behandelt. Die der Literatur, insbesondere Goethes »Faust« entliehenen Gefühle und Gedanken erscheinen ihm als Programm vorgegeben, der Maler drücke den Stoff nicht als sein eigenes Erlebnis neu aus. Die »unbestimmten, gelogenen, gestorbenen, charakterlosen« (DHA XII, 14) Farben, weitgehend grüne und braune Töne, lässt Heine für Faust und Gretchen gerade noch gelten. Gretchen habe aber nicht den Rang eines ausdrucksvollen Porträts, es sei kein Gesicht, in dem etwas zu sehen ist, sondern nur eine »gemalte Seele« (ebd.). In der Arbeit von 1833 findet er die Gestalt noch weniger getroffen. Es handle sich um nicht mehr als eine thematische Wiederholung. Die Ausführung sei zwar technisch verbessert, das neue Werk bedeute aber nicht viel, denn es sei nur »glühender gemalt und frostiger gedacht« (ebd., 54). Des Malers trübe Farben seien allerdings angemessen für die Darstellung des Opportunisten Talleyrand. »Leonore« – Bürgers »Lenore« ins katholischen Mittelalter versetzt – sei farblich erfreulicher gemalt und »so heiter trübe, wie ein wehmüthiges Frühlingslied« (ebd., 16) geraten, habe jedoch nichts mehr von jener tragischen Figur des Siebenjährigen Krieges. Der Person auf dem Bild fehle das Format, um zu freveln und im Todesritt zu ihrem Grab zu eilen. Scheffers Porträt von Henri IV. erwähnt Heine flüchtig, bei dem von Louis Philippe verweilt er länger. Er findet es zu naturalistisch, zu unauffällig, zu wenig vertieft. Meister der Porträtkunst wüssten den Betrachter der dargestellten Persönlichkeiten ganz anders zu packen.

Einiges von Heines Kritik an dem kühl Ersonnenen in Scheffers Stücken findet sich bei Baudelaire wieder. 1846 kritisiert er das Bild »Saint Augustin et Sainte Monique«, das seinen Begleittext keineswegs malerisch sinnvoll umsetze. Baudelaire streift dann Scheffers erfolgreiche Vergangenheit, eben jene von Heine besprochenen Jahre des »hommage à la mémoire de Gœthe« (475). Die in seinen Augen nicht kongenial gemalten Bilder von Faust und Gretchen erwähnt er fast gleichzeitig in einer Schmähschrift. Darin heißt es zu Scheffers Ansatz: »Quand un peintre se dit: – Je vais faire une peinture crânement poétique! Ah! La poésie! !... – il fait une peinture froide, où l'intention de l'œuvre brille aux dépens de l'œuvre.« (9)[27] Ein solches Bild werde einem Zweck unterstellt, gerate zu einer Art Lehrstück. Das wahrhaft Dichterische müsse jedoch frei und gleichsam unabsichtlich aus dem Bild selbst hervorgehen, anders gesagt: »la poésie d'un tableau doit être faite par le spectateur« (ebd.).[28] Im Salonbericht von 1846 beschwert sich Baudelaire noch heftiger als Heine über Scheffers Behandlung der literarischen Themen. Er verwirft dessen gedankliche Unselbstständigkeit und glanzlose Malweise. Der zeittypische Maler sei einer der »singes du sentiment«. Von deren Verirrung heißt es:

> Les essais de moyens contradictoires, l'empiètement d'un art sur un autre, l'importation de la poésie, de l'esprit et du sentiment dans la peinture, toutes ces misères modernes sont des vices particuliers aux éclectiques. (473 f.)[29]

In »Le Musée classique du Bazar Bonne-Nouvelle« von 1846 greift er dann Scheffers Thematik und Palette rundweg an, indem er von dem Maler noch kürzer angebunden als Heine sagt, er sei »un poète sentimental qui salit des toiles« (413).

Paul Delaroche hat für die beiden Dichter-Kritiker ebenso wenig von einem großen Maler wie Ary Scheffer. Delaroche geht kaum auf die neue Zeit ein, malt vielmehr bevorzugt Geschehnisse der Vergangenheit in naturalistischer und gefälliger Manier. Heine bespricht wiederholt die von Delaroche behandelten Todesszenen hochgestellter Persönlichkeiten. 1831 schreibt er über den geschichtlichen Hintergrund der gemalten Szenen »Le cardinal de Richelieu conduisant au supplice Cinq-Mars et de Thou« und »Le cardinal de Mazarin mourant«. Ästhetische Kritik richtet sich besonders gegen die trüben, gelblichen Farben des Porträts von Oliver Cromwell. 1841 betont er am Beispiel einer Darstellung Napoleons, dass der Maler im Wesentlichen von Vorlagen ausgehe, die er ohne inneres Feuer ineinander füge. Er achte auf das leicht zu Sehende an einer Figur, verwende »das eklektische Verfahren, welches eine gewisse äußere Wahrheit befördert, aber keinen tiefern Grundgedanken aufkommen läßt« (DHA XIII, 147) und den Beschauer deshalb nicht mitreiße.

Baudelaire erinnert in seinem Beitrag über Pétrus Borel von 1861 an Delaroche als Pendant zu dem zeittypischen Schriftsteller Delavigne. 1846 kommt er auf die zwei Darstellungen der Kardinäle zu sprechen. Diese und eine dritte Darstellung bewertet er sehr ähnlich wie Heine:

> Nous avons revu avec plaisir les trois petits tableaux de M. Delaroche, Richelieu, Mazarin et l'Assassinat du duc de Guise. Ce sont des œuvres charmantes dans les régions moyennes du talent et du bon goût. (413)

Er wirft dem Maler gleichzeitig seine »maladie des grands tableaux« (ebd.) vor. In seinem Nachruf auf Delacroix berichtet Baudelaire, er habe Delaroche und Vernet in ihren Ateliers als uninspirierte, fleißig arbeitende Maler kennengelernt. Delaroche ist auch in seinen Augen nur ein Eklektiker. Wiederum wie Heine meint er, die matten, unschönen Farben des Malers verfehlten eine tiefere Wirkung. Er berichtet, Delacroix sei die »peinture sale et amère« (765) seines Kollegen ein Ärgernis gewesen.

Für Scheffer und Delaroche reicht den beiden Kritikern ein bisschen Spott. Horace Vernet provoziert sie viel mehr. Dieser Maler versuche, meint Heine 1831, mit falschen Steinen zu blenden. Vernet kopiert vielerlei Erscheinungen der äußeren Wirklichkeit, schwingt sich aber nach Heines Dafürhalten nie zu originellen Gestaltungen auf. Vernets Judith, die sich anschickt, Holofernes zu töten, findet er angeblich bezaubernd, zugleich aber »etwas metzgerhaft« (DHA XII, 17). Man denkt an den Unterschied zu den alten Meistern, welche Judith bei oder nach der Enthauptung des Feindes malten. Heine schließt mit einem vernichtenden Gesamturteil. Vernet biete alles, »Heiligenbilder, Schlachten, Stillleben, Bestien, Landschaften, Portraite« (ebd., 19), alles zu rasch, »fast pamphletartig« (ebd.) hingemalt. Zehn Jahre später bespricht Heine von den im Salon ausgestellten Bildern nur die von Horace Vernet ausführlicher. In ihm, dem nationalsten der französischen Maler, sieht er jetzt nämlich die Fehlentwicklungen der flachen industrialisierten Gesellschaft gespiegelt. Er setzt sich deshalb gründlich mit »Judas et Thamar« auseinander. Wie er darlegt, handle es sich um eine im neumodisch realistischen Stil gehaltene Szene, die im französischen Algerien spiele, nicht wirklich um die biblische Begebenheit, die aus der Gemütstiefe heraus hätte gestaltet werden müssen. Diese Auffassung, nicht das Sujet, wird getadelt. Das ganz nach der Natur gemalte Tier sei »ein oberflächliches Kamehl, woran kein einzig symbolisches Haar ist« (DHA XIV, 88). Die Gleichgültigkeit des Kamels gegenüber dem Sujet, dem Liebeshandel, wird als bezeichnend für das gesamte Gemälde sowie für Vernets sonstige Darstellungen biblischer Stoffe erkannt. Er stellt darauf grundsätzlich des Malers unreflektiertes Produzieren von Beliebigem fest – seine Fruchtbarkeit, die ans Lächerliche grenze – und gibt der Karikatur von Benjamin Roubaud im »Charivari« von 1838 Recht; sie zeige Vernet, der »auf einem hohen Rosse, mit einem Pinsel in der Hand, vor einer ungeheuer lang ausgespannten Leinwand hinreitet und im Galopp malt« (DHA XIV, 89). Wie nach den allbekannten Naturgesetzen vollziehe sich Vernets unbeschwerliche Arbeitsweise: »Das Malen ist ihm angeboren wie dem Seidenwurm das Spinnen, wie dem Vogel das Singen, und seine Werke erscheinen wie Ergebnisse der Notwendigkeit. Kein Stil, aber Natur« (ebd.). Über die zahlreichen »kolossalen Schlachtstücke« (ebd.) der jüngsten Schaffensperiode kann Heine sich nur wundern und überhäuft sie mit Spott.

Horace Vernet. Karikatur von Benjamin Roubaud aus »Le Charivari« (1838)

Baudelaires polemischer Beitrag von 1846 scheint ganz auf Heines negatives Urteil abgestimmt. Auch für ihn ist der aus der Natur heraus schaffende Vernet 1846 ein rotes Tuch, »parce qu'il est né coiffé, et que l'art est pour lui chose claire et facile« (470). Auch Baudelaire betrachtet ihn als einen flinken Produzenten gefälliger, unechter Steine, »l'antithèse absolue de l'artiste« (ebd.). Dem jüngeren Kritiker kommt gleichfalls Roubauds bissige Karikatur in den Sinn:

> M. Horace Vernet est un militaire qui fait de la peinture. – Je hais cet art improvisé au roulement du tambour, ces toiles badigeonnées au galop, cette peinture fabriquée à coups de pistolet [...]. (469)[30]

Er drückt seine Abneigung gegenüber der leidenschaftslosen Massenproduktion, insbesondere gegenüber den vielen militärischen Stücken mit ihrem Detailrealismus deutlich aus. Vernet sei ein zeittypischer »ouvrier en peinture« (459). Von »Judas et Thamar« schreibt er in »Le Musée classique du Bazar Bonne-Nouvelle« entsprechend abschätzig, Vernet sei Unglaubliches gelungen: »faire la peinture à la fois la plus criarde et la plus obscure, la plus embrouillée!« (413) Mit Thamars Aussehen gibt er sich nicht ab, er geht rasch auf Ingres' schöne Frauen über. Es ist, als wolle Baudelaire in seiner frontalen Attacke gegen den Maler die bei Heine etwas indirekter bleibende Verhöhnung verschärfen. Baudelaire erblickt zudem in Nicolas Charlet, »l'enfant gâté du chauvinisme«, eine Art Doppelgänger, über dessen formelhafte »niaiseries nationales« er auch nichts Positiveres als über Vernets Militärstücke zu sagen hat (vgl. 764 und 549).[31]

Heines Grundsätze, die in das Decamps-Kapitel eingearbeitet sind, helfen Baudelaire beim Formulieren seiner eigenen Ästhetik. Heines Vorbild ist ihm bei der Gestaltung seines Einsatzes für die künstlerische Fantasie wichtig, doch noch mehr bei der Abwehr von Angriffen auf die Kühnheit moderner Künstler. Die Gegner der neuartigen, supernaturalistischen Schöpfungen, die der Vergangenheit anhängenden »Kunstphilosophen [...] ohne eigene Poesie« (DHA XII, 24), werden von Heine in so eindrucksvoller Art zurechtgewiesen und verhöhnt, dass Baudelaire das sprachliche Muster seines kämpferischen Vorgängers leidenschaftlich weiterführt. Für den Befreiungskampf von den erstarrten Konventionen, den akademischen Klassizismen, von der überlieferten Art der Naturnachahmung sowie von oberflächlichem Realismus hat der französische Kritiker stets seinen geistigen Begleiter.

1855 erfindet Baudelaire für »Méthode de critique«, die Einleitung zu der »Exposition universelle«, eine Kontrastfigur zu sich selbst, um im Widerstreit mit ihr eine freiere Ästhetik einzufordern. Er spricht sich dafür aus, dass nicht nur Kunstwerke, die den Idealen der Antike gerecht werden, sondern alle Kunstwerke der Welt Anerkennung finden. Sein Ausgangspunkt ist ein chinesisches Produkt, das er mit Anklängen an Heines Brentano-Träumerei beschreibt (vgl. 576).[32] Ausdrücklich entnimmt er Heines Decamps-Text eine Formulierung, um eine Schneise in das Dickicht der überholten Auffassungen zu schlagen und sich abzugrenzen von seinem für exotische Produkte und für die »correspondances« zwischen Natur und Übernatur unzugänglichen Gegenspieler, »un de ces modernes-professeurs-jurés d'esthétique, comme les appelle Henri Heine« (577 f.). Er wiederholt noch zweimal die Idee »professeur-juré« und zeigt damit, wie sehr ihm die Passage von 1831 aus dem Herzen spricht. Dort entrüstet sich der deutsche Bewunderer der »Patrouille turque« über den akademischen Diskurs der unflexiblen, doktrinären »Aesthetiker« (DHA XII, 25), jene »stehenden Kunstrezensenten, die nach alten vorgefaßten Regeln jedes neue Werk bekritteln, [die] Oberkenner, die in den Ateliers herumschnüffeln und Beyfall lächeln, wenn man ihre Marotte kitzelt« (ebd., 23).

Die Gegner fantasievoller Neuheiten werden von Baudelaire bei verschiedenen Anlässen mit dem eigenwillig als polemisches Kennzeichen verwendeten Wort »juré« bedacht.[33] Es entstammt der französischen Fassung, welche »Oberkenner« mit »connaisseurs jurés« wiedergibt. Das kleine Beiwort hatte es Baudelaire schon lange angetan. Es erscheint erstmals 1846 in »Des écoles et des ouvriers« und unterstreicht in diesem Kapitel zusammen mit sozialpolitisch klingender, kämpferischer

Terminologie Baudelaires ästhetische Position. Rasches Herstellen von Erfolgsprodukten hatte Heine an Vernet lächerlich gefunden. Jetzt werden von Baudelaire Maler wie Vernet, Delaroche, Scheffer als »ouvriers« attackiert und im Kontrast zu temperamentvollen Künstlerpersönlichkeiten von großer Originalität betrachtet, welche allein fähig seien, »de fonder un atelier de fleurs et de parfumeries nouvelles« (490)[34]. Die »ouvriers en peinture« (459) – die von Stendhal herrührende, genauere Variante des Begriffs – machen sich das Malen viel zu leicht; Baudelaire wird 1859 im Kapitel »L'artiste moderne« sich erneut über die bequeme, unverinnerlichte Vorgehensweise auslassen. Diesen flinken Produzenten kreidet Baudelaire an, dass sie in beliebig auswechselbarer Weise Verfahren von Vorgängern übernehmen. Sie seien unkritische, dilettantische Nachäffer, »imitateurs sacrilèges« (492). Baudelaire beginnt seine Diatribe mit einer imaginären Polizei-Szene im Stil eines Boulevard-Stücks, um den verblendeten »républicains de l'art« (ebd.) eins auszuwischen, denn sie blickten überhaupt nicht über ihre eigene Masche hinaus, und, anstatt von einem wirklichen Meister und Erneuerer zu lernen, wollten sie die bildende Kunst auf ihr Niveau herabziehen und selbst die Herrschaft übernehmen. Der Typ des gleichmacherischen »Republikaners« im Reich der Kunst tritt vor Baudelaires innerem Auge theatralisch als »iconoclaste juré« (490) auf und erhält von einem Ordnungshüter die verdiente Tracht Prügel für seine Anmaßung.

In »De l'essence du rire« 1855 und zwei Jahre später in »Quelques caricaturistes français« werden Angriffe auf Baudelaires Herleitung des Komischen im christlichen Zeitalter und Angriffe auf karikierende Künstler abgewehrt, in der Art wie Heine Decamps' »Unnatürlichkeit und Karikatur« in Schutz genommen hatte. Baudelaire lacht über die »contradicteurs jurés« (533) und zieht über »certains professeurs jurés de sérieux, charlatans de gravité« (526) her, welche die Karikatur grundsätzlich nicht als vollwertige Kunstform gelten lassen wollen und Meister wie Daumier oder Rabelais verkennen.

Auch in seine Besprechung von Wagners Musik 1861 geht etwas von Heines Denken und Ausdrucksweise ein. Der Einsatz für das Gespaltene an Tannhäuser wird mit von Heine herrührenden Gegensätzen hervorgehoben. Baudelaire wendet sich auch hier von konservativen Kritikern ab. Das Erleben des ersten Aktes, während dessen aufgeschlossene Zuhörer sich mit dem vom Liebesgenuss erdrückten Helden identifizierten, fasst er in die Worte:

> Nous étions semblables au chevalier Tannhäuser lui-même, qui, saturé de délices énervantes, aspire à la douleur! cri sublime que tous les critiques jurés admireraient dans Corneille, mais qu'aucun ne voudra peut-être voir dans Wagner. (795 f.)

Mit den »critiques jurés« kommt er zurück auf François-Joseph Fétis, den konservativen Musiktheoretiker, den Heine seinerseits schon bekämpft hatte. Seine Aufmerksamkeit gilt der Schlüsselstelle in Heines Gedicht »Der Tannhäuser«, an welcher der Unglückliche ausruft: »Ich schmachte nach Bitternissen« (DHA II, 53; DHA IX, 57). Die nach herkömmlichen Kriterien Urteilenden, so versteht man, sind für Wagners und Heines Gestaltung der inneren Not, der romantisch-modernen Sehnsucht nach einem anderen Leben, unempfänglich. Über Venus im Venusberg spricht Baudelaire wie jemand, der »Les dieux en exil« gelesen hat. »Der Fliegende Holländer« wird nun zusammengefasst als »l'histoire si populaire de ce Juif errant de l'Océan« (803). In den »Memoiren des Herrn von Schnabelewopski«, welche Baudelaire gewiss so gut kannte wie Gautier, der aus ihnen in »Voyage en Russie« zitiert, spottet der Held selbst »über den fliegenden Holländer den ewigen Juden des Oceans« (DHA V, 172).

Auf der Straße, im Salon und im Omnibus, so erfährt man 1859, trifft Baudelaire auf unverständige, praktische Gemüter, welche die Porträtmalerei als etwas ansehen, das keine Fantasie erfordere, da reiner Naturalismus für die Ähnlichkeit mit dem Modell das Beste sei. Sie werden zu »l'Âme de la Bourgeoisie«, zu einer leibhaftigen Figur, welche den Verfasser in seiner Studierstube peinigt. In seiner Sehnsucht nach Satisfaktion sieht sich der ästhetische Reformator in Gedanken der teuflischen Vision ein Tintenfass an den Kopf schleudern. Baudelaire stellt dem personifizierten Bürgergeist sein Ideal eines künstlerischen Abbildes entgegen mit dem Hinweis auf Holbeins Porträt von Erasmus, welches die Physiognomie mehr seherisch erfasse und das Antlitz der Person »avec sobriété mais avec intensité« ausdrücke.

Heine hatte seine Bedenken zu Ary Scheffers realistischem Bildnis Louis Philippes vorgebracht und schließlich den »Werth der ganzen Schefferschen Portraitmalerey« (DHA XII, 15) in Frage gestellt, da die Ähnlichkeit mit dem Dargestellten keineswegs von eindringlicher Wirkung sei. Bei den Werken von Holbein, Tizian und Van Dyck sieht Heine hingegen eine einprägsame Idee in das dargestellte Gesicht gelegt.

Die bei Baudelaire immer wieder aufflammende Polemik gegen die Befürworter der reinen Mimesis prägt zahlreiche theoretische Auseinandersetzungen, darunter die berühmten Seiten über die »reine des facultés« im Salonbericht von 1859. Baudelaire betont bei verschiedenen Anlässen, er komme immer wieder auf seine Grundüberzeugung zurück, und Heines Stimme gegen das »leidige Verweisen auf die Natur und wieder die liebe Natur« (ebd., 25) schwingt ständig mit. Um diese Kontinuität zu zeigen, soll Baudelaires Umgang mit Delacroix' Gegnern betrachtet werden. Baudelaire schreibt 1855, Delacroix sei seit je heftigem Widerstand ausgesetzt gewesen: »Jamais artiste ne fut plus attaqué, plus ridiculisé, plus entravé« (591). Auf die Gegner der »Patrouille turque« wird in der Einleitung zu »L'Exposition universelle« angespielt, und im Kapitel über Delacroix in derselben Abhandlung treten mit diesen verwandte pedantische »Domino-Spieler« auf, die über den kühnen französischen Maler in großbürgerlichen Salons und in »académies d'estaminet«

(ebd.) herziehen. Innerhalb dieser Gesellschaftskreise wird Alphonse Karr, »l'homme au bon sens de travers« (592), herausgehoben, den der extravagante, unnatürliche Farbton des »cheval rose« auf dem Bild »La Justice de Trajan« gestört habe: »comme s'il n'existait pas des chevaux légèrement rosés, et comme si, en tout cas, le peintre n'avait pas le droit d'en faire.« (ebd.) Immerhin, räumt Baudelaire zurückblickend ein, habe dieser Vorwurf sich nicht nachteilig ausgewirkt. Im Gegenteil! Das Gemälde »[...] fut illustré jadis par les petites plaisanteries de M. Karr« (ebd.).

Die von Unverständigen geforderte Beschränkung auf realistische Farben wird von Baudelaire 1859 noch einmal verhöhnt. Delacroix sei jüngst »un professeur pour lui enseigner son art« (632 f.) in Gestalt eines jungen Chronisten begegnet und dieser verkörpere »l'esprit moyen de la bourgeoisie« (ebd.). Baudelaire kann sich für seine Pointe das Wortspiel mit »vert« nicht verkneifen: »Ah! Les chevaux roses, ah! Les paysans lilas, ah! Les fumées rouges (quelle audace, une fumée rouge!), ont été traités d'une verte façon.« (ebd.) Solchen Geistern muss deutlich gemacht werden, dass Delacroix ganz besondere Leistungen vollbringe, da er nicht in der Renaissance, der goldenen Zeit der Kunstförderung, lebe. Das Licht der Mittagssonne leuchte für Delacroix nicht mehr, wie es ja auch für Poe nicht mehr leuchtet. Um einen neuen Angreifer, welcher, sich heuchlerisch bescheidend, nach dem Publikum schielt, bloßzustellen, argumentiert Baudelaire analog zu Heines Reaktion auf Augustin Jals unechte Dialektik:

> Ce genre d'articles, parlé d'ailleurs dans tous les salons bourgeois, commence invariablement par ces mots: ›Je dois dire que je n'ai pas la prétention d'être un connaisseur, les mystères de la peinture me sont lettre close, mais cependant, etc...‹ (en ce cas, pourquoi en parler?) et finit généralement par une phrase pleine d'aigreur qui équivaut à un regard d'envie jeté sur les bienheureux qui comprennent l'incompréhensible. (ebd.)

Baudelaire sieht in der fortschreitenden Überwindung der Anfeindungen den schönsten Beweis für Delacroix' künstlerische Ausstrahlung; die borniertten Gegner fördern stets unfreiwillig den sich alsbald einstellenden Triumph des Malers. Bereits 1845 nimmt sich der Kunstkritiker, sicherlich nach Heines Modell, gewisse »arriéristes« (353) von 1830 vor, die damals Delacroix' Werke verabscheuten und sich vor ihnen bekreuzigten. Dergleichen fällt also in die Zeit der »Liberté«! Baudelaire meint an dieser Stelle bittersüß, der Künstler werde auch künftig Angriffen ausgesetzt sein, »juste autant qu'il faut pour ajouter quelques éclairs à son auréole« (ebd.).

Wie viel Heines Werk dem französischen Dichter bedeutet, wäre wohl am klarsten in Baudelaires Entgegnung auf Jules Janins Artikel »Henri Heine et la jeunesse des poètes« vom 13. Februar 1865 zum Ausdruck gekommen, der sich gegen die finstere Thematik der unklassischen Dichter Heine, Byron und anderer wendet. Doch die Replik auf diesen Heine-Verriss kam über das Stadium unvollständiger

Notizen nicht hinaus. Die Fragmente unterstreichen aber noch einmal Heines Bedeutung für Baudelaires Kunst- und Literaturkritik. Um Janin leidenschaftlich zu widersprechen, findet Baudelaire vor allem in seiner bisherigen Polemik Munition. Er möchte jetzt die »pédagogues ignorants« (237), zu denen Janin gehört, zurechtweisen, da sie dem deutschen Dichter Dekadenz vorwerfen. Wie früher mit jenen Poe abholden »professeurs jurés« wird jetzt mit Heines Feinden gestritten. Baudelaire müsse nun auch noch ihnen, ungeachtet ihrer »incuriosité de la loi«, den sich unabweislich vollziehenden Wandel der Epochen und das Vergehen der Mittagssonne erklären. In der nüchternen neuen Zeit der nachklassischen Epoche gehe es der Kunst darum, die Melancholie, das Leiden, die Furcht vor dem Tod und die Sehnsucht nach einer anderen Welt auszudrücken. Diese moderne »mauvaise humeur« hält er – auch hier Heine folgend – für vornehmer als das von Janin gewünschte Glück der früheren Sänger. Als einer der von Janin angegriffenen »néocritiques« (235)[35] möchte Baudelaire mit Verweis auf die finstere Zeitkulisse Heines Dichtkunst rechtfertigen. Janin gehe ganz an der wahren Kunst in allen Bereichen vorbei: »Vous n'entendez rien à l'architecture des mots, à la plastique de la langue, à la peinture, à la musique, ni à la poésie.« (239) Viele der von Janin Gepriesenen sind die krassesten Gegentypen zu den von Baudelaire bewunderten Künstlern. Die Janin betörenden Rokoko-Idyllen, die flache Erotik einer Zeit, die, wie Heine in seinen »Memoiren« sagt, »minder die Schönheit als das Hübsche, das Niedliche, das Kokett-Zierliche liebte« (DHA V, 172), empfindet Baudelaire als peinlich; das Weiterleben der »galanterie sucrée du temps de Louis XV« (452) interessiert ihn gewiss nicht, und Courbets Bilder mit ihrem »amoureux cynisme« (585) wertet er als Heilmittel gegen Produkte in jenem Stil. Janin bevorzugt ausgerechnet Béranger und Delavigne, als deren Geistesverwandte Baudelaire längst Horace Vernet und Paul Delaroche ausgemacht hatte. Wie einst Decamps' und Delacroix' perfide Kritiker richte sich nun im Grunde wieder jemand selbst durch die geheuchelte Bescheidenheit seiner Argumentation:

> Laissez-moi cependant, quand je devrais être accusé d'être un vieux critique appartenant à l'ancienne critique et ne comprenant rien à l'esprit, au génie, aux découvertes des modernes, revenir pour un instant à nos vieux poètes.[36] Baudelaire kommentiert trocken: »Vous dites: Voilà de ces belles choses que je comprendrai jamais... [...] Quittez donc ce ton vieillot, qui ne vous servira de rien [...]. (235)

Heines Gedichte werden von Baudelaire weit über die von Janin gelobten bukolisch-galanten Reimereien erhoben. Die Textproben der frühen Dichtung Heines erklärt Baudelaire allesamt für reizvoll. Baudelaire identifiziert sich mit dem Verschmähten und beschließt, seine »réfutation« mit einem Bekenntnis zu der Zusammengehörigkeit ihrer beider Werke zu beginnen: »Début. Ma rage. Pierre dans mon jardin, ou plutôt dans notre jardin.« (239) [37]

Wie die großen Bilder eines Delacroix laden Heines Schriften in das Traumreich des Kunsterlebens ein. Baudelaire will echte Neuschöpfungen nicht mit den objektiven Maßstäben eines Gelehrten beurteilen, sondern unbefangen ihre geistigen und seelischen Impulse annehmen. So lässt sich auf Janins Angriff gegen den deutschen Dichter übertragen, was Baudelaire 1855 der akademischen Kritik an neuartigen Malern vorhält:

> Assez d'autres parleront le jargon de l'atelier et se feront valoir au détriment des artistes. L'érudition me paraît dans beaucoup de cas puérile et peu démonstrative de sa nature. [...] Ô vanité! Je préfère parler au nom du sentiment, de la morale et du plaisir. J'espère que quelques personnes, savantes sans pédantisme, trouveront mon ignorance de bon goût. (579)

Über zwei Jahrzehnte bleibt Baudelaire ein überzeugter Verfechter von übernatürlicher Kunst. Der Heine'sche Begriff »surnaturalisme« (ebd.) und damit verwandte Ausdrucksweisen[38] dienen der Würdigung neuer Talente an Höhepunkten kritischer Aufsätze, welche längst Weltliteratur geworden sind. Bei der Beschäftigung mit innovativen Kunstwerken erschließen sich dem französischen Dichter-Kritiker überwirkliche Welten, ob in Erzählungen Poes, in Wagners Opern oder in Delacroix' Gemälden. Die Ideen seines deutschen Vorgängers begleiten ihn bei der Begegnung mit fantasievollen Künstlern und Kritikern sowie deren Widersachern. Diese Verbindungen lassen den Leser eine Vorstellung davon gewinnen wie Heines und Baudelaires Kunstauffassungen miteinander harmonieren. Das Ausmaß der Zusammengehörigkeit ihrer Kunstkritiken lässt sich zwar, mittels der aus Fragmenten und approximativen Ergänzungen gewonnenen Rekonstruktion, nur unvollkommen darstellen. Indes gibt es nicht wenige Belege für die Einwirkung der Ideen Heines auf Baudelaires Beurteilung von Kunst. Hinreichend vorhandene Zeichen werden die Erinnerung an die Geistesverwandtschaft der zwei supernaturalistischen Kunstbetrachter aufrechterhalten.

Anmerkungen

[1] Pierre-Georges Castex nennt unter den »sources et influences« Diderot, E.T.A. Hoffmann, Gautier, Balzac und Stendhal; Heine wird nicht erwähnt. Vgl. ders.: Baudelaire critique d'art. Paris 1969, S. 28 ff.

[2] Einer vielleicht etwas vordergründigen Analyse entspricht, was Jörg Aufenanger über Heines Bericht sagt: »Heine suchte [...] vor allem den sozialen Gehalt, weniger die unverwechselbare Künstlerschaft des Wie vor dem Was«. Ders.: Heinrich Heine in Paris. München 2005, S. 31. Für Baudelaire vermag Heine durchaus die Frage nach dem Wie für Was zu beantworten.

³ Vgl. die wenigen Maler in Baudelaires Notiz für H. Garnier im Brief an Ancelle vom 6. Februar 1866 und Charles Baudelaire: Salon de 1846. Hrsg. von David Kelley. Oxford 1975, S. 48. Folglich sind einige der in DHA abgedruckten Bilder auch für Baudelaire wichtig.

⁴ Vgl. Burkhart Küster: »Fidélité« und »trahison« in einigen Zitaten Baudelaires. – In: Cahiers d'histoire des littératures romanes. Romanistische Zeitschrift für Literaturgeschichte 18 (1994), S. 395–401.

⁵ Vgl. Charles Baudelaire: Œuvres complètes. Hrsg. von Claude Pichois. Bd. II, Paris 1976, S. 1100, Anm. 3 und ebd., S. 1467, Anm. 4. Alle Zitate aus diesem Band werden im Text und in den Anmerkungen mit einfacher Seitenangabe nachgewiesen.

⁶ Jules Janin : Henri Heine et la jeunesse des poètes. – In: L'Indépendance belge vom 13. Februar 1865, abgedruckt in: Gerhard R. Kaiser: Baudelaire pro Heine contra Janin. Text – Kommentar – Analyse. – In: HJb 22 (1983), S. 136–144.

⁷ Claude Pichois und Jean-Paul Avice : Dictionnaire Baudelaire. Tusson 2002, S. 221.

⁸ Jules H. Champfleury : Souvenirs et portraits de jeunesse. Paris 1872, S. 137. Vgl dazu ausführlich Giovanni Macchia: Baudelaire critico. Mailand 1988, S. 179 f. sowie Robert Kopp: Qui était Baudelaire? Essai critique par Georges Poulet, précédé de notices documentaires par Robert Kopp. Genf 1969, S. 47. Dies widerspricht Oliver Boecks These, Baudelaires Kunstkritik sei nicht von Heine beeinflusst. Vgl. ders.: Heines Nachwirkung und Heine-Parallelen in der französischen Dichtung. Göppingen 1972, S. 116.

⁹ Zur supernaturalistischen Ästhetik vgl. die Bemerkung von Claude Pichois ; »L'artiste compose en utilisant les éléments de la nature [...] non pour reproduire ces éléments, mais pour traduire sa propre vision, pour la rendre visible. Le surnaturalisme s'oppose dès lors à celui qui professe en art le naturalisme qui veut reproduire fidèlement la nature, en idéalisant le moins possible.« Claude Pichois: La Littérature française à la lumière du surnaturalisme. – In: Le Surnaturalisme français. Hrsg. vom W. T. Bandy Center for Baudelaire Studies. Neuchâtel 1979, S. 22. Zu Baudelaires »surnaturalisme« vgl. Pichois und Avice [Anm. 7], S. 449 ff. Ralph Häfner hebt bei Baudelaires »surnaturalisme« den vielfach vernachlässigten Bereich »fancy« (im Gegensatz zu »creative imagination«) hervor. Vgl. ders. : Heine und der Supernaturalismus. Von Walter Scott zu Charles Baudelaire. – In: Germanisch-Romanische Monatsschrift 55 (2005), S. 397–416. Gerhart Hoffmeister sieht den »surnaturalisme« Baudelaires »auf eine metaphysische Welt christlich-platonischer Provenienz ausgerichtet«. Ders.: Heine in der Romania. Berlin 2002, S. 54, ähnlich einseitig Höhn ³2004, S. 279. Baudelaire lässt, 1859 besonders deutlich, alle Werke der Einbildungskraft gelten, mit Ironie bricht er idealistische Ansätze. Vgl. dazu Max Milner: Baudelaire et le surnaturalisme. – In: Le Surnaturalisme français [Anm. 9], S. 29–59.

¹⁰ 1855 erklärt Baudelaire ausführlicher das Individuelle, das Bizarre als Besonderheit des Kunstwerks: »C'est son immatriculation, sa caractéristique.« (578)

¹¹ Baudelaire schwebt vor, dass das Kunstwerk, wie es vor allem Delacroix gelinge, das Unsichtbare sichtbar macht. Vgl. 744, 931 und 933.

¹² Zu der »supernaturalistischen Maxime«, die für gewisse Maler und für Schriftsteller wie Heine gilt, vgl. Joseph A. Kruse: »In der Kunst bin ich Supernaturalist«. Kursorische Bemerkungen über Heines Verhältnis zur Malerei. – In: Kunstforum International 139 (Dezember 1997-März 1998), S. 226.

¹³ Paul Peters fällt die willkürliche Platzierung des Bekenntnisses zum Supernaturalismus auf, »diese scheinbar nur so lässig und wie nebenbei hingeworfene Bemerkung«, was sowohl für die Stelle in Heines Originaltext wie für die in Baudelaires Abhandlung zutrifft. Vgl. ders.: Heine und Baudelaire oder: Die alchimistische Formel der Modernität. – In: Baudelaire und Deutschland.

Deutschland und Baudelaire. Hrsg. von Bernd Kortländer und Hans T. Siepe. Tübingen 2005, S. 19. In der französischen Fassung des Beitrags ist die Rede von »ce commentaire de Heine apparemment désinvolte et lancé au hasard«; L'Année Baudelaire 8 (2004), S. 82.

[14] Vgl. 432 f. Abweichend von Heine in der französischen Übersetzung (vgl. DHA XII, 433) unterstreicht Baudelaire »imitation de la nature«, dafür nicht mehr »surnaturaliste«. Für »gleichsam« steht im französischen Text widersinnig »et au même instant«, und so wurde in der Baudelaire-Literatur bis heute unkommentiert zitiert. Dagegen ist das deutsche Wort richtig übersetzt z. B. bei Pierre Garnier: Henri Heine. Paris 1959, S. 47; Heinrich Heine, De la France. Übers. von Jean-Louis Besson. Paris 1996, S. 299; Michael Werner und Jan-Christoph Hauschild: Heinrich Heine. Une biographie. Übers. von Stéphane Pesnel. Paris 2001, S. 214.

[15] Charles Baudelaire: Œuvres complètes. Hrsg. von Claude Pichois. Bd. I. Paris 1975, S. 431. Zum Thema Traum, als Ergänzung des Bekenntnisses zum Supernaturalismus, vgl. Charles Baudelaire: Salon de 1859. Kritische Ausgabe von Wolfgang Drost und Ulrike Riechers. Paris 2006, S. 295.

[16] Vgl. DHA VIII, 199. Ähnlich ist bei Heine der Gegensatz zwischen dem allzu realen Orient Freiligraths und einem real unrichtigen, in der Idee aber getroffenen »Poesie-Orient« (DHA X, 38).

[17] Claude Pichois rechnet dessen ungeachtet E. T. A. Hoffmann – für Baudelaire »le divin Hoffmann« – zusammen mit Heine zu Baudelaires »bevorzugten Autoren« und meint: »Der Einfluss Heines wird heute als ebenso bedeutend wie der Hoffmanns gesehen.« Baudelaire in Deutschland. Deutschland bei Baudelaire [Anm. 13], S. 12.

[18] Sainte-Beuve : Henri Heine. – In: ders. : Œuvres, Bd. I. Hrsg. von Maxime Leroy. Paris 1956, S. 555.

[19] Vgl. Dolf Oehler: Pariser Bilder 1 (1830–1848). Antibourgeoise Ästhetik bei Baudelaire, Daumier und Heine. Frankfurt a. M. 1979, S. 137.

[20] Den Anspruch auf Vornehmheit beanspruchen Baudelaire und Heine wie hier für Delacroix so auch für sich selbst, als Künstler der modernen Seelenqual. Vgl. dazu Burkhart Küster: Montéguts Begegnung mit Baudelaire. – In: Germanisch-Romanische Monatsschrift 56 (2006), S. 467. Paul Peters bezieht »Les Petites Vieilles« auf Heines Besprechung von Delacroix' Bild. Vgl. Peters [Anm. 13], S. 45 f.

[21] Gautier spricht 1833 von »Cadji Bey«, Heine nennt den Herrn »Hadji«. Es gibt auch die Schreibung »Kadji«- Vgl. Klaus H. Kiefer: Decamps' »Türkische Patrouille« – Heines Bild vom Orient. – In: HJb 35 (1996), S. 10. Planche nennt ihn »le pacha«. Vgl. Irmgard Zepf: Heinrich Heines Gemäldebericht zum Salon 1831. Denkbilder. Eine Untersuchung der Schrift »Französische Maler«. München 1980, S. 206 und S. 208. Später spricht auch Gautier in seinem Decamps-Kapitel von »le pacha«. Ders.: Les beaux-arts en Europe. Paris 1855, S. 196.

[22] Das Hässliche wird hier schön und lächerlich, nicht aber gefällig wie etwa bei Charlet; vgl. Michele Hannoosh: Baudelaire and caricature. From the comic to an art of modernity. University Park, Penns. 1992, S. 100; vgl. auch Louis Lévy: La caricature dans la poétique de Baudelaire. – In : L'Année Baudelaire 7 (2003), S. 115.

[23] Vgl. Burkhart Küster: Baudelaire und Hawthorne, gestützt auf Gautier. – In: Archiv für das Studium der neueren Sprachen und Literaturen 242 (2005), S. 140.

[24] Baudelaire [Anm. 3], S. 42.

[25] Der spürbare Bezug zu Heines Analyse der »Patrouille« wird angedeutet in: Ralph Häfner: Die Weisheit des Silen. Heinrich Heine und die Kritik des Lebens. Berlin 2006, S. 108, Anm. 57.

[26] Wie bereits von Heine bei Decamps angesprochen, mag man in den Bildern auch einfach eine sich selbst genügende Zeichensprache der Farben und Formen erkennen, die, wie Heine sagt,

»an und für sich die Sinne erfreuen«. Baudelaire lässt in dieser Art gelegentlich Delacroix' Bilder auf sich wirken. Vgl. Octavio Paz: Baudelaire als Kunstkritiker. – In: ders.: Essays. Bd. 2. Frankfurt a. M. 1984, S. 328.

[27] Zu Scheffers offensichtlichem »Erläutern« statt suggestivem Malen, im Gegensatz zu Gauguins Kunstverständnis, vgl. Wolfgang Drost: Über Baudelaires Affinitäten zur deutschen Kunst und Ästhetik. – In: Baudelaire und Deutschland. Deutschland und Baudelaire [Anm. 13], S. 147–150.

[28] Auf zwei Zeichnungen von François Chifflart findet Baudelaire vor, was ihm bei Scheffers Arbeiten zu »Faust« fehlt: »Je sais le plus grand gré à M. Chifflart d'avoir traité ces poétiques sujets héroïquement et dramatiquement, et d'avoir rejeté bien loin toutes les fadaises de la mélancolie apprise. Le bon Ary Scheffer [...] aurait eu besoin de voir ces deux vigoureux dessins pour comprendre qu'il n'est permis de traduire les poètes que quand on sent en soi une énergie égale à la leur.« (649)

[29] Dies leitet über auf das Kapitel »De M. Ary Scheffer et des singes du sentiment«. Scheffer und Delaroche sind die Vertreter von »Eklektizismus und Zweifel«. Vgl. die Notiz für H. Garnier im Brief an Ancelle vom 6. Februar 1866 zu dem Kapitel von 1846.

[30] Im Kapitel »Ästhetischer Nationalismus. Der Verriss Horace Vernets« weist Oehler [Anm. 19], S. 270, darauf hin, dass Heine und Baudelaire sich auf dieselbe Karikatur beziehen. Diese ist abgebildet in DHA XIV, 902. Zur Auswirkung des »éreintement« vgl. Pichois und Avice [Anm. 7], S. 473. Drost nennt Übereinstimmendes zwischen Heines und Baudelaires Kritik an Vernet. Vgl. Baudelaire [Anm. 15]. S. 412.

[31] Zum rasch angefertigten, formelhaften »chic« bei Charlet und Vernet vgl. Hannoosh [Anm. 22]. Zum Hintergrund des ästhetischen Missfallens an Nationalismus vgl. Drost [Anm. 27], S. 194.

[32] Dort verteidigt der Kosmopolit Baudelaire gedanklich »un produit chinois, produit bizarre, contourné dans sa forme, intense par sa couleur, et quelquefois délicat jusqu'à l'évanouissement«. In Heines fiktivem China geht es, übersetzt, um »la nature avec ses apparitions grêles et contournées« (DHA VIII, 410). An Stelle von »grêle« steht im deutschen Originaltext »grell« (DHA VIII, 199); der Irrtum in der Übersetzung führt Baudelaire anscheinend zu »délicat jusqu'à l'évanouissement«. Heine schreibt im Decamps-Kapitel, dass »jedes neue Kunstgenie nach seiner eigenen mitgebrachten Aesthetik beurtheilt werden muß« (DHA XII, 24), und für Baudelaire ist jedes große Kunstwerk, wie er in seiner Besprechung von »Madame Bovary« sagt, gleichsam eine zu gewinnende Wette. Zu dieser Parallele zwischen Heine und Baudelaire vgl. René Huyghe : Le poète à l'école du peintre. – In: Charles Baudelaire. Paris 1961 (Collection Génies et Réalités), S. 218.

[33] Claude Pichois weist auf Heine als Quelle für die Wendungen mit »juré« hin (vgl. 1236 und 1465).

[34] Baudelaire stützt sich wohl auf die von Heine für den doktrinären Aufklärer Nicolai verwendete Bildersprache. Vgl. 1321, Anm. zu 490.

[35] Heine wäre natürlich selbst ein »néocritique«.

[36] Janin [Anm. 6], S. 139.

[37] Im Brief an Julien Lemer vom 15. Februar 1865 heißt es noch klarer: »Janin blague les mélancoliques. Je peux appeler ça une pierre dans mon jardin. Je fais une réponse.« Die enge Verwandtschaft der Dichtungen Heines und Baudelaires wird besonders tiefgehend dargestellt von Peters [Anm. 13], S. 15–51.

[38] Auch in ihrer Verwendung von Oxymora und Synästhesien erweisen sich die zwei Supernaturalisten als wahlverwandt. Vgl. Susanne Zantop (Hrsg.):. Paintings on the Move. Heinrich Heine and the visual Arts. Lincoln, London 1989, S. 5 ff.

Roman der Zukunft
Heines Geist in George Eliots
»Daniel Deronda«[1]

Von Jocelyne Kolb, Northampton (USA)

> Oh, this finding out relationships is delightful!« said Mab.
> »It is like a Chinese puzzle that one has to fit together. I feel something wonderful may be made of it but I can't tell what.«
> (George Eliot, »Daniel Deronda«)[2]

> Und wie der Mathematiker, wenn man ihm das kleinste Fragment eines Kreises giebt, unverzüglich den ganzen Kreis und den Mittelpunkt desselben angeben kann: so auch der Dichter, wenn seiner Anschauung nur das kleinste Bruchstück der Erscheinungswelt von außen geboten wird, offenbart sich ihm gleich der ganze universelle Zusammenhang dieses Bruchstücks; er kennt gleichsam Circulatur und Centrum aller Dinge; er begreift die Dinge in ihrem weitesten Umfang und tiefsten Mittelpunkt.
> (Heinrich Heine, »Shakespeares Mädchen und Frauen«, DHA X, 16)

Berlin, 1854: In einem Brief nach England schreibt Marian Evans (ihr Pseudonym »George Eliot« existiert damals noch nicht) über eine Aufführung von Lessings »Nathan der Weise«, die sie am Abend zuvor gesehen hat. Der Grund für ihre Begeisterung (»it thrilled me«) ist Lessings Wagemut bei der Behandlung des Themas der religiösen Toleranz. Auch bewundert sie die deutsche Aufnahme des Themas und kontrastiert sie mit englischer Bigotterie:

> Last night we went to see »Nathan der Weise.« You know, or perhaps you do not know that this play is a sort of dramatic apologue the moral of which is religious tolerance. It thrilled me to think that Lessing dared nearly a hundred years ago to write the grand sentiments and profound thoughts which this play contains for the people's theater which he dreamed of, but which Germany has never had. In England the words which call down applause here would make the pit rise in horror.[3]

Das Berliner Publikum bejubelt Lessings »großartige und tiefe Gedanken«, während in England – wo etwa 30.000 Juden leben, im Vergleich zu ungefähr 600.000 in Deutschland – solche Gedanken auf der Bühne ausgebuht worden wären. Aus heutiger Sicht bestaunt man den historischen Perspektivenwechsel und denkt dabei an die komplizierte, kontroverse Rezeption von Eliots Roman »Daniel Deronda« ein paar Jahrzehnte später. Zählt man zu der Berliner Aufführung von »Nathan der Weise« Eliots intensive Heine-Lektüre und ihre sonstigen deutschen Erlebnisse aus dieser Zeit hinzu, so hat man den schöpferischen Kern von George Eliots Roman. Durch die Heine'sche Intertextualität bekommt man einen anderen Blick auf die kontroversen Fragen nach der Form des Romans, der Gestaltung von jüdischen Figuren und der jüdischen Thematik überhaupt.[4]

Die Hauptverwandtschaft zwischen George Eliots »Daniel Deronda«, Lessings »Nathan der Weise« und Heine ist die Assoziation von Judentum und Künstlertum.[5] Zwar sind nicht alle fiktiven Juden Künstler, doch sind alle Künstler – die nichtfiktiven wie die fiktiven – durch ihr Außenseitertum im übertragenen Sinn Juden. Bei »Daniel Deronda« ist die Verbindung umso offensichtlicher, weil der Roman von jüdischer Identität und von dem Versuch handelt, einen jüdischen Staat zu gründen. Umso intensiver wird die Verbindung von Judentum und Künstlertum und von Heine zu George Eliot in der Identifizierung Derondas mit Moses: Gegen Ende des Romans wird die Titelfigur durch ein Heine-Zitat als moderner Moses entlarvt. Aus erzählstrategischen Gründen darf das Geheimnis von Derondas Geburt und Zukunft nicht gleich preisgegeben werden, aber im achten und letzten Buch des Romans macht George Eliot die Verbindung zu Moses explizit, indem sie als Motto zum 63. Kapitel die Stelle aus Heines »Geständnissen« wählt, wo Moses als Künstler dargestellt wird:

> Ich hatte Moses früher nicht sonderlich geliebt, wahrscheinlich weil der hellenische Geist in mir vorwaltend war, und ich dem Gesetzgeber der Juden seinen Haß gegen alle Bildlichkeit, gegen die Plastik, nicht verzeihte. Ich sah nicht, daß Moses, trotz seiner Befeindung der Kunst, dennoch selber ein großer Künstler war und den wahren Künstlergeist besaß. Nur war dieser Künstlergeist bey ihm, wie bey seinen egyptischen Landsleuten, nur auf das Colossale und Unverwüstliche gerichtet. Aber nicht wie die Egypter formirte er seine Kunstwerke aus Backstein und Granit, sondern er baute Menschenpyramiden, er meißelte Menschen–Obelisken, er nahm einen armen Hirtenstamm und schuf daraus ein Volk, das ebenfalls den Jahrhunderten trotzen sollte, ein großes, ewiges, heiliges Volk, ein Volk Gottes, das allen andern Völkern als Muster, ja der ganzen Menschheit als Prototyp dienen konnte: er schuf Israel! (DHA XV, 5)[6]

Deronda mag zwar erst am Ende des Romans als Nachfolger Mose gezeichnet werden, die Verbindung zwischen Judentum und Künstlertum dagegen wird gleich am Anfang durch die Figur des genialen Musikers Klesmer ausgesprochen, dessen sprechender Name ihn gleichzeitig als Musiker wie als Juden kennzeichnet.[7] Im Nachhinein spürt man die Verbindung schon im ersten Kapitel, wo Daniel Deronda als eine beobachtende, ironische Figur eingeführt wird, die unverkennbar an Heines

Doppelgänger erinnert. Er steht da wie ein Signal dafür, dass man die doppelte, zweigeteilte Perspektive im Roman – gerade das, was seine umstrittene Rezeption veranlasst hat – als bewusste ästhetische Strategie verstehen soll.[8]

Deutschland und »Daniel Deronda«

Die Assoziation von Künstlertum und Judentum sowie die Verbindung zu Heine werden durch den deutschen Schauplatz der Anfangsszene unterstrichen und bestätigt: Deutschland ist für George Eliot das Land Lessings, Heines, der Musik und der Philosophie, und 1854 ist das Jahr, in dem Marian Evans und George Henry Lewes ihr gemeinsames Leben mit einem achtmonatigen Aufenthalt in Deutschland antreten. Anlass des Aufenthalts sind die Recherchen für Lewes' »Life and Works of Goethe«, der ersten englischsprachigen Goethe-Biographie, aber er wird zu einer Art von Hochzeits- und Studienreise mit drei Monaten in Weimar und fünf Monaten in Berlin.[9] Für George Henry Lewes und die spätere George Eliot ist es eine berauschende Zeit, und die Verschmelzung von Intellektuellem und Persönlichem wird zum Muster für die vielen weiteren Forschungsreisen des Paares und überhaupt für ihre Beziehung. Die deutschkundige George Eliot, die selber längst mit den Werken Goethes und Schillers vertraut ist und deren Übersetzungen von Strauss' »Das Leben Jesu« und Feuerbachs »Das Wesen des Christenthums« zu diesem Zeitpunkt schon erschienen sind, lernt Deutschland durch Lewes und dessen großen Bekanntenkreis kennen. In Weimar erlebt sie nicht nur die deutsche Provinz, sondern hat auch häufigen Umgang mit Liszt und der Prinzessin Sayn-Wittgenstein; dort übersetzt sie einen Aufsatz von Liszt über Scribe und Meyerbeer, der im Oktober 1854 auszugsweise in einem Artikel von Lewes in dessen Zeitschrift »The Leader« erscheint. Dort konzipiert sie auch ihren Aufsatz »Liszt, Wagner, and Weimar«, eine der frühen englischsprachigen Auseinandersetzungen mit Wagner (wenn auch eine nur bedingt positive). In Berlin lernt sie die deutsche Großstadtkultur kennen; dort geht das Paar oft in Museen, und wenn sie abends nicht im Konzert oder im Theater oder in Gesellschaft sind, lesen sie sich gegenseitig vor, unter anderem Goethe, Lessing und Heine.[10] Auch hat das Paar engen Kontakt zu Varnhagen von Ense und seinem Kreis, besonders zu Fanny Lewald und Adolf Stahr.[11]

George Eliot arbeitet mit Lewes eng zusammen an der Goethe-Biographie. Sie recherchiert und übersetzt für das Buch. Obwohl der Deutschlandaufenthalt im Zeichen Goethes steht, ist dies aber auch eine Zeit intensiver Heine-Lektüre, unterstützt und angespornt durch den regelmäßigen Kontakt zu Varnhagen von Ense und zu Fanny Lewald. Bei George Eliot schlägt sich die Heine-Rezeption sowohl kritisch als auch künstlerisch nieder, vordergründig im Essay von 1856, »German

Wit: Heinrich Heine«, zwanzig Jahre später in »Daniel Deronda«. Dass die Heine-Lektüre zu einer Zeit stattfindet, in der für George Eliot grundlegende ästhetische Prinzipien entstehen, spielt eine gewichtige Rolle bei Heines Präsenz in diesem Roman. Man denke beispielsweise an ihren kurzen Aufsatz von 1855, »The Morality of ›Wilhelm Meister‹«, in dem es ihr um die Doktrin der Sympathie geht – um die Kunst des Erzählers, ethische Fragen ohne didaktische Strenge zu behandeln und dadurch Mitgefühl beim Leser zu erzeugen, das zu Toleranz führt. Es geht ihr um die Fähigkeit, sogar um die Notwendigkeit der Literatur, die Rolle der Religion zu ersetzen, wie es Klesmer in den Kapiteln 5 und 23 ausdrückt. Gerade diese Fähigkeit bewundert George Eliot an Lessings »Nathan der Weise«, wobei sie nicht nur von Lessings »grand sentiments and profound thoughts« über religiöse Toleranz, sondern auch von seiner Ästhetik eingenommen ist.[12]

Man denke an den dritten Akt von »Nathan der Weise«, wo Nathan genau in der Mitte des Dramas die Frage des Sultans nach der rechten Religion beantworten muss. Dort reproduziert Lessing den Schreibakt, sogar die Inspiration selbst, wenn Nathan in seinem stotternden, assoziativen, bilderreichen und geistreichen Monolog auf die Lösung seines Dilemmas kommt: In der Poesie findet Nathan die Antwort auf die Frage des Sultans nach der wahren Religion und so den Weg aus seinem Dilemma. »Nicht nur Kinder speist man mit Märchen ab«, sagt er, und rettet sich durch die Ringparabel so wie Scheherezade sich in »1001 Nacht« mit ihren Geschichten. Spätestens an dieser Stelle bemerkt man Nathans dichterische Gabe, das Banale zu poetisieren, wenn das Geld ihm zum Stoff für eine Metapher wird – »als ob die Wahrheit Münze wäre« –, während er über die Frage des Sultans reflektiert.

Lessings Fähigkeit, gleichzeitig den Alltag und ein philosophisches Thema zu poetisieren, findet bei George Eliot Anklang. Gerade diese Gabe unterstreicht der Erzähler, wenn er Derondas Besuch der Judengasse in Frankfurt gestaltet:

> I have said that under his calm exterior he had a fervour which made him feel the presence of poetry in everyday events; and the forms of the Judengasse, rousing the sense of union with what is remote, set him musing on two elements of our historic life which that sense raises into the same region of poetry: —the faint beginnings of faith and institutions, and their obscure lingering decay. (DD, 366)

Dieser Stelle schließt sich eine Analyse von Derondas Charakter an, bei der die Doktrin der Sympathie eine Hauptrolle spielt; merkwürdig ist, wie genau diese Beschreibung auch auf Heine zutrifft:

> It happened that the very vividness of his impressions had often made him the more enigmatic to his friends, and had contributed to an apparent indefiniteness in his sentiments. [...] His imagi-

nation had so wrought itself to the habit of seeing things as they probably appeared to others, that a strong partisanship, unless it were against an immediate oppression, had become an insincerity for him. His plenteous, flexible sympathy had ended by falling into one current with that reflective analysis which tends to neutralise sympathy. (ebd.)

So verwandt die Behandlung ästhetischer und jüdischer Fragen bei »Nathan der Weise« und »Daniel Deronda« auch sein mag, direkt spielt George Eliot im Roman nicht auf Lessing an. Namentlich begegnet man ihm aber doch, und zwar mit symbolischer Emphase, im Vornamen von Daniel Derondas Vater: Er heißt Ephraim und weist als Bankier mit Gefühl eine deutliche Verwandtschaft mit Nathan dem Weisen auf. Für George Eliot haben Namen oft eine schillernde Bedeutung – man denke an Klesmer – und auch dieser kann kein Zufall sein. Auch der Name Charisi, Daniels Geburtsname und als Alcharisi der Bühnenname von Daniels Mutter, weist auf Bezüge hin: Weil der Name Charisi im Gedicht »Jehuda ben Halevy« aus Heines »Hebräische Melodien« im »Romanzero« auftaucht, vermutet man hier eine weitere Verbindung zu Heine.[13]

Der deutsche Anfang von »Daniel Deronda« hat die Funktion einer Ouvertüre, der musikalischen Komposition des Werks entsprechend.[14] Nach zwei Kapiteln rückt Deutschland in den Hintergrund, und die eigentliche Handlung des Romans beginnt mit einer Rückblende nach England. Doch behält das deutsche Element im Roman seine Wichtigkeit, und ein Teil der späteren Handlung – derjenige, in dem Daniel Deronda seinen jüdischen Hintergrund entdeckt und eine jüdische Identität annimmt – spielt in Frankfurt und Mainz. So wie die Ouvertüre zum Roman verhält sich auch George Eliots erster Deutschlandaufenthalt zu der Entstehung von »Daniel Deronda«: Das intensive Studium jüdischer Quellen, das in den detaillierten, beeindruckenden und gelehrten Notizbüchern festgehalten wird, drängt sich in den Vordergrund wie die englische Handlung im Roman.[15] Stofflich, ästhetisch und als Schauplatz bleibt aber der erste Aufenthalt eine der wichtigsten Quellen für »Daniel Deronda«. Die Rückkehr nach Deutschland während der Entstehung des Romans erfrischt und bestätigt die früheren deutschen Eindrücke, ersetzt sie aber nicht. Das merkt man an einem Vergleich zwischen Heines Präsenz in den Notizbüchern und seiner Präsenz im Roman: Weil die Heine-Lektüre zu George Eliots festem Grundwissen gehört, braucht Heine nicht in die Notizbücher aufgenommen zu werden; dort wird er lediglich dreimal genannt. Das Gleiche gilt für Goethe, der nur zweimal in den Notizbüchern auftaucht, obwohl die Goethe-Anspielungen im Roman als selbstverständlich gelten. Gerlinde Röder-Bolton, die Goethes Präsenz im Roman untersucht hat, resümiert in Bezug auf Heine:

[George Eliot's] contact with European-Jewish identity through Heine's poetry and, more directly, first in Frankfurt's ›Judengasse‹ and now in Varnhagen's circle in Berlin, contributed to thought processes which were to culminate for George Eliot in the novel »Daniel Deronda«.[16]

Wie sehr das Deutsche in »Daniel Deronda« hervortritt, erkennt man an der berühmten Rezension von Henry James, die im »Atlantic Monthly« von Dezember 1876 erschienen ist. Wie Friedrich Schlegel im »Gespräch über die Poesie« schreibt James in der Form eines Gesprächs. Von den drei Gesprächspartnern (zwei Frauen und einem Mann) äußert sich Pulcheria am kritischsten; ihre Abneigung gegen »Daniel Deronda« erklärt sie teilweise dadurch, dass der Roman »zu deutsch« sei.[17] Damit meint sie, dass der Roman zu philosophisch, zu wenig strukturiert, nicht geistreich – und zu jüdisch sei. »The tone is not English, it is German«, behauptet sie und wiederholt kurz darauf ihre Kritik anhand des Worts »emotive«. »It may be good German, but it is poor English«, erklärt sie, worauf die positiv gesinnte Theodora spitz erwidert: »It is not German at all; it is Latin!« (CH 425). Zum Schluss fasst Pulcheria ihre Vorwürfe mit der verächtlichen Bemerkung zusammen, sie könne lieber gleich einen deutschen Roman lesen: »I would as soon read a German novel outright« (CH 433). Weil man aus den sonstigen Bemerkungen Pulcherias ihre antijüdische Einstellung erkennt, wird klar, dass »deutsch« ein Codewort für »jüdisch« ist. Umso besser versteht man daher David Kaufmann in seiner ausführlichen Würdigung des Romans (»George Eliot und das Judentum«, 1877), wenn er bemerkt, George Eliot könne durch die Kritik am jüdischen Thema des Romans gleich empfinden, wie sich antijüdische Angriffe anfühlen. Es ist ein weiteres Beispiel der so wichtigen Eigenschaft von Mitleid oder »sympathy«, die sowohl für die Gestalten als auch für die Lektüre von »Daniel Deronda« bestimmend ist.

Die positive Charakterisierung des Deutschen in »Daniel Deronda« und seine Assoziation mit dem Jüdischen entspricht der Auflistung deutscher Eigenschaften in Eliots Aufsatz über Heine von 1856, »German Wit: Heinrich Heine«.[18] Dort geht es nicht nur um eine subtile, kenntnisreiche und gelungene Einführung über Heine, sondern auch, wie der Titel ankündigt, um dessen Sonderstatus innerhalb der europäischen Literatur als deutscher Autor von Witz und Humor. Der einzige deutsche Autor, dessen Komik Eliot ansonsten anerkennt, ist bezeichnenderweise Lessing, nur sei er in Europa nicht so bekannt wie ein Cervantes oder Molière. Dass den Deutschen nach George Eliots Auffassung der Sinn für Komik abgeht, hindert sie nicht daran, von sonstigen deutschen Errungenschaften zu reden (und dadurch ihren eigenen Witz zur Schau zu stellen):

> Whatever may be the stock of fun which Germany yields for home consumption, she has provided little for the palate of other lands. – All honour to her for the still greater things she has done for us! She has fought the hardest fight for freedom of thought, has produced the grandest inven-

tions, has made magnificent contributions to science, has given us some of the divinest poetry, and quite the divinest music, in the world. No one reveres and treasures the products of the German mind more than we do. To say that that mind is not fertile in wit, is only like saying that excellent wheat land is not rich pasture; to say that we do not enjoy German facetiousness, is no more than to say, that though the horse is the finest of quadrupeds, we do not like him to lay his hoof playfully on our shoulder. (SCW 199)

Diese positive Einschätzung der deutschen Kultur taucht auch anderswo bei George Eliot auf, z. B. in dem kurzen Essay »A Word for the Germans«, in dem sie noch einmal auf deutsche Stereotypen hinweist, um deren Unzulänglichkeiten hervorzuheben. Sie betont besonders die deutschen Errungenschaften in der Wissenschaft, und man denkt dabei an den Roman »Middlemarch«, wo die mangelnden Deutschkenntnisse des trockenen Gelehrten Casaubon ein Kennzeichen seines Alters und seiner Borniertheit sind. In »Daniel Deronda« unterbricht Deronda sein Studium an der Cambridge University und studiert weiter in Deutschland, um wissenschaftlich auf der Höhe zu sein und andere Standpunkte zu begreifen. Seinem Ziehonkel Sir Hugo sagt er: »I want to be an Englishman, but I want to understand other points of view. And I want to get rid of a mainly English attitude in studies« (DD, 183). Wenn also Deronda in Deutschland die Details seiner jüdischen Geschichte kennen lernt, dann nicht nur, weil das Deutsche mit dem Jüdischen verbunden ist, sondern auch wegen der Assoziation des Deutschen mit Wissenschaft und Kultur.[19]

Die wichtigsten Künstler im Roman sind jüdisch und haben, abgesehen von Daniel Derondas Mutter, eine Verbindung zu einem deutschsprachigen Land. Der Musiker Klesmer ist Jude und kommt aus Böhmen; sogar sein Englisch klingt Deutsch, wenn er aufgeregt ist (»That makes nothing«, sagt er zu Gwendolen, nachdem sie gesungen hat [DD, 48]), und seine Liebe zu Catherine Arrowpoint drückt er mit Hilfe eines eigens vertonten Heine-Gedichts aus; allerdings spricht er so eloquent über Politik, dass sein Rivale beleidigend sein Erstaunen darüber zum Ausdruck bringt. Mirah Lapidoth hat in Wien und Hamburg ihre Gesangs- und Schauspielausbildung erhalten und spricht fließend Deutsch; einige deutsche Theaterstücke kann sie auswendig. Und Daniel Deronda selber, der in Deutschland studiert hat und fließend Deutsch spricht (vgl. VIII/60, 720), bekommt die Papiere seines Großvaters von dessen Freund Joseph Kalonymos in Mainz, um sie dann als Künstler im Sinne von Heines Mosesbild für das jüdische Volk zu verwenden. Daniels Freund Hans Meyrick, der Sohn eines distinguierten Kupferstechers und selber Maler, hat zwar in Rom studiert, aber durch seinen Namen eine Beziehung zu Deutschland: Er wurde nach Hans Holbein benannt. Mrs. Arrowpoint ist Schriftstellerin nach dem Muster der »silly lady novelists«, gegen die George Eliot einen lesenswerten und lustigen Essay geschrieben hat. Sie wird implizit dadurch kritisiert, dass sie nur mit England assoziiert wird, und bildet vor allem einen Gegensatz zu ihrer künstlerisch begabten Tochter Catherine, die Klesmer gegen den Willen ihrer Eltern heiratet. Die Mutter von Daniel Deronda, die legendäre Sängerin Alcharisi, gibt ihren Sohn und ihr Judentum für die Kunst auf. Sie ist Italienerin und hat viel Zeit in England verbracht und in der ganzen Welt Karriere gemacht, ehe sie einen russischen Prinzen geheiratet hat, aber für sie wie auch für Klesmer ist die Musik sowohl Religion als auch Nationalität.

Every Difference is Form: Der Roman der Zukunft

In einem oft zitierten Brief vom 2. Oktober 1876 schreibt George Eliot über »Daniel Deronda«: »I meant everything to be related to everything else there« (L VI, 290). Sie reagiert auf die Kritiker, die den Roman in Stückchen schneiden und nur von Gwendolen reden (»readers who cut the book in scraps and talk of nothing in it but Gwendolen«). Man hat George Eliot vorgeworfen, zwei Handlungen geschaffen zu haben, die nicht gleichmäßig gelungen sind, eine »englische« mit Gwendolen Harleth als Hauptperson und eine »jüdische«. Die beiden Handlungen seien so unterschiedlich, dass der Roman nur durch die Weglassung der einen gerettet werden könne. Nur sind sich die Kritiker darüber nie einig gewesen, welche von beiden Handlungen geopfert werden sollte. In englischen Kreisen – allen voran der große Kritiker F. R. Leavis in »The Great Tradition« (1948) – war es der »jüdische Teil«; in zionistischen Kreisen wurde der Roman ohne den »Gwendolen-Teil« ins Hebräische übersetzt.[20] Wie Terence Cave bemerkt, ist es schon deshalb verkehrt, von einer getrennten Handlung zu sprechen, weil das eine Vereinfachung ist: »[...] that would be to accept the least demanding reading (on both sides), whereas patently the point of the novel is to make unusual demands on the reader.«[21]

Wer Heine kennt, merkt sofort, wo das Problem liegt. Es verhält sich bei »Daniel Deronda« thematisch und ästhetisch wie bei Heines Doppelgängerstrategie, die scheinbar Getrenntes oder Gegensätzliches anspruchsvoll und herausfordernd zusammenbringt, um es dem Leser bewusst nicht einfach zu machen. Bei George Eliots Roman entstehen die gleichen ästhetischen Missverständnisse wie bei der Rezeption des »Buchs der Lieder«, wo manche Leser diejenigen Gedichte entfernen wollten, die für Stimmungsbrüche sorgen – genau jene Gedichte, die durch ihre Kontraste und Dissonanzen das Wesen von Heines Ästhetik und Weltbild ausmachen. Es geht um denselben ästhetischen Grundsatz, den George Eliot in »Notes on Form in Art« untersucht und von dem sie sagt: »[...] every difference is Form« (SCW, 355). In Heine findet Eliot ein Vorbild für ein ähnlich kontrastierendes, dualistisches ästhetisches Prinzip, das am deutlichsten in den beiden Handlungen zu erkennen ist sowie in der Ironie, in der Mischung von Poesie und Politik, von Vers und Prosa und in der Assoziation von Jüdischem und Kreativem. Heine ist Eliots »deutsche Hauptmuse«, wie Gisela Argyle es formuliert: »[...] the principal German muse, combining in his person, like the fictional Klesmer, the themes of anti-philistinism, music, and Jewry«.[22]

Ästhetisch ist Heines Präsenz im ersten Kapitel durch die Doppelgängerpose Derondas zu spüren. Heine gewinnt dadurch Vorrang vor anderen literarischen Verwandten und Vorbildern Eliots – auch dem Goethe des »Wilhelm Meister«, so deutlich dieser auch vorhanden sein mag –, weil Heines Ästhetik der dualistischen Form und der intellektuellen Einstellung in Eliots Roman ähnelt und weil Heine nicht nur ein deutscher, sondern auch ein jüdischer Autor ist. Wenn Deronda im zweiten Kapitel Gwendolens Opalkette vom jüdischen Pfandleiher in Leubronn auslöst und ihr zurückschickt, bedeutet das zwar den ersten Kontakt zwischen den beiden Hauptgestalten, aber die Opalkette hat auch gleichzeitig eine metaphorische Macht. Sie kettet die beiden Figuren zusammen und stellt von Anfang an klar, dass auch die beiden Handlungen zusammengehören. Sie deutet auch auf die poetische Ahnenkette von Heine und Lessing durch die Verbindung von Kunst, Ironie und Judentum hin. Sogar die Opale der Kette spielen dabei eine Rolle. Es sind die gleichen Steine wie in Lessings Ringparabel, und das aus gutem Grund: Farblich sind Opale so wechselhaft und schwer bestimmbar wie die Perspektiven im Roman. Gerade diese mangelnde Konstanz, diese Doppelbödigkeit ist es, die man heute als modern bewundert.[23] Durch die Kette wird auch die jüdische Thematik ins Spiel gebracht, denn der Pfandleiher, Herr Wien, ist Jude; gleichzeitig wird auch durch Gwendolens Gedanken das Thema Antisemitismus eingeführt: »[...] these Jew dealers were so unscrupulous in taking advantage of Christians unfortunate at play«, denkt sie (DD, 19). Die Ironie dieser Beobachtung wird den meisten zeitgenössischen Lesern entgangen sein – jedenfalls den nichtjüdischen (und jedenfalls bei der ersten Lektüre). Es gehört zu Eliots Doktrin der »Sympathie« und zum Wesen der Handlung, dass die Leser im Laufe des Romans ihren Antisemitismus erkennen und revidieren, wie Gwendolen selber. Man merkt also gleich am Anfang des Romans, wie gut es Eliot gelungen ist, alles miteinander zu verbinden, denn tatsächlich: »Everything is related to everything else there.«

Vor allem ist die Heine'sche Wirkung in der ironischen Haltung zu spüren, die durch Deronda gleich zu Anfang betont wird und ihn mit Gwendolen Harleth zusammenbringt. Wenn sich im ersten Kapitel ihre Blicke treffen (wie später Derondas Blick mit dem von Kalonymos in der Judengasse [vgl. DD, 368]) und sie merkt, dass er sie beim Spiel beobachtet, interpretiert sie seinen Blick als herablassend. Nachdem sie alles verloren hat und sich ihre Blicke zum zweiten Mal treffen, wird die Ironie namentlich genannt: »There was a smile of irony in his eyes as their glances met« (DD, 11), und diese Ironie – zusammen mit seinem Aussehen – wird zum Kennzeichen der Besonderheit Daniel Derondas, führt aber gleichzeitig Gwendolens Gedanken und Sprechweise ein, die selber von Ironie und Witz gekennzeichnet sind:

> Besides, in spite of his superciliousness and irony, it was difficult to believe that he did not admire her spirit as well as her person: he was young, handsome, distinguished in appearance – not one of those ridiculous and dowdy Philistines who thought it incumbent upon them to blight the gaming-table with a sour look of protest as they passed by it. (ebd.)

Im nächsten Kapitel, als Gwendolen durch Deronda ihre Opalkette zurückbekommt, wird das ironische Lächeln Derondas wieder bemüht:

> He knew very well that he was entangling her in a helpless humiliation; it was another way of smiling at her ironically, and taking the air of a supercilious mentor. Gwendolen felt the bitter tears of mortification rising and rolling down her cheeks. No one before had ever dared treat her with irony and contempt. (DD, 20)

Dass Gwendolen die Haltung Derondas missinterpretiert und nur Ironie und Herablassung sieht, wo Großzügigkeit und Rettungsimpulse vorherrschen, zeigt gleichzeitig die Grenzen von Heines Präsenz. In der Ironie der Erzählung, in den Kontrasten und in der Doppelbödigkeit mag man Heine und durch ihn Lessing ahnen; in der psychologischen Gestaltung der Figuren und der Einführung von Handlung und Milieu erkennt man aber George Eliot allein und merkt, wie sie sich Heine zu eigen macht. Es handelt sich bei dem Geist Heines um die gleiche »creative transformation«, von der William Baker in Bezug auf das Jüdische bei George Eliot im allgemeinen spricht.[24]

Dass Gwendolen so empfindlich auf Derondas ironisches Lächeln reagiert, hängt nicht nur mit ihrer unglücklichen Lage zusammen, sondern auch mit der Tatsache, dass sie normalerweise diejenige ist, die andere ironisch anlächelt. Auch hier übernimmt George Eliot ein Heine'sches Motiv – das der kalten, ironischen Schönen –, um es umzuwandeln. Wenn ihr Cousin und Verehrer Rex Gascoigne von seinem Pferd stürzt und sich verletzt, so ist es nicht die Eliot'sche Sympathie, mit der Gwendolen reagiert; stattdessen nimmt sie die Komik der Situation wahr: »Gwendolen rather valued herself on her superior freedom in laughing where others might only see matter for seriousness« (DD, 77). Das Lachen steht ihr und macht sie sogleich überlegen. Häufig werden die Wörter »mischievous«, »satirical«, »ironical« für sie verwendet, und ihre Sprechweise ist geistreich und schnell. An anderer Stelle, nachdem der Musiker Klesmer ihren Gesang getadelt und sie dadurch verletzt hat, überspielt sie durch das Lachen ihre Demütigung. Sie lacht ähnlich wie der Doppelgänger, »as if [her doings] belonged to somebody else. Her eyes had become brighter, her cheeks slightly flushed, and her tongue ready for any mischievous remarks« (DD, 50). Am Ende des Kapitels wird Gwendolen von der künstlerisch ambitionierten, aber unbegabten Gastgeberin Mrs. Arrowpoint – einer Seelenverwandten von Fontanes Frau Jenny Treibel und Prousts Madame Verdurin – beobachtet, die für sich dabei denkt: »[T]his girl is double and satirical. I shall be on my guard against her« (DD, 51). Die Macht ihres grausamen zukünftigen Mannes, Henleigh Grandcourt, erkennt man dadurch, dass Gwendolen in seiner Gegenwart ihre geistreiche Art einbüßt: »She dared not be satirical«, heißt es (DD, 123). In der Szene ihrer Verlobung nimmt Gwendolen endgültig Abschied von dem ironischen, schalkhaften Ton, der sonst für sie mit Freiheit identifiziert wird: »She [...] gained a sense of freedom which made her almost ready to be mischievous« (DD, 303). Gwendolens Umgang mit Rex, Daniel und Grandcourt spielt auf ein Heine'sches Muster an und ist die weibliche Umwandlung des Gedichts »Ein Jüngling liebt ein Mädchen« aus dem »Lyrischen Intermezzo« des »Buchs der Lieder«: Gwendolen liebt Daniel; Daniel heiratet Mirah; Rex liebt Gwendolyn, aber anstatt ihn zu heiraten, nimmt sie aus finanziellen Gründen das Angebot Grandcourts an. Auch Klesmer wird bei diesem Hochzeitsreigen eine Rolle zugeteilt, denn er hält ihre künstlerischen Bestrebungen für unrealistisch und treibt sie dadurch zu ihrer unglücklichen Entscheidung. Gouvernante will sie nicht werden, und zu einem Leben voller Entbehrungen fühlt sie sich mit Recht ungeeignet. Gwendolen Harleth erinnert zwar oberflächlich an Heines Frauengestalten, aber als komplexe und geistreiche Frau mit einem Gespür für Kunst – besonders für Musik – bildet sie einen Kontrast zu den herzlosen, blutleeren schönen Frauen bei Heine. Durch die Herzlichkeit ihrer Mutter gegenüber, ihre Leidenschaft für Daniel Deronda, ihre leidvolle Ehe mit einem Sadisten aus der Aristokratie, ihren Versuch, moralisch richtig zu handeln, wirkt Gwendolen Harleth wie ein Korrektiv der Frauen bei Heine.

Solche Umwandlungen des Heine'schen Musters bezeugen seine Präsenz auf indirekte Weise. Es gibt aber auch viele Stellen im Roman, wo George Eliot unmittelbar auf Heine hinweist oder ihn zitiert, wie beim schon erwähnten Motto zum 63. Kapitel aus Heines »Geständnissen«, in dem Moses als Künstler bezeichnet wird. Andere Heine-Zitate werden aus dem »Romanzero« gewählt: »Prinzessin Sabbath« für Kapitel 34, in dem Daniel bei der Familie Cohen den Sabbat verbringt und Mordecai wiedersieht, und »Das Glück ist eine leichte Dirne« für Kapitel 62, in dem Mirah die unglückliche Begegnung mit ihrem Vater widerfährt. Ansonsten macht Klesmer ironische Anspielungen auf seine Rolle als fliegender Holländer und wirbt um Catherine Arrowpoint mit seiner Vertonung eines anderen Lieds aus dem »Lyrischen Intermezzo«, »Ich hab' dich geliebet und liebe dich noch«, das ein Gegenstück zu dem indirekten Zitat von »Ein Jüngling liebt ein Mädchen« bildet.

Man erkennt auch Spuren Heine'scher Figuren – beispielsweise bei Mirah von der schönen Sara aus dem »Rabbi von Bacherach« –, die sich mit Spuren von Goethes Mignon und Ottilie vermengen.

Die kontrastierenden Welten, die im Roman nebeneinander existieren, haben eine formale Verbindung zur Heine'schen Ästhetik und Denkweise. Formal wird der Kontrast nicht nur durch den Wechsel zwischen den Handlungen deutlich, sondern auch durch die Mischung von Vers und Prosa. Es ist charakteristisch für George Eliot, dass sie für jedes Kapitel ein Motto aussucht, manchmal in Prosa und genauso oft in Versen, nicht selten ihren eigenen. Diese Mischung von Prosa und Poesie, zusammen mit der Poetisierung des Alltags, ist ein weiteres ästhetisches Prinzip, das Eliot und Heine teilen. Auch ist es nicht verkehrt, bei Eliot von Stimmungsbrechung oder gar von romantischer Ironie zu sprechen, wenn sie den Erzähler kommentieren lässt. Solche meist ironischen Beobachtungen sind auf fast jeder Seite zu finden und machen den speziellen Erzählton George Eliots aus. Es geht dabei nicht nur um die Distanzierung durch Themenwechsel, sondern auch um eine unerwartete Bildersprache und um philosophische Betrachtungen – kurz: um das Poetische. Als Grandcourt sie mit seinem Heiratsantrag unter Druck setzt und sie ihrer ironischen, spielerischen Seite und ihres starken Willens beraubt, unterbricht der Erzähler die Szene mit dem Bild eines Fisches, der in dem Augenblick, als er gefangen wird, höflich gebeten wird, sich fangen zu lassen:

> A fish honestly invited to come and be eaten has a clear course in declining, but how if it finds itself swimming against a net? And apart from the network, would she have dared at once to say anything decisive? Gwendolen had not time to be clear on that point. (DD, 300)

Der ironische Kommentar des Erzählers, der den George-Eliot-Ton ausmacht und an Heine erinnert, ist mit der Ironie verwandt, die gleich im ersten Kapitel mit Daniel Deronda verbunden wird. Dieser ironische Stil nimmt den Ton Prousts vorweg und ist sicherlich einer der Gründe dafür, dass Proust Eliot so bewunderte.

Abgesehen von direkten Zitaten und Anspielungen und von der formalen Verwandtschaft durch das Dualistische fallen zwei weitere Heine-Spuren auf: die Behandlung des Politischen und die Gesellschaftssatire. Der Antisemitismus ist im Roman etwas Einheitliches, auch wenn man in den glänzenden satirischen Passagen verschiedene Varianten davon zu Gesicht bekommt und auch wenn er durch Sympathie geheilt werden kann und soll. Wie man sich aber als Jude versteht, ist dagegen gar nicht einheitlich. Deshalb lässt George Eliot in einem brillanten Kapitel alle Stimmen laut werden und alle Standpunkte aufzeigen – die gläubigen Juden und die skeptischen, diejenigen, die für Assimilation sind und diejenigen, die einen eigenen Staat gründen wollen. Auch Nichtjuden kommen zu Wort, und Eliot wirft sogar die heikle Frage des jüdischen Selbsthasses auf, gewissermaßen als Vorbereitung auf das spätere Gespräch zwischen Daniel Deronda und seiner Mutter, in dem seine Herkunft aufgedeckt wird und sie erklärt, weshalb sie ihn als kleines Kind ihrem Freund und Verehrer Sir Hugo überlassen hat. Das erste Gespräch findet im »Hand and Banner« statt, einer Kneipe, wo eine Gruppe von armen Männern sich zu einem Klub mit dem Namen »The Philosophers« zusammengetan hat. Dadurch entsteht ein starker Kontrast zu der luxuriösen Umgebung in Genua, wo Daniel Deronda seine Mutter trifft. Zu der Gruppe in London gehört Mordecai, der wiedergefundene Bruder der schönen Jüdin Mirah Lapidoth, die Daniel Deronda am Anfang des Romans rettet und am Ende des Romans heiratet. Mordecai vertritt die Idee eines jüdischen Staates, aber er ist sterbenskrank und braucht jemanden, der seine Ideen ausführt – die Tat von seinen Gedanken. In Deronda findet er ihn, denn Deronda ist schön, intelligent und einfühlsam. Auch in diesem Zusammenhang spielt also das Doppelgängermotiv eine Rolle.

Eine weitere Ähnlichkeit mit Heine spürt man bei der Gesellschaftssatire, nicht zuletzt wenn es um Antisemitismus geht. Am Ende des Romans, wo die Handlungsstränge von »Daniel Deronda« zusammengeführt werden und die Neuigkeit von Daniel Derondas jüdischer Herkunft an verschiedenen Orten besprochen wird, hört man ein Gespräch bei der Familie Gwendolens, kurz bevor ihre Mutter das Telegramm mit der Nachricht von Grandcourts Tod bekommt:

> [T]oday there had only been animated descriptions of the Meyricks and their extraordinary Jewish friends, which caused some astonished questioning from minds to which the idea of live Jews, out of a book, suggested a difference deep enough to be almost zoological, as of a strange race in Pliny's Natural History that might sleep under the shade of its own ears. Bertha could not imagine what Jews believed now; and had a dim idea that they rejected the Old Testament since it proved the New; Miss Merry thought that Mirah and her brother could ›never have been properly argued with,‹ and the amiable Alice did not mind what the Jews believed, she was sure she ›couldn't bear them.‹ Mrs Davilow corrected her by saying that the great Jewish families who were in society were quite what they ought to be both in London and Paris, but admitted that the commoner unconverted Jews were objectionable; and Isabel asked whether Mirah talked just as they did, or whether you might be with her and not find out that she was a Jewess.

Das ist pure Ironie: Der naive Antisemitismus wird ironisch bloßgestellt und soll zu diesem Zeitpunkt im Roman erkannt und verworfen werden, ganz im Sinne der Doktrin von Sympathie und Phantasie.

In ihrer Analyse der Funktion der Musik in »Daniel Deronda« orientiert sich die Musikologin Ruth Solie an dem Slogan »Musik der Zukunft«, der in den Klesmer-Passagen erwähnt und besprochen wird. Von »Daniel Deronda« lässt sich sagen, er sei ein »Roman der Zukunft«. Nicht nur inhaltlich – durch die Vision einer jüdischen Nationalität – ist der Roman zukunftsorientiert, sondern auch ästhetisch: Es ist ein offener und vielfältiger Roman, der durch die Mischung von Handlungen, von Haltungen, von Prosa und Poesie und den bewussten Gebrauch von metaphorischer Sprache sowie durch die essayistischen und philosophischen Passagen an die tatsächlichen Romane der Zukunft erinnert: beispielsweise an diejenigen von Proust und Thomas Mann.

Über Heines erzählerisches Talent ist oft gestritten worden. Durch seine Präsenz in »Daniel Deronda« ist ihm gewissermaßen indirekt doch ein Roman geglückt.

Anmerkungen

[1] Eine erste Fassung dieses Aufsatzes wurde am 13. März 2008 im Heinrich-Heine-Institut, Düsseldorf, unter dem Titel »Heine und die Macht des literarischen Philosemitismus« vorgetragen.

[2] George Eliot: Daniel Deronda. Hrsg. von Terence Cave. London 1995, S. 654. »Daniel Deronda« wird wegen der nützlichen Einleitung und der Anmerkungen des Herausgebers Cave nach dieser Ausgabe der Penguin Classics zitiert. Alle weiteren Zitate daraus werden im Text mit der Sigle DD nachgewiesen.

[3] Gordon S. Haight (Hrsg.): The George Eliot Letters. New Haven 1954–1978, Bd. II, S. 185. Weitere Zitate daraus werden im Text mit der Sigle L sowie Band- und Seitenzahl belegt.

[4] Zur Gestaltung von jüdischen Figuren in der englischen Literatur vgl. Bryan Cheyette: Constructions of ›The Jew‹ in English Literature and Society. Racial representations, 1875–1945. Cambridge 1993. Zur Gestaltung der jüdischen Frau in der englischen Literatur vgl. Nadia Valman: The Jewess in Nineteenth-Century British Culture. Cambridge 2007, S. 146 ff.

[5] Zu Heines Weiterführung der Verbindung von Judentum und Künstlertum bei Lessing vgl. Jocelyne Kolb: Heine's Lessing, Lessing's ›Nathan‹, and the Problem of ›Buchstabentreue‹. – In: Confrontations/Accommodations: German-Jewish Literary and Cultural Relations from Heine to Wassermann. Hrsg. von Mark H. Gelber. Tübingen 2004, S. 7–25.

[6] Vgl. DD 744.

[7] Vgl. Ruth A. Solie: Music in Other Words: Victorian Conversations. Berkeley 2004. Im Kapitel »Tadpole Pleasures: ›Daniel Deronda‹ and Music Historiography« (ebd., S. 152 ff.) analysiert sie die Parallele zwischen der »Musik der Zukunft« und der Zukunft des jüdischen Volkes.

[8] Zu George Eliot und Heine in »Daniel Deronda« vgl. Anthony McCobb: George Eliots Knowledge of German Life and Letters. Salzburg 1982, S. 193 ff.; J. Russell Perkin: A Reception-History of George Eliot's Fiction. Ann Arbor, London 1990. Dort wird die Beziehung folgendermaßen beschrieben: »›Daniel Deronda‹ is very much concerned with the importance of the liberating potential of ideas and of the exercise of rationality to overcome reified structures of thinking and feeling, such as the prejudice of anti-Semitism. In these concerns Eliot allies herself with the spirit of Heinrich Heine, for no one was better at ridiculing the consequences of unthinking prejudices and outdated structures than he was.« Ebd., S. 66; Gisela Argyle: Germany as Model and Monster: Allusions in English Fiction, 1830s-1930s. Montreal, Ithaca 2002.

[9] Vgl. George Henry Lewes: The Life and Works of Goethe: with Sketches of him, his age and contemporaries from published and unpublished sources. London 1855. Zu Lewes selber vgl. Rose-

mary Ashton: George Henry Lewes: A Life. Oxford 1991 sowie Alice R. Kaminski (Hrsg.): Literary Criticism of George Henry Lewes. Lincoln 1964. Der jüngste englische Goethe-Biograph, Nicholas Boyle, zollt Lewes heute noch Lob. Vgl. Nicholas Boyle: Goethe. Bd. I, The Poetry of Desire (1749–1790): The Poet and the Age. Oxford 1990, S. X.

[10] Die Lektüre lässt sich rekonstruieren, weil sowohl George Eliot als auch George Henry Lewes sie fast immer notiert haben, auch an Tagen, wo sie keine ausführlichen Tagebucheintragungen geschrieben haben. Vgl. Margaret Harris und Judith Johnston (Hrsg.): The Journals of George Eliot. Cambridge 1998. Eliots Ergänzungen der Tagebuchaufzeichnungen sind in diesem Band ebenfalls enthalten. Vgl. »Recollections of Weimar« (ebd., S. 218 ff.) und »Recollections of Berlin« (ebd., S. 243 ff.).

[11] Zum Deutschland-Aufenthalt von 1854/55 vgl. die Standardquelle Gordon Haight: George Eliot: A Biography. New Haven 1968 sowie die Biographie von Rosemary Ashton: George Eliot: A Life. London 1996. Zu Eliots Deutschland-Verbindungen und -Kenntnissen vgl. Sibilla Pfeiffer: George Eliots Beziehungen zu Deutschland. Heidelberg 1925; McCobb [Anm. 8]; Rosemary Ashton: The German idea: four English writers and the reception of German thought, 1800–1860. Cambridge 1980; Argyle [Anm. 8], dort vor allem die Kapitel »›The Philistines' Nets‹: George Eliot's ›Middlemarch‹« (ebd., S. 68 ff.) und »Regeneration in German Keys: George Eliot's ›Daniel Deronda‹« (ebd., S. 85 ff.); Gerlinde Röder-Bolton: George Eliot in Germany, 1854–1855: »Cherished Memories«. Aldershot, Burlington 2006. Zu diesen und allen Fragen zu George Eliots Kunst, Leben und Umwelt konsultiert man am besten das großartige Eliot-Handbuch: Oxford Reader's Companion to George Eliot. Hrsg. von John Rignall. Oxford 2000.

[12] Über die Doktrin der Sympathie in »Daniel Deronda« schreibt George Eliot an Harriet Beecher Stowe, die amerikanische Autorin des berühmten Romans »Onkel Toms Hütte« (1852), mit der sie ein herzliches Briefverhältnis unterhielt. Diese Fähigkeit der Literatur ist für Eliot eng mit der Macht der Phantasie verbunden, wie man beispielsweise ihrem Brief an Harriet Beecher Stowe vom 29. Oktober 1876 entnehmen kann: »There is nothing I should care more to do, if it were possible, than to rouse the imagination of men and women to a vision of human claims in those races of their fellow-men who most differ from them in customs and beliefs«. (L VI, 301 f.) Mit Entrüstung äußert sich Eliot in diesem Brief über das mangelnde Wissen »gebildeter« Leute: »Can anything be more disgusting than to hear people called ›educated‹ making small jokes about eating ham, and showing themselves empty of any real knowledge as to the relation of their own social and religious life to the history of the people they think themselves witty in insulting? They hardly know that Christ was a Jew. And I find men educated at Rugby supposing that Christ spoke Greek.« (L VI, 302)

[13] Vgl. Saleel Nurbhai und K. M. Newton: George Eliot, Judaism and the Novels: Jewish Myth and Mysticism. Houndmills, Basingstoke, Hampshire, New York 2002, S. 26.

[14] Solie [Anm. 7] spricht von einem Balanceakt in »Daniel Deronda« zwischen dem fortschrittlichen Wagnerismus und der Entwicklung einer konservativen musikalischen Tradition. Solie zeigt, wie im Roman diese dualistische Auffassung der musikalischen Komposition der widersprüchlichen Auffassung einer jüdischen Zukunft entspricht: »The two visions of the Jewish future [einer nationalistischen in Mordecai und einer kosmopolitischen in Klesmer] are based on two readings of Jewish history encountered in Eliot's research, and they are accompanied and amplified, I am arguing, by two visions of the future of music«. Ebd., S. 160.

[15] Vgl. Jane Irvin (Hrsg.): George Eliot's Daniel Deronda Notebooks. Cambridge, New York 1998.

[16] Röder-Bolton [Anm. 11], S. 126.

[17] David Carroll (Hrsg.): George Eliot, The Critical Heritage. New York 1971, S. 417 ff. Weitere Angaben erscheinen im Text und werden mit der Sigle CH gekennzeichnet.

[18] George Eliot: Selected Critical Writings. Hrsg. von Rosemary Ashton. Oxford/New York 1992. Weitere Zitate aus dieser Ausgabe werden mit der Sigle SCW nachgewiesen.

[19] Vgl. Argyle [Anm. 8]: »The physical and intellectual places for Deronda to discover and understand his Jewish past are largely German«. Ebd., S. 93.

[20] Zur Rezeption vgl. insbesondere Carroll [Anm. 17]; Perkin [Anm. 8]; Shmuel Werses: »The Jewish Reception of ›Daniel Deronda‹«. – In: Daniel Deronda: A Centenary Symposium. Hrsg. von Alice Shalvi. Jerusalem 1976, S. 11–43; den Artikel über »Daniel Deronda« von John Rignall in: Oxford Reader's Companion to George Eliot [Anm. 11], S. 78–86 und Cave [Anm. 2].

[21] Cave [Anm. 2], S. XVIII. Vgl. auch Rignall [Anm. 11], der sagt, »Daniel Deronda« sei »a novel which consistently questions and disturbs«. Ebd., S. 85.

[22] Argyle [Anm. 8] schenkt in ihrer Interpretation von »Daniel Deronda« in der Tradition des Bildungsromans allerdings Goethe mehr Aufmerksamkeit als Heine. Vgl. ebd., S. 99. Andere Interpreten betonen auch die Verwandtschaft von »Daniel Deronda« mit »Wilhelm Meister«, z. B. Pfeiffer [Anm. 11] und Ashton [Anm. 11]. Ashton macht in einer Anmerkung die lakonische Bemerkung, George Eliot verweise in »Daniel Deronda« ab und zu auf Heine (vgl. ebd., S. 226), bemerkt aber an anderer Stelle akkurater: »A German author from whom George Eliot quoted almost as often as she did from Goethe, is Heine.« Ebd., S. 173.

[23] Vgl. z. B. Rignall [Anm. 11] und Cave [Anm. 2].

[24] Vgl. William Baker: Judaism. – In: Oxford Reader's Companion to George Eliot [Anm. 11], S. 184–186, und ders.: George Eliot and Judaism. Salzburg 1975.

Jan Žižka als heikles Vormärzthema
Teil I
Beobachtungen zu George Sand und Nikolaus Lenau

Von Jeffrey L. Sammons, New Haven

Die folgenden Ausführungen bilden die erste Stufe einer Untersuchung über den deutschböhmischen Vor- und Nachmärzschriftsteller Alfred Meißner (1822–1885). Er gehört zu den vielen Gestalten jener Zeit, deren Namen Kennern der Epoche mehr oder weniger geläufig sind, deren Werke aber kaum mehr gelesen werden und über die pauschale, manchmal abschätzige Urteile kursieren, die wohl oft von einer Quelle zur anderen abgeschrieben werden. Ich finde, es schadet nicht, bei solchen Schriftstellern, die in ihrer eigenen Zeit erfolgreich und angesehen waren, im Hinblick auf die Eigentümlichkeiten der Formierung des deutschen Literaturkanons ohne Voreingenommenheit neu zu prüfen, ob wir sie richtig eingeschätzt haben bzw. im Lichte unserer eigenen Zeit vielleicht etwas anders betrachten sollten. Meißner wurde mir, wie wohl vielen anderen auch, ursprünglich durch seine Erinnerungen an Heinrich Heine bekannt. Trotz gelegentlicher Widersprüche und Fehlurteile hatte ich eine gute Meinung von diesen Berichten gewonnen; sie schienen mir scharfsinniger und auch verständnisvoller als viele andere Schilderungen von Heines letzten Lebensjahren. Es geht klar daraus hervor, dass die beiden durch eine kameradschaftliche und, was Heine angeht, seltene Freundschaft miteinander verbunden waren.

Bei diesem Vorhaben bin ich aber bei Meißners erstem erfolgreichen Werk, dem Gedichtzyklus »Žižka« (1846), sogleich stehen geblieben.[1] Denn es stellte sich schnell heraus, dass das Motiv des hussitischen Feldherrn Jan Žižka (ca. 1376–1424)[2] plötzlich überall auftauchte und zwar innerhalb von wenigen Jahren nicht nur bei Meißner, sondern auch bei George Sand (1804–1876), Nikolaus Lenau (1802–1850), Carl Herloßsohn (1802–1849)[3] und Moritz Hartmann (1821–1872). Da Žižka, so weit ich sehe, vor den 1840er Jahren kein Thema der deutschen Literatur gewesen ist, verlangte dieses plötzliche Auftauchen nach einer Erklärung. Die Texte liegen zeitlich so nahe beieinander, dass es schwer fällt, einfach einen gegenseitigen Einfluss anzunehmen. Es muss also als ein spezifisches Phänomen der Vormärzatmosphäre zu verstehen sein.

Jan Žižka zu Trocnov[4] stammte aus dem niederen Adel und wählte früh eine soldatische Laufbahn, diente dann eine Zeitlang am Hof des labilen, grausamen und trunksüchtigen böhmischen Königs Václav (Wenzel) IV. Er wurde Anhänger der religiösen Reformationsbewegung in Böhmen. Žižka hat wenige Primärquellen hinterlassen, erlangte aber eine derart spektakuläre Berühmtheit, dass seine Gestalt von vielen Legenden umwoben wurde, darunter diejenige, wonach sein erbarmungsloser Groll gegen die römisch-katholische Kirche darauf zurückzuführen gewesen sei, dass ein Priester einst seine Stiefschwester vergewaltigt habe. Wie dem auch sein mag, historisch ist es zweifellos so, dass er von der allgemeinen Wut gegen Kirche und Reich über dasjenige Ereignis erfüllt war, das Böhmen für Jahrzehnte in Brand setzen sollte: die Verbrennung des Reformators Jan Huß (auch Hus, ca. 1369–1415) beim Konzil von Konstanz – trotz des vom Kaiser Sigismund gewährten sicheren Geleits und des vom Gegenpapst Johannes XXIII. versprochenen Schutzes. Žižka identifizierte sich mit den Prinzipien der hussitischen Bewegung, vor allem der Ablehnung der römischen Autorität und dem Abendmahl in zwei Gestalten, d. h., dass der Weinkelch nicht dem Priester vorbehalten wurde, sondern auch an die Mitglieder der Gemeinde verteilt werden sollte. Also wurde der Kelch Symbol nicht nur der religiösen Reform, sondern auch der Gleichheit vor Gott, bedeutete also eine Art Demokratisierung, eine Gleichstellung von Volk und Geistlichkeit. Žižka ist darum wiederholt nicht nur als religiöser Streiter, sondern auch als Klassenkämpfer angesehen worden. Der führende tschechische Historiker František Palacký konstatierte,

> [...] daß in den Hussitenkämpfen nebst der religiösen und nationalen Frage auch die politische oder soziale Frage, nämlich von dem Verhältniß der Herren zu dem gemeinen Volke, mit solchem Gewicht in die Wagschale fiel, daß sie sogar zur Entstehung neuer und besonderer Parteien oder bewaffneter Haufen Veranlassung gab [...]. Žižka war nicht minder ein aufrichtiger und eifriger Demokrat, als die Taboriten insgesamt.[5]

Die Hussiten gründeten nach biblischem Vorbild eine Stadt namens Tabor, und die Anhänger des »linken« Flügels der Bewegung hießen Taboriten. Mit ihnen identifizierte Žižka sich meistens. Allerdings sind die ständig wechselnden Feindschaften und Allianzen der Sekten und Parteien in dieser Zeit viel zu kompliziert, um sie hier auch nur andeutungsweise beschreiben zu können.

Obwohl Žižka in Folge eines Unfalls in seiner Jugend auf einem Auge blind war, wurde seine Eignung zur Führung von Streitkräften bald vom Volk anerkannt. Er stieg hauptsächlich durch Akklamation zum Feldherrn der hussitischen Scharen auf. Gegen Ende seiner Laufbahn hat ein Pfeilsplitter sein gesundes Auge verletzt, er wurde also völlig blind, führte aber trotzdem seine Truppen von Schlacht zu Schlacht. Žižka war zweifellos ein geborener militärischer Führer. Völlig selbstlos und prunklos teilte er die Lebensweise seiner Truppen und verlangte nichts für sich selbst. Er war von eiserner Selbstdisziplin, furchtlos, wagemutig, immer bereit, die Initiative zu ergreifen. Er war aber offensichtlich kein Berserker, sondern wusste, wenn nötig, auszuweichen und sich zurückzuziehen. Er war einer der ersten Feldherren, der das Potenzial der gerade erst entwickelten Artilleriewaffen begriff. Er erfand die Wagenburg, bei der bewaffnete Wagen in einem Kreis oder Viereck zu defensiven oder offensiven Zwecken eingesetzt werden. Das ist für einen Amerikaner besonders pikant, der die Wagenburg von Jugend auf aus unzähligen Wildwestfilmen kennt. Žižka ist auf dem Schlachtfeld an der Pest gestorben. Einer langlebigen Legende nach hat er angeordnet, dass aus seiner Haut eine Schlachttrommel angefertigt werden sollte. Diese Legende wurde durch den Schriftsteller Aeneas Silvius Piccolomini (1405–1464), den späteren Papst Pius II., in die Welt gesetzt. Selbstverständlich ließ sich diese angebliche Reliquie dann auch vorzeigen; Friedrich II. hat sie sich angeeignet.[6]

Dass der hussitische Aufstand im vormärzlichen Böhmen zum literarischen Thema werden musste, ist an sich leicht verständlich. »Der Hussitenstoff lag damals förmlich in der Luft.«[7] Die demokratische Strömung der Zeit war gekennzeichnet durch »das Verhältnis zur Revolution und zum Grundsatz der sozialen Gleichheit.«[8] Meißner habe »die Erhebung der Hussiten, vor allem die kommunistische Bewegung der taboritischen Gottesstreiter, als vorbildlich für die kommende deutsche Revolution« geschildert.[9] Die Frage bleibt, warum der feine, gebildete Jan Huß durch den grobschlächtigen, gewalttätigen Jan Žižka als historische Bezugsperson verdrängt wird. Ich glaube, die Antwort könnte in der Frustration der liberalen Intelligenz durch die Metternich'sche Erstarrung liegen. Jan Huß war ein gemäßigter Intellektueller, wie wir selbst es auch sind. Bei dem Versuch, seinen Standpunkt gegenüber der Staats- und Kirchenmacht gegen nachweislich falsche Anschuldigungen mit logischen Gründen zu rechtfertigen, ist er nicht erhört, sondern schmählich hintergangen worden und endete auf dem Scheiterhaufen. Auch wenn sein Tod den Widerstand entfesselt hat, muss er persönlich als gescheitert betrachtet werden. Der Vormärz verlangte jedoch nach einem wirkungsvolleren Aktivismus. Nikolaus Lenau gehörte zu denjenigen, die Huß als zu milde empfunden haben: »[...] noch einen duldenden Heiligen zu schildern konnte sich Lenau nicht entschließen.«[10] Dagegen war Jan Žižka kein Opfer, sondern ein Sieger, kein Märtyrer, sondern ein Held. Seine Feinde, die römische Kirche und die österreichische Hausmacht, waren auch die Lenaus. Darum bot er sich als Leitfigur im gegenwärtigen Kampf an. Allerdings brachte die Gestalt Žižkas für diese Aufgabe auch einige Probleme mit sich. Denn es wurde schnell deutlich, dass er für diesen Zweck auch eine heikle Figur war. Die Schwierigkeiten können in fünf Punkten umrissen werden.

1. Eine nicht unwesentliche Frage betrifft die tschechischen Sprachkenntnisse unserer Schriftsteller. Bei George Sand kann selbstverständlich überhaupt nicht

davon die Rede sein. Lenau, dessen Kenntnis der ungarischen Sprache zweifelhaft zu sein scheint, hatte vielleicht etwas Tschechisch im Ohr, aber keine wirklichen Sprachkenntnisse.[11] Herloßsohn dagegen sprach im Elternhaus Tschechisch; Deutsch hat er sich als Literatursprache gewählt.[12] Hartmann konnte Tschechisch wenigstens gut lesen. Bei Meißner ist die Frage schwieriger. In den Anmerkungen zu »Žiška« zitiert er aus tschechischen Quellen; in seiner Autobiographie bekennt er aber, dass er Tschechisch nicht verstehe oder höchstens nur halb.[13] Letzteres wird wohl mehr oder weniger stimmen.

2. Problematisch wird die außerordentliche Gewalttätigkeit der Zeit, an der Žižka großen Anteil hatte. Der Vormärz hatte ein durchaus gespaltenes Verhältnis zur Gewalt. »Das Leiden an der Unschlüssigkeit, die Alternative von Gewalt und Erdulden«, schreibt Hubert Lengauer, »ist auch das Dilemma des bürgerlichen Ideologen der Ära, in der die Möglichkeit proletarischer Gewalt erstmals sichtbar wurde.«[14] Einerseits wollte man sich endlich etwas erkämpfen. Andererseits wollten die wenigsten es mit der französischen Schreckensherrschaft im eigenen Land versuchen. Die Scheu vor der Gewalt konnte in den Augen eines Schreibtischrevolutionärs wie Heine zur Paralyse führen, wie sie in der Kaiser Barbarossa zugeschriebenen Sprichwortreihe zum Ausdruck kommt:

> »Es hat
> Mit dem Schlagen gar keine Eile,
> Man baute nicht Rom in einem Tag
> Gut Ding will haben Weile.
>
> Wer heute nicht kommt, kommt morgen gewiß,
> Nur langsam wächst die Eiche,
> Und *chi va piano va sano*, so heißt
> Das Sprüchwort im römischen Reiche.« (DHA IV, 125 f.)

Gewiss lässt sich mit Louis de Saint-Just einräumen, um Heines »Wintermährchen« nochmals zu bemühen: »Man heile die große Krankheit nicht/Mit Rosenöhl und Moschus.« (ebd., 153) Aber die Gewalttätigkeit in den hussitischen Kriegen ist erdrückend. Man kann bei der Lektüre der geschichtlichen Darstellung schon einen gewissen Überdruss angesichts der nie endenden, immer sich wiederholenden Gräueltaten empfinden. Ganze Landstriche wurden verheert, ganze Gemeinden liquidiert. Manchmal glaubt man kaum, dass es am Ende des 15. Jahrhunderts in Böhmen überhaupt noch lebende Menschen gab; man könnte leicht an die Ereignisse unserer Zeit auf dem Balkan oder im Irak denken. Žižka selber wurde immer gewalttätiger. »Those that stood against the Law of God had to be exterminated in order to save all others from the snares of Satan and Anti-Christ«[15]; nach dem endgültigen Verlust seines Sehvermögens wurde er noch intoleranter. Sogar Palacký, dem Žižka ein Nationalheld sein musste, stellt fest: »Durch unerschütterlichen Fanatismus für Frömmigkeit ragte Žižka nicht nur über alle Taboriten, sondern auch über die nach ihm hinterbliebenen Waisen insgesamt hervor, wobei er auch nicht das gehörige Maß zwischen Schuld und Strafe zu beobachten wusste«; im blutigsten Jahr 1424 wussten »alle alte Annalen [...] nicht genug von den Wunden zu erzählen, welche der fürchterliche Feldherr nicht aufhörte seinem Volke in diesem Jahre zu verrichten, in der Wildheit und Grausamkeit sich selbst übertreffend.«[16] Wer eine andere Meinung über das Abendmahl, über die Transubstantiation, sogar über die Bekleidung der Priester beim Ritus hatte, der gehörte mitsamt Frauen und Kindern ausgerottet.

3. Das führt uns zur Problematik der Religion. Die hussitischen Kriege sind Religionskämpfe. Zwar ist es längst klar gewesen, dass sie durch politische und gesellschaftliche Gegensätze mitbestimmt wurden. Schon Palacký identifizierte als Grundlage des Streites »de[n] uralte[n] Kampf der Aristokratie und Demokratie« und präzisierte:

> [...] daß in den Hussitenkämpfen nebst der religiösen und nationalen Frage auch die politische oder soziale Frage, nämlich von dem Verhältniß der Herren zu dem gemeinen Volke, mit solchem Gewicht in die Wagschale fiel, daß sie sogar zur Entstehung neuer und besonderer Parteien oder bewaffneter Haufen Veranlassung gab.[17]

Nur erweist sich aus allen Auseinandersetzungen mit der Epoche, dass Glaubensfragen sich nicht einfach als Überbauphänomene oder falsches Bewusstsein abtun lassen. Dafür wurzeln sie zu tief in dem Diskurs ihrer jeweiligen Zeit. Die politischen und gesellschaftlichen Triebkräfte drücken sich in einer religiösen Sprache aus. Diese Sprache ist dem Vormärz weitgehend fremd geworden. Eine aus der Aufklärung ererbte kritische Sicht auf die religiösen Traditionen und die Ansprüche der kirchlichen Autorität ist für die Mehrzahl der namhaften Schriftsteller der nachromantischen Zeit charakteristisch. Zwar wurde die hussitische Bewegung als Vorbotin der Reformation und Huß als typologische Präfiguration Luthers verstanden. Der Biograph Žižkas erklärt entschieden, dass die hussitische Bewegung der Anfang, nicht ein Vorläufer, sondern Bestandteil der protestantischen Reformation gewesen ist.[18] Die Reformation wurde aber im Geiste Heines als Stadium in der Geschichte der Befreiung der Menschheit angesehen, vor allem in Hinblick auf das Recht des Einzelnen, sich eine eigene Auffassung der Schrift zu bilden. Die lutherische Theologie selbst interessierte, so weit ich sehe, kaum mehr.

Also mussten die religiösen Streitigkeiten in die Sprache eines zeitgemäßeren Antikatholizismus als Form des Widerstandes gegen die despotische Allianz von Thron und Altar des Metternich'schen Regimes übersetzt werden. Das ist ein dauerndes Anliegen unserer Autoren. Noch 1874 berichtet Meißner bei einem Aufenthalt zu Ostern in Rom: »Die Gasse hatte einen aggressiven, militärisch-klerikalen Charakter«, und fügt hinzu: »Processionsfahren und Bajonette schienen eine Allianz geschlossen zu haben«[19] – ein deutliches Echo der Bemerkung, die Heine 44 Jahre zuvor gemacht hatte: »[...] zur Unterstützung der Religion gehören heut zu Tage viel Bajonette.« (DHA VII, 170) Der hussitische Diskurs gibt reichlich Anlass für eine feindselige Haltung gegenüber der römischen Kirche; trotzdem bleibt die Aktualisierung der Gesinnung zu einem gewissen Grad eine Verschiebung des ursprünglichen Akzents.

4. Rebellionen bringen regelmäßig Randerscheinungen mit sich, die über die ursprünglichen Absichten der Anstifter hinausgehen, sich verselbständigen und nicht selten zu internen Zwistigkeiten und gegenseitigen Verratsvorwürfen führen. Die Geschichte der hussitischen Bewegung ist voller Spaltungen sowohl in gemäßigtere wie in radikalere Richtungen. Die wohl radikalste Sekte, die in Erscheinung getreten ist, war die der Adamiten. Es ist schwierig, zu einem gerechten Urteil über dieses Phänomen zu kommen, da sämtliche Quellen von ihren Feinden stammen. Die Adamiten scheinen pantheistische Mystiker gewesen zu sein, die die Existenz des Teufels und die Erbsünde verneinten. »Adamiten« hießen sie, weil sie wie das erste Menschenpaar ohne Kleider herumgingen.[20] Ihnen wurden Atheismus, freie Liebe, sexuelle Orgien und mörderische Raubzüge gegen die benachbarten Gemeinden vorgeworfen.[21] Žižka betrachtete diese Sektierer mit einem besondern Hass. Eines seiner wenigen Schriftstücke beschreibt sie als fremdartig und schrecklich: »so morden sie nachts und treiben tags Unzucht.«[22] Er griff sie zweimal an, metzelte sie alle bis auf einen alten Mann nieder, den er als Zeugen der Sekte nach Prag schicken ließ.[23]

Aus der Sicht der DDR-Geschichtswissenschaft mussten die Adamiten als Klassenkämpfer interpretiert werden, besonders da Friedrich Engels versucht hatte, sie zu rechtfertigen. Aber auch hier musste ihnen eine religiöse Motivation zugestanden werden: »[...] sehen wir zunächst von den anrüchigen Stellen über Nackttanz und Adamskultur ab, so schälen sich neben dem Chiliasmus Elemente heraus, die keine Erfindung ihrer Gegner, vor allem nicht Žižkas, sein können, vielmehr in eine spiritualistische Richtung weisen«; von einem »volkstümlichen Atheismus« oder einem »religiös drappierte[n] Atheismus« zu reden, ginge zu weit. Die Gräuelgeschichten seien möglicherweise übertrieben gewesen, das Wesentliche sei aber glaubhaft und werde von einem Dokument aus dem adamitischen Milieu unterstützt:

> Ein jeder gürte sein Schwert an seiner Hüfte, und der Bruder schone nicht des Bruders, der Vater nicht des Sohnes, der Sohn nicht des Vaters, der Nachbar nicht des Nachbarn. Mordet sie alle einzeln nacheinander, damit die deutschen Ketzer zu Haufen laufen und wir die Wucherer und die geistige Priesterschaft von dieser Welt beseitigen können.[24]

Bei all diesen Gräuelberichten bekommt man doch aus den Quellen ein deutliches Gefühl, dass es in erster Linie die sexuelle Libertinage gewesen ist, die den unerbittlichen Groll Žižkas erregte und den Kommentatoren skandalös erschien. Das bedeutet für den Vormärz ein besonderes Problem. Zu den liberalen Gedanken der Zeit gehörte auch ein Umdenken im Verhältnis zwischen Mann und Frau sowie über die sexuellen Beziehungen. Zwar war die angeblich aus dem Saint-Simonismus übernommene Losung der »Emanzipation des Fleisches« weitgehend eine Übertreibung der Gegner des Jungen Deutschlands, aber eine gewisse Auflockerung lag zweifellos in der Luft. Die gewaltige Wucht der Reaktion gegen die Adamiten musste als ein besonders tief verwurzeltes Zeichen des – um Heines Sprache zu gebrauchen – repressiven Spiritualismus bzw. Nazarenentums erkennbar sein. Heine wurde durch Meißners »Žižka« auf die Adamiten aufmerksam, allerdings soll er in der Matratzengruft charakteristischerweise einen grimmigen Witz darüber gemacht haben: »›Lieber Freund‹, sagte er, ›Sie haben einst von den Adamiten erzählt. Seit einem Jahre schon habe ich keine Hosen angezogen.‹«[25] Dabei ist es interessant zu bemerken, dass Palacký »[d]ie Quelle ihrer Irrthümer« in dem Satz, »daß ›Gott alles sei, was da ist‹« gefunden hat.[26] Das erinnert deutlich an Heines oft wiederholte, aus der Saint-Simonistischen Lehre übernommene Formulierung, »Gott ist alles, was da ist.« (DHA XII, 34)[27] Die Aktualisierung zeigt sich weiter in Palackýs Sprachgebrauch über »diese[ ] abscheulichen Schwärmer«: alles sei heilig gewesen, »sobald es gemeinschaftlich war, auch die Weiber; es war dies Communismus auf der höchsten Stufe.«[28] Nicht nur Palacký machte sich über diese sensationell wirkende Episode Sorgen; sie ließ sich offensichtlich von unseren liberalen Schriftstellern nicht umgehen, also mussten sie irgendwie damit fertig werden.

5. Ein deutlich erkennbarer Grund für die Hinwendung der deutschböhmischen Schriftsteller zu Žižka und den hussitischen Kriegen war der Wunsch nach Solidarität mit der Kultur der Tschechen im gemeinsamen Kampf um Freiheit und Gleichheit. Dabei wollten sie die Tschechen in die Bemühungen um die deutsche Einheit einspannen. Wie das im Detail aussehen sollte, scheint mir manchmal etwas verschwommen gewesen zu sein, ob durch die großdeutsche Lösung mit Österreich als Teil eines deutschen Reiches oder die kleindeutsche unter preußischer Leitung und dem Ausschluss von Österreich. Allen Einstellungen gemeinsam war das Prinzip, die Tschechen vom ›Slawentum‹ abzuhalten, d. h., zu verhindern, dass sie im ideologischen Kräfteverhältnis Europas unter russischen Einfluss kämen. Diese Hoffnungen standen aber von vornherein auf schwachem Grund, vornehmlich deswegen, weil sie die Rechnung ohne die real existierenden Tschechen machten. Diese waren nämlich gar nicht begeistert von der Aussicht, als Spielfiguren im Kampf um die deutsche Einheit eingesetzt zu werden. In den hussitischen Materialien werden die Feinde oft als ›Deutsche‹ bezeichnet. Das bezieht

sich natürlich in erster Linie auf die österreichischen Kräfte, aber auch auf die Kreuzzüge der vom Kaiser Sigismund eingesetzten deutschen Truppen, wie auch auf die Gegenangriffe der Hussiten auf Österreich, Bayern, Franken, Sachsen, Schlesien, Lausitz und Brandenburg.

Andererseits sind die Tschechen von den Deutschen nicht immer für voll genommen worden. Aus moderner Sicht heißt es, vielen deutschen Schriftstellern »kam es überhaupt nicht in den Sinn, daß in Böhmen auch eine nicht deutsche Bevölkerung lebt«; Huß sei Teil »der fortschrittlichen deutschen Tradition« gewesen, die Tschechen seien als Volk, nicht als Nation angesehen worden. »Die echte Begeisterung für die hussitische Vergangenheit bei Hartmann und Meissner ging nicht so weit, den Tschechen auch die künftige Existenz als selbständige Nation neben den Deutschen zuzutrauen.«[29] Das ohnehin einseitige Verhältnis zerbrach 1848, als die tschechischen Vertreter sich unter dem Einfluss von Palacký weigerten, weiterhin an der Frankfurter Nationalversammlung mitzuwirken. Damals sahen sie sich in der habsburgischen Monarchie besser aufgehoben.[30]

Die Spuren dieses Zwistes blieben lange erkennbar. Deutsche Schriftsteller wie Meißner und Hartmann erbitterten sich über die Uneinsichtigkeit und Verbohrtheit der Tschechen.[31] Meißner erwartete von Hartmanns Gedichtsammlung »Kelch und Schwert« (1845): »Auch die Czechen schauen auf Dich und erwarten Heil von Dir,« meinte aber wenig später: »Dein Erfolg bei den *echten* Czechen ist indessen kleiner, als ich es erwartet hätte. Sie sind sämtlich Russisch gesinnt und werden Dir den Vers: ›an Deutschlands Halse wein' Dich aus‹ nie verzeihen können.«[32] Meißner hat in den 50er Jahren versucht, Palacký in einen Kreis von Prager Deutschen einzuführen, urteilte aber im Rückblick: »Palacky hatte nie in Deutschland gelebt und war in Betreff des deutschen Geistes ganz ohne Verständnis«; er habe seine Auffassungen von der Augsburger »Allgemeinen Zeitung« bezogen.[33] Es ist über Meißners revolutionäres »Märzlied« bemerkt worden:

> Zu den Völkern, die das Recht auf nationale Konstituierung und auf deutsche Unterstützung beanspruchen dürften, zählte er aber nur die Ungarn, Polen und Italiener, nicht die Tschechen. Das war nicht zufällig.[34]

Diese Einstellung findet ihr Echo in deutschböhmischen Darstellungen der Ereignisse, das sich oft an der Ausdrucksweise bemerkbar macht.[35] Andererseits erscheinen die Schriftsteller aus tschechenfreundlicher Sicht als unsichere Kantonisten und seichte Opportunisten, »literarische Nutznießer slawischer Themen.« »Als Beispiel böser Exploitation tschechischer Stoffe« wird ein Roman von »Herlosson« [sic] angeführt: »die Hussiten dienen hier als Vorlagen zu blutrünstigen Gräuelgestalten ohne Bezug auf geschichtliche Wahrheit.«[36] Es habe sich 1848 erwiesen,

[...] daß alle ihre frühere Liebesbeteuerung an die slawischen Gefährten nur Tändelwerk war [...]. Sie haben sich die interessante Vergangenheit ihres zufälligen Vaterlandes als willkommene literarische Spezialität ausersehen [...]. [D]urch die Bank waren sie ziemlich blasierte Kosmopoliten, und falls Hartmann einen slawisierenden Deutschen spielte und Meißner einen sentimentalen Demokraten, so geschah alles nur aus schlichter Konvenienz, wenn nicht gar aus Heuchelei oder bloßer Verstellung.[37]

Um ein solches Urteil nicht unwidersprochen stehen zu lassen, wollen wir uns etwas näher ansehen, wie die jeweiligen Schriftsteller mit den Problemen der literarischen Gestalt Jan Žižka umgegangen sind.

George Sand

In der Mitte ihres Buches »Consuelo« (1842–1843) führt George Sand ihre Protagonistin auf böhmischen Grund und Boden, wo sie den Comte Albert de Rudolstadt kennen lernt und kurz vor dessen Tod heiratet. Der Graf ist von dem Gedanken besessen, er sei mit einer geisterhaften zweiten Identität zugleich auch sein eigener Ahnherr Jean Ziska, der noch seine Übeltaten zu sühnen habe. In seiner Todesstunde klagt er: »Tu sais, les crimes de Jean Ziska ne sont point assez expiés.«[38] Das Werk war der erste von vier Texten, die Sand auf der Höhe ihres radikalen sozialpolitischen Einsatzes zwischen 1842 und 1844 in »La Revue indépendante« publizierte; zunächst erschien die Fortsetzung des Romans, »La Comtesse de Rudolstadt«, worin Consuelo »le peau de ›Jean Ziska du Calice‹, le célèbre chef de la grande insurrection des Hussites au quinzième siècle« im Kuriositätenkabinett von Sans Souci gezeigt wird,[39] dann »deux opuscules intitulés respectivement ›Jean Ziska‹ puis ›Procope le Grand‹ qui clôturera le cycle.«[40] Für den von außerhalb des romanistischen Fachs Kommenden ist es nicht leicht, etwas über diese »opuscules« zu erfahren. Es kann sein, dass das Lebenswerk George Sands so riesig ist, dass die Literaturwissenschaftler es einfach nicht in allen Einzelheiten im Blick behalten können.[41] Wie unbekannt dieses Werk geblieben ist, zeigt sich darin, dass es oft als Roman bezeichnet wird. Es ist aber kein Roman, sondern eine sachliche historische Abhandlung. Auch die Charakterisierung des Biographen Žižkas, »interesting but semifictional«[42], ist missverständlich; das bezieht sich höchstens auf den populärwissenschaftlichen Erzählton. Sand selber schrieb, das Werk sei weder Roman noch Geschichte, sondern einfach eine Darstellung von »faits véritables.«[43]

Das Werk mache den Inhalt einer nicht genannten, ansonsten nicht lesbaren französischen Geschichte besonders für Damen zugänglich, die »lectrices délicates«: »Mesdames, c'est pour vous que j'écris.«[44] Diese hier ungenannte Quelle, auf die aber später hingewiesen wird[45], ist Jaques [sic] Lenfants »Histoire de la Guerre des Hussites et du Concile de Basle«. Gewidmet ist der Band »A son Altesse Royale, Monseigneur le Prince Royal«, d. h. dem zukünftigen Friedrich II. von Preußen. Lenfant (1661–1728) war ein französischer Protestant, der Prediger an der Französischen Kirche in Berlin und am königlichen Hof wurde.[46] Dabei muss Sand die Darstellung Lenfants für den Vormärz etwas revidieren. Palacký bemerkte dazu:

> Unter den neuesten Romanschreibern hat insbesondere Frau Sand, da sie aus L'Enfant nicht die volle Wahrheit schöpfen konnte, dennoch Verschiedenes richtig errathen.[47]

Lenfant ist über die Gewalttaten Ziskas entsetzt: »Mais il exerçoit des cruautez horribles dans les lieux, où il rencontroit la moindre résistance«; in der Randbemerkung steht: »Ravages, & massacres de Ziska en Bohême.«[48] Später heißt es zusammenfassend: »Toute l'Histoire fait foi que *Ziska* fut entreprenant, vindicatif, cruel, & qu'il porta la barbarie plus loin que les barbares eux-mêmes.«[49] Sand akzeptiert dieses Urteil über »la sinistre figure de Jean Ziska«, möchte es aber abschwächen, weil der Krieg für die Aufklärung und die Befreiung aus der Barbarei notwendig gewesen sei. »Entreprenant, opiniâtre, vindicatif, cruel, invincible et invaincu, cet homme était la colère de Dieu incarnée.« Sie lobt seinen Einsatz für die nationale Unabhängigkeit:

> [...] le sombre fanatisme qui lui a été injustement imputé, une volonté froide, clairvoyante, opiniâtre, beaucoup plus éclairé et beaucoup plus saine qu'on ne le penser.

Wie andere Beobachter auch, entschuldigt sie ihn bis zu einem gewissen Grad wegen seiner Blindheit, besonders nachdem er das zweite Auge verloren hat: »être aveugle et insensible aux spectacles de horreur et aux scènes de désespoir.« Denn das Engagement Sands ist zu dieser Zeit hauptsächlich gegen die katholische Kirche gerichtet, die damals die Leute wegen Meinungsverschiedenheiten verbrannt hat; die Leute befänden sich noch in »une adolescence fougueux et aveugle.«[50] Die Kirche von heute »marche rapidement à sa ruine au milieu des fêtes et des mascarades«; als die französischen Priester versuchten, sich für die hussitischen Tugenden von Einfachheit und Besitzlosigkeit einzusetzen, seien sie als Häretiker angegriffen worden. Solche Reformen wären längst gelungen, wenn die Taboriten in Böhmen gesiegt hätten. Dort habe »le bas peuple« klarer gesehen, weil es die Schrift gekannt habe. Heute gebe es den großen Kampf zwischen den Reichen und den Armen. Die geheime Religion Christi sei die Gleichheit gewesen, wie sie den Chartisten und Kommunisten geoffenbart worden sei; die Schwärmerei von Taboriten und Adamiten sei nicht der Rede wert.[51]

Sand interessiert sich vornehmlich für die emanzipatorischen, potenziell demokratischen Aspekte der Doktrin wie das Abendmahl in beiden Gestalten und die Zweifel an der Transsubstantiation (die Žižka nicht geteilt hat). Die radikale Provokation des Werks blieb nicht unbemerkt; es wurde, wie die meisten Bücher von Sand, in Österreich sofort verboten.[52]

Sand braucht sich nicht um das Problem der tschechisch-deutschen Verständigung zu kümmern. Für sie ist die Frage einfach: »Ziska voulait-il autre chose qu'une guerre pour indépandance nationale contre la race allemande?[!].« Die angebliche Propagandistin der Freien Liebe hat für die Adamiten nichts übrig:

> Les Adamites [...], en voulant réaliser, au milieu des excès du présent, la liberté absolue de l'avenir, son montraient insensés. De plus, en rêvant cette liberté grossière et brutale, ils faisaient bien voir que leur fanatisme était du dernier ordre, et qu'en voulant arriver à l'innocence des anges, ils ne savaient arriver qu'à celle des bêtes.

Sie quittiert die Ausrottung der Adamiten mit Genugtuung: »L'adamisme disparaîtra de la terre quand la véritable loi du mariage sera proclamée.« Sand übernimmt die Skepsis Lenfants gegenüber den Quellen. Die Geschichte der von einem Mönch vergewaltigten Schwester sei möglicherweise nicht wahr. Wie auch in »La Comtesse de Rudolstadt« wird die Legende von Žižkas Haut als Trommelfell angezweifelt; die Geschichte von dem weiteren Schicksal seiner Keule wird hingegen wiedergeben.[53]

George Sand kann durchaus mit Recht in den Diskurs über den Vormärz aufgenommen werden, nicht nur wegen Parallelen mit Texten wie »Jean Zyska«, sondern weil sie von den Schriftstellern quasi als Kollegin angesehen wurde.[54] Ein tschechischer Wissenschaftler schreibt ihr die Priorität in Bezug auf unser Thema zu: »Der bedeutende Anlass zur Aktualisierung des Hussitentums im radikaldemokratischen Sinn kam aus Frankreich.«[55] Erwiesen ist, dass Karl Marx »Jean Zyska« gekannt hat, da sich eine Anspielung in »Misère de la Philosophie« finden lässt: »Le combat ou la mort: la lutte sanguinaire ou le néant. C'est ainsi que la question est invinciblement posée. George SAND.«[56] Meißner wurde schon 1839 auf sie aufmerksam.[57] Sowohl Meißner als auch Hartmann haben sie persönlich kennen gelernt. Meißner behauptet, der Saint-Simonist Michel Chevalier habe ihm versprochen: »Madame Dudevant vous recevra les bras ouverts [...], elle te dirai viens t'étendre sur mon divan.«[58] 1846 assistierte Meißner in Paris dem ihm bekannten Sänger Giovanni Giordigiani bei der Uraufführung der »Consuelo«-Oper.[59] Zwar scheint er, wie viele andere, von George Sand etwas eingeschüchtert gewesen zu sein. In einem Gedicht an »Georges [sic] Sand,« wird gefragt, ob sie »Weib oder Dämon sei«; ihr Wort sei »mild und priesterlich«; sie sei »halb Kriegerin und halb Bachante/Und tödtlich schön — fast wie ein nacktes Schwert!« Jetzt sei sie poetische Barrikadenkämpferin, sie gehöre nicht zu den »Wolkengängern, die's mit Geistern halten,/

Doch mit dem armen Erdenvolke nie«, sei also eine engagierte Vormärzdichterin. »O Lelia du!«[60] wird sie apostrophiert. Aber die erotische Freizügigkeit von Sands »Lélia« verunsichert auch den Vormärzschriftsteller, da sie von einer Frau herrührt: »Die Bibel der Fleischesemanzipation. Aber schön geschrieben! Welche bewunderungswürdige Sophistik!«[61]

Nikolaus Lenau

Im Jahre 1836 plante Nikolaus Lenau eine Trilogie über Jan Huß, Savanarola und Ulrich von Hutten. Diese Themenwahl, zusammen mit den »Albigensern«, bezeugt Lenaus Aufmerksamkeit für den religiösen Konflikt als ein zentrales Thema seiner Zeit.[62] Die berühmten Schlusszeilen der »Albigenser« deuten u. a. prophetisch auf Huß und Žižka hin.[63] Žižka versprach, einen heftigeren Ton zu ermöglichen:

> Da kann ich meine Unmut doch austoben lassen und wild sein. Die lang verhaltene Furie wird denn losbrechen, und eine Menschenverachtung will ich ausprägen, daß mancher wünschen soll, seine Seele leibhaftig vor sich zu haben, damit er sie anspeien kann.

Er war aber zu depressiv, um das Werk im vorgesehenen Ausmaß zu vollenden; er fand, dass der Stoff sich nicht für ein Epos eignete, »wegen des monotonen Schlachtgetöses«; es wurde daraus ein »Romanzenkranz«:[64] »Johannes Ziska. Bilder aus dem Hussitenkriege«, der 1841 bis 1843 in Fortsetzungen im »Deutschen Musenalmanach« und im »Morgenblatt für gebildete Leser« und dann 1844 in der siebten Auflage seiner Gedichte erschien. Lenaus Quelle war Lenfant, den er von Wolfgang Menzel erhalten hatte.[65]

Die Gedichtfolge besteht aus neun Kapiteln von Vierzeilern im trochäischen Tetrameter, wobei die zweite und vierte Zeile gereimt sind. Die Bilder sind lose aneinandergereiht: »There is no historical progression in the sequence of the nine cantos or parts.«[66] Trotz des eher leichten, freundlichen Metrums ist die Betonung von Blutdurst, Rachsucht und Gefühllosigkeit sehr auffallend. Am Anfang erinnert sich der einsame Reiter daran, wie er bei Donner, Blitz und Hagel geboren wurde; er schwört Rache für den schnöde verratenen Huß: »Mordend will ich um dich klagen.« Ausdrücklich wird die Tat vor dem Wort aufgewertet:

> Wer nicht streitet nur mit Worten,
> Die er zweifelnd muß vertrauen
> Windeslaunen, Wetterlaunen;
> Wer da weiß, wohin zu hauen.

> Ziska, wildbeherzter Böhme!
> Schwinge fröhlich Lanz' und Keule!
> Bürgen sind dir deines Wirkens
> Ströme Bluts und Sterbgeheule.

Er spielt wie auf einer Orgel auf »Pfaffenvolk und Fürstenknechte[n].« Liebe und Freude werden der Freiheit geopfert. Die Blindheit macht ihn noch wilder, doch gehe »die klare Feldherrnruhe/Seines Geistes nie verloren.« Zu den Feinden gehören u. a. Deutsche, nämlich »die Knechte/Sigismunds [...],/All die sächsischen Geschwader/Samt den ungrischen Hussaren.« Die Wagenburg wird erwähnt, und der Romanzenton bringt poetische Bilder mit sich, aber nicht mehr die der milden griechischen Tradition. Der Tod sei nicht mehr der sanfte Bruder des Schlafes, sondern Thanatos, » zum Sensenmann verbauert«, wieder »Schreck- und Vorbild, das Gerippe«; noch darf die Bitte fehlen: »Spannet lustig auf die Trommel/Meines Leibes kalte Decke.« Obwohl die Episode der Adamiten nicht vorkommt, akzeptiert keine andere Bearbeitung des Themas die Gewalttätigkeit so vorbehaltlos, schwelgt geradezu darin. Offenbar spielt ein starker, subjektiver Affekt eine stilbildende Rolle in diesem Werk. Trotz des betonten Aktionismus, trotz der Visionen Žižkas auf dem Totenbett, den Kampf wieder aufzunehmen — »All die Pfaffen, Fürstenknechte/Schaut er klar und haut sie nieder«[67] — bleibt doch ein elegischer Unterton, wohl aus dem Bewusstsein, dass das alles doch noch innerhalb der Domäne des Worts geblieben ist. »Johannes Ziska« wurde aber zu einem Teil des Vormärzdiskurses. Zwei Zeilen daraus wurden als Motto zu einer Totenfeier für Robert Blum verwendet.[68]

Lenau wurde von den jüngeren Kollegen sehr verehrt. Von allen zeitgenössischen Dichtern wurde er von Meißner und Hartmann am höchsten eingeschätzt.[69] In ihrer Liebeslyrik sei »die starke formale Abhängigkeit von Lenau unverkennbar.«[70] 1840 hat Hartmann ihn persönlich kennen gelernt und ihm 1845 seine Gedichtsammlung »Kelch und Schwert« gewidmet: »Nicolaus Lenau nehme diese Blätter als Zeichen meiner innigsten Liebe.«[71] Er scheint auf Lenaus Amerikalegende hereingefallen zu sein; in einem Gedicht zu seiner Rückkehr heißt es: »Klagtest den gefällten Urwald/Und das Volk, das mit ihm fiel.«[72] Als Meißner an seine eigene Gedichtfolge über Žižka ging, wusste er von Lenaus »Johannes Ziska«, hatte ihn aber nicht gelesen; er schrieb ängstlich an Hartmann: »Dann könnte ich mit meinem Buch nur gleich meinen Kaffee kochen«, worauf Hartmann versucht hat, ihn zu beruhigen: »Lenau hat keine Hussiten geschrieben, wohl aber einen kleinen Balladenzyklus Ziska, der aber nicht so groß und bedeutend ist«.[73] Natürlich kannte Meißner »Die Albigenser«: »Die starke Anlehnung an Lenau wird deutlich in den an die berühmten Schlussverse der ›Albigenser‹ erinnernden Zeilen, welche die

Kämpfe der Vergangenheit für die Gegenwart aktualisieren.«[74] Zwar ist die etwas unfreundlich vermerkte Feststellung, bei Meißner sei Lenau durch Heine verdrängt worden, wohl richtig.[75] Allerdings schockierte ihn die Nachricht von Lenaus geistiger Umnachtung, die er in einem Gedicht beklagte: »Ein weißer Schwan, ein flügelstarker Aar [...]/Ich habe ihn geliebt!«[76]

Anmerkungen

Der Beitrag wird im Heine-Jahrbuch 2010 fortgesetzt.

[1] Zitiert wird nach Alfred Meißner: Žiška. Gesänge. Zweite, vermehrte Aufl. Leipzig 1847.

[2] Der Name wird unterschiedlich geschrieben. Hier wird die Form des jeweiligen Textes verwendet.

[3] In den älteren Quellen steht 1804 als Geburtsjahr. Reinwärth hat es zu 1802 korrigiert. Vgl. Julius Reinwärth: Karl Herloßsohns Leben. – In: Deutsche Arbeit 7 (1907–1908), S. 346. Die neueste Forschung akzeptiert dieses Datum.

[4] Vgl. Joseph Freiherr von Hormayr: Johann Zizka von Trocznow. – In: Oesterreichischer Plutarch, oder Leben und Bildnisse aller Regenten und der berühmten Feldherren, Staatsmänner, Gelehrten und Künstler des österreichischen Kaiserstaates. Bd. VII. Wien 1807, S. 109–158; Frederick G. Heymann: John Žižka and the Hussite Revolution. Princeton 1955.

[5] Franz Palacky [sic]: Geschichte von Böhmen. Größtentheils nach Urkunden und Handschriften. Bd. III, 2. Teil: Der Hussitenkrieg, von 1419–1431. Prag 1851, S. 293, 295. Palacký arbeitete an einem fragmentarisch gebliebenen Werk über Žižka für einen österreichischen General. Vgl. Jiří Kořalka: Jan Hus und die Hussiten in der europäischen Wissenschaft und Kultur um die Mitte des 19. Jahrhunderts. – In: Österreichische Osthefte 27 (1985), S. 15. Heymann betrachtet Palacký als Nachkommen der Hussiten und »most highly regarded political leader of the Czech nation in the third quarter of the nineteenth century«. Heymann [Anm. 4], S. 482.

[6] Vgl. Heymann [Anm. 4], S. 442. Aeneas Sylvius war selbstverständlich kein Anhänger Žižkas, war aber auch von ihm als Feldherrn beeindruckt und verglich ihn mit Hannibal »par ses ruses de Guerre«. Jaques [sic] Lenfant: Histoire de la Guerre des Hussites et du Concile de Basle. Amsterdam 1731. Bd. I, S. 202.

[7] Wolfgang Häusler: Alfred Meissner (1822–1885). Ein österreichischer Dichter zwischen Revolution und Reaktion. – In: Jahrbuch des Instituts für deutsche Geschichte 9 (1980), S. 159.

[8] Kořalka: Jan Hus und die Hussiten [Anm. 5], S. 10.

[9] Ernst Czucka: Die Stellung Alfred Meißners zum Sozialismus. – In: Archiv für die Geschichte des Sozialismus und der Arbeiterbewegung 15 (1930), S. 205.

[10] Max Koch: Einleitung. – In: Lenaus Werke. Berlin, Stuttgart o. J. Bd. II, S. 468.

[11] Zum Ungarischen vgl. Antal Mádl: Sprache, Heimat und Identität bei Nikolaus Lenau. – In: ders.: Nikolaus Lenau und sein kulturelles und sozialpolitisches Umfeld. München 2005, S. 305–316. Zum Tschechischen habe ich Professor Wynfrid Kriegleder (Wien) für die Vermittlung von Informationen zu danken.

¹² Henri Granjard: Un Almanach politique á l'époque de la Jeune-Allemagne: ›Mephistopheles‹ de C. Herloszsohn. – In: Etudes Germaniques 9 (1954), S. 128.

¹³ Meißner, Žiška [Anm. 1], Anmerkungen am Ende des Bandes, ohne Seitenzahl; Alfred Meißner: Geschichte meines Lebens. Wien, Teschen 1884. Bd. II, S. 21, 32.

¹⁴ Hubert Lengauer: Ästhetik und liberale Opposition. Zur Rollenproblematik des Schriftstellers in der österreichischen Literatur um 1848. Köln, Wien 1989, S. 117.

¹⁵ Heymann [Anm. 4], S. 197, 258.

¹⁶ Palacky [Anm. 5], S. 296, 347.

¹⁷ Ebd. S. 292, 293.

¹⁸ Heymann [Anm. 4], S. 11, 475. Vgl. auch Kořalka: Jan Hus und die Hussiten [Anm. 5], S. 5 ff., insbes. S. 7.

¹⁹ Alfred Meißner: Schattentanz. Zürich 1881, Bd. I, S. 206.

²⁰ Für eine Liste ihrer Ketzereien vgl. Palacky [Anm. 5], S. 240.

²¹ Vgl. den Überblick bei Heymann [Anm. 4], S. 209 ff.

²² Ebd. S. 262; vgl. Ernst Werner: Die Nachrichten über die böhmischen ›Adamiten‹ in religionshistorischer Sicht. – In: Circumcellionen und Adamiten. Zwei Formen mittelalterlicher Häresie. Hrsg. von Theodora Büttner und Ernst Werner. Berlin 1959, S. 83.

²³ Ebd. S. 130; vgl. Hormayr [Anm. 4], S. 135 f. Hormayr urteilt loyal aus österreichischer Sicht, obwohl er zugibt: »Nicht viel milder verfuhren auf der andern Seite die Katholiken« (ebd., S. 120). Zu bemerken wäre allerdings, dass Hormayr seinerzeit wegen des Versuchs, einen Aufstand in Tirol zu entfachen, eingesperrt wurde und ins Exil gehen musste. Vgl. Madeleine Rietra: Jung Österreich. Dokumente und Materialien zur liberalen österreichischen Opposition 1835–1848. Amsterdam 1980, S. 528.

²⁴ Werner [Anm. 22], S. 74, VII, 85 f., 116, 87.

²⁵ Alfred Meißner: Revolutionäre Studien aus Paris (1849). Frankfurt a. M. 1849, Bd. I, S. 190. Vgl. auch Meißner: Geschichte meines Lebens [Anm. 13], Bd. II, S. 127, wo er Heine sich auch mit den Adamiten identifizieren lässt.

²⁶ Palacky [Anm. 5], S. 238.

²⁷ Sie findet sich mehrfach in seinem Werk; vgl. den Kommentar in DHA VIII, 860 f. und DHA II, 448. Der Satz ist eine Umkehrung von Spinozas Lehrsatz, »Quicquid est, in Deo est.« Diese ablehnende Verknüpfung beleuchtet Palackýs Haltung gegenüber den von den Deutschen entwickelten Ideen der Zeit ziemlich deutlich.

²⁸ Palacky [Anm. 5], S. 240, 239.

²⁹ Jiří Kořalka: Tschechen im Habsburgerreich und in Europa 1815–1914. Sozialgeschichtliche Zusammenhänge der neuzeitlichen Nationsbildung und der Nationalitätenfrage in den böhmischen Ländern. München 1991, S. 40, 42; vgl. auch ders.: Jan Hus und die Hussiten [Anm. 5], S. 12.

³⁰ Lengauer [Anm. 14], S. 101.

³¹ Häusler behauptet, der Widerspruch zwischen Deutschen und Tschechen sei Meißner »verborgen« geblieben. Vgl. ders. [Anm. 7], S. 162.

³² Meißner an Hartmann, 2. Januar, Februar 1845. Otto Wittner (Hrsg.): Briefe aus dem Vormärz. Eine Sammlung aus dem Nachlaß Moritz Hartmanns. Prag 1911, S. 308, 324.

³³ Meißner: Schattentanz [Anm. 19], Bd. II, S. 167, 174 f. Vgl. Kořalka: Tschechen im Habsburgerreich [Anm. 29], S. 69: »Nach 1843 druckte die Augsburger Allgemeine Zeitung mehr kritische und abschätzige Urteile über die Tschechen als zwei oder drei Jahre früher.« Ab 1842 wurden die Nachrichten aus Böhmen und Mähren (und Wien) unter »Deutschland« gebracht. Vgl. ebd., S. 39, Anm. 52.

³⁴ Im Nachwort von Rolf Weber zu Alfred Meißner: Ich traf auch Heine in Paris. Unter Künstlern und Revolutionären in den Metropolen Europas. Berlin 1973, S. 343.

³⁵ Z. B. bei Otto Wittner: Alfred Meissner. – In: ders.: Österreichische Porträts und Charaktere. Wien 1906, S. 206: Meißner habe Prag 1848 verlassen, »überdrüssig, die Orgien des sich verbrüdernden Slaventums als Zuschauer mitzufeiern.« An anderer Stelle heißt es, Deutsche wie Meißner und Hartmann hätten »an dem Grabe mitgeschaufelt, in das ihre Gegner die germanische Vorherrschaft in Böhmen versenken möchten.« Ders.: Moritz Hartmanns Jugend. Wien 1903, S. 24.

³⁶ Alois Hofman: Die Prager Zeitschrift »Ost und West«. Ein Beitrag zur Geschichte der deutsch-slawischen Verständigung im Vormärz. Berlin 1957, S. 43, 123. Hofmann, der nur Stifters »Witiko« lobenswert findet, reiht Meißner und Hartmann neben Herloßsohn unter die »weniger klangvollen Namen« ein (ebd., S. 239).

³⁷ Ebd., S. 42.

³⁸ George Sand: Consuelo. Hrsg. von Robert Sctrick. Paris 1999, S. 896.

³⁹ George Sand: La Comtesse de Rudolstadt. Paris 1879, Bd. I, S. 67 f.

⁴⁰ Bernard Hamon: George Sand et la Politique. »Cette vilaine chose...«. Paris 2001, S. 154. In der späteren Ausgabe, die ich benutzt habe (George Sand: Jean Zyska. Paris 1867), heißt es auf der Titelseite »Jean Zyska. Gabriel«, im Text steht »Ziska«; ich werde den Titel und die Textfigur nach den jeweiligen Formen zitieren. In einer vorangestellten Notiz erklärt Sand, dass jenes Buch zwischen den beiden Romanen geschrieben wurde (vgl. ebd., S. 3).

⁴¹ Nur bei Hamon [Anm. 40] habe ich etwas Brauchbares gefunden. Es stand nichts in der weit angelegten, maßgeblichen Biographie von Wladimir Karénine [d. i. Warwara Dmitriewna Komarowa-Stasowa]: George Sand, sa vie et ses œuvres. Genf 2000 (zuerst 1899–1926). Zwei Sand-Spezialistinnen, die ich um Rat gebeten habe, wussten von nichts.

⁴² Heymann [Anm. 4], S. 33, Anm. 4.

⁴³ Sand: Jean Zyska [Anm. 40], S. 3.

⁴⁴ Ebd. S. 3, 7, 15. Sand sagt den Leserinnen, sie hätten in den Klöstern nichts gelernt; es folgt eine feministische Predigt, wo behauptet wird, die Frauen seien besser als die Männer (vgl. ebd., S. 17 ff.). Es ist ihr attestiert worden, sie habe die Frauen zum Ketzertum überreden wollen. Vgl. Tatiana Green: George Sand, hérétique. – In: George Sand. Collected Essays. Hrsg. von Janis Glasgow. Troy, New York 1985, S. 151. Vgl. Kerstin Wiedemann: Zwischen Irritation und Faszination. George Sand und ihre deutsche Leserschaft im 19. Jahrhundert. Tübingen 2003, S. 169, Anm. 324, wo es heißt: »Sands ›Ziska‹ ist eine wenig beachtete, aber sehr originelle Studie. Sie etabliert eine aus feministischer Sicht äußerst interessante Parallele zwischen der Geschichte des Häretikers und der historischen Situation der Frau.«

⁴⁵ Sand: Jean Zyska [Anm. 40], S. 139. In »La Comtesse de Rudolstadt« wird ausdrücklich auf ihn verwiesen: »M. Lenfant, prédicateur de Sa Majesté la reine mère, est auteur d'une recommandable histoire des Hussites.« Sand: La Comtesse de Rudolstadt [Anm. 39], Bd. I, S. 68. Sein vernünftiges Denken wird anerkannt, da er die Geschichte von dem Trommelfell anzweifelt. Überhaupt rechnete er es sich selbst an, sich an die bloßen Tatsachen zu halten: »Un Historien fait mieux de s'entenir aux faits, sans hazarder des jugemens, qui peuve être téméraires.« Lenfant: Histoire de la Guerre des Hussites [Anm. 6], Bd. I, S. 206. Bei Sand steht, es gebe die Geschichte nicht, da diese immer von den Mächtigen geschrieben werde. Vgl. Sand: Jean Zyska [Anm. 40], S. 15 f. Vgl. auch den Kommentar in George Sand: Correspondance. Bd. VI. 1853-Juin 1845. Hrsg. von Georges Lubin. Paris 1969, S. 124, Anm. 2: »Pour ›Jean Ziska‹, G. S. s'était contentée de l'ouvrage de Jacques [sic] Lenfant«, weil ihre Unkenntnis des Lateinischen sie daran hinderte, weiter zu gehen.

⁴⁶ Vgl. Bibliothèque Germanique ou Histoire littéraire de l'Allemagne et des pays du nord. Bd. XVI. Amsterdam 1729, S. 115–130. Eine wesentlich später erschienene deutsche Übersetzung könnte den deutschböhmischen Schriftstellern bekannt gewesen sein: Jacob Lenfant: Geschichte des Hussitenkriegs und des Konziliums zu Basel, übersetzt von Michael Christian Hirsch. Zweyter Theil. Preßburg 1783. Das Buch, das »[m]it hoher Genehmigung der k. k. Censur« gedruckt wurde, scheint in der Aufmachung etwas ›katholisiert‹ worden zu sein. Während das Bild Žižkas im französischen Original eher dem eines römischen Feldherrn gleicht, sieht er in der deutschen Fassung ganz grob böswillig and gewalttätig aus; Bd. IV enthält ein Bild des »Papstes« Felix V. (1383–1451, eigentlich ein Gegenpapst). Nach Stichproben zu urteilen, gibt der Text aber den Sinn des Originals getreu wieder. Im ersten Band wird unser Held »Žižka« geschrieben, im zweiten meistens »Zižka.«

⁴⁷ Palacky [Anm. 5], S. 360, Anm. 336.

⁴⁸ Lenfant: Histoire de la Guerre des Hussites [Anm. 6], Bd. I, S. 199, 201. In der deutschen Version: »da, wo er den mindesten Widerstand fand, übte er die größten Grausamkeiten an«; in der Rubrik: »Verheerungen und begangene Mordthaten des Ziska in Böhmen.« Lenfant: Geschichte des Hussitenkrieges [Anm. 46], Bd. II, S. 82, 86.

⁴⁹ Lenfant: Histoire de la Guerre des Hussites [Anm. 6], Bd. I, S. 210. Deutsch: »Alle Geschichtsschreiber bezeugen, daß Zižka unternehmend, rachgierig und grausam war, und daß er die Barbarey weiter, als die Barbaren selbstens, trieb.« Ders.: Geschichte des Hussitenkrieges [Anm. 46], Bd. II, S. 115.

⁵⁰ Sand: Jean Zyska [Anm. 40], S. 5, 7 f., 42, 43, 143. Vgl. Hamon [Anm. 40], S. 156: »Dans cette tétralogie George Sand poursuit la mise à mal de la religion catholique et de dogme sur lequel elle s'appuie. «

⁵¹ Sand: Jean Zyska [Anm. 40], S. 96, 116, 97, 4 f., 19, 24, 29.

⁵² Vgl. Norbert Bachleitner (Hrsg.): Quellen zur Rezeption des englischen und französischen Romans in Deutschland und Österreich im 19. Jahrhundert. Tübingen 1990, S. 89.

⁵³ Sand: Jean Zyska [Anm. 40], S. 65 f., 113 f., 118 f., 42, 139 f.

⁵⁴ Vgl. Gisela Schlientz: Freedom Smuggler: George Sand and the German Vormärz. – In: The World of George Sand. Hrsg. von Natalie Datlof, Jeanne Fuchs und David A. Powell. New York, Westport, London 1991, S. 153–160; Wiedemann [Anm. 44].

⁵⁵ Kořalka: Jan Hus und die Hussiten [Anm. 5], S. 11.

⁵⁶ Karl Marx: Misère de la philosophie. Réponse à la philosophie de M. Proudhon. Neue Ausgabe. Vorwort von Friedrich Engels. Paris 1908, S. 252. Vgl. Schlientz [Anm. 54], S. 157. Wiedemann warnt davor, das allzu ernst zu nehmen: Marx »bediente [...] sich des berühmten Namens Sand, um eine Affinität zu suggerieren, die in dieser Form nie bestehen sollte.« Wiedemann [Anm. 44], S. 169.

⁵⁷ Vgl. Häusler [Anm. 7], S. 145.

⁵⁸ Meißner an Hartmann, 20. Oktober 1840. Wittner (Hrsg.) [Anm. 32], S. 75.

⁵⁹ Vgl. Meißner: Geschichte meines Lebens [Anm. 13], Bd. I, S. 135–143.

⁶⁰ Alfred Meißner: Gedichte. Zweite stark vermehrte Aufl. Leipzig 1846. S. 198 ff.

⁶¹ Meißner an Hartmann, 4. August 1839. Wittner (Hrsg.) [Anm. 32], S. 7.

⁶² Rudolf Humborg: Alfred Meißner. Eine literaturhistorische Studie. Diss. München. Erfurt 1911, S. 33.

⁶³ Kořalka: Jan Hus und die Hussiten [Anm. 5], S. 10 f.

⁶⁴ Koch [Anm. 10], S. 468.

⁶⁵ Vgl. József Turóczi-Trostler: Lenau. Berlin 1961, S. 174.

⁶⁶ Hugo Schmidt: Nikolaus Lenau. New York 1971, S. 108.

[67] Nikolaus Lenau: Werke und Briefe. Hrsg. von Helmut Brandt u. a. Bd. II. Hrsg. von Antal Mádl. Wien 1995, S. 291, 295, 298, 301, 295, 303 ff., 307.

[68] Vgl. Walter Dohn: Das Jahr 1848 im deutschen Drama und Epos. Stuttgart 1912, S. 29 f.

[69] Meißner: Geschichte meines Lebens [Anm. 13], Bd. I, S. 53.

[70] Häusler [Anm. 7], S. 150; Wittner: Moritz Hartmanns Jugend [Anm. 35], S. 22, 41.

[71] Wittner (Hrsg.) [Anm. 32], S. 75 f. Vgl. Wittner: Moritz Hartmanns Jugend [Anm. 35], S. 52; Moritz Hartmann: Kelch und Schwert. Dichtungen. Leipzig 1845, S. 7. Der ihm gewidmete Band ist wohl für den geisteskranken Lenau zu spät gekommen.

[72] Ebd. S. 273.

[73] Häusler [Anm. 7], S. 159; Lengauer [Anm. 14], S. 151, Anm. 142; Meißner an Hartmann, 5. August 1846. Wittner (Hrsg.) [Anm. 32], S. 408. Der Brief bricht hier ab.

[74] Häusler [Anm. 7], S. 159 f. Gemeint ist die Schlussstrophe, die mit den Versen anfängt: »Und endlich kommt er doch im freud'gen Lichte,/Der Tag, da aller Menschheit deutlich wird,/Die Freiheit sei der Zweck der Weltgeschichte,/Das Völkerrecht der ew'ge, heil'ge Hirt.« Meißner: Žiška [Anm. 1], S. 237.

[75] Wittner: Alfred Meissner [Anm. 35], S. 203.

[76] Meißner: Gedichte [Anm. 60], S. 270.

Kleinere Beiträge

Alexander von Oppeln-Bronikowski: ein Zeitgenosse und Wesensverwandter Walter Scotts

Von Friedrich-Wilhelm von Oppeln-Bronikowski, Berlin

Im zweiten Teil seiner »Reisebilder« schreibt Heinrich Heine 1826:

> Von allen großen Schriftstellern ist Byron just derjenige, dessen Lectüre mich am unleidlichsten berührt; wohingegen Scott mir, in jedem seiner Werke, das Herz erfreut, beruhigt und erkräftigt. Mich erfreut sogar die Nachahmung derselben, wie wir sie bey W. Alexis, Bronikowski und Cooper finden [...]. (DHA VI, 162)

Wer war dieser »Bronikowski«?

Geburt und Herkunft

Alexander August Ferdinand von Oppeln-Bronikowski wurde am 28. Februar 1784 als Sohn des damaligen Hauptmanns bei der Leibgrenadiergarde des Kurfürsten von Sachsen Johann Peter von Oppeln-Bronikowski und der Generalstochter Christina Caroline Wilhelmine, geb. von Thile, Am Neumarkt Nr. 572 in Dresden geboren und am 2. März 1784 in der elterlichen Wohnung getauft. Die Taufe ist im Taufregister der evangelisch-lutherischen Kreuzkirche Dresden von 1784 vermerkt; dies galt zur damaligen Zeit zugleich auch als Geburtsurkunde. Mit diesen Feststellungen sind alle abweichenden Angaben über das Datum seiner Geburt widerlegt, die von 1783 bis 1788 reichen. Auch Alexander selbst war sich seines Geburtsdatums nicht sicher; seine eigenen Angaben schwanken ebenfalls von 1783 bis 1788. Seine Eltern sind evangelisch; seine Mutter bekennt sich zur lutherischen und sein Vater seinem Herkommen entsprechend zur reformierten Konfession. Alexander selbst wird sich später zur reformierten Konfession bekennen.[1]

Alexander von Oppeln-Bronikowski (1784–1834). Lithographie von Wojciech Gerson

Väterlicherseits stammt Alexander in zwölfter Generation von Heinrich von Oppeln-Bronikowski ab, dem Spross eines Oberlausitzer Adelsgeschlechts, der 1412 das Gut Bronikowo bei Fraustadt in Posen kaufte und sich danach (Oppeln-) Bronikowski nannte. Alexander gehört der auch heute noch blühenden polnischen Linie dieser Familie an. Alexanders Mutter Christiane Wilhelmine Friederike Karoline von Thile (1756–1827) war eine Tochter des Königlich Preußischen Generalmajors Friedrich Wilhelm von Thile (1709–1782).

Große Unsicherheit besteht hinsichtlich der korrekten Schreibweise seines Namens. Alexander selbst hat sich »Oppeln v. Bronikowsky«, »v. Oppeln-Bronikowsky«, »Alex. Bronikowski«, »Alexander von Oppeln-Bronikowski«, »Alexander Bronikowski« geschrieben, ohne dass damit bereits alle Variationsmöglichkeiten erschöpft wären. Die Personennormdatei der Deutschen Nationalbibliothek führt dreizehn verschiedene Verweisungsformen auf. Entsprechend unterschiedlich ist daher auch die Schreibweise in amtlichen Dokumenten.

Schulbildung

Näheres über seine Schulbildung war nicht zu ermitteln. Er wurde von seiner gebildeten Mutter und Privatlehrern in deutscher Sprache mit gutem Erfolg unterrichtet.

Militärlaufbahn

Alexander trat 1796 als Zwölfjähriger in preußische Kriegsdienste, und zwar in das Infanterieregiment Nr. 46, dessen Chef, Generalleutnant Alexander Heinrich von Thile, ein Verwandter seiner Mutter, war. In der Rangliste des Regiments erscheint er von 1797 und 1798 als Fähnrich, von 1799 bis 1806 als Seconde-Lieutenant. Das Regiment gehörte zur Warschauer Inspektion. Er gelangte 1802 nach Erfurt. Dort schloss er sich dem um den Regimentsauditeur Friedrich Mathias Gottfried Cramer (1779–1836, Jurist und Schriftsteller) gebildeten schöngeistigen Kreis junger Offiziere an. Bereits hier zeigte sich also sein vermutlich durch seine Mutter gewecktes literarisches Interesse. Dem Kreis gehörten außerdem Karl Prinz von Carolat Schöneich, Friedrich Cramer, Vollrath Graf zu Löwenstein Wertheim, Wilhelm Graf zu Löwenstein Wertheim und August von Witzleben an. Sichtbares Ergebnis der literarischen Bemühungen des Freundeskreises war ein 1804 in Erfurt erschienenes Gedichtbändchen, dessen Herausgeber Friedrich Cramer war. Drei Gedichte daraus stammen von Alexander; sie tragen die Titel: »An –«, »Die Säule des Memnon« sowie »Romanze« und sind im gefühlvollen Stil der Frühromantik geschrieben.

Alexander wurde nach Warschau versetzt, das damals unter preußischer Herrschaft stand. 1806 nach Breslau beordert, geriet er dort 1807 in französische Gefangenschaft. Nach seiner Freilassung im selben Jahr lebte er abwechselnd in Breslau, Prag und Dresden,[2] nach dem Tilsiter Frieden 1811 wurde er im Rang eines Leutnants aus dem preußischen Militärdienst entlassen.

1812 trat er in das 4. Infanterieregiment des Großherzogtums Warschau ein. 1813 zum Hauptmann befördert, wurde er in den Generalstab des zweiten Korps der französischen Armee des Marschalls Victor berufen. Für seine Tapferkeit in den Schlachten bei Leipzig und Hanau wurde ihm das Verdienstkreuz der Französischen Ehrenlegion verliehen.[3] Anschließend war er Adjutant des Marschalls Fürst von Bellune. 1814 wurde er nach der Niederlage Napoleons aus dem französischen Militärdienst entlassen und blieb anschließend in Paris, wo er die neuen gesellschaftlichen Verhältnisse studierte. Literarisch fanden diese Studien später ihren Niederschlag in seinem fiktiven Tagebuch eines napoleonischen Emporkömmlings »Sieben Sylvester-Abende, Lebensgeschichte eines alten Mannes in sieben Abschnitten« (Halberstadt 1831).

1815, nach Errichtung des Königsreichs Polen, ging er nach Warschau zurück und trat als Capitain (Rittmeister) wieder in polnische Kriegsdienste und wurde dort zum Major befördert. 1817 bemühte er sich in einem Brief an den sächsischen König um Aufnahme in dessen Dienste. Der Brief wird hier zum besseren Verständnis seiner persönlichen und wirtschaftlichen Situation ungekürzt wiedergegeben:

Majestät!

Wenn ich es wage, diese Zeilen an Euer Majestät zu richten, so ist es keineswegs eine Bittschrift, die mich zu Eurer Erlauchten Person führt, sondern ich wurde allein von dem Wunsche geleitet zu beweisen, daß Eure Huld mich nicht Ihrer Wohlthaten für unwürdig befunden haben würde, wenn ich das Glück gehabt hätte, Euer Majestät Augen auf mich lenken zu können. Diesen Schritt wird Euer Majestät dem Nachkommen einer Familie verzeihen, die seit mehr als hundert Jahren Ihre Dienste dem Erlauchten Herrscherhause Sachsens gewidmet hat, und dem Sohn eines Vaters, welcher noch kürzlich in der Stellung eines Generaladjutanten Euer Königliches Wohlwollen sich zu verdienen gewußt hat.

Eingetreten in die Armee des ehemaligen Herzogthums Warschau, zur Zeit, als sie noch die Feldzeichen Euer Majestät führte, erhielt ich bald die Stellung eines Generalstabs-Chef, in der Eigenschaft eines Adjutanten des Marschalls Herzogs von Bellune; ich rückte zum Range eines Majors vor, und wurde durch verschiedene Orden ausgezeichnet. In Folge der durch die politischen Ereignisse entstandenen Bewegungen nach Polen zurückgekehrt, glaubte ich in den Funktionen des bevollmächtigten Beamten Euer Majestät ein Mittel zu sehen, meine Dienste noch weiter dem Herrscher anzubieten, welcher früher die meines Vaters genehmigte, und ich nahm mich des Theiles der Arbeiten an, welcher meiner durch die Verhandlungen mit der im Warschau errichteten Kommission erlangten Sprachkenntniß und meinen Beziehungen in diesem Lande entsprachen.

Ich fühlte mich berechtigt auf Beschäftigungen zu hoffen, die meinen Mitteln und meinem Stande entsprachen, und auf die Ehre zu rechnen, Euer Majestät Diener zu werden.

Ich wurde keineswegs durch die Kärglichkeit des Gehaltes – einen Thaler täglich – zurückgestoßen, da ich mit Recht hoffte, daß ich mir durch den Eifer, mit dem ich mich meiner Pflichten entledigte, durch Königliche Huld eine bessere Existenz erringen würde. Die Folgezeit hat mir bewiesen, daß ich zu weit tragende Hoffnungen hegte. Alle meine Schritte bei dem Departement der Auswärtigen Angelegenheiten, bei denen ich theilweise durch diese Autorität vermittelst des bevollmächtigten Beamten betheiligt war, blieben erfolglos – ja selbst unbeantwortet.

Nach 10 Monaten sah ich mich mit einer kaum ausreichenden Einnahme versehen, auf die einfache Arbeit eines Schreibers beschränkt, und ich mußte noch mit Schmerz bemerken, daß Euer Majestät – wie ich weiß – immer ignorierte, mich unter ihre Diener zu zählen.

Die Natur dieser Umstände hat mich gezwungen auf meine Beziehungen zu dem Legations Rath Reyer zu verzichten, aber ich glaubte nur zu den Füßen Euer Majestät meine Abdankung niederlegen zu dürfen, indem ich die Gründe anführe, die sie notwendigerweise herbeigeführt haben, da ich mich niemals als Euer Majestät Diener betrachten konnte.

Möge Euer Majestät durch diesen Bericht gnädigst ersehen, daß die Ergebenheit gegen Eure Erlauchte Person noch fortbesteht in der Familie der Bronikowskis, und möge meine Mutter, die niedergedrückt durch das Alter und durch Schicksalsschläge in der Hauptstadt lebt, durch Königliche Huldbezeugungen geehrt werden, deren würdig zu zeigen ich mich zu wiederholten Malen versucht habe.

Euer Majestät demüthigster, gehorsamster und ergebenster Diener
Alexander Bronikowski
Major
Warschau den 6. Januar 1817

Der Brief ist in französischer Sprache geschrieben und befindet sich im Staatsarchiv Dresden. Ich zitiere ihn nach unveröffentlichten Studien des Familienforschers

Julius von Oppeln-Bronikowski, von dem wahrscheinlich auch die Übersetzung ins Deutsche stammt. Der Brief blieb ohne Antwort. Wegen Unstimmigkeiten mit dem Oberkommandierenden der polnischen Armee, Großfürst Konstantin von Russland, wurde Alexander mit dem halben Sold strafversetzt. 1823 nahm er aus Enttäuschung seinen Abschied und kehrte danach nach Dresden zurück; hier begann alsbald sein reichhaltiges schriftstellerisches Wirken. Zwischenzeitlich hielt er sich auch in Halberstadt (1830/1831) sowie in Magdeburg und Berlin auf.

Schriftstellerisches Wirken

Zwischen 1824 und 1834 veröffentlichte Alexander eine Vielzahl von Romanen, Erzählungen und Novellen, hauptsächlich im Verlag von Johann Christoph Arnold in Dresden sowie bei Brüggemann und anderen in Halberstadt und Leipzig.[4] In Dresden stand er dem Dresdner Liederkreis nahe.[5] Das Schwergewicht seiner literarischen Tätigkeit lag auf Themen aus der polnischen Geschichte, er sah seine Hauptaufgabe darin, dem deutschen Lesepublikum polnische Themen näher zu bringen.[6] Viele seiner Werke wurden vorab in der Dresdner »Abend-Zeitung« veröffentlicht und anschließend in den »Blättern für literarische Unterhaltung« rezensiert.

Polnische Themen rückten seit Beginn des Jahrhunderts zunehmend in das Interesse der deutschen Schriftsteller und Leser.[7] Das Aufbegehren der Polen gegen die russische Vorherrschaft im November 1830 führte in ganz Europa zu einer Welle der Sympathie. Nach der blutigen Niederschlagung des Aufstands durch russische Truppen flohen 1831 Tausende von Polen nach Westen und durchquerten daher zwangsläufig deutsche Länder. 20.000 von ihnen kamen nach Preußen. Das Ziel der meisten war Frankreich; Paris wurde der intellektuelle Mittelpunkt der Flüchtlinge, die zu Einwanderern wurden. Sie wurden in Deutschland freundlich aufgenommen, verpflegt und untergebracht. Friedrich Brockhaus, der auch Werke Alexanders verlegt hatte, hatte gegen den Willen der Obrigkeit 3500 polnische Emigranten an der Stadtgrenze empfangen. Diese kollektive Stimmung erklärt sich auch aus dem Umstand, dass der Kampf der Deutschen um stärkere Freiheitsrechte nach der erfolgreichen Bekämpfung Napoleons infolge der danach einsetzenden Restauration einen herben Rückschlag erlitten hatte. Daher empfanden viele Deutsche Sympathie für das Bestreben der Polen nach Freiheit von politischer Unterdrückung, an der auch Preußen seinen Anteil hatte. An vielen Stellen wurden deshalb Polenkomitees gegründet, um den Flüchtlingen organisierte Hilfe zu leisten.

Ein Vetter Alexanders, Xaver von Oppeln-Bronikowski, hat diese Umstände in seiner Broschüre »Meine Auswanderung von Warschau bis Dresden – Von Xaver Bronikowski, Vice-Präsident von Warschau während der letzten Tage der Revolution« ausführlich beschrieben (Paris, Heideloff und Campe, 1832). Ob beide Vettern sich kannten oder sich in Dresden begegnet sind, ist nicht bekannt. Ein weiterer Vetter Alexanders, Joseph von Oppeln-Bronikowski, veröffentlichte »Sechs Polenlieder«[8] in deutscher Sprache; das zweite trug die Überschrift »An Sachsen für die gastfreie Aufnahme in der Emigration 1848«.

Auch Alexander wollte einen Beitrag zur Unterstützung seiner polnischen Landsleute leisten. Seine Herkunft von einem polnischen Vater eröffnete ihm einen guten Zugang zur polnischen Kultur. Das sächsisch-polnische Doppelkönigtum förderte zudem den persönlichen und kulturellen Austausch zwischen beiden Ländern. In Halberstadt, wohin er 1830 geflüchtet war, wollte er eine Zeitschrift gründen, um die polnische Sache zu fördern. Er schrieb hier auch »Wenige Worte eines Polen an seine Mitbrüder«.[9] Die Situation und Stimmung hat Alexander geschickt für sich genutzt und den deutschen Lesern Ausschnitte aus der polnischen Geschichte näher gebracht. Er hat aber auch Themen aus der sächsischen, preußischen, französischen und europäischen Geschichte literarisch verarbeitet. Mir liegt vor allem daran, die im deutschen Kulturkreis wurzelnden Arbeiten Alexanders in den Blickpunkt zu rücken. Zwei größere Arbeiten befassen sich mit Vorgängen aus der sächsischen Geschichte: »Der Grimmenstein« (Berlin, J. W. Boike, 1828) und »Die Frauen von Neidschütz« (Leipzig, Brüggemann, 1832).

Dreh- und Angelpunkt des Romans »Der Grimmenstein« ist Wilhelm von Grumbach, ein deutscher Condottiere, der eine Blutspur hinter sich hergezogen hatte, die die Verhängung der Reichsacht zur Folge hatte. Diese wurde 1567 auf dem Marktplatz in Gotha durch Vierteilung vollzogen. Er war die Hauptperson der sog. »Grumbachschen Händel«. Der Grimmenstein war die mittelalterliche Burg in Gotha und wurde nach diesen Geschehnissen geschleift. An ihrer Stelle wurde 1643 der Grundstein für das noch heute bestehende Schloss Friedenstein gelegt. Alexanders Roman beginnt mit dem Erscheinen des Exekutionsheeres vor Gotha und endet mit der Schleifung des Grimmensteins.

Ort des Geschehens des zweibändigen Romans »Die Frauen von Neidschütz« ist Dresden am Ende des 17. Jahrhunderts. Im Mittelpunkt stehen Ursula Margarethe von Neidschütz und ihre Tochter Magdalene Sibylle, spätere Reichsgräfin von Rochlitz. Ursula Margarethe war die Geliebte des sächsischen Kurfürsten Johann Georg III. Aus dieser Verbindung war die 1675 geborene Magdalene Sibylle hervorgegangen. Zugleich hatte der Kurfürst mit seiner legitimen Ehefrau Eleonore von Sachsen-Eisenach zwei Söhne, deren Ältester, Johann Georg, sich in die bildschöne Magdalene Sibylle verliebte, wahrscheinlich ohne zu wissen, dass sie seine Halbschwester war. Nach dem Tode des Vaters im Jahr 1691 wurde sie dann die erste offizielle Maitresse am sächsischen Hof. Sie gebar dem Kurfürsten 1693 eine Tochter. Mittels einer hohen Bestechungssumme erreichte er, dass der Kaiser Sibylle im selben Jahr zur Reichsgräfin von Rochlitz erhob. Sibylle verstarb am 4. April 1694 an Blattern; am 27. April 1694 starb auch Johann Georg; er hatte sich bei seiner Geliebten angesteckt. Sein Nachfolger wurde sein jüngerer Bruder Friedrich August I., der spätere König von Polen. Er rächte sich durch Anstrengung eines Prozesses wegen Hexerei: Ursula Margarethe wurde der Tortur unterworfen und auf die Feste Königstein verbracht, kam aber später wieder frei.[10] Alexanders Roman beginnt mit der Rückkehr von Friedrich August aus seiner »Verbannung« und endet mit Ableben der Beteiligten.

Zum sächsischen Kulturkreis gehört auch die Nacherzählung der Sage »Die Grube von Höckendorf«, die aus dem östlichen Erzgebirge stammt. Darin geht es um das Schicksal des Geschlechts Theler, dem das Bergwerk zu Höckendorf gehörte und das dadurch zu unermesslichem Reichtum gekommen war. Am 25. August 1557 feierten die Theler in der Grube ein großes Gelage, als ein schweres Gewitter ausbrach, so dass 50 Personen ertranken.[11] Eine andere Sage, die sich ebenfalls um die Familie Theler in Höckendorf rankt, handelt vom Ritter Conrad von Theler, »welcher seinen Hauspfaffen am Sonntag Oculi 1332 in der Sakristei der Burgkirche erstochen haben soll, weil dieser ihn von der Kanzel herab verflucht und von dem reichen Bergwerkssegen immer zuviel für die Kirche verlangt haben soll.«[12] Danach sei Theler nach Jerusalem gezogen, um dort am heiligen Grabe Buße zu tun und habe nach seiner Rückkehr bei Höckendorf Martersäulen setzen lassen. Auch habe er einen wertvollen Altarschrank bauen lassen, der auch heute noch die Kirche zu Höckendorf schmücke.[13] Während die Jerusalemfahrt, die Errichtung des prunkvollen Altars und der Martersäulen historisch belegt sind, ist der Priestermord nicht nachweisbar. Alexander hat in seiner Erzählung beide Sagen und die Wirklichkeit kunstvoll miteinander verwoben und dichterisch ausgeschmückt.

»Die drei Vettern«, 1828 bei Brockhaus in Leipzig erschienen, ist eine vergleichsweise kurze Arbeit, die von drei sächsischen Adeligen handelt und in den Jahren 1750 bis 1790 spielt. In dieser Erzählung beschwört Alexander die Magie, derer er sich auch in anderen Romanen bedient, und zwar in der Person des Grafen von Saint Germain, einer der schillerndsten Gestalten des 18. Jahrhunderts. Auf mysteriöse Weise sagt der Graf von Saint Germain den drei Adligen ihre Zukunft voraus, was diese mit Ironie kommentieren. Nach vierzig Jahren treffen sich die drei Vettern in Dresden wieder und stellen erstaunt fest, dass alle Vorhersagen eingetroffen sind. Obwohl die Erzählung über Dresdner Lokalkolorit verfügt und auch historische Ereignisse eingebaut werden, wie z. B. das Erdbeben von Lissabon 1755 oder die Geburt eines Sohnes der Kurprinzessin, ist die Handlung doch etwas zu konstruiert, als dass sie auf heutiges Interesse stoßen könnte.

Bezug auf Sachsen hat auch die Erzählung »Die Briten in der deutschen Hauptstadt« (Leipzig 1834). Mit der »deutschen Hauptstadt« ist Dresden gemeint, und die Briten sind eine Gruppe skurriler englischer Adliger auf einer Bildungsreise. Die Erzählung erschöpft sich in der Schilderung ihrer Erlebnisse, die in ein verunglücktes Duell und eine geräuschvolle Wirtshausszene münden, gibt aber weder Lokalkolorit noch geschichtliche Zusammenhänge wieder. Sie kann daher keinen Anspruch auf heutiges Interesse erheben. Weiterhin hat er Episoden aus dem Leben der Gräfinnen Cosel, einer der Maitressen Augusts des Starken, und Orzelska, einer unehelichen Tochter Augusts des Starken, sowie aus den Machtkämpfen zwischen dem Grafen Heinrich von Brühl, Premierminister unter dem Kurfürsten Friedrich August II., und dem Grafen und späteren Fürsten Sulkowski, aus dem 18. Jahrhundert erzählt, die in seinen Novellen von 1829–1834 enthalten sind.[14]

Zum deutschen Kulturkreis gehört »Veit. Ein Beitrag zu den Denkwürdigkeiten peinlicher Gerichtspflege« (Leipzig, Brüggemann, 1832). Unter »peinlicher Gerichtspflege« ist die Anwendung der Peinlichen Halsgerichtsordnung Kaiser Karls V. von 1532 zu verstehen, die einerseits das Straf- und Prozessrecht auf den Stand der damaligen Zeit brachte, andererseits aber noch Hexerei als Straftatbestand enthielt, zu dessen Verfolgung auch die Folter erlaubt wurde. Die Folter, um die es in dieser Geschichte geht, ist eingebettet in ein romanhaftes Geschehen, das Ende des 18. Jahrhunderts in einer unmittelbaren Reichsgrafschaft jenseits des Rheins spielt. Es handelt sich dabei offensichtlich nicht (nur) um fiktive Vorgänge, da von einem benachbarten Bistum sowie der Stadt Speyer die Rede ist. Zudem enthält der zweite Band Auszüge aus Gerichtsprotokollen, die zumindest den Anschein von Authentizität erwecken.

In historischem Kontext steht auch »Der Kynast« (Leipzig, Goedsche und Wigand, 1834). Die kurzweilige Novelle spielt im Riesengebirge im Dreißigjährigen Krieg. Eingeflochten ist die mittelalterliche Sage von der schönen Kunigunde, der Tochter des Burgherrn Schafgotsch, die von allen, die um ihre Hand anhielten, verlangte, dass sie in voller Rüstung zu Pferde die Krone der Burgmauer umrundeten, eine fast unmögliche Aufgabe, der denn auch viele Ritter zum Opfer fielen, weil sie von der Mauerkrone in den Abgrund stürzten. Schließlich kam ein Ritter, der sich trotzdem nicht abschrecken ließ, den Ritt wagte und gewann. Kunigundes Hand wies er jedoch unter Hinweis auf die zahlreichen Bewerber zurück, die wegen ihrer grausamen Bedingung ihr Leben ließen. Kühne hält den »Kynast« für »das reifste Werk Bronikowskis unter seinen mittelgroßen Erzählungen.«[15]

Alexander von Oppeln-Bronikowski als Wesensverwandter Walter Scotts

Alexanders Erzählungen, Romane und Novellen waren nach Ansicht vieler Kritiker im Stile Sir Walter Scotts geschrieben. Die Affinität zwischen Scott und Oppeln-

Bronikowski wurde 1936 von W. Kühne unter dem Titel »Alexander Bronikowski und Walter Scott – Ein Beitrag zur Geschichte der Romantik« thematisiert. Alexander war sich der Nähe seiner Romane zu Scott durchaus bewusst, wie sich aus seiner Einleitung zu »Hippolyt Boratynski« ergibt. Es heißt dort u. a.:

> Ich halte es für das Beßte vom Anfange herein das zu erklären, was die meisten von denen, welches dieses Buch des Durchlesens werth halten möchten, wohl ohne dieß bald bemerkt haben würden. Die Bestrebungen des Sir Walter Scott, die Vergangenheit seines Vaterlandes im romantischen Schmuck der Jetztwelt aufzuführen, das lebhafte und beinahe allgemeine Interesse, welches sie für die Gipfel und Thäler des Hochlandes, die uns früher nur mit Ossians Nebeln bedeckt schienen, für die Gestade der Tweed und Clyde erregt haben, sie sind es, welche mich bewogen, meinen Zeitgenossen im ähnlichen Gewande die vergessenen Thaten der vergangenen Jahrhunderte eines Volkes darzustellen, welches mit Recht auf die Beachtung der später Lebenden Ansprüche machen kann, gleich denen der ehemaligen Bewohner Schottlands.[16]

Trotzdem wollte er nicht als unkritischer Nachahmer Scotts gelten, wie sich aus seiner Bemerkung im Brief an Hofrat Winkler vom 17.5.1824 ergibt:

> Nur, was die Liebe betrifft, da, je crie mercy, ich könnte mich schwerlich überwinden; noch dürfte es mir auch gelingen, sie anders erscheinen zu lassen, als ein höchst untergeordnetes Triebrad einer geschichtlichen Begebenheit; da ahme ich, und vielleicht unwillkürlich, den Sir Walter nach.[17]

Ähnlichkeiten sind jedoch nicht von der Hand zu weisen, etwa die auf historischen Kenntnissen beruhenden Detail- und Hintergrundschilderungen[18] und die Einbeziehung dämonischer, übersinnlicher und gespenstischer Erscheinungen in die Handlungen, die epische Breite der Darstellung und die intensive Beschäftigung mit der Geschichte. »Von jeher war die Geschichte meine Lieblingswissenschaft«, schreibt Alexander am 4.11.1825 an Karl August Böttiger.[19] Der Philologe und Pädagoge Böttiger, eine der Hauptfiguren des Dresdener Biedermeiers, lässt es sich nicht nehmen, Alexanders erste Veröffentlichung «Hippolyt Boratynski»[20] in der Dresdener »Abend-Zeitung« zu rezensieren:

> Es ist natürlich, dass Walter Scott's Romane, bei der einem Zauber ähnlichen Gewalt, die sie über das ganze gebildete Europa, vor allen aber in Deutschland selbst üben, einen Wald von Papageien in Aufruhr setzte und von allen Seiten Nachahmer und Nachbeter erweckte [...]. Doch es lebt auch unter uns ein Nachahmer der Walter Scott'schen Manier, dessen romantische Erzeugnisse, obwohl in ganz anderen Climaten und Sitten einheimisch, das unverkennbare Gepräge reicher Fantasie und einer Darstellungsgabe tragen, [...] also bei Walter Scott nicht umsonst in die Schule gegangen ist [...], Alexander Bronikowski [...]. Mögen kritische Blätter die Unvollkommenheiten einer Dichtung nicht ungerügt lassen, die freilich hie und da an fast verwirrender Ueberfüllung leidet, die aber durch die oft glühende Darstellung und das Kunstreiche im Ausmalen des Details und im Localisiren im Geiste Walter Scott's vollkommen aufgewogen werden [...]. In dieser Partie steht der Abt des Walter Scott und alle Umtriebe der schottischen

Eiferer weit hinter Bronikowski's Gemälde: Denn er ist überhaupt ein gelehrter Forscher und Kenner der polnischen Vorwelt, und hat in den Familienarchiven der alten Geschlechter sowohl, als in den gedruckten Quellen die fleißigsten Vorstudien gemacht [...]. Die Aufmunterung einiger Freunde veranlaßte ihn schon während seines letzten Aufenthalts in Polen Stoff zu dem einzusammeln, was er Zeit zu Zeit nun zu schildern gesonnen ist [...] und so war es ihm möglich, auch bei der romantischen Einkleidung der historischen Wahrheit möglichst treu zu bleiben.[21]

Alexander hat die Geschichte stärker romantisiert als Walter Scott[22], andererseits überflügeln bei ihm die historischen Elemente die romanhaften bei weitem[23], denn er wollte möglichst nahe an der historischen Wahrheit bleiben.[24]

Nicht unerwähnt soll bleiben, dass einige Kritiker ihm eine »unsägliche Breite«[25] der Darstellung vorgeworfen haben: »Scotts Breite ist eine ganz andere als diese, welche aus Schwäche und Trägheit erwächst.«[26] Das lesende Publikum hat Alexanders Werke aber offenbar geschätzt, wie deren wiederholte Auflagen und Übersetzungen sowie ihre Präsenz in den Leihbibliotheken beweisen. Ein schönes Bild für Alexanders »Breite« der Darstellung findet sich bei Kühne, der lieber von einem »Sichverlieren in die Breite« spricht, von einem »Strom der Bilder«, der »unablässig dahinfloss, bis er versiegte.«[27] Schließlich hat auch Heinrich Heine ihn 1826 als Nachahmer Scotts gewürdigt, ein Lob, das sich auf seinen von 1825 bis 1826 erschienenen vierbändigen Roman »Hippolyt Boratynski« bezogen haben muss. Aller Kritik zum Trotz gehörte Alexander zu den beliebtesten biedermeierlichen Erzählern Dresdens.[28]

Alexander von Oppeln-Bronikowski als Geschichtsschreiber

Alexander war nicht nur Autor belletristischer Werke, sondern auch Geschichtsschreiber. Er hat in Archiven und Bibliotheken Quellenstudium betrieben, wo und wann auch immer er Gelegenheit dazu fand. So hat er eine vierbändige Geschichte Polens geschrieben (1827–1832), erschienen bei Hilscher in Dresden im Rahmen der »Allgemeinen historischen Taschenbibliothek für Jedermann«, die sich auch der Aufmerksamkeit und des Wohlwollens des sächsischen Königshauses erfreute:

> Seine Majestät der König von Sachsen haben dem Major der Polnischen Armee Alexander von Oppeln Bronikowski für die zur vierten Lieferung der zu Dresden bei Hilscher erscheinenden historischen Taschenbibliothek von ihm verfasste Geschichte des Königreichs Polen eine schwere goldene Repetiruhr nebst Kette zustellen lassen.[29]

Auch eine Geschichte Sachsens hatte er schreiben wollen, wie sich aus einem vierseitigen handschriftlichen Exposé »Einige Worte über eine Geschichte Sachsens«

vom März 1827 ergibt.³⁰ Dieses Exposé hat er im Mai 1827, gestrafft und aktualisiert, als zweiseitigen Buchprospekt drucken und veröffentlichen lassen. Auch in Polen hat er für seine Geschichte Sachsens in der Gazeta Polska geworben.³¹ Am 21. April 1827 war ihm die königliche Genehmigung für sein Projekt erteilt worden. Aus bisher unbekannten Gründen ist diese Arbeit nicht ausgeführt worden, obwohl der König, mehrere Prinzen sowie höchste Staatsbeamte subskribiert hatten. Möglicherweise hatte er doch nicht genügend Subskribenten gefunden, oder er hatte Probleme mit der Materialbeschaffung.

Persönliche Verhältnisse

Obwohl offenbar nicht vermögend, lebte Alexander aufwendig und standesgemäß, jedoch über seine wirtschaftlichen Verhältnisse. Bereits in seinem Brief an den sächsischen König vom 6. Januar 1817 (s. o.) beklagte er die »Kärglichkeit seines Gehalts – einen Thaler täglich«. Im Geheimen Staatsarchiv zu Berlin existiert eine »Acta des Ministeriums der auswärtigen Angelegenheiten III. HA MdA 19710, betr. die von dem Major von Oppeln-Bronikowski geschuldeten Gerichtskosten in Höhe von 5 RThlr 22 gr. für die Ausforschung des Testaments seiner Großmutter Frau Generalin von Thiele geb. von Sydow des Oberlandesgerichts Glogau«. Der Vorgang besteht aus mehreren Aufforderungen an den deutschen Konsul in Warschau, Bronikowski zur Begleichung seiner Schulden zu bewegen. Das Ergebnis dieser Bemühungen ist nicht aktenkundig, doch muss vermutet werden, dass sie erfolglos waren. Später lieh er sich das für seinen Lebenszuschnitt erforderliche Geld bei Freunden und Verlegern, oft ohne Aussicht, es zurückzahlen zu können. Erhalten hat sich ein Brief vom 10. Mai 1831 an »Madame Mendelsohn, Leipziger Straße N° 45«. Darin bittet er sie wortreich um Geld:

> Wollen und können Sie mir auf einige Zeit Achtzig – Hundert Thaler anvertrauen? Dieser Güte würde um so mehr besondere und allgemeine Anerkennung werden, als Sie dann gethan haben würden, was Andere nicht thun, welche dazu eine weit größere Verpflichtung haben als Sie, geehrte Frau, deren Entschuldigung mit dem Einfluße der Zeitläufte auf ihre persönlichen Verhältnisse ich aber gelten lassen muß.³²

Insbesondere von seinen Verlegern lieh er sich häufig Geld, das er ihnen zum Teil schuldig blieb, weil seine Honorare mit seinen Ausgaben nicht Schritt hielten. Der Umfang seiner Verbindlichkeiten trat erst nach seinem Tode vor dem Nachlassgericht zu Tage. Mit seiner Verschuldung schuf er sich auch Feinde und sah sich deshalb genötigt, 1830 nach Halberstadt umzuziehen, von wo er erst 1832 auf dem Umweg über Berlin nach Dresden zurückkehrte. Man konnte sein hedonistisches

Genießertum offenbar auch aus seinen Gesichtszügen herauslesen. Sein Vetter Jacub Bronikowski schreibt hierzu:

> Dieser Kontrast zwischen dem tiefen, kühlen analysierenden Blick und dem heiteren Rest des Gesichtsausdruckes [...] ist aber für Bronikowski bezeichnend. Ein ernsthafter und gewissenhafter Geschichtsforscher, kluger, gründlicher Gelehrter, von dem man, wie Odyniec schreibt, viele neue Dinge lernen kann, berühmt im Alltag als Verschwender und bon-vivant, voller Begeisterung und wahrhaft polnischer Verve. Gewöhnt an prunkvollen und eleganten Lebensstil, konnte er seine Erwartungen nicht zügeln. Er machte immer mehr Schulden ohne die Möglichkeit, sie abzuzahlen. Am Ende kam es so weit, dass er trotz seiner großen Erfolge in materielle Abhängigkeit von seinen Herausgebern geriet [...]. Sein »genialer« Lebensstil zwang ihn oft, sich gewissermaßen dem Buchhändler zu verkaufen, als er eingeschlossen in einem kleinen Zimmer massenhaft Romane produzierte, um wenigsten die Schuldzinsen dieser Verpflichtungen zu begleichen. (Blätter für literarische Unterhaltung, 1861, Nr. 49, Seite 905)[33]

Die Stelle in dem genannten Artikel mit der Überschrift »Notizen. Aus der deutschen Künstler- und Dichterwelt« lautet:

> Auch ein Zeitgenosse Herloßsohn's, wie dieser nach dem großen Vorgange Walter Scott's auf dem Felde des historischen Romans thätig, Alexander von Bronikowski [...] kam durch seine »geniale« Art zu leben, dahin, dass er sich dem Buchhändler gewissermaßen verkaufen musste. Gleichsam in der Gefangenschaft seines Verlegers musste Bronikowski, wie sein Biograph erzählt, Romane schreiben, um die Vorschüsse zu tilgen, die ihn auch in die Zukunft hinaus wenig Freiheit erblicken ließen. Bei diesen Hemmnissen, doppelt unerträglich für einen Geist, der an größere Verhältnisse und eine ungebundene Lebensfreiheit gewöhnt, ist das Resultat seiner Thätigkeit noch zu verwundern [...].

Seine Genusssucht steht allerdings in einem gewissen Gegensatz zu seiner gestochen scharfen, regelmäßigen und sich stets gleichbleibenden Schrift, aus der man auch ohne grafologische Kenntnisse einen hohen Grad von Selbstdisziplin herauslesen kann, die er wahrscheinlich seiner mütterlichen und militärischen Erziehung verdankt.[34]

Um Alexanders Gesundheit scheint es nicht zum Besten gestanden zu haben. Das erhellt schon aus seinem verhältnismäßig frühen Tod im Alter von knapp 50 Jahren; als Todesursache wurde Brustwassersucht[35] genannt. Seine Krankheit ist zumindest für das Jahr 1833 aktenkundig, denn zu seinen Nachlassverbindlichkeiten gehörte auch eine offene Rechnung der Salomonis-Apotheke mit mehr als 20 Positionen über 14 Taler aus dem Jahr 1833.

Tod

Das Sterberegister der evangelisch-lutherischen Kreuz-Kirchengemeinde Dresden des Jahrgangs 1834 vermerkt: »von Oppel Bronikowski, Alexander August Ferdinand ledigen Standes, Major, 47 Jahre, verstorben am 21. Januar 1834 früh 6 Uhr am Neumarkte No. 572, beerdigt am 24. Januar 1834 auf den Neuenkirchhof.«[36] Alexander war in sehr dürftigen Verhältnissen verstorben und wurde auf Armen-Kommissionskosten beerdigt. Nachzutragen bleibt, dass er nicht mit 47, sondern mit 49 Jahren verstorben ist. Damit sind aber auch alle Behauptungen widerlegt, Alexander sei im Schuldgefängnis zu Dresden verstorben, wie man sie bei vielen Autoren findet.[37] Mit Vorsicht zu genießen ist daher auch die Darstellung Heinrich Laubes, Alexanders Verleger aus Leipzig sei angereist, um ihn begraben zu lassen.[38] Beerdigt wurde Alexander am 24. Januar 1834 auf dem Alten St. Johannisfriedhof im Stadtzentrum von Dresden; dies ergibt sich aus einem handschriftlichen Eintrag im Sterberegister des Alten Johannis-, Elias- und Trinitatisfriedhofes aus der Zeit von Dezember 1833 bis Juli 1839. Der Johannisfriedhof existiert heute nicht mehr; er wurde wegen des Raumbedarfs der expandierenden Stadt aufgelassen. Es lässt sich nicht sagen, ob die Grabstelle oder doch zumindest der Grabstein ersatzweise auf den Elias- oder Trinitatisfriedhof umgesetzt wurde, wie teilweise mit anderen Gräbern geschehen. Der Dresdner Journalist und Schriftsteller Klaus Hoffmann-Reicker hat früher den Grabstein Alexanders auf einem dieser Friedhöfe gesehen.[39] Leider ist er heute nicht mehr zu aufzufinden. Vermutlich ist er zwischenzeitlich beseitigt worden, was nicht gerade von einem sensiblen Umgang sächsischer Behörden mit einem seinerzeit geachteten und viel gelesenen Schriftsteller zeugt.

Nachlass

Um seinen Nachlass entspann sich ein jahrelanges Gezerre vor dem Stadtgericht Dresden, das hierüber eine umfangreiche Akte angelegt hat.[40] Die Nachlassmasse war gering, trotzdem hat sich die Auseinandersetzung darüber bis zum 21. Januar 1850 hingezogen. Aus der Akte erhellt auch, dass die Schulden Alexander schon vor seinem Tode über den Kopf gewachsen waren. Bereits am 17.1.1828 hatte er vor dem Stadtgericht Dresden den Manifestationseid (Offenbarungseid) über sein Vermögen abgelegt. Eine Schuldenaufstellung per 31.12.1828 gegenüber dem Buchhändler Arnold ergab einen Saldo von 7102 Reichtalern zu Arnolds Gunsten, eine Aufstellung der Schulden Alexanders vom 29.1.1833 einen Betrag von 1850 Reichstalern, davon allein 552 Taler zugunsten des Schneidermeisters Carl Gottfried Rittner. Dies wirft ein bezeichnendes Licht auf Alexanders Lebensführung. Eine Berechnung der Forderungen Arnolds an Alexander per 31.12.1833, also kurz vor seinem Tode, ergab an Schuldzinsen 2356 und an Hauptforderung 8563, dagegen an Honoraren 2100 Reichstaler, so dass ein Saldo von 8819 Reichstalern zu Alexanders Lasten verblieb. Alexanders Einnahmen reichten also nicht einmal mehr dazu aus, seine Schuldzinsen abzudecken. Auch von seinen übrigen Verlegern hat er Darlehen angenommen. Der Buchhändler Gödsche aus Meißen machte Forderungen gegen den Nachlass geltend; der Verleger Brüggemann hatte 6086 Taler zuzüglich Zinsen seit 1832 zu fordern, die er an Gödsche abgetreten hatte. Nach Abzug von Honoraren blieben 5328 Taler zugunsten von Gödsche. Sein gegenständliches Vermögen scheint sich in Luft aufgelöst zu haben. Die Aufstellung seiner am 15.10.1834 versteigerten Nachlasssachen umfasste 44 deutsche, polnische und französische Bücher und 23 sonstige Gegenstände, im wesentlichen Kleidungsstücke. Der Erlös betrug 12 Taler, von denen nach Abzug der Versteigerungskosten 10 Taler übrig blieben, die dem Nachlass zugeführt wurden.

Alexander von Oppeln-Bronikowski – Polnischer Sachse oder sächsischer Pole?

Die Fragestellung[41] ist rein rhetorischer Natur und suggeriert eine unausweichliche Alternative. Alexander war jedenfalls beides, polnischer Sachse und sächsischer Pole.[42] Er ist in Dresden geboren, hat hier – mit Unterbrechungen – über zwanzig Jahre lang gelebt, gearbeitet und ist hier auch gestorben und beerdigt. Seine Mutter war Deutsche, und sein Vater stand als Pole in sächsischen Diensten. Seine Muttersprache wie die Sprache seiner Mutter war Deutsch bzw. Sächsisch. Er war des Polnischen nicht mächtig und hat alle seine Werke auf Deutsch geschrieben, ob sie nun im deutschen oder polnischen Kulturkreis wurzelten. Erst nach ihrem Erscheinen in Deutschland wurden sie von anderen ins Polnische übersetzt, jedenfalls soweit sie polnische Themen betrafen. Er hat in erster Linie für deutsche Leser geschrieben, um ihnen Polen näher zu bringen. Dem gemäß ordnen ihn die meisten deutschen Literaturhistoriker als deutschen Schriftsteller ein. Er hat in gleichem Maße über sächsisch-deutsche wie auch europäische Geschichte geschrieben.

Und doch ist dies nur die halbe Wahrheit. Alexander selbst hat sich auch als Pole verstanden. Manche deutschen Autoren und Kritiker bezeichnen ihn daher als deutsch-polnischen Schriftsteller.[43] Seine polnischen Landsleute gaben ihm den Ehrentitel »Polnischer Homer«.[44] Um den polnischen Aufstand von 1831 gegen die russische Hegemonie zu unterstützen, schrieb er die Broschüre »Wenige Worte eines Polen an seine Mitbrüder gerichtet« (Halberstadt 1831), in der er seine liberale Gesinnung und Freiheitsliebe zum Ausdruck brachte.[45] Das Werk wird zwar von vielen Autoren erwähnt[46], keiner von ihnen kann jedoch eine Fundstelle angeben.

Wenn ein Druckwerk in der Restaurationszeit nicht nachweisbar ist, dann gibt es hierfür nur eine plausible Erklärung: Es wurde beschlagnahmt, oder die Druckerlaubnis wurde verweigert. In der Tat war die damalige Polenbegeisterung eine Volksbewegung, aber keine, die die Regierungen erfreuen konnte. Dies würde auch den Umstand erklären, dass die Broschüre weder in Deutschland noch in Polen aufzufinden ist, denn der westliche Teil Polens war nach der dritten polnischen Teilung von Preußen besetzt, so wie die übrigen Teile Polens von Russland und Österreich. Es liegt also nahe, anzunehmen, dass Sachsen und Preußen die Schrift beschlagnahmt bzw. die Druckerlaubnis verweigert haben, weil sie vielleicht, um mit Heine zu sprechen, zu den »konfiszirlichen Büchern« (DHA IV, 94) zählte.

Ich bin diesem Verdacht nachgegangen und im Geheimen Staatsarchiv Preußischer Kulturbesitz in Berlin fündig geworden. Dort existiert ein Vorgang des Oberzensur-Kollegiums und Oberzensurgerichts mit der Überschrift »Die Zensur der von dem Major Alexander von Oppeln-Bronikowski herausgegebenen Schrift ›Wenige Worte eines Polen an seine Mitbrüder 1831‹«.[47] Danach hat Alexander am 16.3.1831 bei der Zensurbehörde in Berlin die Druckerlaubnis beantragt. Diese wurde ihm letztinstanzlich am 5.5.1831 verweigert; seine Schrift, die er zu den Akten gereicht hatte, ist dort nicht mehr vorhanden.

Seine Verbundenheit mit Polen kommt auch darin zum Ausdruck, dass die »Warschauer Gesellschaft für Freunde der Wissenschaften« ihn 1827 auf Antrag zweier Mitglieder mit 25 Stimmen und einer Gegenstimme zu ihrem korrespondieren Mitglied ernannt hat. Im Sitzungsprotokoll heißt es:

> Die Kollegen: Niemcewicz – der Vorsitzende der Gesellschaft – und Szweykowski schlugen Herrn Alexander Bronikowski, den Autor von ›Boratynski‹ und anderen historischen Romanen sowie der Kurzgeschichte Polens, der jetzt an der Geschichte der Fürsten und Polenkönige Albertinischer Abstammung schreibt, zum korrespondierenden Mitglied der Gesellschaft vor. Der Ausschuß zögert nicht, ihn zum Kandidaten der historischen Abteilung zu ernennen.[48]

In einem in polnischer Sprache geschriebenen Brief bedankt sich Alexander für diese Ehrung:

> Ich, Alexander Bronikowski, nehme mit Dankbarkeit den Titel des Korrespondierenden Mitglieds der Königlichen Warschauer Gesellschaft für Freunde der Wissenschaften entgegen, mit dem ich von dieser Gesellschaft durch ihre Wahl gewürdigt wurde. Ich gebe mein Ehrenwort, daß ich die Gesetze der Gesellschaft einhalten werde. Die Entgegennahme und das Versprechen bekräftige ich eigenhändig.
> Leipzig, der 28. Februar 1828 gez. Alexander Bronikowski[49]

In seinem Brief an den polnischen Dichter und Publizisten Julian Niemcewicz vom 29.4.1829 schreibt er: »Ich bin stolz, ein Pole zu sein. Ich war es immer, wenn es das

Herz betraf, nicht die Sprache. Ich versuche jetzt aber, auch diesen Fehler zu korrigieren.«[50] In dem bereits zitierten Brief an Wartensleben schreibt er, er sei ganz isoliert, »ein rollender Stein und an solchem wächset kein Moos.« Er war ein Wanderer zwischen zwei Welten, der deutschen und der polnischen, und kann gerade als solcher »als Beispiel deutsch-polnischer kultureller Gemeinsamkeit und gegenseitiger Anregung und Befruchtung«[51] zu einer Wiederannäherung der seit über 100 Jahren getrennten, z. T. verfeindeten deutschen und polnischen Kultur beitragen. Der Vollständigkeit halber sei erwähnt, dass er sich selbst als Sohn dreier Länder verstanden hat. In dem bereits zitierten Brief an Julius Graf von Wartensleben vom 24. Januar 1829 schreibt er:

> Indessen habe ich wirklich einige Aehnlichkeit mit dem Sänger der hellenischen Vorzeit; zwar nicht sieben Städte, wie bei jenem, aber doch drei Länder könnten sich, wenn sie sonst Lust hätten dazu, um die Ehre meiner Vaterlandschaft streiten, wie dies in den jetzigen Zeiten bei vielen ehrlichen Sarmatenkindern der Fall ist.

Auch der ihm freundlich gesinnte Heinrich Heine hatte zwei Vaterländer, die ihn für sich beanspruchen: Deutschland und Frankreich. Heine fand hierfür das einprägsame Wort »portatives Vaterland« (DHA XV, 43), dessen Kultur man also im Herzen bei sich trug, wo auch immer man sich befand.

Was bleibt?

In Polen wie in Deutschland setzt um 1930 eine Wiederbesinnung auf Alexander von Oppeln-Bronikowski ein, die sich durch eine Reihe literarhistorischer Aufsätze und Monographien bemerkbar macht. In Deutschland wäre in diesem Zusammenhang W. Kühnes Aufsatz »Alexander Bronikowski und Walter Scott. Ein Beitrag zur Geschichte der Romantik« (1936) zu nennen, der die unverdiente Vergessenheit Alexanders nach dem Übergang von der Romantik zum Naturalismus beklagt.[52] In letzter Zeit hat sich das »Projekt historischer Roman« des Instituts für Germanistik der Universität Innsbruck mit statistischen Angaben zum Literatursystem der Restaurationszeit befasst.[53] Alexander gehört demnach zu den erfolgreicheren Roman-Autoren; seine Romane waren in 3,2 % aller Leihbibliotheken vertreten; sein Verleger Arnold gehörte mit 67 historischen Romanen zu den produktionsstärksten Verlagen. Auf polnischer Seite wäre in diesem Zusammenhang Ludwik Raths umfassende Monographie von 1937, »Der Schriftsteller A. Bronikowski. Ein Beitrag zur Geschichte des polnischen Romans«[54], zu nennen. Die umfangreichste Darstellung ist die verdienstvolle Monographie Jerzy Kalaznys,

»Fiktion und Geschichte. Alexander von Oppeln-Bronikowski und sein Geschichtserzählen« in deutscher Sprache.[55] Erstaunlich ist allerdings, dass der wissenschaftlichen Neubesinnung die verlegerische Untermauerung fehlt. In Deutschland gibt es jedenfalls bislang keine Neuauflagen von Alexanders Werken, so dass man von einer Inkongruenz zwischen wissenschaftlicher Beschäftigung und publizistischer Grundlage sprechen kann. Vielleicht findet sich ja in Deutschland einmal ein historisch ausgerichteter Verlag, der einzelne Bände oder einen Sammelband mit Werken Alexanders herausgibt.

In jedem Falle bleibt Heinrich Heines literarischer Ritterschlag von 1826 für Alexander von Oppeln-Bronikowski bestehen.

Anmerkungen

[1] Vor dem Stadtgericht Dresden (Sächsisches Hauptstaatsarchiv Nr. 12881, S. 6) vernommen am 1.7.1825: 38 Jahre alt, ledig, reformierter Religion, hier seit 1823. Die Geburtsurkunde ist abgedruckt in: Friedrich Wilhelm von Oppeln-Bronikowski: (Biographische) Anmerkungen zur Monographie von Jerzy Kalazny. – In: Studia Germanica Gedanensia 13 (2005), S. 131–140.

[2] Vgl. Karl Goedecke: Grundriss zur Geschichte der Deutschen Dichtung. Bd. X. Dresden 1913, S. 276.

[3] Vgl. Rolf-Dieter Kluge: Alexander Bronikowskis Romanprosa zwischen Aufklärung und Romantik. – In: Studien zur polnischen Literatur-, Sprach und Kulturgeschichte im 18. Jahrhundert. Vorträge der 3. Deutsch-polnischen Polonistenkonferenz Tübingen 1991. Hrsg. von Ilse Kunert. Köln u. a. 1993, S. 221–231, hier S. 222.

[4] Vgl. die Übersicht über seine Publikationen bei Jerzy Kalazny: Fiktion und Geschichte: Alexander von Oppeln-Bronikowski und sein Geschichtserzählen. Posen 1996, S. 154 ff.

[5] Der Dresdner Liederkreis war eine Vereinigung so genannter Pseudoromantiker, zu denen u. a. Unterhaltungsschriftsteller und dichterisch begabte Schöngeister wie Johann Friedrich Kind, der Verfasser des Librettos von Karl Maria Webers »Freischütz«, sowie Karl Theodor Winkler und Carl August Böttiger gehörten.

[6] Vgl. Arno Will: Alexander von Oppeln-Bronikowski und die Polenliteratur in der ersten Hälfte des 19. Jahrhunderts. – In: Germanica Wratislaviensia: Acta Universitatis Wratislawensis Nr. 431, XXXIV (1978), S. 57–67.

[7] Vgl. ebd., S. 61.

[8] Herausgegeben zum Besten polnischer Emigranten von Faustin Chodacki, Posen 1849.

[9] Vgl. Kalazny [Anm. 4], S. 159; Jacub Bronikowski: Monografia historyczno-genealogiczne rodu Bronikowskich Warschau 1953 (Historisch-genealogische Monografie über die Familie Bronikowski; unveröffentlichtes Manuskript in polnischer Sprache; Übersetzung von L. Degenhardt. Ein Exemplar befindet sich im Besitz des Museums Miedzyrzecz/Meseritz [Frau Joanna Patorska], dem ich auch den Text verdanke), S. 149; Gabriel Korbut: Literatura Polska. Bd. II. Warschau 1918, S. 376; Karol Estreicher (Hrsg.): Bibliografia Polska, Bd. II. Krakau 1961, S. 540; Ludwik Rath: Der Schriftsteller Aleksander Bronikowski. Ein Beitrag zur Geschichte des polnischen Romans. Lwów (Lemberg), S. 22 f., 207; Dawny Pisarze Polsci, Przewodnik bibliograficny. Warschau 2000, Bd. I, S. 108.

[10] Über diese Vorgänge gibt es einen handschriftlichen Bericht des Zeitgenossen Johann Friedrich Klotzsch aus dem Jahr 1780, der jedoch zu seinen Lebzeiten aus Furcht vor Verfolgung nicht veröffentlicht wurde. Nach seinem Tode wurde sie von der Königlichen Oeffentlichen Bibliothek zu Dresden erworben. Hier entdeckte sie Johannes Jühling, der sie unter dem Titel »Die Liebeszaubereien der Gräfin Rochlitz, Maitresse Kurfürst Johann Georgs IV. von Sachsen« herausgab (Stuttgart 1914; ND Wolfenbüttel 2006).

[11] Vgl. Johann Georg Theodor Grässe: Der Sagenschatz des Königreichs Sachsen. Bd. I. Dresden 1874, S. 246ff. und A. Klengel: Sagenbuch des östlichen Erzgebirges. Altenberg 1938, S. 175.

[12] Grässe [Anm. 11], S. 569.

[13] Wiedergegeben in: Gottwald, Mitteilungen des K. S. Vereins für Erforschung und Erhaltung vaterländischer Altertümer, 13. Heft, Dresden 1863, S. 52.

[14] Vgl. hierzu auch Heinz Arnold: Alexander Bronikowski als deutsch-polnischer Schriftsteller. – In: Potsdamer Forschungen der Pädagogischen Hochschule Karl Liebknecht, Potsdam (95) 1989, S. 35.

[15] Walter Kühne: Alexander Bronikowski und Walter Scott. Ein Beitrag zur Geschichte der Romantik. – In: Zeitschrift für slavische Philologie 13 (1936), S. 283–315, hier S. 307.

[16] Alexander August Ferdinand von Oppeln-Bronikowski: Hippolyt Boratynski. Bd. I. Dresden 1825, S. 3.

[17] Historical Society of Philadelphia, Dreer Collection, German Prose Authors, series 108:1; vgl. auch Kühne [Anm. 15], S. 285.

[18] Vgl. Kluge [Anm. 3], S. 224.

[19] Als Typoskript in Rath [Anm. 9], S. 208f.

[20] Erster und Zweiter Band in der Arnoldschen Buchhandlung, Dresden 1825. Der Roman beschreibt das tragische Schicksal der polnischen Königin Barbara Radziwill, der Gemahlin von Sigismund August, im Polen des 16. Jahrhunderts.

[21] Abend-Zeitung auf das Jahr 1826, Wegweiser im Gebiete der Künste und Wissenschaften, Nr. 38 vom 13. Mai 1826, S. 129f.

[22] Vgl. Kühne [Anm. 15], S. 314.

[23] Vgl. Arno Will: Alexander von Oppeln-Bronikowski und die Polenliteratur der ersten Hälfte des 19. Jahrhunderts. Acta Universitatis Wratislaviensis Nr. 431, Germanica Wratislaviensia XXXIV, Breslau 1978, S. 63.

[24] Vgl. Alexander von Oppeln-Bronikowski in einem Brief an Böttiger vom 4. 11. 1825, abgedruckt in: Wilhelm Frels: Deutsche Dichterhandschriften 1400–1900. Leipzig 1934. Bd. II, S. 218, abschriftlich wiedergegeben in: Rath [Anm. 9], S. 208f.

[25] Heinrich Laube: Moderne Charakteristiken. Bd. II. Mannheim 1835, S. 417.

[26] Ebd., S. 418.

[27] Kühne [Anm. 15], S. 308, 310.

[28] Vgl. Friedrich Kummer: Dresden und seine Theaterwelt. Dresden 1938, S. 84.

[29] Jahrbücher für Philologie und Paedagogik 2 (1827), Bd. I, H. 1, S. 116.

[30] SLUB Dresden, Handschrift: MSCR.Dresd.R.14.: Bemerkungen zur Sächsischen Geschichte.

[31] Nr. 316 von 1927, vgl. Kluge [Anm. 3], S. 226.

[32] Bayerische Staatsbibliothek München, Signatur: Autogr. Oppeln-Bronikowski, Alexander von.

[33] Bronikowski [Anm. 9].

³⁴ Vgl. z. B. seinen Brief an den Verlag Arnold vom 30.9.1826, Historical Society of Pennsylvania in Philadelphia, Gratz Collection, Case II, Box 35.

³⁵ Hydrothorax: Flüssigkeitsansammlung im Brustfellraum, bedingt durch Pleuritis (Brustfellentzündung), früher häufig tuberkulös.

³⁶ Stadtarchiv Dresden, zit. nach Forschungsunterlagen des »Instituts für personengeschichtliche Forschung« in Bensheim.

³⁷ Vgl. etwa Kluge [Anm. 3], S. 223, Tygodnik Illustrowany v. 6.8.1864. Hierbei dürfte es sich um romantische Übertreibungen handeln.

³⁸ Vgl. Laube [Anm. 25], S. 420.

³⁹ Vgl. Klaus Hoffmann-Reicker: Gräber unter Denkmalschutz und die Volksbewegung von 1831 – Als in Sachsen Polenvereine und Hilfskomitees entstanden. – In: Sächsische Zeitung v. 1.8.1986. Neuerdings hat Klaus Hoffmann-Reicker Alexander ein weiteres Mal Reverenz erwiesen: In der »Sächsischen Zeitung« vom 15. Dezember 2008 veröffentlichte er den Aufsatz »Ein Dresdner mit polnischem Pseudonym. Wer war Alexander von Oppeln-Bronikowski?«

⁴⁰ Nr. 10684 des Sächsischen Hauptstaatsarchivs.

⁴¹ Aufgeworfen von Kluge [Anm. 3], S. 226.

⁴² Ebd.

⁴³ Vgl. z. B. ebd., S. 231.

⁴⁴ Alexander in einem Brief Julius Graf von Wartensleben vom 24.1.1828, Sammlung Varnhagen, jetzt in der Jagiellonen-Bibliothek Krakau, typografisch abgedruckt in: Teodor Wierzbowski: Pismiennictwa Polskiego. Bd. 2. Warschau 1904, S. 227 ff. und teilweise abgedruckt bei Kalazny [Anm. 4], S. 64: »Ich bin meinen Landsleuten sehr verbunden für den ehrenden Beifall, den sie mir gewähren, den Namen eines polnischen Homers, indessen kann ich nur ihrer güthigen Partheilichkeit zuschreiben, welche zu meinen Gunsten erregt zu haben, mich freilich sehr erfreuen muß.«

⁴⁵ Vgl. Meusel in: Conversations-Lexikon der neuesten Zeit und Literatur. Leipzig 1832, Bd. I, S. 331; allerdings fügt er kritisch hinzu: »Den wenigsten Beifall haben die ›Wenige Worte eines Polen an seine Mitbrüder gerichtet‹, gefunden.« Ähnlich äußert sich Jacub Bronikowski über Alexanders Broschüre, »die mit ihrem Liberalismus und enthusiastischer Freiheitsbewunderung die Regierung aufmerksam machte und viele Unannehmlichkeiten auf den Schriftsteller zog.«

⁴⁶ Vgl. Rath [Anm. 9] S. 207; Kalazny [Anm. 4], S. 159; Korbut [Anm. 9], S. 367.

⁴⁷ Rep. 101 E Lit. P S. 62 Nr. 12.

⁴⁸ Zit. nach Kalazny [Anm. 4], S. 38.

⁴⁹ Zit. nach Kalazny [Anm. 4], S. 38.

⁵⁰ Zit. nach Arnold [Anm. 14], S. 35.

⁵¹ Kluge [Anm. 3], S. 231.

⁵² Vgl. Kühne [Anm. 15].

⁵³ Vgl. Kurt Habitzel, Günter Mühlberger: Gewinner und Verlierer. Der historische Roman und sein Beitrag zum Literatursystem der Restaurationszeit (1815–1848/49). – In: Internationales Archiv für Sozialgeschichte der deutschen Literatur 21 (1996), S. 91–123 und die Online-Datenbank unter URL: http://www.uibk.ac.at/germanistik/histrom/start.html (Link überprüft am 11.5.2009).

⁵⁴ Vgl. Rath [Anm. 9].

⁵⁵ Vgl. Kalazny [Anm. 4].

»E Dichter, aber dennoch e sehr gescheidter Mann«
Heinrich Heine in »jüdischer Mundart«

Von Regina Grundmann, Münster
und Roland Gruschka, Düsseldorf

Die ersten Zeugnisse von Heinrich Heines Nachleben in der jüdischen Unterhaltungsliteratur finden sich in der Kolportage-Reihe »Gedichte und Scherze in jüdischer Mundart«.[1] Die Reihe erschien zwischen 1859 und 1877 in Berlin. Herausgeber war der jüdische Verleger, Buchhändler, Kolporteur und Theaterliebhaber Eduard Bloch (1831–1895).[2] Die Hefte waren in erster Linie für jüdische Leser aus dem aufstrebenden Kleinbürgertum und der Mittelschicht konzipiert, die sich bereits akkulturiert hatten, aber zumindest noch einzelne jiddische Ausdrücke und Redewendungen kannten. Bei den auf dem Titelblatt der jeweiligen Ausgaben erscheinenden Namen wie Nathan Tulpenthal, Wolf Chuzbedick oder David Hamanklopper handelt es sich um scherzhafte Pseudonyme, hinter denen sich ein oder mehrere Verfasser verbergen, darunter ohne Zweifel auch Eduard Bloch selbst.[3]

Die insgesamt 23 Hefte der Reihe boten den Lesern vielfältige Unterhaltung: Gedichte, Witze, Schwänke, Geschichten, Anekdoten, fiktive Reisebriefe und nicht zuletzt Sketche, Couplets, Possen und komische Szenen nach dem Vorbild leichter Bühnenunterhaltung, die im Berlin des 19. Jahrhunderts sehr beliebt war. Ein eigenes Genre innerhalb der Reihe sind ›jüdische‹ Parodien, Travestien und Nachahmungen bekannter deutscher Dichter, allen voran Goethe und Schiller.[4] »Madam Gumpel und ihre Tochter« beispielsweise ist eine Parodie auf Goethes »Erlkönig«, der »Gang nach dem Kleiderhandel«, »Schillers Handschuh«, »Ritter Rosenberg« und »Der Schauffer« parodieren hingegen Schiller, »Was ist des Juden Vaterland?« Ernst Moritz Arndt.[5] Der »Zaucher von Wie-nöthig« zielt auf Shakespeares »Kaufmann von Venedig«, »Itzig Lohengrin« auf Wagners Oper.[6] Solche ›jüdischen‹ Parodien und Travestien, die in der Regel eine echte oder vermeintliche ›jüdische Mundart‹ verwenden, waren im Deutschland des 19. Jahrhunderts keineswegs selten.[7] Auch Christen haben sich darin versucht – nicht ohne dabei Vorurteile und häufig auch Ressentiments in die Parodie einfließen zu lassen.[8] Ähnlich verhält es sich mit anderen Genres wie Erzählungen, Witzen oder Possen.[9] Besonders gehässige und abstoßende judenfeindliche Witze finden sich in den unter dem Pseudonym »Itzig Feitel Stern« erschienenen Schriften, die u. a. pseudo-jiddische Schillerparodien enthalten.[10] Um von vornherein dem Vorwurf vorzubeugen, er wolle mit Witzen auf Kosten der Juden sein Geld verdienen, schließt der Verleger Eduard Bloch das erste Heft seiner Reihe mit einem kurzen Gedicht:

> An meine jüdischen Leser!
>
> Was ich hier schrieb, so gut ich konnt' es
> Euch zu ergötzen ist's gescheh'n
> Drum möcht' ich nicht, daß diese Schmonzes
> Von Euch Jemand möcht' mißversteh'n.
>
> Nicht die Satyre ist ihr Kern –
> So weit ich gar nicht mich vermess' –
> Der *Risches*, glaubt, liegt mir so fern,
> Wie stets mir lagen die *Richesses*.[11]

Es ist kein Zufall, dass sich – abgesehen von den jiddischen Ausdrücken »Schmonzes« (lustige Geschichten) und »Risches« (Judenfeindlichkeit) – in diesen Versen nichts »Jüdisches« findet. Anders als der Name der Reihe vielleicht erwarten lässt, ist die in ihr gebrauchte Sprache kein idiomatisches Jiddisch.[12] Einzelne Texte sind in reinem Hochdeutsch geschrieben; die ›jüdische Mundart‹ der übrigen ist ein mehr oder weniger an das Jiddische angenähertes Deutsch, in dem einzelne jiddische Wörter wie »aß«, »chotschek«, »Maaße«, »Bocher« und Wortformen wie »geloffen«, »geschriegen«, »eso« geschickt miteinander verbunden werden. Abweichungen von der deutschen Grammatik, insbesondere der Syntax, sollen beim Leser den Eindruck einer ›jüdischen Mundart‹ verstärken. Ein gewisser Teil dieser Abweichungen lässt sich durchaus als Interferenzen mit dem Jiddischen deuten, die für die Sprache einzelner Juden in einer Übergangsphase vom Jiddischen zum Deutschen typisch gewesen sein mögen. Allerdings treten auch diese Abweichungen in verschiedenen Texten der Reihe derart geballt auf, dass eine Übertreibung und künstliche Stilisierung unübersehbar ist. Die jiddische Aussprache wird durch (nicht durchgängig gebrauchte) Schreibungen wie »wos« (was), »Jiden« (Juden) allenfalls angedeutet und auch in Abweichungen vom Deutschen nicht durchweg verlässlich wiedergegeben. Immerhin lassen sich Spuren von jenen Dialekten finden, die in Berlin Mitte des 19. Jahrhunderts aufeinander trafen und sich auch mischten, vor allem Westjiddisch (u. a. erkennbar an dem langen »a« in Wörtern wie »verkaft« [verkauft]) und östlich geprägtes Jiddisch aus Übergangsgebieten wie etwa der Provinz Posen (erkennbar z. B. an Wörtern wie »enker« [Euer], »chotschek« [wenigstens, sogar]).[13] Inwieweit die Texte »in jüdischer Mundart« Hinweise auf ein ›jüdisches Deutsch‹ bereits akkulturierter Juden geben, ist noch in einem größeren Zusammenhang zu erforschen.

Einen Eindruck von der sprachlichen Bandbreite der Kolportage-Reihe geben die im Anhang edierten Texte: Der erste Text »Jüdische Romantik« ist bis auf ein hebräisches Zitat und zwei jiddische Wörter in reinem Hochdeutsch verfasst, der zweite, »Abram Hankeles und Heinrich Heine«, in einem leicht an das Jiddische angenäherten Deutsch, der dritte, »Die Lore-Lei«, ist vollständig in einer künstlich-stilisierten ›jüdischen‹ Mundart geschrieben. Die drei Texte stehen zum einen in der Tradition travestierender Mundartübersetzungen, zum anderen in der Tradition der – unterschiedlich motivierten – Heine-Nachahmungen und Heine-Parodien des 19. Jahrhunderts, die schon zu Heines Lebzeiten in Mode waren.[14]

Die Heine-Nachahmung »Jüdische Romantik« (Text A) erschien Mitte der 1860er Jahre[15] in »Schlachmonaus zu Purim«, Heft Nr. 15 der Reihe. Das Gedicht folgt Heines »Prinzessin Sabbath« im Versmaß; anders als die Vorlage wurde es jedoch mit Reimen versehen. Die »Jüdische Romantik« beginnt mit dem ersten Vers des Schabbatgesanges »Lecho daudi likras kallo« (»Komm, oh Freund, der Braut entgegen«), den Heine in der 15. und 16. Strophe der »Prinzessin Sabbath« zitiert.[16] In der humoristischen Nachahmung wird ein Jüngling durch diesen Vers, der in der Tradition – wie auch in Heines Gedicht – den Schabbat allegorisch als Braut deutet, an den eigenen Liebesschmerz erinnert. Der Verfasser der »Jüdischen Romantik« setzt bei seinen Lesern allerdings nicht nur die Kenntnis des Gedichts »Prinzessin Sabbath« voraus, sondern auch der frühen Lyrik Heines, da ab der dritten Strophe die Schabbatszenerie mit zentralen Motiven aus dem »Buch der Lieder« verbunden wird. Die »alte Geschichte« – »Ein Jüngling liebt ein Mädchen,/ Die hat einen Andern erwählt« (DHA I, 170) –, um die es in den meisten Gedichten des »Buchs der Lieder« geht, erhält in der Nachahmung ein jüdisches Kolorit. Dadurch wird die Romantik des Gedichts zu einer ›jüdischen‹, die gleichwohl in Heine'scher Manier ironisch gebrochen wird, insbesondere in der letzten Strophe. Nicht anders als in den Schiller- und Goethe-Parodien der Reihe lebt auch in der »Jüdischen Romantik« die Komik von dem Kontrast von hehren Idealen und banaler Realität, von Hochdeutsch und jiddischen Wörtern sowie von Anspielungen auf jüdische Klischees, die auch noch in der zweiten Hälfte des 19. Jahrhunderts gängig waren, wie den »reichen Wucherer«, den der Vater dem »armen Bocher« vorzieht, die Zwangsheirat, die Braut, die Schmuck- und Pelzgeschenke schließlich doch an der arrangierten Ehe Gefallen finden lassen.

Während die »Jüdische Romantik« wie die Schiller- und Goethe-Parodien der Reihe dem Genre der jeweiligen Vorlage folgt, sind die beiden Heine-Miniaturen (B und C) als eine Art von Kleinkunst-Solonummern angelegt und könnten sogar auf Berliner Bühnen vorgetragen worden sein.

»Gedichte und Scherze in jüdischer Mundart«, Nr. 20, Titelblatt

Die Miniatur »Abram Hankeles und Heinrich Heine« (Text B), die in »Schmonzes-Berjonzes«, dem ersten Heft der Reihe, vermutlich 1859 erschienen ist, tritt mit dem nicht ganz ernst gemeinten Anspruch auf, ein »Beitrag zur Heine-Literatur« zu sein. Der Angelpunkt des Textes ist eine Übertragung der unter den zeitgenössischen Heine-Lesern beliebten Strophe aus »Jehuda ben Halevy«[17]:

> Jahre kommen und vergehen –
> In dem Webstuhl läuft geschäftig
> Schnurrend hin und her die Spule –
> Was er webt, das weiß kein Weber. (DHA III, 136)

Sie wird in ›jüdische Mundart‹ gebracht:

> Johre kummen und vergeihen.
> In den Webstuhl läuft geschäftig
> *Schnorrend* hin und her *die Spule:*
> Wos er webt, dos weiß kein Weber.

Als Anlass für diese Verse wird die karikatureske Geschichte von Abram Hankeles aus Ostrowo, der sich mit »Zitzes weben« ernähren will, zum Besten gegeben. Dabei werden die Klischees bemüht, welche die akkulturierten Vertreter des jüdischen Bildungsbürgertums in Deutschland über die jüdischen Zuwanderer aus dem Osten (z. B. Posen) kultivierten – Klischees, die sich auch bei Heine selbst und seinen Freunden aus dem »Verein für Cultur und Wissenschaft der Juden«[18] finden: Der »gelernte Kammmacher« Abram – dessen Familienname oder Matronym »Hankeles« ihn neben seinem Herkunftsort Ostrowo für die Leser als osteuropäischen bzw. »polnischen Juden« ausweist[19] – ist ein armer Hungerleider und Schnorrer, der bedingungslos an der traditionellen religiösen Lebensweise festhält. Auch wenn der Titel andere Erwartungen weckt, ist Heine selbst für die Miniatur nur insoweit von Bedeutung, als er der Verfasser der parodierten Strophe ist.

Heines Mitte des 19. Jahrhunderts bekanntestes Gedicht wird in der Miniatur »Die Lore-Lei« (Text C), die in »Worum? – Dorum!«, dem 17. Heft der Reihe, um 1866 erschien,[20] in ähnlich komischer Weise umgedeutet wie die Verse aus »Jehuda ben Halevy«. Während die Geschichte um Abram Hankeles auf die in ›jüdische Mundart‹ übertragene Strophe aus »Jehuda ben Halevy« hinführt, ›dekonstruiert‹ die »Lore-Lei« ihre Vorlage: Teils in direkten Zitaten, teils in ›jüdischer Mundart‹ verfremdet dienen die Versatzstücke aus dem Original als Aufhänger für assoziativ aneinander gereihte Pointen. Die ›Übersetzung‹ der Loreley »in's Prosaische« erweist sich als eine Übertragung ins Absurd-Komische, bei der jüdische Klischees aufs Korn genommen und romantische Topoi banalisiert werden (z. B. wird der Rhein zum »Stadtgraben«). Die Banalisierung des Loreley-Stoffes kulminiert in der hinzu gedichteten Doppelstrophe, die sich in Versmaß und Reimschema an die Vorlage anlehnt und mit der die Miniatur schließt. Durch die Identifizierung des ›Lyrischen Ichs‹ der Vorlage mit Heinrich Heine wird auch der Dichter selbst zum Objekt der Komik; verspottet werden an Heine jedoch keine individuellen Züge, sondern typische Dichter-Klischees.

Mit Heine gehen die Verfasser der Reihe nicht grundsätzlich anders um als mit Goethe und Schiller: Alle drei Dichter werden in der Reihe in ›jüdische Mundart‹ übertragen, dem jeweiligen Inhalt wird ein jüdisches Kolorit voller Klischees verliehen. Es fällt auf, dass Heines Judentum – das zentrale Thema des zeitgenössischen jüdischen Diskurses über Heine[21] – in der Kolportagereihe in keiner Weise angesprochen wird. In den Miniaturen wird er nicht als Jude, sondern als Dichter karikiert. In jedem Fall wird Heines Übertragung in ›jüdische Mundart‹ allerdings von einem liebevollen Augenzwinkern begleitet – anders als »der polnische Juden-Jargon« hätten diese Miniaturen seine Ohren daher vermutlich nicht »gemartert«.[22]

Texte

Wörter, die in der Vorlage in Sperrdruck gesetzt wurden, erscheinen kursiv. Auffälligkeiten in der Sprache und Zeichensetzung sowie uneinheitliche Schreibweisen – z. B. das Schwanken zwischen »Abram« und »Abraham« in Text B – wurden beibehalten. Seitenwechsel der Vorlage werden in eckigen Klammern angezeigt, korrigierende Eingriffe ebenfalls.

A. Gedichte und Scherze in jüdischer Mundart. Berlin, o. J., Nr. 15 [um 1865], Schlachmonaus zu Purim. Von David Hamanklopper, S. 8–9:

Jüdische Romantik.

Lecho daudi likras kallo.[23]
Schönstes aller Sabbathlieder,
aus den Chasens frommem Munde
Tönt's im Judentempel wieder.

Lecho daudi likras kallo:
Komm o Freund der Braut entgegen!
Wiederholend der Gemeinde
Lippen freudig sich bewegen.

Aber hinter all' den Frohen
Steht ein Jüngling in der Ecke,
Bleich, versunken ganz im Schmerze,
Als ob nichts zur Lust ihn wecke.

Einem Marmorbilde ähnlich
Steht er mit geschlossnem Munde
Regungslos, jedoch im Busen
Mächtig wogt sein Herz, das wunde.

»*Lecho daudi likras kallo.*«
Ach er kam ihr nicht entgegen,
So wie einst in schönern Zeiten,
Auf der Liebe Blumenwegen.

Denn der Vater der Geliebten,
Die ihm gab der Treue Schwüre, [S. 9]
Zeigte schnöd dem armen Bocher
Lieblos, kalt, dereinst die Thüre.

Und sie selber zwang er grausam
Trotz der Holden Widerstreben,
Einem alten reichen Wuchrer
Ihre schöne Hand zu geben.

Zwar erzählten böse Zungen,
Daß die Heirath sie jetzt bill'ge,
Seit der Bräut'gam ihr gesendet
Schmuck und Zobelpelz-Mantille.

Aber seine treue Seele
Nimmer jene Kunde glaubte,
Ihres Lebens Friede ewig,
Wähnt' er, diese Trennung raubte.

Darum stand er stumm verzweifelt.
Konnte nimmer freudig singen,
Mochte rings um ihn auch fröhlich
Immer neu der Sang erklingen.

»*Lecho daudi likras kallo*« –
Stille, Bocher, deine Klagen;
Denn was Dir geschehn', ist wahrlich
Gar nichts Neu's in unsern Tagen!

B. *Gedichte und Scherze in jüdischer Mundart. Berlin, o. J., Nr. 1, 9. Aufl.*
[1. Aufl. 1859], Schmonzes-Berjonzes. Von Nathan Tulpenthal, Mazzebäcker a. D.,
S. 14:

Abram Hankeles und Heinrich Heine
(Ein Beitrag zur Heine-Literatur)

Abraham Hankeles is gewesen e gelernter Kammmacher vun großer Geschicklichkeit. Aß aber in Ostrowo[24] nur is gewesen *ein* Kammmacher und der is gewesen e Goi (Christ) hat Abram Hankeles keine Arbeit bekummen. Den worum? Der Kammmacher hot gesogt: aß Du Abram Hankeles willst bei mir arbeiten, mußt Du kummen ein Tog wie'n andern und Enker Schabbes geiht mer nischt an. Abram Hankeles is aber tackesch nischt gekummen an Schabbes und der Goi hot'n an Montag rausgeworfen. Wos hot nu Abram Hankeles gethun? – Er hot gelernt Zitzes weben und hot die Zitzes verkaft an die reiche Jiden. Die ganze Woch hot er Zitzes gewebt, nor Freitag nischt. Freitag is er schnorren gegangen und hot sich von dem geschnorrten Geld Schabbes gemacht. Un dabei is immer mogerer geworden und zuletzt eso zusammengeschrumpfen, daß er hot geheißen »die Spule«. Un wie der Dichter Heinrich Heine hot gehört die Geschichte von Abram Hankeles, hot er auf ehm gemacht e sehr schönes Gedicht, wos heißt eso:

> »Johre kummen und vergeihen.
> In den Webstuhl läuft geschäftig
> *Schnorrend* hin und her *die Spule*:
> Wos er webt, dos weiß kein Weber.«

Woher sollen auch die goisch'ken Weber wissen, daß Abram Hankeles, der geheißen hot »die Spule« und geschäftig *schnorrend* hin und her geloffen is, Zitzes gewebt hat?

C. *Gedichte und Scherze in jüdischer Mundart. Berlin, o. J., Nr. 17 [1866–67?],*
Worum? – Dorum! Von ä annectirten Hannoveraner Preuß[25]*, S. 9–11:*

Die Lore-Lei.
(In's Prosaische übersetzt von Mausche Nahr[26])

1. Kapitel

Es is emal gewesen gelebt vor mehre Jahre e gewisser *Heine*, was zwar war e Dichter, aber dennoch e sehr gescheidter Mann. Die schönsten Gedichter hat er rausgeschrieben aus'n bloßen Kopp, und wenn er was hot gehobt fertig geduchten, hot' er's genommen in de Hand und hot's dorchgelesen und hot gesogt: »Was is doch der Heine for e berühmter Mann![«] Dieser Mann hätt' auch gekennt gehen chotschek als *Prophet*: Alles hat er gewußt, nor *das* hat er nischt gewußt, was es hat sollen bedeuten, *daß er is immer gewesen eso mießgestimmt* [S. 10] *und traurig!* Er hat immer gemacht e trübes Ponim, und worum? fragen Se gar nich! Wegen e Maaße, was is nicht werth, daß man se nemmt in die Hand; viel weniger in'n Mund. Heine war e abergläubischer Mensch, und hot sich in'n Kopp gesetzt e *Märchen*, was is gewesen schon sehr lange her, etwas *aus uralte Zeiten*, eine unbedeutende Sache, was 'n aber nischt hat kennt *kommen aus'n Sinn*. Heißt 'n Stuß! Statt an dem uralten Märchen hätt' er lieber gesollt denken, daß er nischt hat gehabt anzuziehen bei die *Kälte!* Die Luft is gewesen damals eso *kühl*, daß sich die Leit' haben gemußt holen die Ueberzieher mitten in Sommer aus'n Leihhaus, und in die Hundstage is gemacht geworden e Eispartie nach Stralau.[27] Und *gedunkelt* hat es – soll gar Gott hüten! Man lest noch in e alte Chronik, daß e gewisser Joël Hirschfeld[28], *das einzige Kind* von seine Eltern nischt hat finden können e Thaler in seine Tasche, theils weil es is gewesen sehr dunkel, theils weil er keinen hat *gehabt*. Der Rhein is damals noch *ruhig geflossen*, ruhiger wie heut, denn er hat noch nischt gewesen keine Ahnung davon gehabt, daß er werd' später sein die Ursache zu Zank und Streit.

2. Kapitel

Was Heine hat den Kopp verdreht gemacht, soll gewesen sein e jüdisches Mädchen mit Namen *Lore*, was war emal vor viele Jahre eine Jungfrau und *sehr schön*, und gesessen hat *oben*, eine Treppe hoch, *wunderbar!* E goldenes Geschmeide hat sie getragen, das hat nor eso *geblitzert!* Viele sagen, se soll den Schmuck haben alt gekauft – ich glaub's aber nischt. Ihre *Haare* sind gewesen von vierzehnkarätigem *Gold*, und man erzählt sich sogar e Späßche, daß e Jüd' se hat wollen emal frisiren und ihr die Haare kürzer schneiden, *damit se sollen besser wachsen*. Man spricht aber auch nischt viel Gutes von dem Schicksche. Stundenlang soll se haben zugebracht alle Morgen an ihre Toilette. Die Eltern, was hatten auch nischt übrig, haben ihr gemußt kaufen *e goldenen Kamm*, und'n Hauptspaß hat es ihr immer gemacht, wenn se hat gekennt singen beim Frisiren *e Lied von wunderschöner Melodei* – [S. 11].

3. Kapitel

Lore's Fenster hat gewesen gehabt die Aussicht nach'n Stadtgraben, und e jüdischer junger Mann, was is den ganzen Tag auf'n Kahn gefahren, weil er hat gehandelt mit neue Häringe, is bekannt geworden mit ihr, hat auch richtig dann Verlobung gemacht, und es is beschlossen geworden, daß die Gemeinde soll zusammenlegen für das Mädchen die Nedann. Der Bocher hat Loren aber noch nie gehabt singen gehört, und eines Morgens – 's war Schabbes Abend – wie er is vorbeigefahren vor ihrem Fenster, und hat geschrieen wie gewöhnlich: »Häringe, naie Häringe!« hat se ihm gewöllt eine heimlich Freude machen, und hat angefangen zu singen das Lied mit wundersame Melodei: »'S is mer alles Eins, ob ich Geld hab, oder keins!« – Ob der Bocher is gewesen verschrocken geworden über der schönen Stimme, oder der Text von dem Lied hat'n gemacht ganz bestört – korz er hat nischt gesehen keine *Felsenriffe*, nor *rauf in de Höh'* hat er geblickt, eine Treppe hoch wo die Lore wohnt, und der Kahn is gekippt und der Jüngling is versunken, und Heine hat *geglaubt*, daß'n die *Wellen verschlingen*, bloß wegen den dummen Lied. Heine hat es bloß *geglaubt*, weil er is nich selber derbei gewesen – ich weiß es aber aus genauer Quelle daß der schöne Jüngling is *vertrunken*, und als Heine nischt dagegen hat, werd' ich mer erlauben zu schreiben den *letzten Vers*, was er hat vergessen zuzudichten:

>»Un der Jüngling is takesch versoffen,
>Man hat nischt mehr von ihm geseh'n;
>Das Schicksche hat's arg betroffen –
>Se sang später nich halb mer so schön!
>– Wer will für e Mädchen erglimmen,
>Der merk', was das Lied hier spricht:
>Er muß *zuvor* lernen *schwimmen*, –
>Dann passiert ihm auch so was nicht![«]

                        Worterklärungen

aß (jidd.)	– weil, als, wenn
Bocher (jidd.)	– jüd. junger Mann, Junggeselle
Chasen (jidd.)	– Kantor, Vorsänger
chotscheck (jidd.)	– wenigstens, sogar
chuzbedick (jidd.)	– unverschämt
Enker (jidd.)	– Euer
eso (jidd.)	– so, also

Esraugim	– Mehrzahl von jidd. *eßreg* ›Ethrog‹, d. i. die Zitrusfrucht, die zum Laubhüttenfest gebraucht wird
geschriegen (jidd.)	– geschrien
Goi, goisch'ke (jidd.)	– Nichtjude bzw. Christ, nichtjüdisch
Hamanklopper	– von *Haman-Kloppen* (jidd.), d. i. das Lärmen bei der Erwähnung Hamans während der Lesung der Esther-Rolle beim Purimfest
Lecho daudi likras kallo	– »Komm', oh Freund, der Braut entgegen« – Beginn des Gesangs, mit dem in der Synagoge der Schabbat begrüßt wird, in westjiddisch-aschkenasischer Aussprache
Maaße (jidd.)	– Geschichte, Märchen, Angelegenheit, Tat, Werk
Mazzebäcker	– von *Matze* (jidd.), d. i. das ungesäuerte Brot, das an Pessach gegessen wird
mießgestimmt	– Wortspiel aus jidd. *mieß* – ›übel, schlecht, hässlich‹ und dt. ›missgestimmt‹
Nedann (jidd.)	– Mitgift
Ponim (jidd.)	– Gesicht
Risches (jidd.)	– Judenfeindlichkeit, Judenhass
Richesses (frz.)	– Reichtümer
Schabbes (jidd.)	– Schabbat
Schabbes machen (jidd.)	– Schabbat feiern
Schalentsohn	– scherzhafter Name, gebildet aus jidd. *schalent* (oder *schalet*) d. i. eine Schabbatspeise, die im Schabbesofen gart und warmgehalten wird
Schauffer (jidd.)	– Schofar, Widderhorn
Schicksche (Schicks-che) – Diminutiv von jidd. schickße	– ›nichtjüd. Mädchen, nichtjüd. Frau‹, auch: ›Mädchen, Frau‹ (pejorativ)
Schlachmonaus (jidd.)	– Geschenke, die zum Purim-Fest verschickt werden

Schmonzes, Schmonzes-Berjonzes (jidd.)	– Blödsinn, lustige Geschichten
Stuß (jidd.)	– Unsinn
tackesch (jidd.)	– wirklich
verkaft (jidd., mit langem a)	– verkauft
Zaucher (jidd.)	– Kaufmann
Zitzes (jidd.)	– Zizith, Schaufäden am traditionellen jüd. Untergewand und am Gebetsmantel

Anmerkungen

[1] Gedichte und Scherze in jüdischer Mundart. No. 1–23. [Hrsg. von Eduard Bloch.] Berlin o.J. [1859–1877]. Im Folgenden wird die Reihe nach der jeweiligen Heftnummer zitiert. Für weiterführende Angaben vgl. Roland Gruschka: Von Parodien deutscher Dichtung, dem Nachleben von Isaak Euchels »Reb Henoch« und anderen Lesestoffen der Berliner Juden: Die Kolportagereihe »Gedichte und Scherze in jüdischer Mundart«. – In: Aschkenas. Zeitschrift für Geschichte und Kultur der Juden 13/2 (2003), S. 485–499; Walter Röll: Ein (sub-)literarischer Reisebrief. – In: Jiddistik-Mitteilungen 2 (1989), S. 11–17. Zu Heines Nachleben in der Unterhaltungsliteratur allgemein vgl. Christian Liedtke: Zwei »Phantasiegebilde« und ein Rätsel. Die Heine-Romane von Kathinka Zitz und Katharina Diez. – In: Das letzte Wort der Kunst. Heinrich Heine und Robert Schumann zum 150. Todesjahr. Hrsg. von Joseph A. Kruse unter Mitarbeit von Marianne Tilch. Stuttgart, Kassel 2006, S. 350–365.

[2] Zu Blochs Geschäftskonzept und Verlagsprogramm vgl. Gruschka [Anm. 1], S. 486 ff., Röll [Anm. 1], S. 13 ff.

[3] Für Näheres vgl. Gruschka [Anm. 1], S. 491 f.

[4] Vgl. dazu Gruschka [Anm. 1], S. 497 ff. sowie Hans Peter Althaus: »In jüdischer Mundart«. Lyrikparodien des 19. Jahrhunderts zwischen Witz und Diffamierung. – In: Akten des X. Internationalen Germanistenkongresses Wien 2000. Hrsg. von Peter Wiesinger. Bern 2001, Bd. IX, S. 223–228, hier S. 226–227; ders.: Humor und Polemik in jüdisch-deutschen Schillerparodien. – In: Röllwagenbüchlein. Festschrift für Walter Röll zum 65. Geburtstag. Hrsg. von Uwe Meves und Erika Timm. Tübingen 2002, S. 465–485, hier S. 475 ff.

[5] Vgl. zu Goethe Nr. 17, S. 12–13; zu Schiller Nr. 13, S. 7–11; Nr. 15, S. 11–14; Nr. 20, S. 6–9; Nr. 22, S. 8–11, zu Arndt Nr. 19, S. 6–11.

[6] Vgl. Nr. 5, 7. Aufl., S. 6–11 und Nr. 1, 9. Aufl., S. 8–10.

[7] Vgl. z. B. Althaus, »In jüdischer Mundart« [Anm. 4], S. 223 f.

[8] Vgl. ebd., S. 223 f., 226; ders.: Humor und Polemik [Anm. 4], S. 466.

⁹ Als Beispiel einer auf der Bühne erfolgreichen ›Judenposse‹ mit diffamierender Absicht ist Karl Borromäus Alexander Sessas »Unser Verkehr« (Erstdruck Berlin 1815) zu nennen. Vgl. Hans-Joachim Neubauer: Auf Begehr: Unser Verkehr. Über eine judenfeindliche Theaterposse im Jahre 1815. – In: Studien zu Ehren von Herbert A. Strauss. Hrsg. von Rainer Erb und Michael Schmidt. Berlin 1987, S. 313–327.

¹⁰ Vgl. Althaus, »In jüdischer Mundart« [Anm. 4], S. 225 f. Als Autor hinter dem Pseudonym »Itzig Feitel Stern« gilt der judenfeindliche Jurist Siegmund Freiherr von Holzschuher. Vgl. Ludwig Göhring: »Itzig Feitel Stern«. Leben und Werk eines bisher im Dunkeln gebliebenen fränkischen Schriftstellers. – In: Zeitschrift für Bücherfreunde (NF) 70 (1928), S. 114–120. Althaus hält es allerdings für möglich, dass verschiedene Autoren dieses Pseudonym verwendet haben; vgl. Althaus »In jüdischer Mundart« [Anm. 4], S. 225 f.

¹¹ Nr. 1, 9. Aufl., S. 15. Hervorhebungen im Original.

¹² Vgl. dazu Gruschka [Anm. 1], S. 489 f.

¹³ Zu dieser Frage vgl. die Einschätzung von Max Weinreich: Rosche-prokim wegn majrewdikn jidisch [Einführendes zum Westlichen Jiddisch; jidd.]. – In: Yuda A. Yofe-bukh/Judah A. Joffe Book. Hrsg. von Yudel Mark. New York 1958, S. 158–194, hier S. 182. Zu den Veränderungen in der jiddischen Sprachlandschaft Berlins nach 1800 vgl. Roland Gruschka: Der Sprachenkosmos in Isaak Euchels Komödie »Reb Henoch« und die Sprachverhältnisse der Berliner Haskala. – In: Isaak Euchel: Reb Henoch, oder: Woß tut me damit. Eine jüdische Komödie der Aufklärungszeit. Textedition von Marion Aptroot und Roland Gruschka, mit einleitenden Beiträgen von Marion Aptroot, Delphine Bechtel, Shmuel Feiner und Roland Gruschka. Hamburg 2004 (jiddische schtudies 11), S. 45–66, hier S. 58–60.

¹⁴ Vgl. Heinrich Heine und die Nachwelt. Geschichte seiner Wirkung in den deutschsprachigen Ländern. Hrsg. von Dietmar Goldschnigg und Hartmut Steinecke. Bd. 1, Berlin 2006, S. 24–30.

¹⁵ Zur Datierung: Heft Nr. 11, »Eingemachte Esraugim«, enthält ein fiktives »Schreiben des Infanteristen Moses Schalentsohn« aus dem Deutsch-Dänischen Krieg von 1864, das wohl aus aktuellem Anlass zusammengestellt wurde. Heft Nr. 17 trägt als Verfasserangabe »Von ä annectirten Hannoveraner Preuß«, so dass es um 1866, das Jahr der Annexion Hannovers durch Preußen, erschienen sein muss.

¹⁶ Bei Heine heißt es »Lecho Daudi Likras Kalle« (DHA III, 126 f.). Die Abweichung Kalle – Kallo (Braut) erklärt sich daraus, dass Heine eine in der jiddischen Umgangssprache gebrauchte, so genannte »integrierte« Aussprache des Wortes »kale« wiedergibt. In der Synagoge wurde zu Heines Zeit aber wohl tatsächlich eine liturgische, so genannte »volle« Aussprache des Hebräischen verwendet, nach der es, wie in der »Jüdischen Romantik«, »kalo« heißt.

¹⁷ Vgl. hierzu Destro in DHA III, 911.

¹⁸ Vgl. Regina Grundmann: »Rabbi Faibisch, Was auf Hochdeutsch heißt Apollo«. Judentum, Dichtertum, Schlemihltum in Heinrich Heines Werk. Stuttgart, Weimar 2008, S. 123 ff., 236 ff.

¹⁹ Das Matronym »Hankeles« ist vom weiblichen Namen »Hanna« (jidd. Chane) abgeleitet und besonders für den Raum Prag belegt. Vgl. Erika Timm: Matronymika im aschkenasischen Kulturbereich: Ein Beitrag zur Mentalitäts- und Sozialgeschichte der europäischen Juden. Tübingen 1999, S. 29 f. Matronymika, die entweder auf den Namen der Mutter oder der Ehefrau Bezug nehmen, waren im westjiddischen Sprachraum schon vor dem 19. Jahrhundert derart außer Gebrauch gekommen (vgl. ebd., S. 37 ff.), dass akkulturierte deutsche Juden sie als etwas typisch ›Ostjüdisches‹ wahrgenommen haben müssen. Dafür spricht auch ihr Gebrauch zur Erzeugung eines ›ostjüdischen‹ Kolorits in Werken deutschsprachiger Autoren jüdischer Herkunft wie Karl

Emil Franzos (1848–1904) oder Eduard Kulke (1831–1897). Vgl. die ebd., S. 5 f. zitierten Stellen. Zu Ostrowo vgl. Anm. 24.

[20] Zur Datierung vgl. Anm. 15.

[21] Zum zeitgenössischen jüdischen Diskurs über Heine vgl. z. B. Ludwig Phillipson: Heinrich Heine's jüngste ›Geständnisse‹. – In: Allgemeine Zeitung des Judenthums, 1854 [auf der Horst/Singh, Bd. II, S. 607–615]; ders.: Heinrich Heine's Vermischte Schriften. 3 Bde. – In: Allgemeine Zeitung des Judenthums, 1854 [auf der Horst/Singh, Bd. II, S. 622–626]; ders.: Auch eine Conversion. – In: Allgemeine Zeitung des Judenthums, 1854 [auf der Horst/Singh, Bd. II, S. 633–634]; Moritz Gottlob Saphir: Meine Memoiren. Wien 1854 [auf der Horst/Singh, Bd. II, S. 685–686]; Hermann Cohen: Heinrich Heine und das Judenthum. – In: Die Gegenwart. Berliner Wochenschrift für Jüdische Angelegenheiten 1 (1867), Nr. 1–5, 7–9, 11; Gustav Karpeles: Heinrich Heine und das Judenthum. Breslau 1868; Heinrich Graetz: Geschichte der Juden von ältesten Zeiten bis auf die Gegenwart. Aus den Quellen neu bearbeitet. Leipzig 1874, Bd. II, S. 410 ff.

[22] Vgl. DHA VI, 61.

[23] Das Zitat steht im Original jeweils in Antiquaschrift, der übrige Text des Gedichts ist in Fraktur gesetzt.

[24] Ostrowo lautete unter preußischer Herrschaft der offizielle Name der Stadt Ostrów Wielkopolski in der damaligen Provinz Posen.

[25] In nach 1871 erschienenen oder neu aufgelegten Nummern (erkennbar an der Preisangabe in der neuen Währung »30 Pfennige«) wird in Werbeanzeigen für die Reihe »Isaak Silberstein« anstelle des scherzhaften Pseudonyms als Verfasser von Heft Nr. 17 genannt.

[26] Mausche Nahr: Scherzhaftes Pseudonym (›Narr‹), vgl. auch Nr. 3, 7. Aufl., S. 11, wo ein »Leibche Naar. (Narr.)« auftritt.

[27] Stralau war im 19. Jahrhundert eine Landgemeinde bei Berlin, 1920 wurde sie eingemeindet (Bezirk Friedrichshain-Kreuzberg). Die »Eispartie« in den »Hundstagen« (!) spielt möglicherweise auf ein früher am 23. August begangenes und als »Stralauer Fischzug« bekanntes Volksfest an.

[28] Joël Hirschfeld: Ungeklärte Anspielung.

Gustav Landauer und das Düsseldorfer Heine-Denkmal Eine Marginalie deutscher Gedenkkulturgeschichte

Von Hanna Delf von Wolzogen, Potsdam

Mitten im Jubiläumslärm des Jahres 1913 – es stand im Juni das 25. Regierungsjubiläum Wilhelms II. und im Oktober die Zentenarfeier der Völkerschlacht bei Leipzig an – veröffentlichte Gustav Landauer, anarchistischer Sozialphilosoph und Herausgeber der Zeitschrift »Der Sozialist«, einen Gedenkartikel mit dem Titel »Vor fünfundzwanzig Jahren«, in dem er sich selbst und seinem Leben im wilhelminischen Kaiserreich ironisch die Ehre gibt:

> Obgleich es zum Memoirenschreiben noch etwas zu früh ist, da es mir zwar nicht an Erlebnissen, wohl aber noch an der rückschauenden Haltung fehlt, habe ich mir erlaubt, aus Anlass des Regierungsjubiläums Wilhelms II. von mir zu reden und mir einen bescheidenen Fackelzug darzubringen.[1]

Landauer, 1870 geboren, erinnert sich in dem Artikel auch an den einzigen patriotischen Auftritt seines Lebens anlässlich der alljährlichen Verleihung der Fichte-Gedenkmünze am Karlsruher Großherzoglichen Gymnasium, dessen Schüler er 1888 war:

> Die Großherzogin Luise nämlich hatte für unser Gymnasium schon Jahre vorher eine Stiftung gemacht: Schüler der Prima, soweit ihre vorher einzureichenden Manuskripte genehmigt wurden, durften alljährlich über ein vaterländisches Thema eine Rede halten und bekamen dann eine silberne Denkmünze mit dem Bildnis Fichtes: wer aber preisgekrönt wurde, erhielt die Münze in Gold und dazu noch Fichtes Reden an die deutsche Nation, welche die Großherzogin und ihre Ratgeber gewiss nie gelesen oder verstanden hatten. Diese Veranstaltung wurde Fichte-Akt genannt.[2]

Im Jahre 1888 lautete das Thema des Fichte-Aktes »Der heilige römische Kaiser Friedrich I. Barbarossa.« Und so hatte auch der Schüler Landauer auf dem Podium der Aula gestanden und, als Achtzehnjähriger, »Patriotismus gelobt«:

> [...] im Zeichen Fichtes hielt ich denn eine Rede über Friedrich Barbarossa, in der ich im schwarzrotgoldenen Geiste und unter feierlicher Anrufung des bei allen Schulmännern verpöntesten aller Dichter, Heinrich Heines nämlich, Vaterland, Einheit des Reiches und Revolution in eine überaus pathetische Gemeinschaft mit dem alten Staufenkaiser brachte. Ich bekam denn auch im schnödesten Tone vor versammeltem Publikum eine scharfe Zurechtweisung vonseiten des Direktors, einen mitleidigen Händedruck des guten Mathematikprofessors und unter allerlei Vorbehalten die silberne Denkmünze; meine Mutter bewahrt sie noch auf; ich habe den von der Großherzogin geprägten Kopf Fichtes zu keiner Zeit bei mir haben wollen.[3]

Das Fichtepreis-Erlebnis scheint einen traumatischen Beigeschmack zurückgelassen zu haben. Tatsächlich hat Landauer sich auch später in seinen zahlreichen publizistischen Arbeiten nicht wieder explizit mit Heine beschäftigt. Die seltenen Erwähnungen Heines sind an einer Hand abzuzählen und geschehen durchweg im Kontext jüdischer Themen. So wird Heine in seinem Shakespeare-Vortrag »Der Kaufmann von Venedig« neben Otto Ludwig zu den Dichtern gezählt, die am besten über Shakespeare geschrieben und das tiefste Verständnis für die Shylock-Problematik gezeigt hätten.[4] Als hervorragendes Beispiel für den Typus des modernen Juden wird Heine in seinem Essay über Martin Buber[5] und in seiner Polemik gegen Julius Bab in der »Freistatt«-Debatte um die Poesie der Juden genannt.[6] Fast scheint es, als stünde der zunehmend antisemitisch gezeichnete Nationalismus der Vorkriegsjahre in einem ursächlichen Zusammenhang mit der Wiederkehr des frühen Heine-Erlebnisses in Landauers Bewusstsein, denn sämtliche genannten Aufsätze entstanden wie der oben zitierte im Jahr 1913 oder später.

Fragt man nach Landauers Heine-Lektüre, so führt das wiederum in die frühen Jahre der Karlsruher Kindheit des jüdischen Kaufmannssohns. Das Tagebuch des Gymnasiasten offenbart ausgeprägte literarische und musikalische Interessen, berichtet von ersten eigenen Schreibversuchen und von ausgiebigen Leseerlebnissen.[7] Dass auch Heine zur Lektüre gehörte, scheint durchaus wahrscheinlich, wie sonst wäre er auf die Idee seiner Fichtepreisrede verfallen.

Seine Unbefangenheit hatte der Schüler in der Aula des Karlsruher Gymnasiums gewiss verloren, nicht aber sein Interesse an Heine. Dafür spricht ein weiteres Indiz, das uns zu den Auseinandersetzungen um das Düsseldorfer Heine-Denkmal und in die antisemitische Atmosphäre der reichsdeutschen Öffentlichkeit der späten 1880er Jahre führt. Im Jahr von Landauers Fichtepreisrede war dieser Streit bereits heftig entbrannt. Paul Heyses Aufruf im Düsseldorfer Lokalanzeiger vom November 1887 hatte den Auftakt für die Gründung des »Comités für die Errichtung eines Heine-Denkmals« gegeben, dem zunächst auch die österreichische Kaiserin Elisabeth angehörte. Die ersten deutschnational-antisemitischen Pamphlete folgten auf dem Fuße, die »Kunstwart«-Debatte, derentwegen Nietzsche sein Abonnement aufkündigte, war heftig entbrannt. Der antisemitische Tenor war unüberhörbar[8], wohl auch in der Karlsruher Provinz. Nicht nur das. Vermutlich hat Landauer den für die geistige Situation des Kaiserreichs so signifikanten Streit um Heine auch in den folgenden Jahren beobachtet. Dafür spricht eine Bemerkung in einem Brief, den der Student der Deutschen Philologie im Frühjahr 1890 aus Berlin an die Jugendfreundin Ida Wolf richtet. Da war er bereits Mitarbeiter an Fritz Mauthners Zeitschrift »Deutschland« und trug sich mit eigenen literarischen Projekten. Ida Wolf gehört in Landauers süddeutsch-familiären Kontext. Er hatte sie bei der Hochzeitsfeier seines Ulmer Vetters Louis Landauer im September 1889 kennen gelernt und sich heftig in sie verliebt.[9] Der Brief wurde als Abschrift in den umfangreichen Jugendbriefschaften Landauers überliefert.[10] Die Abschrift datiert auf den 15. Juni 1891, der biografische Kontext spricht jedoch für das Jahr 1890.[11] Das Briefgespräch der beiden scheint sich um Fragen ihres Verhältnisses zum jüdischen Glauben, um Religiosität überhaupt und um Landauers literarische Versuche gedreht zu haben.[12] An diese Fragen knüpft auch der genannte Brief an, um dann auf den Pfingstausflug nach Swinemünde zu sprechen zu kommen, den Landauer von Berlin aus mit Freunden unternommen hatte. Es war seine erste Begegnung mit der Ostsee und sie hatte auf ihn und seine Freunde einen überwältigenden Eindruck gemacht.

Im Brief vom 15. Juni 1890 heißt es nun:

> Das Meer habe ich allerdings auch bei ziemlich stürmischem Wetter gesehen, – und es macht jedesmal wieder einen ganz andern Eindruck, besonders auch wegen des verschiedenen Kolorits. Auch bei Sonnenuntergang; aber nicht bei Nacht. Die schlichte Schönheit mancher Heineschen Gedichte kann ich jetzt erst voll verstehen, nachdem ich das Meer gesehen; z. B. ›das Meer erglänzte weit hinaus‹./Lieben Sie übrigens Heine auch so wie ich? Nicht nur einzelne Gedichte, sondern in die ganze Persönlichkeit des unglücklichen Mannes, wie sie uns in seinen Gedichten entgegentritt suche ich mich zu versenken, und ich glaube, ihn jetzt so ziemlich zu verstehen. Zu dem Denkmal, das ihm ihn Düsseldorf errichtet werden soll, werde ich jedenfalls etwas beisteuern, wenn's auch nur eine Kleinigkeit ist, Sie auch?

Die zitierte Zeile aus dem Zyklus »Die Heimkehr« und das anschließende Bekenntnis deuten nicht nur auf eine intensive Lektüre, sondern auch auf eine intensive emotionale Beteiligung des aus einem aufgeklärt jüdischen Hause stammenden Studenten Landauer. Seine eigene mentale Situation schwingt identifikatorisch mit im Blick auf Heine und den schmutzigen Streit um sein Denkmal. Vielleicht hatte Landauer auch das Heine-Buch von Wilhelm Bölsche gelesen, das in Ferdinand Avenarius' »Kunstwart« angezeigt war und das die Heine'sche Lyrik von der Rhythmik der Nordsee her erläutert.[13] Wilhelm Bölsche hatte in der »Kunstwart«-Debatte um das Düsseldorfer Heine-Denkmal gegen die alldeutsch-nationalistische Hetze für Heine Partei ergriffen.[14] An ihn wird Landauer seine Novelle »Die

Geschwister« zum Abdruck in der »Neuen Rundschau« schicken, deren Schluss in Swinemünde spielt.[15]

Ob Landauer einem der Spendenaufrufe der Denkmal-Comités, die es inzwischen nicht nur in Düsseldorf gab, tatsächlich eine Kleinigkeit hat zukommen lassen, wird sich wohl nicht mehr klären lassen. Um das Düsseldorfer Heine-Denkmal stand es zu diesem Zeitpunkt bereits schlecht, seit sich die österreichische Kaiserin Elisabeth zurückgezogen hatte, auch finanziell. Gustav Landauer hat ihr Engagement für Heine auch als Anarchist nicht vergessen. Ein Gedenkartikel von ihm erschien bei ihrer Ermordung in der Zeitschrift »Der Sozialist«, deren Redakteur Landauer lange Zeit war. Hier bringt er im Namen der Sache des Anarchismus seine »heiße, wilde, ohnmächtige Scham« zum Ausdruck und bekennt die Mitschuld des Anarchismus an ihrer Ermordung. Elisabeth würdigt er als eine kunstsinnige, ungebundene Persönlichkeit und sympathische Erscheinung und fügt hinzu:

> Mit schwärmerischer Verehrung hing sie an den Dichtungen Heinrich Heines, dem sie in ihrem Schlosse zu Corfu ein Denkmal errichtet hatte; einen namhaften Beitrag hatte sie zu dem Heine-Denkmal, das seinerzeit in Düsseldorf errichtet werden sollte, gespendet.[16]

Anmerkungen

[1] Gustav Landauer: Vor fünfundzwanzig Jahren. Zum Regierungsjubiläum Wilhelms II. – In: Der Sozialist 5 (1913), Nr. 12 (15.6. 1913), S. 89–91; auch in: ders.: Rechenschaft. Aufsätze aus der Zeitschrift »Der Sozialist«. Berlin 1919, S. 143–154.

[2] Ebd., S. 143 f. Vgl. auch: Bismarck-Gymnasium Karlsruhe. Festschrift: Jahresbericht 1960/61. Karlsruhe 1961 und Eugene Lunn: Prophet of Community. The Romantic Socialism of Gustav Landauer. Berkeley et. al. 1973, S. 27 ff. Eine Abbildung der Fichte-Medaille findet sich in Michael Matzigkeit (Hrsg.): »... die beste Sensation ist das Ewige...«. Gustav Landauer. Leben, Werk und Wirkung. Düsseldorf 1995 (Dokumente zur Theatergeschichte IX), S. 40.

[3] Ebd., S. 144.

[4] Vgl. Gustav Landauer: Shakespeare. Dargestellt in Vorträgen. Hrsg. von Martin Buber. Frankfurt a. M. 1920. Bd. 1, S. 42–90; auch in: ders.: Dichter, Ketzer, Außenseiter. Essays und Reden zu Literatur, Philosophie, Judentum. Hrsg. von Hanna Delf. Berlin 1997, S. 194–221. Vgl. auch den Brief an Adolf Neumann vom 13. 6. 1917 in: Martin Buber, Ina Britschgi-Schimmer (Hrsg.): Gustav Landauer. Sein Lebensgang in Briefen. Frankfurt a. M. 1929, Bd. II, S. 182.

[5] Gustav Landauer: Martin Buber. Eine Studie. – In: Neue Blätter. 3. Folge (1913). H. 1/2, S. 90–107; auch in: ders.: Dichter, Ketzer, Außenseiter. [Anm. 4], S. 162–170. Landauer spricht hier von »[...] aus Schwermut, Aufruhr, Zersetzung und Imitation gemischten Gestalten wie Börne oder Heine«.

[6] Julius Bab hatte in seinem Aufsatz »Über den Anteil der Juden an der deutschen Dichtung der Gegenwart« (in: Mitteilungen des Verbandes der jüdischen Jugendverbände Deutschlands, Dezem-

ber 1912) das antisemitische Argument, die Juden seien zu originärer Kunst nicht fähig (Wagner), positiv aufgegriffen und damit eine heftige innerjüdische Kontroverse ausgelöst, an der sich auch Ludwig Strauß und Arnold Zweig beteiligten. Landauer zitierte Heine als ein modernes Beispiel jüdischer Poesie. Vgl. Gustav Landauer: Die Poesie der Juden. – In: Die Freistatt 1 (1913/14), Nr. 5 (22.8.1913), S. 321–324; vgl. auch ders.: Dichter, Ketzer, Außenseiter [Anm. 4], S. 175–177.

[7] Vgl. sein Tagebuch der Jahre 1884–1887 und die Briefe aus der Zeit bis 1888. Sie befinden sich in den beiden Teilnachlässen der National- und Universitätsbibliothek Jerusalem, Ms. Varia 432, Nr. 47 (GLAJ) und des Internationalen Instituts für Sozialgeschichte, Amsterdam NL Gustav Landauer (GLAA), Nr. 98.

[8] Aus der zahlreichen Literatur zum Denkmalsstreit seien hier genannt Ute Kröger: Der Streit um Heine in der deutschen Presse 1887–1914. Ein Beitrag zur Heine-Rezeption in Deutschland. Aachen 1989 und Dietrich Schubert: »Jetzt wohin?« Heinrich Heine in seinen verhinderten und errichteten Denkmälern. Köln, Weimar, Wien 1999; hier auch weitere Literaturhinweise.

[9] Ida Wolf lebte zum Zeitpunkt des Briefwechsels bei ihren Eltern in Ulm. Sie heiratete später Heinrich Ebert aus Fürth. Zur Hochzeit des Vetters vgl. Landauers Briefe an den Freund Emil Blum-Neff vom 4.9.1889, 8.9.1889 und 2.12.1889. GLAJ [Anm. 7], Nr. 47.

[10] Der größte Teil der Briefe liegt im Internationalen Institut für Sozialgeschichte, Amsterdam, NL Landauer [Anm. 7] unter den Nr. 70–128.

[11] Vgl. den Brief vom 26.5.1890 an Ida Wolf: »Gruß von der Ostsee«. Ebd., Nr. 99. Hier spricht er von seinem Pfingstausflug nach Swinemünde und Heringsdorf und beschreibt den Eindruck des Meeres.

[12] Zu Weihnachten 1889 hatte Landauer der Freundin ein Blumengebinde und ein Weihnachtsgedicht geschickt, in dem die Zeile steht: »Es mahnt mich an die eignen Kinderjahre/Die Tanne dort, denn Schabbeslamp und Christbaum/Vertrugen sich in meiner Jugendzeit!«. GLAA [Anm. 7], Nr. 98. Vgl. auch Gustav Landauer: Religiöse Erziehung. – In: Neue Rundschau. Freie Bühne für modernes Leben 2 (1891), H. 6 (11.2.1891), S. 134–138, hervorgegangen aus einem Vortrag, den der glühende Nietzscheaner, der Landauer zu dieser Zeit war, vor dem Neuphilologischen Verein Heidelberg gehalten hatte.

[13] Vgl. Wilhelm Bölsche: Heinrich Heine. Versuch einer ästhetisch-kritischen Analyse seines Werkes und seiner Weltanschauung. Leipzig 1888. Die Selbstanzeige in: Der Kunstwart 1 (1887/88), S. 205.

[14] Vgl. ders.: In Sachen des Heine-Denkmals. – In: Der Kunstwart 1 (1887/88), S. 144.

[15] Gustav Landauer: Die Geschwister. Novelle, 1890, unveröffentlichtes Manuskript. Vgl. GLAA [Anm. 7] 40, 73 und den Brief an den Bruder Friedrich vom November 1890, GLAA 73.

[16] Gustav Landauer: Die Erdolchung der Kaiserin von Österreich. – In: Der Sozialist, 17.9.1898. Zitiert nach: Signatur g. l. Gustav Landauer im »Sozialist« (1892–1899). Hrsg. von Ruth Link-Salinger. Frankfurt a. M. 1986, S. 164–168, hier S. 164.

Reden zur Verleihung des Heine-Preises 2008

Laudatio auf Amos Oz

Von Richard von Weizsäcker

I.

Freude und Dankbarkeit erfüllen mich, hier in unserer Mitte Amos Oz begrüßen zu dürfen. Nicht über ihn zu sprechen, sondern ihn selbst zu hören, sind wir hier, so wie es immer von neuem bewegende Erfahrungen sind, ihn zu lesen.

Wir denken an »Eine Geschichte von Liebe und Finsternis«. Er selbst hat einmal gesagt, in allen seinen Büchern habe er über Familien geschrieben. Er beschreibt die Menschen in den Familien, einzeln und miteinander, aber zugleich auch die Länder und Völker, in denen sie leben. Es sind keine Schilderungen von Gut gegen Böse. Er schildert das Leben nebeneinander und miteinander mit großer moralischer Behutsamkeit.

Was uns vom Tier unterscheidet, sagt Albert Camus, ist die Fähigkeit, uns mit den Augen des Anderen zu sehen. Ständig ist Amos Oz unterwegs auf der Suche nach Antworten auf die Frage: »Was würde ich fühlen, stünde ich auf der anderen Seite?«

Er hat einmal gesagt, die Neugier sei eine wertvolle menschliche Eigenschaft. Nur Fanatiker seien ohne Neugier. Diese aber ist es, die uns hilft, den anderen zu verstehen. Soweit uns das gelingt, sind wir in der Lage, den Anderen wirklich als unseresgleichen zu erkennen. Und eine solche Erkenntnis ist Grundlage für das, was wir brauchen: Annäherung an einen Frieden miteinander, nicht mehr, an eine möglichst faire Nachbarschaft, einen pragmatischen Frieden in einer unvollkommenen Welt – unvollkommen im ganz persönlichen Bereich wie unter vielen großen und kleinen Nachbarn. Ein humanes Urteil spricht aus ihm. Das Humanum befähigt ihn zu skeptischen und ambivalenten Schilderungen, zumal dann, wenn in der realen Welt Recht mit Recht, Gerechtigkeit mit Recht zusammenprallt.

Eine israelische Autorin hat seine »Geschichte von Liebe und Finsternis« eine nationale Biographie genannt, ein Buch, in dem sich alle wiedererkennen und bei dem man doch unverwechselbar eigenen, individuellen Figuren begegnet.

Oz erzählt vom hoch Politischen ebenso wie vom zutiefst Privaten. Es ist nicht so, dass die eine Seite die andere verdrängt. Die Durchdringung dieser beiden Lebenskreise ist vielmehr Ausdruck dessen, was die Voraussetzungen und Existenzen in Jerusalem unentrinnbar prägt. Auf diese Weise bringt der Roman wie auch das Gesamtwerk von Amos Oz eine so hochbedeutsame Annäherung an den Kern unseres Menschseins hervor und damit an die zentrale Kraft aller Literatur. Darum geht es.

II.

Es ist der Heine-Preis, der uns hier zusammenführt. Für uns ist dies eine bewegende Aussicht, von Amos Oz zu hören, wer Heine war. Das habe ich mir gewünscht: Über seinen Heine sich Amos Oz zu nähern – auch wenn die Zeiten und Schicksale der beiden Dichter so zutiefst unvergleichbar sind, zumal auf unnennbare Weise grausam für die Familie unseres Preisträgers.

Im damaligen Provinzstädtchen Düsseldorf kam Heine zur Welt. Zunächst hier und später in Hamburg verbrachte er seine Jugend. Er lebte in seinem jüdischen Elternhaus, ohne Zäune gegen die übrige Welt, unter wechselnden politischen Verhältnissen und Herrschaften. Als er sich später taufen ließ, unterbrach er damit durchaus nicht seine Bindung an die Familie, die jüdischen Freunde und Künstler. Man kann als Mensch gleichzeitig Teil verschiedener Kulturen und Bindungen sein. Heine hätte gute Erfahrungen und Antworten parat für unsere gegenwärtige dubiose Auseinandersetzung über einen »clash of civilizations«.

Er war ein deutscher, jüdischer Romantiker, ein Klassiker der politischen Lyrik. Wer spürt nicht seinen Verstand, seine Kunst, seine Courage, seinen Witz bis hin zur unbarmherzigen Lustigkeit? Er war ein freier Dichter und eben deshalb ein Rebell. Deutschland, dem er seine »Reisebilder« und sein »Buch der Lieder« geschenkt hat, dieses Land also bescherte ihm Rätsel und Schmerzen. Seinem berühmten »Deutschland. Ein Wintermärchen« begegnete vielfach tiefe deutschtümelnde, geradezu arrogante Ablehnung.

Seit 1831 lebte er in Paris. Mit seinen Mitteln wollte er den Grenzen missachtenden Beziehungen dienen. Nationalismus war ihm verhasst. Über geistige und politische Zölle hinweg war er zutiefst geprägt in dem zentralen Bereich seiner Zeit und Welt, in Europa. Das war Heimat, auch wenn er sie wohl nicht so genannt hat.

Und aus dieser Zeit und Welt, aus dem Europa des 19. Jahrhunderts, eines emanzipierten, aufklärerischen Judentums stammte die Familie von Amos Oz. Es war die Zeit, in der moderne jüdische Schulen entstanden, die die hebräische Sprache und Tradition pflegten, ihre Schüler aber mit der europäischen Literatur insgesamt vertraut machten. Eine solche Schule war die israelitische Privatschule, die der junge Heinrich Heine in Düsseldorf besuchte. Und auf eine solche Schule ging, mehr als hundert Jahre später, die Mutter von Amos Oz, in der heute ukrainischen Stadt Rowno.

III.

In bewegender Weise schildert Oz uns seine Vorfahren als engagierte, ja liebevolle Europäer mit umso tiefer enttäuschtem Grauen über das, was ihnen dort widerfahren ist. Europa hat sie hinausgeworfen, für die Familie von Amos Oz zum Überleben gerade noch in der Zeit. In Jerusalem ist Oz 1939 geboren.

Jerusalem – diese Stadt trägt die Last der Heilserwartung unzähliger Generationen und Orientierungen. Sie trägt das Gewicht der jüdischen Erfahrung. Sie trägt die namenlose Last der deutschen Schuld. Zu alledem aber ist sie der Ort, an dem Menschen, so sehr wie nirgends sonst, darauf angewiesen sind, über Gräben und Mauern hinweg zusammenzuleben. Es geht nur mit Offenheit, auch mit kritischer Offenheit.

Bewegend schildert Oz die Stadt, in der er aufwuchs. Sie war geprägt von den entscheidenden Hoffnungen, die die Gründergeneration des Staates Israel mitgebracht hatte. Diese hatte prägende Beiträge für Leben und Kultur dort geleistet, wo sie Diskriminierung und Verfolgung erlebt hatte.

Die Generation von Amos Oz ist in einer anderen Situation als ihre Vorfahren. An Träumen von einem idealen Leben im Heiligen Land kann sie sich nicht orientieren. Ihr Israel muss in der schweren heutigen Realität funktionieren.

Seit langem setzt Oz sich unermüdlich für eine Lösung des Nahostkonfliktes ein, bei der Israelis und Palästinenser in zwei Staaten nebeneinander und miteinander leben können.

Als Vertreter dieser Generation findet er eine neue literarische Sprache. »Ein neues, ein bessres Lied« will er seinen Freunden dichten und dabei eben gerade nicht »auf Erden schon das Himmelreich errichten«. (DHA IV, 92)

IV.

Der Weg zu einem Besuch in Deutschland war für Amos Oz unendlich schwer, ja ungangbar. Doch dann war es die Literatur, die ihn öffnete.

Seit jeher spielte die Literatur in Israel eine zentrale Rolle. Viele anderwärts ausgestoßene Juden hatten ihre Sprachen und Literaturen mitgebracht. Es ist ein Land vieler Bücher und Sprachen. Oz wuchs auf inmitten von Bücherwänden. »Unser Viertel, Kerem Avraham, gehörte Tschechow«, so heißt es.

Deutsche Klassiker fand er in seinem Elternhaus. Später folgte für ihn die Gruppe 47 mit ihren ersten Arbeiten in hebräischer Übersetzung. Vor allen Siegfried Lenz, der damals Oz im Kibbuz Hulda besuchte, verdanken wir die persönliche Verbindung zu ihm, der dann für uns Deutsche einer der wichtigsten israelischen Gesprächspartner geworden ist.

So ist es auch bei uns selbst die Literatur, die uns hilft, den Weg zu finden. Unvergessen bleiben bis heute die vorahnenden Worte des Namensgebers unseres heutigen Preises. Heine hatte, was er ahnte, in die Vergangenheit des spanischen Mittelalters verlegt. Einen aus Granada vertriebenen Moslem lässt er über den Koran einen Satz sagen, der zum Menetekel wurde:

> Das war ein Vorspiel nur, dort wo man Bücher/
> Verbrennt, verbrennt man auch am Ende Menschen.
> (DHA V, 16)

Unsere Literatur der Gegenwart spricht aus, dass jede Zuwendung zu Israel eine offene Auseinandersetzung mit uns selbst in der Vergangenheit und Gegenwart ist. Das gilt es, nie zu vergessen.

Amos Oz nimmt zu mehr als einem Aspekt der israelischen Politik eine kritische Haltung ein. Auch von uns fordert er keine blinde Zustimmung, sondern wahre Anteilnahme, die unsere entscheidende Mitverantwortung so wenig verdrängt wie die kritische Einsicht in die Bedingungen auf dem Weg zu einem notwendigen prekären Frieden.

Für Oz war Literatur die Brücke zu den Deutschen. Für uns baut er eine Verständnisbrücke nach Israel.

Israel könnte in Deutschland keinen wahrhaftigeren Fürsprecher haben – und wir in Israel keinen vertrauenswürdigeren Gesprächspartner. Heine sei Dank, dass wir Amos Oz hier begrüßen dürfen.

Dankrede

Von Amos Oz

Sehr geehrte Damen und Herren, liebe Freunde,
einen guten Morgen wünsche ich Ihnen allen und Shalom!

Lassen Sie mich zuerst den Mitgliedern der Jury des Heinrich-Heine-Preises und der Stadt Düsseldorf meinen tief empfundenen Dank dafür aussprechen, dass Sie mich als Träger dieses äußerst angesehenen Preises für das Jahr 2008 ausgewählt haben.

Heinrich Heine war ein säkularer Jude – so wie ich es bin.

Zu Heines Zeit war säkulares Judentum eine revolutionäre Einstellung, die nur von wenigen Zeitgenossen verstanden wurde. Selbst heute noch ist es eine Geisteshaltung, die nicht selbstverständlich ist und oft missverstanden wird.

Amos Oz (rechts) und Düsseldorfs Oberbürgermeister Dirk Elbers nach der Übergabe des Heine-Preises am 13. Dezember 2008 in der Tonhalle, Düsseldorf

Säkulare Juden gehören zum jüdischen Volk, aber sie leben die jüdische Orthodoxie nicht. Viele von uns sind Atheisten; viele von uns leben nur gewisse, von unseren Vätern und Müttern ererbte Traditionen. Einige von uns definieren sich als jüdisch durch Kultur.

Wir sind Juden so wie die Franzosen französisch sind, die Iren irisch oder die Türken türkisch, selbst wenn sie nicht in ihrem Land leben. Aber wir können Juden und Franzosen gleichzeitig sein, genau wie die irisch-stämmigen Amerikaner oder die Deutsch-Türken.

Wir teilen Traditionen, auch wenn wir ihnen nicht folgen. Wir teilen die gleichen Kindheitserinnerungen, die gleiche Folklore und Gestik, einige Kochrezepte und Essrituale. Wir teilen einige Befindlichkeiten, vielleicht auch einen speziellen Sinn für Humor und ganz gewiss die gemeinsame Angst ums Überleben.

Heine war ein moderner säkularer Jude, möglicherweise einer der ersten überhaupt. Er war jedoch mit Sicherheit der erste, dem auffiel, dass moderne Juden in ihren Berliner Salons zwar den Großteil des Erbes ihrer Vorväter abschütteln konnten, nicht jedoch diesen Beigeschmack ihrer Kindheit und nicht den jüdischen Sabbat-Tisch. Das ultimative Gericht am Sabbat, der Cholent (oder in Heines Deutsch Schalet). Das war der langsam vor sich hin köchelnde Eintopf mit Fleisch, Bohnen und Kartoffeln, der die jüdischen Heime mit seinem wunderbaren Duft erfüllte, wenn er auf niedriger Flamme, die vor dem Sabbat entzündet worden war, über Nacht garte. Die modernen und assimilierten Juden haben den Cholent nicht abgeschafft, der allein sie noch »zusammenhält in ihrem alten Bunde«.

Wie deutsch Heine war und doch auch wie jüdisch, in seiner sanften Ironie, in seinem liebevollen Sarkasmus:

> Schalet, schöner Götterfunken,
> Tochter aus Elysium!
> Also klänge Schillers Hochlied,
> hätt' er Schalet je gekostet. (DHA III, 128)

Wer war also Heine? War er ein Schiller, der Cholent probiert hatte? Oder war er ein Möchtegern-Rabbi, der sich beim Studium von Schiller verführen ließ?

Nun, meines Erachtens war Heine durch und durch modern, aber auch ein alter Jude. Sein Humor war bissig, manchmal bösartig. Heine lehrte uns, dass Humor und Ironie die besten Gegengifte für Extremismus und Engstirnigkeit sind. Er brachte uns auch in seiner witzigen und gleichzeitig traurigen Art und Weise bei, dass der moderne Mensch nie ganz in einer Kultur und an einem Ort zuhause sein wird. Und genau diese Verbindung von Unbehagen, dieses Zugehörigkeitsgefühl zu zwei oder mehr Kulturkreisen, ist der Knackpunkt der Modernität selbst. Es ist der Kern selbstbewusster Säkularität, der hypersensiblen Säkularität eines Mannes, der in die Religion hineingeboren wurde.

Deshalb war Heine, wie vielen anderen modernen oder modernisierenden Juden, die Konversion zum Christentum auch egal. Wie er einmal mit einem typischen Augenzwinkern sagte: Es ist extrem schwierig für einen Juden zu konvertieren, »denn nie glaubt ein Jude an die Göttlichkeit eines Juden« (Werner/Houben II, 145).

Heine lebte und starb, bevor die zionistische Bewegung ihren Anfang nahm. Aber in einem gewissen – wichtigen – Sinn war er ein Protozionist. Er betrachtete den Judaismus weder als Religion (wie die Juden es taten), noch als Rasse (wie die Antisemiten es taten), sondern als eine Kultur und ein Volk. Und er betrachtete sich stets als dieser Kultur zugehörig, als Sohn dieses Volkes.

Sie werden vielleicht überrascht sein, weil ich den Begriff »Protozionist« im Zusammenhang mit Heine benutze. Er hatte es sich nicht zur Aufgabe gemacht, Europas Juden zurück in das Land Israel der Vorfahren zu bringen. Und dennoch glaubte er, wie Baruch de Spinoza vor ihm und Theodor Herzl bald nach ihm, an die weltliche, gemeinsame historische Existenz des Volkes Israel über die Grenzen der Synagoge hinaus. Er glaubte daran, dass die moderne Völkerschaft über die Mystik der alten Theologie hinausgehen kann und sollte.

Heine verlieh der Sehnsucht vieler Juden nach einem übernationalen Europa Ausdruck. Er betrachtete sich in erster Linie als Europäer. Seine deutsche Identität stand im Wechselspiel mit seiner Frankophilie. Er gehörte nie zu einem Land, geschweige denn einer Stadt. Seine »Winterreise« in Deutschland ist die Liebessehnsucht der Heimatvertriebenen, derjenigen, die nicht dazugehören. Das ist die zutiefst missliche Lage der Juden. Ich kenne das gut von meinen eigenen Eltern und Großeltern. Die liebten Europa. Europa erwiderte ihre Liebe nicht. Wie Heine, der in einer glücklicheren Epoche lebte, waren sie bis ins Mark Europäer, ohne zu einem bestimmten Teil Europas zu gehören.

Meine Eltern waren dazu gezwungen, aus Europa zu fliehen. Sie schlossen sich einem Strom von Flüchtlings-Pionieren an, die den Staat Israel erschufen, das Ergebnis großer Hoffnung und enormer Verzweiflung.

Heine war nicht in einer solchen Lage, er war nicht dazu gezwungen, entweder die Hoffnung oder das Unheil zukünftiger jüdischer Generationen zu teilen. Und doch ist seine Modernität vergleichbar mit der letztendlichen Schlussfolgerung der zionistischen Diagnose: Die Juden sind im modernen Sinne ein Volk. Dies ist ein Erbe, das wir wieder ins Gedächtnis rufen müssen. Bevor der Zionismus sich innerhalb nationaler Grenzen verschanzte und in einer militärischen Auseinandersetzung gefangen war, ging es um Normalität, um das Wiedereintreten in die Geschichte, um Juden, die zur Familie der Nationen gehören. Das waren genau die Lehren, denen Heine den Boden bereitete.

Heine gehört zu einer Zeit der Wunder in der jüdisch-europäischen Geschichte. In den Jahren zwischen Spinoza und Buber, zwischen Mendelssohn und Kafka, strömten Europas Juden an die Universitäten und Akademien, in die Studios und Ateliers, Vorlesungssäle und Laboratorien. Sie wurden Teil des »Architekten-Teams« der Moderne.

Es war nicht alles wunderbar, und der Weg Tausender von Juden in das europäische Leben der breiten Masse war gepflastert mit Rückschlägen, Diskriminierung und Brutalität. Aber über 200 Jahre schien es so, als ob das jüdisch-europäische Millennium seinen kreativen Höhepunkt erreicht hätte. Was ist, wenn überhaupt, heute davon noch übrig?

Ich will nicht von Museen und Friedhöfen oder Denkmälern sprechen. Der Punkt ist für mich nicht, dass Europa in Ritualen und Konferenz-Podien seiner verlorenen jüdischen Welt gedenkt. Aber ich denke und hoffe, dass diese Männer und Frauen, deren Nachkommen ermordet wurden oder flohen, Europa so wie es heute ist, einen dauerhaften und spürbaren Stempel aufgedrückt haben.

Europa hat in jener Zeit der Wunder Toleranz gelernt, Selbstkritik gelernt, eine gewisse Respektlosigkeit vor dem Erhabenen und Ehrwürdigen gelernt. In all dem lebt viel von Heine. Von Einstein bis zu Kafka hat Europa Relativismus gelernt. Es hat gelernt, aber es leider eine Zeit lang vergessen, dass keine Wahrheit allein stehen kann, ohne von anderen Wahrheiten umgeben zu sein und von Nicht-Wahrheiten und von den nicht greifbaren Landschaften der Dichtung.

Europa erweckt – in mir – ein gewisses Maß an Ambivalenz, eine Mischung aus Verwandtschaft und Zorn. Schließlich war es einst das Gelobte Land für viele meiner Ahnen, bevor es sich brutal gegen sie wandte. Jedes Mal, wenn ich nach Europa reise, jedes Mal, wenn ich seine literarischen Werke lese, jedes Mal, wenn ich seiner Musik lausche oder mich an seiner Kunst erfreue, kann ich etwas vom Erbe meiner Vorfahren erkennen. Und doch kann ich mich selbst nicht mehr als Europäer betrachten.

Ich bin israelischer Jude. In dieser Reihenfolge.

Israel hat seinerseits wenig Zeit für seine europäische Vergangenheit, außer für deren dunkelste Momente. Großer Zorn, Zynismus oder bestenfalls Ambiguität umgeben unsere verschwommenen Erinnerungen an diesen, unseren Stiefmutter-Kontinent.

Noch erinnern wir uns oft an Heine. Wenige Straßen sind nach ihm benannt, Schulkinder kennen seinen Namen kaum. Er steht für den »nicht beschrittenen Weg«, den Weg, den man am Ende nicht einschlagen konnte, den zerbrochenen Traum der Assimilierung und der vollständigen Zugehörigkeit zu Europa oder zu Deutschland.

Und doch, je mehr wir den großen Aufstieg und die Modernisierung des europäischen Judentums im 19. Jahrhundert und im frühen 20. Jahrhundert betrachten, desto mehr stellen wir fest, dass wir entscheidendes »Gepäck« von Europa an unsere Mittelmeerküste mitgenommen haben. Israel trägt – selbst heute – europäische Chromosomen.

Natürlich sind die meisten Israelis nicht aus Europa; sie kommen aus dem mittleren Osten, sind entweder Araber oder Juden aus muslimischen Gebieten. In Bezug auf Kunst und Literatur, Musik und Tanz, Kino und Theater ist Israel ein wunderbarer Eintopf von Verschmelzungen und Vermischungen, ein echter Cholent der Kulturen.

Aber wie meine Tochter, Professor Fania Oz-Salzberger, es formuliert hat, wenn es um unsere politischen und rechtlichen Grundlagen geht, ist es das europäische Erbe, das uns zu einer modernen Zivilgesellschaft macht. Wir verdanken unsere Demokratie, Bürgerrechte, unabhängige Jurisdiktion, die Rechtsstaatlichkeit unserem europäischen Erbe. Selbst wenn es uns nicht gelingt, unsere selbst gesetzten hohen Normen zu erreichen, müssen wir an ihnen festhalten und uns erinnern, woher sie kommen. Moderne Demokratie, Humanismus und Gerechtigkeit sind die Früchte des großen jüdisch-europäischen Millenniums. Es ist das gemeinsame Erbe von Heinrich Heine, von mir, von Ihnen allen hier in diesem Saal.

Paradoxerweise kann der jüdisch-arabische Konflikt nur gelöst werden mit Hilfe verschiedener europäischer Werte: Rationalität, Pragmatismus und Toleranz. Wir brauchen etwas von Heines Verachtung für engstirnigen Fanatismus. Heine notierte einmal: »in der Welt sind mehr Narren als Menschen«. (DHA VI, 208) Im Selbstzweifel liegt Weisheit, und eine äußerst jüdische Weisheit besteht im Kompromiss.

Fast jeder Israeli und fast jeder Palästinenser weiß im Grunde seines Herzens, wie ein möglicher Kompromiss inhaltlich aussehen kann. Der Konflikt wird von Fanatikern auf beiden Seiten am Leben gehalten. Wenn es uns gelingt, die Fanatiker in Schach zu halten, finden wir uns selbst in der Lösung eines Streits um Grund und Boden wieder, nicht in einem Heiligen Krieg.

Deshalb ist auch das laufende Gespräch zwischen Israelis, Palästinensern und Europäern heute so entscheidend. Wir brauchen hier eine starke europäische Stimme, eine Stimme der Vernunft und der Sympathie, um beide Seiten anzusprechen. Wir müssen hören, dass eine europäische Stimme sich zu Europas unrühmlichem Beitrag zu den Ursprüngen unseres Konfliktes im Mittleren Osten bekennt. Wir müssen eine europäische Stimme hören, die das humanistische Erbe, das die Juden einst zu schaffen halfen, in Erinnerung bringt.

In Heines Tagen träumten deutsche Dichter und Denker von einer großen West-Östlichen Verbindung ungezügelter Kreativität. Das war eine spezifisch deutsche Phantasie von Goethe bis zu Else Lasker-Schüler. Und es ist, meine ich, eine schöne

Vision; unbelastet von westlicher Arroganz, sondern genährt von der besseren Romantik, nämlich der der ewigen Neugier und der Suche nach dem Exotischen im eigenen Herzen.

Seltsamerweise stimmt meine eigene Hoffnung für Israel mit diesem alten deutschen Ideal überein. Ich sähe gern, wenn mein Land zum reichen und faszinierenden Ort zwischen Ost und West würde.

Und in diesem speziellen Punkt hatte Heine nicht Recht. Er sagte: »[...] um am Scheidenwege zagend stehen zu bleiben, dazu seyd Ihr zu schwach«. (DHA XI, 216) Und ich wage zu sagen: »Der Scheideweg ist der einzige Ort, an dem ich zuhause bin, wo ich hin gehöre«.

Anmerkung

Die Rede wurde in englischer Sprache gehalten. Die deutsche Übersetzung wurde erstellt vom Übersetzungsbüro M. Blohmen GmbH, Krefeld. Die englische Originalversion ist abgedruckt in: Verleihung des Heine-Preises 2008 der Landeshauptstadt Düsseldorf an Amos Oz. Hrsg. vom Heinrich-Heine-Institut der Landeshauptstadt Düsseldorf. Düsseldorf 2008, S. 7–14.

Heinrich-Heine-Institut.
Sammlungen und Bestände.
Aus der Arbeit des Hauses

Josef Svatopluk Machar und sein Gedicht »H. Heine«

Von Christian Liedtke, Düsseldorf

Der Lyriker und Essayist Josef Svatopluk Machar (1864–1942) war einer der führenden Vertreter der tschechischen Modernisten. Er stammte aus Kolín und lebte insgesamt rund dreißig Jahre lang in Wien, wo er als Bankbeamter tätig war und für verschiedene Journale schrieb, insbesondere für die von seinem Freund Hermann Bahr gegründete Wochenschrift »Die Zeit«. Machar war ein Weggefährte des Gründers und ersten Staatspräsidenten der Tschechoslowakei, Tomáš Garrigue Masaryk, und gehörte dessen Realistischer Partei an. Nach seiner Ernennung zum Präsidenten (1918) berief Masaryk ihn zum Generalinspekteur der tschechoslowakischen Armee, woraufhin Machar nach Prag zurückkehrte. Bis 1924 übte er dieses Amt aus, dann kam es nach starken Meinungsverschiedenheiten zum Bruch zwischen ihm und Masaryk.

Machars Dichtung, die die tschechische Literaturgeschichte nachhaltig beeinflusste, steht im Zeichen eines skeptischen Realismus. Der erklärte Gegner der Neuromantik schrieb ironische Zeitsatiren, und zentrale Stilmittel seiner Lyrik und Versepik waren der saloppe Ton und der Rückgriff auf Elemente der Alltagssprache. Seine politischen und ästhetischen Positionen durchliefen manchen Wandel, Konstanten blieben dabei jedoch stets sein Eintreten für gesellschaftliche Reformen und die Kritik des Nationalismus.

Heinrich Heine war eines der Vorbilder Machars. In einem kurzen Essay, den er ihm widmete (»Heinrich Heine«, erschienen in Machars Aufsatzsammlung »V poledne«, Prag 1928, S. 12–16), stellte er ihn neben Goethe, erklärte ihn zu einem der wichtigsten Wegbereiter der literarischen Moderne und betonte, dass das

Verhältnis Heines zum Judentum ein entscheidender Aspekt für das Verständnis seines Lebens und Werkes sei.

Machars Gedicht mit dem Titel »H. Heine« war bisher unbekannt. Das Arbeitsmanuskript konnte 2009 durch das Heine-Institut aus einer Hamburger Privatsammlung erworben werden. Es ist ein interessantes Dokument der internationalen Heine-Rezeption aus einer Zeit, zu der nicht nur Deutschland der Streit um die »Denkmal-Würdigkeit« des Dichters in vollem Gange war.

H. Heine

Ich bin ein deutscher Dichter, die Peitsche meiner Verse
schlägt auf den dummen Michel ein;
meine Seele ist jüdisch, mein Ruhm ist deutsch
und meine Pension französisch.

Ich bin also Kosmopolit – meine Welt spielt verrückt,
Masken jagen einander,
ich wusste, dass es sich überall gut leben lässt,
solange die Moneten in unseren Taschen klingeln.

Nur der Verse sollte es auf der Welt etwas weniger geben,
ja, es reichen die, die man selber schreibt.
Aus Deutschland haben sie schon ein Fegefeuer gemacht,
die Verse des deutschen Reichs!

Meine süßen Verse entstanden
nur aus bitterer Liebe. Dann habe ich aufgehört,
sie zu schreiben, denn der Gott, an den ich nicht glaube,
hat mich sehr empfindlich bestraft.

Und Gott weiß, dass ich an ihn nicht glaube,
obwohl ich ihn freundlich duze.
Nun bin ich der Tambour der Revolution,
ohne die sich die Welt nirgendwohin bewegt.

Ich bin der Tambour der Revolution,
die Welt bedarf der Korrekturen –
gleich bei der Schöpfung wurde sie verpfuscht
von meinem schlechten Freund da oben.

Und kommt die Revolution nicht
und meine Trommel verbreitet vergeblich Schrecken –
auch gut. Halten wir fest: Es lässt sich leben
auch so auf diesem unseren Planeten.

(Josef Svatopluk Machar. Aus dem Tschechischen übersetzt von
Kathrin Liedtke und Milka Vagadayova)

Machars Gedicht lässt sich nicht näher datieren, möglicherweise entstand es zur selben Zeit wie sein Heine-Aufsatz. Manches spricht jedoch auch für eine etwas frühere Entstehung, denn das Gedicht gehört thematisch in den Kontext der Streitigkeiten, die sich in der Wiener Literaturszene an Heine entzündeten und in Karl

Josef Svatopluk Machar: »H. Heine«. Eigenhändiges Gedichtmanuskript mit Unterschrift am Kopf

Kraus' Streitschrift »Heine und die Folgen« (1910) ihren wirkungsmächtigsten Niederschlag fanden. Kraus griff Heine u. a. als Vorreiter des modernen Feuilleton-Journalismus an; »der Prototyp des Journalisten«[1] und dekadenten Literaten unter seinen Zeitgenossen war für Kraus jedoch der mit Machar befreundete Hermann Bahr. Seit seinem Essay »Zur Ueberwindung des Hermann Bahr« (1893) hatte Kraus ihn immer wieder angegriffen und ihm dabei all das vorgeworfen, was er auch Heine vorhielt. In dem Artikel »Heine und die moderne Berichterstattung« (1909), der später zu großen Teilen in seine Generalabrechnung »Heine und die Folgen« eingeflossen ist, nannte er sie denn auch in einem Atemzug:

> Der Urquell des Übels bleibt jener Heine, der der deutschen Sprache so sehr das Mieder gelockert hat, daß heute alle Kommis an ihren Brüsten fingern können. Aber der richtige Zeitpunkt kann doch erst durch die neueren Franzosen ins Geschäft, deren psychologische Technik dank der Vermittlung des Herrn Bahr zu einer unsäglichen Behelligung des deutschen Geisteslebens erwachsen ist.[2]

Hermann Bahr hatte sich u. a. als prominenter Vertreter des »Comités Wiener freisinniger Bürger zur Bekränzung des Heine-Denkmals« (gegründet 1900) öffentlich für Heine eingesetzt.

Vor diesem Hintergrund ist Josef S. Machars Heine-Gedicht also als Stellungnahme gegen Kraus und sowohl für Heine als auch – indirekt – für Hermann Bahr zu verstehen. Ob diese Literatenstreitigkeiten jedoch der unmittelbare Anlass für das Gedicht waren, ist nicht gewiss. Was es zu einem so interessanten wirkungsgeschichtlichen Dokument macht, ist schließlich auch gerade die Tatsache, dass es sich über diese Streitigkeiten erhebt und statt der von Kraus aufgeworfenen ästhetisch-stilistischen Fragen den lebensfrohen und durchaus den materiellen Dingen zugewandten »Aufrührer« Heine (im politischen wie religiösen Sinne) in den Vordergrund rückt und insbesondere die bunte, »verrückte« Vielgestaltigkeit seines Werkes würdigt. Auch dem von Kraus verhängten Verdikt über die angebliche Charakterlosigkeit Heines begegnet Machar souverän. Für ihn ist Heine ein Vorkämpfer der Moderne in jeder Hinsicht, zu dem er sich vorbehaltlos bekennt.

Anmerkungen

[1] Hans Heinz Hahnl: Zielscheibe Zeitgenosse. Karl Kraus und Hermann Bahr. – In: Neue Zürcher Zeitung, 3./4. August 1985, Nr. 177, S. 48. Zu Kraus' Heine-Bild und der Heine-Rezeption unter seinen Wiener Zeitgenossen vgl. ausführlich Dietmar Goltschnigg: Die Fackel ins wunde Herz. Kraus über Heine. Eine »Erledigung«? Texte, Analysen, Kommentar. Wien 2000.
[2] Karl Kraus: Heine und die moderne Berichterstattung. Zit. n. Goltschnigg [Anm. 1], S. 157.

Musterhafte Vorbilder
11. Forum Junge Heine Forschung 2008 mit neuen Arbeiten über Heinrich Heine

Von Karin Füllner, Düsseldorf

»An der Universität gehört das Halten von Referaten meist zu den undankbaren Aufgaben: Unter den Tischen werden Kurznachrichten ins Handy getippt, die wenigsten Kommilitonen schreiben mit, das Thesenpapier landet rasch im Abfalleimer. Eine vollkommen andere Vortragssituation bietet die Heinrich-Heine-Gesellschaft: Bereits zum elften Mal präsentierte der akademische Nachwuchs seine Forschungsergebnisse«, hieß es in der Rheinischen Post vom 10. Dezember 2008.[1] Zum 211. Heine-Geburtstag hatten die Veranstalter sieben junge Vortragende eingeladen: Florian Reinartz aus Köln, Brit Hopmann aus Den Haag, Astrid Henning aus Hamburg, Thomas Boyken aus Oldenburg, Esther Kilchmann aus Berlin, Margrit Vogt aus Berlin/Fribourg und Andrea Ressel aus Rostock. »Sie beschäftigten sich etwa mit der Heine-Rezeption bei Elisabeth von Österreich-Ungarn, mit Schillers Dramen im Spiegel der Lyrik Heines oder mit Heines Ästhetik des Alter(n)s«, kündigte die »Westdeutsche Zeitung« an.[2] Im Zentrum der diesjährigen Vorträge standen Fragen der Rezeptionsästhetik.[3]

Florian Reinartz sprach als erster unter dem Titel »›Mir dünkt, dass du dictiertest‹ – Heine-Rezeption bei Elisabeth von Österreich-Ungarn« und zeigte eindrucksvoll an genauen Textbeispielen, wie die Kaiserin den Dichter nicht nur hoch verehrte, sondern wie seine Werke sie zu eigenen Gedichten inspirierten. Elisabeth fühlte sich ihrem »Meister« in besonderer Weise verbunden, und so zeugt ihr »Poetisches Tagebuch« – »bezeichnenderweise in die ›Nordsee-Lieder‹ und die ›Winterlieder‹ unterteilt« – von zahlreichen Huldigungen, direkten und indirekten Zitaten, Anspielungen und Variationen. Es ging nicht darum, die eindeutig unterschiedliche Qualität der Gedichte zu hinterfragen, vielmehr zeigte der Vortrag beispielhaft intertextuelle und gedankliche Verbindungen auf. Die von der Spätromantik geprägte Naturlyrik der Kaiserin Elisabeth interpretierte Reinartz auch als »Ausdruck einer Opposition gegen das höfische Leben«, als »Anzweifeln des politischen Systems«. Interessanterweise hat gerade Heines satirische politische Poesie Elisabeth beeindruckt und angeregt zu eigenen »scharfzüngigen, oft höhnischen

Karikaturen des Kaiserhofes und des Adels«. Rückblickend von den Adaptionen Elisabeths las Reinartz die Heine-Texte mit neuer Perspektive.[4]

Um die Heine-Rezeption ging es auch im Vortrag von Brit Hopmann: »Wie eine Geschichte Geschichte machte. Frühe Quellen zum Thema ›Verfasser unbekannt‹«. In ihrem äußerst spannenden Referat entwickelte sie geradezu detektivisch eine Chronologie der frühesten Erwähnungen der »Geschichte«, dass Heines »Loreley« im nationalsozialistischen Deutschland weiterhin gedruckt worden sei, indes mit dem Vermerk »Verfasser unbekannt«. Trotz jahrelanger Recherche in der Heine-Forschung ist bislang keine einzige Primärquelle gefunden worden. Bekannt ist indes die Studie von Walter A. Berendsohn »Der lebendige Heine im germanischen Norden«, die – 1935 im Exil in Kopenhagen erschienen – Heine als Identitätsfigur der Exilanten begriff und in der es hieß: »Die ›Loreley‹ in seiner Fassung wird weiter abgedruckt und gesungen, aber darunter steht: ›Verfasser unbekannt‹.« Hopmann hat eine Reihe von weiteren frühen Quellen ausfindig gemacht und Zeitungsmeldungen vorgestellt, die diese Nachricht bereits 1934 in Exilantenkreisen verbreiteten. Welche aber nun die erste Notiz war und ob es tatsächlich Schullesebücher mit dem besagten Vermerk gegeben hat, ließ der Vortrag offen. Die, so Hopmann, »zugegebenermaßen brillante« Geschichte scheint ihr, wie sie mit der Gerüchtetheorie belegte, eher ein Gerücht zu sein, denn der »hohe symbolische Gehalt der Geschichte und ihre Bedeutung für die Identität der Exilanten« habe verständlicherweise die weitreichende und bis heute andauernde Verbreitung unterstützt. Dennoch will sie weiterhin die Spur verfolgen und die Heine-Forschung darf gespannt sein auf ihr Ergebnis.[5]

Einem wieder anderen Rezeptionsthema widmete sich der anschließende Vortrag von Astrid Henning: »‹Heine konnte gut austeilen, aber nichts einstecken›. Identitätskonstruktion des Nationalen in der literaturdidaktischen Heinerezeption in der DDR«. Als Materialbasis für ihre Untersuchung dienten ihr Abituraufsätze aus der DDR von 1956, dem 100. Todesjahr Heines. Ausgehend von der Diskursanalyse Foucaults ging es ihr darum zu zeigen, wie die Auseinandersetzung mit den Werken Heinrich Heines in den Schulen »zum Traditionsprogramm der ›umzuerziehenden‹ Deutschen erklärt« wurde. Der in der Heine-Forschung der DDR von Hans Kaufmann herausgearbeitete »antikapitalistische Antinationalismus« Heines sollte für die SchülerInnen »zum eigenen Wunsch, zum eigenen Begehren«, »sein soziales Programm zur prototypischen Kollektivbiografie« werden. Die emotionale Identifikation der jungen StaatsbürgerInnen mit dem Leben und Werk des Dichters sollte identitätsbildend sein und »die Zustimmung zum Staat DDR in sich bergen«. »Dabei kommt dem Schreiben eine besondere Bedeutung bei der Identitätsbildung zu: im Auswendiglernen, im Eselsbrücken bauen, im Glätten und im Schreiben selbst wird das Erlernte mit eigenen Sinnzusammenhängen verbunden.«

Der genaue Blick auf einen Abituraufsatz erwies sich als schwieriger, aber faszinierender Versuch, diesen Diskurszusammenhängen nachzugehen.[6]

Die Nachmittagsvorträge leitete Thomas Boyken ein mit seinem Referat: »›Und besonders Carlo Moor / Nahm ich mir als Muster vor‹. Schillers Dramen im Spiegel der Lyrik Heines«. Ausgehend von der aktuellen Forschungslage und einem allgemeinen Überblick über Heines Schillerrezeption untersuchte Boyken die Referenzen auf Schillers Dramen in Heines Gedichten an ausgewählten Beispielen. Überzeugend spürte er dem Vexierspiel zweier Gattungen nach und zeigte, wie sich die Intertextualität von »dramatischer Vorlage und lyrischer (Ver)dichtung« mit unterschiedlichen Kategorien beschreiben lässt: Parodie, Travestie und Pastiche. Wie Heine Georg Herwegh »als naiven Pathetiker und ›miserable[n] Heldenspieler‹« entlarvt, führte Boyken als Beispiel für die Parodie in Heines Gedicht »Die Audienz« und seinem Bezug zu Schillers »Don Karlos« vor. An »Traumbild VIII« zeigte er die Travestie des Schillerschen Dramenkosmos auf und im »Atta Troll« verwies er auf eine Reihe von Textstellen als Beispiel für die Kategorie Pastiche: »Die Dialogizität zwischen Schiller-Verweisen und dem ›Atta Troll‹ enthüllt Verborgenes und spiegelt sich wechselseitig wider.« Im Vexierspiel mit Schillers Prätexten entsteht, wie Boyken zeigte, mehr als ein »karikierendes Spiegelbild«. Vielmehr manifestiere sich in den Gedichten ein »Polyperspektivismus«. Letztlich gehe es Heine vor allem darum, mit den vielfältigen Anspielungen auf Schillers Dramen »seine eigene Mehrdeutigkeit zu inszenieren.«[7]

Der Vortrag von Esther Kilchmann beschäftigte sich in einem sehr viel weiteren Sinn mit Heines Lektüren und fragte unter dem Titel »Lesen mit Heine. Zum methodisch-theoretischen Potential von ›De l'Allemagne‹ für die Literaturgeschichte« nach den transnationalen und -lingualen Einflüssen in Heines literatur- und kulturhistorischen Schriften. Entgegen der Norm der sich konstituierenden »Nationalliteratur« erscheinen bei Heine »Geschichte, Sprache, Literatur und Nation nicht als Einheiten, sondern als Schauplatz von Übersetzungen, Brüchen und unkalkulierbaren Dynamiken.« Während die Grimms in der Tradierung von Märchen und Sagen rückwärtsgewandt Wahrheit, Reinheit und Unschuld zu bewahren suchten, habe Heine in ihnen, so Kilchmann, »Sprengkraft für die Gegenwart entdeckt«. Einheit- und Identitätssuche der Nation setze Heine sein bewusst heterogenes Konzept entgegen und beschwöre das »unheimliche Eigenleben« pantheistischer Kräfte. Ein Hauptfokus von »De l'Allemagne« richte sich »auf das vom herrschenden Narrativ des Christentums Verborgene«. Besonders interessant akzentuierte Kilchmann die Verwandtschaft des Heine'schen Schreibens zur jüdischen Schrifttradition. Wenn Heine über Luthers Bibelübersetzung aus dem Hebräischen spricht, so sei dies im Gegensatz zum Diskurs der nationalen Einheit der Deutschen »die Utopie einer Gründungserzählung, die ohne das Konstrukt einer ›reinen‹ und unvermischten nationalen Herkunft auskommt.«[8]

Heines »Französischen Malern« widmete sich der anschließende Vortrag von Margrit Vogt. Unter dem Titel »Wertende Kunstworte: Kritikkreation in Heinrich Heines ›Französischen Malern‹ (1831)« ging es ihr darum, »entgegen der verbreiteten Geringschätzung von Heinrich Heines kunstkritischer Kompetenz« seine Salonberichte als »eine originelle Stimme in der Geschichte der Kunstkritik« herauszustellen. An seinem berühmten Kommentar zu Delacroix' Gemälde »La liberté guidant le peuple« zeigte sie, wie Heine »mit dem politischen und ästhetischen Aufbegehren Delacroix' sympathisierte.« Darüber hinaus erkannte er aber auch durchaus »Delacroix' bahnbrechende Behandlung der Farbe« und konnte sie wirkungsästhetisch deuten. Am Beispiel der Beschreibung von Vernets Gemälde »Camille Desmoulins« veranschaulichte Vogt eindrucksvoll, wie Heine an die Gattung der Kunstbriefe aus dem 18. Jahrhundert anknüpfte. So wie dort »die sinnliche Vergegenwärtigung« eines »fiktiven Brieffreundes mit der synästhetischen Vermittlung von Kunsteindrücken« gekoppelt wurde, erzeugt Heine hier durch fiktive Anrede der dargestellten Person, des Revolutionärs Camille Desmoulins, Unmittelbarkeit und Lebendigkeit. Auf diese Weise vermochte Heine ein deutsches Publikum zu interessieren, dem die in Paris ausgestellten Gemälde unbekannt waren. Durch die »poetische Übersetzungsleistung« in den literarischen Diskurs erschaffe Heine neue Kunstwerke, die das Innovative der jeweiligen Gemälde kongenial abbildeten.[9]

Den Abschlussvortrag des Forums hielt Andrea Ressel über »Heinrich Heine und die Ästhetik des Alter(n)s«. Ihr Interesse gilt der demografischen Forschung, für die Heines Spätwerk ein einmaliges Untersuchungsmaterial liefert. Wie zeitgleich kein anderer hat er sein Altern und Sterben literarisch publik gemacht. Mit Karl-Heinz Kuschel sprach Ressel von Heines »Sterbe-Kunst«, von seiner »einzigartigen Sterbe-Dichtung«. Nicht nur seine literarischen Texte ästhetisieren das eigene Altern und Sterben. Vielmehr verwies Ressel darauf, dass die vielen späten Besucher Heines, die Zeitungsberichte und die gedruckten Porträts des bettlägerigen Heine sein Sterben in ungewöhnlicher Weise öffentlich machten und er sich selbst »gewissermaßen als ästhetisches ›Sterbe-Kunstwerk‹« präsentierte. Dieser offensive Umgang mit Krankheit und Tod bedeutete eine Ästhetisierung und zugleich eine Enttabuisierung des Sterbens. An Beispielen aus dem Spätwerk zeigte sie, dass Heines Mittel der Literarisierung des eigenen Sterbens in der »Matratzengruft« oft die Ironie war. Den Hinweis auf Heines öffentliches Sterben und das Aufgreifen seiner literarischen Mittel in der neuesten Literatur dokumentierte sie zum Abschluss sehr schön mit der Gedichttravestie des Heine-Preisträgers Robert Gernhardt: »Augen hat uns zwei gegeben / Gott der Herr, daß wir erleben, / Wie das jahrelange Sterben / Heines Witz nicht konnt' verderben.«[10]

Den Preis für das 11. Forum Junge Heine Forschung erkannte die Jury[11] dem Beitrag von Thomas Boyken zu: »Unter den sieben Vortragenden aus den Niederlanden, der Schweiz und Deutschland wurde er als Preisträger auserkoren und jetzt auf der Mitgliederversammlung der Heinrich-Heine-Gesellschaft öffentlich geehrt«, wie es in der Neuen Rhein-Zeitung im März 2009 hieß: »mit Rosen, den Lieblingsblumen von Heine, und einem Geldpreis von 500 Euro. Zudem wird sein Beitrag im Heine-Jahrbuch 2009 veröffentlicht, passend, wie Professor Joseph A. Kruse bei der Preisverleihung sagte, zum Schiller-Jahr.«[12]

Nachzutragen gilt es schließlich noch den atmosphärischen Eindruck des Kolloquiums, so wie ihn die Düsseldorfer Tagespresse beschrieb. Das Forum Junge Heine Forschung sei »weit mehr als eine internationale Plattform für junge Heine-Forscher: Die Besucher informieren sich über den aktuellen Stand der wissenschaftlichen Forschung, nach den Vorträgen werden die Thesen angeregt diskutiert«: »Gelangweilte Gesichter, wie man sie aus dem Seminarraum kennt, sieht man beim Forum für junge Heine-Forschung nicht.«[13]

Anmerkungen

[1] Rainer Morgenroth: Forum für junge Heine-Forscher. – In: Rheinische Post, Düsseldorf, 10. Dezember 2008.

[2] Heine-Forschungen werden vorgestellt. – In: Westdeutsche Zeitung, Düsseldorf, 3. Dezember 2008.

[3] Zu Konzeption, Organisation und Geschichte des von Heinrich-Heine-Institut, Heinrich-Heine-Gesellschaft und Heinrich-Heine-Universität gemeinsam veranstalteten Forums vgl. auch die Berichte über die vorangegangenen Kolloquien: Karin Füllner: »... eine neue Zeit mit einem neuen Prinzipe«. Das Düsseldorfer-Studierenden-Kolloquium mit neuen Arbeiten über Heinrich Heine. – In: HJb 40 (2001), S. 164–173; dies.: »Dieses ist die neue Welt!« Das Düsseldorfer Studierenden-Kolloquium 2001 mit neuen Arbeiten über Heinrich Heine. – In: HJb 41 (2002), S. 245–247; dies.: »und gerade Heine überzeugt mich«. Das Düsseldorfer Studierenden-Kolloquium 2002 mit neuen Arbeiten über Heinrich Heine. – In: HJb 42 (2003), S. 188–191; dies.: »Europäischer Heine«. Das Düsseldorfer Studierenden-Kolloquium 2003 mit neuen Arbeiten über Heinrich Heine. – In: HJb 43 (2004), S. 277–281; dies.: Heinrich Heine: europäisch, musikalisch und kulinarisch. Das Düsseldorfer Studierenden-Kolloquium 2004 mit neuen Arbeiten über Heinrich Heine. - In: HJb 44 (2005), S. 232–236; dies.: Heinrich Heine: Über Groteske, Poesie und Mythos. 8. Forum Junge Heine Forschung 2005 mit neuen Arbeiten über Heinrich Heine. - In: HJb 45 (2006), S. 249–253; dies.: Politik und Maskerade. Von Heine bis heute. 9. Forum Junge Heine Forschung 2007 mit neuen Arbeiten über Heinrich Heine. – In: HJb 46 (2007), S. 223–228; dies.: »Heinrich Heine und die fröhliche Wissenschaft«. 10. Forum Junge Heine Forschung 2008 mit neuen Arbeiten über Heinrich Heine. – In: HJb 47 (2008), S. 246–250.

[4] Zitiert nach dem von Florian Reinartz vorgelegten Beitrag.

[5] Zitiert nach dem von Brit Hopmann vorgelegten Beitrag.

⁶ Zitiert nach dem von Astrid Henning vorgelegten Beitrag.
⁷ Zitiert nach dem von Thomas Boyken vorgelegten Beitrag; vgl. den Aufsatz von Thomas Boyken im vorliegenden Jahrbuch.
⁸ Zitiert nach dem von Esther Kilchmann vorgelegten Beitrag.
⁹ Zitiert nach dem von Margrit Vogt vorgelegten Beitrag.
¹⁰ Zitiert nach dem von Andrea Ressel vorgelegten Beitrag
¹¹ Mitglieder der Jury waren in diesem Jahr: Nina Bodenheimer, Dr. Karin Füllner, Prof. Dr. Joseph A. Kruse, Renate Loos und Prof. Dr. Manfred Windfuhr.
¹² Preis für Thomas Boyken. Forum Junge Heine-Forschung: Schiller im Spiegel Heines. – In: Neue Rhein-Zeitung, Düsseldorf, 28. März 2009.
¹³ Morgenroth [Anm. 1]

»bey dem Genuße von frucht-versüßtem Eise«
Anmerkungen zum musikalischen Teil des Salonalbums von Madame C. Beaumarié

Von Volker Kalisch, Düsseldorf

Vor mir liegt das Salonalbum der Madame C. Beaumarié.[1] Ich werde mich auf dessen musikalischen Teil beschränken. Von »Teil« ist etwas irreführend die Rede, lässt doch die Sammlung zumindest eine ideelle Aufteilung der zum Album gebundenen Blätter erkennen; da sind zuerst die poetisch-literarischen Dokumente von Heinrich Heine, George Sand u. a., dann vor allem Zeugnisse der bildnerischen Gestaltung schließlich musikalische Notate, bevor noch einmal einige Bildkunstwerke den Band beschließen. Das Album ist von einzigartiger Bedeutung. »Einzigartig« im richtig verstandenen, deskriptiven, nicht wertenden Sinne! So sind sowohl die

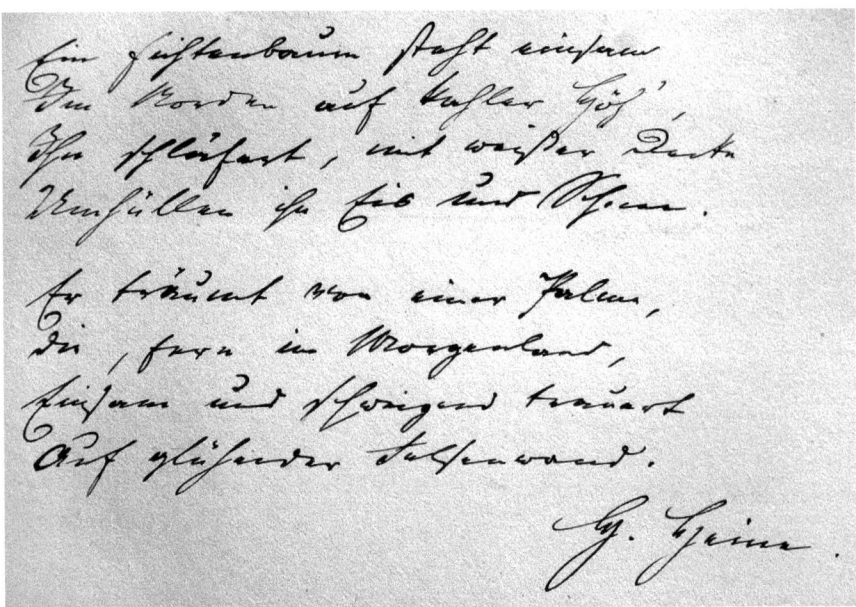

Heinrich Heine: »Ein Fichtenbaum steht einsam«. Eigenhändiges Albumblatt für C. Beaumarié

hier zusammengeführten autographen Dokumente singulär, wie sich auch ihre tatsächliche Zusammenstellung nirgends sonst wiederholt. Dieses Album gibt es kein zweites Mal, weder hinsichtlich seiner einzelnen Blätter noch in seinen materialen Teilen, noch in der Gesamtanlage, die bei allem erkennbaren Muster sich doch mehr der Zufälligkeit verdankt. Wobei das Ganze denn doch mehr ist als die Summe seiner Teile. Bei der Mehrheit der musikalischen Eintragungen handelt es sich häufig um für den konkreten Album-Anlass niedergeschriebene Spontan-»Kompositionen«, eine kleinere (im vorliegenden Falle aber nicht unerhebliche) Zahl greift auf bereits komponierte und sogar veröffentlichte Musik zurück.

Ein Salonalbum wie das hier vorgestellte[2], was ist das? Ist es die durchaus persönliche Realisierung einer großen kulturellen Idee? Jemand hat Kontakt zu Künstlern, weiß um deren mehr oder weniger historische Größe, schätzt aus ganz persönlichen Gründen den Kontakt zu ihnen, zu ihrem künstlerischen Wirken und möchte, woran die / der EignerIn des Albums un- oder mittelbar teilgenommen hat, den miterlebten Augenblick, die Begegnung mit dem »großen Menschen«, das dabei Erfahrene wiedererlebbar, erinnerbar, auf jeden Fall für sich und für eine interessierte Um- oder Nachwelt fassbar »aufbewahren«. Darin mischt sich genauso das Anliegen, die persönliche Nähe der Begegnung wie das vermeintlich historische Ereignis von allgemeiner Bedeutung gleichermaßen angemessen wie repräsentativ festhalten zu können. Das Album als persönliche Inszenierung eines verborgenen, gleichwohl jederzeit vorzeigbaren Privat-»Museums« bedeutsamer Erlebnisse und persönlicher Begegnungen.

Damit markiert jenes vorzustellende Salonalbum seinen kulturellen Ort. Hier ist es der »Salon«. Er repräsentiert in der allgemeinen Tendenz zur Normierung und Standardisierung, zur »Veröffentlichung« der bürgerlichen Lebenswelten und Wertvorstellungen jene »personale Öffentlichkeit«, die einen hochgeschätzten »kulturellen und sozialen Raum« anbietet, in dem man sich präsentiert oder Darbietungen verfolgt. »Man« ist soziologisch allerdings zu präzisieren, da der Pariser Salon der 1830er und 1840er Jahre durchaus unterschiedliche Geselligkeitsformen umfasste.

<small>Das reichte von der Praxis der Damen der Gesellschaft, in einer Art Hofhaltung an einem bestimmten Wochentag, ihrem sogenannten ›Reuniontag‹, die im Hause Eingeführten im Salon zu empfangen, bis hin zu den großen Festivitäten (mit mehreren hundert Gästen, Souper und Tanz) in den ›Gesellschaftslokalen‹ der bonne société. Man erzählte sich den neuesten Klatsch, man führte politische Smalltalks, Gespräche über Kunstfragen oder setzte sich zu Kartenpartien an die Spieltische.[3]</small>

Zwar mag sich die »Erfindung« des Sammelns von Albumblättern bis ins 17. Jahrhundert zurück verfolgen lassen[4], doch unterscheiden sich die späteren, geradezu als kulturelle Institution gepflegten Salonalben von ihren historischen Vorgängern durch den kulturellen Kontext, deren Bestandteil sie sind und in den sie eingebunden werden.

Als ein Begegnungsort mit großer, erstmals eng begrenzte soziale Grenzen übergreifender Integrationsbedeutung band sich der Salon an ideelle, durch Bildung erworbene und zusammengeschlossene Güter und vermochte nur dann »Bürgertum und aufgeklärten Adel« anzusprechen und zu vereinen, wenn sich die Salonbesucher auch tatsächlich »für die in der neuen Institution gebotenen Kultur«[5] interessieren ließen. Das gemeinsame Kulturinteresse ließ sich dann sublimieren und verbreitern und bildete nun seinerseits den Nährboden für alle möglichen Formen der Kultivierung, der Expansion und vor allem der zeitlichen Prolongation des kulturell Erlebten. Dazu trug u. a. auch und in spezifischer Weise das Salon-Album bei. Hier bat man die Gäste, Freunde und Bekannten um Beiträge bzw. zeigte und erfreute sich an den bisher gesammelten bzw. an den neu von Reisen mitgebrachten. Dabei kann der heutige aufmerksame Betrachter solcher Trouvaillen nicht selten registrieren, dass bestimmte Künstler geradezu standardmäßig von Salon zu Salon durchgereicht wurden und sich also in den vorgelegten Alben oder auf den später zum Album zusammengefügten Blättern »verewigten«. Ich denke z. B. an den (international verkehrenden) Kreis um Felix Mendelssohn Bartholdy, Clara und Robert Schumann, aber auch an Künstlerpersönlichkeiten wie Ferdinand David, Carl Reinecke oder Heinrich Wilhelm Ernst.

Wer war nun Madame C. Beaumarié? Soweit ich sehe, verlieren sich ihre biographischen Spuren bisher im eher unbekannten, sicherlich großbürgerlichen Pariser Raum. Wer sie aber war, mit wem sie in Kontakt stand, das lässt sich unschwer ihrem Salonalbum entnehmen. Denn dieses verwahrt neben Beiträgen aus den Bereichen »littérature« und »dessin« nicht weniger als 30 autographe, meist datierte und signierte Eintragungen aus dem Gebiet der »musique«.

I.

Wer nun ist in dem musikalischen Teil des Salonalbums versammelt? Es sind Komponisten, Instrumentalisten und Musikpädagogen und zwar in dieser Reihenfolge: Ignaz Moscheles (1794–1870), W. Paul de Vrugt, Heinrich Wilhelm Ernst (1814–1865, zwei Einträge), Stephen Heller (1813–1888), Albert (eigentl. Wojciech Sowinski [1805–1880]), Teresa Milanollo (1827–1904), Anonymus, George Alexander Osborne (1806–1893), A. Féréol (eigentl. Louis-Auguste Second 1795–1870), Adolphe Adam (1803–1856), Giacomo Meyerbeer (1791–1864), François-Joseph Fétis (1791–1864), Nicolò Paganini (1782–1840), Hector Berlioz (1803–1869), Joseph Dessauer (1789–1876), Felix Mendelssohn Bartholdy (1809–1847), Frédéric Chopin

(1810–1849), Charles Hallé (eigentl. Karl Halle, 1819–1895), Theodor Döhler (1814–1856), Ludwig Landsberg (1807–1858), Franz Liszt (1811–1886), Charles-Valentin Alkan (1813–1888), Jacques Fromental Halévy (1799–1862), F. Hieronymus Cruse (?), Charles Filtsch (1830–1845), César Franck (1822–1890), B. Monvel (?), Bernhard Courländer (1815–1898), Sigismund Thalberg (1812–1871).

Auf den ersten Blick nimmt sich das aus wie ein willkürliches Sammelsurium von Beliebigem. Weder eine alphabetische noch eine chronologische noch gattungsbezogene, besetzungsbedingte oder landsmannschaftliche Ordnung scheint hier zu Grunde zu liegen.

Auf den zweiten Blick lassen sich jedoch biographische und auch musikideelle Beziehungen zwischen jenen Personen erkennen, die mit Autographen im Salonalbum vertreten sind. Eine zentrale Rolle kommt hierbei zweifellos dem Geiger Heinrich Wilhelm Ernst zu. Die einzigen zwei Beiträge von ein und derselben Person eröffnen gewissermaßen, von Moscheles eher »verirrt« eingefügtem Beitrag (auf der gezählten S. 33) einmal abgesehen, den dritten, den auch äußerlich durch die verwendeten Notenblätter abgehobenen »musikalischen« Teil des Albums. Dabei war Ernst in den 1840er Jahren alles andere als ein Unbekannter, zollte ihm doch der scharf beobachtende, gewiss mit treffsicheren Sarkasmen nicht gerade geizende Heinrich Heine bemerkenswert viel Anerkennung. »Ich habe niemand besser, aber auch zu Zeiten niemand schlechter spielen gehört wie Paganini,« weiß Heine über den Abgott des am Virtuosentum orientierten Pariser Musiklebens zu berichten, »und dasselbe kann ich von Ernst rühmen. Dieser letztere, Ernst, vielleicht der größte Violinspieler unserer Tage, gleicht dem Paganini auch in seinen Gebrechen, wie in seiner Genialität« (DHA XIV, 47). Was sein Violinspiel von Paganinis Virtuosität unterscheide, sei dessen »poesiereiche« Gestaltungskraft.[6] Heine fällt dabei Ernsts zunehmende Rückzugstendenz vom öffentlichen Konzert und hinein in die immer mehr privaten Kreise der »Freunde« auf:

> Ernst war hier. Der wollte aber aus Laune kein Conzert geben; er gefällt sich darin, bloß bey Freunden zu spielen. Dieser Künstler wird hier geliebt und geachtet. Er verdient es. Er ist der wahre Nachfolger Paganinis, er erbte die bezaubernde Geige, womit der Genueser die Steine, ja sogar die Klötze zu rühren wußte. Paganini, der uns mit leisem Bogenstrich jetzt zu den sonnigsten Höhen führte, jetzt in grauenvolle Tiefen blicken ließ, besaß freylich eine weit dämonischere Kraft [...]. Ernst ist harmonischer, und die weichen Tinten sind bey ihm vorherrschend. Dennoch hat er eine Vorliebe für das Phantastische, auch für das Barocke, wo nicht gar für das Scurrile, und viele seiner Compositionen erinnern mich immer an die Mährchenkomödien des Gozzi, an die abentheuerlichsten Maskenspiele, an »venezianischen Carneval«. [...] Dieser Liebhaber des Phantastischen kann, wenn er will, auch rein poetisch seyn, und ich habe jüngst eine Noctürne von ihm gehört, die wie aufgelöst war in Schönheit. Man glaubte sich entrückt in eine italienische Mondnacht, mit stillen Zypressenalleen, schimmernd weißen Statuen und träumerisch plätschernden Springbrunnen. (DHA XIV, 134 f.)

Mit Ernst treffen wir aber auch auf eine jener salon- und kulturbedeutsamen Schnittstellen, deren Kontakte gerne z. B. zu den in Leipzig beheimateten Künstlergrößen führen. Es sei hier nur auf den willkürlich herausgegriffenen »Parallel-Fall« jener im Faksimile-Druck veröffentlichten Albumblätter der Luise Avé-Lallement – hauptsächlich aus den 1843er/1844er Jahren – verwiesen, die mit vielen Unterschieden gleichwohl auch »Blätter« von Felix Mendelssohn-Bartholdy, Ignaz Moscheles versammelt, vor allem aber auf das Repertoire bezogen ebenso kurze Klavierstücke, ganze Liedvertonungen, einzelne Instrumentalbeiträge und Proben vielfältiger »Studienliteratur«.[7]

Rückzug aus dem öffentlichen Konzertleben, ästhetische Orientierung am »Phantastischen« wie »Poetischen« – nur ein Freundeskreis Gleich- oder doch Ähnlichgesinnter vermochte das zu teilen; und der ist es, der zu einem ganz wesentlichen Teil in Madame Beaumariés Salonalbum seine autographen Spuren hinterlassen hat. Auch eine Äußerlichkeit spricht dafür, dass in Ernst der Schlüssel zur Beurteilung des vorliegenden Salonalbums zu sehen ist. Denn auf Ignaz Moscheles' rhythmisch durchaus hakeligem Blatt (nämlich Violine in 4/4-Takt gegen Klavier im notierten 6/8-Takt!) findet sich auch die autographe Beischrift (gez. S. 33): »Man muß nie die Hoffnung verlieren | denn mit Ernst kann auch das Schwerste reüßiren«; und als scherzhafte Nachschrift ist noch unter die Datierung gesetzt: »bey dem Genuße von frucht-versüßtem Eise | welches uns Freund Ernst & Co. um 11 Uhr | der reizendsten Mondnächte schickte«. Und eine weitere Nachschrift ausgerechnet des nicht identifizierten Komponisten von Eichendorffs berühmtem Gedicht »Neue Liebe« belegt die Verbundenheit mit Ernst, dediziert doch Hieronymus Cruse (?) seine ausgearbeitete und sogar als Werk gezählte Komposition mit den Worten: »op. 59.b. finden Sie es à Ernst Freude« (gez. S. 86).

Die Frage könnte sich angesichts der zentralen Präsenz von Heinrich Wilhelm Ernst sogar stellen, was das Salonalbum überhaupt mit Madame Beaumarié zu tun habe. Sie hätte es ja z. B. auch lediglich im Auftrag des Violinvirtuosen zusammenstellen und zum Binden bringen und dabei das Album mit ihren Initialen auf dem Einband zieren lassen können. Dem wiederum widerspricht eine andere Widmungstatsache, die sich auf dem Albumblatt von Stephen Heller findet. Denn dort heißt es als Titelbeischrift eindeutig: »a Madame Beaumarié« (gez. S. 57). Vorausgesetzt, die Widmungsträgerin hat selbst auch Klavier spielen können – was freilich Vermutung bleibt –, dann allerdings konnte sie das angesichts Des-Dur und Achtel gegen Achteltriolen gar nicht schlecht. Noch ein weiteres Indiz mag eventuell zur Klärung der »Verhältnisse« beitragen: auf dem hinteren Schmutzblatt des Albums findet sich in Querrichtung kaum leserlich, aber offensichtlich von Ernst hingekritzelt folgendes Eintragsfragment:[8]

x-x x-x à celui qui x-x d'écrire ces lignes d'avoir plus d'amitié pour
vous que celui qui écrit celles-ci. Ernst
(x-x x-x demjenigen, der x-x diese Zeilen zu schreiben, dass er mehr
Freundschaft für Sie empfindet als jener welche diese schreibt. Ernst)

Der Text ist zu korrumpiert, um daraus eine eindeutige Aussage herauslesen zu wollen. Soviel aber scheint mir sicher: dass es sich dabei um eine Widmung, genauer: eine Freundschaftswidmung von Ernst an diejenige Person handelt, der zugleich auch das Album gehört oder doch gehören soll. Und das wäre dann Madame Beaumarié.

Wie dem auch sei, das Salonalbum existierte wohl kaum in dieser Einzigartigkeit, wenn nicht zwischen dem Geiger Heinrich Wilhelm Ernst und Madame Beaumarié eine nahe Beziehung bestanden hätte.

Der mit dem Paar Beaumarié und Ernst verbundene Netzwerkgedanke spinnt sich aber auch noch auf anderen Ebenen weiter. Er impliziert ja die Idee der »Gegenseitigkeit«. Und wer unvoreingenommen die Namen der großen und bedeutenden Beiträger prüft, wird schnell erkennen, dass diese selbst wiederum – und dafür waren sie seinerzeit bekannt und Gegenstand öffentlicher Aufmerksamkeit – in Netzwerken mit- und untereinander in Verbindung standen. Denn die Namen Liszt, Berlioz, Chopin, Mendelssohn Bartholdy, Moscheles, Thalberg, Alkan, Heller, Meyerbeer, Halévy, Franck u. a. m. sind gleichermaßen als Komponisten wie vor allem Klaviervirtuosen genauso miteinander verhakt wie dies auch für den Kreis der Violinvirtuosen und Komponisten um Ernst, Paganini, Milanollo usf. gesagt werden kann. Man kennt sich, man schätzt sich, man trifft sich, man teilt gewisse gemeinsame (musik-)ästhetische Auffassungen und man bewundert und neidet den Erfolg des anderen.

II.

Keineswegs kann davon ausgegangen werden, dass die großen Namen, die sich mit einigen Takten auf einem Albumblatt verewigt haben, dies immer auch über die Angabe eines Fragments oder einer Skizze einer ihrer »großen Kompositionen« taten. Franz Liszts autographe Takte (gez. S. 78) lassen zwar unschwer den Meister seines Instruments erahnen, erweisen sich aber als mehr oder weniger zitathafter Anfang oder Bestandteil einer seiner bekannteren Klavierkompositionen: »Feuille d'album« eben, das den Ton etwa der nachmals so bekannt gewordenen »Consolations. Six penseés poetiques« (erschienen 1850) anschlägt, ohne ihnen wörtlich zu entstammen.

Gleichwohl lässt das dort hinterlassene Albumblatt tiefer blicken, als dies zunächst die nicht erfolgreiche Ausschau nach zeitgleichen oder doch nur kurze Zeit zuvor entstandenen, veröffentlichten Kompositionen nahelegt. Das nämlich mit autographer Beischrift datierte Blatt »Paris | 22 Aout (August) 1842« – Liszt trifft am 30. Juni in Paris ein, ohne dort längere Zeit verweilen zu können – verweist in einen Lebensabschnitt, den seine Biographen zu Recht auch schon einmal als »Die Virtuosenjahre – Leben in ›Saus und Braus‹ 1839–1848« bezeichnet haben.[9] Liszt selbst wähnte sich zu dieser Zeit nicht nur im Vollbesitz seiner künstlerischen Kräfte, sondern sah sich auch im Zenith seines Publikumerfolgs, weshalb er für sich bewusst die Virtuosenlaufbahn wählte. Das Komponieren galt vorrangig der Schaffung immer effektvollerer und immer neuer ›unerhörter‹ Klavierkompositionen, durch deren Vortrag Liszt vor allem seine sorgfältig inszenierten Alleinauftritte und seine atemberaubende Virtuosität zur Schau stellen konnte. Seine Konzerte führten ihn mit Ausnahme Skandinaviens quer durch ganz Europa; Liszt lebte über die Jahre nur in den besten Hotels und in den vornehmster Häusern seiner Mäzene und Gönner. Der mächtige, für die Entwicklung einer »russischen Musik« so bedeutende Kritiker Alexander Serow erinnert sich 1858 an seine erste Begegnung mit Liszt im April 1842:

> Im Anfang der vierziger Jahre hatte sich der Ruhm Liszts bereits außerordentlich verbreitet und war schon auf seinem Höhepunkt angelangt. Überall bestand nur die Meinung über das unerhört Charakteristische seines Spiels, über die – auf dem Klavier – nie dagewesenen Schattierungen des Dramatischen. Die prachtvollen Arrangements und Transkriptionen, derer damals schon viele gedruckt vorlagen, bestärkten uns immer mehr darin, Liszt als die Verkörperung des ›Klaviers‹ in seiner höchsten Bedeutung, als den ›Wundermann des Klaviers‹ anzusehen. Im Jahre 1842 kam Liszt nach Petersburg. Verlangend stürzte ich mich in sein erstes Konzert (im Saal der Adelsgesellschaft). Auf dem Programm er ganz allein, ohne irgendwelche Mitwirkende. Diesen Stolz fand ich schon herrlich. […] Nun kam er herein; sein Äußeres war mir von Bildern bekannt; sein Kopf wirkte durch die Umrahmung der langen glatten Haare noch idealer als auf den Porträts. Besonders wirkte das Aufleuchten seines edlen, durchgeistigten Gesichts, dessen Züge sich noch belebten, als er zu spielen anfing. Er begann mit der Ouvertüre zum ›Wilhelm Tell‹, und von den ersten Tönen an begriffen wir, dass hier die wahre Bedeutung des Klaviers erfasst war! Die Gestaltung der künstlerischen Idee in einem so hohen Grade künstlerisch, dass sich die Macht der Poesie völlig das materielle Werkzeug des Klanges unterordnete. Die Farblosigkeit und mangelnde Charakteristik des Klaviers war – unter den Händen eines solchen Virtuosen – zum höchsten Vorzug geworden: weißes Papier, leere Leinwand, auf der er mit seinen Farben nach seinem Willen schaltet, in künstlerischer Übereinstimmung mit der poetischen Gegebenheit der Musik; der Mechanismus der Tasten als weites Feld für freie Schwungkraft, Elastizität, für alle Schattierungen zwischen Kraft und Zartheit; der Zauber der Illusion so groß, dass der Klavierton völlig verschwindet […]. Die Hauptpersonen und -situationen aller dieser Musikdramen gingen an uns wie lebendig vorüber, wobei auch die Brillanz und Erhabenheit des Spiels mit Tönen, die ›Pyrotechnik‹ der Kunst des Virtuosen, nicht vergessen war, sondern im Gegenteil die verblüffendsten, blendendsten Ausmaße annahm, um in dem Feuerwerk der Triller, filigranartigen Verzierungen, Kaskaden, blitzschleudernden Oktaventonleitern unerwartet aufs neue die Themen aufsteigen zu lassen, wie auftauchend aus diesem Tonschwall, sich umarmend und in immer neuen wunderlichen Arabesken miteinander verflochten.[10]

Wenn auch ähnlicher Überschwang – bei allen auch vorhandenen, zeitgleichen Herabsetzungs- und Demontageversuchen – den Grundtenor der um viele Berichte vermehrbaren Konzertbesprechungen Liszts glanzvolles Auftreten dokumentieren könnte[11], so täuscht doch der äußere Erfolg über die gleichsam gegenläufige Tatsache hinweg, dass Liszt bereits Ende 1841, seiner kräftezehrenden virtuosen Gipfelstürme müde werdend, daran dachte, einmal »eine Pause mit Fermate«[12] einzulegen. Trotz mehrerer, ernst gemeinter Anläufe verhalf ihm jedoch erst die im Februar 1847 in Kiew geknüpfte Bekanntschaft mit der Fürstin Carolyne von Sayn-Wittgenstein zum tatsächlichen Ausstieg aus der Virtuosenlaufbahn. Doch parallel zu solch sukzessiven Lebensentscheidungen belegen Liszts ab den 1840er Jahren auch zahlenmäßig immer deutlicher werdende kompositorische Anstrengungen jene Dissoziation in künstlerische Parallelwelten – und das in seiner fruchtbarsten, nämlich mittleren Schaffensperiode.[13] Die »Consolations«, die »Notturnos«, die »Aneés de pèlerinage«, die »Harmonies poétiques et religieuse«, die zahlreichen kleineren, poetischen oder unbetitelten Klavierstücke treten den »Balladen«, der ganzen Zahl der bravourösen Konzertwalzer und donnernden Etüden, der Klaviersonate in h-Moll, den »Ungarischen Rhapsodien« usf. an die Seite, behaupten zunehmend ihren eigenen Platz im Gesamtschaffen Liszts. Die gerade einmal sechs ¾-Takte in A-Dur, die er in das Album der Madame Beaumarié gesetzt hat, repräsentieren die auf dem Höhepunkt seiner Karriere einsetzende Suche nach einer neuen künstlerischen Wahrhaftigkeit.

Mit einem spezifischen Beitrag ist auch Frédéric Chopin vertreten. Denn was Chopin hier titellos beisteuert, ist keineswegs der Anfang einer unbekannt oder unveröffentlicht gebliebenen Klavierkomposition. Vielmehr handelt es sich wörtlich um die ersten 21 Takte der ersten in f-Moll der »Trois (nouvelles) Études«, die Chopin original für das gemeinsam von Ignaz Moscheles und François-Joseph Fétis – beide im Salonalbum vertreten – veranstaltete pianistische Studienwerk »Méthode des méthodes de piano, ou Traité de l'art de jouer de cet instrument basé sur l'analyse des meilleurs ouvrages qui ont été faits à ce sujet op. 98« (1840)[14] beisteuerte.[15] Franz Liszt war übrigens – neben seinen im Untertitel angezeigten Kollegen »Th. Döhler, Heller, Ad. Henselt, F. Mendelssohn-Bartholdy, Rosenhain, Taubert, S. Thalberg, Ed. Wolff etc.« – ebenfalls darin involviert und komponierte für Moscheles'/Fétis' Projekt die später noch einmal gründlich überarbeitete »Étude de Perfectionnement« mit dem erst später hinzugefügten Titel »Ab Irato«.[16]

III.

Eines eigenen Kommentars sind die gez. S. 69/70 des Salonalbums würdig. Zunächst einmal wird an diesem Blatt klar, dass die Besitzerin an keine strikte chronologische Ordnung der gelegten und dann gebundenen Notenblätter dachte, denn sonst hätten die Blattseiten gedreht werden müssen (die autographen Datierungen belegen, dass gez. S. 70 zunächst vor gez. S. 69 beschriftet worden sein muss). Zudem aber stellt die Besitzerin einen kuriosen ökonomischen Sinn unter Beweis: Wird bei einem neuen Albumblatt häufig zu einem neuen Notenblatt gegriffen, so sind hier Vorder- und Rückseite und das gleich von drei Händen beschrieben worden. Auf der eingebundenen *recto*-Blattseite findet sich die autographe Niederschrift eines unbetitelten Klavierstücks von François-Joseph Fétis, datiert »Brüssel 29.IX.1842«.

Nun ist es gewiss schon eine Besonderheit, den eigentlich als Musikhistoriographen und -bibliothekar bekannten Fétis, den Verfasser der »Biographie universelle des musiciens et bibliographie générale de la musique« (Brüssel 1837–1844) oder der »Histoire général de la musique« (Paris 1869–76) auch als Komponisten zumindest eines Albumblatts kennen zu lernen. Erstaunlich wird es aber insbesondere durch die Tatsache, dass Fétis sich in dem 1837 zwischen den Anhängern des Pianisten Thalberg – ebenfalls in Madame Beaumariés Salonalbum vertreten – und Liszts geführten Auseinandersetzungen als Musikkritiker auf die Seite Thalbergs schlug. Doch der Brief Liszts an Fétis vom 30. April 1841 dokumentiert die in der Zwischenzeit wohl stattgefundene Konversion. »Mein lieber Fétis,« schreibt Liszt,

> Man schickt mir Ihren Artikel aus der ›Gazette Musicale‹, ich darf nicht zögern, Ihnen dafür meinen aufrichtigsten Dank zu sagen. Obwohl ihn Schlesinger schon vor meiner Abreise von Paris bekommen hatte, hatte ich keinerlei Kenntnis davon. Während ich ihn las, habe ich diese ernsthafte Befriedigung, diesen (so selten gefühlten!) edlen Stolz empfunden, den einem das Vergnügen gibt, von einem Menschen verstanden und beurteilt zu werden, der das Recht hat, einen zu beurteilen, und von dem verstanden zu werden der Mühe wert ist.[17]

Fétis gehörte trotz ehemaliger Gegnerschaft mittlerweile zu den mit Ernst und Liszt enger verkehrenden Personen.

So ist es denn auch nicht weiter verwunderlich, auf der *verso*-Seite des Blattes u. a. eine autographe Eintragung von Hector Berlioz zu finden, also von jenem Komponisten, bei dem sich Fétis einst in der »Revue musicale« die offen diskutierte Frage aufdrängte, ob sich das, was Monsieur Berlioz komponiere, noch mit dem vereinbaren lasse, was man gemeinhin unter Musik verstünde.

Aber es kommt noch besser! Denn den Kopf des Notenblattes auf der *verso*-Seite ziert eine autographe Eintragung von Paganini, datiert »16. marzo 1838«, und damit

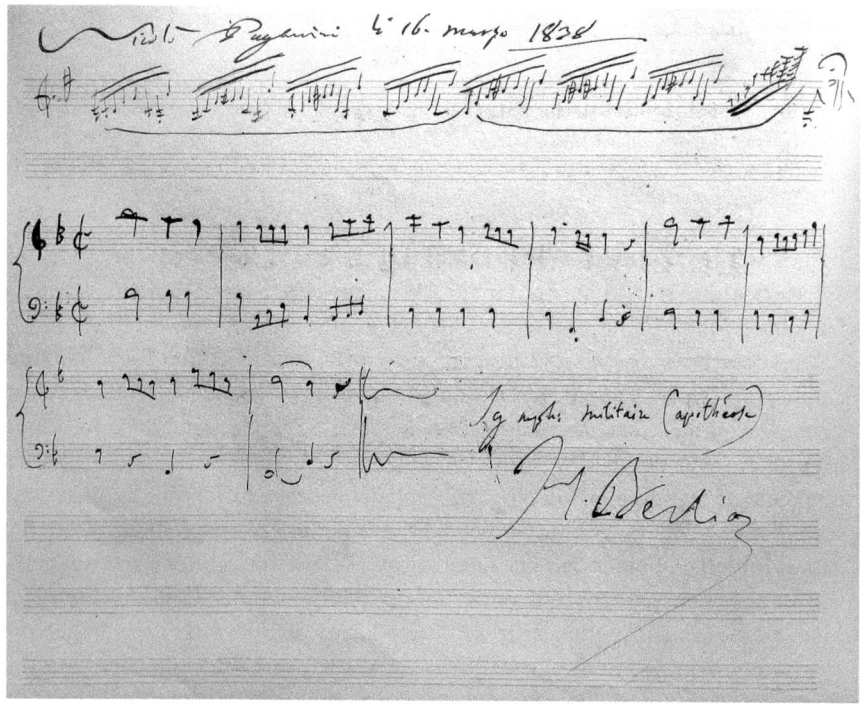

Nicoló Paganini und Hector Berlioz, eigenhändige Albumeinträge für C. Beaumarié

genau einen Tag nach der Verurteilung Paganinis zur Zahlung von 20.000 Francs an die sogenannte Casino-Gesellschaft.[18] Es handelt sich um eine einfache, sich in 16-teln bewegende G-Dur Fingerübung in gebrochenen Akkorden.

Paganini war zu diesem Zeitpunkt ein gleichermaßen geheimnis- wie skandalumwitterter Star, wenn nicht der bestverdienende Musiker Europas überhaupt. Seine Auftritte in Paris brachten das öffentliche Interesse in Wallung. Paganini selbst gedachte sich ab Mitte des Jahres 1838 mehr auf die künstlerische Arbeit zu konzentrieren, plante insbesondere die Rückkehr nach Italien. Doch seine gesundheitlichen Leiden zwangen ihn, noch bis zum Jahresende in Paris zu bleiben. Er entwickelte während dieser Zeit ein Interesse an Beethoven, beschäftigte sich mit dessen Streichquartetten und begann, weil seine eigene Violine »verstummt« sei, die Konzerte seiner Kollegen zu besuchen.[19] So geriet Paganini ins zweite von überhaupt nur zwei geplanten und von Freunden 1838 organisierten Konzerten mit Werken Hector Berlioz' und hörte u. a. dessen »Symphonie fantastique« unter der mutlos-verzagten Leitung des Komponisten.[20] Der Ausgang ist bekannt: Am übernächsten Tag überbrachte der Sohn Paganinis, Achille, einen Brief des Vaters[21], der Berlioz eröffnete:

> Teurer Freund! Nach Beethovens Tod konnte nur Berlioz ihn wieder erstehen lassen, und ich, der ich Zeuge eurer herrlichen Werke, die eines Genies wie des Eurigen würdig sind, gewesen, halte es für meine Pflicht, Euch als Zeichen meiner Verehrung 20.000 Francs anzubieten, mit der Bitte, sie nicht abzuweisen.

Berlioz war nach der desaströsen Uraufführung seiner Oper »Benvenuto Cellini« am 10. September 1838 an der Grand Opéra sowie der mit Schulden belasteten Heirat mit Harriet Smithson unerwartet erst einmal finanziell gerettet![22]

Und diese Episode erklärt wohl auch, warum ausgerechnet unter Paganinis autographe Eintragung Hector Berlioz' durch Akkolade verbundene Notenzeilen zu stehen gekommen sind. Die autographe Beischrift »Symph: militaire (apothéose)« informiert sogar darüber, worum es sich handelt. Als Fundstelle kommt nur die mit »Grande Symphonie funèbre et triomphale« betitelte Komposition für sinfonisches Blasorchester (1. Version) in Betracht. Aus Berlioz' Korrespondenz wissen wir, dass er im Juni / Juli 1840 mit der Ausarbeitung dieses Stücks beschäftigt war.[23] Die von Berlioz nicht datierte Eintragung auf der Blattseite unter Paganinis Eintrag in Madame Beaumariés Salonalbum kann also kaum vor Juni / Juli 1840 – eher später – erfolgt sein. Somit vereint das Blatt auf Vorder- und Rückseite nicht nur drei verschiedene Musiker, sondern dokumentiert auch drei unterschiedliche Zeitschichten – nämlich 1842, 1838 und nicht vor Juni / Juli 1840 – und setzt obendrein die hier versammelten Schreiber untereinander in Beziehung.

Berlioz jedenfalls blieb Paganini offenbar Zeit seines Lebens dankbar für seine generöse Unterstützung. Dies hat er nicht nur verbal bekannt, sondern hier mit dieser Eintragung auch schriftlich bekundet.[24] Denn der gerade mal acht Takte umfassende zweistimmige Satz lässt sich präzise lokalisieren, und zwar im dritten, mit »Apothéose« überschriebenen Finalsatz der Sinfonie.[25] Hier findet er sich wörtlich wieder als Gerüstsatz zwischen Querflöten und Fagotten bzw. Ophekleiden, nach der alle mitwirkende Instrumente sukzessive versammelnden Einleitung in Takt 1-17 zu ihrem ersten wirkungsvollen, »apotheotischen« Tutti-Einsatz in Takt 18-25.[26] Berlioz's acht Takte umfassender zweistimmiger Satz lässt sich somit als eine Art zweistimmiges Particell jener Stelle verstehen, wo der Komponist das erste Mal seine »apotheotische« Überhöhung zum Ausdruck bringt – und dies genau unter Paganinis schlichte 16-tel Akkordbrechungen notiert. Und um allen Aussage-Zweifeln entgegenzutreten, hat Berlioz besagten »Apothéose«-Satz nachweislich im März 1848 überarbeitet und diesen zudem für Gesangsstimme, Chor und Klavier arrangiert. Den Anfangstakten des »Apotheose«-Einsatzes unterlegte er dabei die Worte: »Gloire et triomphe à ces héros«.[27] Der Einmaligkeit des Vorgangs steht lediglich die Tatsache entgegen, dass Berlioz, mit der Bitte konfrontiert, Albumblatt-Beiträge zu liefern, wohl gerne auf genau diese Takte zurückgriff.[28]

IV.

Wes Geistes Kind Madame Beaumariés Salonalbum ist, welchen Einflüssen und Zufällen sich sein Zustandekommen verdankt, zeigen aber auch noch zwei weitere Albumblätter, zudem zweier Prominenter. Felix Mendelssohn Bartholdy ist mit einem Beitrag vertreten (gez. S. 72), dessen autographe Datierung und Beischrift verraten, dass er jedenfalls nicht in Paris entstanden ist: »Berlin d.11ten December 1841 | Morgens früh in der | Leipziger Straße no. 112.« Mendelssohn befand sich 1841 in keiner durchwegs glücklichen Situation. Auf der einen Seite als Protegé gleich zweier potenzieller Dienstherren, nämlich des Königs von Sachsen und Friedrich Wilhelm IV. von Preußen, in deren Interessennetz geraten zu sein und sich andererseits nicht von Leipzig verabschieden zu können und definitiv nach Berlin übersiedeln zu wollen, verwob Mendelssohn Bartholdy in ein ständiges Auf und Ab neuer und wieder verworfener Pläne, neuer Hoffnungen und dann doch nur wieder alter Ernüchterungen. Dass die Situation, in die sich Mendelssohn Bartholdy selbst hinein manövriert hatte, ihm der Entscheidung zwischen Skylla und Charybdis glich, wird aus dem verzweifelten Brief vom 15. Juli 1841 an seinen Freund Karl Klingemann deutlich. Dort schreibt Mendelssohn Bartholdy:

> Noch ein curioses Mißverständniß ist in Hinsicht des Vergleichs der beiden Städte Leipzig und Berlin. Du glaubst, und dasselbe haben mir mehrere Hiesige und Auswärtige gesagt, hier in Leipzig sei die Bequemlichkeit, das Hausvaterleben, die Abgeschlossenheit, dort das öffentliche Wirken in und für Deutschland, die Thätigkeit für Andre usw. – Es ist wahrhaftig gerade umgekehrt. Eben weil ich so ungern schon jetzt eine Sinekur mir aufhängen ließe, eben weil mir jenes öffentliche Wirken, zu dem Du mich damals triebst, und das mir selbst nothwendig schien, nach und nach lieb geworden ist, eben weil an dergleichen in Berlin nicht zu denken ist, – deshalb gehe ich ungern dahin. Dort sind alle Bestrebungen Privatbestrebungen, ohne Widerhall im Lande, und den haben sie hier, so klein das Nest auch ist. Wegen des Ruhiglebens habe ich mich nicht hieher nach Leipzig gesetzt, im Gegentheil empfand ich das Bedürfniß danach, weil es mir gar zu arg und zu bunt hier wurde. Dafür habe ich manches erreicht und gelernt, was sich nur so erreichen und lernen ließ, und bin nicht faul dabei gewesen; habe auch, glaube ich, in Deutschland bei meinen Landsleuten bessern Fuß gefaßt, und mehr Zutrauen gewonnen, als ich vielleicht mein Lebenlang in Berlin gethan hätte, und das ist doch auch was werth. Daß ich nun also ein Privatleben wieder anfangen soll, aber dabei etwa ein Conservatorienschulmeister werden, dazu kann ich mich nach meinem guten, frischen Orchester nicht verstehen; ich könnte es allenfalls, wenn es eben ein reines Privatleben sein sollte; da würde blos componirt und in Stille gelebt; aber da kommt ja schon wieder das Berlinische Zwitterwesen: die großen Pläne, die winzige Ausführung; die großen Anforderungen, die winzigen Leistungen; die liberalen Ideen, die Hofbedien-

ten auf der Straße; das Museum und die Akademie, und der Sand! Ich zweifle, daß länger als das eine Jahr dort meines Bleibens sein wird [...].

Und er fügt gleichsam seine momentanen musikalisch-kompositorischen Aktivitäten erklärend hinzu:

> Einsamkeit wird es auch dort in der Zeit nicht geben; ich muß mich eben herumtummeln, und dabei hinschreiben, was ich hinschreiben kann; kommen auch ein paar frühere Melodieen dabei in's Hintertreffen. Es sind doch auch dafür mancherlei andre seitdem zum Vorschein gekommen, denke ich. [...] Weißt Du, was ich in der vergangnen Zeit mit Passion componirt habe? – Variationen für's Piano. Und zwar gleich 18 auf ein Thema in D moll; und hab' mich dabei so himmlisch amüsirt, daß ich gleich wieder neue auf ein Thema in Es dur gemacht habe, und jetzt bei den 3ten auf ein Thema aus B dur bin. Mir ist ordentlich, als müßte ich nachholen, daß ich früher gar keine gemacht habe.[29]

Mit den Worten: »Zum musikalischen Berlin konnte Mendelssohn keine Beziehung anknüpfen«, fasst Bernhard Bartels Mendelssohn Bartholdys schwierige Zeit zutreffend zusammen. Einzig das Familienleben schien ihm Freude zu bereiten und Rückhalt zu gewähren. Und um diesem den entsprechenden Rahmen zu sichern, bezog die Familie Mendelssohn Bartholdy Ende Juni 1841 eine Wohnung gegenüber dem elterlichen Haus – *nomen est omen* – in der Leipziger Straße.[30]

Mendelssohn Bartholdys Klaviervariationen sind also echte Frustkompensationen, kompositorische Antworten auf jene in schwierigen Zeiten bewusst werdenden Defizite des frühen, nie aufgearbeiteten Erfolgslebens! Tatsächlich ist das, was Mendelssohn Bartholdy in Madame Beaumariés Salonalbum unter der bescheidenen Überschrift »Tema« beisteuert, das Thema zu jenen Variationen, die nach Auskunft des (alten) Werkverzeichnisses als die »No. 11 der nachgelassenen Werke« posthum im August 1850 im Druck erschienen[31] bzw. als Variationen B-Dur für Klavier op. 83[32] allgemein bekannt geworden und von Mendelssohn Bartholdy als die dritte der als Einheit verstandenen Variationenwerke op. 54, 82 und 83 komponiert worden sind.[33] Als einziges der drei Variationenwerke hielt Mendelssohn Bartholdy das in B-Dur offensichtlich für so bedeutsam, dass er es vierhändig zum »Andante und Variationen« op. 83a aus- und umarbeitete.

Von ganz anderer Qualität ist der Beitrag César Francks. Bekannt geworden war er als Orgelprofessor, der sein Instrument konkurrenzlos zu spielen und ihm als Komponist ganz neue klangliche, symphonische Dimensionen abzuhorchen wusste. Franck, der zahlreiche später berühmt gewordene Schüler hatte, nahm in der Entwicklung der neueren französischen Musik eine geradezu katalytische Bedeutung ein: In ihm verkörperte sich nämlich eine ästhetische Orientierung, die bewusst die Hinwendung zur »reinen Instrumentalmusik« propagierte. Das hinderte Franck freilich nicht daran, als (katholischer) Kirchenmusiker gerade auch die Gattung Oratorium und andere geistliche Vokalgattungen kompositorisch durchaus gewichtig zu berücksichtigen. Dem Zeitgeist zollte Franck als guter Wahlfranzose – in Lüttich geboren, erlangte er erst anlässlich der Übernahme der Orgelprofessur am Conservatoire im Februar 1872 die französische Staatsbürgerschaft[34] – insofern Tribut, als er sich hin und wieder auf das dünne Eis patriotischer Musikbekundungen begab. Franck nahm es aber mit seinem Patriotismus durchaus ernst. So gehörte er schon vor seiner »Verstaatsbürgerlichung« im Februar 1871 zu den Mitbegründern der Société nationale de musique und demonstrierte auf seine Weise französische Gesinnung im Deutsch-Französischen Krieg 1870/71 – etwa durch die Komposition von Vokalwerken wie »Paris« (1870) oder »Patria« (1871).[35] Die Bereitschaft zu nationalem Engagement lässt sich als Spur aber durchaus noch weiter zurückverfolgen. So komponierte Franck etwa zur Wahl Napoléon Bonapartes zum Präsidenten 1848 das sogar im Druck erschienene Klavierlied »Les Trois Exilés«.[36]

Aus diesem zeitlichen wie geistigen Umfeld entstammt nun auch der in Madame Beaumariés befindliche Beitrag Francks mit dem Titel »Hymne à la Patrie. Chant des vieillards« (gez. S. 88–90). Immerhin ist es eine sich über drei Seiten erstreckende, vollständige Komposition für Gesangsstimme und Klavier. Die Franck-Forschung kennt und verzeichnet auch eine gleichlautende Komposition, allerdings in vierstimmiger Männerchorbesetzung mit Orchester. Von einer durch den Komponisten selbst vorgenommenen »Réduction pour chant et piano par l'auteur« will man nur wissen.[37] Sie findet sich gegen Ende des musikalischen Teils von Madame Beaumariés Salonalbum eingefügt, in bester Nachbarschaft zwischen zwei weiteren Liedkompositionen, nämlich denen von Hieronymus Cruse [?] und B. Monvel [?].

Nicht minder eindrucksvoll aber ist, wer sich heute alles als eher Unbekannte(r) im Salonalbum wiederfindet. Zwar wird im allgemeinen davon ausgegangen, dass Frauen von Stand und Stellung durchaus die Rolle der geschätzten Gastgeberin ausübten und bisweilen geschickt darauf achteten, wer sich, vielmehr wer sich nicht zur jeweiligen Salongesellschaft rechnen durfte. Frauen als Akteurinnen, als Aufmerksamkeit heischender Mittelpunkt der Gesellschaft fielen hingegen, so sie überhaupt und dann vereinzelt vorkamen, aus.

Immerhin findet sich (auf gez. S. 61) eine in tiefer Lage auf der unbegleiteten Solovioline ausgebrachte Vortragsstudie wieder, die von einer der wenigen anerkannten Violinistinnen des 19. Jahrhunderts beigesteuert wurde. Die Rede ist von Teresa Milanollo (1827–1904), einem in den vierziger Jahren des 19. Jahrhunderts gefeierten »Wunderkind«. Und wie sehr sich die Kontakte der Madame Beaumarié u. a. durch einen gleichermaßen urteilskräftigen Spürsinn wie durch begeisterungsfähige Offenheit für »Wunderkinder« auszeichneten, wird auch aus dem nicht minder spektakulären Blatt (gez. S. 87) des Charles Filtsch (1830–1845) deutlich, der gerade mal 13jährig als damals neuer Stern am Klavierfirmament zu erstrahlen begann. Mit 10 Jahren debütierte Carl bereits am kaiserlichen Hof in Wien. Die Übersiedelung nach Paris im Dezember 1841 brachte ihm erst den Kontakt und dann das Interesse Chopins ein. Die Fachpresse war mit Mozart-Vergleichen zur Hand, wollte den Lehrling bereits den Meister (Chopin) überflügeln sehen, und Liszt soll noch vor dessen frühen Tod mit 15 Jahren bekannt haben: »Wenn dieser kleine Junge zu reisen beginnt, werde ich meinen Laden schließen können«.[38]

So wird am Ende der knappen Betrachtung einzelner Albumblätter deutlich, welch geschichtsklitternder Hochmut beim heutigen Betrachter des Albums eventuell mitschwingt, wenn er sich etwa nur auf die ganz großen Namen stürzt und dabei müde lächelnd über die freilich große Zahl der hier versammelten »Kleinmeister« hinwegblättert. Doch ist es unsere Pflicht, Madame Beaumarié aus ihrer Zeitgenossenschaft heraus Gerechtigkeit widerfahren zu lassen, da sie ja häufig weder abschätzen konnte noch wollte, ob ihre Albumblatt-Stifter einst tatsächlich zu den ganz Großen zählen würden. Außerdem vermögen wir nur anhand der uns eher beiläufig erscheinenden Beiträger zu erahnen, welche soziokulturelle Bedeutung jener von Vielen gebildeten Trägerschicht tatsächlich zukam, die es überhaupt erst erlaubte und das ihre dazu beitrug, dass sich dann die für uns auch heute noch maßgeblichen Künstler von der Mehrheit der Zweitrangigen abheben.

Anmerkungen

[1] Heinrich-Heine-Institut, Düsseldorf, HHI.AUT.2007.5025.TG, angekauft mit Mitteln der Kulturstiftung der Länder, des Beauftragten der Bundesregierung für Kultur und Medien, des Landes Nordrhein-Wetsfalen und der Stadt Düsseldorf. Vgl. Das Album der Madame C. Beaumarié. Heinrich-Heine-Institut, Düsseldorf. Hrsg. von der Kulturstiftung der Länder in Verbindung mit dem Heinrich-Heine-Institut, Düsseldorf. Berlin 2009 (Patrimonia 340). Eine verkürzte Fassung dieses Beitrages erschien ebd., S. 20–26.
[2] Etwas missverständlich, nämlich als »Gästebuch«, wurde es beschrieben im Auktionskatalog Nr. 117 von Hartung & Hartung, München, S. 338 f. (Los-Nr. 1789).
[3] Andreas Ballstaedt und Tobias Widmaier: Salonmusik. Zur Geschichte und Funktion einer bürgerlichen Musikpraxis. – In: Beihefte zum Archiv für Musikwissenschaft 28 (1989), S. 30 f.
[4] Vgl. Christoph Hellmundt und Wolfgang Orf: Einführung. – In: Die musikalischen Albumblätter der Luise Avé-Lallemant zu Leipzig. Eine Autographensammlung aus der Leipziger Universitätsbibliothek. Mit einem Geleitwort von Kurt Masur. Einführung und Kommentar von Christoph Hellmundt und Wolfgang Orf. Leipzig 1981, S. 7.
[5] Vgl. Wolfgang Ruppert: Bürgerlicher Wandel. Die Geburt der modernen deutschen Gesellschaft im 18. Jahrhunder. Frankfurt a. M. 1984, S. 154.
[6] »Nur Ernst, der poesiereiche Böhme, weiß seinem Instrumente so schmelzende, so verblutend süße Klagetöne zu entlocken.« (DHA XIII, 127).

[7] Vgl. Anm 4.

[8] Die mühevolle Entzifferungs- und Übersetzungsarbeit hat Herr Prof. Dr. Bernd Kortländer vom Heinrich-Heine-Institut, Düsseldorf, geleistet. Ich bin ihm dafür außerordentlich dankbar.

[9] Vgl. etwa Hedwig Weilguny und Willy Handrick: Franz Liszt. 6. Aufl. Leipzig 1980, S. 14 ff.

[10] Alexander Serow: Briefe aus dem Ausland. – In: ders.: Aufsätze zur Musikgeschichte. Aus dem Russischen übersetzt von Felix Loesch. Berlin 1955, S. 338–386, hier S. 366 f.

[11] Vgl. Adalbert Engel: Franz Liszt. Der virtuose Klang der Menschlichkeit. Gernsbach 1989, S. 241 ff.

[12] Weilguny und Handrick [Anm. 9], S. 16. Auf diese Tendenz macht auch Peter Raabe aufmerksam. Vgl. ders.: Franz Liszt. Bd. I: Liszts Leben. 2. Aufl. Tutzing 1968, S. 92 f.

[13] Vgl. z. B. Walter Georgii: Klaviermusik. Geschichte der Musik für Klavier zu zwei Händen von den Anfängen bis zur Gegenwart. Berlin, Zürich 1941, S. 339.

[14] Vgl. als Internetressource unter der URL: http://imslp.info/files/imglnks/usimg/8/8f/IMSLP10696-Moscheles_Methodes_des_Methodes.pdf (Link überprüft am 14.07.2009).

[15] Vgl. ebd., S. 10 ff. Es sei nur am Rande angemerkt, dass die hier vorgestellte Quelle mit ihren interessanten Abweichungen hinsichtlich gesetzter Artikulationsbögen und jeweils Halber statt Viertel am Ende der zu Einheiten zusammengefassten Melodieverläufe in der rechten Hand weder der Gesamtausgabe noch dem Werkverzeichnis zur Zeit der jeweiligen Drucklegung bekannt war. Vgl. Fryderyk Chopin: Sämtliche Werke. Bd. II: Etüden für Klavier. Hrsg. von I. J. Paderewski, L. Bronarski, J. Turczynski. Warschau, Krakau 1949, S. 168, und Krystyna Kobylanska: Frédéric Chopin. Thematisch-bibliographisches Werkverzeichnis. München 1979, S. 151 ff.

[16] Vgl. Moscheles [Anm. 14], S. 25 ff.

[17] Franz Liszt in seinen Briefen. Eine Auswahl. Hrsg. mit einem Vorwort und Kommentaren von Hans Rudolf Jung. Frankfurt a. M. 1988, S. 78 f.

[18] Vgl. Julius Kapp: Niccolo Paganini. 15. Aufl. Tutzing 1969, S. 113.

[19] Vgl. Edward Neill: Niccolò Paganini. Eine Biographie. München 1993, S. 311 f.

[20] Vgl. Kapp [Anm. 18], S. 87.

[21] Vgl. Walter G. Armando: Paganini. Eine Biographie. Hamburg 1960, S. 316, und Imre Ormay: Wenn Paganini ein Tagebuch geführt hätte. 3. Aufl. Budapest 1988, S. 124.

[22] Vgl. Kapp [Anm. 18], S. 87 ff. und Neill [Anm. 19], S. 314 f.

[23] Vgl. D. Kern Holoman: Catalogue of the Works of Hector Berlioz. – In: Hector Berlioz: New Edition of the Complete Works. Bd. 25. Kassel u. a. 1987, H. 80, S. 211–217, hier S. 211.

[24] U. a. widmete Berlioz Paganini auch seine »dramatische Sinfonie« »Roméo et Juliette« op. 17.

[25] Auch hier sei nur am Rande angemerkt, dass die vorgestellte Quelle in einem interessanten Detail von der Fassung in der Gesamtausgabe abweicht: Berlioz schließt hier die »Apotheose« im tiefen Bläsersystem auf der Dominante F-Dur über einen in Vierteln schreitenden Oktavsprung f-F unterbrochen von Viertel-Pausen. Diese Quelle war also offensichtlich bei der Drucklegung des entsprechenden Gesamtausgabenbandes und des Werkverzeichnisses nicht bekannt. Vgl. Hector Berlioz: Grande Symphonie funèbre et triomphale for Orchestra. Hrsg. von Hugh Macdonald. – In: Hector Berlioz: New Edition of the Complete Works. Bd. 19, Kassel u. a. 1987.

[26] Vgl. Hector Berlioz: Grande Symphonie funèbre et triomphale for Orchestra. Hrsg. von Hugh Macdonald. London u. a. o. J., S. 52–54.

[27] Vgl. Holoman [Anm. 23], .H 80C, S. 216 f.

[28] Vgl. die Angaben des New Berlioz Edition Archive im Internet unter der URL http://www.cph.rcm.ac.uk/NBE/NBES0019.htm (Link überprüft am 14.07.2009).

²⁹ Felix Mendelssohn Bartholdy: Briefe. Hrsg. von Paula Mendelssohn Bartholdy und Carl Mendelssohn Bartholdy. Leipzig 1863. ND Potsdam 1997, Bd. II, S. 296f.

³⁰ Vgl. Bernhard Bartels: Mendelssohn-Bartholdy. Mensch und Werk. Bremen, Hannover 1947, S. 186.

³¹ Vgl. Thematisches Verzeichniss der im Druck erschienenen Compositionen von Felix Mendelssohn Bartholdy. Dritte vervollständigte Ausgabe. Leipzig 1882. ND Schaan/Liechtenstein 1982, S. 53.

³² Vgl. die von Julius Rietz besorgte vierbändige Ausgabe der Werke für Klavier zu zwei Händen. Wiesbaden 1983, Bd. II, S. 98ff.

³³ Es sei nur am Rande angemerkt, dass die vorgestellte Quelle von den bisherigen Druckfassungen (ich beschränke mich hier auf die Rietz-Ausgabe) in einigen markanten Punkten abweicht. So ist das Notationsbild gerade der ersten 8 Takte des Themenanfangs im Autograph geradezu konsequent an der Stimmführung orientiert und über die beiden Syteme verteilt, und es ist eben gerade nicht alles als »Griffschrift« in das bassgeschlüsselte System der rechten Hand gelegt. Außerdem ist das »Tema« durchweg sorgfältig mit (artikulatorischen, dynamischen) Vortragsanweisungen bezeichnet, und es finden sich durch andere Stimmführungsentscheidungen sogar andere Kadenzwendungen bzw. Mittelstimmennoten. Es wäre durchaus zu erwägen, dem autographen Notenbild gegenüber dem unübersichtlichen Druckbild den Vorzug zu geben.

³⁴ Vgl. Christian Bettels: César Francks Oratorium »Les Béatitudes« im zeitgenössischen Kontext. – In: César Franck. Werk und Rezeption. Hrsg. von Peter Jost. Stuttgart 2004, S. 217–235, hier: S. 225.

³⁵ Ebd.

³⁶ Vgl. den Eintrag zu »1848« bei Peter Jost: Chronik. Ebd., S. 9–14.

³⁷ Vgl. Joël-Marie Fauquet : César Franck. Paris 1999, S. 891.

³⁸ URL: http://www.freewebs.com/fjgajewski/(Link überprüft am 14.07.2009).

Literarisches Leben am Rhein
Quellen zur literarischen Infrastruktur
1830–1945. Ein Forschungsbericht

Von Enno Stahl, Neuss

Das Rheinische Literaturarchiv des Heinrich-Heine-Instituts beschäftigt sich seit seiner Gründung intensiv damit, die Geschichte des literarischen Lebens im Rheinland zu dokumentieren. Ein wichtiger Schritt war dabei die Erarbeitung des Internet-Portals »Literarische Nachlässe in rheinischen Archiven«[1], das eine große Zahl von Autorennachlässen für eine breitere Öffentlichkeit zusammenfasste.[2] Im Zuge dieser Recherchen stellte sich heraus, dass außer Personennachlässen auch andere Überlieferungsformen in Archiven existieren, die für Rekonstruktion und Beschreibung der regionalen Literaturgeschichte von erheblicher Bedeutung sind, nämlich Sammlungsbestände von Buchhandlungen, Bibliotheken oder Verlagen, aber auch literarischen Vereinen und Lesegesellschaften, die sich im Zuge des großen Booms an Vereinsgründungen in der ersten Hälfte des 19. Jahrhunderts in vielen rheinischen Städten herausbildeten.

Das Projekt startete im September 2005, gefördert vom Landschaftsverband Rheinland. Um das Material überschaubar zu halten, wurde die Untersuchung auf den Zeitraum von 1830 bis 1945 eingegrenzt. So wurde die Zeit des Nationalsozialismus mit einbegriffen, die trotz der umfangreichen Studien von Strothmann (1960) und Barbian (1993)[3] noch bei weitem nicht erschöpfend behandelt ist. Die Zeit nach 1945 jedoch, die aufgrund der geänderten Medien- und Überlieferungssituation sowie des schwunghaften Anstiegs des kulturellen Lebens eine regelrechte »Quellenexplosion« hervorgebracht hat, blieb ausgespart, ihre Berücksichtigung hätte den Zeitrahmen des Projekts gesprengt. Das Vorgehen war zweigleisig angelegt, empirisch und theoretisch:

1. wurde eine flächendeckende Anfrage bei rund 150 Archiven gestartet.
2. wurde diese in eine literaturwissenschaftliche Methodenrecherche eingebettet.

Die Anfrage war, da wir noch nicht wirklich zielgenau einschätzen konnten, wo sich die relevanten Materialien befanden, relativ global ausgerichtet. Wir fragten nach Daten über kulturelle Zusammenschlüsse, bürgerliche Vereinigungen, Arbeiterkulturvereine, Leseringe. Außerdem wollten wir wissen, ob gegebenenfalls Nachlässe von wohlsituierten Bürgern oder Unternehmern vorhanden wären, die zum Beispiel private Soiréen mit Lesungen u. ä. veranstalteten. Auch Unterlagen über die Entstehung ortsansässiger Bibliotheken und Buchhandlungen waren für uns interessant, da wir diese als potenzielle Veranstalter von Lesungen einschätzten und uns davon zudem Aufschlüsse über die Lesepraktiken der Bevölkerung versprachen.

Die einlaufenden Ergebnisse waren allerdings nur teilweise befriedigend, was uns in der Überzeugung bestärkte, dass unsere Anfrage zu allgemein gehalten war, um wirklich die Detailinformationen hervorzubringen, auf die wir abzielten.

Eine verfeinerte Anfrage, die sich nun mehr ganz konkret auf Vereinswesen, Buchhandel und Bibliotheken richtete, trug Früchte. Aber insbesondere die Befragung der staatlichen Überlieferungen verdeutlichte schnell, welche Aktenzusammenhänge die gewünschten Informationen zur literarischen Infrastruktur bergen. Da es erst nach dem Zweiten Weltkrieg eine explizite Förderung von Literatur von Seiten des Staates gab (will man nicht die alles umfassende und überall eingreifende NS-Kulturpolitik als eine solche begreifen), sind Zeugnisse über Aktivitäten im Zusammenhang mit Literatur vor dieser Zeit vor allem im Bereich der Zensur und Überwachung zu suchen, also bei den preußischen Institutionen (Innen-, Außen- und Kultusministerium), deren Akten im Geheimen Staatsarchiv Preußischer Kulturbesitz lagern, aber auch in den Überlieferungen der regionalen Regierungsbehörden im Landeshauptarchiv Koblenz und Landesarchiv NRW, Düsseldorf.

Hier wurde – je nach politischem Klima der Zeit – das gesamte literarische Feld genauestens in den Blick genommen: Das betrifft Zensur, Verbot und Genehmigung von Schriften ebenso wie die Beobachtung von Vereinsaktivitäten, die Überwachung von Buchhandel und Bibliotheksbeständen. Allein im Geheimen Staatsarchiv harren riesige Bestände, ja mehrere Aktenkilometer, ihrer sachthematischen Erschließung, die einen großen Teil der rheinischen Literatur- und Regionalgeschichte abdecken würde. Auf der kommunalen Ebene setzte sich dieser Eindruck fort: Städte und Gemeinden, die über eine eigene Pressepolizei verfügten, haben auch deren Akten in ihren Beständen, aus denen sich zumindest ex negativo ein literarisches Leben erschließen lässt.

Die Archive im Rheinland und anderswo beteiligten sich rege und auskunftsbereit an unserem Unternehmen, lieferten umfangreiche Angaben über ihre Bestände. Angesichts der Größe mancher Überlieferungen und der täglichen Belastung der Archivmitarbeiter war es nicht allen Institutionen möglich, uns erschöpfende Informationen über die relevanten Archivalien zu liefern. Auch für uns war es nicht machbar, in der begrenzten Projektdauer wirklich alle Institutionen selbst aufzusuchen, hier musste eine Beschränkung auf die bedeutendsten Einrichtungen erfolgen. Allerdings konnten durch den Einstieg von Cornelia Ilbrig in das Projekt

(April 2007 bis April 2008) auch viele Bestände, speziell der Stadtarchive und anderer wissenschaftlicher Institutionen vertieft, ergänzt bzw. hinzugefügt werden, diese Angaben wurden durch eine telefonische Schlussredaktion noch einmal überprüft. Frau Dr. Schwabach-Albrecht (Düsseldorf) steuerte im Rahmen des Projekts »Literarisches Leben in Düsseldorf im Spiegel von Zeitungen und Vereinen« Angaben aus dem Düsseldorfer Stadtarchiv bei[4], und Stefan Maurer (Wien) verifizierte eine Reihe von Akten aus dem Wiener Haus-, Hof- und Staatsarchiv.

Unsere Arbeit wurde zudem dadurch erleichtert, dass immer mehr Archive ihre Bestände in Onlinefindbüchern zugänglich machen – etwa das Bundesarchiv oder das Landeshauptarchiv Koblenz. Eine große Hilfe war zudem das »Inventar archivalischer Quellen zur Geschichte des deutschen Buchhandels und Verlagswesens im 19. und 20. Jahrhundert«, initiiert vom Deutschen Buch- und Schriftmuseum der Deutschen Bücherei[5], das unter einer ähnlichen Fragestellung bereits eine Vielzahl von Quellen bereitgestellt hat, auch wenn hier nur ein Teil der rheinischen Archive Berücksichtigung fand.

Allgemeine Hinweise zur Nutzung des Inventars

Ziel des Projekts war es, Akten zu identifizieren, die im weitesten Sinne Informationen über literarisches Leben und literarische Infrastruktur im Territorium der ehemaligen Rheinprovinz vermitteln. Die Einträge des Inventars sind nach einem einheitlichen Schema erstellt:

1. Die Bestellsignatur
   a. Die Laufzeit (Zeitraum, den die in der Akte enthaltenen Dokumente umfassen)
2. Der Aktentitel
3. »Enthält«- oder »Darin«-Vermerk (soweit vorhanden)

Aktentitel und »Enthält«-Vermerke wurden exakt so übernommen, wie sie im jeweiligen Archiv vorgefunden wurden, inklusive veralteter Schreibweisen, spezieller Formatierungen oder Abkürzungspraktiken. Da die Akten aus sehr unterschiedlichen Phasen stammen, schwankt die Orthografie beträchtlich. Jedoch waren wir der Meinung, dass sich darin die historische Distanz dieser Bestände anschaulich niederschlägt, ebenso wie Eigenheiten und Intentionen der jeweiligen Bearbeiter. Allein offenkundige Rechtschreibfehler oder falsche Namensschreibweisen wurden stillschweigend verbessert. Ansonsten verzichteten wir der Authentizität zuliebe darauf, Vereinheitlichungen vorzunehmen. Die »Enthält«-Vermerke wurden zwar nicht verändert, bisweilen allerdings gekürzt, wenn sie für diesen Zusammenhang irrelevante Informationen enthielten.

Anhand der übermittelten Angaben (Zeitraum, Betreff, ggf. inhaltliche Daten) soll der Nutzer einschätzen können, ob die Akte für ihn interessant sein kann. Die gefetteten Signaturen entsprechen exakt den notwendigen Bestellnummern, über welche die jeweiligen Akten präzise beim Archiv zu ordern sind – auch extern, also im Vorgriff auf einen zukünftigen Archivbesuch.

Signaturen wie Aktentitel wurden von den Bearbeitern auf Basis der vorhandenen Findmittel (Findbücher, Online-Datenbanken, Karteien, Repertorien etc.) aufgenommen und nach Möglichkeit mit den Mitarbeitern der Archive abgeglichen, um größtmögliche Korrektheit zu gewährleisten. Unmittelbare Einsicht in die Akten zu nehmen, diese gar zu bearbeiten / transkribieren, war nicht möglich; allenfalls in Sonderfällen, etwa bei privaten Nachlässen, in denen man relevante Materialien vermuten, dies den Findmitteln aber nicht entnehmen konnte, erfolgte eine Einsichtnahme.

Im dritten Band werden die jeweiligen Archivbereiche und Bestandstypen inhaltlich kommentiert und in ihren Spezifika charakterisiert. Daneben wurden erste Skizzen entworfen, wie und für welche kulturwissenschaftlichen Fragestellungen die Ergebnisse des Inventars fruchtbar gemacht werden können. Das sachthematische Glossar, das Kirsten Adamek, Wolfgang Delseit und Ralf Drost erstellten, bietet dem Kulturwissenschaftler einen inhaltlichen Zugang. Auf bestimmte Interessensperspektiven hin orientiert – sei es das System der Zensur, sei es das Bibliothekswesen oder Lesegesellschaften – wurden die Akten hier thematisch zugeordnet. Selbstverständlich enthält das Register zudem einen Orts- und Personenindex.

Anmerkungen

[1] Vgl. URL: http://www.rheinische-literaturnachlaesse.de (Link überprüft am 14.07.2009).

[2] Inzwischen auch als Buch erschienen: Enno Stahl (Bearb.): Literarische Nachlässe in rheinischen Archiven. Düsseldorf 2006 (Veröffentlichungen des Heinrich-Heine-Instituts »Aus dem Rheinischen Literaturarchiv«).

[3] Vgl. Dietrich Strothmann: Nationalsozialistische Literaturpolitik. Ein Beitrag zur Publizistik im Dritten Reich. 4. Aufl., Bonn 1985 (Abhandlungen zur Kunst-, Musik- und Literaturwissenschaft, Bd. XIII) und Jan-Pieter Barbian: Literaturpolitik im »Dritten Reich«. Institutionen, Kompetenzen, Betätigungsfelder. Erw. Taschenbuchaufl. München 1995.

[4] Ihre Ergebnisse präsentierte Susanne Schwabach-Albrecht inzwischen auch in den Beiträgen: Literarisches Leben in Düsseldorf im Spiegel von Presse und Vereinsakten 1850–1950. – In: Kulturelle Überlieferung. Bürgertum, Literatur und Vereinswesen im Rheinland 1830–1945. Hrsg. von Cornelia Ilbrig, Bernd Kortländer und Enno Stahl. Düsseldorf 2008 (Heinrich-Heine-Institut Düsseldorf. Archiv Bibliothek Museum, Bd. XII) sowie: Düsseldorf – Das »Bayreuth am Rhein«.

Der Rheinische Goethe-Verein für Festspiele in Düsseldorf 1899–1934. – In: Düsseldorfer Jahrbuch. Beiträge zur Geschichte des Niederrheins 78 (2008), S. 53–85.

[5] Vgl. URL: http://tamino.ddb.de:1900/ddbarchiv/index.htm (Link überprüft am 14.07.2009).

Buchbesprechungen

Wolfgang Bunzel / Norbert Otto Eke / Florian Vaßen (Hrsg.): *Der nahe Spiegel. Vormärz und Aufklärung*. Bielefeld: Aisthesis 2008 (= Forum Vormärz Forschung. Vormärz-Studien XIV). 390 S., € 50,–.

Der Sammelband dokumentiert die Beiträge des vom »Forum Vormärz Forschung« 2007 veranstalteten Internationalen Symposiums »Leitbild mit Widersprüchen – Vormärz und Aufklärung«, das dem programmatischen Rückgriff von Vormärz-Autoren auf Denk- und Argumentationsmuster des 18. Jahrhunderts und damit der »Konstruktion von ›Aufklärung‹ im deutschen Vormärz« (Einführung, S. 9) gewidmet war. Ziel der Veranstaltung war es im Besonderen, den zahlreichen Detailstudien, die zu diesem Thema vorliegen, ein auf Gruppenkonstellationen, Intertextualitätsmerkmale und diskursive Zusammenhänge ausgerichtetes Gesamtbild entgegenzustellen, das die sämtliche Autorengruppen des Vormärz umfassende Orientierung an der Aufklärung als »zeittypisches Phänomen« (S. 10) erkennen lässt. Charakteristisch für diese »Renaissance der Aufklärung« (S. 11) bzw. »zweite Aufklärung« (Terminus nach P. Bürger, S. 12) im Zeitalter der Restauration war ihre Tendenz zur Funktionalisierung, durch die – im Gegensatz zur klassisch-romantischen Autonomieästhetik – die Kunst wieder auf ihre soziale Verbindlichkeit und lebenspraktische Wirksamkeit verwiesen wurde. Dass die Forderung nach Verknüpfung von Kunst und Leben die Ausdifferenzierung eines distinkten Literatursystems wieder rückgängig machte, war wohl der Preis, den die Vormärz-Literaten für ihr politisch-soziales Engagement, die Verschränkung ästhetischer, politischer (z. B. Thematisierung der Französischen Revolution) und theologischer (protestantischer, aber auch katholischer) Themen und Diskurse und die daraus folgenden »Entliterarisierungsbestrebungen« (S. 20) zu entrichten hatten. Der Crux, dass das revolutionäre Fanal der Vormärz-Autoren heute verblasst, ihre Gebrauchstexte nur noch Experten bekannt sind, die ›Großen‹ der Literatur, also Heine, Büchner oder auch Gotthelf, sich nur schwer in das Korsett der »Diskursformation« (S. 9) Vormärz zwängen lassen – dieser Crux ist sich natürlich die Vormärz-Forschung bewusst. Und dass ein Internationales Symposium über Vormärz und Aufklärung ausschließlich von deutschen bzw. deutschsprachigen Teilnehmern bestritten wird, ist vielleicht auch ein Zeichen für die eher schwache internationale Resonanz der Vormärz-Periode. Kein Zweifel jedoch, dass der vorliegende Band interessante Einsichten in den ›Geist‹ des Vormärz, die Konstruktion von Geschichtsbildern und das Selbstverständnis einer zwischen Revolution und Restauration, Resignation und Aufbruch angesiedelten Epoche verspricht. Die insgesamt 19 Beiträge sind dabei drei Themenfeldern – »Philosophische Geschichtskonstruktionen«, »Gottesbilder – Menschenbilder« und »Ästhetische Modellierungen« – zugeordnet.

Die Rubrik »Philosophische Geschichtskonstruktionen« versammelt fünf Beiträge, wobei von einer dezidiert philosophischen Begründung nur in einem Fall (Neuhegelianismus) die Rede sein kann. So geht im ersten Beitrag Wolfgang Albrecht (»Nachklänge und Neuansätze. Thesen zur vormärzlichen Phase der Aufklärungsdebatte«, S. 31–49) von einer Parallelisierung der vormärzlichen »zweiten Aufklärung« und dem »Werdegang von der Früh- zur Spätaufklärung« (S. 32) aus und konkretisiert diese Spiegelung anhand von fünf Thesen, in denen er Projektionsmuster, Kritik und Aktualisierungsbestrebungen im Vormärz dokumentiert. Theoriebildung und Analyse von Texten – z. B. von Immermann, Wienbarg, Herwegh, Heine, Gervinus und B. Bauer – gehen dabei Hand in Hand und belegen die Funktionalisierung des Aufklärungsbegriffs: Bauers Abkehr von den bürgerlich-demokratischen Idealen nach 1840 führt deshalb zu einer Umdeutung der Aufklärung, die nun als Epoche des Verfalls und der »Gesunkenheit« (S. 49) abgelehnt wird. – In seinem Beitrag »Vom Gottesgericht zum Weltgericht. Apokalyptische Motive in Aufklärung und Vormärz« (S. 51–78) möchte Olaf Briese die Transformation von Natur-theologischen Apokalypsen der Aufklärungsphase in politische Apokalypsen der Vormärzzeit belegen. Das idealtypische Konzept einer apokalyptischen Denkfigur mit ihren Polen von »Krise und Erlösung« (S. 52) wird in Aufklärung und Vormärz (Ortlepp, Herloßsohn, Gutzkow) und im Blick auf den Topos des Weltgerichts untersucht und nach dem Grad ihrer semantischen Verschiebung von Natur auf Geschichte befragt. Über die Erkenntnisse der Forschung hinaus bescheinigt Briese der Metapher des Weltgerichts auch »eine Hegemonialfunktion« (S. 77) im Sinne der Statusaufwertung der Intellektuellen im 19. Jahrhundert. Einige Sprachfehler (»vor Christi«, S. 54; »getreu des Titels«, S. 61; »des [statt: dem] Prosatexts«, S. 69) und eine unpassende Gertrude-Stein-Allusion (»Das Gericht war ein Gericht war ein Gericht«, S. 76) stören die Lektüre. – Ein Beispiel für eine genuin philosophische Geschichtskonstruktion gibt Wolfgang Bunzel in seinem Aufsatz »Zurück in die Zukunft. Die Junghegelianer in ihrem Verhältnis zur Aufklärung« (S. 79–98). Knüpften die Junghegelianer zunächst in ihrer Rückwendung zur Aufklärung an das von Hegel postulierte ›protestantische Prinzip‹ an, das bei Echtermeyer und Ruge gar zu einem manichäischen Geschichtsbild – freies vs. unfreies Prinzip (vgl. S. 83) – führte und das Friedrich Köppen von der Aufklärung als einer »Reformation der Reformation« (S. 86) sprechen ließ, so erfuhr der junghegelianische Aufklärungsbegriff zu Beginn der vierziger Jahre, einhergehend mit einer Rehabilitierung Kants, eine weitere Radikalisierung: Die Aufklärung in ihrem Kampf gegen religiöse Orthodoxie und Absolutismus wurde emphatisch als »Vorgeschichte der eigenen Gegenwart« (S. 91) und Matrix der revolutionären Bewegung verstanden, die jedoch – wie auch die »Revitalisierung der Aufklärung« (S. 98) – Mitte des 19. Jahrhunderts im Sande verlief. Irritierend indes der Widerspruch zwischen Bunzels und Albrechts Bewertung von B. Bauers Aufklärungsbild in seiner »Geschichte der Politik, Cultur und Aufklärung des achtzehnten Jahrhunderts« (1843–1845): Hier hätte es einer internen Klärung bedurft! – Die Rubrik wird durch zwei Einzeluntersuchungen beschlossen: Christian Weber (»Universalhistorie als Leitbild im Vormärz. Die Rezeption der Aufklärung in der Wissenschaftsgeschichte bei Karl von Rotteck«, S. 99–115) skizziert Rottecks ideengeschichtlich ausgerichtete »Allgemeine Geschichte«, die zu den »meist verkauftesten« (sic!; S. 99) Büchern des 19. Jahrhunderts gehörte, als einen weltgeschichtlichen Entwurf, in dem »die Konstruktion der Vergangenheit als Erklärung für die Misere der Gegenwart« (S. 113) diene. Und in gedrängter, aber präziser Form verortet Dirk Oschmann (»Mündlichkeit und Mündigkeit. Carl Gustav Jochmanns Reformulierung aufklärerischer Sprachtheorie«, S. 117–135) Jochmanns Schrift »Ueber die Sprache« (1828) im Kontext des 18. und 19. Jahrhunderts und legt ihre auf Mündlichkeit, Öffentlichkeit, stilistische Qualität und (politische) Mündigkeit zielende, an aufklärerische Positionen anschließende Programmatik frei.

Die sechs Beiträge zur Rubrik »Gottesbilder – Menschenbilder« befassen sich mit einzelnen Autoren, den Junghegelianern und der konfessionellen Literatur. Auf die Grenzen und Widersprüche der protestantischen und katholischen Literaturgeschichtsschreibung, die einerseits die revolutionären Konsequenzen aus Reformation und Aufklärung einzudämmen und andrerseits der ästhetischen eine religiös-moralische »Gesinnungsgeschichte« (S. 145) entgegenzustellen suchte, verweist Rainer Rosenberg, einer der Mitbegründer der DDR-Vormärzforschung (»Reformation – Aufklärung – Revolution. Zum Aufklärungsdiskurs in der konfessionellen Literaturgeschichtsschreibung des Vormärz«, S. 139–151). Die Spannung zwischen Aufklärung und Christentum, Religions- und Literarhistorie aufzulösen, gelang weder der protestantischen (Heinrich Gelzer, August Vilmar) noch der katholischen (Eichendorff) Literaturgeschichtsschreibung, die gegen Ende des Jahrhunderts ihre Bedeutung einbüßte. Dass die Forschungslage bezüglich der Rezeption der Französischen Revolution bei den Junghegelianern »absolut unbefriedigend« (S. 205) ist, mag angesichts der Wichtigkeit des Themas verwundern, und so bietet auch der Soziologe Lars Lambrecht in seinem auf eigenen früheren Forschungen beruhenden Aufsatz »Zur Rezeption der Französischen Revolution bei den Junghegelianern« (S. 205–218) nur einen kursorischen Überblick, vor allem am Beispiel des Schleiermacher-Schülers Karl Nauwerck, für den die Revolution von 1789 noch nicht zu Ende gekommen sei. Nicht viel mehr als eine Aneinanderreihung von Zitaten aus Lessings und Feuerbachs Schriften bietet hingegen Wolfgang Beutins Beitrag »Die ›Aufhebung‹ religionskritischer Positionen der Aufklärung in Ludwig Feuerbachs Kritik am Christentum« (S. 219–238)! – Gleich zwei Autoren befassen sich mit Heine: Bodo Morawe (»Unglaubensgenosse Heine. Religionskritik, Immanenzdenken, radikale Aufklärung«, S. 153–176) legt in seinem ebenso engagierten wie kompromisslosen (»Tertium non datur«, S. 166), auch kräftige Polemik nicht scheuenden Beitrag Heine auf den dezidierten Atheismus einer radikalen, an Spinoza anschließenden Aufklärung fest. Die Behauptung, dass sich hinter der Heine'schen Ironie aber immer nur dieselbe atheistische Konterbande verberge, reduziert die Zerrissenheit der Moderne und des modernen Dichters dann doch in unzulässiger Weise auf eine einsinnige Doktrin! So kann die folgende Analyse des Heine-Forschers Gerhard Höhn (»›Écrazes l'infâme!‹ Heinrich Heine und Voltaire«, S. 177–194) geradezu als Korrektur der Atheismus-These gelesen werden: Höhn unterscheidet zwischen Heines Sicht auf Frankreich und das immer noch durch das Bündnis von Thron und Altar geprägte Deutschland, vermag dadurch Heines ambivalente Einstellung zu Voltaire zu begründen und betont zugleich die Gegnerschaft des »Pantheisten saint-simonistischer Observanz« (S. 191) – hier kommt wiederum Spinoza zu kurz – zum irreligiösen, trostlosen Atheismus der französischen Materialisten und der deutschen Handwerker à la Weitling (vgl. S. 188, 191f.)! Wenig mehr als ein paar Gedankensplitter zu einschlägigen Forschungsthesen enthält der Kurzbeitrag von Klaus F. Gille über »Weltriss und Theodizee. Zu Büchners Lenz« (S. 195–203).

Die letzte Rubrik – »Ästhetische Modellierungen« – umfasst Beiträge zur Vormärz-Literatur und zu einzelnen Autoren. Ein für die Moderne signifikantes Darstellungsmittel beleuchtet Alexandra Böhm (»›Abbildungen des wirklichen Lebens‹ oder ›Hirngeburten‹? Kontinuität und Wandel der Karikatur in Aufklärung und Vormärz«, S. 241–264), die, ausgehend von Louis Sébastien Mercier, die Funktion der literarischen Karikatur bei Wieland, Börne und Heine im »epochalen Langzeitzusammenhang« (S. 241) herausarbeitet. Die stichhaltige Argumentation gerät aber gerade bei Heine ins Wanken, wird doch zwischen seinen Berichten über Karikaturen (die berühmte Louis-Philippe-Birne) und eigener karikaturistischer Schreibweise, zwischen Karikatur, Spott, Witz und Polemik (gegen Platen) nicht deutlich unterschieden. Die Entwicklung der Skizze als einer vollwertigen literarischen Gattung verfolgt Florian Vaßen (»Die literarische Skizze. Anschaulichkeit und Offenheit als Weltsicht in Aufklärung und Vormärz«, S. 265–280) in seinem Überblick von Shaftesbury bis Georg Weerth, in dessen Skizzen aus England und Deutschland sich – nach H. R. Jauß' Formulierung – die »ästhetische und gesellschaftliche Erfahrung der *modernité*« (S. 279) manifestiere.

Dem Vorurteil, die politisch-oppositionelle Lyrik aufklärerischer Provenienz beherrsche die gesamte Vormärz-Lyrik, tritt Günter Häntzschel in seiner Untersuchung über »Aufklärerische Impulse und ihre Kritik im Medium der Lyrikanthologien des Vormärz (1840–1848)« (S. 281–294) entgegen: In den zeitgenössischen Anthologien bleibe die »gereimte Agitation« (S. 293) eine »Randerscheinung« (S. 284). – Die Einzelanalysen befassen sich nochmals mit Heine und Büchner sowie mit Mundt, Immermann und Gotthelf. Unergiebig, da nur Bekanntes wiederholend, ist Sandra Kerschbaumers Artikel über »Heinrich Heines Konstruktion von Aufklärung« (S. 313–324). Dem wichtigen Aspekt der Aufwertung der Prosa widmet sich dagegen Norbert Otto Eke (»›Man muß die Deutschen mit der Novelle fangen‹. Theodor Mundt, die Poesie des Lebens und die ›Emancipation der Prosa‹ im Vormärz«, S. 295–312). Eke verweist am Beispiel Mundts auf den Paradigmenwechsel von der gebundenen Sprache zur Prosa als der »zeitgemäßen Ausdrucksform« (S. 300), die an aufklärerische Konzepte (Lessing, Lichtenberg, H. P. Sturz) anknüpfe, als Waffe im öffentlichen Meinungskampf aber immer auch politisch-sozialen Interessen diene. In einer minutiösen Analyse mit dem etwas umständlichen Titel »Georg Büchner: Poeta delens. Zur Modellierung und immanenten Demolierung aufklärerischer ›Elemente‹ im literarischen Vormärz« (S. 325–345) beschreibt Oliver Ruf Büchners exemplarische, intertextuell verwobene Formierung und Deformation des ›Mythos‹ Aufklärung in »Leonce und Lena«, »Danton's Tod« und »Woyzeck«, wobei aber der Leser Gefahr läuft, sich in der Flut der Anmerkungen zu verlieren (unnötig z. B. das überlange Zitat aus Kants sattsam bekanntem Aufklärungs-Aufsatz, S. 333)! Nach dem Wandel in Familienbild und Erbediskurs fragt Johannes Endres in seiner zu pointierten Thesen gelangenden Analyse »Von der Menschheitsfamilie zum Genom. Immermanns ›Epigonen‹ zwischen Lessing und Mendel« (S. 347–365). Während in Lessings »Nathan« biologische und kulturelle Erbetheorien im Sinne eines »Konvergenzmodells« (S. 356) miteinander verknüpft seien, wurzle Immermanns Pathographie des epigonalen Bewusstseins in einer Dissoziation kultureller und biologischer Evolutionslinien, die auf Mendels Vererbungslehre vorausweise und die – wissenschaftsgeschichtlich gesehen – jede Theorie einer kulturellen Evolution und damit des Transfers kultureller Eigenschaften (wie in der Ringparabel) in die Defensive dränge. – Den Schlusspunkt des Bandes setzt Christian von Zimmermanns Beitrag »Jeremias Gotthelf und die Volksaufklärung. Bemerkungen zur Schweizer Literatur zur Zeit des Vormärz« (S. 367–384). Angesichts der politisch-kulturellen Eigenständigkeit der Schweiz lässt sich von einer genuinen Vormärz-Literatur nicht sprechen, doch zeigen sich in Gotthelfs Programm einer Volksaufklärung die Spuren des aufklärerischen Ideals der »Vervollkommnung des Menschen« und der »Selbstbestimmung« (S. 374; dort aber eine falsche Angabe zur Herausgeberschaft von Herders »Ideen«) – allerdings auf dem Fundament des christlichen Glaubens. Ob der vom Autor des Beitrags favorisierte Begriff des »christlichen Republikanismus« (S. 372) für Gotthelf zutrifft, muss aber dann doch aufgrund des von Müller-Salget konstatierten Wandels »von einem Liberalen zu einem reaktionären politischen Engagement« (S. 381) bezweifelt werden.

Blickt man zurück auf die in der Einleitung geäußerte Hoffnung der Herausgeber, die Erforschung der »Renaissance der Aufklärung« im Vormärz möge sich zu einem zeittypischen Gesamtbild verdichten, so hat sich diese Hoffnung weitgehend erfüllt. Die in drei thematische Gruppen gegliederten Aufsätze entfalten ein weites historiographisches, philosophisches und literarisches Panorama, in dem die Aktualität der Aufklärung im Vormärz ebenso deutlich wird wie die von der Gleichzeitigkeit des Ungleichzeitigen geprägte Epoche (»Diskursformation«) des Vormärz selbst. Beinahe alle Beiträge lohnen die Lektüre und regen den Leser zur weiteren Beschäftigung mit der Vormärz-Literatur und ihrem Postulat der sozialen Verbindlichkeit an.

Martin Bollacher

Andrew Cusack: *The Wanderer in Nineteenth-Century German Literature. Intellectual History and Cultural Criticism*. Rochester: Camden House 2008. 257 S., $ 75,–.

Das Wandern ist des Dichters Lust, insbesondere des deutschen, und an den literarischen Folgen dieser Wanderlust hat das Lesepublikum stets Interesse und Vergnügen gefunden. Das ist auch heute noch so, wie nicht zuletzt einige aktuelle Bestsellererfolge eindrucksvoll belegen. In der Dichtung des 19. Jahrhunderts spielte die Figur des Wanderers quantitativ wie qualitativ eine besonders bedeutende Rolle, und Andrew Cusack hat es sich zur Aufgabe gemacht, ihre semantische und diskursive Funktion in dieser Zeit näher zu untersuchen. Dabei richtet er sein Augenmerk in erster Linie auf erzählerische Prosawerke, insbesondere den Roman. »Wilhelm Meisters Lehrjahre« (1795/96) und Wilhelm Raabes »Die Akten des Vogelsangs« (1895) bilden den Ausgangs- und Endpunkt seiner chronologisch angeordneten Einzelstudien, aus denen dieser Band besteht; ausführlich betrachtet werden u. a. »Franz Sternbalds Wanderungen« von Ludwig Tieck, Novalis' »Heinrich von Ofterdingen«, Heines »Harzreise«, Büchners »Lenz« und Fontanes »Wanderungen durch die Mark Brandenburg«.

Methodisch ist das Buch dem *New Historicism* verpflichtet, der die kulturellen, sozialen, ideologischen und anderen historischen Kontexte literarischer Werke in den Blick nehmen will. Motivgeschichtliche Untersuchungen eignen sich dafür besonders gut, und die Figur des Wanderers erweist sich in Cusacks Darstellung denn auch geradezu als ein Paradebeispiel für die Verknüpfung literarischer und nicht-literarischer Diskurse. Bildung (in jenem umfassenden Sinne, wie ihn der deutsche Bildungsroman definiert hat), romantische Phantasie und Literaturtheorie, Politik und Ideologie sind diejenigen Themenbereiche, die nach seiner Beobachtung im untersuchten Zeitraum besonders häufig mit dem Wanderer-Motiv verbunden werden. Unter diese Hauptkategorien werden die einzelnen Werke von ihm jeweils subsumiert, und diese etwas schematische Einteilung ist wenig überraschend und eröffnet keine unbedingt originellen oder neuartigen Perspektiven. Wesentlich interessanter und gewinnbringender sind hingegen die konkreten Beobachtungen auf der Textebene selbst, mit denen das Buch an vielen Stellen aufwarten kann. Das gilt insbesondere für die Ausführungen über die Rolle der Körperlichkeit der Wanderer-Gestalten – etwa wenn Cusack die Emanzipation des wandernden Wilhelm Meister in seiner Körpersprache gespiegelt findet oder zeigt, wie kunstvoll Büchner die psychischen Leiden Lenz' als körperliche Phänomene repräsentiert – oder über den Zusammenhang von Wanderschaft und Subjektivität bei Tieck, Gotthelf u. a. Insgesamt gibt es jedoch zu wenige solcher kapitelübergreifend behandelten Aspekte, und dadurch bleibt es im Wesentlichen bei eher lose miteinander verbundenen Einzelstudien, die nur bedingt ein Gesamtbild ergeben.

Als Beispiele für die Verbindung des literarischen mit dem politisch-sozialen sowie dem zeitgeschichtlichen Diskurs durch das Motiv des Wanderers wählt Cusack die »Harzreise«, »Lenz« und »Jakobs des Handwerksgesellen Wanderungen durch die Schweiz« von Jeremias Gotthelf. Es überrascht ein wenig, dass die gesamte Vormärzliteratur im engeren Sinne bei dieser Auswahl ausgespart bleibt. Schließlich spielt das Wandermotiv im Zeitroman oder in den zahllosen Reise-Erzählungen des Vormärz eine große Rolle, und die Vormärzforschung hat in letzter Zeit eine Reihe interessanter Untersuchungen zum Bewegungs- und zum Beschleunigungstopos hervorgebracht, die sich gewiss gut in diese motivgeschichtliche Studie hätten einbeziehen lassen. Insgesamt entsteht dadurch der Eindruck einer etwas zu eng gefassten Auswahl und zu starker Konzentration auf bekannte und unbestritten dem (weitgehend klassisch-romantischen) Kanon zugerechnete Texte.

Heines »Harzreise« wird von Cusack zunächst in den Kontext der Reiseliteratur der Aufklärung gestellt. Insbesondere der von ihm durchgeführte Vergleich mit Georg Friedrich Rebmanns »Kosmopolitischen Wanderungen durch einen Theil Deutschlands« (1793) erweist sich dabei als recht fruchtbar und kann deutlich machen, wie Heine das Genre des (spät-) aufklärerischen Wanderberichts aufgreift, in seinem eigenen, modernen Sinne modifiziert und um die satirische Komponente erweitert. Inhaltlich konzentriert sich die Analyse weitgehend auf bekannte und in der Forschung bereits mehrfach anhand der »Harzreise« erörterte Themen wie die Auseinandersetzung mit dem burschenschaftlichen Nationalismus, Naturdarstellung und -wahrnehmung, Tourismus und dessen Kritik sowie Heines Sensualismus. Bei dem letztgenannten Thema gelingt es Cusack allerdings, einen neuen Akzent zu setzen, und zwar durch die oben bereits erwähnte Betrachtung zu Heines Darstellung der Körperlichkeit der Erzählerfigur. Abgesehen davon, bewegen sich seine Erörterungen jedoch größtenteils im Rahmen der bekannten Forschungspositionen. Die Konzentration auf die erzählende Prosa, die der Verfasser sich selbst auferlegt, erweist sich in seinen Ausführungen zur »Harzreise« als gewisses Manko: Diese wird hier lediglich als Prosatext aufgefasst und analysiert, so dass ihr besonderer Charakter als Mischgattung, die gezielt Lyrik und Prosa kombiniert (wie im übrigen auch manche andere Wander-Erzählung der Romantik), nicht recht zur Geltung kommt.

Stärker sozialhistorisch geprägt und durch diese konsequente Fokussierung sehr gelungen sind die Betrachtungen zu »Jakobs des Handwerksgesellen Wanderungen durch die Schweiz« von Jeremias Gotthelf. Die Kapitel in Cusacks Buch sind meist kurz, was zu einer knappen und klar strukturierten Darstellung beiträgt und die Lektüre angenehm macht. An dieser Stelle aber bedauert man die vorherrschende Kürze dann doch ein wenig. Denn zu solchen konkreten Zeitbezügen, wie sie in diesem Abschnitt entfaltet werden – zur sozialen Realität der wandernden Handwerker, ihren verschiedenen politischen Vereinigungen sowie den Handwerkergesangsvereinen – und von denen man sich durchaus mehr wünschen würde, möchte man gerne Ausführlicheres lesen. Das gilt auch für manche Überlegung, die in der kurzen, zehn Seiten umfassenden Schlussbetrachtung nur angedeutet wird. Interessant ist hier etwa der Hinweis auf den Bezug der Figur des Wanderers zur dezidiert modernen Gestalt des Flaneurs, wobei sich natürlich auch ein erneuter Blick auf Heine gelohnt hätte, den der Verfasser in diesem Zusammenhang aber leider vermeidet. Trotz der genannten Mängel hat dieses Buch seinen Wert durch viele interessante Einzelbeobachtungen zu einem ebenso interessanten Thema.

Christian Liedtke

Dietmar Goltschnigg/Hartmut Steinecke (Hrsg.): *Heine und die Nachwelt. Geschichte seiner Wirkung in den deutschsprachigen Ländern. Texte und Kontexte, Analysen und Kommentare*. Band II: 1907–1956. Berlin: Erich Schmidt 2008. 733 S., Abb., € 79,-.

Der zweite Teil der auf drei Bände angelegten Edition, welche die postume Wirkungsgeschichte Heines, beginnend mit dem Todesjahr des Dichters bis in das Jahr 2006 dokumentiert, versammelt Quellentexte aus den letzten Jahren des wilhelminischen Kaiserreichs und des Ersten Weltkrieges, aus den 15 Jahren der Weimarer Republik, der Zeit des Nationalsozialismus und des Zweiten Weltkrieges sowie aus dem ersten Nachkriegsjahrzehnt, dessen literarische und politische Auseinandersetzungen von der Gründung zweier deutscher Staaten geprägt waren.

Während die Urteile über die Person und das Werk Heinrich Heines in der zweiten Hälfte des 19. Jahrhunderts, die der erste, im Jahr 2006 veröffentlichte und im »Heine-Jahrbuch« 2007 (S. 261–263) rezensierte Band in 145 Texten dokumentiert, den Meinungsmechanismen und -strukturen folgen, die in »der deutschen politischen und literarischen Zeitungsblätterwelt« (HSA II, 359) in den vierziger und fünfziger Jahren des 19. Jahrhunderts sich ausgebildet haben, spiegelt sich in der ersten Hälfte des 20. Jahrhunderts in der Wirkungsgeschichte Heinrich Heines die Pluralität der ästhetischen und weltanschaulichen Debatten, die ein charakteristisches Moment der auseinanderstrebenden Diskurse der Moderne sind.

Vor diesem Hintergrund drängt sich jedoch die Frage auf, inwiefern die von den Herausgebern Dietmar Goltschnigg und Hartmut Steinecke getroffene Auswahl von 124 Texten und Textauszügen repräsentativ sein kann. Wenngleich ein Vollständigkeit anstrebender Nachdruck sämtlicher in dem Berichtszeitraum veröffentlichter Urteile über Heinrich Heine nicht möglich ist, erweist sich die selektive Herangehensweise, die sich im wesentlichen auf Äußerungen bedeutender oder einflussreicher, zumindest aber im Diskurs der Gegenwart präsenter Literaturwissenschaftler (z. B. Oskar Walzel, Walter Muschg, Hans Mayer), Schriftsteller (z. B. Lion Feuchtwanger, Thomas, Heinrich, Klaus und Golo Mann, Alfred Döblin, Johannes R. Becher), Publizisten und Journalisten (z. B. Karl Kraus, Friedrich Sieburg) stützt, als zweifelhaft. Zum einen sind zahlreiche der vorliegenden Texte in entsprechenden Werkausgaben dem interessierten Leser wie der Forschung ohnehin problemlos zugänglich, obwohl es eine der wesentlichen Aufgaben einer Quellensammlung ist, nicht nur bereits bekannte Rezeptionszeugnisse zu versammeln, sondern gerade die bislang unbekannten, nur schwer und an entlegenen Druckorten zugänglichen Dokumente dem wissenschaftlichen Gebrauch zur Verfügung zu stellen. Zum anderen schreibt die Sammlung auf diese Weise ein in den wirkungsgeschichtlichen Untersuchungen wie der öffentlichen Rezeption bereits etabliertes Heine-Bild fort. Waren es einzig die Schriftsteller und Literaturhistoriker, die in den ersten fünf Dekaden des 20. Jahrhunderts das Urteil über Heine geprägt haben? Was ist mit den zahlreichen vergessenen Journalisten und Publizisten, die in den Zeitungen und Zeitschriften über Heines Werk und den Streit um den Düsseldorfer Denkmal-Wettbewerb berichtet haben oder im Spannungsfeld des Ost-West-Konfliktes in der Bundesrepublik Deutschland wie in der Deutschen Demokratischen Republik sich an den ideologischen Debatten um seine Person beteiligten? Der Blick auf die Wirkungsgeschichte des Dichters und seines Werkes in den Jahren 1821 bis 1856 zeigt, dass es eben nicht nur die Schriftsteller und Intellektuellen waren, die im Bewusstsein der Nachwelt aufgrund eigener Werke (oder Verfehlungen) überlebt haben, die das Bild Heines in der Öffentlichkeit formten, sondern oftmals nahezu unbekannte Feuilletonisten, die Urteile verbreiteten und damit den Nährboden schufen, auf dessen Grundlage Schriftsteller und Intellektuelle ihre eigene Position überhaupt erst ausbilden konnten. Dass diese Urteile nicht vollständig zu erfassen sind, sollte kein Grund sein, ganz auf sie zu verzichten.

Besonders deutlich zeigt sich dieses Defizit der Sammlung im Hinblick auf die Zeit des Nationalsozialismus. In der Einleitung, die der Dokumentation vorangestellt ist, untersucht Hartmut Steinecke die Wirkungsgeschichte Heines in den Jahren 1933 bis 1945 (S. 91–119). Detailliert zitiert der Paderborner Literaturwissenschaftler aus Organen wie dem »Völkischen Beobachter« und zahlreichen nach der Machtergreifung gleichgeschalteten Zeitungen und Zeitschriften. Auf diese Weise entsteht ein differenziertes Bild der Kampagnen, denen die Person wie das Werk Heinrich Heines im nationalsozialistischen Deutschland ausgesetzt war. Demgegenüber finden sich im Quellenteil jedoch nur wenige diesbezügliche Dokumente, stattdessen eine Vielzahl von Artikeln und Aufsätzen deutscher Exilschriftsteller, die, nachdem sie Deutschland verlassen mussten, in dem Dichter, der die zweite Hälfte eines Lebens in der französischen Hauptstadt verbrachte, eine Identifikationsfigur erkannten. Es ist zugegebenermaßen nahezu unerträglich, die ideologisch verblendeten Schmähartikel eines Will Vesper zu zitieren, gleichwohl wäre dies eine wichtige Aufgabe einer solchen Quellensammlung gewesen.

Im Anschluss an die Dokumente, die in der chronologischen Folge ihres Erscheinens dargeboten werden, bietet der Band im Anhang kurze biographische Skizzen zu den jeweiligen Verfassern, bibliographische Nachweise und Einzelstellenkommentare, die jedoch im Gegensatz zum ersten Band der Edition zum Teil wenig präzise, zum Teil unnötig differenziert sind. So ist einerseits zu erfahren, dass Heinrich Mann, ein »Bruder Thomas Manns« ist (S. 615) und Theodor W. Adorno der »Sohn eines jüdischen Weinhändlers und einer italienischen Sängerin«, woran sich eine zwölfzeilige Kurzbiographie anschließt, während andererseits biographische Informationen über Emil Schneemann, der im Jahr 1934 den diffamierenden Artikel »Heinrich Heine. Der Schmutzfink im deutschen Dichterwald« in der »Deutschen Turnzeitung« veröffentlichte, bis auf den knapp zweizeiligen Hinweis: »geb. 1900 in Asch bei Blaubeuren, 1931 Mitglied der NSDAP. – Gärtner, später Schriftleiter« (S. 622), fehlen. Zugleich verliert sich der Stellenkommentar zuweilen in Erläuterungen wie »enfant terrible: schreckliches Kind« (S. 625) oder »Valeurs: Wertigkeiten, Abstufungen« (S. 657), die in jedem Wörterbuch bzw. Konversationslexikon leicht nachzuschlagen sind.

Wenngleich die Textauswahl des Bandes wesentlich breiter angelegt ist als die der vorangegangenen Quellensammlungen von Karl Hotz (Heinrich Heine. Wirkungsgeschichte als Wirkungskritik. Materialien zur Rezeptions- und Wirkungsgeschichte Heines. Stuttgart 1975) und Karl Theodor Kleinknecht (Heine in Deutschland. Dokumente seiner Rezeption 1834–1956. Tübingen 1976), ist das dokumentierte Meinungsbild nur wenig differenzierter, so dass der Heine-Forscher vergeblich nach neuen, bislang im rezeptionswissenschaftlichen Diskurs unbekannten Dokumenten sucht.

Sikander Singh

Regina Grundmann: »*Rabbi Faibisch, Was auf Hochdeutsch heißt Apollo*«. *Judentum, Dichtertum, Schlemihltum in Heinrich Heines Werk*. Stuttgart: J. B. Metzler 2008. 487 S., € 69,95.

Die Universität der Stadt Düsseldorf trägt den Namen Heinrich Heines, der 1797 in eben dieser Stadt geboren wurde. Die Namensgebung, die den Dichter ehren sollte, erfolgte im Dezember 1988 nach einer über zwanzigjährigen Diskussion. War Heine, der in seinen letzten Jahrzehnten in Paris lebte und kritisch über Deutschland schrieb, denn wirklich ein deutscher Dichter und ein bewusster Sohn seiner Geburtsstadt am Rhein? Auch in Jerusalem war eine Entscheidung für eine Namensgebung nicht leicht gefallen. Zur Debatte stand die Neubenennung einer Straße. Zwar gab es in Haifa bereits einen Heinrich-Heine-Platz und in Tel Aviv eine kleine Nebenstraße, die nach Heine benannt wurde. Die Stadtverordneten in Jerusalem hielten aber noch länger an einer Satzung fest, nach der Straßen nicht nach konvertierten Juden benannt werden können. Der zum Protestantismus übergetretene Heine war daher auch hier eine umstrittene Wahl. Erst im Anschluss an eine Konferenz zu Heines Werk und anlässlich seines 204. Geburtstages wurde 2001 eine Straße in Jerusalem nach ihm benannt.

Die Entscheidung des Jerusalemer Stadtrats war vor allem durch ein Buch beeinflusst, nämlich die Heine-Biographie des israelischen Schriftstellers Yigal Lossin. Lossin beschrieb Heine als einen Autor, der nicht nach der jüdischen Religion lebte und weder dem orthodoxen noch dem Reformjudentum anhing. Stattdessen wählte Heine einen »dritten Weg« und begrüßte ein kulturelles Judentum. So konvertierte er zwar zum Protestantismus, verstand sich aber bis zu seinem Tode – so Lossin – auch als Jude. Dieser Gedanke eines kulturellen Judentums kam gerade einer Richtung des Zionismus entgegen, die nun auch Heine als einen zionistischen Vorvater verstehen konnten.

Ist Heine nun ein deutscher Dichter? Ein jüdischer Dichter? Und wie steht es um sein Judentum? Die Debatten um die Universitätsbenennung in Düsseldorf und die Straßenbenennung in Jerusalem machen nicht nur auf lokalpolitische Entscheidungen aufmerksam, sondern auch auf ein besonderes Dilemma. Denn der Dichter, der von Hannah Arendt in ihrem Aufsatz zur »Verborgenen Tradition« noch als ein meisterhafter Literat gefeiert wurde, dem als einzigem allein eine Symbiose von deutscher und jüdischer Sprache gelingen sollte, wird meistens nur von einer Seite betrachtet. Er ist damit der Sänger der Loreley *oder* der Dichter des Rabbi von Bacharach.

Regina Grundmanns Dissertation zu Heines Biographie und Werk, die nun als Buch erschienen ist, widmet sich gerade der Frage nach seinem Judentum. Bereits im Titel »Rabbi Faibisch, Was auf Hochdeutsch heißt Apollo«. Judentum, Dichtertum, Schlemihltum in Heinrich Heines Werk« weist Grundmann auf ihre Spurensuche hin, die allerdings wiederum eine Doppelung von Deutschem und Juden annimmt, um dann das eine – den Juden – dem anderen – dem Deutschen – gegenüberstellen zu können. So beschreibt sie jüdische Traditionen, die aschkenasische und sephardische Welt des Judentums, um Antwort geben zu können auf die Frage: Wie sehr war Heine wirklich der jüdischen Religion und ihren Traditionen verbunden? Was wusste er von einer jüdischen Kultur und wie definierte sich diese für ihn? Hatte er einen Begriff vom »jüdischen Volk«?

Der Versuch, Heine als jüdischen Dichter zu verstehen, hat Tradition. Anthologien wie »Prinzessin Sabbat: Über Juden und Judentum«, veröffentlicht 1997 vom Berliner Philo Verlag, der den Namen des in den 30er Jahren begründeten Verlags des Central-Vereins deutscher Staatsbürger jüdischen Glaubens trägt, deuten in die gleiche Richtung, aber auch Studien wie »Reinscribing Moses: Heine, Kafka, Freud, and Schoenberg in a European Wilderness« von Bluma Goldstein (Cambridge 1992) oder »By the Rivers of Babylon: Heinrich Heine's Late Songs and Reflections« von Roger F. Cook (Detroit 1998). Grundmann möchte jedoch nicht nur ein bestimmtes Motiv untersuchen (etwa die Figur des Moses) oder einen bestimmten Gedichtzyklus (etwa Heines Spätwerk). Ihr geht es um die Lebenserfahrung Heines, die sie in großen Zügen zu skizzieren versucht, und die Spuren in seinem Gesamtwerk.

Dies ist, natürlich, ein großes Unternehmen, das nicht nur zu Zitatsammlungen aus Heines Werken Anlass gibt, sondern auch zu verschiedenen Exkursen über die jüdische Aufklärungsbewegung in Berlin, die Wissenschaft des Judentums oder einfach Erklärungen jüdischer Feiertage. Anhand des »Falles Heine« lernen die Leserinnen und Leser daher ein Panorama des frühen neunzehnten Jahrhunderts kennen, und Heine bildet damit den Sonderfall – er im Besonderen wurde zum bekannten Dichter – sowie das historisch und sozial vermittelte Beispiel einer ganzen Generation. Datensammlungen, Zitatgruppen und kommentierte Listen von möglicherweise gelesenen Büchern stecken einen positiven Bereich ab, in und durch den das greifbar gemacht werden soll, was eigentlich nicht eigentlich greifbar gemacht werden kann: Heines Judentum.

Man lernt sehr viel über Heines Werk, das Grundmann gut und leicht zitieren kann, findet sich aber ein wenig in einem Wald, der die einzelnen Bäume kaum noch hervortreten lässt. Denn die Form einer deutschen Dissertation, die hier noch gepflegt wird und die mit einem Forschungsbericht beginnt und den Fleiß eines genauen Quellenstudiums beweisen möchte, verstellt oft die Frage nach dem Wesentlichen, Provokanten – oder ganz einfach nach den Schlussfolgerungen, die aus dieser Materialsammlung zu ziehen wären. Grundmanns Buch zeigt damit die Vor- und Nachteile sowohl der traditionellen Dissertations-Form wie auch der positiven Literaturwissenschaft, bei der vor lauter Daten- und Faktensammlungen der Text oft schwer lesbar ist und die Argumentation leicht untergehen kann. Grundmann hat aber eine These, die allerdings erst zum Ende ihrer Arbeit erscheint. Erst in ihrer »Schluss«-Formulierung bringt sie ihre Untersuchung auf einen Punkt: »Auch dem Begriff ›Jude‹ verleiht Heine in seinem Werk eine neue Bedeutung«, schreibt sie dort. »Er bestimmt diesen Terminus nicht mehr religionsgesetzlich, sondern ›Jude‹ wird für ihn zur ›Chiffre für ein leidendes Wesen‹ und, im Spätwerk, zum Synonym für ›Dichter‹« (439). Hier sollte das Buch eigentlich seinen Anfang nehmen und diese Wahrnehmung nicht als Schluss-, sondern als Ausgangspunkt literaturwissenschaftlicher, philosophischer, religionswissenschaftlicher Überlegungen betrachten.

Shmuel Feiner und Christoph Schulte haben in ihren Arbeiten zur jüdischen Aufklärung (Haskala) in Deutschland sicherlich informationshaltigere sowie argumentativere Übersichten geschrieben, Steven Lowensteins Werk informiert genauer über die Sozialgeschichte Berlins im frühen neunzehnten Jahrhundert. Es gibt ebenfalls ausführlichere Studien zu den jüdischen Feiertagen oder die Rezeption der Sephardim im Deutschland zu Heines Zeit. Heine-Leser wie Paul Peters, Klaus Briegleb oder Jeffrey Sammons haben in vielen Büchern und Aufsätzen stringentere Lektüren von Heines Leben und Werk veröffentlicht. Im Gegensatz zu diesen Arbeiten hat Grundmanns Buch eher einen enzyklopädischen Charakter. Besonders denjenigen Leserinnen und Lesern, die nach bestimmten Referenzen suchen, wird es dadurch allerdings unschätzbare Hilfe leisten.

Liliane Weissberg

Peter Uwe Hohendahl: *Heinrich Heine: Europäischer Schriftsteller und Intellektueller.* Berlin: Erich Schmidt 2008 (= Philologische Studien und Quellen, H. 212). 248 S., € 29,80.

An den Arbeiten Peter Uwe Hohendahls führt bei der Beschäftigung mit der deutschen Literatur des 19. und 20. Jahrhunderts kein Weg vorbei. Er gehörte zu den Pionieren bei der Eroberung der Literatur des Jungen Deutschland und des Vormärz für die westdeutsche Germanistik Anfang der 1970er. Das Bewusstsein vom engen Zusammenhang von Literatur und Politik war Ausgangspunkt seines Denkens und Arbeitens, und es konnte unter diesen Umständen nicht ausbleiben, dass er recht früh auch auf den Autor Heinrich Heine stieß. Dass aus dieser Begegnung dann ein lebenslanges Forschungsthema wurde, ist für uns alle ein Glücksfall, wie der hier anzuzeigende Band nachdrücklich unterstreicht, der eine Auswahl von elf Heine-Arbeiten Hohendahls aus dem Zeitraum 1973 bis 2006 versammelt.

Dabei ist dieser Band durchaus nicht nur unter dem Aspekt der Heine-Forschung, sondern auch unter wissenschaftshistorischen Gesichtspunkten interessant. Das war selbstverständlich auch dem Verfasser bewusst, als er das Buch zusammenstellte; sein Vorwort und vor allem der Epilog machen das sehr deutlich. Von den Anfängen einer in den 1970er Jahren zumindest im Westen – Hohendahl war schon früh in die USA gegangen, wo er bis heute lebt und arbeitet – sich erst etablierenden Heine-Forschung bis in die Gegenwart, wo sich Jahr für Jahr eine Sturzflut von Heine-Publikationen über uns ergießt: Hohendahl hat diesen Paradigmenwechsel als Akteur und kritischer Beobachter mit erlebt und mit gestaltet.

Er hat dabei manchen Meilenstein für die Heine-Forschung gesetzt, von denen einige in diesem Band zu besichtigen sind. Das beginnt gleich mit dem ersten Beitrag, der sich 1973 »Heines Kritik an der Romantik« zuwandte. Er bleibt nicht bei der Nacherzählung der Abrechnung mit der »Romantischen Schule« stehen, sondern zeigt sehr differenziert, dass Heine sich immer noch denselben Fragen gegenübersah wie die romantische Generation, aber nach neuen, zeitgemäßen Antworten suchte: »Indem Heine die Frage nach den Bedingungen und Möglichkeiten von Kunst in der modernen Gesellschaft restituierte und gegen die Romantik ausspielte, nahm er die verschütteten Gedanken der Revolutionsepoche wieder auf, knüpfte er also in der Sache an die rebellische Frühromantik an.« (S. 44) Er tut das einerseits im Licht der Hegel'schen Kritik an den Möglichkeiten der Kunst, die abstrakter gewordene Welt überhaupt noch angemessen darzustellen. Heines berühmtes Bekenntnis zum »Supernaturalismus« hebt mithin typisch romantische Theorieelemente auf ein modernes

Reflexionsniveau – und macht sie so anschlussfähig für die europäische Moderne, ein Aspekt auf den bereits der Titel des Buches aufmerksam macht. Andererseits verabschiedet er das frühromantische Konzept einer poetischen »Rettung« der bürgerlichen Welt und betont stattdessen den engen und unlösbaren Zusammenhang von Kunstgeschichte und Realgeschichte.

Dieser Beitrag, er gehört zum ersten, »Zur Literatur und Kunst« überschriebenen Abschnitt des Buches, steht nicht nur wegen der Entstehungszeit mit viel Recht am Anfang. In ihm hat der Verfasser zu einem frühen Zeitpunkt seiner Beschäftigung mit Heine eine Fülle von Fragen und Motiven ausgebreitet, die er dann in späteren Arbeiten entfaltet und ausarbeitet. Der Beitrag »Heines ›Romantische Schule‹ im Kontext der zeitgenössischen Literaturgeschichte« beschreibt ein weiteres Beispiel für Heines kritisch-progressiven Umgang mit der romantischen Tradition. Er stellt sich dem von der Romantik ausgehenden und von Gervinus umgesetzten Prozess der Philologisierung der Literaturgeschichte bewusst entgegen, fiktionalisiert die (wissenschaftliche) Kritik, kreuzt die Sphäre des methodisch geleiteten und des poetischen Schreibens und gelangt auf diese Weise zu seiner sehr modern anmutenden Form der »geschichtlichen Erzählung«. Heines Kritik an den französischen Malern (»Heine und die französische Malerei«) beschreibt Hohendahl als gelungenes Beispiel einer Verbindung von Kunst- und Gesellschaftskritik und frühen Schritt hin zu einer »kritischen Kunstsoziologie« (S. 77). Ähnliches gilt für die Musikkritiken Heines (»Heine als Musikkritiker«). Interessant sind die Beobachtungen über das Verhältnis der verschiedenen Künste zueinander bei Heine, der die Sprache stets als das primäre und überlegene Medium betrachtet, dessen Hilfe nötig ist, um sich der Musik oder den Bildern zu nähern, ihre kulturelle und gesellschaftliche Rolle einem großen Publikum zu erläutern.

Auch der wegweisende Beitrag über »Heines Position in der modernen europäischen Literatur« greift Aspekte auf, die in dem frühen Romantik-Aufsatz bereits angesprochen werden. Völlig zu Recht wird auf Heines Pionierrolle in der Geschichte der literarischen Moderne hingewiesen, die insbesondere deutlich wird, wenn man seine Rezeption bei den französischen Intellektuellen (Gautier, Baudelaire, den Brüdern Goncourt) betrachtet. Wenn Hohendahl das veränderte Verhältnis insbesondere des späten Heine zur Sprache betont, die jetzt als Material begriffen wird, »dessen poetische Gestaltung die Dissonanzen hervorhebt, in denen sich die Verletzung und Erschütterung des Subjekts äußert« (S. 109), so könnte man von dort aus auch auf die frühe Lyrik verweisen, die unter diesen Vorzeichen ebenfalls in einem neuen Licht erscheinen kann. Doch konzentriert sich Hohendahl hier wie im gesamten Band ganz auf den ›französischen‹ Heine.

Der zweite Abschnitt des Buches trägt den Zwischentitel »Der Dichter und die Öffentlichkeit« und enthält drei Beiträge, wovon zwei sich mit der Rolle des Intellektuellen in der modernen Gesellschaft auseinandersetzen. Aber auch der erste Aufsatz »Die Börne-Heine-Fehde und ihre Nachgeschichte« kreist um dieses Problem. Heine besteht bekanntlich gegenüber Börne auf dem ästhetischen Mehr- und Eigenwert und leugnet entschieden einen Primat des Politischen. Das wird ihm von vielen Seiten übel genommen, zunächst von der linksradikalen Kritik, dann aber auch von einer sich gegen Ende des 19. Jahrhunderts zunehmend als staatstragend definierenden Literaturgeschichtsschreibung. Jene Entfremdung von den deutschen Zuständen, die Campe dem Heine der Börne-Schrift sorgenvoll bescheinigte, schlug in den Hetzschriften der nationalistischen Germanisten um in die hasserfüllte Expatriierung des Dichters. Der Beitrag »Macht und Ohnmacht des Intellektuellen« greift auf den Heine-Börne-Gegensatz zurück und unterstreicht die Schwierigkeiten, die sich für Heine einem bruchlosen Rückgriff auf die Traditionen der Aufklärung in den Weg stellen. Die Waffen des modernen Intellektuellen sind »literarischer und komplexer« geworden, »nicht zuletzt dann, wenn er auf die Wirklichkeit verweist und zur Tat drängt« (S. 157). Im Beitrag »Der Intellektuelle als Dichter« geht Hohendahl der Spannung zwischen diesen beiden Rollen nach und zeigt, wie sich das Verhältnis in Heines Selbstverständnis gewandelt hat. Hatte er in den 1830er Jahren noch die Vorstellung, dass der Dichter zugleich auch auf der Höhe der Zeit sein konnte als »Tribun und Apostel«, wie es in der »Romantischen Schule« heißt, so verliert sich diese Hoffnung in den folgenden Jahrzehnten zugunsten der Einsicht, dass Politik und Poesie nicht notwendig zur Deckung kommen müssen und können. Trotzdem sieht Hohendahl Heine an seinem Konzept des intellektuellen Dichters festhalten, der am Ende allerdings nicht mehr kann, als auf die gesellschaftlichen Widersprüche aufmerksam zu machen und mehr oder weniger resigniert ihre Lösung einzufordern.

Der dritte und letzte Abschnitt des Bandes enthält zwei Beiträge zur Heine-Rezeption im 20. Jahrhundert. Der erste setzt sich mit der »Heine-Rezeption um 1900« auseinander. Zunächst wird noch einmal die Debatte um die Frage rekapituliert, ob Heine zur deutschen Kultur zu zählen sei oder nicht, die bekanntlich vom überwiegenden Teil der Teilnehmer aus nationalistischen und rassistischen Gründen mit Nein beantwortet wurde. Interessanter sind die Beobachtungen, die Hohendahl über die ebenfalls gescheiterte Heine-Rezeption in den Kreisen der deutschen Intellektuellen und Dichter der Zeit anstellt. Bezugspunkt ist hier Nietzsches Bemerkung über den artistischen Stil des Dichters, die sowohl negativ wie positiv rezipiert wurde. Das prominenteste Beispiel für die negative Rezeption ist Karl Kraus mit seiner moralisch motivierten Kritik an Heines angeblichem ›Verrat der Poesie an das Feuilleton‹. Dagegen steht die positive Heine-Rezeption der Brüder Mann, die in ihren Anfängen auch noch an den Ästhetizismus anknüpft, später aber andere Aspekte hervorhebt und in ihren Unterschieden ein bezeichnendes Licht auf die beiden Brüder und ihr Verhältnis wirft. Das von Nietzsche aufgeworfene Problem der Artistik von Heines Sprache blieb ungelöst, und völlig zu Recht sieht Hohendahl erst in Heißenbüttels Heine-Essay aus dem Jahr 1970 das artistische Potential von Heine Sprache mit ihrem ganz eigenen Bezug zur sozialen Wirklichkeit angemessen gewürdigt. Wie sehr auch ein Autor wie Theodor W. Adorno, der Heine in vielem doch sehr nahe sein musste, den um 1900 gelegten Perspektiven und Vorurteilen verhaftet blieb, zeigt schließlich der letzte Beitrag des Bandes »Adorno als Leser Heines«. Erst in seinem offenkundigen Misslingen, so Adornos Argument, gelingt Heine schließlich das ›authentische‹ moderne Gedicht. Diese dialektische Figur, so Hohendahl, der sich selbst der kritischen Theorie verpflichtet fühlt, gelte ebenso für Adornos Essays, deren Wahrheitsanspruch ja gerade durch die bewusste Verletzung wissenschaftlicher Methodik, »durch seine (im systematischen Sinn) Unwahrheit vermittelt ist« (S. 220). Trotzdem bleibt das Unverständnis darüber deutlich spürbar, wie Adorno als Emigrant und Überlebender des Holocaust sich 1956 so nahe und ungeschützt an die Argumente der antisemitischen Heine-Schmähungen heranwagen konnte.

Insgesamt ist dieser Sammelband, und das unterscheidet ihn von vielen ähnlichen Unternehmen, auch heute noch für jeden Heine-Freund, sei er Liebhaber oder Forscher, mit großem Gewinn zu lesen. Er entwirft in gut lesbaren und sorgfältig argumentierenden Beiträgen das Bild eines kritischen Schriftstellers und Intellektuellen, der für die deutsche wie europäische Kultur entscheidende Weichen in Richtung auf die Moderne stellte und dabei ein Potential entwickelt hat, dass trotz aller Begeisterungsstürme der letzten Jahrzehnte um den früher so missachteten Dichter noch längst nicht aufgebraucht ist.

Bernd Kortländer

Maximilian Kusch: *Tageswahrheit. Heinrich Heines Bruch mit der dualistischen Denktradition der Moderne.* Würzburg: Königshausen & Neumann 2008 (= Epistemata. Würzburger Wissenschaftliche Schriften. Reihe Literaturwissenschaft, 633). 292 S., € 39,80.

Kuschs Arbeit, zugleich seine Dissertation an der Freien Universität Berlin (2007), stellt eine der zentralen Basisprämissen der Heineforschung in Frage: die bis heute (fast) unerschüttert gebliebene Annahme, Heines Texte seien fundamental von dualistischen Denkstrukturen geprägt. Die konnte sich nur mit der Umgehung einer Differenzierung zwischen Analyseebenen halten, die aber offenbar nach wie vor große Überzeugungskraft zu besitzen scheint: Sie privilegiert Heines notorische Großoppositionen und ihre Varianten (»Sensualismus« vs. »Spiritualismus«, »Geist« vs. »Materie«, »Zerrissenheit« etc.) als Interpretationsmodelle für fast das gesamte Werk, interpretiert Heines Texte also letzten Endes mit sich selbst, d. h. mit Modellen, die gleichfalls aus Heines Texten abstrahiert worden sind. Das Verdienst von Kuschs Arbeit liegt darin, gegen solche Generalisierungen und Übertragungen Grenzen aufzuzeigen und Präzisierungen einzufordern, auf die begrenzte Reichweite und damit die eingeschränkte Relevanz dualistischen Denkens zu verweisen und dabei den Blick auf dessen durchaus verschiedene und sich verändernde Funktionsweisen zu richten. Verabschiedet wird also die flächendeckende Deutungsmacht einer Basisopposition, der sich ja zum Beispiel Figuren wie Kleopatra aus »Shakespeares Mädchen und Frauen« oder Mephistophela aus dem Tanzpoem »Doktor Faustus« nicht so recht fügen wollen (vgl. S. 252f., S. 254ff.), stattdessen geht Kusch von der Konkurrenz zweier Diskurse aus: dem Rückgriff auf traditionelle dualistische universale Kulturtheorien (mit deren Elementen zunehmend experimentiert wird) einerseits, und dem »Gegendiskurs« einer »Ästhetik der Vorläufigkeit«, die das »Denken in Gegensätzen und Synthesen als anachronistische Denktradition verabschiedet« (Klappentext). Diese Gleichzeitigkeit des Ungleichzeitigen, aus der keine zielgerichtete Entwicklung, wohl doch aber so etwas wie ein »Weg« hin zu »Nietzsches spätmoderner Kritik an der selektiven Identifizierungsleistung solcher Denkmodelle« (S. 18) rekonstruiert wird, wird historisch verortet: Heines »Übergangsposition« (ebd.) ist keine singuläre, sondern eine, die an die Anderegeln im »Experimentierfeld Vormärz« (Frank: Romane als Journal. – In: Journalliteratur im Vormärz. Bielefeld 1996, S. 15–47) gebunden ist.

Dieser historischen Verortung ist das erste Kapitel gewidmet, das die raumzeitlichen »Wahrnehmungsveränderungen zwischen 1820 und 1840« als Generator für einen »Bruch in der Geschichte der Moderne« herausarbeitet, »in dessen Zuge dualistische Denkmodelle problematisch werden« (S. 19). Kusch deckt hier zum einen (in Anlehnung an Luhmann) die ordnungsstiftende, weil Komplexität reduzierende Funktion von binär-universalen Wirklichkeitscodierungen und von prozessual-teleologischen Zeitmodellen und deren notwendige enge Verknüpfung auf. Zum anderen verweist er auf die vormärzlichen Beschleunigungserfahrungen und die daran gebundenen Wahrnehmungskrisen: Anknüpfend an die einschlägige Forschung und mit Bezug auf die bekannten Texte Heines zu Eisenbahn- und Verkehrserfahrungen konzentriert sich Kusch hier vor allem auf die Auflösung raumzeitlicher Distanzen, die die traditionelle »kontinuierliche, linear geordnete Interpunktion der Dinge in Zeit« (S. 65) irritiert, und auf den schnell(er)en Wechsel von Bedeutungen, was die Beziehungen zwischen Signifikat und Signifikant lockert oder gar auflöst (vgl. S. 67 f.) und so die traditionellen aufklärerisch-idealistischen, in allen Bereichen (d. h. bezogen auf Wirklichkeit, Sprache, Geschichte, Person etc.) auf klare Distinktionen und geregelte Beziehungen bauenden Ordnungsmodelle zu irritieren beginnt.

Nach der Klärung epochaler Wahrnehmungs- und Denkbedingungen wenden sich die folgenden drei Kapitel Heines Texten zu: Das zweite präludiert dem dritten und vierten und zeigt mit Bezug auf Passagen aus den »Briefen aus Berlin«, der »Harzreise« und den »Englischen Fragmenten«, dass Heine bereits in den 1820er Jahren »Umbruchserfahrungen« artikuliert, die »weit über die Diagnose einer dualistischen Zerrissenheit des modernen Menschen hinausgehen«, weil sie Phänomene der Entgrenzung und Entdifferenzierung in den Blick zu nehmen versuchen – sei es in der modernen Gegenwart, die so ganz anders funktioniert als die klar geordneten und auch geographisch scharf umgrenzten Inselgesellschaften an der Nordsee oder in den Tälern des Harzes, oder sei es im Ordnungsverlust in der »perzeptiven Überlastung« (S. 95), die die Londoner Stadtbeschreibungen erkennen lassen.

Das dritte Kapitel beschäftigt sich ausführlich mit Heines dualistischen Argumentationsmodellen um 1830 in den beiden großen Deutschlandschriften »Die Romantische Schule« und »Zur Geschichte der Religion und Philosophie in Deutschland«. Heine spielt mit dem geschichtsphilosophisch fundierten Dualismus von »Sensualismus« und »Spiritualismus« Möglichkeiten einer »universalen Kulturgeschichte« durch, »die auf das Prinzip der zukünftigen Selektivität spekuliert und deren Kohärenz (Kausalität, Kontinuität, lineare Perfektibilität) durch einen binären Strukturcode abgesichert wird« (S. 22). In diesem Strukturcode funktionieren die beiden Gegensätze nicht als selbstständige Größen, sondern nur in wechselseitiger Bezugnahme, weil sie immer das »Defizit des jeweils entgegengesetzten Zustands beschreiben« (S. 117) müssen. Das, was die Forschung so manches Mal in die Bredouille treibt – die gegenläufigen Mehrfachbewertungen derselben Personen (z. B. Goethe oder Luther) oder Epochen (z. B. Antike oder Renaissance) – erweist sich für Kusch als »Ordnungszwang« eben dieser Denkfigur, mit der »Ereignisse und Entwicklungen nur in Form von zwei entgegengesetzten Zuständen – Monismus und Dualismus – dargestellt werden können« (S. 120), so dass sich mit »einem relativ beschränkten Argumentations-Repertoire« nur »drei historische bzw. gesellschaftliche Systemzustände beschreiben lassen, die durch eine Einheit von Geist und Materie oder durch einen sinnlich dominierten oder geistig dominierten Dualismus gekennzeichnet sind« (S. 115). Die Erweiterung und Flexibilisierung des Sensualismus-Konzeptes in »Zur Geschichte der Religion und Philosophie in Deutschland« lockert die binäre Strenge zwar auf und bietet zusätzliche Differenzierungsmöglichkeiten, Aporien auch dieses Konzepts zeigen sich vor allem im Umgang mit der eigenen Gegenwart: Der Zwang zur Binarisierung gilt auch hier, so dass etwa Erscheinungsformen moderner Industrie- und Massengesellschaften mit ihm bearbeitet werden müssen (vgl. S. 155 f.). Die viel interpretierte, am Ende des Textes angekündigte Katastrophe ist Kusch zudem Indiz für »erhebliche Argumentationsschwierigkeiten« und damit für die Grenzen der Leistungsfähigkeit eines Modells, das Entgegensetzungen als Wechselverhältnisse und als Generator einer universalen Fortschrittsgeschichte denkt. Die Versöhnungsutopie funktioniert unter dem Druck der Gegenwartserfahrungen nur noch als abstrakte Fernerwartung, als Naherwartung führt die »Universalhermeneutik in die Katastrophe« (S. 152), sie gibt sich »als ein enormer Betrug der deutschen Ideengeschichte zu erkennen« (S. 154).

Das vierte, letzte und umfangreichste Kapitel beschreibt schließlich die Ablösungsprozesse und dabei die verschiedenen Facetten eines »Gegendiskurses«, der zum einen in dekonstruktiven Argumentationsverfahren die »Setzung solcher Leitdifferenzen als Strategien künstlicher Ordnung entlarvt«, zum anderen mit Narrationen experimentiert, die »gerade die Erfahrungen der Temporalität, Diskontinuität, Nichtidentität und Gleichzeitigkeit thematisieren und die beschleunigte Verfallszeit von Bedeutungen im Text reproduzieren« (S. 23). Gezeigt wird das exemplarisch an vier Themenschwerpunkten: zuerst an den Pariser Großstadttexten, in denen Heine – im Zeichen von Zeitknappheit – die polare Strukturierung von Realität in eine Vielfalt von Perspektivierungen auflöst und dabei den konstruktiven Charakter und die begrenzte Reichweite jeder Deutung hervorhebt: »Im Mittelpunkt steht aber nicht, was er [der Aufstand der Republikaner in »Französische Zustände«, M. P.] bedeutet, sondern wie er gedeutet wird« (S. 183). Auch Heines Rede über Geschichte funktioniert zunehmend auf diese Weise: Geschichte wird als Konstruktion enttarnt und die Ordnung der Dinge, die bislang auf ihrer Unterscheidbarkeit und auf einer eindeutigen Positionierung auf der Zeitachse beruhte, wird aufgelöst in ein Nebeneinander »konkurrierender Kohärenzstrategien« (S. 202). So ist Heines Rede über Geschichte ab dem Ende der 1830er Jahre »vor allem eine Meta-Rede über die narrative Inszenierung von Geschichte« (S. 208). Mit dem

Gegensatz von »Hellenen« und »Nazarenern« werden dann die dualistischen Argumentationsmodelle zugleich zum Höhe- und Endpunkt geführt: Dessen statische und transhistorische Konzeption erlaubt es, Gegenwartserfahrungen (die ja den Gegensatz von »Sensualismus« und »Spiritualismus« in die Krise geführt hatten) und inzwischen skeptisch beurteilte Zukunftserwartungen »kategorisch« (S. 226) auszuklammern. Und schließlich entwickelt Heine auf Ununterscheidbarkeit angelegte Argumentationsfiguren und Erzählverfahren und einen neuen Figurentyp, der sich »jeder allegorischen Lesbarkeit und binären Decodierung« entzieht und sich stattdessen auszeichnet »durch Tanz, ambivalente Sinnlichkeit, Rausch, dämonisch-›spöttische Zerstörungslust‹ (B I, 581), Identitätsverweigerung und bacchantische Lebensgier« (S. 227). Figuren wie die modernen Französinnen, Kleopatra oder Mephistophela beschreibt Kusch als »Chiffren des Widerstands«, die einen »Beobachtungsposten außerhalb der gültigen, aber bereits brüchigen gesellschaftlichen Übereinkünfte« (S. 241) einnehmen und Alternativen zu deren Ordnungsmodellen darstellen. Mit der bereits ab Mitte der 1830er Jahre relevant werdenden »Dämonen-Chiffre« bringt Heine dabei einen »ganz anderen, wesentlich ambivalenteren und gleichermaßen vitalen wie bedrohlichen Trieb ins Spiel«, der die »hellenisch-nazarenische Weltpsychologie« aber nicht nur erweitert, sondern »sprengt« (S. 246) und dabei »zerstörerische Potenziale, unberechenbare Entwicklungen und Orientierungsverlust« (S. 265) thematisierbar macht. Hier, im Versuch, dualistischen Ordnungsstrukturen zu entgehen, haben nach Kusch auch die emphatisch besetzten Selbstreferenzen ihren Ort: die nicht in ein System eingeordneten »lebendigsten Lebensgefühle« der »Verschiedenartigen Geschichtsauffassungen« und die Autonomie der Kunst, wie sie in »Über die Französische Bühne« als »Selbstzweck« eingefordert wird (vgl. S. 227).

Insgesamt basiert der Ertrag der Arbeit hauptsächlich auf der hier nachgezeichneten konsequenten Neujustierung von größtenteils gut bekannten Passagen aus Heines Werk und einer Reihe von Forschungsergebnissen, weniger auf präziser Textarbeit (Ausnahmen bilden vor allem das Kapitel IV.2 (Heines posthistoire. Die Dekonstruktion der Geschichte) und IV.3 (Die dionysischen Chiffren der Dekonstruktion, zu »Doktor Faust«). Zwei Dinge bleiben gleichwohl zu monieren: Zum einen sind das Inkonsequenzen im methodischen Zugriff. Kusch versucht in seinem ersten Kapitel, die Binäroppositionen und die Zeitmodelle aufklärerisch-idealistischer Provinienz, von denen Heine noch beeinflusst ist, mit Luhmann'scher Systemtheorie als Komplexitätsreduktionen zu erfassen. Er verlässt diese Perspektive aber bei der Analyse von Heines »Gegendiskurs«, so als ob hier Komplexität nicht (mehr) reduziert würde und sich nun endlich die krisenbesetzten Gegenwartserfahrungen in den Texten ausdrücken könnten. »Authentizität« scheint hier ein Kriterium der Interpretation zu sein – ein Kriterium, das Kusch zum Teil mit Bezug auf Heines eigene Formulierungen gewinnt, zum Teil aber auch deutlich als sein eigenes Beobachtungskriterium ausgibt (S. 74, 78 f., 89, 91, 99, 246, 263 und öfter), so dass es hier zum Teil zu einer Verwischung der Grenzen von Objekt- und Metasprache kommt. Mit Systemtheorie, die jegliche Kommunikation mit binären Codierungen beobachtbar macht, lässt sich das nun freilich nicht machen (Unsicherheiten im Umgang mit ihr zeigen sich übrigens auch im unsachgemäßen Gebrauch der Begriffe »Code« und »Programm«). Wichtiger scheint aber noch, dass damit der Konstruktcharakter auch von Heines »Gegendiskurs« aus dem Blick gerät, nur ganz am Rande, in einer Fußnote, ist von »erzählerische[r] Verfügbarkeit über die in diesen Figuren beschriebenen Ambivalenzerfahrungen« (S. 265) die Rede. Welche Ordnungsstiftungen aber etwa dem Panoptikum eigen sind, das Kusch für die Beschreibung von Heines posthistoire so wichtig ist, kann man schon bei Foucault nachlesen; dass das Signaturenlesen (vgl. S. 264 ff.) die Unordnung auf der Oberfläche belässt und die Ordnung in der Tiefe findet, hat zum Beispiel Jürgen Fohrmann als zentrale Argumentationsstrategie der Literaturgeschichtsschreibung des 19. Jahrhunderts herausgearbeitet (Fohrmann: Das Projekt der deutschen Literaturgeschichte. Stuttgart 1988). Und auch wenn die Marmorgöttinnen der späteren Texte Bedeutungen flottieren lassen und nicht mehr fixieren (vgl. S. 228 ff.), sind es eben doch Marmorgöttinnen und kein Pariser Vorstadtproletariat.

Der zweite Einwand gilt dem Umgang mit einschlägiger Forschungsliteratur. Hier hat Kusch – und das sei nicht aus Eitelkeit angemerkt, sondern weil es ja nun einmal zu den Anforderungen einer Qualifikationsschrift gehört, relevante Forschungsergebnisse zur Kenntnis zu nehmen und sich ihnen gegenüber zu verhalten – eine für das Thema zentrale Arbeit komplett ignoriert (was um so verwunderlicher ist, weil auch sie von Frau Albert an der Freien Universität in Berlin betreut worden ist). Hauptintention der Arbeit war der Nachweis, dass Heines diverse Geschichts- und Kunstkonzepte nicht systematisch integrierbar sind und sich nicht auf eine Grundidee zurückführen lassen, der »Kontrastästhetik« als einer problematischen Kategorie der Forschung ist dabei ein ganzes Kapitel gewidmet (Podewski: Kunsttheorie als Experiment. Berlin 2002). Solche Überlegungen weiterführend, wüsste man zum Beispiel gerne, wie Kusch seine Beobachtungen zur Figur des »Dämonischen« (die hier eben nicht berücksichtigt ist) in Bezug gesetzt hätte zu den Grenzen, die Podewski auch für das Experimentieren gezogen sieht, das alte Systeme sprengt. Dass das nicht geschehen ist, ist schade und es ist vor allem misslich, weil so die Durchschlagkraft der in beiden Arbeiten unternommenen Korrekturen verfestigter Forschungspositionen gemindert wird.

Madleen Podewski

Stefan Neuhaus/Johann Holzner (Hrsg.): *Literatur als Skandal. Fälle – Funktionen – Folgen*. Göttingen: Vandenhoeck & Ruprecht 2007. 735 S., € 79,90.

Das Verhältnis von Literatur und Skandal zu untersuchen – Skandal als unbeabsichtigter Nebeneffekt, spontan einsetzende Empörung über ein provokantes literarisches Werk ebenso wie der Skandal als Marketing-Instrument, gezielt gemacht und inszeniert –, das ist alle Male einen Reader wert, vielleicht auch einen solch ausufernden wie den Tagungsband von Neuhaus/Holzner. Die Absicht des Buches besteht, wie die Herausgeber in ihrem Vorwort betonen, nicht darin, eine »vollständige Theorie und Geschichte von Literaturskandalen« (S. 14) zu liefern, sondern darin »kaleidoskopartig Facetten des Themas, die sich am Ende im Kopf des Lesers hoffentlich zu einem Gesamtbild runden« (S. 14f.), zu beleuchten.

Das Buch geriert sich selbst adäquat zum Thema, spektakulär aufgemacht mit Rainald Goetz' »Stirnschlitzer«-Aktion beim Klagenfurter Bachmannpreis 1983. Das war nun tatsächlich ein mustergültiger Literaturskandal, der einerseits bewusst medientauglich angerichtet war, andererseits aber auch – was damals allgemein vernachlässigt wurde – über das schlichte Skandalon hinaus den Literaturbetrieb selbst angriff und in Teilen decouvrierte, also gewissermaßen der Meta-Skandal. Wer nun aber in diesem überaus umfangreichen Sampler einen Beitrag über Rainald Goetz und seine ebenso hintergründige wie provokative Aktion erwartet, wird bitter enttäuscht. Goetz wird nur ein einziges Mal im gesamten Buch erwähnt, sehr beiläufig. Die Themen, die stattdessen dort auftauchen, entwerfen ein beinahe unüberblickbares Bild literarischer Kalamitäten aller Epochen, Sprachen und Sujets – sie reichen von Gottfried von Straßburg und der Kastration Abaelards über den italienischen Futurismus zu John Millington Synge, Nabokovs »Lolita« und lesbische Literatur bis hin zu Hermann Nitsch und Maxim Biller. Wer hier einen sekundärliterarischen Kramladen insinuiert, liegt schon ganz richtig! Besonders wenn man in Rechnung hält, dass die Autoren von sehr unterschiedlicher Provenienz sind: Neben vielen renommierten und ernsthaften Wissenschaftlern, deren Beiträgen man unbedingt eine »Gute Praxis« bescheinigen möchte, sind auch verlegerische Praktiker wie Rainer Moritz (Ex-Verlagsleiter von Hoffmann und Campe) oder Martin Hielscher (Belletristik-Lektor bei C. H. Beck) eingebunden, deren Texte bestenfalls essayistisches Niveau erreichen. Natürlich ist das grundsätzlich legitim, auch wünschenswert, einmal die Perspektive der »Buchmacher« vermittelt zu bekommen – die an sich schon große Heterogenität des Skandal-Buchs wird dadurch aber zusätzlich beansprucht.

Zu den Themenschwerpunkten selbst: Das Register verzeichnet mit Abstand am meisten Einträge für Peter Handke (insgesamt 43), gefolgt von Thomas Bernhardt (32 Einträge) und Elfriede Jelinek (29 Einträge). Goethe schafft es wenigstens ebenfalls auf 29 Einträge, was verwunderlich ist, da man ihn ebenso wenig wie Max Frisch (15 Einträge) für besonders skandalwürdig gehalten hätte. Und Heine, der demgegenüber ja doch ein bemerkenswertes Konfliktpotenzial besaß, landet mit 12 Einträgen abgeschlagen unter »ferner liefen«. Ist der literarische Skandal also vornehmlich eine österreichische Angelegenheit? Nicht ganz, den zweiten Platz in dieser Statistik (bisher unterschlagen) belegt »unser« Günter Grass, man zähle und staune!

Warum diese Zahlenspiele? Auch sie belegen die Willkür und Zufälligkeit der inhaltlichen Ausrichtung, die sich als roter Faden durch dieses Projekt zieht. Natürlich heißt das nicht, dass man hier überhaupt keine Aufsätze finden könnte, die bereichernde Informationen zum Begreifen literarischer Skandale böten, aber man kann diese Einzelleistungen dann tatsächlich nur für sich sehen, in ein Gesamtbild fügen sie sich nicht ein. Allein schon die Beiträge, welche sich unter der vollmundigen Überschrift »Theorie des Skandals« versammeln, könnten inhaltlich und qualitativ unterschiedlicher nicht sein: Interessant sind die Auslassungen der Mitherausgebers Stefan Neuhaus über das »Skandal-Spiel« und wie dieses sich über spezifische Regeln im literarischen Feld verortet. Auch der Versuch von Dürr und Zembylas, eine Typologie literarischer Skandale zu entwerfen, indem sie verschiedene paradigmatische »Reibungsflächen« ansetzen, an denen sich Skandale entzünden können, bietet erste theoretische Hinweise für die Erarbeitung eines verallgemeinerten Skandalbegriffs. Zudem werden diese verschiedenen Skandaltypen gesellschaftlich kontextualisiert wie etwa der Marketing-induzierte Pseudo-Skandal:

> Der Schein- oder »Als-ob«-Skandal ist also ein Produkt der Kulturindustrie und eignet sich für die Promotion von (kommerziell orientierter) Literatur, die sich an ein Massenpublikum richtet – und dementsprechend auch auf der ästhetischen Ebene meist gewisse Vorbedingungen erfüllt (Dominanz von Ich-Erzählungen, tendenziell mimetische Erzählweisen, ein an bestehenden Jargons (Pop, Mode, Film, Werbung) orientierter Stil etc.). Der Literaturbetrieb eignet sich somit Marketinginstrumente an, die in anderen kommerziellen Kulturmärkten (Musikbranche, Bildende Kunst) bereits länger erfolgreich eingesetzt werden. (S. 85 f.)

Eine gute Ergänzung dazu ist Marc Reichweins Untersuchung über die »Paratexte« (im Sinne Genettes), welche solche inszenierten Skandale begleiten, die eben nicht immer bis zur Gänze von den Marketing-Beauftragten zu steuern sind, bisweilen nämlich richten sie sich mittlerweile gegen das zu bewerbende Objekt. So geschehen bei der Autorin Zoë Jenny, die, als »Literaturluder« konnotiert, schließlich in der »Schlampenfalle« endet und vom literarischen Markt brutal entzaubert wird: »Verrissen wird dann nicht nur ein literarisches Produkt, sondern eine visuell markierte Autorenmarke, deren Image sich verselbstständigt hat.« (S. 95)

Andreas Freinschlag dagegen skizziert einige Grundparameter und -voraussetzungen für die Formulierung einer systematisierten Theorie der Provokation (TLP), um bestimmte Muster literarischer Skandale generalisieren zu können. Wie bei allen Formalisierungsversuchen dynamischer

Prozesse ist das *cui bono* hier ein wenig fraglich, nämlich was uns so eine TLP über das hinaus verrät, was wir ohnehin schon wissen, bleibt unklar.

Was suchen aber in diesem Bereich (Skandaltheorie) der oben erwähnte Beitrag zu Abaelard und der ebenfalls bereits angesprochene Praxisbericht von Rainer Moritz? Ebenso wenig will sich Arturo Larcatis Aufsatz über die Skandalstrategien der Avantgarde hier einpassen, da die Perspektive keine theoretisierende, sondern eine allgemein historiographische ist. Überdies bringt dieser Aufsatz nichts Neues, fasst insbesondere beim Dadaismus allein Argumente aus vor langem erschienenen Monographien zusammen, vor allem Hanne Bergius' »Das Lachen Dadas« von 1989, zudem zitiert er nur selten aus den Primärquellen, sondern entnimmt seine Zitate den Publikationen anderer Forscher.

Es ist an dieser Stelle nicht möglich, all die verschiedenen Einzeluntersuchungen zu referieren und zu bewerten, die dieser Band enthält. Für ein Heine-Jahrbuch ist es natürlich unerlässlich, den Blick auf Texte zu richten, die sich mit Heinrich Heine auseinandersetzen – zwei Beiträge gibt es, die sich dem Heine-Platen-Skandal widmen. Ruth Esterhammers Aufsatz »Heines Platen-Attacke als ein Skandal mit Langzeitwirkung« befleißigt sich einer durchaus originellen Perspektive auf diesen allzu bekannten Konflikt, sie entwirft nämlich eine Rezeptionsgeschichte der sekundären Urteile über die Auseinandersetzung dieser beiden Literaten bis in die 1990er Jahre hinein. So interessant dieser Blick auf die wechselnden Moralpositionen von Forschern und Literaturkritikern ist, den Wert dieses Aufsatzes schmälert, dass er, uneingestanden, eine stark gekürzte Fassung des nahezu gleichnamigen Beitrags Esterhammers für das Heine-Jahrbuch 2007 ist. Positiv ist Claude D. Conters Aufsatz zu dieser Thematik einzuschätzen, da er den Fokus einmal weg von Heine hin auf das Verhältnis Platen – Immermann richtet, schließlich waren ja dessen in der dritten Abteilung von Heines »Nordsee« abgedruckte Xenien »Oestliche Poeten« (DHA VI, 165 f.) der eigentliche Auslöser für die Kontroverse. Conter beleuchtet die unterschiedlichen Strategien, mit denen Heine und Immermann auf die Angriffe Platens reagierten, die dieser gegen sie beide gerichtet hatte. Ob jedoch Immermanns Vorgehen tatsächlich so sehr auf Deeskalation zielte, wie Conter behauptet, ist m. E. fraglich.

Insgesamt ist der Sinn dieser Skandal-Anthologie nicht ersichtlich, tatsächlich erweist er sich als ein Kaleidoskop literarischer Skandale, allerdings leider mehr in dem Sinne, dass hier sehr beliebig verhandelt wird, wer, wann immer, wie in der europäischen Geistes- und Literaturgeschichte Skandal gemacht hat. Fruchtbarer erschiene ein Ansatz, der sich auf spezifische Themenfelder beschränken würde, zum Beispiel die theoretische Fundierung des Skandalbegriffs, meinetwegen auch die Entwicklung einer Theorie literarischer Provokation aus systemtheoretischer Perspektive. Oder aber die Konzentration auf bestimmte Einzelfälle, die dann aus verschiedensten Zugangsperspektiven beleuchtet würden. Auch wären komparatistische Ansätze denkbar: Fallstudien, die einen Vergleich unterschiedlicher Skandalstrukturen ermöglichten, gegebenenfalls auch interdisziplinär (Bildende Kunst, Musik) und länderübergreifend (was unterscheidet einen Literaturskandal in Frankreich von einem solchen in Deutschland und warum?).

Enno Stahl

Jutta Nickel: *Revolutionsgedanken. Zur Lektüre der Geschichte in Heinrich Heines »Ludwig Börne. Eine Denkschrift«.* Bielefeld: Aisthesis 2007. 274 S., € 34,80.

Die vorliegende Studie unterzieht Heines 1840 erschienene Schrift »Ludwig Börne. Eine Denkschrift« einer neuen Lektüre, die sich nicht, wie in der Forschung üblich, mit der politisch-ideologischen oder literaturgeschichtlichen Dimension der Schrift befasst, sondern deren jüdisch-philosophische Grundlegung zum Gegenstand nehmen will. Dabei orientiert sich die Verfasserin hauptsächlich an zwei Aspekten: Zum einen geht es ihr darum, zu zeigen, dass Heines Revolutionspoesie die freiheitspolitische Emanzipationsperspektive der vormärzlichen Oppositionspublizistik durchbricht. Das verdeutlicht sie an den Begriffen Herrschaft, Absolutismus, Restauration und dem Tetragramm YHWH, die gemeinhin unvereinbar mit Umsturzgedanken seien, in Heines Bearbeitung aber zu neuem Potenzial gelangten.

Zum andern unternimmt Nickel anhand von Hegels Geschichts- und Freiheitsbegriff den Versuch, Heines dichterische Arbeit in der Auseinandersetzung mit Börne einem modernen jüdischen Selbstbewusstsein zuzuschreiben, welches sich aus der Überlieferung des Gottesnamens konstituiere. Ausgangspunkt dieser Analyse ist ein Brief Heines an Laube vom 23.11.1835, in dem der Dichter äußert: »Ich weiß wer ich bin« (HSA XXI, 126). Die Verfasserin weist nach, dass es sich dabei um eine Paraphrase von Hegels Denkfigur des Absoluten (Wissen, Identität, Sein) und um eine Anspielung auf die in Exodus 3,14 überlieferte Formel des Gottesnamens (in der Übersetzung Luthers als »Ich werde sein der ich sein werde«) handelt. Darin sieht sie die selbstbewusste Konstruktion des »Ich«, welches die Wahrheit Gottes in der Geschichte erkannt habe (vgl. S. 16f.). Diesem dichterischen jüdischen Selbstbewusstsein sei allerdings die Zerstörung des Tempels in Jerusalem als »geheimes Datum« (S. 23) des Rückzugs Gottes aus der Welt eingeschrieben. Heines Texte ließen sich daher als das Bemühen um die Restauration des Gottesnamens aus der Perspektive Hegels begreifen. Wie Heine diese Restauration vollzieht, weist die Autorin in überzeugender und wissenschaftlich fundierter, wenn auch methodologisch teilweise nur schwer nachvollziehbarer Weise in Texten wie »Ueber Polen«, »Ideen. Das Buch Le Grand« sowie »Zur Geschichte der Religion und Philosophie in Deutschland« und »Romanzero« nach und zieht mit dieser inhaltlichen Auswahl Bedeutungsachsen und Konsistenzlinien, mit denen das Verständnis der Geschichte im Sinne einer semantischen Topographie verortet werden soll: Warschau – Paris (Kap. 1), Frankfurt – Berlin (Kap. 2), Helgoland – Jerusalem (Kap. 3) und die Matratzengruft (Kap. 4).

Eine solche Gliederung verfolgt das Ziel, das »Ich« auf seinen Wanderungen durch eine »weltgeschichtliche Textlandschaft zu beobachten«, die ihm »als zertrümmerte, geistlose, konsonantische Buchstabenfolge vor Augen« (S. 24) liegt. Das dafür angewendete Lektüreverfahren will »sowohl die werkbiographisch chronologische als auch die archäologische, die philosophische und die zeitgenössisch politische Dimension der Texte Heines berücksichtigen« (ebd.). Es entsteht dabei ein neuer Blick auf die Figur Börnes, der über die gewöhnlich ins Feld geführte Feindschaft beider Autoren – von denen der eine 1835 aus dem Kanon deutscher Nationalliteratur ausgebürgert wird (vgl. Theodor Mundts 1835 erschienenen Abriss der »Uebergangsperiode«), während dem anderen die nationalliberale Kanonisierung widerfährt – hinausschaut und in der buchstäblichen Figur des Knechts sowohl schärfste Differenz als auch größte Solidarität konstituiert. Heines Arbeit an der Figur Börne sei in diesem Sinne ein Lesen und eine »Lektüre der Geschichte« (S. 102). Anhand der unterschiedlichen Positionierungen beider Autoren in deren Verhältnis zu Goethe einerseits und Napoleon andererseits macht Nickel deutlich, wie es Heine gelingt, in der Entzifferung der personalen Schriftzüge die »Spuren der Wanderschaft Gottes zur Zeit seines Exils auf Erden« (S. 133) ausfindig zu machen und damit die in der vormärzlichen Freiheitsperiode u. a. von Börne als abgelebt verworfene Kunstperiode zu retablieren und in versöhnender Hinsicht neu fruchtbar zu machen.

Besonders überzeugend ist die Analyse der »Briefe aus Helgoland«, die Nickel als »Testament der Idee einer Revolution« liest, »deren Möglichkeitsbedingung nicht an Dynamisierung und Akzeleration stets ungeheuer bedeutungsgeladener tagespolitischer Ereignisse, ihres Erlebens und Wahrnehmens, sondern, gleich dem dialektischen Bild, an den Stillstand der Zeit gebunden ist« und dabei »den Blick auf Gegenwart durch das Perspektiv der Jahrhunderte richtet« (S. 175). Der im ›Lechzen nach Ruhe‹ (DHA XI, 35) sich Ausdruck verschaffende Rückzug des Korrespondenten der Helgoländer Briefe sei, so die Verfasserin, zum einen der Lektüre des weltgeschichtlichen Schriftzuges der Freiheit geschuldet, zum anderen »Bedingung für die nachfolgende Grabung in den jüdischen Vätergeschichten, die als Quelle der poetischen Arbeit am modernen Selbstbewusstsein und im Resultat am Ende der Wanderung als Heimat freigelegt werden sollen« (S. 182 f.). Damit werde, in Anlehnung an Mt 8,19 f., der jüdische Gedächtnisort Jerusalem mit seinem unveräußerlichen jüdischen Bürgerrecht wachgerufen. Gleichsam begründe Jerusalem als »dialektischer Bildkern« (186) in der »Denkschrift« das moderne republikanische Bürgerrecht französischer und amerikanischer Provenienz. In den Gedichten des »Romanzero« und der darin enthaltenen Verarbeitung des Lazarus-Stoffes sieht Nickel dann schließlich das Grab als »Tresor des lebendigen Gotteswortes« (S. 220) entworfen, dessen Befreiung sich dann im Fragment »Jehuda ben Halevy« vollzieht (vgl. S. 230 ff.).

Die Verfasserin leistet mit ihrer Studie einen wichtigen und überzeugenden Beitrag zur Heine-Forschung und ermöglicht damit ganz neue Einsichten nicht nur in die »Denkschrift«, sondern in Heines gesamtes Werk. Der Erkenntniswert der Studie ist daher enorm. Einzig vorzuwerfen wäre der Verfassserin eine methodologisch oft allzu hermetische und schwer nachvollziehbare Vorgehensweise, die manchmal zu begrifflicher Überfrachtung neigt und einige systematische Erklärungen vermissen lässt. Der Bezug zu Walter Benjamins geschichtstheoretischen Schriften zum Beispiel bleibt unklar, ebenso werden die intertextuellen Bezüge (Hegel, Bibel) stellenweise relativ unvermittelt hergeleitet und nicht immer ausreichend genug in die Analyse von Heines Texten eingebunden. Dies und der oft sperrige Schreibstil der Verfasserin erschweren zwar die Lektüre, tun der hervorragenden Qualität der Studie aber keinen Abbruch.

Thomas Stähli

Marc Rölli / Tim Trzaskalik (Hrsg.): *Heinrich Heine und die Philosophie. Vier Beiträge zur Popularität des Denkens.* Wien: Turia + Kant 2007. 127 S., € 15,–.

Das Bändchen ist aus einem Seminar am Philosophischen Institut der TU Darmstadt (»Heine als Philosoph«) und Gastvorträgen zum 150. Todestag Heinrich Heines hervorgegangen und stellt – in bewusster Abgrenzung zum (angeblich) oberflächlich-harmonistischen Tageslob – den auf das »Soziale« und das »Populäre« zielenden »Krieger Heine« (S. 7) in den Mittelpunkt. Denn Heine habe – so die Herausgeber in ihrer Einleitung – Literatur und Philosophie aus ihrer spiritualistischen Absonderung befreit und stattdessen die realen Bedürfnisse der Menschen, d. h. ihre individuellen wie sozialen und politischen Interessen, in den Blick genommen. Philosophiegeschichtlich geht diese Wende mit einer Abkehr von Hegels System der dialektischen Entwicklung und des absoluten Geistes einher, und gerade die Literatur gewinnt gegenüber der Philosophie wieder an Bedeutung, ist sie doch im besonderen dazu geeignet, »soziale Fragen populär zu behandeln« (S. 10 f.).

Gleich der erste Beitrag von Christian Liedtke – »›Die Gewalt des fortschreitenden Nachdenkens‹. Heinrich Heine und die Philosophie« (S. 15–39) – zeigt Heine als Erben und zugleich Kritiker der aufklärerischen und idealistischen Philosophie. Mit dem Gedanken einer umfassenden Emanzipation nimmt er eine der großen Forderungen der liberalen Fortschrittsbewegung auf und gibt ihr – vor allem in Umdeutung des deutschen Idealismus und der hegelianischen Geschichtsphilosophie – eine zeitgemäße Prägung. Liedtke verweist insbesondere auf Heines Kritik am vordergründig utilitaristisch-teleologischen Denken und an Hegels Konzeption der Weltgeschichte als »Fortschritt im Bewußtsein der Freiheit« (S. 25), der er – wohl auch aus der jüdischen Geschichtserfahrung heraus – das Recht des Einzelnen und die Freiheit des Individuums entgegensetze. Ob

Heines Bekenntnis zur »Gewalt des fortschreitenden Nachdenkens« (die Formel stammt aus der Schrift »Lutezia«; DHA XIII, 32), die auf die Einheit von Gedanken und Tat und auf die »Emanzipation der ganzen Welt« (DHA VII, 69) zielt, nicht doch auch universalistische Züge trägt, müsste dennoch gefragt werden.

Auch Marc Rölli (»Wer denkt abstrakt? Heine, Hegel und die Popularphilosophie«, S. 41–74) bestimmt Heines Philosophieverständnis in der Abhandlung »Zur Geschichte der Religion und Philosophie in Deutschland« (1834) in Abgrenzung zu Hegel, mit dem die philosophische Revolution Deutschlands ihren Kreis schließe. Die aber gerade der idealistischen Philosophie inhärente soziale (und postreligiöse) Dynamik – hier vermisst man den Hinweis auf das von Heine aufgedeckte »Schulgeheimniß« (DHA XV, 29) der deutschen Philosophie – führt zur Selbstaufhebung des Vernunft-Gottes und gibt einer spinozistisch-pantheistisch grundierten Popularphilosophie Raum, die gegenüber dem Absoluten verstärkt das Soziale ins Spiel bringt und – nach einem Wort Adam Müllers – den »Geist der Bewegung und des Fortschreitens« (S. 55) befördert. Eine solche zeitgemäße Philosophie bedarf laut Rölli auch zeitgemäßer – d. h. vor allem literarischer – Vermittlungsformen, welche überkommene Ordnungsmuster aufzubrechen vermögen und in der Dichter-Philosophie Kierkegaards und Nietzsches eine Parallele finden. Der These, dass man bei Heine vielleicht sogar von der »Geburt der modernen Literatur aus dem Geist der Popularphilophie sprechen« (S. 63) könne, möchte man in dieser zugespitzten Form aber nicht zustimmen!

Nicht ganz einfach macht es dem Leser dann Tim Trzaskalik in seinem Beitrag »Naturlaute und zeitgenössische Musik. Heines poetische Vernunft« (S. 75–111), da er seine Gedanken in einer ans Aphoristische grenzenden, assoziativen, in neun Kurzkapitel gegliederten und von teilweise überlangen Anmerkungen zerrissenen Form präsentiert, die sich wohl einer fragwürdigen Mimikry an Heines Denk- und Sprachartistik verdankt. Trzaskaliks Grundthese, wonach Heine Literatur als »poetische Vernunft« betreibe und »unter der Maske des Populären« die »philosophische Rationalität« (S. 77) mit der sozialen Sphäre vermittle, hat indessen durchaus Hand und Fuß. Wenn Heine als Dichter Popularität anstrebt, dann mit den Mitteln des Sprachvirtuosen, der sich von der Sprachmusik und dem »Worttheater« (S. 82) seiner Dichtung tragen lässt, sich der offenkundigen Prosa der Verhältnisse und ihren mannigfaltigen Dissonanzen aber nicht verschließt. Der Autor folgt in seiner Argumentation vielfach Klaus Brieglebs Sichtweise (z. B. Bedeutung des marranischen Prinzips), lässt aber dem zwischen Sensualismus und Spiritualismus, Geld und Gott, Poesie und »Weltkuddelmuddel« (S. 98) zerrissenen Dichter-Tribunen die Freiheit des Selbstwiderspruchs: »Eins mit sich war er nie« (ebd.).

Abschließend analysiert Clemens Pornschlegel (»Die unmögliche Gattung. Zu Heines Rabbi von Bacherach«, S. 113–127) Heines Entwurf einer deutsch-jüdischen Akkulturation in dem zwischen 1824 und 1840 verfassten Erzählfragment, das einerseits auf aktuelle judenfeindliche Ereignisse reagiere, andrerseits mit den Mitteln des historischen Romans und des Bildungsromans auf die sogenannte Judenfrage zu antworten suche. Als »unmöglich« erweist sich dabei für Pornschlegel Heines Vorhaben, mit der Erzähltechnik des auf territoriale und nationale Identität gegründeten historischen Romans der jüdischen Heimatlosigkeit gerecht zu werden oder – aus sozialkritischer Sicht – einen Ausweg aus der jüdischen Ghettoexistenz zu weisen. Auch die in der Figur des aufgeklärten Sepharden Don Isaak Abarbanel angelegte humanistische Emanzipations- und Bildungsgeschichte kann die Residuen der jüdischen Tradition nicht zum Verschwinden bringen. Wenn aber die Judenfrage erst mit der Aufklärung auf den Plan getreten ist (vgl. S. 121), so wäre doch zu überlegen, warum bei Heine scheitert, was bei dem Aufklärer Lessing (»Die Juden«; »Nathan der Weise«) noch möglich schien – eben eine deutsch-jüdische Koexistenz im Zeichen des gegenseitigen Respektes und der Toleranz.

Zusammenfassend darf man sagen, dass die vier Beiträge sicherlich aufgrund ihrer Eigenständigkeit und ihres innovativen Zuschnitts aus der Flut der Literatur über Heine herausragen, auch wenn ihre Autoren hie und da etwas zu unbekümmert um die einschlägige Forschung ihrer Sichtweise folgen. Heines Orientierung am Sozialen und Populären wird – *cum grano salis* – überzeugend dokumentiert, doch sollte man nicht vergessen, dass auch die moderne, dem Prinzip der *égalité* gehorchende »allgemeine Küchengleichheit« für ihn eine Grenze besaß: »Es ist wahr, wir sind alle Brüder, aber ich bin der große Bruder [...]« (DHA XIII, 99).

Martin Bollacher

Heine-Literatur 2008/2009 mit Nachträgen

Zusammengestellt von Elena Camaiani

1 *Primärliteratur*

1.1 Werke
1.2 Einzelausgaben und Teilsammlungen
1.3 Texte in Anthologien
1.4 Übersetzungen

2 *Sekundärliteratur*

2.1 Dokumentationen, Monographien und Aufsätze
2.2 Literatur mit Heine-Erwähnungen und -Bezügen

3 *Rezensionen*

4 *Rezeption*

4.1 Allgemein
4.2 Literarische und künstlerische Behandlung von Person und Werk
    4.2.1 Literarische Essays und Dichtungen
    4.2.2 Werke der bildenden Kunst
    4.2.3 Denkmäler
    4.2.4 Werke der Musik, Vertonungen
    4.2.5 Das Werk auf der Bühne

5 *Gedenkstätten und Sammlungen. Vereinigungen. Preise. Ausstellungen. Wissenschaftliche Konferenzen*

1 Primärliteratur

1.1 Werke

Heine, Heinrich: Säkularausgabe. Bd. 3K: Gedichte 1845–1856, Kommentar. Bearb.: Renate Francke unter Einbez. der Vorarb. von Helmut Brandt. Berlin 2008.

Heine, Heinrich: Säkularausgabe. Bd. 5K: Reisebilder I: 1824–1828, Kommentar. Bearb.: Sikander Singh, Christa Stöcker. Berlin 2009.

1.2 Einzelausgaben und Teilsammlungen

Heine, Heinrich: Atta Troll. Ein Sommernachtstraum. Deutschland. Ein Wintermärchen. Mit einem Nachw., einer Zeittaf. zu Heine, Anm. und bibliogr. Hinweisen von Joachim Bark. Augsburg 2008.

Heine, Heinrich: Atta Troll. Ein Sommernachtstraum. Dok., Komm. u. Nachw. v. Winfried Woesler. Krit. durchges. Ausg. Stuttgart 2004. (Reclams Universal-Bibliothek 2261).

Heine, Heinrich: Buch der Lieder. Mit Ill. v. Hans Meid. Neuaufl.; lim. Vorzugsausg. Leipzig 2008. [Auf 200 Ex. lim. Vorzugsausg. in Halbleder im Schmuckschuber].

Heine, Heinrich: Buch der Lieder. Mit Ill. v. Hans Meid. Neuaufl. Leipzig 2008.

Heine, Heinrich: Deutschland. Ein Wintermärchen: ein musikalisch-dramatischer Zyklus für Stimme und klangerweiterten Flügel. Komp. und interpr. von Hans-Karsten Raecke. Mannheim 2008. 2 CDs.

Heine, Heinrich: Deutschland. Ein Wintermärchen: Hamburg 1844. Hrsg. v. Joseph Kiermeier-Debre. München 2008. (dtv 2679: Bibliothek der Erstausgaben).

Heine, Heinrich: Deutschland. Ein Wintermärchen. Text wird von Achim Hübner vollst. vorgetr. Neue Software. Stuttgart 1997. 1 CD-ROM & Beih. ([8] S.). (Reclam-Klassiker auf CD-ROM 21).

Heine, Heinrich: Deutschland. Ein Wintermärchen. Zusammengest. und gelesen von Michael H. Gloth. Northeim 1987. 1 MC.

Heine, Heinrich: Die Harzreise. Sprecher: Gerd Erdmann. Kiel 2009. 2 CDs.

Heine, Heinrich: Die Harzreise. Hrsg. von Elke Lehmann. 12. Auflage. Husum 2008. (Husum-Taschenbuch).

Heine, Heinrich: Die Helgoländer Briefe: [aus ›Ludwig Börne. Eine Denkschrift‹ 1840]. Sprecher: Gerd Erdmann. Kiel 2008. 1 CD.

Heine, Heinrich: »Ich habe gerochen alle Gerüche in dieser holden Erdenküche«: eine Verführung [in Gedichten, Prosa, Briefen und Klängen]. Von und mit Moritz Stoepel. [Saulheim] 2006. 2 CDs.

Heine, Heinrich: Jan Josef Liefers liest Heinrich Heine, Deutschland. Ein Wintermärchen. Regie: Torsten Feuerstein. Berlin 2008. 1 CD. (Argon-Audimax: Argon-Literatur).

Heine, Heinrich: Die Memoiren des Herrn von Schnabelewopski. Benshausen 2008. (Klassiker-Edition).

Heine, Heinrich: So zärtlich, Herz an Herz: die schönsten Liebesgedichte. Mit Iris Berben und Stephan Benson. Ausw.: Günter Berg. Einrichtung und Regie: Wolfgang Stockmann. [Hamburg] 2005. 1 CD.

Heine, Heinrich: Über Deutschland seit Luther. (Hrsg.) Rolf Nölle. Norderstedt 2008.

Heine für Boshafte. Ausgew. von Marianne Tilch und Joseph A. Kruse. Frankfurt a. M. 2007. (Insel-Taschenbuch 3273).

Heiterer Heinrich Heine. Martin Held liest. Hamburg 2008. 1 CD. (Deutsche Grammophon: Literatur: Wortwahl).

Reich-Ranicki, Marcel: Mein Heine. Hamburg 2009.

1.3 Texte in Anthologien

200 Jahre Goethes »Faust«. Zusammengest. v. Christian Lux und Hans-Joachim Simm. Frankfurt a. M. [u. a.] 2007. (Insel-Almanach auf das Jahr ... 2008). [Aus: »Der Doktor Faust. Ein Tanzpoem« S. 162–168].

1000 Liebesgedichte. Berlin 2007. 1 CD-ROM. (Kleine digitale Bibliothek 41).
Das ABC der Tiere: Gedichte. Hrsg. von Evelyne Polt-Heinzl und Christine Schmidjell. Stuttgart 2006. (Reclams Universal-Bibliothek 18441). [»Mimi« S. 65].
Ach ...! Von der Sehnsucht: Gedichte und Auszüge aus Prosatexten und Briefen von Gottfried Benn ... Sprecher: Claudia Mischke, Anja Niederfahrenhorst, Matthias Haase, Peter Lieck, Volker Risch, Wolfgang Rüter und Philipp Schepmann. [Köln] 2005. 1 CD. [»Ein Fichtenbaum steht einsam« »Nachtgedanken«].
»Alle Vögel sind schon da!«: Gedichte. Hrsg. von Evelyne Polt-Heinzl und Christine Schmidjell. Stuttgart 2008. (Reclams Universal-Bibliothek 18528). [»Ich steh auf des Berges Spitze« S. 84].
An anthology of classical ›eye‹ songs: recorded at Lemmens Instituut, Leuven on 29 & 30 september, 1 october and 23 & 24 december 1995. Godfried Thiers, baritone. Jean-Pierre Moemaers, piano. Co-ordination: Hilde Peleman. Waanrode. 1 CD. [»Wenn ich in deine Augen seh« »Mit deinen blauen Augen«].
Auf Flügeln des Gesanges: die hundert schönsten Musikgedichte. Hrsg. von Dietrich Fischer-Dieskau. Berlin 2008. [«An eine Sängerin«, S. 80–81; »Ich weiß nicht, was soll es bedeuten«, S. 82; »Auf Flügeln des Gesanges« S. 83 »Es erklingen alle Bäume« S. 84].
... aus der Apotheke des Poeten: Heinrich Heine (nicht nur) für Studierende. Hrsg. von Alfons Labisch und Christoph auf der Horst unter Mitarb. von Stephan von Dahlen. 3. [veränd.] Aufl. Düsseldorf 2007.
... aus der Apotheke des Poeten: Heinrich Heine (nicht nur) für Studierende. Hrsg. von Alfons Labisch und Christoph auf der Horst. 4., veränd. Aufl. Düsseldorf 2008.
Balladen. Gesungen und gesprochen von Michael H. Gloth. Klavier: Günter Stöfer. Aufgenommen im Tonstudio St. Blasien, Northeim, von Günter Pauler. Northeim 1993. 1 MC. (Eine Michael-Gloth-Literaturcassettenproduktion). [»Lorelei« »Belsazer«].
Balladen für Kinder. Münster 1999. 2 CDs. (Balladen, Gedichte und Geschichten für kleine und große Leute 1+2).
Beziehungsweise: Lyrik für Paare. Hrsg. von Anja Möbest. Stuttgart 2009. [«Wir fuhren allein im dunklen« S. 19 »Daß du mich liebst, das wußt ich« S. 35 »Du liegst mir so gern im Arme« S. 39 »Diese schönen Gliedermassen« S. 50].
Blätter zusammengeweht: Gedichte und Bilder. Hrsg. und ill. von Ulrichadolf Namislow. Stuttgart 2008. (Reclams Universal-Bibliothek 10673). [«Das gelbe Laub erzittert« S. 35].
Das ist mein Stern! Gedichte. Hrsg. von Detlev Block. Stuttgart 2008. (Reclams Universal-Bibliothek 10672). [«Sonnenuntergang« S. 17 »Kluge Sterne« S. 39 »Es steht unbeweglich« S. 56].
Deutsche Unsinnspoesie. Hrsg. von Klaus Peter Dencker. Durchges. Ausg. 1995. Stuttgart 2006. (Reclams Universal-Bibliothek 9890). [«Symbolik des Unsinns« S. 86–88].
Deutsches Lesebuch für Höhere Lehranstalten: in 8 nach Klassenstufen geordneten Abteilungen und 2 Vorschul-Teilen. Berlin. Abt. 4: für Unter-Tertia. 15. Aufl. 1907. [»Lorelei« S. 195 »Belsazar« S. 219].
Diese Rose pflück ich dir: die schönsten Rosengedichte. Hrsg. von Heinke Wunderlich. Stuttgart 2004. (Reclams Universal-Bibliothek 18101).
Döring, Rolf und Harald Banach: Kochkunst: 101 Rezepte aus Fichtenhain. Erprobt und für sie gekocht von Rolf Döring sowie Schülerinnen und Schülern des Jugendcafés Fichtenhain mit zahlr. Ill. von Harald Banach. Fichtenhain 2007. [Heine-Gedichte S. 1, 15, 34, 56].
Endlich – das Meer! Literarisches Erlebnis-Feature. Von Anne-Kathrin Godec. Sprecherin des Monologs: Sigrid Burkholder weiter wirkten mit: Michael Hüseyin Cirpici, Walter Gonter-

mann ... Regie: Theresia Singer. Köln 2008. 1 CD. [«Im Hafen« »Abenddämmerung« »Poseidon«].

Es war zur lieben Weihnachtszeit ...: der Audiobuch-Adventskalender. Ill. von Silke Leffler. Freiburg i. Br. 2008. 2 CDs. [»Altes Kaminstück«].

Frühlingsgefühle: [Geschichten und Gedichte]. Zsgest. von Helen Lenz. Mit Vignetten von Sabine Seliger. Stuttgart 2006. (Reclams Universal-Bibliothek 10594). [«Leise zieht durch mein Gemüt« S. 55 »Was treibt dich umher, in der Frühlingsnacht?« S. 119 »Im wunderschönen Monat Mai« S. 164].

Gebete der Dichter. Regie der Lyrikaufnahmen: Karin Lorenz ... Zusammenstellung & Produktion: Anke Albrecht. Düsseldorf 2006. 1 CD & Beih. [«Mich locken nicht die Himmelsauen«].

Gedichte zum Gruseln. Hrsg. von Harry Fröhlich. Stuttgart 2008. (Reclams Universal-Bibliothek 18577). [«Frau Mette« S. 44].

Gedichtband: Geschenkband mit literarischer Note. Johann Wolfgang von Goethe, Johann Martin Usteri, Heinrich Heine, Rose Ausländer, Robert Gernhardt. Frankfurt a. M. 2008. [Taftband mit Gedichten bedruckt]. [»Himmlisch war's, wenn ich bezwang«].

Glückliche Einfälle. Ausgew. v. Hans-Joachim Simm. Frankfurt a. M. 2008. (Lektüre zwischen den Jahren 2008).

Die heiligen drei Könige. Mit Ill. v. Frank Ruprecht. Leipzig 2008. [«Die heil'gen drei Könige aus Morgenland«].

Heimat-Jahrbuch Wittlaer. 29 (2008), 2007. [«Die Stadt Düsseldorf ist sehr schön« »Schelm von Bergen« S. 179–182].

Heiteres Darüberstehen: Geschichten und Gedichte zum Vergnügen. Zusammengest. von Stephan Koranyi. Mit Vignetten von Gustav Klimt. Stuttgart 2006. (Reclams Universal-Bibliothek 10529). [«Sie saßen und tranken am Teetisch« S. 182].

Hell leuchtet der Weihnachtsstern: Weihnachtslieder, Geschichten und Gedichte für die ganze Familie. Ulrich Maske Rolf Nagel Thomas Friz. Sprecher: Rolf Nagel. Produktion und Regie: Ulrich Maske. Hamburg 1997. 1 MC. (Elephantastisches für Kinder). [»Die heiligen drei Könige«].

Hippe, Robert: Deutsche politische Gedichte. 2. Auflage. Hollfeld 1984. (Interpretationen motivgleicher Gedichte in Themengruppen 7). [»Jammertal« S. 10–11].

Ich und du und große Leute: Gedichte für Kinder. Hrsg. von Ursula Remmers und Ursula Warmbold. Mit Ill. von Andreas Röckener. Stuttgart 2005. (Reclams Universal-Bibliothek 18294). [«Der Schmetterling ist in die Rose verliebt« S. 41].

In blauer Luft: Wolkengedichte. Hrsg. von Andrea Wüstner. Stuttgart 2008. (Reclams Universal-Bibliothek 18513). [«Eingehüllt in graue Wolken« S. 89 »K.-Jammer« S. 100].

In die Augen geschaut: Gedichte. Hrsg. von Gabriele Sander. Stuttgart 2008. (Reclams Universal-Bibliothek 18573). [«Du hast Diamanten und Perlen« S. 56].

Kängt ein Guruh: hundert komische Gedichte. Hrsg. von Gudrun Schury. Berlin 2009. [«Das Fräulein stand am Meere« S. 69 »Ich wollte, meine Lieder« S. 154].

Das kalte Herz: Texte der Romantik. Ausgew. und interpretiert von Manfred Frank. Frankfurt a. M. [u. a.] 2005. (Insel-Taschenbuch 3064).

Der Kanon / Gedichte: die deutsche Literatur. Hrsg. Marcel Reich-Ranicki. Bd. 4: Heinrich Heine bis Frank Wedekind. Frankfurt a. M. [u. a.] 2005.

Der Kanon / Gedichte. [Begleitbd.]: Die Gedichte und ihre Autoren. Mit e. Einf. von Marcel Reich-Ranicki. Frankfurt a. M. [u. a.] 2005.

Kater-Poesie: trunkene Verse von Goethe bis Gernhardt. Mit Zeichn. von Wilhelm Busch, Robert Gernhard und Volker Kriegel. Düsseldorf 2003. [«Ein Weib« S. 72].

Kommt uns nicht mit Fertigem: politische Lyrik aus zwei Jahrhunderten. Gedichte und Materialien. Ausgew. und bearb. v. Ekkehart Mittelberg. Berlin 2001. (Klassische Schullektüre).

Kunterbunt und rundherum: spielen, basteln, vorlesen und Wissenswertes über Tiere und Pflanzen. [Red.: Waltraud Still]. Köln [ca. 1994]. [»Die Heil'gen drei Kön'ge« S. 13].

Liebesgedichte an Frauen. Ausgew. von Andre Heller. Mit einem Nachw. von Elke Heidenreich. Orig.-Ausg. Frankfurt a. M. 2009. 162 S. (Insel-Taschenbuch 3408). [«Der scheidende Sommer« S. 94].

Liebesgedichte an Frauen. Ausgew. von Gesine Dammel. Frankfurt a. M. 2003. (Insel-Taschenbuch 2930). [«Du liebst mich nicht, du liebst mich nicht« S. 66 »Wenn ich in deine Augen seh« S. 67].

Liebesgedichte und erotische Gedichte: deutsche Lyrik, Balladen und Poesie mit einer Prise Erotik aus vier Jahrhunderten. Einf.: Damaris Wieser. Fotos: Kai Myller. [Darmstadt] 2007. [«Das Hohelied« S. 59–61].

Literarischer Adventskalender. Hrsg. von Evelyne Polt-Heinzl und Christine Schmidjell. Stuttgart 2008. (Reclams Universal-Bibliothek 10671). [«Altes Kaminstück« S. 123].

Lustige Lyrik: fünfzig komische Gedichte. Ausgew. von Harry Fröhlich. Stuttgart 2007. (Reclams Universal-Bibliothek 18252). [«Das Fräulein stand am Meere« S. 28 »In einem Pißpott kam er geschwommen« S. 29 »Kleines Volk« S. 29].

Lutz Görner spricht und singt Gedichte für Kinder. Münster 1999. 2 CDs. (Balladen, Gedichte und Geschichten für kleine und große Leute 3+4).

Lyrik für alle: eine kleine gesprochene Geschichte der Lyrik vom Barock bis heute [Orig.-Text der Sendungen ... der Neuaufnahme der Fernsehserie »Lyrik für alle«]. Zusammengest. und hrsg. von Lutz Görner. Weimar 2005. [dazu 16 CDs und 16 DVDs].

Märchenhaft und liederlich: Lieder und Märchen der Romantik. Ges. von Achim von Arnim, Clemens Brentano und den Brüdern Grimm. Vorgetr. von Marie-Luise Marjan, Susanne Ulke, Jochen Wiegandt. Regie, Beih.-Texte: Geerd Dahms. Hamburg 2008. 1 CD. (Edition Belletristik). [Über »Des Knaben Wunderhorn«].

Meisterwerke deutscher Prosa: 50 Stunden literarischer Hörgenuss auf DVD-ROM. Berlin 2008. 1 DVD-ROM. (MP3-Hörbibliothek: mp3-Hörbibliothek: MP3-Audiothek). [»Die Harzreise«].

Meisterwerke deutscher Prosa 2: 33 Stunden literarischer Hörgenuss auf DVD-ROM. Berlin 2008. 1 DVD-ROM. (MP3-Hörbibliothek: mp3-Hörbibliothek: MP3-Audiothek). [»Deutschland. Ein Wintermärchen«].

Mond und Sterne: Gedichte von Johann Wolfgang von Goethe, Friedrich Hölderlin, Rainer Maria Rilke, Joseph Freiherr von Eichendorff, Annette von Droste-Hülshoff, Heinrich Heine u. a. Gelesen von Joachim Kerzel. Produziert und hrsg. von Holger Michel. Regie: Holger Michel. Witten 2004. 1 CD. [»Abenddämmerung«].

«Partei, Partei, wer sollte sie nicht nehmen ...«: Texte rheinischer und westfälischer Autoren in Vormärz und Revolution. Bernd Füllner, Enno Stahl (Hrsg.). Münster 2008. (Bücher der Nyland-Stiftung, Köln 5). [«Weberlied« S. 45, »Deutschland. Ein Wintermärchen (Auszug)« S. 47–49].

Poesie der Lebensalter: Gedichte. Ausgew. von Evelyne Polt-Heinzl und Christine Schmidjell. Stuttgart 2008. [«Guter Rat« S. 92, »Testament« S. 122, »Rückschau« S. 132].

Politische Lyrik: deutsche Zeitgedichte von der Französischen Revolution bis zur Wiedervereinigung. Hrsg. von Gunter E. Grimm. Stuttgart 2008. (Reclams Universal-Bibliothek 15061:

Texte und Materialien für den Unterricht für Schülerinnen und Schüler). [«Die schlesischen Weber« S. 34 und »Erinnerung aus Krähwinkels Schreckenstagen« S. 39].

Reclams Zitaten-Lexikon. Von Johannes John. 6. Aufl. Stuttgart 2005.

Schläft ein Lied in allen Dingen: Naturlyrik. Hrsg. von Dietrich Bode. Stuttgart 2005. (Reclams Universal-Bibliothek 18254). [«Untergang der Sonne« S. 53–55 »Entartung« S. 55–56].

Die schönsten neuen Kinderreime. Christel Boßbach, Helge May. Ill. von Anja Güthoff. Augsburg 1998. [»Der Sonnenuntergang« [Das Fräulein stand am Meere] S. 14, »Altes Kaminstück« S. 38, »Ein Fichtenbaum steht einsam« S. 89].

Siehst du den Mond: Gedichte. Hrsg. von Dietrich Bode. Stuttgart 2002. (Reclams Universal-Bibliothek 18197). [«Die Lotusblume« S. 49 »Auf den Wolken ruht der Mond« S. 50 »Nacht liegt auf den fremden Wegen« S. 50 »Still ist die Nacht, es ruhen die Gassen« S. 49].

Sing ein Lied: [200 Lieder auf alten Ansichtskarten 1895–1950]. Clemens Fabrizio. Schopfheim [2001]. [»Ich weiß nicht ...« S. 21, 130, 131 »Anfangs wollt' ich fast verzagen« S. 140].

Sonderbares Land: ein Lesebuch von westfälischer Art und Kunst. Hrsg. von Josef Bergenthal. 4., durchges. und erw. Aufl. Münster 1967. S. 60–61.

Ton und Krüge: Texte und Bilder. Ausw. und Nachw. von Monika Steinkopf. Frankfurt a. M. [u. a.] 2008. (Insel-Bücherei 1303). [«Grübeln über Gottes Gründe« S. 17].

Über den Tod: Poetisches und Philosophisches von Homer, Shakespeare und Montaigne bis Balzac, Cechov und Dürrenmatt. Hrsg. von Daniel Keel und Isabelle Vonlanthen. Zürich 2008. (Diogenes-Taschenbuch 23799). [«Es kommt der Tod – jetzt will ich sagen« S. 112 »Ich weiß nicht, was soll es bedeuten« S. 112 »Epilog« S. 114].

Von der Erde bis zum Mond: Gedichte für Kinder. Hrsg. von Ursula Remmers und Ursula Warmbold. Mit Ill. von Andreas Röckener. Stuttgart 2007. (Reclams Universal-Bibliothek 18295). [«Ein Fichtenbaum steht einsam« S. 25 »Der Wind zieht seine Hosen an« S. 52 »Leise zieht durch mein Gemüt« S. 56].

Vormärzlyrik: rheinische Autoren und die Revolution. Zusammenstellung und Bearb. der Texte: Bernd Füllner, Enno Stahl. Sprecher: Daniel Berger. Eine Publ. des Heinrich-Heine-Instituts, hrsg. von Joseph A. Kruse. 2008. 1 CD.

Der weiße Nebel wunderbar: Gedichte. Hrsg. von Christine Hummel. Stuttgart 2008. (Reclams Universal-Bibliothek 18578). [«In der Frühe« S. 92].

Welk, Peter: »Schattenküsse, Schattenliebe« [»Mir träumte wieder der alte Traum« »Jugend, die mir täglich schwindet«]. – In: Düsseldorfer Hefte 53, 2008, 11. S. 63.

Zauberlehrling & Co.: Balladen für Kinder. Zusammenstellung, Sprache, Gesang: Lutz Görner. Weimar 2006. 1 CD.

Das zynische Wörterbuch: ein Alphabet harter Wahrheiten. Zugemutet von Jörg Drews & Co. Stuttgart 2008. (Reclam-Taschenbuch 20069).

1.4 Übersetzungen

Heine, Heinrich: de guo – yi ge dong tian de tong hua. Transl. by: Fao Tzu. Read by: Fan Xuan. London 2008. 5 CDs. [Deutschland. Ein Wintermärchen].

Heine, Heinrich: Donne e fanciulle di Shakespeare. Trad. di Giuseppe Zippel. Milano 1904. (Biblioteca universale 226).

Heine, Heinrich: Écrits juifs. Trad. de l'allemand avec une introduction et des notes par Louis Laloy. Paris 2006.

Heine, Heinrich: Germania: sulla storia delle religione e della filosofia in Germania. Trad. di G. Perticone. Lanciano [1917]. (Scrittori Italiani e stranieri). [2 Bde].
Heine, Heinrich: haine sanbun sakuhinshu. Bd. 6: Furansu no geijutsu jijo. Kyoto 2008.
Heine, Heinrich: The Harz journey. Transl. by Charles G. Leland. Preface by Claudio Magris. Bilingual Ed. New York, NY 1995. (Marsilio classics).
Heine, Heinrich: Heine 2. [Künstler:] Hartmut Andryczuk; Oskar Bernhard; Johannes Häfner; Gerhard Multerer; Peter Zitzmann.10. Nürnberger Handpressen-Treffen 2006]. [Nürnberg] 2006.
Heine, Heinrich: Idee. Il libro de Le Grand. A cura di Fabrizio Cambi. Florenz 1996. (Classici Giunti).
Heine, Heinrich: Idee. Il libro de Le Grand. Premessa di Claudio Magris. Introd. di Italo Alighiero Chiusano. Trad. di Mariella e Erich Lindner. Milano 2000. (I grandi libri Garzanti).
Heine, Heinrich: Libro de las canciones. Trad. e. introd. José Luis Reina Palazón. – [Ourense] 2009. (Linteo Poesía 18).
Heine, Heinrich: Lirika. Shqiperoi: Lasgush Poradeci. Redaktoi: Aleks Boda. Tirana. 1. 2007. (Biblioteka »Lirika boterore«).
Heine, Heinrich: Lutèce: lettres sur la vie politique, artistique et sociale de la France. Présentation de Patricia Baudouin. Paris 2008.
Heine, Heinrich: Poezi. Red. Ali Podrimja. Përktheu Lasgush Poradeci. Prishtine 1981. [Gedichte <alban.>]. (Biblioteka Orfeu).
Heine, Heinrich: Il Rabbi di Bacherach. A cura di Maddalena Longo. Con una nota di Claudio Magris. 1. ed. Genua 1997. (I rombi NS 7).
Heine, Heinrich: Radikal: una antologia; 50 poemas criticos, satiricos, rebeldes, o revolucionarios seleccionados, traducidos, anotados y presentados ... edicion bilingue. [Trad. y notas de] Jesus Munarriz. Madrid 2008. (Poesia Hiperion 574).
Heine, Heinrich: Situaţii franceze. În româneşte şi studiu introd. de Dumitru Hîncu. Bukarest 1999. [Französische Zustände <rumän.>].
Heine, Heinrich: Travel pictures. Transl. from the German by Peter Wortsman. Brooklyn, NY 2008.

2 Sekundärliteratur

2.1 Dokumentationen, Monographien und Aufsätze

Ahrens, Gerhard: Jüdische Heiratspolitik: hanseatische Bezüge in einem unterdrückten Heine-Gedicht. – In: Der Wagen. 2008. S. 166–182.
Andreeva, Nadežda: Rodinata v dve stichotvorenija na Chajnrich Chajne. – In: Chajnrich Chajne. Veliko Tărnovo 2008. S. 43–50.
Appleby, Carol: Heine. – In: Dies.: German romantic poetry: Goethe, Novalis, Heine, Hölderlin. 2. ed. Maidstone 2008. S. S. 51–64.
Arendt, Dieter: Heinrich Heine zwischen Patriotismus und Europäismus. – In: Nationale Identität: Aspekte, Probleme und Kontroversen in der deutschsprachigen Literatur. Joanna Jablkowska, Malgorzata Polrola (Hrsg.). Lodz 1998. S. 75–93.
Arnaudova, Svetlana: Chajne i ebrejstvoto: za Šekspir, Šajlok i Džesika. – In: Chajnrich Chajne. Veliko Tărnovo 2008. S. 133–148.

Arnoldt, Hans-Martin: Heinrich Heine und Georg Fein: eine Annotation zu D. Lents Inventar des schriftlichen Nachlasses des Demokraten Georg Fein (1803–1869). – In: Heimatbuch ... Landkreis Wolfenbüttel. 39, 1993. S. 28–32.

Bartscherer, Christoph: Der Abtrünnige: Heinrich Heines blasphemische Religion. München, Univ., Habil.-Schr., 2003.

Baumann, Walter: Ezra Pound and Heinrich Heine. – In: Paideuma. 18, 1989. S. 59–75.

Bernhardt, Rüdiger: Erläuterungen zu Heinrich Heine, Das lyrische Schaffen. Hollfeld, Ofr. 2008. (Königs Erläuterungen Spezial).

Betz, Albrecht: Befreiung der Sinne: über Goethe und Heine als Antiasketen. – In: Zeitschrift der Germanisten Rumäniens. 8, 1999, 1/2 (15/16). S. 28–32.

Betz, Albrecht: Das nächste Leben geht aber heute an. Romantische Reihe, Teil 4: Der Preis der Emanzipation – Mendelssohn und Heine: Beitrag im Deutschlandfunk, Reihe »Essay und Diskurs«, 8.2.2009, 9:30 Uhr. Köln 2009.

Betz, Albrecht: Ein Stern erster Größe – Christoph Martin Wieland zum 75. Geburtstag Teil 3: Frivolität als Instrument der Aufklärung – Wieland und Heine: Beitrag im Deutschlandfunk, Reihe »Essay und Diskurs«, 6.7.2008, 9:30 Uhr. Köln 2008.

Betzl, Julia: H. Heine und die »neue Kunst«: Untersuchungen zu den politischen und ästhetischen Bedingungen von Heines Kunstkritik in den »Französischen Malern« von 1831. Düsseldorf, Univ., Magisterarb., 2007.

Beutin, Heidi und Wolfgang: Geschichtsdeutung und humanistische Utopie: eine Erinnerung zu den Todestagen Lessings und Heines (2006). – In: Dies.: Schöne Seele, roter Drache: zur deutschen Literatur im Zeitalter der Revolutionen. Frankfurt a. M. 2008. S. 95–104. (Bremer Beiträge zur Literatur- und Ideengeschichte 52).

Beutin, Heidi und Wolfgang: »Ja, das Erbe der Gesamtheit/Wird dem einzelnen zur Beute ...« (Atta Troll, Caput X), oder: Der zweigeteilte Heine (1949–1989). – In: Dies.: Schöne Seele, roter Drache: zur deutschen Literatur im Zeitalter der Revolutionen. Frankfurt a. M. 2008. S. 117–130. (Bremer Beiträge zur Literatur- und Ideengeschichte 52).

Beutin, Heidi und Wolfgang: Tod – Liebe – Weiblichkeit: Heinrich Heine im Werk Freuds. – In: Dies.: Schöne Seele, roter Drache: zur deutschen Literatur im Zeitalter der Revolutionen. Frankfurt a. M. 2008. S. 131–158. (Bremer Beiträge zur Literatur- und Ideengeschichte 52).

Beutin, Heidi und Wolfgang: »Und küsse die Marketenderin«: Frauen in Heines Werk von den ›Volksweibern‹ über die Dichterinnen zu den Göttinnen. – In: Dies.: Schöne Seele, roter Drache: zur deutschen Literatur im Zeitalter der Revolutionen. Frankfurt a. M. 2008. S. 105–116. (Bremer Beiträge zur Literatur- und Ideengeschichte 52).

Beutin, Heidi und Wolfgang: »Wir werden unser Volk nur dann demokratisch machen, wenn wir Demokratie riskieren«: Gustav Heinemann (1899–1976), ein »Bürgerpräsident« der Bundesrepublik und Geschichtsdenker Lessing – Heine – Heinemann. – In: Dies.: Schöne Seele, roter Drache: zur deutschen Literatur im Zeitalter der Revolutionen. Frankfurt a. M. 2008. S. 231–238. (Bremer Beiträge zur Literatur- und Ideengeschichte 52).

Bodenheimer, Nina: Heine, Hegelianismus, Saint-Simonismus und »Zur Geschichte der Religion und Philosophie in Deutschland«. – In: HJb 2008. S. 221–233.

Böhm, Alexandra: Romantic ideology and the margins of romanticism: Byron, Heine and Musset. – In: British and European romanticisms: selected papers from the Munich conference of the German Society for English Romanticism. Christoph Bode and Sebastian Domsch (ed.). Trier 2007. S. 179–202. (Studien zur englischen Romantik 4).

Böhn, Andreas: Geschichte von einem Aussichtspunkt betrachtet: Heinrich Heines ›Der Mohrenkönig‹. – In: Lyrik im historischen Kontext: Festschrift für Reiner Wild. Hrsg. von Andreas Böhn, Ulrich Kittstein, Christoph Weiß unter Mitarb. von Sandra Beck. Würzburg 2009. S. 224–238.

Böning, Thomas: »Wir sind Dickhäuter«: der Mensch zwischen Verstehen und Nicht-Verstehen, Heimat und Fremde Novalis – Heine – Büchner, Celan und Kafka. – In: Menschenbilder und Menschenbildung: interdisziplinäre Vortragsreihe zu Grundfragen der modernen Anthropologie. Urs Thurnherr (Hrsg.). Frankfurt a. M. [u. a.] 2005. S. 95–114. (Hodos – Wege bildungsbezogener Ethikforschung in Philosophie und Theologie 3).

Boenisch, Hanne: Heine, Arnold, Flaubert and the cross-channel-link implicit connections textual and technological. – In: Essays in memory of Michael Parkinson and Janine Dakyns. Ed. by Christopher Smith. Norwich 1996. S. 143–147. (Norwich papers 4).

Bohrer, Karl Heinz: Paris – Glanz und Ende eines Phantasmas: Heinrich Heines Erfindung. – In: Ders.: Großer Stil: Form und Formlosigkeit in der Moderne. München 2007. S. 191–215. (Edition Akzente).

Borchert, Angela C.: Gebannte Virtuosität: Tanz und Poesie in Heinrich Heines ›Der Doktor Faust‹. – In: Orbis litterarum. 61, 2008, 6. S. 464–486.

Borisova, Bagrelija: Filosofsko-esteticeskite pozicii na Chajnrich Chajne v ›Kniga na pesnite‹. – In: Chajnrich Chajne. Veliko Tărnovo 2008. S. 25–42.

Bosco, Carmela Lorella: Il terzo spazio: ibridita e costruzione dell'identità ebraica nel ›Rabbi von Bacherach‹ di Heinrich Heine. – In: Annali / Sezione Germanica. Istituto Universitario Orientale <Napoli>. NS 17, 2007, 1/2. S. 471–482.

Botstein, Leon: Heinrich Heine on Mendelssohn. – In: Mendelssohn and his world. Ed. by R. Larry Todd. Princeton, NJ [u. a.] 1991. S. 352–363.

Braun, Peter: Lust auf Literatur!: von Taugenichts bis Steppenwolf – eine etwas andere Literaturgeschichte. Lesung für alle ab 14 Jahren. Erzähler: Friedhelm Ptok; Silvia Fink; Dominik Freiberger ... Dortmund 2007. 4 CDs.

Braun, Peter: Von Taugenichts bis Steppenwolf: eine etwas andere Literaturgeschichte. Berlin 2008.

Brier, Peter: The ›hidden‹ agenda of romantic satire: Carlyle and Heine. – In: A companion to satire: [ancient and modern]. Ed. by Ruben Quintero. Malden, MA [u. a.] 2007. S. 327–335. (Blackwell companions to literature and culture 46).

Briese, Olaf: Punkt, Punkt, Komma, Strich: Heinrich Heine als Virtuose der Interpunktion. – In: HJb 2008. S. 45–62.

Brinks, Helmut W.: Zuhause fremd geblieben: Heinrich Heine – der im Ausland – beliebteste deutsche Dichter: eine liebevolle Einschätzung von Göttingen aus. – In: Kleine Lebensbilder: Künstler, Forscher, Banker, Politiker. Hrsg. von Helmut W. Brinks. Göttingen 2008. S. 52–80. (Göttinger Almanach 10 extra).

Brogelli, Francesca: Sui sonetti di Heine: proposizione e dissoluzione della forma rigida nel ›Buch der Lieder‹. – In: Ottocento tedesco: da Goethe a Nietzsche per Luciano Zagari. [Istituto Italiano per gli Studi Filosofici]. A cura di Gabriella Catalano e Emilia Fiandra. Napoli 1998. S. 219–236. (Il pensiero e la storia 49).

Bucciol, Gio Batta: Il linguaggio corporeo in Heine e il suo ›Juste Milieu‹. – In: Körpersprache und Sprachkörper = La parola del corpo – il corpo della parola: semiotische Interferenzen in der deutschen Literatur. Hrsg.: Claudia Monti, Walter Busch, Elmar Locher, Isolde Schiffermüller. Bozen [u. a.] 1996. S. 87–99. (Essay & Poesie 3).

Bunyan, Anita: Heinrich Heine and Karl Marx meet for the first time in Paris. – In: Yale companion to Jewish writing and thought in German culture 1096–1996. New Haven, CT [u. a.] 1997. S. 171–177.
Burch, Thomas und Bernd Füllner, Nathalie Groß, Joseph A. Kruse, Christian Liedtke: Das Heinrich-Heine-Portal. Ein integriertes Informationssystem. Abschlussbericht [Düsseldorf 2008].
Burneva, Nikolina: Chajne i razdorite na rannija modern. – In: Chajnrich Chajne. Veliko Tărnovo 2008. S. 77–96.
Byl, Jürgen: Heinrich Heine und Ostfriesland. – In: Ostfreesland 76, 1993. S. 154–160.
Caduff, Corina: Die Literarisierung von Musik und bildender Kunst um 1800. München 2003. [Die Künste in ihrer Zeit. Malerei, Musik, letztes Wort: Wunder und Verwerfung. Das Medium der Musikkritik: die Musikerperson. Florentinische Nächte. Kritik am Musen-Konzept der Romantik. Marmor und Musik. Die Künste als Schauplatz politischer und psychoanalytischer Emanzipation. S. 317–358].
Chajnrich Chajne: nega, ironija i žlăč. Pod odcata redakcija na Nikolina Burneva. Veliko Tărnovo 2008.
Dakova, Nadezda: ›Die See riecht nach frischgebackenem Kuchen ...‹: zur Funktion der Leitmotive bei Heine. – In: Chajnrich Chajne. Veliko Tărnovo 2008. S. 63–76.
Deinet, Klaus: Heine und die Julimonarchie. – In: Internationales Archiv für Sozialgeschichte der Deutschen Literatur. 32, 2007, 2. S. 55–92.
Deliivanova, Božidara: ›Romanticnata Škola‹ ot Chajnrich Chajne i principite na literaturnata istorija. – In: Chajnrich Chajne. Veliko Tărnovo 2008. S. 51–62.
Destro, Alberto: »Da qua e di la dal Reno«: Heine sul romanticismo. – In: Romanticismo europeo e traduzione: atti del seminario internazionale, Ischia, 10–11 aprile 1992. [Istituto Italiano per gli Studi Filosofici Circolo Georges Sadoul]. A cura di Lilla Maria Crisafulli Jones, Annalisa Goldoni, Romolo Runcini. [Isola d'Ischia] 1995. S. 131–144. (La coppa di Nestore 5).
Destro, Alberto: Miti greci e miti biblici in Heine. – In: Risonanze classiche nell'Europa romantica. [Pubblicazione dell'Istituto di Lingua e Letteratura francese, Facolta di Lingue e Letterature straniere, Universita degli Studi di Verona e del Centro Ricerche sull ›Italia nell‹ Europa Romantica]. A cura di Annarosa Poli e Emanuele Kanceff. Moncalieri. Tomo 2. 1998. S. 407–417. (Dimensioni del viaggio 9).
Dienst, Karl: Die ›Marseiller Hymne der Reformation ...‹. – In: Luther. 59, 2007. S. 29–44.
Drebber, Matthias: Verführung und Erlösung: eine Studie zum Mythos des Weiblichen bei Richard Wagner, Heinrich Heine und Charles Baudelaire. Berlin, Techn. Univ., Diss., 1995.
Dröscher, Barbara: »Vitzliputzli« von Heinrich Heine und »Huitzilopoxtli« von Ruben Dario. – In: Arcadia. 42, 2007, 2. S. 288–308.
Erichsen, Peter: Annäherungen an Heinrich Heine. – In: Jahrbuch. Heinrich-Heine-Schule <Büdelsdorf>. 10, 2008. S. 24, 26–27.
Erxleben, Ulrike: Betty Heine: Mutter des Dichters Heinrich Heine. – In: Stadt der toten Frauen: der Ohlsdorfer Friedhof und seine Frauen. Rita Bake (Hrsg.). Hamburg 1994. S. 68–71.
Espagne, Michel und Celine Trautmann-Waller: Heine (Heinrich). – In: Dictionnaire du monde germanique. Sous la dir. d'Élisabeth Décultot, Michel Espagne et Jacques Le Rider. Paris 2007. S. 469–472.
Esselborn, Hans: Erzählstrukturen und Formen der Komik in Heinrich Heines ›Harzreise‹. – In: Traversées du miroir: mélanges offerts à Erika Tunner. Sous la direction de Alain Cozic et Jacques Lajarrige. Paris [u. a.] 2005. S. 279–306.

Feist, Udo: Gescheiterte Träume: die Freundschaft zwischen Heine und Zunz. – In: Evangelische Kommentare. 28, 1995. S. 746, 748–749.

Feldbusch, Thorsten: Zwischen Land und Meer: schreiben auf den Grenzen. Würzburg 2003. (Epistemata – Reihe Literaturwissenschaft 465). [Zugl.: Münster, Univ., Diss., 2002]. [Heinrich Heine: »Hofdichter der Nordsee« S. 125–135].

Fingerhut, Karlheinz: La Germania e i suoi ›Wintermärchen‹: l'epos di viaggio di Heinrich Heine ›Deutschland. Ein Wintermärchen‹ all'inizio di una tradizione letteraria e politica. – In: Viaggi in utopia: [il volume nasce dal Convegno Internazionale di Rimini Viaggi in Utopia, 25–27 marzo 1993]. A cura di Raffaella Baccolini ... Ravenna 1996. S. 97–127. (Forme dell'utopia 6: Sez.: studi).

Fingerhut, Karlheinz: Goethe-Reminiszenzen in Heines ›Deutschland. Ein Wintermärchen‹. – In: Ders.: Kleine Blumen, kleine Blätter: sieben Vorlesungen zu Goethe. Freiburg 2007. S. 81–92. (Ludwigsburger Hochschulschriften 26).

Fingerhut, Karlheinz: Goethe und Heine als Reisende im Harz und in Italien. – In: Ders.: Kleine Blumen, kleine Blätter: sieben Vorlesungen zu Goethe. Freiburg 2007. S. 53–80. (Ludwigsburger Hochschulschriften 26).

Fourquet, Jean: Etude métrique d'un poème allemand: Heine: Deutschland, ein Wintermärchen. – In: Littérature & civilisation au capes et à l'agrégation d'allemand 1992. S. 129–140.

Franzos, Karl Emil: Heine in Kärnten. – In: Ders.: Eine Auswahl aus den Werken: zwei Teile in einem Band. Teil I: Kultur- und Reisebilder. Teil II: Literaturhistorische Schriften und andere Feuilletons. Hrsg. v. Anna-Dorothea Ludewig und Julius H. Schoeps unter Mitarb. v. Sabrina Wagner. Hildesheim 2008. S. 175–178.

Franzos, Karl Emil: Heine und Kleist. – In: Ders.: Eine Auswahl aus den Werken: zwei Teile in einem Band. Teil I: Kultur- und Reisebilder. Teil II: Literaturhistorische Schriften und andere Feuilletons. Hrsg. v. Anna-Dorothea Ludewig und Julius H. Schoeps unter Mitarb. v. Sabrina Wagner. Hildesheim 2008. S. 201–208.

Franzos, Karl Emil: Heinebilder. – In: Ders.: Eine Auswahl aus den Werken: zwei Teile in einem Band. Teil I: Kultur- und Reisebilder. Teil II: Literaturhistorische Schriften und andere Feuilletons. Hrsg. v. Anna-Dorothea Ludewig und Julius H. Schoeps unter Mitarb. v. Sabrina Wagner. Hildesheim 2008. S. 281–290.

Franzos, Karl Emil: Heines Geburtstag. – In: Ders.: Eine Auswahl aus den Werken: zwei Teile in einem Band. Teil I: Kultur- und Reisebilder. Teil II: Literaturhistorische Schriften und andere Feuilletons. Hrsg. v. Anna-Dorothea Ludewig und Julius H. Schoeps unter Mitarb. v. Sabrina Wagner. Hildesheim 2008. S. 181–200.

Franzos, Karl Emil: Zu Heines Wintermärchen. – In: Ders.: Eine Auswahl aus den Werken: zwei Teile in einem Band. Teil I: Kultur- und Reisebilder. Teil II: Literaturhistorische Schriften und andere Feuilletons. Hrsg. v. Anna-Dorothea Ludewig und Julius H. Schoeps unter Mitarb. v. Sabrina Wagner. Hildesheim 2008. S. 179–180.

Franzos, Karl Emil: Zum Kapitel: Heine in Frankreich. – In: Ders.: Eine Auswahl aus den Werken: zwei Teile in einem Band. Teil I: Kultur- und Reisebilder. Teil II: Literaturhistorische Schriften und andere Feuilletons. Hrsg. v. Anna-Dorothea Ludewig und Julius H. Schoeps unter Mitarb. v. Sabrina Wagner. Hildesheim 2008. S. 221–280.

Franzos, Karl Emil: Zur Frage der Heine'schen »Memoiren«. – In: Ders.: Eine Auswahl aus den Werken: zwei Teile in einem Band. Teil I: Kultur- und Reisebilder. Teil II: Literaturhistorische Schriften und andere Feuilletons. Hrsg. v. Anna-Dorothea Ludewig und Julius H. Schoeps unter Mitarb. v. Sabrina Wagner. Hildesheim 2008. S. 159–174.

Frühwald, Wolfgang: Heinrich Heine liest das München Ludwigs I.: eine Episode und ihre Folgen. – In: München lesen: Beobachtungen einer erzählten Stadt. Hrsg. von Simone Hirmer und Marcel Schellong. Würzburg 2008. S. 17–32.

Furtado Kestler, Ezabela Maria: Taugt der Terminus ›Goethesche Kunstperiode‹ (Heine) als Oberbegriff für die Kontinuitäten und Brüche der literarischen und reflexionsästhetischen Produktion im Zeitraum um 1800?. – In: »Zeitenwende« – die Germanistik auf dem Weg vom 20. ins 21. Jahrhundert. Bd. 6: Epochenbegriffe: Grenzen und Möglichkeiten. Betreut von Uwe Japp, Ryozo Maeda und Helmut Pfotenhauer. Bern 2002. S. 255–260. (Jahrbuch für Internationale Germanistik / A 58: Akten des ... Internationalen Germanisten-Kongresses 10).

Gallego Morell, Antonio: La huella de Heine en la Granada del siglo XIX. – In: Cuadernos de la Asociación Cultural Hispano Alemana. 2, 1979. S. 1–18.

Gehmacher, Johanna: Die Nation lieben: zur Darstellung und Herstellung eines Gefühls. – In: Liebe und Widerstand: Ambivalenzen historischer Geschlechterbeziehungen. Ingrid Bauer, Christina Hämmerle, Gabriella Hauch (Hg.). Wien [u. a.] 2005. S. 125–143 (L'homme / Schriften 10).

Gilman, Sander Lawrence: Heine, Nietzsche und die Vorstellung vom Juden. – In: Nietzsche und die jüdische Kultur. Jacob Golomb (Hrsg.). Übers. von Helmut Dahmer. Wien 1998. S. 87–112. [EST: Nietzsche and Jewish culture <dt.>].

Glet, Jörn: Heinrich Heines Dramen »Almansor« und »William Ratcliff«. Düsseldorf, Univ., Hausarbeit für das Lehramt, 1999.

Goltschnigg, Dietmar: Heines Auseinandersetzung mit musikalischen Zeitgenossen: Felix Mendelssohn Bartholdy, Giacomo Meyerbeer und Richard Wagner. – In: Die Vorstellung von Musik in Malerei und Dichtung. Hrsg. von Barbara Boisits und Cornelia Szabo-Knotik. Wien 2007. S. 55–67. (Musicologica Austriaca 25).

Gosse, Peter: Transigierender Heine. – In: Die Kraft der Empfindlichkeit: Essays 1949 bis 1990. Hrsg. und mit einem Nachw. von Werner Liersch. Mit Textbeitr. von Ernst Niekisch ... Leipzig 1998. S. 231–243. (Die DDR-Bibliothek 16).

Großklaus, Götz: Wirklichkeit als visuelle Chiffre: zur ›visuellen Methode‹ in der Literatur und Photographie zwischen 1820 und 1860 (E.T.A. Hoffmann, Heine, Poe, Baudelaire). – In: Die Mobilisierung des Sehens: zur Vor- und Frühgeschichte des Films in Literatur und Kunst. Hrsg. von Harro Segeberg. München 1996. S. 191–208. (Mediengeschichte des Films 1).

Grote, Stefan: Pandekten und Poesie: Heinrich Heine als Studiosus iuris. – In: Juristische Schulung 39, 1999, 12. S. 1153–1159.

Grundmann, Regina: »Rabbi Faibisch, Was auf Hochdeutsch heißt Apollo«: Judentum, Dichtertum, Schlemihltum in Heinrich Heines Werk. Stuttgart, Weimar 2008. (Heine-Studien).

Habermas, Jürgen: Heinrich Heine oder Die Rolle des Intellektuellen in Deutschland. – In: Ders.: Die Moderne – ein unvollendetes Projekt: philosophisch-politische Aufsätze 1977–1990. Leipzig 1990. S. 130–158. (Reclams Universal-Bibliothek 1382: Philosophie, Geschichte, Kulturgeschichte).

Häntzschel, Günter: Nordische und antike Mythologie bei Heinrich Heine. – In: Nördlichkeit – Romantik – Erhabenheit: Apperzeptionen der Nord / Süd-Differenz (1750–2000). Andreas Fülberth, Albert Meier, Victor Andres Ferretti (Hrsg.). Frankfurt a. M. 2007. S. 191–204. (Imaginatio borealis 15).

Hansen, Volkmar: Heinrich Heines Goethe-Bild. – In: Ders.: Haupt- und Nebenwege zu Goethe. (Im Auftrag des Freundeskreises des Goethe-Museums zusammengestellt von Heike Spies). Frankfurt a. M. [u. a.] 2005. S. 111–130. (Maß und Wert 2).

Hasdorf, Kerstin: Lyrik als politische Meinungsäußerung im Mittelalter und im 19. Jahrhundert am Beispiel Walthers von der Vogelweide und Heinrich Heines. Berlin, Univ., Hausarb., 2006.

Haverkamp, Anselm: Shakespeares Politik – ein Wintermärchen? Das Flüstern der Latenz. – In: Tragödie – Trauerspiel – Spektakel. Hrsg. von Bettine Menke und Christoph Menke. Berlin 2007. S. 104–127. (Recherchen 38).

Heimböckel, Dieter: »Kannitverstan«: Anmerkungen zum ›locus neerlandicus‹ in der deutschen Literatur von Hebel bis Heine. – In: Gegenseitigkeiten: deutsch-niederländische Wechselbeziehungen von der frühen Neuzeit bis zur Gegenwart. Hrsg. von Guillaume van Gemert und Dieter Geuenich. Essen 2003. S. 155–172. (Schriftenreihe der Niederrhein-Akademie / Academie Nederrijn 5).

Hermand, Jost: 1840: Heinrich Heine's ghetto tale ›The Rabbi of Bacherach‹ is published. – In: Yale companion to Jewish writing and thought in German culture 1096–1996. New Haven, CT [u. a.] 1997. S. 152–157.

Hermand, Jost: The wandering Jew's Rhine journey: Heine's ›Lorelei‹. – In: Insiders and outsiders: Jewish and gentile culture in Germany and Austria. Ed. by Dagmar C. G. Lorenz ... Detroit, MI 1994. S. 39–46.

Herrmann, Wolfgang: Heine und Gott. – In: Deutsches Pfarrerblatt 106, 2006, 10. S. 516–519.

Hildebrand, Olaf: Genrich Gejne. – In: Nemeckaja literatura meždu romantizmom i realizmom: 1830–1870 teksty i interpretacii. [Sost. J. Šmidt A. Berezina. Per. s nemeckogo E. Parfenovoj]. Sankt Petersburg 2003. S. 720–733.

Hinck, Walter: Geschichte und Gegenwart im »Brennpunkt« historischer Lyrik: Heine, C. F. Meyer, Fontane, Csokor, Brecht und Enzensberger. – In: Ders.: Geschichtsdichtung. Göttingen 1995. S. 74–99. (Sammlung Vandenhoeck).

Höhn, Gerhard: »Ecrasez l'infame!«: Heinrich Heine und Voltaire. – In: Der nahe Spiegel: Vormärz und Aufklärung. Wolfgang Bunzel, Norbert Otto Eke, Florian Vaßen (Hrsg.). Bielefeld 2008. S. 177–194. (Vormärz-Studien 14).

Hörmann, Raphael: ›Liberty['s] smile melts tyrants down in time‹: T. L. Beddoe's ›Death's jestbook‹ and german revolutionary discourse in Heine, Börne, and Büchner. – In: The Ashgate research companion to Thomas Lovell Beddoes. Ed. by Ute Berns ... Aldershot [u. a.] 2007. S. 81–96. (The nineteenth century series).

Hoffmann, Konrad: »Die Götter im Exil«: von Heine zu Warburg. – In: Denkbild Ellipse: jüdische Identität in Kunst und Kunstwissenschaft [Dokumentation einer Tagung der Evangelischen Akademie Loccum vom 14. bis 16. Februar 1997]. [Evangelische Akademie Loccum]. Hrsg. von Martin R. Deppner und Pablo A. Schneider. Rehburg-Loccum 1998. S. 77–86. (Loccumer Protokolle 97, 4).

Hofmann, Michael: Heinrich Heine – ein Aufklärer?. – In: Littérature & civilisation aux concours d'allemand. 1998. S. 83–91. (Bibliothèque des Nouveaux Cahiers d'Allemand / Collection Concours sur programme 7).

Hohendahl, Peter Uwe: Allegorische Bilder: Heine und die französische Malerei. – In: Ders.: Heinrich Heine. Berlin 2008. S. 65–80.

Hohendahl, Peter Uwe: Geschichte und Modernität: Heines Kritik an der Romantik. – In: Ders.: Heinrich Heine. Berlin 2008. S. 17–64.

Hohendahl, Peter Uwe: Heinrich Heine: europäischer Schriftsteller und Intellektueller. Berlin 2008. (Philologische Studien und Quellen 212).

Hohendahl, Peter Uwe: Heinrich Heine: Macht und Ohnmacht des Intellektuellen. – In: Ders.: Heinrich Heine. Berlin 2008. S. 141–157.

Hohendahl, Peter Uwe: Kritische Eingriffe: der Intellektuelle als Dichter. – In: Ders.: Heinrich Heine. Berlin 2008. S. 158–182.
Hohendahl, Peter Uwe: Talent und Charakter: die Börne-Heine-Fehde und ihre Nachgeschichte. – In: Ders.: Heinrich Heine. Berlin 2008. S. 125–140.
Hohendahl, Peter Uwe: Über Musik sprechen: Heine als Musikkritiker. – In: Ders.: Heinrich Heine. Berlin 2008. S. 112–122.
Holl, Hanns Peter: Gotthelf – Heine – Taillandier. – In: Gotthelf: interdisziplinäre Zugänge zu seinem Werk [Gotthelf. Kolloquium an der Universität Neuenburg, 29.-31. Oktober 2004]. Peter Gasser / Jan Loop (Hrsg.). Frankfurt a. M. [u. a.] 2009. S. 177–192.
auf der Horst, Christoph und Alfons Labisch: Woran starb Heinrich Heine wirklich?. – In: Geschichte der Medizin – Geschichte in der Medizin: Forschungsthemen und Perspektiven. Jörg Vögele, Heiner Fangerau, Thorsten Noack (Hrsg.). Hamburg Münster 2006. S. 197–204. (Medizingeschichte 2).
Ianosi, Ion: Heinrich Heine: contributii la istoria religiei si filosofiei in Germania. – In: Ders.: Autori si opere. Bukarest. Volum 1: Culturi occidentale. 2007. S. 143–151.
Ivanova, Ralitza: Chajnevata samoironija v konteksta na ›Ebrejskoto ostroumie‹. – In: Chajnrich Chajne. Veliko Tărnovo 2008. S. 149–168.
Jetschmann, Maxine: Der Paria als jüdische Volksfigur: eine verborgene Tradition des deutschen Judentums von Heinrich Heine bis Hannah Arendt? – In: Zeitschrift der Germanisten Rumäniens 15/16 = 29–32, 2007. S. 175–194.
Kaddour, Fériel und Hédi: Les ›Dichterliebe‹ et la fibre secrète. – In: Poetsie. Paris Berlin 120, 2007. S. 182–201.
Kaiser, Gerhard R.: Entgiftete Lieder?: Heinrich Heine in Literatur und Literaturwissenschaft der DDR. – In: Die unerträgliche Leichtigkeit der Kunst: ästhetisches und politisches Handeln in der DDR. Hrsg. von Michael Berg, Knut Holtsträter und Albrecht von Massow. Köln [u. a.] 2007. S. 21–44. (KlangZeiten 2).
Kaiser, Gerhard: Genrich Gejne kak liriceskij poet. – In: Nemeckaja literatura meždu romantizmom i realizmom: 1830–1870 teksty i interpretacii. [Sost. J. Šmidt A. Berezina. Per. s nemeckogo E. Parfenovoj]. Sankt Petersburg 2003. S. 490–533.
Kaufmann, Ulrich: »Dieses Auge ist die einzige Merkwürdigkeit, die Weimar jetzt besitzt«. Heines Beziehungen zu Goethe. – In: Ders.: Dichters Worte – Dichters Orte: von Goethe bis Gerlach. 30 Versuche. Jena 2007. S. 15–22.
Kerschbaumer, Sandra: Heinrich Heines Konstruktion von Aufklärung. – In: Der nahe Spiegel: Vormärz und Aufklärung. Wolfgang Bunzel, Norbert Otto Eke, Florian Vaßen (Hrsg.). Bielefeld 2008. S. 313–324. (Vormärz-Studien 14).
Kesting, Hanjo: Der Weg Heinrich Heines: vor einem Vortrag. – In: Ders.: Begegnungen mit Hans Mayer: Aufsätze und Gespräche. Göttingen 2007. S. 81–88. (Göttinger Sudelblätter).
Kiba, Hiroshi: haine no kotoba no jutan: mono to dobutsu no keisho hyogen ni kansuru kenkyu. Kyoto 2007.
Kim, Yun-Sun: Sinnlichkeit als Kulturkritik: eine historisch-anthropologische Untersuchung von Heines Kulturkritik in der »Romantischen Schule« und der »Geschichte der Religion und Philosophie in Deutschland«. Berlin, Freie Univ., Diss., 2000.
Kircher, Hartmut: Heine und das Sonett. – In: Der Mensch als Konstrukt: Festschrift für Rudolf Drux zum 60. Geburtstag. R. Füllmann, J. Kreppel, O. Löding, J. Leiß, D. Haberland, U. Port (Hrsg.). Bielefeld 2008. S. 325–338.

Köcher, Markus und Anna Riman: Lyrik der Romantik. Stuttgart 2009. (Reclams Universal-Bibliothek 15416: Lektüreschlüssel für Schülerinnen und Schüler).

Kolago, Lech: Das Musikalische in den Gedichten von Heinrich Heine. – In: Lubelskie materialy neofilologiczne. Lubiln 1986. S. 55–83.

Kortländer, Bernd: Jüdische Rheinromantik? Heines Rhein und der ›Rabbi von Bacherach‹. – In: Rheinisch – Kölnisch – Katholisch: Beiträge zur Kirchen- und Landesgeschichte sowie zur Geschichte des Buch- und Bibliothekswesens der Rheinlande. Festschrift für Heinz Finger zum 60. Geburtstag. Hrsg. v. Siegfried Schmidt in Zsarb. mit Konrad Groß, Harald Horst u. Werner Wessel. Köln 2008. S. 547–560. (Libelli Rhenani 25).

Kreutzer, Leo: Der Schriftsteller als »sprechende Trommel«: erinnerte Qualität und ihre Verwandlung in moderne Poesie bei Heinrich Heine. – In: Oralität und moderne Schriftkultur. Weltengarten: deutsch-afrikanisches Jahrbuch für interkulturelles Denken 2007/2008 (2008). S. 199–209.

Kruse, Joseph Anton: Die gehobenste Form des Feuilletons. – In: Opernwelt 47, 2006, 2. S. 35.

Kruse, Joseph Anton: Heines Schlaflosigkeit. – In: Neuro aktuell. 22, 2008, 7=175. S. 49–51.

Kucklich, Clarissa: Liebe und Freiheit: Madame de Staël und Heinrich Heine. – In: Freiheit, Gleichheit, Weiblichkeit: Aufklärung, Revolution und die Frauen in Europa. Marieluise Christadler (Hrsg.). Opladen 1990. S. 93–109.

Kusch, Maximilian: Tageswahrheit: Heinrich Heines Bruch mit der dualistischen Denktradition der Moderne. Würzburg 2008. (Epistemata – Reihe Literaturwissenschaft 633). [Zugl.: Berlin, Freie Univ., Diss., 2007].

Lau, Gerhard: Heine und Mozart in Warnemünde. – In: Beiträge zur Geschichte Warnemündes zwischen Diedrichshagen und der Rostocker Heide. Band 8: Warnemünde im Jahre 2007. 2007. S. 7–18.

Liber, Jean: Frédéric Schiller und Henri Heine: französische Stille zum Jubiläum. – In: Dokumente: Zeitschrift für den deutsch-französischen Dialog 62, 2006, 2. S. 95–96.

Liedtke, Christian: »Das Bier in Weimar ist wirklich gut.«: Heinrich Heine und Goethe. – In: Jahresgabe. Goethe-Gesellschaft Bonn. 2006 (2008). S. 60–87.

Lüderssen, Klaus: Heinrich Heine, Gustav Radbruch und das Erbrecht. – In: Ders.: Produktive Spiegelungen: Recht in Literatur, Theater und Film. 2. Aufl. Baden-Baden 2002. S. 186–201. (Juristische Zeitgeschichte 12).

Mămăligă, Dumitru: Umbre și lumini: din viaţa oamenilor de geniu Petrarca, Cezar, Alexandru Macedon, Decebal, Ștefan cel Mare, Eminescu, Mozart, Byron, Heine. Chişinău 2008. [Heine S. 234–269].

Mancini, Mario: Heines Geoffroy Rudel. – In: Ders.: Die fröhliche Wissenschaft der Trobadors. Übers. von Leonie Schröder. Würzburg 2009. S. 125–134. [EST: La gaia scienza dei trovatori <dt.>].

Marquard, Odo: Skepsis in der Moderne: Überlegungen im Blick auf Heinrich Heine. – In: Ders.: Skepsis in der Moderne: philosophische Studien. Stuttgart 2007. S. 40–54. (Reclams Universal-Bibliothek 18524).

Martens, Gunther und Benjamin Biebuyck: On the narrative function of metonymy in chapter XIV of Heine's ›Ideen. Das Buch Le Grand‹. – In: Style. 41, 2007, 3. S. 342–365.

Matt, Peter von: Die Kunst, die Freiheit, der Teufel und der Tod: Strategien des Überlebens bei Heine und Schumann. – In: Ders.: Das Wilde und die Ordnung: zur deutschen Literatur. München 2007. S. 180–195.

May, Friedrich W.: Musik im Bild- und Sprachwitz bei Daumier und Heine. – In: HJb 2008. S. 63–90.

May, Markus: Die Wunde Heine: Überlegungen zu einem Komplex jüdischer Selbstdeutung in Jakob Wassermanns ›Mein Weg als Deutscher und Jude‹. – In: Jakob Wassermann: Deutscher – Jude – Literat. Hrsg. von Dirk Niefanger, Gunnar Och und Daniela F. Eisenstein. Göttingen 2007. S. 91–108.

Marc'hadour, Germain: Echos de Thomas More chez Heinrich Heine. – In: Thomas More gazette. 37, 1990, 103. S. 71–72.

Mayer, Kurt Albert: Some german chapters of Henry Adams's ›Education‹: »Berlin (1858–1859)«, Heine, and Goethe. – In: Arbeiten aus Anglistik und Amerikanistik. 19, 1994, 1. S. 3–25.

Minkova, Radoslava: Im Konflikt zwischen den Religionen: historische und anthropologische Aspekte in Heines Drama ›Almansor‹. – In: Chajnrich Chajne. Veliko Tărnovo 2008. S. 119–132.

Mittelmann, Hanni: Sammy Gronemann: (1875–1952). Frankfurt a. M. [u. a.] 2004. (Campus Judaica 21). [Heinrich Heine und sein Onkel S. 151–165].

Morawe, Bodo: »Denn die Republik ist eine Idee ...«: zur programmatischen Bedeutung des Artikels IX der »Französischen Zustände«. – In: HJb 2008. S. 1–28.

Morawe, Bodo: Heine und Holbach: zur Religionskritik der radikalen Aufklärung und über zwei zentrale Probleme der Büchner-Forschung. – In: Georg-Büchner-Jahrbuch. 11, 2005–08 (2008). S. 237–266.

Morawe, Bodo: »Ich gehöre nicht zu den Atheisten ...«: über ein Concetto von Heinrich Heine. – In: Germanisch-romanische Monatsschrift. 58, 2008, 2. S. 169–185.

Morawe, Bodo: Unglaubensgenosse Heine: Religionskritik, Immanenzdenken, radikale Aufklärung. – In: Der nahe Spiegel: Vormärz und Aufklärung. Wolfgang Bunzel, Norbert Otto Eke, Florian Vaßen (Hrsg.). Bielefeld 2008. S. 153–176. (Vormärz-Studien 14).

Münch, Marc-Mathieu: Berlioz et Heine. – In: Hector Berlioz: ein Franzose in Deutschland. Matthias Brzoska, Hermann Hofer, Nicole K. Strohmann (Hrsg.). Laaber 2005. S. 165–174.

Neubauer-Petzoldt, Ruth: Desillusionierte Sehnsucht und soziale Utopie: der Umgang mit Dämonen, Märchen und Mythen bei Heinrich Heine, Georg Büchner und Bettina von Arnim. – In: Internationales Jahrbuch der Bettina-von-Arnim-Gesellschaft 19, 2007. S. 57–81.

Neumann, Gerhard: Der Abbruch des Festes: Gedächtnis und Verdrängung in Heines Legende ›Der Rabbi von Bacherach‹. – In: Neue Aspekte der Literaturwissenschaft: Kulturthema Essen – Intertextualität – produktive Verfahren. Im Auftr. des Deutschen Germanistenverbandes, Fachgruppe der Deutschlehrerinnen und Deutschlehrer, Landesverband Bayern hrsg. von Max Leonhard. [Traunstein] 1995. S. 7–45.

Oesterle, Günther: »Laß Rom Rom seyn ... Singe Berlin!«: Stadtpoesie in Prosa – Ludwig Tieck – Ludwig Robert – Heinrich Heine. – In: Tableau de Berlin: Beiträge zur »Berliner Klassik« (1786–1815). Hrsg. von Iwan D'Aprile, Martin Disselkamp und Claudia Sedlarz. Laatzen 2005. S. 289–306. (Berliner Klassik 10).

Ogawa, Shigeo: Heinrich Heine und die bildende Kunst I <jap.>. – In: Omon-ronso. 54, 2002. S. 165–187.

Ogawa, Shigeo: Heinrich Heine und die bildende Kunst II <jap.>. – In: Omon-ronso. 56, 2003. S. 195–215.

Ogawa, Shigeo: Heinrich Heines Rezension der Gemälde von Horace Vernet <jap.>. – In: Omon-ronso. 58, 2003. S. 125–151.

Ogawa, Shigeo: Salon von 1831: eine Betrachtung über Heinrich Heines Rezension der Gemälde <jap.>. – In: Omon-ronso. 60, 2004. S. 1–18.

Pasquale, Matilde de: Il materiale mitologico di Heinrich Heine in ›Die Götter im Exil‹. – In: Mito e parodia nella letteratura del diciannovesimo / ventesimo secolo. A cura di Gabriella D'Onghia e Ute Weidenhiller. Rom 2007. S. 53–65.

Pelzer, Erich: ›Die Grenadiere‹: Heinrich Heine und Napoleon. – In: Lyrik im historischen Kontext: Festschrift für Reiner Wild. Hrsg. von Andreas Böhn, Ulrich Kittstein, Christoph Weiß unter Mitarb. von Sandra Beck. Würzburg 2009. S. 157–174.

Pfau, Thomas: Melancholy into ressentiment: aesthetic and social provocation in Heine's ›Buch der Lieder‹. – In: Ders.: Romantic moods: paranoia, trauma, and melancholy, 1790–1840. Baltimore, MD [u. a.] 2005. S. 379–471.

Pfeifer, Marcus: Heinrich Heines Beziehungen zum Judentum. Oldenburg, Univ., Prüfungsarbeit, 2000.

Rattner, Josef und Gerhard Danzer: Meister des großen Humors: Entwürfe zu einer heiteren Lebens- und Weltanschauung. Würzburg 2008. [Heinrich Heines ›Reisebilder‹ S. 161–174].

Reich-Ranicki, Marcel: Vorwort. – In: Ders.: Mein Heine. Hamburg 2009. S. 7–11.

Reeves, Nigel: Retribution in the mountain: Schiller's ›Wilhelm Tell‹ in the distorting mirror of Heine's satire ›Atta Troll: Ein Sommernachtstraum‹. – In: Oxford German Studies. 37, 2008, 1. S. 27–35.

Rispoli, Marco: Parole in guerra: Heinrich Heine e la polemica. Macerata 2008. (Quodlibet Studio: Lettere).

Robert, Jörg: Die See als Sehschule: Bilder, Medien und Mythen in Heines Nordsee-Dichtung. – In: Archiv für das Studium der neueren Sprachen und Literaturen. 245, 2008. S. 1–36.

Rosenthal, Erwin Theodor: Heinrich Heine, poeta de dois séculos. – In: Revista da Academia Paulista de Letras 46, 1997, 109. S. 101–111.

Sautermeister, Gert: Das psychosoziale Geheimnis der ›naturmagischen Ballade‹: Eros und Gesellschaft in Texten von Bürgern bis Heine. – In: Die Wunde der Geschichte: Aufsätze zur Literatur und Ästhetik Festschrift für Thomas Metscher zum 65. Geburtstag. Hrsg. von Klaus Garber und H. Gustav Klaus. Köln [u. a.] 1999. S. 57–80. (Europäische Kulturstudien 11).

Savova, Elena: Heinrich Heines ›Atta Troll‹ und Penco Slavejkovs ›Mango und der Bär‹: Versuch eines Vergleichs. – In: Chajnrich Chajne. Veliko Tărnovo 2008. S. 107–118.

Scharfschwert, Alena: Reisen im 18. und 19. Jahrhundert: Goethes »Italienische Reise« und Heines italienische »Reisebilder« im Vergleich mit einem Seitenblick auf Madame de Staëls »Corinna oder Italien«. Düsseldorf, Univ., Magisterarb., 2007.

Scheiffele, Eberhard: Heine als Rhetor. – In: Über die Rolltreppe: Studien zur deutschsprachigen Literatur mit einem Entwurf materialer literarischer Hermeneutik. München 1999. S. 232–242.

Schiffter, Roland: Vom Leben, Leiden und Sterben in der Romantik: neue Pathografien zur romantischen Medizin. Würzburg 2008. [Vom Lieben und Leiden des Heinrich Heines S. 133–158].

Schillemeit, Jost: Heines Kunst- und Geschichtsanschauung und die Geschichtsphilosophie. – In: Ders.: Kunsttheorie und Geschichtsauffassung. Hrsg. von Rosemarie Schillemeit. Göttingen 2009. S. 37–61. (Göttinger Sudelblätter).

Schneider, Anita: Fallstudie »erste ausgeborene Gestalt in Lebensgröße«: eine Untersuchung von Heines Figurenkonzeption. Kingston, Univ., Diss., 2004.

Schnitker, Hans: »Heine – das letzte europäische Ereignis von Rang« (Horst Janssen). – In: Autographensammler 23, 2008, 1. S. 54–58.

Schulz, Nils B.: Politik als Jahrmarktspektakel: Untersuchungen zu einer literarischen Kippfigur in Heines »Lutetia«. – In: HJb 2008. S. 234–245.

Silverman, Godfrey Edmond und Sikander Singh: Heine, Heinrich. – In: Encyclopaedia Judaica. Michael Berenbaum (ed.). 2. ed., eBook version (Enth.: Vol. 1–22 d. Druckausgabe). Woodbridge, CT 2007. S. 770–773.

Söhnen, Albrecht von: Degen oder Pistole?: Heinrich Heine im Duell. – In: Schulzeitung. Heinrich-Heine-Gymnasium <Oberhausen>. 2008. S. 5–23.

Sonkwe Tayim, Constantin: Hybridität und kulturelle Differenz: Anmerkungen zu Heinrich Heines Tragödie »Almansor«. – In: HJb 2008. S. 206–217.

Stauf, Renate: »Der Brocken ist ein Deutscher«: Zeitkritik, Literatur und Satire in Heines ›Harzreise‹. – In: Literarische Harzreisen. Gütersloh 2008. S. 115–128.

Steiner, Uwe: Wahlverwandtschaft: Bemerkungen zu Benjamin und Heine. – In: Global Benjamin. 2, 1999, S. 1251–1272.

Stuhlmann, Andreas: Heinrich Heine's figure of justice. – In: Figures of law: studies in the interference of law and literature. Hrsg. Gert Hofmann. Tübingen 2007. S. 199–216. (Edition Kairos 3).

Tenzer, Gerhard: Aufklärung und Religionskritik bei Heinrich Heine. Tübingen, Univ., Seminararb., 1990.

Teske, Marc: Kein Schwert auf dem Sarg: Heinrich Heine – Romantiker und Revolutionär. – In: Lutherische Monatshefte. 36, 1997, 12. S. 31–32.

Torberg, Friedrich: Blumen der Unsterblichkeit [Heinrich Heine: Gedächtnisfeier]. – In: Ders.: Wien oder Der Unterschied: ein Lesebuch. [Hrsg. von David Axmann und Marietta Torberg]. München 1998. S. 123–126.

Ueding, Gert: Rollenspiel der Matratzengruft [Heinrich Heine: Rückschau]. – In: Frankfurter Anthologie. 32, 2008. S. 75–79.

Urbahn de Jauregui, Heidi: Dichterliebe: Leben und Werk von Heinrich Heines letzter Geliebter, der »Mouche«. Mainz 2009.

Verhage, Jan Anton: Heinrich Heine und andere Freimaurer. – In: Quatuor Coronati. 22, 1985. S. 81–108.

Viard, Jacques: Deux amis ›atypiques‹, Pierre Leroux et Henri Heine. – In: Les Amis de Pierre Leroux. 1993, 10. S. 33–36.

Vratz, Christoph: Der geknetete Geist: poetischer Blick, staunendes Ohr: Heine und die Musik. – In: Opernwelt. 47, 2006, 2. S. 30–39.

Vratz, Christoph: Die Partitur als Wortgefüge: sprachliches Musizieren in literarischen Texten zwischen Romantik und Gegenwart. Würzburg 2002. (Epistemata – Reihe Literaturwissenschaft 371). [Zugl.: Wuppertal, Univ., Diss., 2000].

Walker, John: The critical image: Heinrich Heine and a liberal German identity. – In: Nationalism versus cosmopolitanism in German thought and culture, 1789–1914: essays on the emergence of Europe. Ed. by Mary Anne Perkins and Martin Liebscher. Lewiston, NY [u. a.] 2006. S. 131–157.

Walther, Ursula: Die Ironie der Gegensätzlichkeit in Heines Versepos ›Atta Troll. Ein Sommernachtstraum‹. – In: Chajnrich Chajne. Veliko Tărnovo 2008. S. 97–106.

Wegener, Veronika: »Gott war immer der Anfang und das Ende aller meiner Gedanken«: Heines Ringen um Gott zwischen Pantheismus und Theismus. Münster, Univ., Diplomarb., 2008.

Wehrhahn, Matthias: Heinrich Heine: »Ach! Wie sehne ich mich nach Ispahan«. – In: Von Dichterfürsten und anderen Poeten: kleine niedersächsische Literaturgeschichte. Hrsg. von Jürgen Peters ... Bd. 2: Siebenunddreißig Portraits von Stendhal bis Arno Schmidt. Hannover 1994. S. 27–33.

Weidner, Daniel: Parodie und Prophetie: ›literarische Säkularisierung‹ in Heines biblischer Schreibweise 1844. – In: Zeitschrift für Germanistik. NF 18, 2008, 3. S. 546–557.
Werner, Michael: Heine. – In: Au jardin des malentendus: le commerce franco-allemand des idées. Textes éd. par Jacques Leenhardt et Robert Picht. Paris 1997. S. 80–85. (Babel 287).
Werth, Wolfgang: Schumann bei Heine. – In: Jahrbuch. Bayerische Akademie der Schönen Künste <München> 10, 1996. S. 281–283.
Wieser, Dagmar: »En repassant le Rhin«: la dialectique de l'identité chez Heine et Nerval. – In: Variations. 2, 1999, 3. S. 13–26.
Wortmann, Simon: »ich gebe vielmehr den Körpern ihren Geist zurück«: die Tanz-Inszenierung in Heines »Florentinischen Nächten« und die Ästhetik des Performativen. – In: HJb 2008. S. 29–44.
Wortsman, Peter: Hiking through heaven and hell: reflections on Heinrich Heine's ›Travel pictures‹. – In: Heine, Heinrich: Travel pictures. Transl. from the German by Peter Wortsman. Brooklyn, NY 2008. S. 207–223.
Wülfing, Wulf: Heine und Napoleon im Rheinland. – In: Frankreich am Rhein: die Spuren der »Franzosenzeit« im Westen Deutschlands. Hrsg. von Kerstin Theis und Jürgen Wilhelm. Köln 2009. S. 61–77.
Yamazaki, Ryosuke: Kyoko to genjitsu: Haine to Dyurenmatto no zahyo. Tokyo 2003.
Yamazaki, Ryosuke: Wakai doitsu to haine no sekai: seinen doitsuha kenkyu josetsu. Tokyo 2000.
Zallari, Mihal: Heine. – In: Poga, Elza: Babai im Mihal Vallari. Tirana 2001. S. 42–43.
Zantop, Susanne: After a self-imposed exile in Paris, Heinrich Heine writes ›Deutschland. Ein Wintermärchen‹. – In: Yale companion to Jewish writing and thought in German culture 1096–1996. New Haven, CT [u. a.] 1997. S. 178–185.
Zhang, Yushu: Heines Vermächtnis. – In: Literaturstraße 8, 2007. S. 159–172.

2.2 Literatur mit Heine-Erwähnungen und -Bezügen

Ackeren, Margarete Anna Gertrud van: Das Niederlandebild im Strudel der deutschen romantischen Literatur = het beeld van Nederland in de maalstroom van de Duitse romantische literatuur: das Eigene und die Eigenheiten der Fremde. Amsterdam [u. a.] 1992. [Zugl.: Utrecht, Univ., Diss., 1992].
Albrecht, Wolfgang: Nachklänge und Neuansätze: Thesen zur vormärzlichen Phase der Aufklärungsdebatte. – In: Der nahe Spiegel: Vormärz und Aufklärung. Wolfgang Bunzel, Norbert Otto Eke, Florian Vaßen (Hrsg.). Bielefeld 2008. S. 31–49. (Vormärz-Studien 14).
Die Architektur Düsseldorfs in der Zeit Jan Wellems: ein Wegweiser zu den Bauwerken, die der Kurfürst angeregt, gefördert oder finanziert hat, und die in wesentlichen Teilen noch erhalten sind. Hrsg. von der Alde Düsseldorfer Bürgergesellschaft 1920 im Jan-Wellem-Jahr 2008. Gesamtleitung: Heinrich Spohr. [Texte: Benedikt Mauer, Gabriele Uerscheln, Ulrich Brzosa]. Düsseldorf 2008.
Bainbridge, Simon: Napoleon and european romanticism. – In: A companion to European romanticism. Ed. by Michael Ferber. Malden, MA [u. a.] 2005. S. 450–466.
Baker, Phil: The book of Absinthe: a cultural history. 3. Aufl. New York, NY 2006.
Le Baron d'Eckstein et ses contemporains: (Lamennais, Lacordaire, Montalembert, Foisset, Michelet, Renan, Hugo, etc.) correspondances. Avec un choix de ses articles. [Hrsg.] Louis Le Guillou. Paris 2003. (Bibliotheque des correspondances, mémoires et journaux 2).

Becker, Günther: »Im übrigen ...«: Texte zur Musik 1954–2004. Hrsg. von Stefan Fricke und Michael Schwiertzy. Saarbrücken 2004. (Quellentexte zur Musik des 20. Jahrhunderts 9, 1).

Becker, Thomas: Die Universität Bonn in der ersten Hälfte des 19. Jahrhunderts. – In: Die Reise nach dem Mond: Annette von Droste-Hülshoff im Rheinland. [Begleitbuch zur gleichnamigen Ausstellung des StadtMuseums Bonn in Zusammenarbeit mit dem Heinrich-Heine-Institut Düsseldorf, der LWL-Literaturkommission für Westfalen und dem Museum für Westfälische Literatur Kulturgut Haus Nottbeck]. [Hrsg. u. bearb. von: Ingrid Bodsch in Verbindung mit Cornelia Ilbrig, Jochen Grywatsch u. Bernd Kortländer]. Bonn 2008. S. 125–132.

Besslich, Barbara: Die »Friedenskrankheit« und das »Erinnerungsfest«: Karl Immermanns Napoleon-Imaginationen und das Epigonenbewusstsein im 19. Jahrhundert. – In: Frankreich am Rhein: die Spuren der »Franzosenzeit« im Westen Deutschlands. Hrsg. von Kerstin Theis und Jürgen Wilhelm. Köln 2009. S. 78–94.

Beta, Katharina: Katharsis: aus dem Wasser geboren Autobiographie. München 2001. (Ullstein-Buch 36281).

Beutin, Wolfgang: Aphrodites Wiederkehr: Beiträge zur Geschichte der erotischen Literatur von der Antike bis zur Neuzeit. Frankfurt a. M. 2005.

Böhm, Alexandra: »Abbildungen des wirklichen Lebens« oder »Hirngeburten»?: Kontinuität und Wandel der Karikatur in Aufklärung und Vormärz. – In: Der nahe Spiegel: Vormärz und Aufklärung. Wolfgang Bunzel, Norbert Otto Eke, Florian Vaßen (Hrsg.). Bielefeld 2008. S. 241–264. (Vormärz-Studien 14).

Borengässer, Norbert M.: Nikolaus Becker: Auf- und Abstieg eines nationalen Helden. – In: Die Laterne. 35, 2008, 1. S. 5–12.

Bormann, Alexander von: Weimarer Republik. – In: Geschichte der politischen Lyrik in Deutschland. Hrsg. von Walter Hinderer. Würzburg 2007. S. 271–302.

Bourke, Eoin: England's backyard: Vormärz travel writers on the Irish question. – In: Wege in die Moderne. Hrsg. v. Christina Ujma. Bielefeld 2009. (Forum Vormärz-Forschung: Jahrbuch 14 (2008). S. 217–228.

Boy, Ann-Dorit: Auf den Spuren von Heinrich Heine: deutsche Schriftsteller in Paris. – In: Rencontres: das deutsch-französische Magazin 5, 2005, 5. S. 1–3.

Boy, Ann-Dorit: Sur les traces d'heinrich Heine: les écrivains allemands a Paris. – In: Rencontres: das deutsch-französische Magazin 5, 2005, 5. S. 1–3. [Übersetzung von Melanie Julien].

Brandstetter, Gabriele: The virtuoso's stage: a theatrical topos. – In: Theatre Research International. 32, 2007, 2. S. 178–195.

Braun, Michael: »Sie tanzt wie eine Feder«: Salome in der Literatur. – In: Literatur in Wissenschaft und Unterricht. 40, 2007, 1/2. S. 53–66.

Brenner-Wilczek, Sabine: »Das Rheinland aus dem Dornröschenschlaf wecken!«. Düsseldorf, Univ., Diss., 2003.

Briefwechsel Gretha Jünger und Carl Schmitt (1934–1953). Hrsg. von Ingeborg Villinger und Alexander Jaser. Berlin 2007.

Budde, Gunilla: Blütezeit des Bürgertums. Darmstadt 2009. (Geschichte kompakt).

Büchter-Römer, Ute: Fanny Mendelssohn-Hensel. 2. Aufl. Reinbek bei Hamburg 2006. (rororo 50619: Rowohlts Monographien).

Bunzel, Wolfgang Eke, Norbert Otto Vaßen, Florian: Geschichtsprojektionen: Rekurse auf das 18. Jahrhundert und die Konstruktion von ›Aufklärung‹ im deutschen Vormärz. – In: Der nahe Spiegel: Vormärz und Aufklärung. Wolfgang Bunzel, Norbert Otto Eke, Florian Vaßen (Hrsg.). Bielefeld 2008. S. 9–30. (Vormärz-Studien 14).

Carlebach, Elisheva: Divided souls: the convert critique and the culture of Ashkenaz, 1750–1800. New York, NY [u. a.] 2003. (The Leo Baeck memorial lecture 46).

Christmann, Paulus, Wolfgang Schäfer und Andreas Rink: »O du schöner deutscher Wald«: Mendelssohns verkannte Männerchöre Diskussionsforum. – In: Der Wald als romantischer Topos: 5. Interdisziplinäres Symposion der Hochschule für Musik und Darstellende Kunst Frankfurt am Main 2007. Ute Jung-Kaiser (Hrsg.). Bern 2008. S. 129–138.

A companion to the works of Gotthold Ephraim Lessing. Ed. by Barbara Fischer and Thomas C. Fox. Rochester, NY [u. a.] 2005. (Studies in German literature, linguistics, and culture).

Conter, Claude: Vom Kulturtransfer zum Kulturexport: der Bund Rheinischer Dichter und die Gesellschaft für deutsche Literatur und Kunst. – In: Das Rheinland und die Europäische Moderne: kulturelle Austauschprozesse in Westeuropa 1900–1950. Hrsg. von Dieter Breuer und Gertrude Cepl-Kaufmann. Essen 2008. S. 395–420.

Cusack, Andrew: The wanderer in nineteenth-century German literature: intellectual history and cultural criticism. Rochester, NY 2008. (Studies in German literature, linguistics and culture).

Danelzik-Brüggemann, Christoph: Die Zeichnungen im Album der Madame Beaumarié. – In: Das Album der Madame C. Beaumarié: Heinrich-Heine-Institut. Düsseldorf. Hrsg. von der Kulturstiftung der Länder in Verbindung mit dem Heinrich-Heine-Institut, Düsseldorf Redaktion: Marianne Tilch. Berlin 2009. S. 14–19. (Patrimonia 340).

David, Anthony: The patron: a life of Salman Schocken, 1877–1959. New York, NY 2003.

Denkler, Horst: Zwischen Julirevolution (1830) und Märzrevolution (1848/49). – In: Geschichte der politischen Lyrik in Deutschland. Hrsg. von Walter Hinderer. Würzburg 2007. S. 191–224.

«Denn eine Staatsbibliothek ist, bitte sehr! kein Vergnügungsetablissemang«: die Berliner Staatsbibliothek in der schönen Literatur, in Memoiren, Briefen und Bekenntnissen namhafter Zeitgenossen aus fünf Jahrhunderten. Hrsg. von Martin Hollender. Berlin 2008. (Beiträge aus der Staatsbibliothek zu Berlin – Preussischer Kulturbesitz 25).

Didi-Huberman, Georges: Ninfa moderna: über den Fall des Faltenwurfs. Aus dem Franz. von Michaela Ott. Zürich Berlin 2006. (Quadro).

Drux, Rudolf: Die Selbstreflexion des Theaters auf der Bühne: zur romantischen Ironie in ›modernen‹ Komödien von L. Tieck, Ch. D. Grabbe und G. Büchner. – In: Geist und Literatur: Modelle in der Weltliteratur von Shakespeare bis Celan. Hrsg. von Edith Düsing und Hans-Dieter Klein. Mit einer Einl. von Annette und Linda Simonis. Würzburg 2008. S. 137–154. (Geist und Seele 4).

Duden Schülerlexikon: [das Wissenspaket für die ganze Schulzeit. Referatemanager auf CD-ROM]. Hrsg. und bearb. von der Red. Schule und Lernen. [Red. Leitung Simone Senk]. 9., völlig neu bearb. Aufl. Mannheim [u. a.] 2007. [mit 1 CD-ROM].

Düsseldorfer Sprachführerschein: deutsch lernen – Düsseldorf entdecken. Hrsg.: Landeshauptstadt Düsseldorf. Verantwortl.: Roland Buschhausen. Red.: Elke Faust und Claudia Schmidt-Veitner. Düsseldorf [2009]. [mit 1 CD].

Eckstein: Um die Ecke gedacht: Kreuzworträtsel für Anspruchsvolle aus dem Zeit-Magazin. Genehmigte Taschenbuchausg. München. Bd. 11: 66 Kreuzworträtsel aus der Zeit. 4. Aufl. 2007.

Ehrlich, Lothar: Grabbe und Büchner: dramaturgische Tradition und Innovation. – In: Grabbe und die Dramatiker seiner Zeit: Beiträge zum II. Internationalen Grabbe-Symposium 1989. Im Auftr. d. Grabbe-Gesellschaft hrsg. von Detlev Kopp und Michael Vogt unter Mitw. von Werner Broer. Tübingen 1990. S. 169–186.

Eichhorn, Andreas: Felix Mendelssohn Bartholdy. Orig.-Ausg. München 2008. (Beck'sche Reihe 2449: C. H. Beck Wissen).

Eke, Norbert Otto: »Man muß die Deutschen mit der Novelle fangen«: Theodor Mundt, die Poesie des Lebens und die »Emancipation der Prosa« im Vormärz. – In: Der nahe Spiegel: Vormärz und Aufklärung. Wolfgang Bunzel, Norbert Otto Eke, Florian Vaßen (Hrsg.). Bielefeld 2008. S. 295–312. (Vormärz-Studien 14).

Elit, Stefan: Lyrik. Formen – Analysetechniken – Gattungsgeschichte. Paderborn 2008. (Bachelor-Bibliothek: Literaturwissenschaft elementar).

Engelmann, Bernt: Ein deutsches Geschichtsbuch. Teil 1: Wir Untertanen. 2008. (Steidl-Taschenbuch 24).

Engelmann, Bernt: Ein deutsches Geschichtsbuch. Teil 2: Einig gegen Recht und Freiheit. 1998. (Steidl-Taschenbuch 57).

Erhart, Walter: ›Das Wehtun der Zeit in meinem innersten Menschen‹: ›Biedermeier‹, ›Vormärz‹ und die Aussichten der Literaturwissenschaft. – In: Euphorion. 102, 2008. S. 129–161.

Fachdienst Germanistik: Sprache und Literatur in der Kritik deutschsprachiger Zeitungen. München 27, 2009, 5.

Fambrini, Alessandro: L'età del realismo: la letteratura tedesca dell'Ottocento. Rom 2006. (Studi superiori 516).

Feinberg, Leonard: The satirist. With a new introd. by Brian A. Connery. New Brunswick, NJ [u. a.] 2006.

Feldbusch, Thorsten: Zwischen Land und Meer: schreiben auf den Grenzen. Würzburg 2003. (Epistemata – Reihe Literaturwissenschaft 465). [Zugl.: Münster, Univ., Diss., 2002].

Felstiner, John: Paul Celan: poet, survivor, jew. New Haven, CT 2001. (Yale Nota bene).

Ferguson, Niall: The ascent of money: a financial history of the world. London 2008. S. 50–51.

Fetzer, John: Die romantische Lyrik. – In: Literarische Romantik. Helmut Schanze (Hrsg.). Stuttgart 2008. S. 135–158. (Kröner-Taschenbuch 504).

Fischer, Hans-Peter: »Durchs Camera-Obscura-Glas«. Bd. 2: Neue Einblicke in Theodor Fontanes »Irrungen, Wirrungen«; Teil 2: Blicke über den Tellerrand ... sehr umfangreicher Sonderteil: »Effi Briest« für die Schule. Magdeburg 2008.

Fix, Ulla und Ursula Regener: Stilindizien: zu einem literarischen »Criminalrechtsfall«. – In: Wissenschaften im Kontakt: Kooperationsfelder der deutschen Sprachwissenschaft [für Albrecht Greule]. Sandra Reimann / Katja Kessel (Hrsg.). Tübingen 2007. S. 19–44.

Foussier, Gerard: Die »Franzosenzeit« im Rheinland: Abschlussbetrachtungen. – In: Frankreich am Rhein: die Spuren der »Franzosenzeit« im Westen Deutschlands. Hrsg. von Kerstin Theis und Jürgen Wilhelm. Köln 2009. S. 222–236.

Freud, Sigmund: Der Mann Moses und die monotheistische Religion: Schriften über die Religion. 15. Aufl. Frankfurt a. M. 2009. (Fischer-Taschenbücher 6300).

Franz, Michael: »... der ganze universelle Zusammenhang dieses Bruchstücks ...« (Heine): zur Geschichte des Wahrheitsbegriffs in Ästhetik und Kunsttheorie. – In: Ästhetische Grundbegriffe: Studien zu einem historischen Wörterbuch. Hrsg. von Karlheinz Barck ... Berlin 1990. S. 415–451. (Literatur und Gesellschaft).

Füllmann, Rolf: Alte Zöpfe und Vatermörder: Mode- und Stilmotive in der literarischen Inszenierung der historisch-politischen Umbrüche von 1789 und 1914. Bielefeld 2008. [Zugl.: Köln, Univ., Diss., 2006].

Füllner, Bernd: »Kein schöner Ding ist auf der Welt Als seine Feinde zu beissen«: Literatur zwischen Romantik und Revolution. – In: »Kein schöner Ding ist auf der Welt Als seine Feinde zu beißen ...« Düsseldorf 2008. S. 6–14.

Geck, Martin: Felix Mendelssohn Bartholdy. Reinbek bei Hamburg 2009. (rororo 50709).

Geisthövel, Alexa: Restauration und Vormärz 1815–1847. Paderborn [u. a.] 2008. (Uni-Taschenbücher 2894: Seminarbuch Geschichte).

Gerlach, Klaus: Das Berliner Nationaltheater im Langhansbau auf dem Gendarmenmarkt (1802–1817): Bühne höfischer und bürgerlicher Repräsentation eine Reprise. – In: Tableau de Berlin: Beiträge zur »Berliner Klassik« (1786–1815). Hrsg. von Iwan D'Aprile, Martin Disselkamp und Claudia Sedlarz. Laatzen 2005. S. 259–306. (Berliner Klassik 10).

Gilbar, Steven: Bibliomania: ein listenreiches Buch über Bücher. Bearb., erg. und aus dem Amerik. übers. von Christian Detoux. Zürich 2009. (Diogenes-Taschenbuch 23781). [EST: Bibliotopia, or Mr.'s book of books & Catch-all of literary facts & curiositie <dt.>].

Gilman, Sander L.: Jüdischer Selbsthaß: Antisemitismus und die verborgene Sprache der Juden. Aus dem Amerik. von Isabella König. Frankfurt a. M. 1993. [EST: Jewish self-hatred <dt.>].

Giselle: Ballett von Youri Vamos, nach Ideen von Theophile Gautierowsky, Musik von Adolphe Adam (1803–1856) unter zusätzlicher Verwendung zweier Musikstücke aus »Le Filleule des Fées« und »La Jolie Fille de Gand« von Adolphe Adam und ergänzt durch eine Komposition von Friedrich Burgmüller Programmheft zur Premiere der Neuinszenierung am 3. Februar 2007 im Theater Duisburg. Deutsche Oper am Rhein. [Red.: Hella Bartnig]. Duisburg 2008. (Ballett). [Brief Theophile Gautier an Heine bezügl. der Wilis S. 26].

Glasenapp, Gabriele von: Identitätssuche ohne Modell: Geschichte und Erinnerung im jüdisch-historischen Roman des frühen 19. Jahrhunderts. – In: Judentum und Historismus: zur Entstehung der jüdischen Geschichtswissenschaft in Europa. Ulrich Wyrwa (Hrsg.). Frankfurt a. M. [u. a.] 2003. S. 203–232.

Götz, Carmen: Friedrich Heinrich Jacobi im Kontext der Aufklärung: Diskurse zwischen Philosophie, Medizin und Literatur. Hamburg 2008. (Studien zum achtzehnten Jahrhundert 30). [Zugl.: Düsseldorf, Univ., Diss., 2008].

Gorsemann, Sabine und Christian Kaiser: Harz: [mit Halberstadt und Mansfelder Land mit Reiseatlas]. Ostfildern 2006. (DuMont-Reise-Taschenbuch).

Grober, Ulrich: Vom Wandern: neue Wege zu einer alten Kunst. Frankfurt a. M. 2006.

Grolle, Joist und Ingeborg: »Der Hort im Rhein«: zur Geschichte eines politischen Mythos. – In: Gedenkschrift Martin Göhring: Studien zur europäischen Geschichte. Hrsg. von Ernst Schulin. Wiesbaden 1968. S. 214–238. (Veröffentlichungen des Instituts für Europäische Geschichte, Mainz 50: Abteilung Universalgeschichte).

Grosse de Cosnac, Bettina: Die Grimaldis: Geschichte und Gegenwart der Fürstenfamilie von Monaco. Aktualisierte und überarb. Taschenbuchausg. Bergisch Gladbach 2007. (Bastei-Lübbe-Taschenbuch 61620: Biografie: Familienbande).

Grün, Karl Theodor Ferdinand: Ausgewählte Schriften in zwei Bänden. Mit einer biogr. und werkanalytischen Einl. hrsg. von Manuela Köppe. Berlin 2005. (Hegel-Forschungen). [2 Bde].

Gutzkow, Karl: Werke und Briefe. Autobiographische Schriften. Bd. 2: Rückblicke auf mein Leben. Hrsg. von Peter Hasubek. Münster 2006.

Gutzkow, Karl: Werke und Briefe. Schriften zur Literatur und zum Theater. Bd. 5: Börne's Leben. Hrsg. von Martina Lauster und Catherine Minter. Münster 2004.

Györffy, Hans-Joachim: Hamburg. [Kt. und Pl.: Cordula Mann]. München 2005. (Polyglott on tour 611).

Haan, Willem de: Geliebt hab ich sie fast alle: Baron Münchhausens lustvolle Erlebnisse zwischen Eismeer und Südsee. Göttingen 2008. (Göttinger Almanach 6 extra).

Haas, Renate: V. A. Huber, S. Imanuel und die Formationsphase der deutschen Anglistik: zur Philologisierung der Fremdsprache des Liberalismus und der sozialen Demokratie. Frankfurt a. M.

[u. a.] 1990. [Zugl.: Duisburg, Univ., Habil.-Schr., 1987 u. d. T.: Haas, Renate: Victor Aime Huber und Siegmund Imanuel, zwei Vorkämpfer englischer Studien im Vormärz].

Häusser, Stefanie: Die Loreley: die Geschichte eines literarischen Mythos. Erlangen, Univ., Magisterarbeit, 2004.

Hahn, Hans J.: Tintensaufende Willkürbestien oder Gottfried Kellers »Qualverwandschaft« mit der Generation der Romantiker. – In: Germanistik in Ireland. Bd. 2: Themenschwerpunkt: (Wahl-)Verwandschaften. Ed. by: Hans-Walter Schmidt-Hannisa, Florian Krobb. Konstanz 2007. S. 73–89.

Hainz, Martin A.: Entgöttertes Leid: zur Lyrik Rose Ausländers unter Berücksichtigung der Poetologien von Theodor W. Adorno, Peter Szondi und Jacques Derrida. Tübingen 2008. (Conditio Judaica 65). [Zugl.: Wien, Univ., Diss., 2008].

Halkin, Hillel: Why Jews laugh at themselves. – In: Commentary. 121, 2006, 4. S. 47–54.

Hauschild, Jan-Christoph: »Das einzig Sinnvolle in diesem Jahrhundert ist das Scheitern« – Heiner Müller (1929–1955): Vortrag vom 23. Oktober 2007 im Studienzentrum Karl-Marx-Haus in Trier. Hrsg. v. Beatrix Bouvier. Trier 2008. (Gesprächskreis Politik und Geschichte 13).

Hebbel, Friedrich: Weltgericht mit Pausen: aus den Tagebüchern. Nachw. von Alfred Brendel. München 2008.

Heckenbücker, Silke: Prometheus, Apollo, Zeus/Jupiter – Goethe-Bilder von 1773 bis 1885. Frankfurt a. M. [u. a.] 2008. (Maß und Wert 3). [Zugl.: Düsseldorf, Univ., Diss., 2007].

Heid, Ludger: Oskar Cohn: ein Sozialist und Zionist im Kaiserreich und in der Weimarer Republik. Frankfurt a. M. [u. a.] 2002. (Campus Judaica 19).

Hein, Jürgen: Grabbe und das zeitgenössische Volkstheater. – In: Grabbe und die Dramatiker seiner Zeit: Beiträge zum II. Internationalen Grabbe-Symposium 1989. Im Auftr. d. Grabbe-Gesellschaft hrsg. von Detlev Kopp und Michael Vogt unter Mitw. von Werner Broer. Tübingen 1990. S. 117–134.

Herwig, Henriette: Sirenen und Wasserfrauen: kulturhistorische, geschlechterdiskursive und mediale Dimensionen eines literarischen Motivs. – In: HJb 2008. S. 118–140.

Hinderer, Walter: Versuch über Begriff und Theorie politischer Lyrik. – In: Geschichte der politischen Lyrik in Deutschland. Hrsg. von Walter Hinderer. Würzburg 2007. S. 11–46.

Hoffer, Klaus: Die Nähe des Fremden II. – In. Ders.: Die Nähe des Fremden: Essays. Graz 2008. S. 34–46.

Hohendahl, Peter Uwe: Vom Nachmärz bis zur Reichsgründung. – In: Geschichte der politischen Lyrik in Deutschland. Hrsg. von Walter Hinderer. Würzburg 2007. S. 225–248.

Hüls, Elisabeth: Die Deutsche Tribüne 1831/32: politische Presse und Zensur. – In: Das »lange« 19. Jahrhundert: alte Fragen und neue Perspektiven. Nils Freytag Dominik Petzold (Hrsg.). München 2007. S. 27–44. (Münchner Kontaktstudium Geschichte 10: Münchener Universitätsschriften).

Hundt, Irina: »Den lebhaftesten Antheil an allen Zuständen von allgemeinem Interesse« zu nehmen: Marie von Diezelsky geb. Schlöffel (1824–1883) eine unbekannte Junghegelianerin als Rechtsverteidigerin ihres Vaters Dokumentation. – In: Osteuropa in den Revolutionen von 1848. Lars Lambrecht (Hrsg.). Frankfurt a. M. [u. a.] 2006. S. 49–88. (Forschungen zum Junghegelianismus 15).

Ich bin ein unheilbarer Europäer: Briefe aus dem Exil. Hrsg. von Heike Klapdor im Auftr. der Dt. Kinemathek – Museum für Film und Fernsehen. Berlin 2007.

Illner, Eberhard: Die Frühindustrialisierung im Rheinland. – In: »Kein schöner Ding ist auf der Welt Als seine Feinde zu beißen ...« Düsseldorf 2008. S. 15–21.

Intern. 2008, 4. S. 7 (Rätsel) und S. 9.

Jahn, Karl-Heinz: Industrieliteratur in der Unterrichtspraxis. – In: Der Deutschunterricht. Seelze 46, 1994, 3. S. 71–80.

Jahnn, Hans Henny: Schriften zur Kunst, Literatur und Politik. Hamburg. Teil 2: Politik – Kultur – Öffentlichkeit, 1946–1959. 1991. [Brief mit Heine-Bezug S. 127–128].

Joestel, Volkmar: Thomas Müntzer – Schwarmgeist oder Revolutionär? Sein Bild in der Geschichte von Martin Luther bis zu Heinrich Heine. – In: Die Herren machen das selber, daß ihnen der arme Mann feind wird. Die Ursache des Aufruhrs wollen sie nicht beseitigen, wie kann das auf die auf die Dauer gut werden? So ich das sage, muß ich aufrührerisch sein. Wohlan! [Sonderausstellung vom 16. Juni 1989 bis 27. Mai 1990 anlässlich der Thomas-Müntzer-Ehrung der DDR 1989]. Von Volkmar Joestel (Autor) u. Axel Buschmann (Gestaltung). Wittenberg 1989. S. 1–13. (Schriftenreihe der Staatlichen Lutherhalle Wittenberg 1989, 5).

Johnson, Julian: Narrative strategies in E. T. A. Hoffmann and Robert Schumann. – In: Resounding concerns. Ed. by Rüdiger Görner. München 2003. S. 55–70. (London German studies 8: Publications of the Institute of Germanic Studies 79).

Joshua, Eleoma: Literary Harz journeys: the perception of the Harz in the early nineteenth century. – In: Literarische Harzreisen. Gütersloh 2008. S. 55–72.

Jousse-Keller, Claudie: Quarante ans de relations culturelles sino-allemandes socialistes: RPC et RDA. – In: Autumn floods: essays in honour of Marian Galik. Ed. by Raoul D. Findeisen and Robert H. Gassmann. Bern [u. a.] 1998. S. 673–691. (Schweizer asiatische Studien / Monographien 30).

Das junge Deutschland: Texte und Dokumente. Hrsg. von Jost Hermand. Bibliographisch erg. Ausg. Stuttgart 1998. (Reclams Universal-Bibliothek 8703).

Kaiser, Gerhard R.: »so aufmerksam, so bös, und so gut auf sie«: Mme de Staël im Urteil Rahel Varnhagens. – In: Germaine de Staël und ihr erstes deutsches Publikum: Literaturpolitik und Kulturtransfer um 1800. Hrsg. v. Gerhard T. Kaiser, Olaf Müller. Heidelberg 2008. S. 337–354. (Ereignis Weimar-Jena. Kultur um 1800 18).

Kalisch, Volker: »Bei dem Genuße von Frucht-versüßtem Eise ...«: Anmerkungen zum musikalischen Teil des Albums von Madame C. Beaumarié. – In: Das Album der Madame C. Beaumarié: Heinrich-Heine-Institut. Düsseldorf. Hrsg. von der Kulturstiftung der Länder in Verbindung mit dem Heinrich-Heine-Institut, Düsseldorf Redaktion: Marianne Tilch. Berlin 2009. S. 20–39. (Patrimonia 340).

Das kalte Herz: Texte der Romantik. Ausgew. und interpretiert von Manfred Frank. Frankfurt a. M. [u. a.] 2005. (Insel-Taschenbuch 3064).

Kaminer, Wladimir: Mein deutsches Dschungelbuch. Orig.-Ausg. München 2003. (Manhattan).

Kaplan, Marion A.: »A very modest experiment«: the Jewish refugee settlement in Sosua, 1940–1945. – In: Year book. Leo Baeck Institute. 53, 2008. S. 150.

Keiderling, Thomas: Geist, Recht und Geld: die VG WORT 1958–2008. Hrsg. VG WORT. Berlin 2008.

«Kein schöner Ding ist auf der Welt Als seine Feinde zu beißen ...«: rheinische Literatur in Vormärz und Revolution 1840–1850. Katalog zur Ausstellung im Heinrich-Heine-Institut Düsseldorf, 23. November 2008 bis 1. Februar 2009. Bearb. von Bernd Füllner und Enno Stahl. [Hrsg. von Joseph A. Kruse]. Düsseldorf 2008.

Kinkel, Tanja: Naemi, Ester, Raquel und Ja'ala: Väter, Töchter, Machtmenschen und Judentum bei Lion Feuchtwanger. Bonn 1998. [Zugl.: München, Univ., Diss., 1997].

Kitschen, Friderike: »Chiaroscur-Gemählde«: Berichte deutscher Reisender aus dem Pariser Kunstleben 1830–1854. – In: Wege in die Moderne. Hrsg. v. Christina Ujma. Bielefeld 2009. (Forum Vormärz-Forschung: Jahrbuch 14 (2008). S. 105–118.

Klapheck, Konrad und Gustave Moreau: Correspondances Klapheck – Moreau: published in conjunction with the exhibition »Correspondances – Gustave Moreau / Konrad Klapheck« Paris, Musée d'Orsay June 3th – September 14th 2008. Paris 2008.

Kleßmann, Eckart: Geschichte der Stadt Hamburg. Hamburg 2002.

Kniesche, Thomas W.: Projektionen von Amerika: die USA in der deutsch-jüdischen Literatur des 20. Jahrhunderts. Bielefeld 2008.

Körner, Axel: Das Lied von einer anderen Welt: kulturelle Praxis im französischen und deutschen Arbeitermilieu 1840–1890. Frankfurt a. M. [u. a.] 1997. (Historische Studien 22). [Zugl. Kurzfassung von: Florenz, Univ., Diss., 1995].

Kolb, Jocelyne: Romantic irony. – In: A companion to European romanticism. Ed. by Michael Ferber. Malden, MA [u. a.] 2005. S. 376–392.

Kordon, Klaus: Julians Bruder: Roman. Weinheim Basel 2004.

Kortländer, Bernd: Rheinische Schriftsteller als Vermittler der literarischen Moderne. – In: Das Rheinland und die Europäische Moderne: kulturelle Austauschprozesse in Westeuropa 1900–1950. Hrsg. von Dieter Breuer und Gertrude Cepl-Kaufmann. Essen 2008. S. 309–322.

Krechel, Ursula: Shanghai fern von wo. Roman. Salzburg, Wien 2008.

Kreutzer, Hans Joachim: Obertöne: Literatur und Musik: neun Abhandlungen über das Zusammenspiel der Künste. Würzburg 1994.

Kruse, Joseph Anton: Absicht und Zufall: das Beaumarié-Album als Dokument europäischer Kunst (1837–1856). – In: Das Album der Madame C. Beaumarié: Heinrich-Heine-Institut. Düsseldorf. Hrsg. von der Kulturstiftung der Länder in Verbindung mit dem Heinrich-Heine-Institut, Düsseldorf Redaktion: Marianne Tilch. Berlin 2009. S. 6–13 (Patrimonia 340).

Kruse, Joseph Anton: Themenfunde, Titelkünste, Wortabgründe: [Laudatio]. – In: Ursula Krechel. Düsseldorf 2009. S. 8–15. (d.lit.-Literaturpreis 2009).

Kruse, Joseph Anton: Vom Traum zur Karikatur: der Kölner Dom im Urteil der Droste. – In: Die Reise nach dem Mond: Annette von Droste-Hülshoff im Rheinland. [Begleitbuch zur gleichnamigen Ausstellung des StadtMuseums Bonn in Zusammenarbeit mit dem Heinrich-Heine-Institut Düsseldorf, der LWL-Literaturkommission für Westfalen und dem Museum für Westfälische Literatur Kulturgut Haus Nottbeck]. [Hrsg. u. bearb. von Ingrid Bodsch in Verbindung mit Cornelia Ilbrig, Jochen Grywatsch u. Bernd Kortländer]. Bonn 2008. S. 85–94.

Kühnicke, Björn: »Vaterland« und »Heiligtum«: Jean Racines ›Athalie‹ als national-religiöse Erlösungsphantasie auf der deutschen Opernbühne der frühen Restaurationszeit. – In: Deutschfranzösische Literaturbeziehungen: Stationen und Aspekte dichterischer Nachbarschaft vom Mittelalter bis zur Gegenwart. Mit einem Geleitw. von Bernhard Böschenstein. Hrsg. von Marcel Krings und Roman Luckscheiter. Würzburg 2007. S. 97–112 und 113–130.

«Küßt mir aus der Brust das Leben«: eine Anthologie fünf Jahre Heinrich-Heine-Stipendium zu Lüneburg. Hrsg. vom Literarischen Beirat des Literaturbüros Lüneburg e.V. Mit einem Nachw. von Werner Schlotthaus. Lüneburg 1998. (Edition Postskriptum). [Heine nur im Titel].

Kurz, Gerhard: Laudatio anläßlich der Verleihung des Jakob- und Wilhelm-Grimm-Preises des DAAD an Herrn Professor Dr. Jean-Pierre Lefebvre am 24. November 2008. – In: Jacob- und Wilhelm-Grimm-Preis des Deutschen Akademischen Austauschdienstes 2008: Jean-Pierre Lefebvre. Hrsg.: Deutscher Akademischer Austauschdienst (DAAD). Red.: Friederike Schomaker. 2. Aufl. Bonn 2009.

Lambrecht, Lars: ›Antisemitismus‹ und ›Demokratie‹ im Frankfurter Parlament. – In: Osteuropa in den Revolutionen von 1848. Lars Lambrecht (Hrsg.). Frankfurt a. M. [u. a.] 2006. S. 133–154. (Forschungen zum Junghegelianismus 15).

Lambrecht, Lars: Zur Rezeption der Französischen Revolution bei den Junghegelianern. – In: Der nahe Spiegel: Vormärz und Aufklärung. Wolfgang Bunzel, Norbert Otto Eke, Florian Vaßen (Hrsg.). Bielefeld 2008. S. 205–218. (Vormärz-Studien 14).

Lamping, Dieter: Bundesrepublik Deutschland: von 1945 bis zur Wiedervereinigung. – In: Geschichte der politischen Lyrik in Deutschland. Hrsg. von Walter Hinderer. Würzburg 2007. S. 327–362.

Landes, Lilian: Carl Wilhelm Hübner (1814–1879): Genre und Zeitgeschichte im deutschen Vormärz. München Berlin 2008. (Kunstwissenschaftliche Studien 149). [Zugl.: München, Univ., Diss., 2007].

Langner, Beatrix: Der wilde Europäer: Adelbert von Chamisso. 2. Aufl. Berlin 2009.

Lauster, Martina: Sketches of the nineteenth century: European journalism and its physiologies, 1830–50. Basingstoke [u. a.] 2007.

Lazarus, Emma: Selected poems. John Hollander, ed. [New York, NY] 2005. (American poets project 16).

Lefebvre, Jean-Pierre: Meine »Affäre« mit Hölderlin: Vortrag des Preisträgers, Professor Dr. Jean-Pierre Lefebvre, école normale supérieure. – In: Jacob- und Wilhelm-Grimm-Preis des Deutschen Akademischen Austauschdienstes. Bonn. 2008: Jean-Pierre Lefebvre. Hrsg.: Deutscher Akademischer Austauschdienst (DAAD). Red.: Friederike Schomaker. 2. Aufl. Bonn 2009.

Lefevere, Andre: Power and the canon, or: How to rewrite an author into a classic. – In: Journal of literary studies. 2, 1986, 2. S. 1–14.

Lichtenberger, Henri: Germany and its evolution in modern times. [Neudr. d. Ausg. London: Constable, 1913]. [s.l.] [2006].

Literarische Harzreisen: Bilder und Realität einer Region zwischen Romantik und Moderne Beiträge des Symposions »Literarische Harzreisen. Bilder und Realität einer Region zwischen Romantik und Moderne« vom 7. bis 9. April 2006 im Braunschweiger Raabe-Haus und Schloß Wernigerode]. Hrsg. v. Cord-Friedrich Berghahn, Herbert Blume, Gabriele Henkel und Eberhard Rohse. Gütersloh 2008. (Braunschweiger Beiträge zur deutschen Sprache und Literatur 10).

Lokke, Kari: The romantic fairy tale. – In: A companion to European romanticism. Ed. by Michael Ferber. Malden, MA [u. a.] 2005. S. 138–156.

Lüdke, Bernd: Geschichte und Geschichten. – In: RegJo 2009, 1=50. S. 93–107.

Martinelli Stelzer, Luisa: Wege zur deutschen Literatur. Florenz. (Bulgarini innocenti: Lingue straniere). 2. Teil: Dal realismo ai nostri giorni. 5. Aufl. 2006. [Heine S. 32–50].

Matassi, Elio: Estraneo da se, »precipato« della notte: il movimento dell'identita da ›Der Doppelgänger‹ (Schubert) al ›Der fliegende Holländer‹ (Wagner). – In: Topografia dell'estraneo: confini e passaggi [convegno internationale ›Topografia dell'estreneo: confini e passaggi‹, svoltosi a Roma i giorni 1 e 2 dicembre 2005]. A cura di Mauro Ponzi e Vittoria Borso. [Organizzato dalla Universita di Roma ›La Spenzia‹, dalla Heinrich-Heine-Universität di Düsseldorf in collaborarzione con il Goethe-Institut di Roma]. [Mailand] 2006. S. 87–92.

Matt, Peter von: Die tintenblauen Eidgenossen: über die literarische und politische Schweiz. München 2008. (dtv 34094).

Meckel, Christoph: Suchbild. Über meinen Vater. Frankfurt a. M. 2005. (Fischer-Taschenbücher 16162).

Melis, Francois: Friedrich Engels' Fußwanderung von Paris nach Bern im Herbst 1848. – In: Wege in die Moderne. Hrsg. v. Christina Ujma. Bielefeld 2009. (Forum Vormärz-Forschung: Jahrbuch 14 (2008). S. 119–134.

Menzel, Adolph von: Briefe. Hrsg. von Claude Keisch und Marie Ursula Riemann-Reyher unter Mitarb. von Kerstin Bütow und Brita Reichert. München 2009. 4 Bde.

Memoria: Formen des kollektiven Gedächtnisses Dr.-Meyer-Struckmann-Preis 2006: Hartmut Böhme. Bernd Witte (Hrsg.). Düsseldorf 2007. (Reden zur Verleihung des Dr.-Meyer-Struckmann-Preises durch die Philosophische Fakultät der Heinrich-Heine-Universität Düsseldorf 1).

Merkel, Günter B.: Goethe ungeschminkt: Vernichtendes zu Werk und Charakter eines Gecken. Wilhelmsfeld 2008. (Merkel, Günter B.: Die Antwort auf die DichtKunst der vergangenen 200 Jahre 9).

Meyersiek, Dietmar: Haben die Leertischler das Geheimnis produktiven Schaffens gefunden?. [Vortrag Rotary Club Düsseldorf-Süd 5. November 2008].

Mick, Elisabeth: Mit der Maus auf Rheinreise: 2000 Jahre Geschichte von Düsseldorf bis Mainz. Köln 2007.

Mick, Elisabeth: Mit der Maus durch Düsseldorf: Stadtgeschichte für Kinder. Köln 2008.

Mischke, Joachim: Hamburg Musik! Hamburg 2008.

Morgenthaler, Walter: Gottfried Keller Gedicht-Schreibbücher. – In: Editio 22, 2008. [Abschrift Kellers von »Ein Fichtenbaum«].

Mosebach, Martin: Schöne Literatur: Essays. 3. Aufl. München, Wien 2007.

Münkler, Herfried: Die Deutschen und ihre Mythen. 2. Aufl. Berlin 2009.

Muschg, Walter: Die Zerstörung der deutschen Literatur: und andere Essays. Hrsg. von Julian Schütt und Winfried Stephan. Zürich 2009.

Nebrig, Alexander: Racines Geltungsverlust in der Romantik. – In: Deutsch-französische Literaturbeziehungen: Stationen und Aspekte dichterischer Nachbarschaft vom Mittelalter bis zur Gegenwart. Mit einem Geleitw. von Bernhard Böschenstein. Hrsg. von Marcel Krings und Roman Luckscheiter. Würzburg 2007. S. 97–112 und 113–130.

Eine neue Geschichte der deutschen Literatur. Hrsg. v. David E. Wellbery, Judith Ryan, Hans Ulrich Gumbrecht, Anton Kaes, Joseph Leo Koerner und Dorothea E. von Mücke. Berlin 2007. [EST: A new history of German literature <dt.>].

Neumann, Alex: »Französische Zustände«, 1793–2007, frei nach Heinrich Heine. – In: Erneuerung des Sozialstaates in Europa. Rosa-Luxemburg-Stiftung. Lars Dieckmann, Lena Ellenberger, Frank Nitzsche (Hrsg.). Berlin 2007. S. 124–134. (Rosa-Luxemburg-Stiftung: Manuskripte 72).

Nipperdey, Thomas: Deutsche Geschichte: [1800–1918]. [Bd. 1]: 1800–1866: Bürgerwelt und starker Staat. 52.-71. Tsd. 1998. [Bd. 2,1]: 1866–1918: Arbeitswelt und Bürgergeist. 37.-56. Tsd. 1998. [Bd. 2,2]: 1866–1918: Machtstaat vor der Demokratie. 31-50. Tsd. München 1998.

Nolte, Jakob: Demagogen und Denunzianten: Denunziation und Verrat als Methode polizeilicher Informationserhebung bei den politischen Verfolgungen im preußischen Vormärz. Berlin 2007. (Schriften zur Rechtsgeschichte 132). [Zugl.: Berlin, Humboldt-Univ., Diss., 2004].

Oberhauser, Fred und Axel Kahrs: Literarischer Führer Deutschland. Unter Mitarb. von Detlef Ignasiak, Peter Neumann und Gerd Holzheimer. Mit e. Vorw. von Günter de Bruyn. Frankfurt a. M. 2008.

Och, Gunnar: Ahasver oder das andere Ich: eine mythische Chiffre im Werk Jakob Wassermanns. – In: Jakob Wassermann: Deutscher – Jude – Literat. Hrsg. von Dirk Niefanger, Gunnar Och und Daniela F. Eisenstein. Göttingen 2007. S. 109–126.

Oellers, Norbert: Schöner Verstand und geistreiche Lebhaftigkeit: Schillers Begegnung mit Germaine de Staël. – In: Germaine de Staël und ihr erstes deutsches Publikum: Literaturpolitik und Kulturtransfer um 1800. Hrsg. v. Gerhard T. Kaiser, Olaf Müller. Heidelberg 2008. S. 229–240. (Ereignis Weimar-Jena. Kultur um 1800 18).

Ono, Yoko: Between the sky and my head: this book accompanies the exhibition at Kunsthalle Bielefeld from August 24 to November 16, 2008, and BALTIC Centre for Contemporary Art, Gateshead, from december 13, 2008, to march 15, 2009. Ed. by Thomas Kellein. Köln 2008.

Oz, Amos: Eine Geschichte von Liebe und Finsternis: Roman. Aus dem Hebr. von Ruth Achlama. Frankfurt a. M. 2008. (Suhrkamp-Taschenbuch 3968).

Pais, Abraham: »Raffiniert ist der Herrgott ...«: Albert Einstein, eine wissenschaftliche Biographie. Aus dem Amerikan. übers. von Roman U. Sexl, Helmut Kühnelt und Ernst Streeruwitz. Heidelberg Berlin 2000. [EST: Subtle is the Lord <dt.>].

Philippe, Bezoo: Kaleidokosmos: [Roman]. Spiegelberg 2008.

Plachta, Bodo: Remembrance and revision: Goethe's houses in Weimar and Frankfurt. – In: Writer's houses and the making of memory. Ed. by Harald Hendrix. New York, NY [u. a.] 2008. S. 45–59. (Routledge research in cultural and media studies 11).

Plachta, Bodo: Zensur und Textgenese. – In: Editio 13, 1999. S. 35–52.

Postma, Heiko: »Mein Gott! Da sieht es sauber aus!«: eine literarische Zeitreise durch Hannover. Hannover 2008.

Pruetz, Sigurd: Cornelius oder Weil man dann etwas anderes findet. Weinheim [u. a.] 2004. (Beltz & Gelberg-Taschenbuch 595).

Quattrocchi, Luigi: Il mito di Arminio e la poesia tedesca. Rom 2008. (Proteo 36).

The railway: art in the age of steam; [published to accompany the exhibition Art in the Age of Steam: Europe, America and the Railway, 1830–1960; Walker Art Gallery, 18 April – 10 August 2008; The Nelson-Atkins Museum of Art, 13 September 2008 – 18 January 2009]. Walker Art Gallery ... Ian Kennedy and Julian Treuherz. New Haven, CT [u. a.] 2008.

Ranzmaier, Irene: Stamm und Landschaft: Josef Nadlers Konzeption der deutschen Literaturgeschichte. Berlin New York, NY 2008. (Quellen und Forschungen zur Literatur- und Kulturgeschichte 48 = (282)). [Zugl.: Wien, Univ., Diss., 2008].

Rathgeber, Eike und Christian Heitler: Der Wiener Ansorge-Verein 1903–1910 (Verein für Kunst und Kultur). – In: Kultur – Urbanität – Moderne: Differenzierung der Moderne in Zentraleuropa um 1900. Heidemarie Uhl (Hrsg.). Dt. Erstausg. Wien 1999. S. 383–419, 432. (Studien zur Moderne 4).

Reinhard, Ludwig: Ludwig Reinhard – ich aber stamme von Heine ab ...: eine Auswahl aus seinen Schriften und Reden. Ausw. u. Biographie Jürgen Borchert. Ludwigslust 1998.

Richter, Arnd: Mendelssohn: Leben – Werke – Dokumente. Zürich Mainz 2000.

Riedl, Peter Philipp: Epochenbilder – Künstlertypologien: Beiträge zu Traditionsentwürfen in Literatur und Wissenschaft 1860 bis 1930. Frankfurt a. M. 2005. (Das Abendland – Neue Folge 33). [Teilw. zugl.: Regensburg, Univ., Habil.-Schr., 2002/03].

Riha, Karl: Politisch engagierte Lyrik um die Wende vom 19. ins 20. Jahrhundert. – In: Geschichte der politischen Lyrik in Deutschland. Hrsg. von Walter Hinderer. Würzburg 2007. S. 249–270.

Rippmann, Peter: »Ich Musikignorant«: die Musik in Ludwig Börnes Schriften. – In: HJb 2008. S. 141–154.

Röhnert, Jan: Weibliches Genie und männlicher Blick: Paradigmen und Paradoxien in der frühen deutschen ›Corinne‹-Rezeption. – In: Germaine de Staël und ihr erstes deutsches Publikum:

Literaturpolitik und Kulturtransfer um 1800. Hrsg. v. Gerhard T. Kaiser, Olaf Müller. Heidelberg 2008. S. 189–210. (Ereignis Weimar-Jena. Kultur um 1800 18).

Roger, Christine: La réception de Shakespeare en Allemagne de 1815 a 1850: propagation et assimilation de la référence ètrangére. Bern [u. a.] 2008. (Contacts / Série 1 24).

Romantische Religiosität. Hrsg. von Alexander von Bormann in Verbindung mit Gerhart von Graevenitz. Würzburg 2005. (Stiftung für Romantikforschung 30).

Rosen, Zvi: Karl Marx' polemische Auseinandersetzung mit Bruno Bauers Auffassung der Judenfrage und der Emanzipation. – In: Osteuropa in den Revolutionen von 1848. Lars Lambrecht (Hrsg.). Frankfurt a. M. [u. a.] 2006. S. 155–168. (Forschungen zum Junghegelianismus 15).

Rosenberg, Rainer: Reformation – Aufklärung – Revolution: zum Aufklärungsdiskurs in der konfessionellen Literaturgeschichtsschreibung des Vormärz. – In: Der nahe Spiegel: Vormärz und Aufklärung. Wolfgang Bunzel, Norbert Otto Eke, Florian Vaßen (Hrsg.). Bielefeld 2008. S. 139–151. (Vormärz-Studien 14).

Rudorf, Friedhelm: Poetologische Lyrik und politische Dichtung: Theorie und Probleme der modernen politischen Dichtung in den Reflexionen poetologischer Gedichte von der Aufklärung bis zur Gegenwart. Frankfurt a. M. [u. a.] 1988. (Europäische Hochschulschriften / 01 1105). [Zugl.: Köln, Univ., Diss., 1988].

Ruiz, Alain: Napoleon im Rheinland. – In: Frankreich am Rhein: die Spuren der »Franzosenzeit« im Westen Deutschlands. Hrsg. von Kerstin Theis und Jürgen Wilhelm. Köln 2009. S. 31–42.

Sahmland, Irmtraud: Ein Klassiker zwischen Weimar und Berlin: Christoph Wilhelm Hufelands ›Makrobiotik‹. – In: Tableau de Berlin: Beiträge zur »Berliner Klassik« (1786–1815). Hrsg. von Iwan D'Aprile, Martin Disselkamp und Claudia Sedlarz. Laatzen 2005. S. 183–210. (Berliner Klassik 10).

Schanze, Helmut: Literarische Romantik – romantische Grammatik. – In: Literarische Romantik. Helmut Schanze (Hrsg.). Stuttgart 2008. S. 11–29. (Kröner-Taschenbuch 504).

Scharnowski, Susanne: »Neben- und Durcheinander von Kostbarem und Garstigem«: das feuilletonistische Berliner Großstadtbild als Dokumente der Moderne. – In: Zeitschrift für Literaturwissenschaft und Linguistik 38=149, 2008. S. 34–50.

Schavan, Annette: Rede bei der Eröffnung des Wissenschaftsjahres »Jahr der Geisteswissenschaften – Das ABC der Menschheit« am 25. Januar 2007 in Berlin. Berlin 2007.

Schiffter, Roland: Vom Leben, Leiden und Sterben in der Romantik: neue Pathografien zur romantischen Medizin. Würzburg 2008.

Schmeling, Manfred: Navigatio poetae: l'eau inspiratrice chez les écrivains de la modernité. – In: Fleeting, floating, flowing: water writing and modernity. [FCT, Fundação para a Ciência, Ministério da Ciência e do Ensino Superior, Portugal ...]. Ed. by Isabel Capeloa Gil. Würzburg 2008. S. 19–28. (Saarbrücker Beiträge zur vergleichenden Literatur- und Kulturwissenschaft 40).

Schmidt, Herbert: Todesurteile in Düsseldorf 1933–1945: eine Dokumentation. Düsseldorf 2008.

Schmitt-Maaß, Christoph: »Nach der Freiheit Paradiesen / Nehmen wir den raschen Zug« (Lenau): Dialektik der Bahnreise im Dienste von Freiheit, Demokratie und Militärstrategie Wahrnehmungen durch und Auswirkungen auf die Poetologie der Vormärz-Literatur. – In: Wege in die Moderne. Hrsg. v. Christina Ujma. Bielefeld 2009. (Forum Vormärz-Forschung: Jahrbuch 14 (2008). S. 31–44).

Schneider, Wolf: Speak German! Warum Deutsch manchmal besser ist. 5. Aufl. Reinbek bei Hamburg 2008.

Schnell, Ralf: Zur Tradition des barocken Trauerspiels bei Grabbe und Hebbel. – In: Grabbe und die Dramatiker seiner Zeit: Beiträge zum II. Internationalen Grabbe-Symposium 1989. Im

Auftr. d. Grabbe-Gesellschaft hrsg. von Detlev Kopp und Michael Vogt unter Mitw. von Werner Broer. Tübingen 1990. S. 11–25.
Schöning, Udo: Mme de Staël in der französischen Romantik. – In: Germaine de Staël und ihr erstes deutsches Publikum: Literaturpolitik und Kulturtransfer um 1800. Hrsg. v. Gerhard T. Kaiser, Olaf Müller. Heidelberg 2008. S. 17–44. (Ereignis Weimar-Jena. Kultur um 1800 18).
Schor, Esther H.: Emma Lazarus. New York, NY 2006. (Jewish encounters).
Schreiner, Sonja M.: Eine Satire zum 100. Geburtstag: ›Christianus Juvenalis‹ über das Centenarium der Georgia Augusta zu Göttingen. – In: Epochen der Satire: Traditionslinien einer literarischen Gattung in Antike, Mittelalter und Renaissance. Hrsg. von Thomas Haye und Franziska Schnoor. Hildesheim 2008. S. 317–335.
Schumann, Robert: Schumann-Briefedition. Hrsg. vom Robert-Schumann-Haus Zwickau und dem Institut für Musikwissenschaft der Hochschule für Musik Carl Maria von Weber Dresden in Verbindung mit der Robert-Schumann-Forschungsstelle. Ser. 3, Verlegerbriefwechsel: Bd. 3: Briefwechsel Robert und Clara Schumanns mit Leipziger Verlegern III: Robert Friese 1834 bis 1851, Friedrich Hofmeister 1832 bis 1852, C. F. Peters 1835 bis 1853, Carl Siegel 1845 bis 1855. Hrsg. von Petra Dießner ... Köln 2008.
Schumann, Robert: Schumann-Briefedition. Hrsg. vom Robert-Schumann-Haus Zwickau und dem Institut für Musikwissenschaft der Hochschule für Musik Carl Maria von Weber Dresden in Verbindung mit der Robert-Schumann-Forschungsstelle. Ser. 3, Verlegerbriefwechsel: Bd. 5: Briefwechsel Robert und Clara Schumanns mit Verlagen in West- und Süddeutschland. Hrsg. von Hrosvith Dahmen ... Köln 2008.
Seibold, Wolfgang: Familie, Freunde, Zeitgenossen: die Widmungsträger der Schumannschen Werke. Sinzig 2008. (Schumann-Studien / Sonderband 5).
Sengle, Friedrich: E.T.A. Hoffmann-Probleme (hrsg. von Wulf Segebrecht). – In: E.-T.-A.-Hoffmann-Jahrbuch 16, 2008. S. 40–52.
Sing, Hansjörg: Paris in seinen 20 Arrondissements. 6. Aufl. Seefeld bei München 2004. (Reihe unkonventioneller Reiseführer 7: Städteführer).
Sinka, Margit: The ›Denk ich an Deutschland‹ films of the two Andreases from the East: Kleinert's ›Bewildering Berlin‹ and Dresen's ›Stagnating Uckermark‹. – In: German politics and society 25, 2007, 4=85. S. 66–98.
Sparschuh, Jens: Ich glaube, sie haben uns nicht gesucht: zerstreute Prosa. Köln 2005.
von Stackelberg, Jürgen: »Mondgedichte« (Heinrich Heine, Juan Ramon Jimenez und Pablo Neruda). – In: Der unfertige Garten: Essays zur französischen Literatur. Bonn 2007. S. 135–139. (Abhandlungen zur Sprache und Literatur 167).
Stahl, Enno: »Zensur ist etwas sehr Positives«: die preussische Überwachung in der Rheinprovinz. – In: »Kein schöner Ding ist auf der Welt Als seine Feinde zu beißen ...« Düsseldorf 2008. S. 22–28.
Stanislawski, Michael: Zionism and the fin de siecle: cosmopolitanism and nationalism from Nordau to Jabotinsky. Berkeley, CA [u. a.] 2001. (The S. Mark Taper Foundation imprint in Jewish studies).
Stauf, Renate: »Wen ich nicht behandeln kann, der ist auch nicht für mich«: Liebe und Selbstverhältnis im Briefwechsel Rahel Varnhagens mit Alexander von der Marwitz. – In: Tableau de Berlin: Beiträge zur »Berliner Klassik« (1786–1815). Hrsg. von Iwan D'Aprile, Martin Disselkamp und Claudia Sedlarz. Laatzen 2005. S. 331–352. (Berliner Klassik 10).
Stefano, Giovanni di: Der ferne Klang: Musik als poetisches Ideal in der deutschen Romantik. – In: Musik und Literatur: komparatistische Studien zur Strukturverwandtschaft. Albert Gier,

Gerold W. Gruber (Hrsg.). 2., veränd. Aufl. Frankfurt a. M. [u. a.] 1997. S. 121–144. (Europäische Hochschulschriften / 36 127).

Swales, Martin: Epochenbuch Realismus: Romane und Erzählungen. Berlin 1997. (Grundlagen der Germanistik 32).

Tunbridge, Laura: Schumann's late style. Cambridge [u. a.] 2007.

Unglaub, Erich: Hans Christian Andersen als Harzreisender. – In: Literarische Harzreisen. Gütersloh 2008. S. 129–174.

Varnhagen von Ense, Karl August und Johann Friedrich von Cotta, Johann Georg von Cotta: Briefwechsel 1810–1848. Textkritisch hrsg. u. komm. von Konrad Feilchenfeldt, Bernhard Fischer und Dietmar Pravida. Bd. 1: Text; Bd. 2: Kommentar. Stuttgart 2006. (Veröffentlichungen der Deutschen Schillergesellschaft 51.1, 51.2).

Vaßen, Florian: Die literarische Skizze: Anschaulichkeit und Offenheit als Weltsicht in Aufklärung und Vormärz. – In: Der nahe Spiegel: Vormärz und Aufklärung. Wolfgang Bunzel, Norbert Otto Eke, Florian Vaßen (Hrsg.). Bielefeld 2008. S. 205–218. (Vormärz-Studien 14).

Die Verantwortung des Wortes: Erinnerung an den Dichter Peter Maiwald (1946–2008). – In: Fifty fifty. Düsseldorf 15, 2009, Jan. S. 14.

Volkov, Shulamit: Germans, Jews, and antisemites: trials in emancipation. Cambridge, MA [u. a.] 2006. [EST: Ba-ma'agal ha-mekhushaf <engl.>].

Wagner, Barbara: Nach der Grand Tour: reisende Briten im literarischen Fokus. – In: Wege in die Moderne. Hrsg. v. Christina Ujma. Bielefeld 2009. (Forum Vormärz-Forschung: Jahrbuch 14 (2008). S. 159–170.

Der wahre sprachliche Ursprung der Fisimatenten: das Rheinland liebt Frankreich – aber oft sind auch nur falsche Mythen rund um Napoleon im Spiel. – In: Das Tor. Düsseldorf 75, 2009, 1. S. 15.

Wais, Kurt: Symbiose der Künste: Forschungsgrundlagen zur Wechselberührung zwischen Dichtung, Bild- und Tonkunst. – In: Literatur und bildende Kunst: ein Handbuch zur Theorie und Praxis eines komparatistischen Grenzgebietes. Hrsg. von Ulrich Weisstein. Berlin 1992. S. 37–53.

Walz, Christa: Jeanette Wohl und Ludwig Börne: Dokumentation und Analyse des Briefwechsels. Frankfurt a. M. [u. a.] 2001. (Campus Judaica 18).

Webber, Andrew: The doppelgänger: double visions in German literature. Reprinted. Oxford [u. a.] 2003.

Weerth, Georg: »Nur unsereiner wandert mager durch sein Jahrhundert«: ein Georg-Weerth-Lesebuch. Hrsg. und komm. von Michael Vogt. 2., bearb. Aufl. Bielefeld 2008. [Brief an Heine S. 145–146].

Wegener, Gertrud: Literarisches Leben in Köln 1750–1850. [Vorw. Heribert A. Hilgers]. T. 3: 1840–1850. Köln 2008.

Wegner, Mattias: Hanseaten: von stolzen Bürgern und schönen Legenden. München 2008.

Weidermann, Volker: Das Buch der verbrannten Bücher. Köln 2008.

Weill, Ernest: Die Loreley oder verfluchte Mythos: Lebenserinnerungen eines elsässischen Juden 1915–1945. Übers. von Tilmann Moser. Gießen, Lahn 2008. (Imago).

Ziegler, Edda: Literarische Zensur in Deutschland: 1819–1848 Materialien, Kommentare. 2., rev. Aufl. München 2006.

3 Rezensionen

»Aber der Tod ist nicht poetischer als das Leben«: Heinrich Heines 18. Jahrhundert. Sikander Singh (Hrsg.). Bielefeld 2006. – Rez.: Michel Espagne in: Etudes germaniques 62, 2007, 3. S. 737–738. – Rez.: Madleen Podewski in: Internationales Jahrbuch der Bettina-von-Arnim-Gesellschaft 19, 2007. S. 162–164. – Rez.: Jeffrey L. Sammons in: Monatshefte für deutschen Unterricht, deutsche Sprache und Literatur 100, 2008, 3. S. 426–428.

Beßlich, Barbara: Der deutsche Napoleon-Mythos: Literatur und Erinnerung 1800–1945. Darmstadt 2007. [Zugl.: Freiburg i. Br., Univ., Habil.-Schr., 2005]. – Rez.: Eckart Kleßmann in: Übersetzen im Vormärz. Forum Vormärz-Forschung: Jahrbuch 13, 2008. S. 273–276.

Boyer, Sophie: La femme chez Heinrich Heine et Charles Baudelaire: le langage moderne de l'amour. Paris [u. a.] 2004. – Rez.: Catherine Witt in: Nineteenth century french studies 36, 2008, 112. – Rez.: Marie-Ange Maillet in: Etudes germaniques 62, 2007, 4. S. 980–981.

Calvié, Lucien: Le soleil de la liberté: Henri Heine (1797–1856) l'Allemagne, la France et les révolutions. Paris 2006. (Monde germanique, histoires et cultures). – Rez.: François Genton: »Le soleil de la liberté«: une nouvelle synthèse françaises sur Heinrich Heine in: Etudes germaniques 62, 2007, 3. S. 709–713. – Rez.: Jacques Guilhaumou in: Annales historiques de la révolution française 2008, 351. S. 205–207.

A companion to the works of Heinrich Heine. Ed. by Roger F. Cook. Rochester, NY 2002. – Rez.: Robert Combs in: Goethe Yearbook. Columbia, SC 22, 2008. S. 241–243). – Rez.: Ralph Häfner in: Jahrbuch für internationale Germanistik 40, 2008, 1. S. 226–229.

Debbert-Hoffmann, Mechthild: Robert Schumanns ›Dichterliebe‹ op. 48 (1844) oder eigentlich 20 Lieder und Gesänge aus dem ›Lyrischen Intermezzo‹ im ›Buch der Lieder‹ von Heinrich Heine (1840): gemalte Impressionen. Vorwort: Renate Stark-Voit. [Erkrath] 2005. – Rez. in: Correspondenz: Mitteilungen der Robert-Schumann-Gesellschaft e. V. 29, 2006. S. 56–57 [ohne Autor].

Decker, Kerstin: Heinrich Heine: Narr des Glücks. Berlin 2005. – Rez.: Manfred Koch: Der hellenische Messias: Heinrich Heine und die Göttlichkeit der Küsse in: NZZ. Zürich 11./12.2.2006. S. 83.

Eke, Norbert Otto: Einführung in die Literatur des Vormärz. Darmstadt 2005. – Rez.: Dirk Göttsche in: Übersetzen im Vormärz. Forum Vormärz-Forschung: Jahrbuch 13, 2008. S. 203–206.

Fleermann, Bastian: Marginalisierung und Emanzipation: jüdische Alltagskultur im Herzogtum Berg 1779–1847. Neustadt an der Aisch 2007. [Zugl.: Bonn, Univ., Diss., 2006]. – Rez.: Hartwig Kersken in: HJb 2008. S. 258–260.

Frankreich am Rhein: die Spuren der »Franzosenzeit« im Westen Deutschlands. Hrsg. von Kerstin Theis und Jürgen Wilhelm. Köln 2009. – Rez.: Der wahre sprachliche Ursprung der Fisimatenten: das Rheinland liebt Frankreich – aber oft sind auch nur falsche Mythen rund um Napoleon im Spiel in: Das Tor 75, 2009, 1. S. 15 [ohne Autor].

Fuchs, Sibylle: Heinrich Heine und der »wunderbare Prozeß der Weltergänzung«: eine Nachlese zum 200. Geburtstag. – In: Gleichheit. Berlin 1998, 1. S. 40–50.

Füllner, Bernd: Georg-Weerth-Chronik (1822–1856). Bielefeld 2006. – Rez.: Raphael Hörmann in: HJb 2008. S. 260–261.

Germaine de Staël und ihr erstes deutsches Publikum: Literaturpolitik und Kulturtransfer um 1800. Hrsg. v. Gerhard T. Kaiser, Olaf Müller. Heidelberg 2008. – Rez.: Edda Ziegler in: HJb 2008. S. 274–275.

Gesse-Harm, Sonja: Zwischen Ironie und Sentiment: Heinrich Heine im Kunstlied des 19. Jahrhunderts. Stuttgart 2006. – Rez.: Andreas Wicke in: Übersetzen im Vormärz. Forum Vormärz-Forschung: Jahrbuch 13, 2008. S. 222–225.

Häfner, Ralph: Die Weisheit des Silen: Heinrich Heine und die Kritik des Lebens. Berlin New York, NY 2006. – Rez.: Markus Hallensleben in: Germanistik. Tübingen 49, 2008, 1/2. S. 334–335. – Rez.: George F. Peters in: Monatshefte für deutschen Unterricht, deutsche Sprache und Literatur 100, 2008, 1. S. 151–152.

Harry ... Heinrich ... Henri ... Heine: Deutscher, Jude, Europäer Grazer Humboldt-Kolleg, 6.-11. Juni 2006. Dietmar Goltschnigg, Charlotte Grollegg-Edler, Peter Reeves (Hrsg.). Berlin 2008. – Rez.: Franz-Josef Deiters in: Germanistik. Tübingen 49, 2008, 1/2. S. 335.

Heine und die Nachwelt: Geschichte seiner Wirkung in den deutschsprachigen Ländern Texte und Kontexte, Analysen und Kommentare. Dietmar Goltschnigg und Hartmut Steinecke (Hrsg.). Berlin. Bd. 1: 1856–1906. 2006. – Rez.: Erhard Jöst in: Österreich in Geschichte und Literatur 52, 2008, 2. S. 169–171. – Rez.: Ulrich Kittstein in: Athenäum 17, 2007. S. 280–282.

Heine und die Nachwelt: Geschichte seiner Wirkung in den deutschsprachigen Ländern Texte und Kontexte, Analysen und Kommentare. Dietmar Goltschnigg und Hartmut Steinecke (Hrsg.). Berlin. Bd. 2: 1856–1906. 2008. – Rez.: Martin Bollacher in: Germanistik. Tübingen 49, 2008, 3/4. S. 843.

Heine, Heinrich: Deutschland. Ein Wintermärchen. Ill. von Hans Traxler. Hrsg. Werner Bellmann. Ditzingen 2005. – Rez.: Rudolf Lassahn in: Pädagogische Rundschau. 61, 2007, 4. S. 453–457.

Heine, Heinrich: Ecrits mythologiques. Trad., notes et postface par Marie-Ange Maillet. Paris 2004. (Bibliothèque franco-allemande). – Rez.: Linda Le in: Magazine littéraire 447, 2005. S. 90.

Heine, Heinrich: Gedichte aus dem Buch der Lieder in Übersetzungen russischer Dichter des 19. und 20. Jahrhunderts. [Hrsg. von Regine Dehnel und Tamara Kazakowa]. Berlin 2006. – Rez.: Ottmar Pertschi in: HJb 2008. S. 267–269.

Heine, Heinrich: Die Harzreise. Hrsg. u. m. e. Nachw. vers. v. Christian Liedtke. Hamburg 2008. – Rez.: Joseph A. Kruse in: HJb 2008. S. 269–270.

Heine, Heinrich: Leben Sie wohl und hole Sie der Teufel: Biographie in Briefen. Hrsg. von Jan-Christoph Hauschild. Berlin 2005. – Rez.: Rudolf Lassahn in: Pädagogische Rundschau. 61, 2007, 4. S. 453–457.

Heine, Heinrich: Ludwig Börne: a memorial. Transl. with commentary and an introd. by Jeffrey L. Sammons. Rochester, NY 2006. – Rez.: Inge Rippmann in: Jugend im Vormärz. Forum Vormärz-Forschung: Jahrbuch 12, 2006 S. 239–241. – Rez.: Ritchie Robertson in: The modern language review 103, 2008, 1. S. 273–274.

Heine, Heinrich: Memoiren. Ill. von Volker Kriegel. Frankfurt a. M. 2006. – Rez.: Rudolf Lassahn in: Pädagogische Rundschau 61, 2007, 4. S. 453–457.

Heine, Heinrich: Nuits florentines: précédé de Le rabbin de Bacharach et de Extrait des mémoires de Monsieur de Schnabelewopski. Trad., notes et postface de Diane Meur. Paris 2001. (Bibliothèque franco-allemande). – Rez.: Lucien Calvié in: Francia. Ostfildern 34, 2007, 3. S. 193–195.

Heine, Heinrich: On the history of religion and philosophy in Germany and other writings. Ed. by Terry Pinkard. Transl. by Howard Pollack-Milgate. Cambridge 2007. (Cambridge texts in the history of philosophy). – Rez.: Jeffrey L. Sammons in: Notre Dame Philosophical Reviews 27.3.2008 http://ndpr.nd.edu/review.cfm?id=12763.

Heine, Heinrich: »... und grüssen sie mir die Welt«: ein Leben in Briefen. Hrsg. von Bernd Füllner u. Christian Liedtke. Hamburg 2005. – Rez.: Manfred Koch: Der hellenische Messias: Heinrich Heine und die Göttlichkeit der Küsse in: NZZ. Zürich 11./12.2.2006. S. 83.

Heine, Heinrich und Julius Campe: »Der Weg von Ihrem Herzen bis zu Ihrer Tasche ist sehr weit«: aus dem Briefwechsel zwischen Heinrich Heine und seinem Verleger Julius Campe. Hrsg. u. m. e. Einl. v. Gerhard Höhn u. Christian Liedtke. Hamburg 2007. – Rez.: Markus Joch in: HJb 2008. S. 270–274. – Rez.: Thomas Neumann in: Germanistik. Tübingen 48, 2008, 3/4. S. 860. – Rez.: Eva Pfister: Einblicke in eine literarische Ehe: der Briefwechsel zwischen Autor Heine und Verleger Campe in: Deutschlandfunk, Büchermarkt. Köln 6.12.2007.

Heine, Heinrich: Werke, Briefwechsel, Lebenszeugnisse. Hrsg. von den Nationalen Forschungs- und Gedenkstätten der Klassischen Deutschen Literatur in Weimar und dem Centre National de la Recherche Scientifique in Paris. Säkularausg. Bd. 16/17K: De l'Allemagne: Kommentar. Berlin 2002. – Rez.: Helmut Koopmann in: Germanistik. Tübingen 48, 2007, 3–4. S. 859.

Heine, Heinrich: Werke, Briefwechsel, Lebenszeugnisse. Hrsg. von den Nationalen Forschungs- und Gedenkstätten der Klassischen Deutschen Literatur in Weimar und dem Centre National de la Recherche Scientifique in Paris. Säkularausg. Bd. 6K: Reisebilder II: 1828–1831 Kommentar. Berlin 2003. – Rez.: Helmut Koopmann in: Germanistik. Tübingen 48, 2007, 3–4. S. 858.

Heine, Heinrich: Werke, Briefwechsel, Lebenszeugnisse. Hrsg. von den Nationalen Forschungs- und Gedenkstätten der Klassischen Deutschen Literatur in Weimar und dem Centre National de la Recherche Scientifique in Paris. Säkularausg. Berlin. Bd. 8K: Über Deutschland: 1833–1936 Aufsätze über Kunst und Philosophie. 2001. – Rez.: Helmut Koopmann in: Germanistik. Tübingen 48, 2007, 3–4. S. 858–859.

Hermand, Jost: Heinrich Heine: kritisch, solidarisch, umstritten. Köln [u. a.] 2007. – Rez.: Volkmar Hansen in: Germanistik. Tübingen 49, 2008, 1/2. S. 336.

Hessing, Jakob: Der Traum und der Tod: Heinrich Heines Poetik des Scheiterns. Göttingen 2005. – Rez.: Michael Perraudin in: The modern language review 103, 2008, 2. S. 582–585.

Hohendahl, Peter Uwe: Heinrich Heine: europäischer Schriftsteller und Intellektueller. Berlin 2008. – Rez.: Hans-Joachim Hahn: Heines Modernität: über Peter Uwe Hohendahls themenorientierte Heinelektüre in: literaturkritik.de. 11, 2009, 2. o. S.

Höllerer, Florian: »Les poésies de Henri Heine«: Heinrich Heine in der Lesart Gerard de Nervals. Stuttgart, Weimar 2004. [Zugl.: Berlin, Techn. Univ., Diss., 1999]. – Rez.: Robert Steegers in: Übersetzen im Vormärz. Forum Vormärz-Forschung: Jahrbuch 13, 2008. S. 220–222.

Hoffmeister, Gerhart: Heine in der Romania. Berlin 2002. – Rez.: Rita Unfer Lukoschik in: Literaturwissenschaftliches Jahrbuch 48, 2007. S. 457–460.

Juden und Judentum in der deutschsprachigen Literatur. Hrsg. v. Willi Jasper, Eva Lezzi, Elke Liebs und Helmut Peitsch. Wiesbaden 2006. – Rez.: Ekkehard W. Haring in: Weimarer Beiträge 54, 2008, 3. S. 452–455.

Kreis, Rudolf: Kafkas Process: das grosse Gleichnis vom abendländisch ›verurteilten‹ Juden Heine – Nietzsche – Kafka. Würzburg 1996. (Nietzsche in der Diskussion). – Rez.: Manfred Voigts in: Nietzsche-Studien 35, 2006. S. 360–380.

Das letzte Wort der Kunst: Heinrich Heine und Robert Schumann zum 150. Todesjahr. Hrsg. von Joseph A. Kruse unter Mitarb. von Marianne Tilch. In Zusammenarb. mit Ulrike Groos und Bernhard R. Appel. Stuttgart 2006. – Rez. in Correspondenz: Mitteilungen der Robert-Schumann-Gesellschaft e. V. 29, 2006. S. 64–66 [ohne Autor].

Literarische Harzreisen: Bilder und Realität einer Region zwischen Romantik und Moderne Beiträge des Symposions »Literarische Harzreisen. Bilder und Realität einer Region zwischen Romantik und Moderne« vom 7. bis 9. April 2006 im Braunschweiger Raabe-Haus und Schloß Wernigerode]. Hrsg. v. Cord-Friedrich Berghahn, Herbert Blume, Gabriele Henkel und Eberhard Rohse. Gütersloh 2008. – Rez.: Joseph A. Kruse in: HJb 2008. S. 269–270.

Literarische Moderne: Begriff und Phänomen. Hrsg. von Sabina Becker und Helmuth Kiesel unter Mitarb. von Robert Krause. Berlin [u. a.] 2007. – Rez.: Simon Jander in: Weimarer Beiträge 54, 2008, 4. S. 624–628.

Lyrik im 19. Jahrhundert: Gattungspoetik als Reflexionsmedium der Kultur. Hrsg. von Steffen Martus, Stefan Scherer, Claudia Stockinger. Bern [u. a.] 2005. – Rez.: Bernhard Walcher in: Übersetzen im Vormärz. Forum Vormärz-Forschung: Jahrbuch 13, 2008. S. 255–257.

Moser, Achill: Nimm nur mit, was du tragen kannst: auf den Spuren Heinrich Heines durch den Harz. Hamburg 2008. – Rez.: Joseph A. Kruse in: HJb 2008. S. 269–270.

Napoleon: Trikolore und Kaiseradler über Rhein und Weser [Ausstellung Preußen-Museum Nordrhein-Westfalen, Wesel, 11.02.-09.04.2007 Preußen-Museum Nordrhein-Westfalen, Minden, 06.05.-01.07.2007]. Veit Veltzke (Hrsg.). Köln [u. a.] 2007. – Rez.: Robert Steegers in: HJb 2008. S. 275–177.

Nolte, Andreas: »Ich bin krank wie ein Hund, arbeite wie ein Pferd, und bin arm wie eine Kirchenmaus«: Heinrich Heines sprichwörtliche Sprache mit einem vollständigen Register der sprichwörtlichen und redensartlichen Belege im Werk des Autors. Hildesheim [u. a.] 2006. – Rez.: Christian Liedtke in: Germanistik. Tübingen 48, 2007, 3–4. S. 861–862. – Rez.: Dennis F. Mahoney in: Proverbium. Burlington, VT 25, 2008. S. 451–454. – Rez.: Guntram Zürn in: Wege in die Moderne. Forum Vormärz-Forschung: Jahrbuch 14, 2009. S. 331–333.

«Partei, Partei, wer sollte sie nicht nehmen ...«: Texte rheinischer und westfälischer Autoren in Vormärz und Revolution. Bernd Füllner, Enno Stahl (Hrsg.). Münster 2008. – Rez.: Olaf Briese: Wege in die Moderne. Forum Vormärz-Forschung: Jahrbuch 14, 2009. S. 328–330.

Preuß, Werner H.: Heinrich Heine und das Heine-Haus in Lüneburg. Husum 2008. – Rez.: Hans-Cord Sarnighausen in: Archiv für Familiengeschichtsforschung 12, 2008, 1. S. 37. – Rez.: Hans-Cord Sarnighausen in: HJb 2008. S. 277–278.

Ruprecht, Lucia: Dances of the self in Heinrich von Kleist, E. T. A. Hoffmann and Heinrich Heine. Aldershot 2006. – Rez.: James Hodkinson in: The modern language review 103, 2008, 3. S. 895–896. – Rez.: Marion Kant in: Dance research 26, 2008, 1. S. 63–65. – Rez.: Anton Philipp Knittel in: Germanistik. Tübingen 49, 2008, 3/4. S. 785. – Rez.: Jill Scott in: Seminar: a journal of Germanic studies 44, 2008, 4. S. 477–479. – Rez.: Julia Stenzel: Tanzwissenschaft als Inter-Disziplin in: KulturPoetik 8, 2008, 2. S. 291–297.

Sammons, Jeffrey L.: Heinrich Heine: alternative perspectives 1985–2005. Würzburg 2006. – Rez.: Robert Steegers in: Germanistik. Tübingen 49, 2008, 1/2. S. 337.

Schumann, Robert: Dichterliebe: opus 48 Liederkreis aus Heinrich Heines ›Buch der Lieder‹ Faksimile nach dem Autograph der Staatsbibliothek zu Berlin Preußischer Kulturbesitz. Mit e. Geleitwort von Brigitte Fassbaender. Hrsg. u. mit e. Einf. von Elisabeth Schmierer. Laaber 2006. – Rez. in Correspondenz: Mitteilungen der Robert-Schumann-Gesellschaft e. V. 29, 2006. S. 54–56 [ohne Autor].

Stoye, Sabine: Konservative und prognostische Elemente in Karl Immermanns Roman »Die Epigonen«. Düsseldorf, Univ., Magisterarb., 1999.

Synofzik, Thomas: Heinrich Heine – Robert Schumann: Musik und Ironie. Köln 2006. – Rez. in Correspondenz. Düsseldorf 29, 2006. S. 57–59 [ohne Autor]. – Rez.: Jean-Francois Laplenie in: Etudes germaniques 62, 2007, 4. S. 981–982.

Tempian, Monica: »Ein Traum, gar seltsam schauerlich ...«: Romantikerbschaft und Experimentalpsychologie in der Traumdichtung Heinrich Heines. Göttingen 2005. – Rez.: Patrick Fortmann in: German studies review 31, 2008, 1. S. 193–19. – Rez.: Michael Perraudin in: The modern language review 103, 2008, 2. S. 582–585.

Teraoka, Takanori: Spuren der ›Götterdemokratie‹: Georg Büchners Revolutionsdrama »Danton's Tod« im Umfeld von Heines Sensualismus. Bielefeld 2006. – Rez.: Raphael Hörmann in: Übersetzen im Vormärz. Forum Vormärz-Forschung: Jahrbuch 13, 2008. S. 225–229.

Trilse-Finkenstein, Jochanan: Heinrich Heine, gelebter Widerspruch: eine Biographie. Berlin 2001. – Rez.: Ann-Dorit Boy in: Rencontres: das deutsch-französische Magazin 5, 2005, 6. S. 4. [http://www.rencontres.de/uploads/media/HHeine.pdf]

Ujma, Christina: Fanny Lewalds urbanes Arkadien: Studien zu Stadt, Kunst und Politik in ihren italienischen Reiseberichten aus Vormärz, Nachmärz und Gründerzeit. Bielefeld 2007. [Zugl.: Leicestershire, Univ., Habil.-Schr., 2005]. – Rez.: Bernhard Walcher in: Übersetzen im Vormärz. Forum Vormärz-Forschung: Jahrbuch 13, 2008. S. 236–241.

Von Sommerträumen und Wintermärchen: Versepen im Vormärz. Bernd Füllner, Karin Füllner (Hrsg.). Bielefeld 2007. – Rez.: Claude D. Conter in: HJb 2008. S. 262–267. – Rez.: Claude D. Conter in: Wege in die Moderne. Forum Vormärz-Forschung: Jahrbuch 14, 2009. S. 303–311.

Winkler, Markus: Mythisches Denken zwischen Romantik und Realismus: zur Erfahrung kultureller Fremdheit im Werk Heinrich Heines. Tübingen 1995. (Studien zur deutschen Literatur 138). – Rez.: Müller-Farguell, Roger W.: Befremdliche Mythen: Markus Winklers Studie zum mythischen Denken wirft ein neues Licht auf Heinrich Heine und die Erfahrung kultureller Fremdheit in: Schweizer Monatshefte 77, 1997, 2. S. 41–43.

Youens, Susan: Heinrich Heine and the Lied. Cambridge [u. a.] 2007. – Rez.: Martin Bollacher in: Germanistik. Tübingen 48, 2007, 3–4. S. 863.

Zentrum und Peripherie: Arnold Ruges Korrespondenz mit Junghegelianern in Berlin. Wolfgang Bunzel, Martin Hundt, Lars Lambrecht (Hrsg.). Frankfurt a. M. [u. a.] 2006. – Rez.: Olaf Briese in HJb 2008. S. 256–258.

Ziegler, Edda: Heinrich Heine: der Dichter und die Frauen. Düsseldorf 2005. – Rez.: Manfred Koch: Der hellenische Messias: Heinrich Heine und die Göttlichkeit der Küsse in: NZZ. Zürich 11./12.2.2006. S. 83.

Zu Heinrich Heines Spätwerk »Lutezia«: Kunstcharakter und europäischer Kontext. Hrsg. von Arnold Pistiak und Julia Rintz. Berlin 2007. – Rez.: Ortwin Lämke in: Weimarer Beiträge 54, 2008, 1. S. 159–160.

4 Rezeption

4.1 Allgemein

Alberding, Ernst: Deutschstunde ohne Heine: Erinnerungen an eine Jugend im Nationalsozialismus. – In: Heim und Herd. 2003, 8. S. 31–32.

Ashta, Z.: Vitet e fundit të jetës së poetit Hajne ishin sfilitëse. – In: Rilindja demokratike. Tirana 14. Dezember 1997. o. S.

Bufi, Perktheu Krisela: Hajnrih Hajne – poet dhe luftetar. – In: Rilindja. Tirana 17. Dezember 1997. S. 13.

Cerri, Chiara: Enrico oder Henri? Heinrich Heine und Heinrich Mann zwischen Italien und Frankreich. – In: Heinrich-Mann-Jahrbuch 25, 2007. S. 89–112.

Drăgusanul, Jon: O antologie a revii de regăsire (An anthology to rescue one's Self). – In: Antologia Poeziei Bucovinene (Anthology of poetry from Bucovina). O antologie de Jon Drăgusanul. Trad. Ioana Carp. Suceava 2008. S. 6–9.

Drews, Peter: Die Rezeption deutscher Belletristik in Russland 1750–1850. München 2008. (Slavistische Beiträge 460).
Eggebrecht, Axel: Ein seltsamer Heine-Freund [Dietrich Eckart]. – In: Vor den Toren der Wirklichkeit: Deutschland 1946–47 im Spiegel der Nordwestdeutschen Hefte. Ausgew. u. eingel. von Charles Schueddekopf. Berlin [u. a.] 1980. S. 75–78.
Die Faust-Sammlung Moosmann-Böhme: der Katalog. Hrsg. vom Faust-Museum/Archiv der Stadt Knittlingen und dem Germanistischen Seminar der Universität Heidelberg. Katalog Peter E. Moosmann, Heike Hamberger, Hasso Böhme, Judith Wisser. Knittlingen 2008.
Filatova, Olga: Die »Loreley« von Heinrich Heine in den russischen Interpretationen. – In: HJb 2008. S. 218–220.
Fraiman-Morris, Sarah: Ein Heine-Subtext in Franz Werfels ›Der Tod des Kleinbürgers‹. – In: Sprachkunst. 38, 2007, 1. S. 15–26.
Franzos, Karl Emil: Heine und kein Ende. – In: Ders.: Eine Auswahl aus den Werken: zwei Teile in einem Band. Teil I: Kultur- und Reisebilder. Teil II: Literaturhistorische Schriften und andere Feuilletons. Hrsg. v. Anna-Dorothea Ludewig und Julius H. Schoeps unter Mitarb. v. Sabrina Wagner. Hildesheim 2008. S. 209–220.
Fundi i Hainit. – In: Gazeta Shqiptare. Tirana 20. März 1930. S. 2.
Gami, Nexhip: Henrik Hajne: me rastin e 175-vjetorit te lindjes. – In: Ylli. Tirana 12, 1972, Dezember. S. 30.
Gami, Nexhip: Historia e letersise se huaj e shekullit XIX. Tirana 2004. [Heine-Kapitel S. 131–146].
Goetschel, Willi: Unser postmoderner Zeitgenosse: Heinrich Heines 150. Todestag. – In: Tachles. 6, 2006, 7 (17.2.). S. 28–31.
Gao, Yuan: Wiedergeburt in den ewigen Gezeiten: Verehrung für Heinrich Heine. – In: Literaturstraße. 8, 2007. S. 289–290.
Goltschnigg, Dietmar: Heine-Lektüren in der österreichisch-jüdischen Moderne. – In: Dokumentation der Tagungsbeiträge: 2.-6.10.2006 [Germanistentreffen Deutschland – Süd-Ost-Europa]. [Hrsg.: Deutscher Akademischer Austauschdienst (DAAD). Red.: Werner Roggausch]. Bonn 2007. S. 171–179. (Reihe Germanistik).
Goltschnigg, Dietmar: Lyrische Parodien und Satiren in der Nachfolge Heines. – In: Germanistische Mitteilungen. 67. 2008. S. 64–81.
Goltschnigg, Dietmar: Traditionszusammenhänge der österreichischen Moderne (am Beispiel der Heine- und Büchner-Rezeption). – In: Literarische Moderne: Begriff und Phänomen. Hrsg. von Sabina Becker und Helmuth Kiesel unter Mitarb. von Robert Krause. Berlin [u. a.] 2007. S. 169–180.
Gurvich, Sophia: Heine dans l'oeuvre de Herzen. – In: Revue des études slaves. 78, 2007, 2–3. S. 245–258.
Hansen, Volkmar: Goethe und Heine als Paradigmen des Klassischen und Modernen im Denken Thomas Manns. – In: Ders.: Haupt- und Nebenwege zu Goethe. (Im Auftrag des Freundeskreises des Goethe-Museums zusammengestellt von Heike Spies). Frankfurt a. M. [u. a.] 2005. S. 11–21. (Maß und Wert 2).
Heine und die Nachwelt: Geschichte seiner Wirkung in den deutschsprachigen Ländern Texte und Kontexte, Analysen und Kommentare. Dietmar Goltschnigg und Hartmut Steinecke (Hrsg.). Berlin. Bd. 2: 1908–1956. 2008.
Höllerer, Florian: Les poésies de Henri Heine: Heinrich Heine in der Lesart Gerard de Nervals. Berlin, Univ., Diss., 2000.

Hohendahl, Peter Uwe: Adorno als Leser Heines. – In: Ders.: Heinrich Heine. Berlin 2008. S. 208–222.
Hohendahl, Peter Uwe: Epilog: Überlegungen zu einer zukünftigen Heine-Kritik. – In: Ders.: Heinrich Heine. Berlin 2008. S. 223–228.
Hohendahl, Peter Uwe: Fiktion und Kritik: Heines Romantische Schule im Kontext der zeitgenössischen Literaturgeschichte. – In: Ders.: Heinrich Heine. Berlin 2008. S. 81–95.
Hohendahl, Peter Uwe: Heine-Rezeption um 1900. – In: Ders.: Heinrich Heine. Berlin 2008. S. 185–207.
Hohendahl, Peter Uwe: Schwelle und Übergang: Heinrich Heines Position in der modernen europäischen Literatur. – In: Ders.: Heinrich Heine. Berlin 2008. S. 96–111.
Hollender, Martin: Verdammt, aber nicht verschwiegen: die Existenz Heinrich Heines in der deutschen Publizistik 1933 bis 1945. – In: HJb 2008. S. 155–172.
Howe, Patricia: Heine and the realists, Theodor Fontane and William Dean Howells. – In: Sprachkunst 39, 2008, 1. S. 21–36.
Illiano, Roberto: »An Mathilde«: Un'opera di cerniera. – In: Album amicorum Albert Dunning: in occasione del suo LXV compleanno: a cura di Giacomo Fornari. Turnhout 2002. S. 623–644.
Jorgoni, Perikli: Hajnri Hajne: ne 185-vjetorin e lindjes figura te shquara te letersise, te artit dhe te kultures boterore. – In: Zeri i rinise. Tirana 24. Juni 1982. o. S.
Kathöfer, Gabi: »[T]ravailler à l'entente cordiale«: Heinrich Heines Heimkehr. – In: Dies.: Auszug in die Heimat: zum Alteritäts(t)raum Märchen. Hildesheim 2008. S. 47–68. (Germanistische Texte und Studien 78).
Kluge, Rolf-Dieter: Henryk Heine w Rosji. – In: Recepcja transfer przeklad 5, 2006, 1=6. S. 5–22.
Krivokapić, Mirko: Hajne kod Srba. – In: Serben und Deutsche. Collegium Europeaum Jenense an der Friedrich-Schiller-Universität. Bd. 2: Literarische Begegnungen. Collegium Europaeum Jenense an der Friedrich-Schiller-Universität Jena. Gabriella Schubert (Hrsg.). Jena 2006. (Collegium Europaeum Jenense: Schriften 35). S. 206–226.
Krivokapic, Mirko: Heine bei den Serben. – In: Serben und Deutsche. Collegium Europeaum Jenense an der Friedrich-Schiller-Universität. Gabriella Schubert ... [Hrsg.]. Jena. Bd. 2: Literarische Begegnungen. Collegium Europaeum Jenense an der Friedrich-Schiller-Universität Jena. Gabriella Schubert (Hrsg.). 2006. (Collegium Europaeum Jenense: Schriften 35). S. 183–205.
Kruja, Pertef: Veprat ne proze te Hajnrih Hajnes. – In: Nentori. Tirana 1986, 3. S. 170–182.
Kruse, Joseph Anton: Der bergische Heine und seine jüdische Leserschaft. – In: Jüdischer Alltag: Geschichte und Kultur der Juden im Bergischen Land von 1500 bis zur Gegenwart (die Beiträge basieren auf der Tagung »Jüdische Alltagsgeschichte und Kultur im Bergischen Land«, die vom 26. bis 28. Oktober 2006 in der Begegnungsstätte Alte Synagoge Wuppertal stattfand). Bastian Fleermann, Ulrike Schrade (Hrsg.). 2009. S. 104–119.
Kryeziu, Naim: Hajne, poet i lavdishem. – In: Shkendija. Prishtina 2006, Dez. S. 30.
Letersia e huaj: letersia e epokes se rilindjes – klasicismi – iluminizmi – romantizmi per klasen e dyte te shkollave te mesme (botim i dyte). Tirane 1953. S. 407–413.
Letersia e huaj e shekullit XIX. Nexhip Gami. Universiteti Shteteror i Tiranes. Fakulteti i Historise dhe i Filologjise. Tirana. Pjesa 1: Romantizmi. 1969. S. 129–151.
Levinson, Julian: Exiles on main street: Jewish American writers and American literary culture. Bloomington, IN [u. a.] 2008. (Jewish literature and culture). [From Heine to Whitman: The Yiddish poets come to America S. 121–142].
Lewi, Yosef Hillel: Hajnrik Hajneh. – In: Gezamlte sriften = Selected writings. London. Vol. 2: Esejen. 1958. S. 321–330.

Malo, J.: Hajnrih Hajne: poet i madh demokrat revolucionar gjerman me rastin 100-vjetorit te vdekjes. – In: Zeri i popullit. Tirana 1956. o. S.

Morozova-Forster, Natal'ja: Priblizenie k podstrochniku. – In: Zvezda. Sankt Petersburg 2008, 3. S. 217–218.

Mülder, Friedrich: Schiller und Heine in den Büchern Franz Mehrings. – In: Franz Mehring: (1846–1919) Beiträge der Tagung vom 8. bis 9. November 1996 in Hamburg anlässlich seines 150. Geburtstags. Wolfgang Beutin Wilfried Hoppe (Hrsg.). Frankfurt a. M. [u. a.] 1997. S. 79–102. (Bremer Beiträge zur Literatur- und Ideengeschichte 20).

Nolte, Jost: »Gott wird mir schon verzeihen«: zur 200. Wiederkehr des Geburtstages von Heinrich Heine (13.12.1797–17.2.1856). – In: Jahresbericht. Goethe-Gesellschaft / Ortsvereinigung <Bamberg> 14, 1997. S. 65–68.

Pagni, Andrea: Traducció y transculturació en el siglo XIX: ›Atala‹ de Chateaubriand por Simón Rodríguez (1801) y el ›Cancionero‹ de Heine por José A. Pérez Bonalde (1885). – In: Historia y literatura de Venezuela = Kultur, Geschichte und Literatur Venezuelas. Frankfurt a. M. 2000. S. 88–103. (Iberoamericana – Editionen der Iberoamericana – 03 24, 2000, 2/3 = 78/79).

Pinkert, Ernst-Ullrich: »Ach die Dänen mit ihrem ewigen Heine.«: Aspekte der Wirkungsgeschichte Heines in Dänemark im 19. Jahrhundert. – In: Exemplarische AutorInnen und Texte der deutschen Literaturgeschichte in der interkulturellen Kommunikation. Leipzig 2008. S. 63–76. (Literatur und Kultur / A 4).

Poljudow, Valerij: Heines Lyrik in russischen Übersetzungen (1827–1856). – In: »Germanistik im Konflikt der Kulturen«. Bd. 3: Deutsch lehren und lernen im nicht-deutschsprachigen Kontext. Betr. von Jacques Athias, Shrishail B. Sasalatti und Gerardus Westhoff. Übersetzen im Kulturkonflikt. 2007. S. 223–232. (Jahrbuch für Internationale Germanistik / A 79: Akten des ... Internationalen Germanisten-Kongresses 11).

Rachimkulova, Galina Federovna: Kalambury G. Gejne v interpretacii Z. Frejda. – In: Filologiceskij vestnik Rostovskogo Gosudarstvennogo Universiteta. [10], 2003, 2. S. 35–38.

Richter, Peter: Bemerkungen zu Nezvals Heine-Übersetzungen. – In: Slavische Literaturen im Dialog: Festschrift für Reinhard Lauer zum 65. Geburtstag. Hrsg. v. Ulrike Jekutsch und Walter Kroll. Wiesbaden 2000. S. 531–542.

Rothe, Hans: Frantisek Linharts geglückte Übersetzung eines missglückten Heine. – In: Das slawische Phänomen: Festschrift für Antonin Mestan zu seinem 65. Geburtstag. Hrsg. von Karel Macha. Prag 1996. S. 167–176.

Sala, Luca: »An Mathilde« e l'idea di un universo Laico – In: Album amicorum Albert Dunning: in occasione del suo LXV compleanno: a cura di Giacomo Fornari. Turnhout 2002. S. 645–665.

Sammons, Jeffrey Leonard: Wie die Literaturwissenschaft sich einen Weltbürger schafft und abschafft: Heinrich Heines zugeschriebene Rolle als beispielhafter Europäer unserer Zeit. – In: »Germanistik im Konflikt der Kulturen«. Bd. 8: Universal-, Global- und Nationalkulturen / Nationalliteratur und Weltliteratur. 2007. S. 193–197. (Jahrbuch für Internationale Germanistik / A 84: Akten des ... Internationalen Germanisten-Kongresses 11).

Schirmers, Georg: Heinrich Heine »Buch der Lieder«: Buchausgaben – Übersetzungen – Illustrationen – Vertonungen. – In: ProLibris [13], 2008, 3. S. 105–106.

Shvarc, Robert: Si e perktheva poemen e Hajnes. – In: Drita. Tirana 22. Juli 1990. S. 4

Siguan, Marisa: Contraban d'idees: tres cales en la recepció de Heine. – In: Professor Joaquim Molas: memòria, escriptura, història. Bd. 2. Barcelona 2003. S. 1021–1032.

Siguan, Marisa: Traducir para apropiarse del texto: sobre traducciones de Goethe y Heine en el siglo XIX. – In: Traducción y traductores, del romanticismo al realismo. Francisco Lafarga & Luis Pegenaute (eds.). Bern [u. a.] 2006. S. 505–517.

Singh, Sikander: Die zeitgenössische Rezeption der Werke Heinrich Heines (1821 bis 1856). Bonn, Univ., Diss., 2002.

Staitscheva, Emilia: Die Heine-Porträts in der bulgarischen Lyrik. – In: Chajnrich Chajne. Veliko Tărnovo 2008. S. 13–24.

Steinecke, Hartmut: Heinrich Heine im Dritten Reich und im Exil: [Leo-Brandt-Vortrag vom 17. Oktober 2007 in Düsseldorf]. Paderborn [u. a.] 2008. (Vorträge / G 416).

Steinecke, Hartmut: »Schluß mit Heinrich Heine!«: der Dichter und sein Werk im nationalsozialistischen Deutschland. – In: HJb 2008. S. 173–205.

Vangjeli, Niko: H. Hajne – poet luftetar: me rastin e 125-vjetorit te vdekjes. – In: Drita. Tirana 15. Februar 1981. S. 15.

Vangjeli, Niko: Hajnrih Hajne. – In: Republika. Tirana 14. Dezember 1997. S. 11.

Vangjeli, Niko: Ushtar ne luften per clirimin e njerezimit: mbi H. Hajnen 13 dhjetor 1797 – 17 shkurt 1856. – In: Nentori. Tirana 1978, 2. S. 204–211.

»Wie würde ich ohne Bücher leben und arbeiten können?«: Privatbibliotheken jüdischer Intellektueller im 20. Jahrhundert. Ines Sonder, Karin Bürger, Ursula Wallmeier (Hrsg.). Berlin 2008. (Neue Beiträge zur Geistesgeschichte 8).

Würffel, Stefan Bodo: Revolution, Resignation, Religion: Heines Spätwerk im Lichte unserer Erfahrungen. – In: Auf den Schultern des Anderen: Festschrift für Helmut Koopmann zum 75. Geburtstag. Andrea Bartl / Antonie Magen (Hrsg.). Paderborn 2008. S. 75–86.

Xu, Juan: Die Seele der Freiheit am Rhein: zum 150. Todestag Heinrich Heines. – In: Literaturstraße. 8, 2007. S. 291–294.

4.2.1 Literarische Essays und Dichtungen

Deuter, Ulrich und Andreas Wilink: Gemüt hat nur der Deutsche: Sängerwettstreit: Heino wird 70 und Heine gratuliert. – In: K.West 6, 2008, 12. S. 12/13.

Dieckmann, Dorothea: Harzreise: eine Erzählung. Frankfurt a. M. 2008.

Eckart, Dietrich: Tannhäuser auf Urlaub: ein Sommermärchen. Leipzig [1895].

Goltschnigg, Dietmar: Lyrische Parodien und Satiren in der Nachfolge Heines. – In: Germanistische Mitteilungen. 67, 2008. S. 64–81.

Hacks, Peter: Lieder, Briefe, Gedichte. 2. Aufl. Wuppertal 1977. [Gedicht über Heine S. 92].

Kaufmann, Ulrich: »Heine im Eichsfeld«: Versuch zu einem frühen Porträtgedicht (1998). – In: Ders.: Dichters Worte – Dichters Orte: von Goethe bis Gerlach 30 Versuche. Jena 2007. S. 208–214.

Kaufmann, Ulrich: »Ich habe in die Tiefe der Dinge geschaut«: Gerlach liest erneut Heine. – In: Ders.: Dichters Worte – Dichters Orte: von Goethe bis Gerlach 30 Versuche. Jena 2007. S. 215–219.

Keilson, Hans: Werke: in zwei Bänden. Hrsg. von Heinrich Detering und Gerhard Kurz. Frankfurt a. M. Bd. 2: Gedichte und Essays. 2005. [Gedicht nach Heine S. 13 »Variation«].

Kröger, Günter: Ostfriesericks: ostfriesische Limericks. [Autor: Günter Kröger. Ill.: Zarko Radic »Zara«]. Osnabrück 1997. [Gedicht auf Heine S. 41].

Merkel, Günter B.: Haupt-Sache Liebe: aus der Buch-Reihe: Die Antwort auf die Dichtkunst der vergangenen 200 Jahre. Wilhelmsfeld. 1. 2005. (Merkel, Günter B.: Die Antwort auf die Dicht-Kunst der vergangenen 200 Jahre) [Heine-Gegengedicht S. 63].

Merkel, Günter B.: Die Antwort auf die DichtKunst der vergangenen 200 Jahre. CD 1: Poesie und Musik. Sprecher: Peter Nassauer, Heinz Gerhardt Piske, Aart Veder, Karin Schroeder und Gabriele Wieland. Komponist: Peter Seiler. [o.J.]. 1 CD.

Merkel, Günter B.: Die Antwort auf die »Letzten TÄNZE« des Literatur-Nobel-Preisträgers Günter Grass: eine nicht so ernst gemeinte, aber an den nackten Tat-Sachen orientierte Schmäh-Schrift. Wilhelmsfeld 2004. (Merkel, Günter B.: Die Antwort auf die DichtKunst der vergangenen 200 Jahre). [Heine-Gegen-Gedichte S. 203, 217].

Merkel, Günter B.: Glanz-Lichter: aus der Buch-Reihe: Die Antwort auf die Dichtkunst der vergangenen 200 Jahre Band I-III »Hai-Leitz« vom »Hai-delberger« Dichter. Wilhelmsfeld [2006]. (Merkel, Günter B.: Die Antwort auf die DichtKunst der vergangenen 200 Jahre). [Heine-Gegengedichte S. 159, 171].

Merkel, Günter B.: Große Sprüche vom gnadenlosen Dichter. Wilhelmsfeld 2004. (Merkel, Günter B.: Die Antwort auf die DichtKunst der vergangenen 200 Jahre). [Heine-Gegengedicht S. 107].

Merkel, Günter B.: Die Antwort auf die DichtKunst der vergangenen 200 Jahre. Wilhelmsfeld. Bd. 2: 140 Gereimte UnGereimtheiten. [2003]. [Heine-Gegen-Gedichte S. 47, 57, 77].

Merkel, Günter B.: Die Antwort auf die DichtKunst der vergangenen 200 Jahre. Wilhelmsfeld. Bd. 3: 280 geredimte UnGereimtheiten. 2005. [Heine-Gegen-Gedichte S. 81, 83].

Preuss, Jürgen: Alles in Buddha: ein Dialog. Düsseldorf 2008.

Reding, Josef: Beseitigung eines Denkmals. – In: Ders.: Schonzeit für Pappkameraden: Kurzgeschichten. Recklinghausen 1977. S. 89–93.

Reinhard, Ludwig: Ludwig Reinhard – ich aber stamme von Heine ab ...: eine Auswahl aus seinen Schriften und Reden. Ausw. u. Biographie Jürgen Borchert. Ludwigslust 1998. [Gedicht nach Heine »Schwerin. Ein Sommermärchen« S. 7–21].

Richter, Wolfgang: Gleich einem Hauch: Gedichte. Düsseldorf 2008. [Heine-Paraphrase S. 14 »Du«].

Rowohlt, Harry: Der Kampf geht weiter! Schönen Gruß, Gottes Segen und Rot Front: nicht weggeschmissene Briefe. Hrsg. von Anna Mikula. Vollst. Taschenbuchausgabe. München 2006.

Schröder, Lothar: Heinrich Heine: Die Pragreise (1824) oder: Die Rekonstruktion eines Handschriftenfunds. – In: Feder, Katheder und Stethoskop – von der Literatur zur Psychiatrie: Festschrift für Gerhard Köpf zum 60. Geburtstag. Hrsg. von Corinna Schlicht und Heinz Schumacher. Frankfurt a. M. [u. a.] 2008. S. 71–80.

Stolzenburg, Wilhelm: Ernte: gesammelte Werke. Hrsg. von Dieter Sudhoff. Bielefeld 2007. (Veröffentlichungen der Literaturkommission für Westfalen / Reihe Texte 8: Veröffentlichungen der Literaturkommission für Westfalen 25). [Gedicht auf Heine S. 55].

Timm, Uwe: Halbschatten: Roman. 2. Aufl. Köln 2008. [Gedicht auf Heine S. 130].

Weingärtner, Rainer: Sexameter-Salbeien Skurrilosophismen: satirische Gedichte und Zeichnungen. Vechta 2009. [Gedicht zum Heine-Preis 2006].

4.2.2 Werke der bildenden Kunst

Wirtschaftswoche. 2008, 30. [Loreley-Karikatur S. 113].
The New Yorker. 84, 2008, 18 (June). [Loreley-Karikatur S. 72].

Richter, Gerhard: Wald: [als Texte für das Buch verwendet er die Aufsätze der Fachzeitschrift »Waldung – Magazin für Wald, Wandern, Wissen«, Nr. 1/2006]. Köln 2008.

Kröger, Günter: Ostfriesericks: ostfriesische Limericks. [Autor: Günter Kröger. Ill.: Zarko Radic »Zara«]. Osnabrück 1997. [Karikatur S. 40].

4.2.3 Denkmäler

Die Carlstadt: das schmucke Viertel von Düsseldorf. Hrsg.: Altstadt Marketing GmbH. Düsseldorf 2009. [Heine-Denkmal].

Goltschnigg, Dietmar: Stimmen aus Österreich im Kampf ums Heine-Denkmal. – In: Festschrift für Götz Pochat zum 65. Geburtstag. Hrsg. von Johann Konrad Eberlein. Wien [u. a.] [2007]. S. 211–224. (Grazer Edition 2).

Groetz, Thomas: Ein Dichter als Vorhut der Generäle?. – In: Art. Hamburg 2000, 8. S. 113.

Tarnowski, Wolfgang: Heine-Denkmal: so oder so? – In: Art. Hamburg 1982, 7. S. 88–91, 119.

Tittel, Lutz: Zwei Entwürfe für Heinrich-Heine-Denkmäler [in Hamburg]: Kleinplastiken im Museum Ostdeutsche Galerie. – In: Regensburger Almanach 1995 (1994). S. 232–234.

4.2.4 Werke der Musik, Vertonungen

Anklänge: Lieder von Komponistinnen des 19. und 20. Jahrhunderts. Interpr.: Lan Rao, Sopran. Micaela Gelius, Klavier. Kassel 2000. 1 CD. [Lorelei / Clara Schumann. Ich wandle unter Blumen / Alma Mahler].

Aschauer, Michael: Nur eine gewaltige Melodei?: Heinrich Heines ›Loreley‹ in unterschiedlichen Vertonungen des 19. Jahrhunderts. – In: Heinrich Heine in zeitgenössischen Vertonungen. Tutzing 2008. S. 81–104.

Chormusik a cappella 1975–2000: Hessenberg, Killmayer, Voigtländer, Koerppen, Erdmann, Bialas, Kalmer, Buchenberg, Hartl, Franke. Deutscher Musikrat. [München] 2008. 1 CD & Beih. (Musik für Chöre). [Günter Bialas: Chorlieder nach Gedichten von Heinrich Heine für gemischten Chor a cappella (1991). via-nova-chor. Kurt Suttner].

Erich und das Polk: Immer wieder: Volksmusik aus dem Untergrund. Lorch-Unterkirneck 1992. 1 CD. [»Sie haben mich gequälet«].

Fladt, Hartmut: Robert Franz, »Aus meinen grossen Schmerzen« (Heine) op. 5/1. – In: Musica. 45, 1991, 4. S. 252–253.

Grote, Adalbert: Anders als Schumann: Sergej Rachmaninoffs Romanzen op. 8 nach Gedichten von Heinrich Heine. – In: HJb 2008. S. 91–117.

Hansen, Volkmar: Verdrängte Wirkungsgeschichte: Lieder, die Heines Ruhm festigten. – In: Heinrich Heine in zeitgenössischen Vertonungen. Tutzing 2008. S. 27–46.

Harrandt, Andrea: Heinrich Heine in zeitgenössischen Vertonungen. – In: Heinrich Heine in zeitgenössischen Vertonungen. Tutzing 2008. S. 69–80.

Heinrich Heine in zeitgenössischen Vertonungen: wissenschaftliche Tagung 6. bis 7. Oktober 2006, Ruprechtshofen, N. Ö. Hrsg. im Auftr. d. Benedict Randhartinger-Gesellschaft von Andrea Harrandt und Erich Wolfgang Partsch. Tutzing 2008. (Publikationen des Instituts für Österreichische Musikdokumentation 34).

Kinkel, Johanna: An imaginary voyage through Europe = eine imaginäre Reise durch Europa: 32 songs about the Rhine, from Spain, Italy, Scotland, France, children's songs, love songs and revolutionary anthems. Ingrid Schmithüsen, soprano. Thomas Palm, fortepiano. Georgsmarienhütte 2006. 1 CD & Beih. [Die Lorelei op. 7,4].

Müller, Gisela A.: »Leichen-« oder »Blüthenduft«?: Heine-Vertonungen Fanny Hensels und Felix Mendelssohn Bartholdys im Vergleich. In: Fanny Hensel, geb. Mendelssohn Bartholdy: das Werk. Martina Helmig (Hrsg.). München 1997. S. 42–50.

Riethmüller, Albrecht: Hans v. Bülows drei Heine-Lieder op. 1. – In: Beiträge zum Kolloquium, Hans von Bülow: Leben, Wirken und Vermächtnis Veranst. von der Abteilung Musikgeschichte der Staatl. Museen Meiningen am 6. und 7. Mai 1994 im Rahmen der Meininger Landesmusiktage zum 100. Geburtstag Hans von Bülows. [Red. Herta Müller, Verona Gerasch]. Meiningen 1994–5. S. 134–147. (Südthüringer Forschungen 28).

Schiwietz, Lucian: Heines Lyrik in Medtners Kosmos: Aspekte der Wort-Ton-Texturalität in Nikolaj Medtners Liedern op. 12. – In: Von Goethe zu Krolow: Analysen und Interpretationen zu deutscher Literatur. Heinz-Peter Niewerth (Hrsg.). Frankfurt a. M. 2008. S. 163–172.

Schmutz, Harald und Erich Wolfgang Partsch: »Du bist wie eine Blume«: literatur- und musikwissenschaftliche Annäherungen. – In: Heinrich Heine in zeitgenössischen Vertonungen. Tutzing 2008. S. 105–142.

Schnitzler, Günter: Heine und Schumann: »Im wunderschönen Monat Mai«. – In: International journal of musicology 7, 1998. S. 167–184.

Schumann, Robert: Dichterliebe, op. 48. Walton Grönroos, baritone. Ralf Gothoni, piano. München 1993. 1 CD & Beih. [Enth. auch: Liederkreis, op. 24].

Seaton, Douglass: Interpreting Schubert's Heine songs. – In: The music review. 53, 1992. S. 85–99.

Seifert, Herbert: Benedict Randhartingers Heine-Vertonungen. – In: Heinrich Heine in zeitgenössischen Vertonungen. Tutzing 2008. S. 47–68.

Sing ein Lied: [200 Lieder auf alten Ansichtskarten 1895–1950]. Clemens Fabrizio. Schopfheim [2001]. [»Ich weiß nicht ...« S. 21, 130, 131 »Anfangs wollt' ich fast verzagen« S. 140].

Urmel aus dem Eis. Max Kruse. Mit der Augsburger Puppenkiste. Hessischer Rundfunk. [Komplett digital überarbeitet, Aufn. 1969]. 2008. 1 DVD. [Vertonung von »Ich weiß nicht, was soll es bedeuten« und »Leise zieht durch mein Gemüth« durch Hermann Amann].

Voss, Egon: »Das hat was zu bedeuten«: ›Les deux grenadiers‹ und ›Die beiden Grenadiere‹. – In: Getauft auf Musik: Festschrift für Dieter Borchmeyer. Hrsg. v. Udo Bermbach und Hans Rudolf Vaget unter Mitarb. v. Yvonne Nilges. Würzburg 2006. S. 315–324.

Wagner, Margarete: Heinrich Heine: Eröffungsrede zur 5. Internationalen Biedermeiertagung ›Heinrich Heine in zeitgenössischen Vertonungen‹. – In: Heinrich Heine in zeitgenössischen Vertonungen. Tutzing 2008. S. 9–26.

Wagner, Margarete und Erich Wolfgang Partsch: Ironie und Satire in Heinrich Heines ›Heimkehr‹ und deren Vertonung durch Johann Vesque von Püttlingen. – In: Heinrich Heine in zeitgenössischen Vertonungen. Tutzing 2008. S. 143–188.

4.2.5 Das Werk auf der Bühne

Craciun, Ioana: Historische Dichtergestalten im zeitgenössischen deutschen Drama: Untersuchungen zu Theaterstücken von Tankred Dorst, Günter Grass, Martin Walser und Peter Weiss. Heidelberg 2008. (Beiträge zur neueren Literaturgeschichte [Folge 3], 260).

Heinrich-Heine-Hommage: [Lieder-Programm, das als Hommage an den 200-jährigen Jubilar Heinrich Heine zusammengestellt und in zahlreichen Stadtbibliotheken Süddeutschlands aufgeführt wurde]. Aufnahme: 26., 27. und 29. Oktober 1988 in der Versöhnungskirche Nürtingen. Duo Voccord. Susann Finckh-Bucher, Gesang. Wolfgang Daiß, Gitarre. Nürtingen 1999. 1 CD.

Papula, Dagmar: Heinrich Heine, die Dame und der Tod: eine Lebensreise. Deutsche Erstaufführung: 10. Oktober 1997, Theater am Leibnizplatz. Bremen 1997. [UA: 16.05.1997 Teatro della Tosse, Genua. DEA: 10.10.1997 Theater am Leibnizplatz, Bremen. Programmheft].

5 Gedenkstätten und Sammlungen. Vereinigungen. Preise. Ausstellungen.
Wissenschaftliche Konferenzen

L'Agora. Société des Poètes Français 107 = 46, 2009. [Ankündigung eines Vortrages in Paris].

Berger, Julia: Salomon Heines Landhaus und Gärtnerhaus in Ottensen: zwei bisher unbekannte Bauten Ramées? – In: Joseph Ramée: Gartenkunst, Architektur und Dekoration ein internationaler Baukünstler des Klassizismus [eine Ausstellung des Altonaer Museums in Hamburg, Norddeutsches Landesmuseum im Jenisch-Haus vom 15. Juni bis 7. September 2003. Eine Veranstaltung im Rahmen des Hamburger Architektur-Sommers 2003]. [Ausstellung und Katalog: Julia Berger und Bärbel Hedinger. Unter Mitarb. von Ingrid A. Schubert und Sylvia Borgmann und in Zusammenarbeit mit der Hochschule für Bildende Künste]. München, Berlin 2003. S. 75–89.

Cless, Olaf: Himmel & Ähd. – In: Fifty fifty. Düsseldorf 15, 2009, Jan. S. 23. [Heine-Gärten Oberkassel].

Deutsche Literaturlandschaften: ausgewählte Reisevorschläge zu interessanten Stätten aus der Welt der Literatur für Wochenende, Kurzurlaub und Ferien mit literarisch-kulturellem Veranstaltungsverzeichnis. Nordhorn. 2008/2009: Reiseziele aus der Welt der Literatur. [2008]. [Heine-Institut].

Elit, Stefan: Leitbild mit Widersprüchen – Vormärz und Aufklärung (Internationales Symposium vom 10.–12.05.2007 in Wolfenbüttel). – In: Zeitschrift für Germanistik. NF 18. 2008, 1. S. 189–191.

Freispruch für Freiligrath: eine Ausstellung im Heine-Institut erinnert an die rheinische Literatur des Vormärz und der Revolution von 1848. – In: Düsseldorfer Hefte 53, 2008, 11. S. 59.

Füllner, Karin: »Heinrich Heine und die fröhliche Wissenschaft«: 10. Forum Junge Heine Forschung 2007 mit neuen Arbeiten über Heinrich Heine. – In: HJb 2008. S. 246–250.

Heine gelesen, auf Deutsch und auf Russisch: das Kulturzentrum KONTAKT e.V. in Schwerin. – In: Das Leben ist bunt: interkulturelle Arbeit in Mecklenburg-Vorpommern. [Texte und Red.: Kathi Seefeld. Hrsg.: Landeszentrale für Politische Bildung Mecklenburg-Vorpommern und die Hansestadt Rostock unter Mithilfe von Dien Hong – Gemeinsam unter einem Dach e.V., Rostock]. Schwerin 1999. S. 13–14.

Heine-Preis für Amos Oz: eine Auszeichnung für literarische Kreativität, politische Sensibilität und humanistisches Engagement. – In: ... in Rheinkultur. Düsseldorf 2008, 4. S. 46–47.

Hemmerle, Joachim: In memoriam Edith Horowitz-Silbermann. – In: Jiddistik-Mitteilungen 40, 2008, Nov. S. 16. [Erwähnung Heine-Institut].

Kortländer, Bernd: »Zuckererbsen für Jedermann«: verschiedene Versuche, Heinrich Heine auszustellen. – In: Die Pforte 9, 2008. S. 29–46.

Kruse, Joseph Anton und Bernd Füllner: Heinrich-Heine-Portal [HHP]: Internet-Portal. – In: Kunststiftung NRW: Hausbuch. Düsseldorf. [1]: 2006/2007. Fritz Schaumann, Regina Wyrwoll (Hrsg.). 2008. S. 178–179.

Literarisches Leben am Rhein: Quellen zur literarischen Infrastruktur 1830–1945 ein Inventar. Hrsg. von Joseph A. Kruse. Düsseldorf. (Aus dem Rheinischen Literaturarchiv). Bd. 3: Kommentar und Register. Mit Beiträgen von Enno Stahl und Cornelia Ilbrig und Registern zusammengest. von Kirsten Adamek, Wolfgang Delseit und Ralf Drost. 2008.

Meinschäfer, Victoria und Rolf Willhardt: »Das schönste Geschenk zum Stadtjubiläum 1988«: die unendliche Geschichte einer Namensgebung mit Happyend. – In: Magazin der Heinrich-Heine-Universität Düsseldorf 2009, 1. S. 12–13.

Newsletter. North American Heine Society 2008 (2008/09) Winter.

Veit, Joachim: Digitale Edition zwischen Experiment und Standardisierung: internationale Tagung im Hein-Nixdorf-Museum-Forum Paderborn, 6.-8. Dezember 2007. – In: Editio 22, 2008. S. 232–240.

Verleihung des Heine-Preises 2008 der Landeshauptstadt Düsseldorf an Amos Oz. Hrsg.: Heinrich-Heine-Institut der Landeshauptstadt Düsseldorf. Red.: Karin Füllner, Georg Aehling. Düsseldorf 2008.

Willhardt, Rolf: Heine-Lieder am Ufer des Yangtse: Chongqing Universität und Heine-Institut pflegen umfangreiche Kontakte. – In: Magazin der Heinrich-Heine-Universität Düsseldorf 2008, 1. S. 16.

Zbytovsky, Stepan: Tagungsbericht: »Heine in Prag 2006« (23.11.2006). – In: Brücken. Prag NF 15, 2007. S. 509–510.

Veranstaltungen des Heinrich-Heine-Instituts und der Heinrich-Heine-Gesellschaft e. V.

Januar bis Dezember 2008

Zusammengestellt von Karin Füllner

3.1.2008	Düsseldorfer Schauspielhaus »Wer wird sich meiner erinnern?« Veranstaltung zu Ehren von Rose Ausländer anlässlich des 20. Todestages. Lesung der Gedichte: Angela Winkler. Moderation: Helmut Braun. Musik: Katharina Deserno (Violoncello). Veranstalter: Rose Ausländer-Stiftung, Köln, Heinrich-Heine-Institut und Düsseldorfer Schauspielhaus.
6.1.2008	Literarische Matinée zu Ehren des 80. Geburtstags von Astrid Gehlhoff-Claes. Laudatio: Prof. Dr. Joseph A. Kruse. Lesung: Dr. Karin Füllner, Prof. Dr. Joseph A. Kruse und Michael Serrer. Musikalischer Rahmen: Yuanming Fu spielt Klaviermusik von Johann Sebastian Bach. Veranstalter: Heinrich-Heine-Institut und Literaturbüro NRW.
10.1.2008	»Im Wunder des Wortes«. Zum 20. Todestag der Dichterin Rose Ausländer. Vortrag von Prof. Dr. Liudmila Lokshtanova. Veranstalter: Heinrich-Heine-Institut.
19./20.1.2008	»Text&Ton«. »Heine, Paris und die Musik«. Sektfrühstück in der Bibliothek des Heine-Instituts mit musikalisch-literarischem Programm. Moderation und Rezitation: Dr. Karin Füllner und Dr. Ursula Roth. Am Flügel: Helmut Götzinger. Veranstalter: Heinrich-Heine-Institut und Heinrich-Heine-Gesellschaft.
23.1.2008	Mensa-Restaurant, Universität Düsseldorf Heine-Dinner. »Sag an, was willst du essen?« Ein literarisches Heine-Dinner mit Drei-Gänge-Menü und Programm. Veranstalter: Heinrich-Heine-Gesellschaft und AStA der Heinrich-Heine-Universität Düsseldorf.
29.1.2008	Zentralbibliothek der Stadtbüchereien »Jüdische Tradition und literarische Moderne – Heine, Buber, Kafka, Benjamin«. Vortrag von Prof. Dr. Bernd Witte. Moderation: Dr. Karin Füllner. Veranstalter: Heinrich-Heine-Gesellschaft und Stadtbüchereien Düsseldorf.
7.2.2008	Reihe: Universität in der Stadt. »Der Trojanische Krieg. Historische Realität oder poetische Fiktion?« Vortrag von Prof. Dr. Michael Reichel, Düsseldorf. Veranstalter: Heinrich-Heine-Universität Düsseldorf, Heinrich-Heine-Institut, Evangelische Stadtakademie und VHS Düsseldorf.

324 Veranstaltungen

9.2.2008	»Kompetent für Heine-Texte?« Fortbildungsseminar für Lehrerinnen und Lehrer. Leitung: Prof. Dr. Karlheinz Fingerhut. Veranstalter: Heinrich-Heine-Institut.
10.2.2008	»Better people go to Niepel«. Hommage zum 80. Geburtstag von Hans-Jürgen Niepel. Mit Jazz-Musik und Erinnerungen seiner Freunde. Moderation: Dr. Kurt Behrends. Veranstalter: Freunde von Hans-Jürgen Niepel und Heinrich-Heine-Institut.
14.2.2008	Reihe: Wahrnehmung und Literatur. Georg Klein liest: »Sünde Güte Blitz«. Veranstalter: Heinrich-Heine-Institut, Heinrich-Heine-Gesellschaft und Kulturamt der Landeshauptstadt Düsseldorf.
17.2.2008	Der »Plötzenseer Totentanz« von Alfred Hrdlicka. Vortrag von Prof. Dr. Dietrich Schubert, Heidelberg. Veranstalter: Heinrich-Heine-Institut.
20.2.2008	»Heine um 11«. Lektürekurs. Leitung: Dr. Ursula Roth. Veranstalter: Heinrich-Heine-Institut.
1./2.3.2008	»Text&Ton« zum Internationalen Frauentag. »Heine und die Frauen«. Sektfrühstück in der Bibliothek des Heine-Instituts mit musikalisch-literarischem Programm. Einführung: Dr. Karin Füllner, Führung: Dr. Ursula Roth, Rezitation: Julia Krämer, Flötenmusik: Andrea Tober. Veranstalter: Heinrich-Heine-Institut und Heinrich-Heine-Gesellschaft.
5.3.2008	Andrzej Stasiuk liest »Fado. Reiseskizzen«. Moderation und Übersetzung: Renate Schmidgall. Veranstalter: Heinrich-Heine-Institut und Polnisches Institut Düsseldorf.
6.3.2008	Reihe: Universität in der Stadt. »Von der Natur gelernt. Neue Wege in der Arzneistoffentwicklung«. Vortrag von Prof. Dr. Joachim Jose, Düsseldorf. Veranstalter: Heinrich-Heine-Universität Düsseldorf, Heinrich-Heine-Institut, Evangelische Stadtakademie und VHS Düsseldorf.
9.3.2008	Ausstellungseröffnung. Heinrich Heine: »Buch der Lieder«. Buchausgaben – Übersetzungen – Illustrationen – Vertonungen. Zur Eröffnung liest Valentin Lubberger, Berlin, die »Heine-Charts«. Veranstalter: Heinrich-Heine-Institut.
11.3.2008	Ella Milch-Sheriff und Ingeborg Prior. »Ein Lied für meinen Vater«. Eine Buchpräsentation. Veranstalter: Heinrich-Heine-Institut, Gesellschaft für Christlich-Jüdische Zusammenarbeit und Mahn- und Gedenkstätte Düsseldorf.
13.3.2008	Mitgliederversammlung der Heinrich-Heine-Gesellschaft. Veranstalter: Heinrich-Heine-Gesellschaft.
13.3.2008	»Heine und die Macht des literarischen Philosemitismus«. Vortrag von Prof. Dr. Jocelyne Kolb, Northampton. Veranstalter: Heinrich-Heine-Gesellschaft.
15./16.3.2008	Paris Mit Heine in Paris. »Unter der Bevölkerung des Faubourg Montmartre habe ich mein liebstes Leben gelebt«. Literarische Spaziergänge auf den Spuren Heinrich Heines. Leitung: Dr. Bernd Füllner und Dr. Karin Füllner. Veranstalter: Maison Heinrich Heine, Paris, in Zusammenarbeit mit Heinrich-Heine-Institut und Heinrich-Heine-Gesellschaft.

Veranstaltungen

19.3.2008	Reihe: Poesie und Leben. Prof. Dr. Renate Möhrmann liest »Die andere Frau«. Veranstalter: Heinrich-Heine-Institut und Heinrich-Heine-Gesellschaft.
1.4.2008	Heine Haus »Das ganze Leben – ein Theaterzelt«. Sonette von Edmund Spenser. Mit Alexander Nitzberg und Sören Leupold. Veranstalter: Verein zur Förderung des Heinrich-Heine-Geburtshauses e.V., Müller & Böhm Literaturhandlung und Heinrich-Heine-Institut.
3.4.2008	Reihe: Universität in der Stadt. »Russland nach den Wahlen«. Vortrag von Prof. Dr. Sabine Kropp, Düsseldorf. Veranstalter: Heinrich-Heine-Universität Düsseldorf, Heinrich-Heine-Institut, Evangelische Stadtakademie und VHS Düsseldorf.
15.4.2008	»Lieben Sie Heine?« Eine Annäherung an das »Buch der Lieder«. Vortrag von Prof. Dr. Bernd Kortländer. Veranstalter: Heinrich-Heine-Gesellschaft.
19.4.2008	»Stairways to Heine«. Nacht der Museen im Heine-Institut mit musikalisch-literarischem Programm und Führungen. Kurzführungen durch die Ausstellung »Buch der Lieder« (Prof. Dr. Joseph A. Kruse und Heidemarie Vahl); Themenführungen durch die Ausstellung »Heinrich Heine. Nähe und Ferne«: »Heine und die Frauen« (Dr. Karin Füllner), »Heine und Düsseldorf« (Heidemarie Vahl), »Heine und Frankreich« (Prof. Dr. Bernd Kortländer). Jazz in den Ausstellungsräumen mit Frank Michaelis (Saxophon). »Stairways to heaven«. Songs aus dem Musical von Erik Gedeon mit dem Düsseldorfer Schauspielhaus und Henning Brand (Piano). »Live & Exklusiv«. Kabarett-Soloprogramm mit Christian Ehring (Düsseldorfer Kom(m)ödchen). Veranstalter: Heinrich-Heine-Institut.
22.4.2008	Auftaktveranstaltung der Reihe: Jan Wellem literarisch. Klas Ewert Everwyn liest »Die unerfüllten Wünsche des Kurfürsten Johann Wilhelm«. Veranstalter: Heinrich-Heine-Institut. Mit freundlicher Unterstützung des Kulturamtes der Landeshauptstadt Düsseldorf.
23.4.2008	Bücherflohmarkt im Heine-Institut zum »Tag des Buches«. Veranstalter: Heinrich-Heine-Institut.
24.4.2008	Reihe: scene österreich in nrw. Marlene Streeruwitz liest »Verführungen«. Moderation: Dr. Karin Füllner. Veranstalter: Heinrich-Heine-Institut. Mit freundlicher Förderung durch www.scene-festival-nrw.de.
27.4.2008	Hansjürgen Bulkowski liest zu seinem 70. Geburtstag »Es ist wie es ist, und wie«. Musik: Hendrik Soll (Jazzklavier). Veranstalter: Heinrich-Heine-Institut, Heinrich-Heine-Gesellschaft und Literaturbüro NRW.
29.4.2008	Reihe: Jan Wellem literarisch. Otto Wirtz liest »Jan Wellem – Geliebter Verschwender«. Musikalischer Rahmen: Constantin Knoll und Hanni Liang (Robert-Schumann-Hochschule Düsseldorf). Veranstalter: Heinrich-Heine-Institut. Mit freundlicher Unterstützung des Kulturamtes der Landeshauptstadt Düsseldorf.

6.5.2008	Reihe: scene österreich in nrw. Robert Menasse liest »Don Juan de la Mancha oder Die Erziehung der Lust«. Moderation: Dr. Karin Füllner. Veranstalter: Heinrich-Heine-Institut. Mit freundlicher Förderung durch www. scene-festival-nrw.de.
8.5.2008	Reihe: Universität in der Stadt. »Wie man alte Weiber jung schmiedet«. Vortrag von Dr. Stephanie Knöll, Düsseldorf. Veranstalter: Heinrich-Heine-Universität Düsseldorf, Heinrich-Heine-Institut, Evangelische Stadtakademie und VHS Düsseldorf.
18.5.2008	Internationaler Museumstag. Führung durch die Ausstellung »Buch der Lieder« mit der Kustodin der Ausstellung, Heidemarie Vahl. Veranstalter: Heinrich-Heine-Institut.
27.5.2008	»Die verbrannten Dichterinnen«. Vortrag von Dr. Edda Ziegler, München. Veranstalter: Heinrich-Heine-Institut, Heinrich-Heine-Gesellschaft und Mahn- und Gedenkstätte Düsseldorf.
30.5.2008	Reihe: Wahrnehmung und Literatur. Matthias Zschokke liest »Maurice mit Huhn«. Veranstalter: Heinrich-Heine-Institut, Heinrich-Heine-Gesellschaft, Kulturamt der Landeshauptstadt Düsseldorf und Arbeitsgemeinschaft Literarischer Gesellschaften und Gedenkstätten.
3.6.2008	Ausstellungseröffnung. »Der Untertan. Vom Kaiserreich zum geteilten Deutschland«. Heinrich Mann und Wolfgang Staudte. Veranstalter: Heinrich-Heine-Institut.
5.6.2008	Reihe: Universität in der Stadt. »Düsseldorf in der europäischen Gartenkunst vom 18. bis 20. Jahrhundert«. Vortrag von Junior-Prof. Stefan Schweizer, Düsseldorf. Veranstalter: Heinrich-Heine-Universität Düsseldorf, Heinrich-Heine-Institut, Evangelische Stadtakademie und VHS Düsseldorf.
7./8.6.2008	»Text&Ton«. »Heine, Paris und die Musik«. Sektfrühstück in der Bibliothek des Heine-Instituts mit musikalisch-literarischem Programm. Moderation und Rezitation: Dr. Karin Füllner und Dr. Ursula Roth. Am Flügel: Helmut Götzinger. Veranstalter: Heinrich-Heine-Institut und Heinrich-Heine-Gesellschaft.
10.6.2008	Heine Haus Ulrich Peltzer liest »Teil der Lösung«. Moderation: Dr. Hubert Winkels. Veranstalter: Verein zur Förderung des Heinrich-Heine-Geburtshauses e.V., Heinrich-Heine-Institut, Müller & Böhm Literaturhandlung in Kooperation mit der Kunst- und Kulturstiftung der Stadtsparkasse Düsseldorf.
12.6.2008	Bücherbummel auf der Kö. Heinrich-Heine-Institut und Heinrich-Heine-Gesellschaft präsentieren sich. Veranstalter: Heinrich-Heine-Institut und Heinrich-Heine-Gesellschaft.
13.6.2008	Udo-van-Meeteren-Saal der Clara-Schumann-Musikschule Düsseldorf »... alles, was in der Welt vorgeht«. Musik und Literatur von Robert Schumann. Mit Dr. Karin Füllner, Prof. Dr. Joseph A. Kruse, Dr. Klaus-Hinrich Roth, Dr. Ursula Roth sowie SchülerInnen der Clara-Schumann-Musikschule. Veranstalter: Heinrich-Heine-Institut, Heinrich-Heine-Gesellschaft und Clara-Schumann-Musikschule Düsseldorf.

Veranstaltungen 327

17.6.2008	Partika-Saal der Robert-Schumann-Hochschule Düsseldorf »Das Wasser des Lebens«. Sprudelndes in Literatur und Musik. Konzert der Jungstudierenden der Robert-Schumann-Hochschule mit Lesung von Studierenden der Heinrich-Heine-Universität. Moderation: Dr. Karin Füllner und Prof. Raimund Wippermann, Rektor der Robert-Schumann-Hochschule. Veranstalter: Heinrich-Heine-Institut und Robert-Schumann-Hochschule Düsseldorf.
19.6.2008	St. Hubertusstift Düsseldorf Zur Geschichte des Hubertusstiftes. Vortrag und Führung. Veranstalter: Heinrich-Heine-Gesellschaft in Zusammenarbeit mit dem St. Hubertusstift.
24.6.2008	Reihe: Jan Wellem literarisch. »Er soll ein braver Herr gewesen seyn«. Eine literarische Collage. Mit Claudia Hübecker und Daniel Nerlich. Veranstalter: Heinrich-Heine-Institut in Zusammenarbeit mit dem Düsseldorfer Schauspielhaus. Mit freundlicher Unterstützung des Kulturamtes der Landeshauptstadt Düsseldorf.
28./29.6.2008	Paris Mit Heine in Paris. »Unter der Bevölkerung des Faubourg Montmartre habe ich mein liebstes Leben gelebt«. Literarische Spaziergänge auf den Spuren Heinrich Heines. Leitung: Dr. Bernd Füllner und Dr. Karin Füllner. Veranstalter: Maison Heinrich Heine, Paris, in Zusammenarbeit mit Heinrich-Heine-Institut und Heinrich-Heine-Gesellschaft.
1.-4.7.2008	»Märchenhafte Zeiten«. Sommerferienprogramm für Mädchen und Jungen ab 6 Jahren: Leitung: Heidemarie Vahl. Veranstalter: Heinrich-Heine-Institut.
13.7.2008	Emil Barth zum 50. Todestag. Oliver Priebe und Daniel Marré lesen aus seinem Werk. Textcollage: Dr. Peter Barth. Am Flügel: Bernd Wiesemann. Veranstalter: Heinrich-Heine-Institut.
31.7.2008	»Der deutsche ›Untertan‹ als Buch und Film im Wandel der Zeit«. Vortrag von Dr. Michael Grisko, Lübeck. Veranstalter: Heinrich-Heine-Institut.
17.8.2008	Ausstellungseröffnung. »Die Reise nach dem Mond«. Annette von Droste-Hülshoff im Rheinland. Veranstalter: Heinrich-Heine-Institut.
23.8.2008	»Heimspiel«. Lange Nacht der Düsseldorfer Literatur mit Lesungen, Straßenpoesie und Musik. Horst Landau, Wulf Noll, Ina-Maria von Ettingshausen und Peter Philipp lesen im Heine-Institut. Sandra Honnef und Dieter Fohr lesen in der Schumann-Gedenkstätte. Am Flügel und am Tafelklavier: Helmut Götzinger. Veranstalter: Gemeinschaftsprojekt von Literaturbüro NRW, Galerie Tedden, Institut Français, Heinrich-Heine-Institut, Destille und Evangelischer Stadtakademie. Mit freundlicher Unterstützung des Kulturamtes der Landeshauptstadt Düsseldorf.
4.9.2008	Reihe: Universität in der Stadt. »Mit Leib und Seele – Was ist und kann die Psychosomatische Medizin?« Vortrag von Prof. Dr. Wolfgang Tress, Düsseldorf. Veranstalter: Heinrich-Heine-Universität Düsseldorf, Heinrich-Heine-Institut, Evangelische Stadtakademie und VHS Düsseldorf.

9.9.2008	»Heines ›Geschwister‹. Geschichte und Kultur der Juden im Herzogtum Berg 1700–1850«. Vortrag von Dr. Bastian Fleermann, Düsseldorf. Veranstalter: Heinrich-Heine-Gesellschaft.
17.9.2008	Reihe: Archiv aktuell. Willi Fährmann liest »Soweit die Wolken ziehen«. Veranstalter: Heinrich-Heine-Institut.
24.9.2008	Reihe: Heine heute. Achill Moser liest »Auf den Spuren Heinrich Heines durch den Harz«. Moderation: Christian Liedtke. Veranstalter: Heinrich-Heine-Institut und Heinrich-Heine-Gesellschaft. Mit freundlicher Unterstützung der Kunst- und Kulturstiftung der Stadtsparkasse Düsseldorf.
28.9.2008	Finissage der Ausstellung »Die Reise nach dem Mond«. Annette von Droste-Hülshoff im Rheinland. Mit Dr. Ingrid Bodsch, Dr. Cornelia Ilbrig und Dr. Sikander Singh. Veranstalter: Heinrich-Heine-Institut.
29.9.2008	Reihe: Universität in der Stadt. »Eins, zwei, drei…Unendlichkeit – Eine kleine Kulturgeschichte der Mathematik«. Vortrag von Prof. Dr. Ernst Fischer, Konstanz. Jubiläumsveranstaltung zum Jahr der Mathematik. Veranstalter: Heinrich-Heine-Universität Düsseldorf, Heinrich-Heine-Institut, Evangelische Stadtakademie und VHS Düsseldorf.
8.10.2008	Zentralbibliothek der Stadtbüchereien Buchmesse-Gastland Türkei. »Türkische Literatur zwischen Bosporus und Düsseltal«. Esmahan Aykol liest »Scheidung auf Türkisch«. Veranstalter: Heinrich-Heine-Institut, Heine Haus, Literaturbüro NRW, Maxhaus, Stadtbüchereien, zakk. Mit freundlicher Unterstützung des Kulturamtes der Landeshauptstadt Düsseldorf.
9.10.2008	Reihe: Universität in der Stadt. »Konstantin der Große und das Christentum«. Vortrag von Prof. Dr. Bruno Bleckmann, Düsseldorf. Veranstalter: Heinrich-Heine-Universität Düsseldorf, Heinrich-Heine-Institut, Evangelische Stadtakademie und VHS Düsseldorf.
12.10.2008	»Von Springbrunnen und Seegespenstern«. Konzert der Jungstudierenden der Robert-Schumann-Hochschule mit Lesung von Studierenden der Heinrich-Heine-Universität. Moderation: Dr. Karin Füllner und Prof. Raimund Wippermann, Rektor der Robert-Schumann-Hochschule. Veranstalter: Heinrich-Heine-Institut und Robert-Schumann-Hochschule Düsseldorf.
13.10.2008	Palais Wittgenstein Buchmesse-Gastland Türkei. »Türkische Literatur zwischen Bosporus und Düsseltal«. Renan Demirkan liest »Septembertee oder Das geliehene Leben«. Veranstalter: Heinrich-Heine-Institut, Heine Haus, Literaturbüro NRW, Maxhaus, Stadtbüchereien, zakk. Mit freundlicher Unterstützung des Kulturamtes der Landeshauptstadt Düsseldorf.
14.10.2008	Maxhaus Buchmesse-Gastland Türkei. »Türkische Literatur zwischen Bosporus und Düsseltal«. »10 für Deutschland – 10 für uns alle«. Eine Portraitsitzung mit Mely Kiyak. Veranstalter: Heinrich-Heine-Institut, Heine Haus, Literaturbüro NRW, Max-

Veranstaltungen

	haus, Stadtbüchereien, zakk. Mit freundlicher Unterstützung des Kulturamtes der Landeshauptstadt Düsseldorf.
16.10.2008	Der chinesische Heine. Gespräch und Vortrag mit Prof. Zhang Yushu, Peking. Veranstalter: Heinrich-Heine-Institut und Konfuzius-Institut Düsseldorf. Mit freundlicher Unterstützung des Kulturamtes der Landeshauptstadt Düsseldorf.
21.10.2008	Heine Haus Buchmesse-Gastland Türkei. »Türkische Literatur zwischen Bosporus und Düsseltal«. Sebnem Isigüzel liest »Am Rand«. Veranstalter: Heinrich-Heine-Institut, Heine Haus, Literaturbüro NRW, Maxhaus, Stadtbüchereien, zakk. Mit freundlicher Unterstützung des Kulturamtes der Landeshauptstadt Düsseldorf.
22.10.2008	»Fürst von Pückler-Muskau und Heine«. Vortrag von Gabriele Uerscheln, Düsseldorf. Veranstalter: Heinrich-Heine-Gesellschaft.
22.10.2008	Literaturbüro NRW Buchmesse-Gastland Türkei. »Türkische Literatur zwischen Bosporus und Düsseltal«. Yadé Kara liest »Café Cyprus«. Veranstalter: Heinrich-Heine-Institut, Heine Haus, Literaturbüro NRW, Maxhaus, Stadtbüchereien, zakk. Mit freundlicher Unterstützung des Kulturamtes der Landeshauptstadt Düsseldorf.
23.10.2008	Reihe: Universität in der Stadt. »Symmetrien und arabische Kunst«. Vortrag von Prof. Dr. Fritz Grunewald, Düsseldorf. Jubiläumsveranstaltung zum Jahr der Mathematik. Veranstalter: Heinrich-Heine-Universität Düsseldorf, Heinrich-Heine-Institut, Evangelische Stadtakademie und VHS Düsseldorf.
25./26.10.2008	»Text&Ton«. »Heine, Schumann und die Frauen«. Benefizveranstaltung im Rahmen der Jahrespartnerschaft »Welthungerhilfe – Düsseldorf reicht die Hand«. Sektfrühstück in der Bibliothek des Heine-Instituts mit musikalisch-literarischem Programm. Moderation und Rezitation: Dr. Karin Füllner und Dr. Ursula Roth. Am Flügel: Helmut Götzinger. Veranstalter: Heinrich-Heine-Institut. Mit freundlicher Unterstützung der Heinrich-Heine-Gesellschaft.
5.11.2008	»Von der Rolle – Die 68er«. Ein literarischer Themenabend. Mit Klas Ewert Everwyn, Dieter Fohr, Barbara Ming, Wulf Noll und Margot Schroeder. Moderation: Ina-Maria von Ettingshausen. Veranstalter: Verband Deutscher Schriftsteller NRW (VS) in ver.di Bezirksgruppe Düsseldorf Neuss und Heinrich-Heine-Institut. Mit freundlicher Unterstützung des Kulturamtes der Landeshauptstadt Düsseldorf und des Ministerpräsidenten des Landes Nordrhein-Westfalen.
6.11.2008	Gerhart-Hauptmann-Haus Literaturforum »Neues Europa«. Gastland: Polen. Eröffnung mit Autorenlesungen und Gespräch. Mit Tanja Dückers und Jacek Dehnel. Veranstalter: Gerhart-Hauptmann-Haus, Heinrich-Heine-Institut, Kulturamt der Landeshauptstadt Düsseldorf, Literaturbüro NRW und Polnisches Institut Düsseldorf.

7.11.2008	Literaturforum »Neues Europa«. Gastland: Polen. Werkstattgespräch mit Tanja Dückers, Jacek Dehnel, Michael Zeller, Pawel Huelle, Renate Schmidgall und Martin Pollack. Moderation: Dr. Karin Füllner und Michael Serrer. Veranstalter: Gerhart-Hauptmann-Haus, Heinrich-Heine-Institut, Kulturamt der Landeshauptstadt Düsseldorf, Literaturbüro NRW und Polnisches Institut Düsseldorf.
7.11.2008	Polnisches Institut Düsseldorf Literaturforum »Neues Europa«. Gastland: Polen. Autorenlesungen und Gespräch. Mit Michael Zeller, Pawel Huelle und Martin Pollack. Veranstalter: Gerhart-Hauptmann-Haus, Heinrich-Heine-Institut, Kulturamt der Landeshauptstadt Düsseldorf, Literaturbüro NRW und Polnisches Institut Düsseldorf.
8.11.2008	»Heine geht noch…« – Ein Altstadtspaziergang und mehr. Führung, Film und Poetry Slam. Ein gemeinsames Projekt des Heinrich-Heine-Instituts und der Fachschaft Germanistik der Heinrich-Heine-Universität Düsseldorf. Veranstalter: Heinrich-Heine-Institut.
10.11.2008	»Nähe und Ferne«. Rose Ausländer und Edith Silbermann. Mit Prof. Dr. Amy-Diana Colin, USA und Prof. Dr. Daniel Hoffmann, Düsseldorf. Veranstalter: Heinrich-Heine-Institut, Heine Haus, Literaturbüro NRW und Gesellschaft für Christlich-Jüdische Zusammenarbeit, Düsseldorf. Mit freundlicher Unterstützung des Kulturamtes der Landeshauptstadt Düsseldorf.
11.11.2008	Partika-Saal der Robert-Schumann-Hochschule Düsseldorf »Maskenspiel und Mummenschanz«. Karneval in Musik und Literatur. Konzert der Jungstudierenden der Robert-Schumann-Hochschule mit Lesung von Studierenden der Heinrich-Heine-Universität. Moderation: Dr. Karin Füllner und Prof. Raimund Wippermann, Rektor der Robert-Schumann-Hochschule. Veranstalter: Heinrich-Heine-Institut und Robert-Schumann-Hochschule Düsseldorf.
12.11.2008	Prof. Jürg Baur zum 90. Geburtstag. »Nacht liegt auf den fremden Wegen«. Mit Ulrich Schütte (Bariton) und Jürgen Glaus (am Flügel). Begrüßung: Prof. Dr. Joseph A. Kruse. Laudatio und Moderation: Prof. Dr. Gustav-Adolf Krieg. Veranstalter: Heinrich-Heine-Institut.
13.11.2008	Reihe: Universität in der Stadt. »Poesie und Autobiographie. Heines Cousinendrama«. Vortrag von Prof. Dr. Joseph A. Kruse. Veranstalter: Heinrich-Heine-Universität Düsseldorf, Heinrich-Heine-Institut, Evangelische Stadtakademie und VHS Düsseldorf.
20.11.2008	Auftaktveranstaltung der Reihe: Die Erfindung der Vergangenheit. Reinhard Jirgl liest »Die Unvollendeten«. Moderation: Dr. Lothar Schröder. Veranstalter: Heinrich-Heine-Institut, Heinrich-Heine-Gesellschaft und Literaturbüro NRW. Mit freundlicher Unterstützung der Kunststiftung NRW.
23.11.2008	Ausstellungseröffnung. »›Kein schöner Ding ist auf der Welt / Als seine Feinde zu beißen…‹. Rheinische Literatur in Vormärz und Revolution 1840–1850«. Begrüßung: Dr. Bettina Schmidt-Czaia und Prof. Dr. Joseph A. Kruse. Einführung: Dr. Bernd Füllner und Dr. Enno Stahl. Veranstalter: Heinrich-Heine-Institut in Zusammenarbeit mit dem Historischen Archiv der Stadt Köln.

Veranstaltungen 331

24.11.2008	Heine Haus »Chinesische Gegenwartsliteratur«. Vortrag von Prof. Dr. Wolfgang Kubin. Veranstalter: Heinrich-Heine-Institut und Konfuzius-Institut Düsseldorf.
24.11.2008	Literaturbüro NRW »Nähe und Ferne«. Lesung mit André-Michael Bolten und Ralf Blaha. Veranstalter: Heinrich-Heine-Institut, Heine Haus und Literaturbüro NRW. Mit freundlicher Unterstützung des Kulturamtes der Landeshauptstadt Düsseldorf.
25.11.2008	Weiterbildungszentrum Düsseldorf Peter Schneider liest »Rebellion und Wahn. Mein 68. Eine autobiografische Erzählung«. Veranstalter: VHS Düsseldorf, Heinrich-Heine-Institut und Evangelische Stadtakademie.
27.11.2008	Reihe: Die Erfindung der Vergangenheit. Larissa Boehning liest »Lichte Stoffe«. Moderation: Dr. Karin Füllner. Veranstalter: Heinrich-Heine-Institut, Heinrich-Heine-Gesellschaft und Literaturbüro NRW. Mit freundlicher Unterstützung der Kunststiftung NRW.
30.11.2008	»Es liegt was in der Luft«. Berlin in den 20er und 30er Jahren – Eine literarisch-musikalische Matinée. Mit Roswitha Dasch (Gesang, Violine) und Ulrich Raue (Gesang, Klavier). Veranstalter: Heinrich-Heine-Institut, Heinrich-Heine-Gesellschaft und Gesellschaft für Christlich-Jüdische Zusammenarbeit, Düsseldorf.
4.12.2008	Reihe: Die Erfindung der Vergangenheit. Dieter Kühn liest »Ein Mozart in Galizien«. Moderation: Dr. Karin Füllner. Veranstalter: Heinrich-Heine-Institut, Heinrich-Heine-Gesellschaft und Literaturbüro NRW. Mit freundlicher Unterstützung der Kunststiftung NRW.
6.12.2008	11. Forum Junge Heine Forschung. Neue Arbeiten über Heinrich Heine. Vorträge und Diskussionen. Begrüßung: Prof. Dr. Joseph A. Kruse. Vorträge von Thomas Boyken (Oldenburg), Astrid Henning (Hamburg), Brit Hopmann (Den Haag), Florian Reinartz (Köln), Esther Kilchmann (Berlin), Andrea Ressel (Rostock) und Margrit Vogt (Berlin). Moderation: Dr. Karin Füllner und Holger Ehlert M.A. Veranstalter: Heinrich-Heine-Institut, Heinrich-Heine-Gesellschaft und Heinrich-Heine-Universität Düsseldorf.
6.12.2008	»Ich soll gefeyert werden!« Heine-Geburtstagsempfang. Mit Schauspielern des Düsseldorfer Schauspielhauses. Veranstalter: Heinrich-Heine-Institut und Heinrich-Heine-Gesellschaft.
7.12.2008	Literarische Matinée zu Ehren des 80. Geburtstags von Rolfrafael Schröer. Lesung: Rolfrafael Schröer. Laudatio: Michael Serrer. Am Flügel: Bernd Wiesemann. Veranstalter: Heinrich-Heine-Institut und Literaturbüro NRW.
9.12.2008	»Vom ›König Dampf‹ – Frühindustrialisierung und Literatur«. Vortrag von Dr. Eberhard Illner, Wuppertal. Veranstalter: Heinrich-Heine-Institut.
10.12.2008	Heine Haus »Nähe und Ferne«. Lesung mit Martin Baltscheit und Gisbert Haefs.

Veranstalter: Heinrich-Heine-Institut, Heine Haus und Literaturbüro NRW.
Mit freundlicher Unterstützung des Kulturamtes der Landeshauptstadt Düsseldorf.

14.12.2008 Düsseldorfer Schauspielhaus
Amos Oz, Heine-Preisträger 2008, liest »Eine Geschichte von Liebe und Finsternis«.
Einführung: Kulturdezernent Hans-Georg Lohe
Veranstalter: Düsseldorfer Schauspielhaus, Heinrich-Heine-Institut und Kulturamt der Landeshauptstadt Düsseldorf.

Ankündigung des 13. Forum Junge Heine Forschung 11. Dezember 2010 im Heine-Institut in Düsseldorf

Zum 213. Heine-Geburtstag 2010 veranstalten das Heinrich-Heine-Institut der Landeshauptstadt Düsseldorf, die Heinrich-Heine-Gesellschaft e. V. und die Heinrich-Heine-Universität Düsseldorf gemeinsam das 13. Forum Junge Heine Forschung mit neuen Arbeiten über Heinrich Heine. Es findet statt am Samstag, den 11. Dezember 2010, 10–18 Uhr im Heinrich-Heine-Institut. Für das beste vorgetragene Referat, das von einer Jury ausgewählt wird, stiftet die Heinrich-Heine-Gesellschaft einen Geldpreis.

Zur Information über Konzeption und Ausrichtung des Forum Junge Heine Forschung verweisen wir auf die Berichte in den Heine-Jahrbüchern 2001, 2002, 2003, 2004, 2005, 2006, 2007, 2008 und 2009. Anmeldungen für Referate (30 Min.) sind mit einem kurzen Exposé (1 Seite) bis zum 30. September 2010 per Mail zu richten an:

Dr. Karin Füllner
Heinrich-Heine-Institut
Bilker Str. 12–14
40213 Düsseldorf
E-Mail: karin.fuellner@duesseldorf.de

Abbildungen

S. 33 Aus: Heinrich Heine's sämtliche poetische und dramatische Werke. Neue illustrierte Ausgabe. Hrsg. von Gustav Karpeles. Berlin 1902, S. 313

S. 176 Aus: Kazimierz Władysław Wójcicki: Życiorysy znakomitych ludzi. Warschau 1850, S. 52

S. 198 Aus: Gedichte und Scherze in jüdischer Mundart, Nr. 20

S. 217 Landeshauptstadt Düsseldorf

S. 131, S. 225, S. 233, S. 242 Heinrich-Heine-Institut, Düsseldorf

Hinweise für die Autoren

Für unverlangt eingesandte Texte und Rezensionsexemplare wird keine Gewähr übernommen.

Es gelten die Regeln der neuen deutschen Rechtschreibung.

Bei der Formatierung des Textes ist zu beachten:

Schriftart Times New Roman 14 Punkt, linksbündig, einfacher Zeilenabstand, Absätze mit Einzug (erste Zeile um 0,5 cm); ansonsten bitte keine weiteren Formatierungen von Absätzen oder Zeichen vornehmen, auch keine Silbentrennung. Kursivsatz wird durch Unterstreichung angezeigt.

Zitate und Werktitel werden in doppelte Anführungszeichen gesetzt. Langzitate (mehr als drei Zeilen) und Verse stehen ohne Anführungszeichen und eingerückt in der Schriftgröße 12 Punkt. Auslassungen oder eigene Zusätze im Zitat werden durch eckige Klammern [ ] gekennzeichnet.

Außer bei Heine-Zitaten erfolgen die Quellennachweise in den fortlaufend nummerierten Anmerkungen. Die Anmerkungsziffer (Hochzahl ohne Klammer) steht vor Komma, Semikolon und Doppelpunkt, hinter Punkt und schließenden Anführungszeichen. Die Anmerkungen werden als Endnoten formatiert und stehen in der der Schriftgröße 10 Punkt am Schluss des Manuskriptes. Literaturangaben haben die folgende Form:

Monographien: Vorname Zuname des Verfassers: Titel. Ort Jahr, Band (römische Ziffer), Seite.

Editionen: Vorname Zuname (Hrsg.): Titel. Ort Jahr, Seite.

Artikel in Zeitschriften: Vorname Zuname des Verfassers: Titel. – In: Zeitschriftentitel Bandnummer (Jahr), Seite.

Artikel in Sammelwerken: Vorname Zuname des Verfassers: Titel. – In: Titel des Sammelwerks. Hrsg. von Vorname Zuname. Ort Jahr, Band, Seite.

Verlagsnamen werden nicht genannt.

Bei wiederholter Zitierung desselben Werkes wird in Kurzform auf die Anmerkung mit der ersten Nennung verwiesen: Zuname des Verfassers [Anm. XX], Seite.

Bei Heine-Zitaten erfolgt der Nachweis nicht in den Anmerkungen, sondern im laufenden Text im Anschluss an das Zitat in runden Klammern unter Verwendung der Abkürzungen des Siglenverzeichnisses (hinter dem Inhaltsverzeichnis) mit Angabe von Band (römische Ziffer) und Seite (arabische Ziffer), aber ohne die Zusätze »Bd.« oder »S.«: (DHA I, 850) oder (HSA XXV, 120).

Der Verlag trägt die Kosten für die von der Druckerei nicht verschuldeten Korrekturen nur in beschränktem Maße und behält sich vor, den Verfasserinnen oder Verfassern die Mehrkosten für umfangreichere Autorkorrekturen in Rechnung zu stellen.

Das Manuskript sollte als »Word«-Dokument oder in einer mit »Word« kompatiblen Datei per E-Mail (an christian.liedtke@duesseldorf.de) eingereicht werden.

Mitarbeiter des Heine-Jahrbuchs 2009

Prof. Dr. Martin Bollacher, Ruhr-Universität Bochum, Germanistisches Institut, 44780 Bochum
Thomas Boyken, Blücherstraße 12a, 26131 Oldenburg
Elena Camaiani, Rochusstr. 13, 40479 Düsseldorf
Dr. Hanna Delf von Wolzogen, Helmholtzstr. 13, 14467 Potsdam
Dr. Karin Füllner, Urdenbacher Dorfstr. 30, 40593 Düsseldorf
Prof. Dr. Regina Grundmann, Centrum für Religiöse Studien, Westfälische-Wilhelms Universität Münster, Rosenstr. 9, 48143 Münster
Dr. Roland Gruschka, Heinrich-Heine-Universität Düsseldorf, Institut für Jüdische Studien, Abteilung Jiddistik, Universitätsstr.1, 40225 Düsseldorf
Dr. Gerhard Höhn, 20 rue des Plantes, 77630 Macherin, Frankreich
Dr. Christine Ivanović, University of Tokyo, Graduate School of Humanities and Sociology, German Language and Literature, Hongo 7-3-1, Bunkyo-ku, Tokyo 113-0033, Japan
Prof. Dr. Dr. Volker Kalisch, Robert-Schumann-Hochschule Düsseldorf, Fischerstraße 110, 40476 Düsseldorf
Prof. Dr. Jocelyne Kolb, Smith College, 1 Emily Lane, Hanover, NH 03755, USA
Prof. Dr. Bernd Kortländer, Gernandusstr. 8, 40489 Düsseldorf
Prof. Dr. Joseph A. Kruse, Kaiserswerther Str. 70, 40477 Düsseldorf
Dr. Burkhart Küster, Traifelbergplatz 8, 70597 Stuttgart
Christian Liedtke, Alt-Heerdt 89, 40549 Düsseldorf
Kathrin Liedtke, Gerichtstr. 39, 22765 Hamburg
Friedrich-Wilhelm von Oppeln-Bronikowski, Donnersmarckallee 13, 13465 Berlin
Amos Oz, c/o Suhrkamp Verlag, Lindenstraße 29–35, 60325 Frankfurt a.M.
Dr. Arnold Pistiak, Zeppelinstr. 174, 14471 Potsdam
Dr. Madleen Podewski, Heßhofstraße 12, 51107 Köln
Prof. Dr. Jeffrey L. Sammons, 211 Highland St., New Haven, CT 06511, USA
Dr. habil. Sikander Singh, Höhenstr. 88, 40227 Düsseldorf
Dr. Enno Stahl, Hauptstr. 18, 41472 Neuss
Thomas Stähli, 59, avenue de Thônex, 1226 Thônex, Schweiz
Milka Vagadayova, Rosenhofstraße 9, 20357 Hamburg
Prof. Dr. Liliane Weissberg, University of Pennsylvania, Department of Germanic Languages and Literatures, 745 Williams Hall, Philadelphia, PA 19104-6305, USA
Bundespräsident a.D. Dr. Richard von Weizsäcker, Büro Bundespräsident a.D. Dr. Richard von Weizsäcker, Am Kupfergraben 7, 10117 Berlin

If you have any concerns about our products,
you can contact us on
ProductSafety@springernature.com

In case Publisher is established outside the EU,
the EU authorized representative is:
**Springer Nature Customer Service Center GmbH
Europaplatz 3, 69115 Heidelberg, Germany**

Printed by Libri Plureos GmbH
in Hamburg, Germany